LA SINDONE

Nuovi studi e ricerche

Atti
del III Congresso Nazionale
di Studi sulla Sindone
Trani

a cura di

P. Coero-Borga - G. Intrigillo

Edizioni Paoline

Coordinamento editoriale
e grafico di
Lamberto Schiatti

© Edizioni Paoline s.r.l. 1986
Piazza Soncino, 5 - 20092 Cinisello Balsamo (Milano)
Distribuzione: Commerciale Edizioni Paoline s.r.l.
Corso Regina Margherita, 2 - 10153 Torino
ISBN 88-215-1070-0

LA SINDONE
Nuovi studi e ricerche

A Don Pietro Coero-Borga,
Segretario del Centro Internazionale
di Sindonologia e coordinatore di «Sindon»,
che non ebbe la gioia di vedere stampate
queste pagine da lui curate
con diligente passione e costante amore.
Ora che vive nella luce di Dio
illumini e conforti quanti continuano
a scandagliare il mistero della Sindone
al quale egli dedicò la sua vita
di studioso e di sacerdote.

D. Pietro Coero-Borga
è morto, stroncato da collasso
dopo un intervento chirurgico,
il 23 settembre 1986
mentre il volume è in stampa.
A lui dedichiamo la pubblicazione
sua ultima fatica e sua eredità.

INDICE · SOMMARIO

LE RELAZIONI DEL CONGRESSO

Sezione I · STORIA E ARTE

Sezione II · MEDICINA

PRESENTAZIONE

Con la pubblicazione di questo volume degli Atti si conclude il particolare «servizio sindonico» che la delegazione regionale pugliese del Centro Internazionale di Sindonologia ha inteso offrire, in spirito di umiltà, assumendosi l'onere della complessa preparazione e della successiva piena realizzazione del III Congresso Nazionale di studi sulla Sindone.

Nasce spontaneo, a questo punto, un atto di ringraziamento al Signore, che ha guidato i nostri incerti passi e sorretto la nostra inesperienza nel lungo ed intricato cammino. A nulla sarebbe valsa però la nostra buona volontà, è doveroso riconoscerlo, se essa non fosse stata incoraggiata e sostenuta dalla fiducia dei dirigenti del Centro di Torino e, in modo particolare ed assiduo, dalla illuminata perizia e dalla fraterna collaborazione del segretario generale, don Piero Coero Borga.

Alcune puntualizzazioni si ritengono necessarie per i lettori:

— Le Relazioni, come da impegno preventivamente preso, vengono pubblicate, nel testo integrale, sotto la piena responsabilità letteraria e scientifica degli Autori. Se talvolta si è ritenuto di dover aggiungere qualche nota redazionale, essa è stata apposta in calce alla Relazione.

— Le Comunicazioni, per ragioni editoriali, vengono semplicemente elencate.

— Il carattere «Nazionale» del Congresso ci ha costretto a rinunziare a pur dotte relazioni che venivano proposte da studiosi stranieri. In tal modo si è inteso di mettere in particolare evidenza, senza voler peccare di gretto sciovinismo, tutta la validità e l'originalità della ricerca e dei contributi degli studiosi italiani nei vari campi interdisciplinari della moderna sindonologia, con risultati che possiamo ritenere di assoluta preminenza nel panorama mondiale degli studi sulla Sindone.

Basterebbe, a tal proposito, sottolineare l'eco riportata sulla stampa internazionale dall'ultimo lavoro di ripulitura elettronica del «Volto sindonico» ad opera dell'ing. Giovanni Tamburelli e dai risultati conseguiti con le più avanzate tecniche di immunoistochimica dal prof. Pierluigi Baima Bollone su prelievi di fibre sindoniche, che hanno trovato, proprio nel Congresso di Trani, la tribuna più qualificata per la loro presentazione ufficiale.

È doveroso ora ringraziare tutti i Relatori ed i Congressisti per l'impegno, la puntualità e lo spirito di collaborazione, che hanno fatto del nostro incontro un momento di serena fraternità.

Un grazie particolare va rivolto al prof. Luigi Ambrosi, Magnifico Rettore dell'Università di Bari, che ha voluto onorare il Congresso accettandone la presidenza;

— a tutti i membri del Comitato scientifico, che hanno dato la necessaria garanzia di serietà scientifica al Congresso, con la loro specifica competenza nei vari campi;

— *al Centro Internazionale di Sindonologia di Torino per aver scelto la Puglia, e Trani in particolare, come sede del III Congresso Nazionale, dimostrando in tal modo, pubblicamente, la loro completa fiducia nella nostra ancora giovane Delegazione.*

Ringraziamo inoltre calorosamente le varie delegazioni regionali ed estere che, con la loro viva presenza, ci hanno fatto respirare un clima di fraternità internazionale.

Rivolgiamo infine un sincero apprezzamento ed un ringraziamento a tutti gli artisti che hanno voluto partecipare alla I Mostra-concorso nazionale di arte figurativa «a carattere sindonico», indetta in concomitanza del Congresso; ed in maniera particolare siamo grati a quanti decisero di offrire le loro opere alla nostra Delegazione.

Un rincrescimento non possiamo non esternare: il notevole ritardo con cui questo volume viene pubblicato. Malgrado tutta la nostra buona volontà e le reiterate insistenze da parte nostra e del Centro di Torino, qualche relazione ci è pervenuta con tale ritardo da costringerci a presentare l'intero testo all'Editrice solo adesso.

E di questo ritardo, assolutamente indipendente dai nostri propositi, sentiamo il bisogno di chiedere scusa ai tantissimi relatori puntuali ed ai lettori tutti.

A noi restano la gioia inesprimibile di aver servito la causa della Sindone in un momento fuggevole — se pur qualificato — della sua storia bimillenaria, e la nostalgia di quei giorni indimenticabili, che ci auguriamo di rivivere fra qualche anno a Siracusa.

DOTT. GIOVANNI LARATO   D. GAETANO INTRIGILLO
Direttore del Comitato   *Delegato regionale*

Trani, novembre 1985.

COMITATO D'ONORE

PROF. LUIGI AMBROSI, Presidente del Congresso
   Magnifico Rettore dell'Università di Bari
MONS. GIUSEPPE CARATA,
   Arcivescovo di Trani-Nazareth, Barletta e Bisceglie
MONS. VINCENZO FRANCO,
   Arcivescovo di Otranto
ON. PROF. MARIA MICCOLIS,
   Presidente Amministrazione Provinciale di Bari
ON. PROF. GIUSEPPE COLASANTO,
   Presidente Comprensorio Nord Barese
SIGNORA GERTRUD FREI-SULZER

COMITATO SCIENTIFICO

PROF. OTTAVIO ALBANO
PROF. PIER LUIGI BAIMA BOLLONE
PROF. GIUSEPPE BATTAGLIA
PROF. PIERO COERO-BORGA
PROF. LAMBERTO COPPINI
DOTT. DONATO DE ROBERTIS
PROF. GIUSEPPE GORGOGLIONE

PROF. CLEMENTE LANDRISCINA
DOTT. GIOVANNI LARATO
PROF. GIORGIO OTRANTO
PROF. NICOLA SCARPELLI
PROF. GIOVANNI TAMBURELLI
PROF. TINO ZEULI
Coordinazione: GAETANO INTRIGILLO

COMITATO ESECUTIVO

GIOVANNI LARATO, *direttore*
DAMIANO BASSO
AURELIO CARELLA
ROCCO CARRILLO
Coordinazione: GAETANO INTRIGILLO

PIETRO CIRASELLI
GIUSEPPE DI MONACO
LUCIANO NUNZIANTE
BENEDETTO RONCHI

SEGRETERIA

SAVINA CARUSO *segretaria*
NICOLETTA BUCCI
MICOLA DI LERNIA
ANGELA MARIA DONATO

GIANNA LOSITO
FABIOLA MAFFUCCINI-LARATO
ADRIANA GIUSTINA VESCIA

Addetta Stampa: LUCIA DE MARI
Audiodiffusione in sala Congresso: «IL PIANOFORTE» di Luigi Pedaci

La delegazione regionale pugliese
del Centro Internazionale di Sindonologia

RINGRAZIA

L'Amministrazione Provinciale di Bari
Il Comprensorio dei Comuni del Nord Barese
La Banca di Bisceglie
La Banca Cattolica di Molfetta
L'Azienda municipalizzata di Elettricità e Trasporti di Trani
L'Azienda Soggiorno e Turismo di Trani
L'Amministrazione comunale di Trani
L'Ufficio Amministrativo della Curia vescovile di Trani
La Comunità dei PP. Barnabiti di Trani
La Ditta «Il Pianoforte» di Luigi Pedaci di Trani
La Ditta «Alaska» dei F.lli Guarini di Veglie
e tutti gli Amici che, con fraterna sensibilità, hanno collaborato per la realizzazione del Congresso.

INTRODUZIONE AL CONGRESSO
I SALUTI

LA DELEGAZIONE REGIONALE PUGLIESE

Tocca a me, a nome della delegazione regionale pugliese, di sollevare la copertina di questo terzo volume della storia dei Congressi Nazionali sulla Sindone.

E il primo sentimento è un commosso ringraziamento al Centro Internazionale di Sindonologia per la fiducia che è stata riposta in noi programmando questo incontro di dimensione nazionale a Trani.

Un senso di gratitudine esprimiamo, anzi, a nome di tutta la terra di Puglia, che, senza dubbio, dopo il Piemonte, è la regione che, almeno nel passato, ha avuto rapporti diretti con la Sindone: quando, dalla sua diocesi di Otranto, Niccolò Idruntino visitava la corte imperiale di Costantinopoli, dove era gradito ospite; e quando, nella sua diocesi, in contrada La Terza, accoglieva ed ospitava l'ultimo Reggente del tramontante Impero romano di Oriente. Coscienti di tanta responsabilità e altrettanto coscienti della nostra inesperienza, abbiamo cercato di servire la causa della Sindone nella maniera più degna possibile alle nostre capacità. Ed è con comprensibile trepidazione che, dopo aver fatto quanto abbiamo potuto, consegnamo alla storia queste giornate di studio sindonico «tranese».

Confessiamo di aver coltivato l'ambizione di preparare queste giornate all'altezza del rigore scientifico che ormai da parecchi decenni caratterizza gli incontri di studio sulla problematica sindonica. E, quasi a confermare questo nostro ambizioso impegno, il prof. Luigi Ambrosi, rettore magnifico dell'Università di Bari, ci ha fatto l'onore di presiedere questo Congresso che l'Ateneo barese ha accettato di patrocinare.

A nome della delegazione regionale pugliese, saluto le autorità presenti che, con interesse e sensibilità scientifica, hanno accolto il nostro invito.

Saluto tutti i congressisti ed i loro accompagnatori, provenienti da tutte le parti d'Italia ed anche da oltre i confini italiani.

Saluto i Relatori che scriveranno le pagine di questo volume.

In modo particolare avrei voluto salutare un illustre studioso, con il quale, con tanta cordialità fraterna, ci eravamo detti un «arrivederci a Trani» alla fine del Congresso di Bologna. Ma egli non è presente in questa sala, perché i segreti della Sindone, che noi ci affanniamo a cercare, egli li conosce già nella vita eterna: sì, è il prof. Max Frei-Sulzer.

È superfluo dire che egli rimane vivo nel nostro affetto, nella nostra ammirazione, nella nostra stima. Ma è commovente poter dire che egli è presente, qui con noi, nella persona della signora Gertrud Frei-Sulzer.

Sono sicuro di interpretare il sentimento di tutti i presenti nel dire alla signora Frei «grazie»!

Grazie per aver accettato il nostro invito ad onorarci della sua presenza: questa colma, in qualche modo, il vuoto lasciato dal suo indimenticabile consorte.

Comunico a tutti che in questi istanti: alle nove — ora italiana — si sta celebrando una Messa per questo nostro Congresso nel santuario di Czestochowa, voluta dal nostro amico, forzatamente assente, il dott. Stanislaw Waliszewski.

E questa celebrazione dell'Eucaristia mi dà la fiducia di augurare a tutti: che questi giorni siano un incontro di fraternità — alla scuola della Sindone — e ci diano l'occasione di superare noi stessi, nella appassionante ricerca delle verità sindoniche.

GAETANO INTRIGILLO
Delegato regionale pugliese del CIS

INTERVENTO DELLA SIGNORA GERTRUD FREI-SULZER

Non parlo molto bene la vostra lingua ma desidero egualmente ringraziare il Comitato organizzatore di questo Convegno per avermi invitata.

Mio marito, il prof. Max Frei, ebbe il piacere e l'onore di presiedere il Congresso di Bologna: questo giorno è per me fonte di tristezza e di felicità.

Ringrazio ancora il Centro di Sindonologia di Torino nella persona di Don Coero e del prof. Baima Bollone che tanto mi furono vicini dopo l'improvvisa morte di mio marito.

Max non terminò l'esame dei pollini prelevati nelle due occasioni del 1973 e del 1978: alcuni sono ancora da classificare. Dagli appunti forse uno era di «Balsamodendron Myrrae».

Questi pollini sono a disposizione del Centro di Torino per una eventuale conclusiva ricerca.

Il nostro amico Aurelio Ghio può ben servire da tramite con la mia casa di Thalwil dov'era lo studio di mio marito, e con coloro che intendono proseguire e terminare la classificazione dei pollini ancora da studiare.

Mio marito era molto contento di avere avuto l'occasione di prelevare e studiare la polvere depositata sulla Sindone. Come scienziato e come uomo, anche se di religione diversa[1].

Il reperto Sindone è troppo importante perché vi siano barriere di lingua o religione fra gli studiosi.

Ed anche a suo nome io personalmente ringrazio ancora tutti, presenti ed assenti, che gli hanno permesso questi studi che spero abbiano portato un contributo alla soluzione di questo mistero.

Grazie.

PROF. TINO ZEULI
presidente del Centro Internazionale di Sindonologia

Eccellenza, autorità, cari amici, permettete che mi presenti. Sono Tino Zeuli, decano dei docenti di Fisica Matematica dell'Università di Torino, socio dell'Accademia delle Scienze di Torino e dell'Accademia di Scienze, Lettere ed Arti di Modena, ma, ciò che più conta, presidente della Reale Confraternita del S.S. Sudario (fondata nel 1598) e presidente del Centro Internazionale di Sindonologia di Torino (sorto nel 1959).

Il mio cognome, Zeuli, non suonerà nuovo a qualcuno di voi: in Bari, accanto alla chiesa del Gesù, abbiamo la Strada Zeuli che, diciamo, gira attorno per tre lati a quello che è stato nel 1600-1700 il palazzo degli Zeuli; l'altro lato è limitato dalla Strada dei Gesuiti. Come mai? Nel 1625 Carlo V di Spagna, colla ben nota «battaglia di Pavia» (quella in cui cadde Baiardo, il «cavaliere senza macchia e senza paura») pose fine ad ogni aspirazione francese di dominare l'Italia. Fra le sue milizie era capitano Sigismondo Zeuli, già noto per altre sue imprese. Poi Carlo V scese lungo tutta l'Italia fino a Bari ove concesse a Sigismondo Zeuli il patriziato barese. Fu così che poi sorsero la «strada» e il palazzo degli Zeuli. Siamo nel 1600. Per due secoli gli Zeuli rimasero in Bari, poi si spostarono in Molise e poi... nel 1900 il giovane capitano di artiglieria, Giovanni Zeuli, comandato ai poligoni di tiro in Piemonte, conobbe mia madre. Morì poi nel 1915; io avevo cinque anni.

Furono duri gli anni fino al 1931, anno in cui per la prima volta nel nostro secolo ci fu, nel Duomo di Torino (noi abitavamo a cento passi da esso) l'Ostensione della Sacra Sindone. Ero allora laureando in fisica-matematica. La seguii con molta serietà ed affetto e me ne innamorai. Da allora iniziano i miei studi sulla Sindone, sulla reliquia più meravigliosa della religione cristiana, sul lenzuolo di Giuseppe di Arimatea che avvolse il corpo di Gesù. E qui, parlo con la certezza della scienza fisico-matematica che ha compiuto la sua

---

[1] Com'è noto Max Frei era calvinista (*N.d.R.*).

ricerca necessaria per rispondere «sì», e non come qualche sottofilosofo che ostinatamente vuole solo chiacchierare.

Cari amici, ho voluto dirvi tutto questo perché sentiste come lo spirito pugliese, risalendo tutta l'Italia, dalla vostra terra (anzi, permettetemi di dirlo con orgoglio, dalla *nostra* terra) sia giunto alla Sindone ed ora ritorni, con tutta la gioia che essa dà al vero scienziato, a questa nostra terra. Perciò non è il saluto di prammatica che vi porgo, è invece un abbraccio, un caro affettuoso abbraccio in cui ci ritroviamo, fratelli, sotto la splendida luce della Sacra Sindone.

MONS. GIUSEPPE CARATA
arcivescovo di Trani-Nazaret, Barletta e Bisceglie

Signor presidente del Congresso, Signori presidente e direttore del Centro Internazionale di Sindonologia, Signore e signori congressisti,

l'esultanza commossa della diocesi di Trani è sulle labbra di tutto il Presbiterio e del popolo credente. Io, come loro pastore, me ne faccio interprete, con poche parole di saluto.

Dico subito la nostra gratitudine per aver scelto questa nobile città di Trani come sede del III Congresso Nazionale di studi sulla Sindone. Il lontano 1939, anno del I Congresso Nazionale, tenuto a Torino, si congiunge idealmente con Trani, passando per Bologna, sede del II Congresso, nel 1981[1].

Forse alla gratitudine potrà non corrispondere pienamente tutto l'apparato tecnico di un Congresso di questa portata; ma, sono certo che eventuali carenze saranno abbondantemente supplite dal calore ospitale della gente di Puglia e dei nostri organizzatori, i quali, alla prima esperienza, hanno fatto fronte con generosa dedizione. Io che li ho seguiti vi posso assicurare che il Comitato esecutivo non ha risparmiato energie ed inventive. E che la segreteria ha lavorato a pieno ritmo.

Purtroppo, non si può dire lo stesso di diverse strutture locali, le cui promesse attendono di essere mantenute. E questo, forse, non tanto per poca sensibilità quanto per farraginoso burocratismo. Ci auguriamo pertanto che questi aiuti, anche se in ritardo, possano far procedere con serenità alla fase del dopocongresso, e cioè alla stampa degli Atti.

Quando, nell'agosto del 1978, diedi a D. Intrigillo il nulla osta per ottenere dal Centro Internazionale di Sindonologia, in occasione dell'ostensione, una copia fotografica della Sindone a grandezza naturale, da collocarsi nel san-

---

[1] Per completare il panorama dei Congressi di Sindonologia si ricordino il I Congresso Internazionale nel 1950 e il II Congresso Internazionale nel 1978, celebrati a Torino (*N.d.R.*).

tuario Madonna del Rosario in Trani, già sede del monumentale Crocifisso sindonico, non era possibile prevedere la nascita di un gruppo attivo di appassionati studiosi della Sindone; né era lontanamente sperabile o immaginabile che, dopo soli sei anni, la città avrebbe ospitato un'assise così importante a livello nazionale e tanto qualificato concorso di specialisti.

Sarebbe stato, a quel tempo, semplicemente anacronistico pensare di poter «tagliare» il Volto sindonico con la cattedrale e il campanile di Trani, opere d'arte conosciute in tutto il mondo. E invece tutto questo è una realtà che passa nella storia culturale di questa città, già ricca di cultura. Anzi sono certo che questo Congresso di Trani porterà un contributo di avanzamento nelle analisi del misterioso Lenzuolo; e che quindi Trani entrerà nella storia della Sindone.

Dobbiamo, quindi, ringraziare la divina Provvidenza che ha disposto le cose, come sempre usa fare il Signore, in questo modo, che tanto ci onora.

Ma — e l'ho lasciato in ultimo volutamente — dobbiamo ringraziare il Segretario generale del Centro, il rev. D. Piero Coero-Borga, che questo Congresso ha sostenuto, nella indizione, nella progettazione e, sia pure da lontano per via telefonica, nella concretezza della realizzazione.

Al saluto ed alla esternata gratitudine non mi resta che aggiungere l'auspicio che questi lavori portino sempre maggiori conferme alle certezze scientifiche, ormai acquisite, sull'autenticità della Sindone.

AVV. NICOLA BALDASSARRE
sindaco di Trani

Eccellenza, sig. presidente, signori congressisti, gentili signore, amici,
il mio compito, che assolvo con profondo piacere, è quello di porgervi il saluto augurale e di benvenuto a nome della cittadinanza e della civica Amministrazione, che ho il privilegio di presiedere.

Ma sento, in questa circostanza, consapevole della grande importanza scientifica e religiosa di questa assise, di esprimere pubblicamente il nostro profondo compiacimento e la nostra gratitudine per la scelta di Trani quale sede del Congresso.

Una città, la nostra, che vanta alte tradizioni di cultura e che ha sempre accolto con vivissimo piacere e interesse le manifestazioni, come questa di oggi, nelle quali i dibattiti e lo scambio di conoscenze e di esperienze sono indici emblematici di partecipazione alla vita del pensiero e dell'intellettualità.

Basta dare una semplice lettura alle numerose relazioni e soffermarsi un po' anche sui nomi prestigiosi dei partecipanti, per cogliere in pieno l'alto livello scientifico degli interventi, nei quali l'impegno della ricerca si congiunge al desiderio legittimo di recare dei seri contributi alla soluzione dell'appassionante problema della Sindone.

Dopo quello di Torino e di Bologna, è questo il terzo Convegno Nazionale di Sindonologia nel breve volgere di pochi anni, quasi a testimoniare anche temporalmente il crescente interesse per un documento della storia degli uomini che affascina e soggioga.

Ho voluto ricordarlo, per ribadire che questa città è particolarmente orgogliosa di averlo potuto ospitare e ringrazia per questo il Centro Internazionale di Sindonologia e il suo presidente prof. Tino Zeuli, nonché la delegazione regionale pugliese, che ha nel nostro D. Gaetano Intrigillo l'animatore instancabile, e il Comitato Organizzatore del Congresso.

Saluto con deferenza il Magnifico Rettore dell'Università di Bari, prof. Luigi Ambrosi, gli illustri relatori e tutti gli intervenuti, formulando fervidi auguri per il successo dei vostri lavori.

PROF. GIUSEPPE COLASANTO
presidente del Comprensorio Nord Barese

Eccellenze, Signore e Signori,
come presidente del Comprensorio del Nord Barese sono lieto di aggiungere ai saluti del sindaco di Trani, città che ospita questo eccezionale avvenimento, il saluto delle altre città del Comprensorio. E sono le città di Andria, Barletta, Bisceglie, Corato, Canosa di Puglia, Minervino Murge, Ruvo di Puglia e Spinazzola.

Queste città sono particolarmente liete di avervi qui, soprattutto perché l'argomento che vi riunisce in Congresso — ed è un Congresso Nazionale — è tanto affascinante da richiamare l'attenzione del mondo intero su una problematica così importante.

Potete, quindi, immaginare con quanta gioia e con quanto orgoglio abbiamo potuto dire a don Intrigillo, che noi, il Comprensorio tutto, praticamente all'unanimità, gli siamo accanto con simpatia ed ammirazione.

Così l'onore che tocca a Trani, di ospitare questo Congresso, si riflette, in certo qual modo, e particolarmente, sull'intero Comprensorio, oltre che alla provincia di Bari ed all'intera Regione Puglia. I vostri studi ci onorano e, io penso che una parola nuova potrà partire da questa magnifica città, da questo salone che ha sempre ospitato incontri culturali ad alto livello. Una parola nuova che potrà portare, una volta di più, luce, conferme, approfondimenti su questo misterioso argomento che richiama l'attenzione del mondo intero.

Io non vorrei aggiungere altro, anche perché vorrei cedere qualche minuto in più a favore di qualche intervento, che sarà certamente più significativo e più pertinente del mio.

Colgo l'occasione per ringraziare il Magnifico Rettore dell'Università di Bari, il quale, presiedendo questo Congresso, ha fatto in modo che, attraverso la sua persona, l'Ateneo del Centro Regione sia presente tra le quattrocentomila persone che compongono il Comprensorio Nord Barese.

Siamo grati soprattutto a voi che partecipate a questo incontro di studi, provenienti da tutte le parti d'Italia. Convenuti in questa magnifica città, che certamente avrete poco tempo per ammirare, noi vi auguriamo un soggiorno lieto e (perché no?) anche un arrivederci per altre circostanze. Ma soprattutto vi auguriamo un buon lavoro nel densissimo programma.

DALL'INDIANA (USA)
(riportiamo il testo nel suo originale italiano)

Egregi Signori e Signore,
il fatto che in questi giorni siete convenuti a Trani appena tre anni dopo il maiestrale Congresso di Bologna, dimostra chiaramente la vostra dedicazione, in tutti i campi, alle studi e ricerche sulla Santa Sindone.

Da quando l'uomo esiste, lui sente il desiderio di conoscere Dio; o, come dicevano i antichi profeti, di vedere la sua faccia. Conoscere Dio è conoscere l'amore, e certo questo amore divina non poteva essere più graficamente visibile se non sul Lenzuolo che lui ci ha lasciato.

Le meraviglie che si rivelano in questa immagine, più numerose che le stelle, ci parlano del mistero della unità della creazione nella sapienza di Dio; e sono offerte a noi che nella scoperta progressiva veniamo a lui consommati di amore.

Dal lontano Indiana, in nome di tutti coloro chi spettano a me per informazione sul progresso degli studi sul prezioso reliquia di Cristo, mando saluti e auguri e profonde riconoscenza.
In fraternitate Sindonis,

DOROTHY CRISPINO
Editore, Shroud Spectrum International

DALLA CALIFORNIA

Sono lieto di partecipare a questo Congresso, essendo stato invitato l'anno scorso anche dal vostro amatissimo vescovo.

In California la nostra attività sindonica è giovane, come giovane è il popolo californiano. Abbiamo iniziato a conoscere e far conoscere la Sindone con la presentazione di due mostre: perché divenissero stimolo ad uno studio approfondito. La prima mostra è stata per i bambini. Ed ha avuto un successo meraviglioso. I bimbi capiscono e spiegano, a volte, certe cose meglio dei sapienti. Il Salmo ci ricorda che dalla bocca dei bambini scaturisce la lode pura di Dio.

La seconda mostra è stata allestita per i non credenti. Ed anche questa ha riscosso un notevole successo.

Così è sorto un Centro di studi, che il Santo Padre ha benedetto. Ed è un Centro molto frequentato dai giovani.

Stiamo cominciando a preparare dei corsi di studio, in forma molto semplice, ma che ci riporta il frutto degli studi e delle scoperte che, sulla sacra Sindone, sono state fatte in tutto il mondo scientifico. Quindi anche questi vostri studi.

Ringrazio i professori che sono così gentili con me, nella mia permanenza estiva in Italia. Ringrazio quelli che mi hanno aiutato l'anno scorso nelle mie ricerche storiche sulla Sindone, per conoscere le vicende gloriose ed anche dolorose di questo venerato Telo.

Ringrazio, in modo particolare, il segretario generale del Centro di Torino, Don Coero e ringrazio don Intrigillo. Con loro due, l'anno passato, a Torino parlavamo di questo Congresso. Essi hanno avuto per me un segno di amicizia ed una fraterna attenzione.

Porterò con me un caro ricordo di questi giorni, da raccontare ai nostri giovani. E spero che voi vi ricordiate di noi nei vostri circoli scientifici e religiosi che hanno per oggetto di studio la Sindone.

Voi che vi incontrate in questo simposio in uno studio serio e rigoroso, sappiate che le vostre parole mi seguiranno fino in California. E diverranno parte aggiornata di quel corso di studi del nostro Centro Sindonico, molto ansioso di conoscere sempre di più della sacra Sindone.

Quindi a voi, assieme al saluto, un grazie ed un augurio.

P. Aldo Grasso

DALL'EQUADOR

Il Dott. Jara Holguer ha salutato, nella sua lingua i congressisti, manifestando la gioia di partecipare all'incontro e l'augurio per i lavori, come una tappa di progresso nella conoscenza delle notizie che emergono dalla Sindone.

DA EL SALVADOR

Vengo desde El Salvador, en la América Central. Sean estas mis palabras un saludo muy afectuoso, para todos los señores estudiosos de la Santa Síndone, reunidos aquí en Trani, en este congreso nacional, del cual estoy seguro que saldrán muy interesantes conclusiones científicas, históricas y artísticas, sobre esta maravillosa reliquia, que es la Síndone de Torino.

En mi país es muy poco conocida la Síndone, pero yo me ocupo en darla a conocer por medio de conferencias y pláticas. Desde hace muchos años me interesan todos los estudios de la Síndone, por lo que siempre estoy en contacto con el Centro Internacional de Torino.

Mis felicitaciones para los organizadores de este Congreso y de una manera muy especial para Don Gaetano.

Muchas gracias.

Dr. Federico Barillas Jiménez

Io vengo dall'America centrale, da El Salvador.

Queste mie parole vogliono essere un saluto affettuoso per tutti i signori studiosi della santa Sindone, qui riuniti, a Trani, in questo Congresso Nazionale, che — ne sono sicuro — ci porterà nuove acquisizioni abbastanza interessanti, sia in campo scientifico sia in campo storico, sia in campo artistico, su questa sempre meravigliosa reliquia che è la santa Sindone di Torino.

Purtroppo in El Salvador la Sindone è poco conosciuta. Io mi interesso di farla conoscere attraverso conferenze e proiezione di diapositive. Personalmente da molti anni sono interessato a tutti gli studi sulla Sindone. E per questo mantengo un continuo contatto con il Centro Internazionale di Torino.

Porgo le mie felicitazioni a tutti gli organizzatori di questo Congresso e in maniera speciale a don Gaetano.

Molte grazie.

Dr. Federico Barillas Jiménez

Dal Messico
CENTRO MESSICANO DI SINDONOLOGIA

Estimados Congresistas,

Deseo fervientemente que todas las actividades realizadas dentro de este Congreso, impulsadas y puestas en marcha por el Centro Internazionale di Sindonologia, cumplan siempre su objetivo central: el conocimiento y glorificación de Jesucristo, Hijo de Diós Vivo, manifestado en su Muerte y Resurrección, a travéz de los estudios científicos realizados en la Santa Sindone de Turín.

Los Felicita y Saluda muy Sinceramente.

Dr. Julio López Morales
Centro Mexicano de Sindonología

Stimatissimi congressisti,
desidero ardentemente che tutti gli atti che si realizzeranno in codesto Congresso, indetto e avviato con l'impulso del Centro Internazionale di sindonologia, raggiungano sempre l'obiettivo centrale: la conoscenza e gloria di Gesù Cristo, Figlio di Dio vivo, che si manifestano nella sua Morte e Risurrezione attraverso gli studi scientifici effettuati sulla santa Sindone.
Auguro serenità e gioia con molta sincerità

Dr. Julio López Morales
del Centro Messicano di Sindonologia

DALLA GERMANIA FEDERALE

Impossibilitati partecipare congresso, riuniti Monaco preparare studi storici auguriamo pieno successo lavori vostri et inviamo cordialissimi saluti.
WERNER BULST - HEINRICH PFEIFFER - GEORG NIEBLING - KARLHEINZ DIETZ - RUDOLF JOCKEL.

DALLA POLONIA

Grave ammalato mi scusino. Ottimi auguri e cordiali saluti.

DOTTORE WALISZEWSKI

DALLA FRANCIA

Impossibilitato partecipare. Molti auguri.

M. ADGE

SALUTO DALLA DELEGAZIONE EMILIA-ROMAGNA

Eccellenze, Signore, Signori,
l'eco di quelle giornate di fine novembre del 1981, quando a Bologna vivemmo intensamente, con molti di loro, il II Convegno Nazionale, ancora risuona. La pietà e l'interesse suscitato in quei momenti attorno alla S. Sindone si sono allargati, in particolare per noi della Delegazione Emilia Romagna, in un numero amplissimo di incontri, di scambi, di approfondimenti. Il filo non si è interrotto se ora, passando l'impegno alla Delegazione della Puglia, ci apprestiamo a continuare, in questo III Convegno Nazionale, un discorso che, a distanza di tre anni, trova nuovamente, in una accogliente sede come questa, il luogo adatto per un confronto delle idee e delle prove. Con gli Atti di Trani, che seguiranno, auspichiamo si raggiunga un ulteriore punto

fermo da cui si possa trarre nuovo lievito per meritare la Grazia di continuare la strada intrapresa: «Dirige, Domine, vias meas in conspectu divinae maiestatis tuae» (Conf. Sal. 5,9).

Io spero che, nell'accostarci nuovamente alla S. Sindone, che così chiaramente parla della passione, morte e risurrezione di Cristo, lo si faccia con vera umiltà di scienza, e ciò è tanto più necessario perché siamo consci che la scienza, così frazionata e depositata in ciascuno di noi, è ben poca cosa: riascolto in me fortissime le parole di Paolo nella sua prima lettera ai Corinti (1 Cor. 3,18 ss.).

La S. Sindone, la più sconvolgente e commovente Reliquia della Cristianità, si lascerà interrogare, nonostante i nostri limiti, solo se ad essa ci si accosterà con occhi, sentimenti e sapienza cristiana; ma soprattutto con cuore semplice, come invita, al suo inizio, il Libro della Sapienza (Sap. 1,1 ss.).

Il sentimento di viva compartecipazione dei Congressisti italiani e stranieri che a Bologna, nel 1981, sentimmo così vivo da confortarci nelle fatiche di una organizzazione e negli impegni allora assunti, si rinnovi per gli amici di Trani, ai quali è stato affidato l'onere, ma anche l'onore, di questo incontro. A Don Gaetano Intrigillo, che giunse a Bologna qualche giorno avanti il Convegno per offrirci il suo aiuto, mi sia concesso questo ricordo, a questo amico che qui con dignità ci accoglie e con tanta ospitalità, il nostro, il mio grazie di cuore.

Lamberto Coppini

LA DELEGAZIONE LOMBARDA

La delegazione milanese mi incarica di porgere un fraterno saluto alle autorità locali, religiose e civili, ai congressisti ed alla cittadinanza; ed un augurio di proficuo lavoro. Purtroppo il nostro presidente, per impellenti impegni, non è presente. Mi è doveroso segnalare la preziosa opera del gruppo della delegazione milanese nella realizzazione di una Mostra itinerante di materiale sindonico, presentata ormai in una cinquantina di città, dove ha richiamato l'attenzione anche dei più distratti. Mostra che liberamente e gratuitamente si mette a disposizione. Comunico inoltre che il Gruppo ha ottenuto da amici esperti in tessile la riproduzione esatta della cardatura e tessitura del lino sindonico, che volentieri si mette pure a disposizione gratuitamente a chi ne faccia richiesta. Il Gruppo, poi, con le spontanee sottoscrizioni dei visitatori della Mostra, ha inviato copie sindoniche a grandezza naturale in missioni del Brasile e dell'Africa meridionale.

La fede che ci unisce nello studio e nell'amore della Sindone trova quindi, nella collaborazione anche a livello materiale, uno scopo nella diffusione di questo messaggio.

Calimero Codara

IL GRUPPO SINDONICO DELLA SICILIA

Mi è gradito porgere, in quest'assise sindonica, il saluto degli studiosi siciliani. Le numerose mostre che si realizzano in molte città della Sicilia, i frequenti incontri di aggiornamento sulla problematica sindonica e la pubblicazione della rivista palermitana «Scienza e Fede» col suo settore specifico della Sindonologia, testimoniano l'interesse e la sensibilità dell'Isola per la nostra Reliquia.

Ringrazio, altresì, gli amici della delegazione regionale di Trani, particolarmente don Gaetano Intrigillo, che con spirito di sacrificio hanno organizzato in questa nobile terra di Puglia il III Congresso Nazionale di studi sulla Sindone. Dinanzi a questo Lenzuolo, che ormai avvolge tutta la nostra vita, ogni ricercatore desideroso di scoprire il significato dei segni in Esso racchiusi ha il dovere di porsi con spirito di umiltà.

La ricerca, infatti, avendo come mira la scoperta della verità, ha bisogno di spirito di dedizione e di obiettività assolute per far tacere personalismi affioranti od atteggiamenti di superbia. Perché sono proprio essi che impediscono il giusto riconoscimento del diuturno lavoro di tanti altri ricercatori che operano nel vasto campo degli studi sindonici.

Ed è particolarmente in quest'ottica che ognuno di noi, seppure avrà speso più della metà della propria vita per decifrare anche *un solo segno* del polimorfo mosaico delle impronte, potrà ritenersi appagato.

Termino con l'augurio che altri studiosi, soprattutto più giovani e più attenti in questo meraviglioso settore della «semeiotica sindonica», potranno appassionarsi alla ricerca e portare il loro valido contributo alla conoscenza più approfondita della scienza sindonologica.

SEBASTIANO RODANTE

IL GRUPPO SINDONICO DI CAGLIARI

Dire che sono lieto ed onorato di portarvi il saluto della Sardegna mi sembra troppo poco; consentitemi, perciò, di spiegare come sia approdato in terra di Puglia.

Nel 1978 non mi fu possibile andare a Torino nella fausta circostanza dell'ostensione della S. Sindone; pertanto pregai monsignor Piergiuliano Tiddia, vescovo ausiliare di Cagliari, di mettermi in contatto con i responsabili del Centro Internazionale di Sindonologia. Iniziai, così, uno scambio epistolare con D. Piero Coero-Borga, che mi fu di valido aiuto per ampliare ed approfondire le conoscenze intorno al Sacro Lino.

Sul finire del 1979, monsignor Giuseppe Bonfiglioli, allora arcivescovo di Cagliari, mi affidò l'incarico di presiedere il Gruppo diocesano dei Medici Cattolici, i quali avevano la buona usanza di fare qualcosa di particolare in preparazione alla Pasqua. Pensai che questa tradizione potesse continuare, unendo un momento di studio ad un altro di riflessione spirituale. Perciò, nel 1980, organizzai una «Tre sere» incentrata sul tema de «La morte per crocifissione». L'interesse suscitato mi spinse, nel 1981, a proporre un'intera giornata di studio sulla Sindone con ben otto relazioni, delle quali una è stata pubblicata sull'ultimo numero di «Sindon» (quella del dott. Dessy). Negli anni successivi mi sono ristretto ad impegnare i Colleghi per una sola serata, sempre, tuttavia, proponendo argomenti che riguardassero il campo degli studi sindonologici.

Questa nostra attività ed altra svolta nelle parrocchie, di cui vi dirà anche il P. Leonardo Pisano nella sua relazione, convinse D. Piero a prospettarmi l'opportunità della costituzione di un Gruppo a Cagliari; cosa che feci, invitando a farne parte quelle stesse persone che si erano mostrate disponibili nelle varie ricorrenze pasquali ed alcune altre, come la professoressa Grazia Sassu, ben nota ai sindonologi.

Nelle more dell'approvazione ufficiale, approfittando dell'occasione di un congresso medico a Torino, nel 1983 mi portai per una... visita «ad limina» al Centro Internazionale di Sindonologia, dove potei finalmente conoscere di persona D. Piero, il carissimo presidente, prof. Tino Zeuli, ed altri amici. In quella circostanza venni a sapere che il libro di monsignor Ricci «La Sindone Santa» poteva essere inviato gratuitamente ai conventi di clausura che ne avessero fatto richiesta al Centro Romano di Sindonologia; questo, però, non poté andare incontro ai petenti, perché, nel frattempo, il volume era stato esaurito.

Si potevano privare le comunità claustrali di una «lettura» della Sindone? No di certo! Ed eccomi allora a varcare, armato di una copia del negativo fotografico del Lino, in grandezza naturale, e di altri articoli di corredo (chiodi da crocifissione, esemplari di flagelli ecc.), oltre che della necessaria autorizzazione delle varie autorità religiose, le soglie di tre conventi di clausura, tutti femminili, dei quali due a Cagliari (quello delle Cappuccine e quello delle Sacramentine) ed uno a Quartu Sant'Elena (Suore della Redenzione).

Dopo i primi saluti di circostanza, introducendo il mio discorso, ho sempre chiarito che non prestavo la mia opera a titolo gratuito, ma che pretendevo di essere pagato e pagato profumatamente. L'attimo di sbigottimento che compariva sul volto delle meravigliate sorelle si tramutava subito in gioia prorompente quando precisavo che, non volendo essere correntista di alcuna banca terrena, avevo aperto un mio conto personale nella «Banca del Paradiso», aperta notte e giorno, sempre funzionante col sistema a «cassa continua», inaccessibile ai ladri e dove le quotazioni erano sempre al rialzo, presso la quale avrei gradito versamenti di preghiere, piccole penitenze ed altro, a parere delle singole oblatrici o della comunità nel suo complesso.

È per questo che oggi posso offrire a voi qui riuniti a congresso, come dono munifico della Sardegna, il costante ricordo nella preghiera delle nostre sorelle, che sono in clausura, ma che fanno con noi comunione, seguendoci nell'impegno di approfondire gli studi intorno alla S. Sindone, che è quanto dire su Gesù sofferente.

Tralascio, per brevità, di raccontarvi le ore trascorse in fraterno dialogo, talvolta di ore, che terminava solo quando le inderogabili esigenze della Regola chiamavano le suore ai loro doveri religiosi, ma vi invito caldamente ad estendere questo tipo di «propaganda» per una più ampia divulgazione della devozione alla S. Sindone. Posso assicurarvi che sarete accolti a cuore aperto da un uditorio quanto mai attento, sensibile e desideroso di conoscere quanto di vero si scopre sulla Sindone da parte di studiosi che uniscono alle competenze tecniche l'onestà di una retta coscienza.

Poiché il Centro Internazionale di Sindonologia ha in programma lo svolgimento di un Congresso Nazionale a Cagliari nel 1990, termino dicendo a voi tutti: «Arrivederci in Sardegna!».

Dott. TARQUINIO LADU

IL CENTRO ROMANO DI SINDONOLOGIA

A nome di mons. Giulio Ricci, presidente del Centro Romano di Sindonologia, mi sento onorato di portare i saluti del Centro stesso ai partecipanti al III Congresso Nazionale di Studi sulla Sindone, in corso a Trani.

Esprimo il sincero augurio che in queste due intense giornate di lavoro, pur nella diversità delle discipline e delle ipotesi verificate o da verificare, possa maturare una significativa tappa di avvicinamento al mistero racchiuso nel sacro lino, prodursi un reciproco arricchimento, essere favorita la collaborazione tra i diversi settori della ricerca, al fine di incoraggiare ad una conoscenza profonda e documentata quanti si applicano allo studio della Sacra Sindone.

Auspico che dal Congresso emergano risposte agli interrogativi, si impostino le linee della ricerca futura, vengano formulate ipotesi di lavoro, illuminate le ombre e perfezionate le acquisizioni in vista di un sincero servizio alla verità.

ANTONIO MENNA

PROLUSIONE AL CONGRESSO

PROF. LUIGI AMBROSI

Rettore Magnifico dell'Università di Bari
Presidente del Congresso

Eccellenza reverendissima, Signor presidente del Centro Internazionale di Sindonologia, Signori congressisti,

è con vero piacere, oltre che con profonda commozione, che do inizio ai lavori di questo *III Congresso Nazionale di Studi sulla Sindone*. Con piacere perché vedo qui riuniti noti studiosi e specialisti di diversi settori della ricerca per un approccio interdisciplinare, e perciò scientificamente più sicuro, col problema della Sindone. Con commozione perché questo non è un Congresso qualsiasi, uno dei tanti Congressi che si svolgono quotidianamente su temi e argomenti di varia natura: questo incontro, avendo per oggetto lo studio della Sindone, tocca non solo le corde dell'intelletto e della scienza ma anche quelle del cuore e della fede, anche se i due ambiti, è bene ribadirlo, devono rimanere, almeno in questa sede, distinti.

Questo Congresso di Trani dimostra pure esso una tendenza ormai viva e feconda nel mondo culturale: la scienza e la ricerca non sono più patrimonio esclusivo dei centri tradizionalmente e istituzionalmente deputati ad esse (Università e Accademie), ma hanno intrapreso vie nuove, direi vie collaterali ricevendone stimoli, impulsi e orientamenti che vanno colti e valorizzati, che vanno seguiti con interesse e attenzione perché producono sempre un approfondimento e un progresso della scienza stessa. E la mia presenza in questa sede testimonia l'interesse con cui l'Università di Bari segue e incoraggia tutte le iniziative culturali serie che nascono nel territorio. Sono dunque grato alla delegazione pugliese del Centro Internazionale di Sindonologia che ha riunito qui tanti illustri studiosi per dibattere un problema di cui tutti, come uomini di scienza e come uomini di fede, avvertiamo l'importanza e il significato profondo.

Da quello che ho potuto vedere scorrendo il programma, questo Congresso vuole garantire un taglio interdisciplinare alla trattazione del tema: sono previste, infatti, relazioni di storici della Chiesa, di teologi, di luturgisti, di esegeti biblici, di cardiologi, di oculisti, di esperti di disegno e della fotografia, di matematici, di fisici e, naturalmente, di sindonologi. Ed è solo dallo sforzo unitario e dalla convergente collaborazione di tutti gli specialisti che può venire un contributo decisivo alla risoluzione dei numerosi problemi che la Sindone pone. E, come ha opportunamente sottolineato Padre Umberto Maria Fasola, nessun campo di ricerca ha tanto bisogno di uno studio interdisciplinare quanto quello che riguarda la Sindone, «un oggetto antico rivestito di un fascino da muovere milioni di persone le poche volte che viene mostrato; una reliquia che, se autentica, illustra al vivo, nei più minuti particolari, la passione di Cristo e ne dà addirittura il ritratto; o, se falsa, suscita una quantità di interrogativi di natura storica e scientifica forse non meno avvincenti; una reliquia che dovrebbe attirare l'interesse del mondo della cultura e indurre molti a rendersi ragione del problema con uno studio personale». E noi oggi siamo qui proprio per questo.

Il fascino della Sindone ha superato l'ambito dei fedeli e ha coinvolto gli uomini di scienza, donandoci negli ultimi decenni risultati nuovi e importanti, specialmente quando le ricerche si sono appuntate sull'oggetto stesso, sulla sua fattura e sulle sue caratteristiche più che sulla documentazione storica che lo accompagna.

Ma anche questa documentazione ha la sua validità soprattutto per spiegare il silenzio apparente di dieci secoli su di una reliquia tanto importante. Ma pare che non si tratti di silenzio e che non ci sia soluzione di continuità nelle testimonianze riguardanti la storia della Sindone. Molti elementi, infatti, fanno pensare che la Sindone si identifichi con la celebre immagine di Edessa, su cui abbiamo tanti documenti antichi e che ha ispirato innumerevoli leggende.

Secondo un Apocrifo, gli *Atti di Taddeo*, un ebreo di nome Labbeo si recò da Edessa, dove era nato, a Gerusalemme; qui, dopo avere ascoltato la predicazione di Giovanni Battista ed essere stato battezzato, entrò a far parte della cerchia degli Apostoli del Cristo. Dominava in quel tempo su Edessa Abgar, il quale, avendo udito dei numerosi prodigi compiuti da Gesù ed essendo gravemente malato, incaricò Anania di far venire Gesù ad Edessa anche per dargli la possibilità di sfuggire alle persecuzioni degli ebrei e di predicare tranquillamente. Anania non riuscì nell'intento e cercò di fissare almeno l'immagine di Gesù per mostrarla al suo re; Gesù allora gli donò un panno (il «Santo Mandylion») con il quale si era asciugato e sul quale era rimasta impressa l'immagine del suo volto.

Dopo la passione e morte di Gesù, Taddeo si recò presso Abgar, il quale fu miracolosamente guarito dal contatto del panno, e si convertì unitamente a tutta la sua famiglia.

Il «Santo Mandylion» venerato ad Edessa non sarebbe stato che il lenzuolo in cui era stato avvolto il Cristo e che, come rileva Padre Fasola, fin dall'inizio «era stato ripiegato in modo da nascondere la sua origine funebre, precauzione indispensabile in ambiente ebraico per la sua conservazione, e presentato come un ritratto del solo volto. Un ritratto però che appariva chiaramente non opera di un pittore, a motivo della sua monocromia, dello sfumato dei tratti, della strana inversione delle luci ed ombre. Di qui il sorgere delle leggende. Quelle che narravano l'origine miracolosa dell'immagine ottenuta con l'accostamento di una tela al volto di Cristo, o durante la sua vita o durante la passione, trovano un sorprendente riscontro nelle caratteristiche del volto sindonico. E si spiegherebbe la straordinaria celebrità dell'immagine edessena nel mondo antico, la venerazione di cui fu circondata, prima ad Edessa e poi a Costantinopoli.

Non ci sarebbe stato dunque oblio e silenzio sulla Sindone prima dell'epoca crociata... Solo che il panno con le sue impronte non era tutto visibile ed era chiamato con nome differente. Si spiegherebbe inoltre la diffusione delle produzioni artistiche, a partire dal secolo VI, di un tipo iconografico del volto di Cristo con caratteristiche costanti ed addirittura anomalie fisionomiche che rivelano la dipendenza da un unico modello difficilmente identificabile in una comune opera pittorica. Lo sarebbe stato invece l'eccezionale misterioso viso sindonico, rivelato nelle innumerevoli riproduzioni fatte a scopo di culto o per devozione privata, dalle suddette caratteristiche e anomalie fisionomiche». Ciò spiega la celebrità che circondò alcune antiche icone dette acheropite, non fatte da mano d'uomo, che rappresentano un volto di Cristo ove più evidenti sono le rispondenze al volto della Sindone; esse sarebbero riproduzioni di questo, fatte per il culto ufficiale. Alcune di esse, quali il Volto Santo di Genova o quello della Cappella Matilde di Roma, hanno nella loro tradizione leggendaria chiari riferimenti all'immagine edessena, e quindi alla nostra Sindone.

Interessante ricordare che sebbene i testi liturgici che celebrano la traslazione del «Santo Mandylion» da Edessa a Costantinopoli nel 944 sembrino alludere alla presenza del solo volto sul panno, questo è però chiamato «tetràdiplon», cioè quadruplo o piegato in quattro, ed è anzi definito «sindone». Le ripiegature avrebbero occultato la duplice figura del corpo martoriato del Cristo, ucciso col più obbrobrioso dei supplizi e quindi ripugnante alla sensibilità dei cristiani antichi, lasciando visibile solo il volto, nel quale sui segni delle torture prevale una maestosa e impressionante serenità.

La ricerca storica ha sgombrato il terreno da molte obiezioni e risposto a molte perplessità. Ma è l'analisi scientifica, a cui la Sindone è stata sottoposta, che ha dato risultati del più alto interesse che non possono lasciare indifferente nessuno. Si prenda l'esame dei pollini, di cui la Sindone, come tutte le tele antiche, è inquinata. Il criminologo Max Frei dell'Università di Zurigo, nella polvere prelevata dal lenzuolo nel 1973, è riuscito ad identificare i pollini di 49 specie di piante, tra cui due gruppi che mancano completamente in Europa: cioè 29 piante del vicino Oriente, 13 delle quali sono caratteristiche od esclusive del Negev e della zona del Mar Morto, e un gruppo di piante delle steppe dell'Anatolia. Altri pollini hanno una larga area di diffusione nel Mediterraneo e nell'Europa centrale; la loro presenza sulla Sindone è ovvia per le peregrinazioni e le esposizioni della reliquia negli ultimi cinque secoli. Ma conseguentemente i pollini delle piante orientali e palestinesi dimostrano che il lenzuolo ha soggiornato in quei Paesi.

Anche lo studio degli aspetti medici connessi con la morte del Cristo ha dato un contributo direi decisivo all'affermazione dell'autenticità della Sindone. Segnalo qui le risultanze fatte registrare in questo campo dai Prof. Bucklin, Rodante, Wedenissow.

Il primo ha ricostruito le ultime vicende cliniche e la morte dell'uomo della Sindone, la quale non si discosta in nulla dalla passione e morte del Cristo.

Il Rodante ha smentito con un'analisi precisa la teoria, molto divulgata in questi ultimi anni, circa una morte apparente del Cristo che sarebbe non resuscitato, ma semplicemente risvegliato nel sepolcro.

Wedenissow, infine, ha teorizzato un infarto miocardico che avrebbe colpito il Cristo prima dell'arresto nell'orto degli ulivi e che sarebbe stato successivamente aggravato dalla flagellazione e dagli sforzi che avrebbero provocato sulla croce la morte per tamponamento del cuore.

Ho voluto accennare solo a tre aspetti della ricerca sulla Sindone (quello storico-documentario, quello palinologico e quello medico), ma tanti altri se ne potrebbero qui richiamare.

Mi paiono di notevole rilievo, per esempio, il problema della tridimensionalità delle impronte sindoniche studiato dal Prof. Tamburelli e il problema del sangue scoperto sulla Sindone dal Prof. Baima Bollone con apparecchiature elettroniche.

Ed è motivo di soddisfazione sapere che i Proff. Rodante, Tamburelli e Baima Bollone sono qui in mezzo a noi e ci aggiorneranno sulle ultime risultanze delle loro ricerche.

Ma, ne sono sicuro, tutti gli altri relatori sapranno fornire contributi e stimoli al dibattito di questi giorni che si annunzia ricco ed interessante.

A me pare che nel complesso non si possa non rimanere come attoniti di fronte alla stupefacente convergenza di risultati che per vie totalmente diverse gli studiosi stanno per raggiungere. Argomenti di natura storica, liturgica, archeologica inducono a ritenere il lenzuolo di Torino identico con il Santo Mandylion di Edessa, presente poi a Costantinopoli e di qui in Europa. Anche la palinologia e la medicina sembrano confermare questo itinerario che è sì un itinerario di fede, ma avvalorato e dimostrato come storico dalla scienza.

E ciò porta ad un rinnovato interesse verso questa reliquia nelle cui immagini straziate l'uomo può vedere ancora oggi quanto Dio ha amato la sua creatura.

LE RELAZIONI

Storia e Arte
Medicina
Scienza e Tecnica
Esegesi e Liturgia

CONTRIBUTO ALLO STUDIO DELLE FONTI EDITE SULLA SINDONE NEI SECOLI XVI E XVII

GIAN MARIA ZACCONE*

Piano del lavoro

Il presente lavoro vorrebbe cercare di presentare una panoramica sugli studi riguardanti la Sindone nei secoli XVI e XVII.

Sono stato spinto a questo filone di ricerca da una serie di motivi. Innanzitutto dal fatto che, accanto ad autori più noti, esiste tutta una schiera di autori che possiamo definire «minori», ovviamente in relazione al nostro argomento e non certo per l'importanza in assoluto dei personaggi, i quali si sono occupati, magari anche brevissimamente, in poche righe, della Sindone. I loro lavori sono certamente meno noti o addirittura sconosciuti, pur tuttavia vengono spesso citati dagli autori «maggiori», ai quali offrono appoggi, notizie, documenti, a volte di capitale importanza. Mi pare quindi opportuno evidenziare anche questi contributi, che ancor oggi possono rivestire, come si vedrà, un certo interesse.

Si dimostra poi utile riprendere in considerazione anche i testi più conosciuti, per un esame sia individuale, ma soprattutto globale nel loro rapporto vicendevole e con le opere minori. Pure alcuni cenni sulle vicende editoriali risultano utili ed interessanti per chiarire la genesi di determinate opere. Delle scarne note biografiche sugli autori, o almeno sui più significativi, ritengo che possano giovare allo studio cui mi accingo, ed in qualche modo renderlo più completo.

Credo valga inoltre la spesa di mettere in evidenza come l'interesse e lo studio rivolti alla Sindone non siano una scoperta di quest'ultimo secolo ed in particolare una moda di questi ultimi anni, ma abbiano invece una lunga tradizione che risale sino agli albori della critica scientifica: gli studiosi di oggi devono, con compiacimento, ritenersi gli eredi spirituali dei vari Chifflet, Pingon, Paleotti, Solaro e di tutti gli altri.

Non ultimo motivo è stato l'interesse che proprio ultimamente si è destato sull'editoria del XVII secolo, campo sinora piuttosto trascurato: a buon diritto la Sindone può occupare il suo posto in tale filone, avendo fatto gemere i torchi non poche volte[1].

---

* Giurista, membro del Centro Internazionale di Sindonologia.

[1] Cf. i lavori: S. MICHEL - P. M. MICHEL, *Répertoire des ouvrages imprimés en langue italienne au XVIIe siècle*, Firenze 1970; S. MICHEL, *Répertoire des ouvrages imprimés en langue italienne au XVIIe siècle, conservés dans les Bibliothèques de France*, Paris 1968-1975. Per le edizioni piemontesi V. C. PICCHIETTO, *Le edizioni piemontesi del Seicento nella Biblioteca Civica di Torino*, in Bollettino storico-bibliografico subalpino, a. LXXX (1982), 1° sem., pagg. 177-274.

Limiti del lavoro

Ovviamente, avanti di iniziare una tale ricerca, è necessario delimitare in modo drastico il campo di azione, onde permettere almeno un abbozzo di approfondimento della materia, anche in relazione allo spazio consentito a questo lavoro, e non correre il rischio di cadere nel campo della pura bibliografia, alla quale già hanno contribuito, in maniera determinante, il Manno ed il Dervieux[2]. Si è comunque deciso di pubblicare al termine del lavoro la scheda bibliografica dei testi individuati, sia perché vi sono alcuni testi in più rispetto alle citate bibliografie, sia perché la schedatura è stata fatta all'uso moderno, riconsultando le opere che è stato possibile reperire, e utilizzando le direttive dell'Istituto Centrale per il Catalogo Unico[3].

Innanzi tutto è stata fatta una prima divisione generale, per cui verranno, in questo lavoro, prese in considerazione esclusivamente le fonti edite. Ritengo infatti necessario e preliminare uno spoglio esaustivo di queste, anche come traccia e fondamento per la ricerca di quelle altre fonti inedite che potranno essere oggetto di successivi studi e sviluppi. In effetti, in questa mia ricerca, mi sono imbattuto in notizie circa l'esistenza di fonti manoscritte e contributi non editi che ritengo altamente interessanti, e che si potranno, e dovranno, reperire e studiare. È appena il caso di puntualizzare che il termine «fonti» è qui accolto in una accezione alquanto lata. Spiegherò nel prosieguo la ragione per cui ho creduto di poter comprendere tra le fonti anche dei testi che apparentemente non palesano tale caratteristica.

In secondo luogo si è delimitato cronologicamente il periodo ai secoli XVI e XVII, nei quali la novità dell'argomento ha originato un vivo interesse per la Reliquia, ed in cui il vuoto assoluto di letteratura è stato colmato con studi ed intuizioni a volte geniali.

Specie nel campo storico, l'acquisizione ai testi di determinati documenti, oggi non più reperibili, e la tradizione di notizie circolanti allora, a non molti anni dai fatti salienti, costituisce ancor oggi un elemento basilare per lo studio della Sindone.

Inoltre sono stati presi in considerazione solo e solamente i testi che fanno esplicito riferimento, ancorché brevemente con poche parole o in più ampio e diverso contesto, alla Sindone di Torino, Chambéry e Lirey. Sono stati perentoriamente esclusi i testi riferintisi generalmente ad una «sindone» o ad un «sudario», i quali, pur interessantissimi, esulano dall'assunto di questo lavoro. Proprio per questa ragione non mi sono occupato delle relazioni dei pellegrini a Gerusalemme, una parte delle quali viene oggi pubblicata in edizione critica[4], dove più volte si citano genericamente «sindone» e «sudario».

---

[2] A. MANNO - V. PROMIS, *Bibliografia storica degli Stati della Monarchia di Savoia*, Torino 1884; E. DERVIEUX, *Bibliografia della S.S. Sindone di N.S.G.C.*, Chieri 1929, cui va aggiunto il *primo supplemento* uscito nel 1936.

[3] MINISTERO PER I BENI CULTURALI E AMBIENTALI, Istituto Centrale per il Catalogo Unico delle Biblioteche Italiane e per le informazioni bibliografiche, *Regole italiane di catalogazione per autore* (convenzionalmente *RICA*), Roma 1982.

[4] *Itinera Hierosolymitana Crucesignatorum*, a cura di S. DE SANDOLI, Gerusalemme 1978.

Inoltre molte di tali relazioni non hanno trovato la loro edizione nei secoli che qui interessano.

Ovviamente nel lavoro sono stati accolti sia i testi favorevoli che quelli contrari all'autenticità nei quali mi sono imbattuto.

Metodologia della ricerca

La ricerca è partita dai testi dei «maggiori» e più noti autori. Si sono esaminate tutte le citazioni pertinenti l'argomento in essi contenute, procedendo poi all'individuazione e, per quanto possibile, al reperimento dei testi citati. Pur non trattandosi di un lavoro semplice, è stata tuttavia la parte più soddisfacente, dal momento che si sono evidenziati testi oggi non più ricordati in campo sindonologico. La presenza di citazioni incrociate, l'aumento dei testi considerati nelle varie opere che cronologicamente si susseguono, specialmente a cavallo tra i due secoli, è un fatto importante e da studiare attentamente, in quanto dimostra da un lato l'interdipendenza tra i testi, e dall'altro lo sforzo della ricerca critica per aggiungere nuovi elementi e correggere le opinioni espresse dagli autori precedenti.

È stata poi compiuta una ricerca sistematica nelle biblioteche, per ora solo torinesi, alla ricerca di altri eventuali testi. Anche in questo caso l'esito è stato positivo.

Sono quindi state prese in considerazione le bibliografie esistenti, ed in particolare quelle del Manno e del Dervieux, che in parte hanno confermato testi ai quali ero giunto per le diverse, descritte strade, ed in parte hanno offerto altri testi, specialmente di carattere panegiristico ed oratorio, non così facilmente individuabili.

Le opere reperite, tenendo conto anche delle diverse edizioni, quando queste ultime siano di una qualche importanza, sono per il momento 111, e vertono sui vari temi connessi alla problematica sindonica. Per giungere a questa cifra è però ovviamente stata necessaria la consultazione di un numero di testi più che doppio. Non ritengo comunque questo numero definitivo. Io stesso posseggo traccia per il reperimento di ulteriori lavori non ancora individuati.

Circa l'argomento delle opere, possiamo indicativamente operare una tripartizione, anche se questa, come tutte le schematizzazioni, non risulta completamente soddisfacente. Abbiamo testi che possiamo genericamente definire di carattere scientifico. In questa categoria comprendiamo trattati storici, esegetici, teologici e medici, ovviamente nell'accezione più lata del termine. Ci sono poi i lavori letterari, dedicati alla Sindone o nei quali la Sindone ha un qualche spazio. Queste opere rivestono un certo interesse in quanto riflettono un clamore ed una attenzione per la Reliquia, che esorbita dal puro contesto sacro e di ricerca.

Esiste poi il cospicuo filone dei testi panegiristici ed apologetici. Questi non portano certamente dei contributi di novità allo studio, in quanto si limitano a sottolineare gli aspetti che i trattati «scientifici» hanno elaborato, e che più presentano l'attitudine a divenire oggetto di panegirico. Tuttavia essi testimoniano un altro aspetto egualmente importante per la nostra Reliquia.

Indicano infatti come, ed in quale misura, la Sindone intervenisse nella vita religiosa, ed anche sociale, dell'epoca, specialmente in Piemonte. Ma non solo in Piemonte, dal momento che possediamo pure delle opere di carattere apologetico-divulgativo, stampate fuori dai confini dello Stato sabaudo. Reputo anche questa una fonte preziosa, in quanto dai testi si deduce un interesse ed una celebrazione della Reliquia che va di molto oltre quelli che potevano essere voluti per motivi di gloria dinastica. Anche qui ho scartato i pur numerosi laudari, panegirici, sacre rappresentazioni ed opere di devozione, specialmente sulla Passione, che, pur citando costantemente la Sindone, non possono essere riferiti direttamente alla Sindone di Torino.

Come già detto, i testi che ho potuto reperire sono al momento 111. Non ho certo la presunzione di aver esaurito l'argomento. Spero piuttosto di esser riuscito a ridestare l'interesse su di uno studio già intrapreso, almeno nelle linee fondamentali, e con diversi, in parte, motivazioni e fini, specialmente dal Piano e poi dal Savio[5]. In altre parole questo vuol essere semplicemente un «contributo» per impostare nuovi, e forse molto redditizi, filoni di ricerca. Pur tuttavia la mole di opere reperite non mi permette qui di esaurire anche solo queste 111 opere. Cercherò di soffermarmi sui testi che ritengo più significativi, dedicando maggior spazio a quelli poco conosciuti o praticamente ignorati, a scapito di quelli sui quali già molto si è detto.

Il XVI secolo

Accingendomi a trattare del XVI secolo, debbo premettere che le opere edite riguardanti esclusivamente la Sindone sono solamente due. Si tratta dei lavori del Pingon e del Paleotti. A parte pongo per ora lo scritto dell'Adorno, lavoro molto specifico, che per altro confluisce nel Pingon. La notorietà dei due testi mi dispensa dall'esame approfondito dei contenuti. Saranno tuttavia opportune alcune precisazioni, conformi all'assunto di questa relazione, volte ad inquadrare nel panorama della letteratura sulla Sindone i due lavori che per anni, per non dire secoli, sono stati fonti basilari per la conoscenza della Reliquia.

Possiamo dire che le due opere si completano tra loro, l'una colmando le lacune presenti nell'altra, e dando origine così ad un singolare «corpus» della ricerca sindonica.

Primo dei due lavori è il testo di Emmanuel Philibert Pingon, barone di

---

[5] L. G. PIANO, *Comentarii critico-archeologici sopra la S.S. Sindone...*, Torino 1833, 2 voll.; P. SAVIO, *Ricerche storiche sulla S. Sindone*, Torino 1957; P. SAVIO, *Ricerche sul culto della S. Sindone*, sec. XVI-XVII, in *Sindon* 20 (ott. 1974), 22 (ott. 1975). L'opera del Piano, di difficile consultazione per la sua impressionante mole, è un ricchissimo scrigno di notizie. È un lavoro con una certa impostazione critica che non può essere ignorato dagli studiosi specialmente della storia della Sindone. Particolarmente interessanti sono anche le litografie di cui l'opera è ornata, lavori del Gonin e del Festa.

Cusy[6]. Alcune note biografiche possono contribuire ad inquadrare meglio la sua opera sulla Sindone[7]. Nacque a Chambéry il 18 gennaio 1525. Addottoratosi in legge a Padova, ricoprì varie cariche pubbliche nella Savoia. Fu avvocato al Senato di Chambéry[8] nel 1550 e nel 1554 membro del Consiglio di Annecy del principe Giacomo di Savoia-Nemours. Dopo essere stato nel 1559 presidente del Genevese, nel 1560 venne nominato da Emanuele Filiberto referendario e consigliere di Savoia. Nel 1565 divenne governatore di Ivrea e nel 1571 lo troviamo tra i riformatori dell'Università di Torino. Morì il 18 aprile 1582. Come si vede, trattasi di personaggio anche di spicco nella vita pubblica sabauda. Ma quello che qui più importa è la sua opera come storico. Per rinuncia di Umberto Foglietta, il Pingon divenne infatti storico ufficiale di Corte. Molte sono le sue opere di carattere storico, celebrative specialmente dei fasti della Casa sabauda, ed archeologiche. Tali opere solo in parte risultano edite, mentre altre sono tuttora conservate manoscritte.

Fu certamente per tali sue capacità che nel 1578 il Duca lo incaricò di redigere una storia della Sindone, in occasione del trasporto a Torino e della visita di S. Carlo Borromeo[9]. Probabilmente Emanuele Filiberto voleva, o almeno sperava, far pesare di più, mediante la pubblicazione di documenti, l'importanza della Sindone, e quindi del suo trasporto a Torino. Pur tuttavia non risulta che l'opera sia stata pubblicata in quell'anno, sebbene il Perret[10], pur non specificando oltre, lo affermi. Personalmente non ho potuto reperire alcun esemplare in tale data. Anche le grosse bibliografie ed i testi non citano quella edizione[11]. Non semplificano la ricerca le varie date che si incontrano disseminate in diversi punti del lavoro del Pingon. In ogni caso penso si possa escludere che l'edizione del 1581 fosse già stata stampata nel 1578. Questo perché in essa è presente la lettera dell'Adorno nella traduzione del Guarnerio, che era stata data alle stampe solo nel 1579. A questo punto il 1579 potrebbe anche essere una data plausibile, avvalorata dal fatto che la dedica

---

[6] E. P. Pingon, *Sindon Evangelica*, Augustae Taurinorum 1581. Preferisco la dizione Pingon a Pingonio, in quanto più usata negli antichi documenti.

[7] Desumo le notizie essenzialmente da G. Claretta, *Sui principali storici piemontesi*, in *Memorie della R. Accademia delle Scienze*, s. II, t. XXX (1878), pagg. 290-300; G. Perachino di Cigliano, *Memorie della vita e degli scritti di Emanuele Filiberto Pingon Barone di Cusì*, Torino 1792. Si veda anche G. C. Sciolla, *Matrici lignee per le incisioni in rilievo del volume di Emanuele Filiberto Pingone...*, in *I rami incisi dell'Archivio di Corte: sovrani, battaglie, architetture, topografia*, Torino, Palazzo Madama, novembre 1981-gennaio 1982, pagg. 53-54.

[8] La notizia è riportata dal Claretta, ma l'affermazione dell'insigne storico è da ritenersi anacronistica, in quanto il Senato di Chambéry venne istituito con Editto di Emanuele Filiberto del 14 agosto 1560, e confermato il 20 febbraio 1561 (G. Bally, *Recueil des édits et règlement de Savoye*, Chambéry 1679, pagg. 1-7).

[9] Ciò è detto espressamente nella dedica del volume ai fratelli Lambert (E. P. Pingon, *Sindon* cit., p. [3]).

[10] A. Perret, *Essai sur l'histoire du Saint Suaire du XIV au XVI siècle*, in *Mémoires de l'Académie des sciences, belles-lettres et arts de Savoie*, sixième série, t. IV (1960), pag. 82, n. 140.

[11] A. Rossotto, *Syllabus scriptorum Pedemontii*, Monteregali 1667; O. Derossi, *Scrittori Piemontesi, Savoiardi, Nizzardi*, Torino 1790; A. Manno - V. Promis, *op. cit.*; E. Dervieux, *op. cit.*; G. Perachino di Cigliano, *op. cit.*, pag. 16.

del volumetto porta proprio questa data[12]. Tuttavia neppure tale anno è accettabile, almeno per quanto riguarda l'edizione che conosciamo dell'81, dal momento che in alcuni componimenti poetici posposti al testo si accenna a Carlo Emanuele duca di Savoia, che, come noto, successe al padre Emanuele Filiberto dopo la morte di questi, avvenuta il 20 agosto 1580. È da dire comunque che non risulta l'esistenza di una edizione in tale data. Credo si possano al riguardo accogliere, sebbene con alcune riserve, ed in modo molto generale, le ipotesi del Piano[13]. In particolare, oltre al fatto che probabilmente il Pingon non si sentiva soddisfatto del proprio lavoro, forse ritenne di non essersi a sufficienza documentato e magari non sentiva nemmeno troppo l'argomento, almeno nella forma in cui gli venne proposto. A ciò si aggiunga che in quegli anni stava lavorando per definire il proprio «Arbor Gentilitia»[14], al quale certamente teneva molto e che uscì appunto nel 1581, occupando anche in modo notevole la tipografia. Così trascorse il tempo, sinché nel 1581, come si asserisce nella presentazione del tipografo, il duca obbligò il Pingon a pubblicare frettolosamente il suo manoscritto, forse in occasione del nuovo pellegrinaggio di S. Carlo nel 1581 o in previsione di quello del 1582. In effetti il volumetto ha un po' l'aspetto di un'opera raffazzonata: l'incisione datata inserita e la dedica rimasero quelle del '79, al termine si è allegato il componimento d'occasione del 1562 ed alcuni componimenti d'altri autori; in più si aggiunsero la Bolla di Giulio II e la traduzione della lettera dell'Adorno. Anche la presenza di una nutrita serie di errori di stampa può denunciare la fretta dell'edizione.

Tutto questo per quanto riguarda le vicende editoriali dell'opera del Pingon. Il lavoro in sé, come noto, è esclusivamente di carattere storico. Praticamente nulla è la descrizione obiettiva della Sindone e dell'immagine in essa contenuta. Ed infatti il suo testo diventerà negli anni fonte delle notizie storiche riguardanti il passato della Reliquia. Le sue fonti sono essenzialmente note manoscritte di famiglia, tavole affisse nella Cappella di Chambéry, note ed appunti di autori quali il Dellexio e Lelio della Rovere, nonché documenti conservati negli Archivi sabaudi ai quali egli, nella sua qualità, poteva liberamente accedere. Una certa parte del suo lavoro è dedicata a controbattere le argomentazioni di Calvin contro la venerazione delle Reliquie. Dovremo tornare su quest'opera di Calvin, per la sua importanza nei riflessi che esercita si può dire su tutti gli autori seguenti.

Per concludere con questo singolare testo sulla Sindone, è necessario rilevare come per la prima volta si assista ad un tentativo organico di trattazione storica della Reliquia. E se l'autore pecca di fantasia e credulità, ed in molti

---

[12] Solo il Pugno accetta questa data, trascrivendo però il frontespizio del 1581 (G. M. PUGNO, *La Santa Sindone che si venera a Torino*, Torino 1961, pagg. 9, 17).
[13] L. G. PIANO, *op. cit.*, I, pp. 8-13.
[14] E. P. PINGON, *Inclytorum Saxoniae Sabaudiaeque Principum arbor gentilitia*, Augustae Taurinorum 1581.

passi verrà contestato e corretto già pochi anni dopo, ciò nulla toglie all'importanza dell'opera in sé ed al valore di talune sue notizie. Si badi per esempio alla sua descrizione da testimone oculare dell'incendio del 1532, che è tuttora fondamentale. Anche la data che il Pingon riporta come quella dell'atto di passaggio della Sindone ai Savoia è molto importante. È nota l'incertezza che ancora ai nostri giorni regna sull'anno di tale passaggio: 1452 o 1453? Oggi si tende più a spostare l'attenzione sulla seconda data soprattutto alla luce dei recenti studi del Perret e dello Zurbuchen[15]. Il Pingon ci dà invece la data 22 marzo 1452. È possibile che abbia inventato con tanta sicurezza? Se però guardiamo bene nel testo scopriamo che se nella parte in prosa vi è 1452, in quella in versi si trova invece 1453[16]. Ora la data 22 marzo 1453 trova una rispondenza documentaria. Si badi inoltre che nell'«Arbor Gentilitia» il Pingon mette la data 1443, che viene nell'*errata corrige* corretta in 1453[17]. È la riprova che la data 1452 rimane un «unicum» nell'opera pingoniana, anche se si perpetuerà, per una strana sorte, solo quella[18].

Vorrei poi rilevare la particolare importanza che riveste la trascrizione della Bolla di Giulio II che approva la liturgia della Sindone, in data 25 aprile 1506. Tale importanza è data dal fatto che oggi tale Bolla sembra non più reperibile in originale, come viene anche lamentato dal Vismara[19]. Il Savio solamente cita un esemplare di tale documento, ma tuttavia pone una data diversa da quella del Pingon: 9 maggio[20].

Il Pingon interviene ancora sull'argomento Sindone, sebbene in maniera più limitata, in altri due suoi lavori: il già citato «Arbor Gentilitia» e l'«Augusta Taurinorum»[21].

Per quanto riguarda l'altra opera del secolo in questione, quella del Paleotti, molto di meno vi è da dire, dopo l'accurato studio che ha fatto Mario Fanti, esempio di corretta ed approfondita critica testuale[22]. Mi permetto inve-

---

[15] A. Perret, *op. cit.*, pagg. 86-88; W. Zurbuchen, *Le Saint Suaire à Genève en 1453*, in *Bulletin de la Société d'histoire et d'archéologie de Genève*, t. XVI, troisième livraison, 1978.

[16] Già il Piano si era accorto dell'anomalia (L. G. Piano, *op. cit.*, I, pagg. 313-314).

[17] E. P. Pingon, *Inclytorum* cit., pag. 56, u.c. Cfr. L. G. Piano, *op. cit.*, I, pagg. 313-314.

[18] Il Sanna Solaro (G. M. Sanna Solaro, *La S. Sindone che si venera a Torino*, Torino 1901, pag. 33), si dimostra convinto assertore della data 1452.

[19] E. M. Vismara, *La liturgia della Sindone*, in *La Santa Sindone nelle ricerche moderne*, Torino 1950, pag. 178 n. 5.

[20] P. Savio, *Ricerche storiche* cit., pag. 207-245. Il Vismara (cf. nota preced.) rileva anche delle anomalie nella redazione della Bolla, per chiarire le quali invocava uno studio critico. Ancor oggi si è in attesa di un tale lavoro, che consideri il documento, già sviscerato dal punto di vista liturgico, anche sotto il profilo diplomatico. Esistono anche altre perplessità sul giorno di pubblicazione della Bolla. Il Paleotti trascrive il documento di approvazione, senza la liturgia, con la data: sesto giorno dalle calende di maggio (26 aprile), mentre il Pingon lo dà come settimo giorno (25 aprile). Il Paleotti riporta tale data in entrambe le edizioni della sua opera (v. nota 22).

[21] E. P. Pingon, *Augusta Taurinorum*, Taurini 1577, pagg. 73, 75. Curiosamente nel testo la data dell'incendio di Chambéry è posta nel 1533.

[22] M. Fanti, *Genesi e vicende del libro di Alfonso Paleotti sulla Sindone*, in *La Sindone Scienza e Fede*, Atti del II Convegno Nazionale di sindonologia, Bologna 1983. Il lavoro presenta un attento studio, nonché la collazione delle due edizioni di A. Paleotti, *Esplicazione del lenzuolo ove fu involto il Signore*, Bologna 1598; A. Paleotti, *Esplicazione del sacro lenzuolo ove fu involto il Signore*, Bologna 1599.

ce di considerare brevemente il testo sotto un diverso punto di vista, come s'è detto poc'anzi, e cioè in relazione ai lavori precedenti, ed in questo caso al Pingon. Infatti il Paleotti colma la grossa lacuna di quest'ultimo in merito alla descrizione obiettiva della Reliquia, come è suo stesso intento dichiarato: «Tale historia [della Sindone] è narrata più diffusamente da Filiberto Pingonio, senza però venire a dichiaratione alcuna, o a consideratione sopra l'istessa Sindone, o sopra le piaghe del Salvatore»[23]. Per questo motivo il Paleotti non dedica che pochissimo spazio alla trattazione storica della Sindone, ed in più dichiaratamente copiando senza pretese critiche dal Pingon[24].

Viceversa nuovissima ed autonoma è la descrizione obiettiva dell'immagine sulla Sindone. E per la prima volta, ovviamente nel campo di studi sulla Reliquia, appaiono ricerche filologiche ed archeologiche circa la croce ed il modo di giustiziare e seppellire nell'antichità.

Senza proseguire oltre su questo fondamentale testo, possiamo però affermare che il Pingon per un verso ed il Paleotti per l'altro, formano una silloge che copre in gran parte il campo della problematica sindonica, e, seppur con le inevitabili inesattezze ed errori, offre una immagine piuttosto importante del pensiero cinquecentesco sulla Reliquia.

Ma se quelli sin qui trattati sono i contributi di maggior spicco allo studio della Sindone, esistono anche altri lavori i quali, sebbene in misura minore e senz'altro privi di altrettanta autonomia e profondità, si occupano della Reliquia.

Tra questi ad esempio la lettera che il gesuita Francesco Adorno scrisse sul pellegrinaggio di S. Carlo Borromeo a Torino nel 1578. L'Adorno, nato a Genova il 13 settembre 1533 e ivi morto il 13 gennaio 1586, fu celebre predicatore. Entrato nei gesuiti a Coimbra nel 1549, approdò a Roma e fu quindi Rettore di vari Collegi, come quello di Padova e di Milano. Fu in particolare relazione con S. Carlo Borromeo, del quale divenne direttore spirituale e stimato consigliere. La stima che il santo vescovo ebbe per l'Adorno si può evincere dalla proposta che egli stesso inviò a Gregorio XIII di nominarlo Generale della Compagnia di Gesù[25]. L'Adorno compì vari pellegrinaggi insieme a Carlo Borromeo, tra cui quello del 1578 a Torino. Del viaggio il gesuita stese una relazione che fu pubblicata nel 1579, tradotta in latino dal canonico bergamasco Giovanni Antonio Guarnerio. È da escludere che la lettera sia stata pubblicata, nella originale versione italiana, dall'Adorno nel 1578, come affermano il Manno ed il Dervieux[26]. Si vedano in proposito i rilievi for-

---

[23] A. PALEOTTI, *Esplicazione del sacro lenzuolo* cit., pag. 10.

[24] *Loc. cit.*

[25] Sulla vita e le opere dell'Adorno cf. G. MAZZUCHELLI, *Gli scrittori d'Italia*, Brescia 1753-1763, I, pagg. 146-147; G. SPOTORNO, *Storia letteraria della Liguria*, Genova 1824-1858, III, pag. 165; C. SOMMERVOGEL, *Bibliothèque de la Compagnie de Jésus*, Bruxelles, Parigi, 1890-1900, I, col. 54; E. LAMALLE, s.v., in *Enciclopedia Cattolica*, Città del Vaticano, 1948-1954, I, col. 325.

[26] A. MANNO - V. PROMIS, *op. cit.*, I, n. 274; E. DERVIEUX, *op. cit.*, n. 3. Cf. anche M. BERSANO BEGEY - G. DONDI, *Le cinquecentine piemontesi*, Torino 1966, II, n. 644.

mulati dal Savio, che pubblica per la prima volta il testo originale della lettera dell'Adorno[27]. D'altro canto anche le ricerche da me compiute confermano la non pubblicazione[28].

L'Adorno, dopo una breve introduzione descrittiva e storica, nella quale accoglie la fantasiosa teoria che fa pervenire la Sindone ai Savoia tramite Amedeo difensore di Rodi, descrive minutamente il pellegrinaggio di S. Carlo a Torino, e su questo particolare è tuttora la fonte più completa ed attendibile. Nel testo, che come si è visto è stato ripubblicato nella versione latina dal Pingon, vengono citati due autori, il «Primus Episcopus Cabilionensis» e Sisto IV.

Per quanto riguarda il «Primus Episcopus», si tratterebbe di Jean Germain e della sua opera dal titolo «Mappa Mundi», sulla quale si è soffermato il Savio, e che comunque si limita ad una brevissima citazione della Sindone conservata a Chambéry[29].

Il secondo è invece Francesco della Rovere, papa col nome di Sisto IV (9 agosto 1471). La sua opera «De sanguine Christi», scritta già nel 1462, in occasione della disputa sul sangue di Cristo davanti a Pio II, fu pubblicata solo nel 1471[30]. In essa vi è un preciso riferimento alla Sindone: «Consimilis etiam ratio adduci posset, de Sudario in quo Christi corpus fuit circomvolutum cum fuit ex cruce depositum, quod est apud Duces Sabaudiae magna cum devotione custoditum quodque est Christi sanguine rubricatum». Non sfugge l'importanza di tale testo, sia per l'autorità della persona da cui promana, sia per l'antichità della testimonianza (1462)[31]. Inutile dire che questo scritto è il più costantemente citato dagli scrittori seguenti, che naturalmente gli annettono un grosso valore. D'altro canto il problema teologico della rimanenza in terra di sangue di Cristo dopo la resurrezione, aveva creato una

---

[27] P. SAVIO, *Pellegrinaggio di S. Carlo Borromeo alla Sindone in Torino*, in *Aevum*, a. 7 (1933), specialmente alle pagg. 429-430.

[28] Le grosse bibliografie non citano una tale edizione. Cf. G. B. AUDIFFREDI, *Catalogus Bibliothecae Casanatensis*, Roma 1761-1788; J.C. BRUNET, *Manuel du libraire*, Paris 1860-1865. V. anche le citate bibliografie specifiche (*supra*, nota 25), pur notando che lo Spotorno dà la traduzione del Guarnerio pubblicata a Torino. Probabilmente conosce solo la ristampa del Pingon.

[29] J. GERMAIN, *Mappa Mundi*, Parisiis 1573. La citazione è tolta da P. SAVIO, *Ricerche storiche*, cit., pagg. 192-197, che fa rilevare inoltre l'erroneo appellativo di «Primus Episcopus Cabilionensis».

[30] SISTO IV, *De sanguine Christi*, [Roma, dopo il 10.VIII.1471]. L'esemplare da me visto presso la Biblioteca Nazionale di Torino, stampato su pergamena e riccamente miniato, non reca frontespizio. Ho tratto l'intestazione da *Indice generale degli incunaboli delle biblioteche d'Italia*, Roma 1943-1972, V, n. 9040. Cfr. anche L. HAIN, *Repertorium bibliographicum*, Stuttgart 1826-1838, II, pag. II, n. 14796; P. SAVIO, *Ricerche storiche* cit., pagg. 198-200; E. A. WUENSCHEL, *Una altra pretesa decisione di Roma contro l'autenticità della Sindone*, in *Sindon*, 7 (1961), pag. 27; E. DERVIEUX, *op. cit.*, I suppl. (Torino 1936) n. 524, con la data «1472?».

[31] Il padre Wuenschel (E. A. WUENSCHEL, *op. cit.*, pag. 27, nn. 60-61) ha collazionato il testo ms. della Biblioteca Vaticana rivisto dall'autore nel 1467 con quello dell'edizione del 1473. Rispetto a questo testo, nel passo da me riportato (SISTO IV, *op. cit.*, f. [103]) vi sono in più le parole «cum fuit de cruce depositum». Non posso dire se si tratta di omissione del Wuenschel od effettiva differenza. Rilevo inoltre un'ulteriore diversa lezione, sempre sullo stesso passo, rispetto alla versione data dal Savio (P. SAVIO, *Ricerche storiche* cit., pag. 201). Ritengo sarebbe utile uno studio più approfondito delle varie edizioni del trattato in relazione agli esemplari ms. esistenti nell'Archivio Vaticano.

disputa che si protrarrà nei secoli. Si vedrà come il Solaro di Moretta nel suo prezioso libro sulla Sindone del 1627, dedichi una parte cospicua alla trattazione dell'argomento[32]. Ma anche il Germain viene citato, per esempio da Simone Maiolo astense, autore di un'opera a difesa delle immagini[33]. Il Maiolo, vescovo di Volturara e Montecorvino[34], accenna in breve spazio alla Sindone, ed è una citazione che non poteva mancare in un libro dedicato alle immagini. Questo breve passo è comunque molto ricordato dagli autori seguenti, perché ritenuto di grande valore. È necessario aprire qui una parentesi, per rilevare il criterio col quale in questi secoli, ed in parte anche nei secoli successivi, si citavano i testi sull'argomento. Si può dire che ci sono due tipi di citazione, l'una volta a suffragare o a comunicare la fonte della propria affermazione o l'oggetto della propria obiezione, e l'altra, che in realtà risulta essere ritenuta molto più importante se non per tutti, almeno per la stragrande maggioranza degli autori, è la citazione che scolasticamente possiamo definire come «argumentum auctoritatis». Questo fa sì che troviamo riportati testi che trattano della Sindone in poche righe, a volte solo con poche parole, come già abbiamo avuto modo di notare. Questi passi vengono però citati come pesanti prove a favore dell'autenticità della Reliquia per l'autorità degli scrittori che li hanno formulati. Si tratta insomma di una prova «per relationem»: il fatto che quell'autore goda di grande fama come studioso dà la certezza che le sue affermazioni siano documentate. Se scrive in quel determinato modo, significa che i suoi studi lo hanno portato a quella convinzione. Se cita la Sindone come il lenzuolo di Cristo si deve supporre che, dopo accurato studio, egli se ne sia convinto. Si dà per certo che se vi fosse qualche cosa che osta a tale autenticità, sicuramente l'autore l'avrebbe rilevata[35]. Dirò che questa è la ragione per cui ho voluto considerare al pari delle opere di maggior mole anche questi lavori, seppure in molti casi il contributo sulla Sindone sia estremente limitato. Io stesso infatti, all'inizio dello studio, ero piuttosto perplesso sulla opportunità o meno di citare tali scritti, ma nel prosieguo, resomi conto del valore loro attribuito, sono venuto nella convinzione, per i motivi ora esposti, che essi siano entrati in maniera definitiva tra le fonti che hanno contribuito allo svolgersi della ricerca sulla Reliquia.

---

[32] A. SOLARO DI MORETTA, *Sindone evangelica, historica et theologica*, Torino 1627 (v. *infra*).

[33] S. MAIOLO, *Historiarum totius orbis omniumque temporum pro defensione sacrarum imaginum contra Iconomachos*, Romae 1585, c. I, cap. IV, par. 15.

[34] Il Maiolo fu Vescovo di Volturara, oggi Volturara Irpina, e Montecorvino (sulla diocesi cf. E. JOSI, s.v., in *Enciclopedia Cattolica* cit., XII, coll. 1622-1623), e non vescovo di Volterra come vorrebbe il Piano (L. G. PIANO, *op. cit.*, II, pag. 62). Cfr. C. EUBEL, *Hierarchia Catholica mediaevi*, Munster 1898-1910, III, pag. 358.

[35] Una dimostrazione di quanto detto si può vedere nel Solaro, al capo XI «Ragioni e fondamenti principali della verità, e certezza, che la nostra Sindone sia l'Evangelica di Cristo... si conferma l'istessa verità con il testimonio d'huomini grandi, et in bontà e dottrina segnalati...». E, parlando del Rader, dice che la sua testimonianza è inconfutabile, dal momento «...che tra l'infinita moltitudine e varietà di libri greci, e latini che gl'è passata tra le mani, et specialmente d'historie non ha trovato che opporre al nostro antichissimo, anzi immemorabile e pacifico possesso...» (A. SOLARO DI MORETTA, *op. cit.*, pagg. 95-96). E più modernamente anche il Piano, che per altro mutua in gran parte l'impostazione del proprio lavoro dal Solaro, condivide questo modo di procedere (L. G. PIANO, *op. cit.*, II, cap. IV).

Tra questi autori dobbiamo segnalare il celeberrimo cardinal Baronio, che nei suoi «Annales» all'anno 34 cita la Sindone conservata a Torino[36]. Al pari del trattato di Sisto IV, anche questo lavoro viene sempre citato come fondamentale nelle opere successive. Ricorderò qui anche i suoi continuatori, seppur si vada a sconfinare nel XVII secolo, quali il De Sponde e il Rinaldi. Il primo nella sua epitome del Baronio ne riporta di peso il passo sulla Sindone, ma nell'aggiunta sino all'anno 1622 si dilunga un po' di più, citando il Pingon ed il Gaultier[37]. Ritorneremo più avanti su quest'ultimo. Anche Oderico Rinaldi, continuando gli «Annales» del Baronio, si rifà a questi due autori. In particolare riporta un passo del Pingon, come a sua volta era stato riportato dal Gaultier[38]. È però particolarmente interessante il fatto che egli corregge la data 1452 che, come si è visto, si trova nel testo del Pingon e di qui in quello del Gaultier, in 1453. Non si può sapere da dove tragga le notizie per operare una tale correzione, ma è anche possibile che conoscesse qualche documento, come conosce, sempre per quanto riguarda la Sindone, la ricognizione dopo l'incendio del 1532.

Degli esegeti e teologi che vengono per lo stesso motivo citati, attivi nel periodo che parte a cavallo tra i due secoli per proseguire nel '600, darò alcuni cenni nella parte relativa a quel secolo.

Ma torniamo ancora al '500 per esaminare gli ultimi testi che ci rimangono. Segnalerei innanzitutto, per la sua estensione, il Bucci: «Breve trattato di Agostino Bucci della SS. Sindone detta volgarmente S. Sudario, pretiosissima reliquia della Casa Serenissima di Savoia». L'autore, nato a Torino l'8 dicembre 1531 e morto nel 1593, si addottorò in medicina nel 1552. Nella sua produzione letteraria tuttavia la medicina occupa un posto piuttosto limitato, rispetto alle opere di carattere oratorio e politico, tanto che gli venne concesso il titolo di oratore di Corte. Conobbe a Torino Torquato Tasso, il quale soggiornò nella città e fu presente alla ostensione della Sindone del 1578. Dovette egli fare una favorevole impressione al poeta, dal momento che in tre «Dialoghi» del Tasso, viene inserito come interlocutore. Il Bucci ebbe tre figlie ed un figlio, Domenico Filiberto[39]. Ed è nell'opera di quest'ultimo sul battesimo del principe Filippo Emanuele, figlio di Carlo Emanuele I, che vie-

---

[36] C. BARONIO, *Annales ecclesiastici*, Coloniae Agrippinae 1624, I, col. 209, n. 138. Ricordo anche un'altra opera fondamentale di storia ecclesiastica: C. FLEURY - J. C. FABR, *Histoire ecclésiastique*, Paris 1691-1780. Nel t. XXII, pagg. 573-576 tratta della Sindone, prendendo le notizie da un altro interessante testo, poco noto, che si è occupato specialmente del periodo di Lirey: A. BAILLET, *Les vies des saints*, Parigi 1739 (la prima edizione è Parigi 1701), IX, pagg. 271 segg.

[37] H. DE SPONDE, *Annales ecclesiastici ex XII tomis Caesaris Baronii... in epitomen redacti... una cum... brevi auctario ab eo tempore quo Baronius cessavit usque ad an. 1622*, Lutetiae Parisorum 1622, I, pag. 45 n. XLII; II (*Auctarium chronologicum...*) pag. 43.

[38] O. RINALDI, *Annales ecclesiastici ab anno MCXCVIII ubi desinit Cardinalis Baronius*, Lucca 1747-1756, IX, pagg. 624-625; XII, pag. 309.

[39] Ho tratto le notizie da: Biblioteca Reale di Torino, G. VERNAZZA, *I Bucci letterati*, ms.; M. MASOERO, *Una «Amedeide» inedita di Agostino Bucci*, in *Studi Piemontesi*, nov. 1974, vol. III, fasc. 2; P. M. ARCARI, *Agostino Bucci medico-politico alla corte dei Savoia*, Roma 1942.

ne inserita la memoria sulla Sindone. Sarà bene chiarire qui una questione tipografica, dibattuta dal Manno e dal Dervieux, dovuta al fatto che i due autori non hanno approfondito lo studio sulle diverse edizioni dell'opera. Esistono infatti due stampe, la prima del 1587 e la seconda dell'anno seguente. La prima, uscita dai torchi di Antonio de' Bianchi[40], reca al frontespizio, dopo il titolo generale: «...insieme con... mostra di S. Sudario e con un breve discorso sopra di esso fatto...». Quest'ultimo è proprio quello di Agostino Bucci, di 17 carte, che porta il titolo sopra riferito. Nella edizione dell'anno seguente, presso Giovanni Battista Bevilacqua[41], invece il frontespizio reca solamente: «...insieme con... mostra di S. Sudario...». Infatti il trattato in questa edizione è stato soppresso. Difficile se non impossibile stabilirne la ragione. È da notare comunque, cosa mai a quanto mi risulta fatta rilevare, che per sopperire alla mancanza del trattato, in questa edizione vengono aggiunte alcune poche righe al capitolo precedente che narra l'ostensione avvenuta per l'occasione dal titolo «Mostra e spiegamento del S. Sudario...». Tali righe, ad opera evidentemente di Domenico Filiberto, dànno brevi cenni storici sulla Reliquia. Il trattato comunque non reca grossi contributi di novità e segue pedissequamente il Pingon. Di questo reca anche le contraddizioni, come per esempio ancora al riguardo del passaggio della Sindone ai Savoia, che in un passo è posto nel 1452 ed in altro nel 1453.

Non vastissima eco risulta aver avuto questo testo del Bucci[42]. È da rilevare e segnalare però che nell'edizione cuneese del 1684 del «Flos Sanctorum», opera del padre Alfonso Villega e tradotta da Timoteo da Bagno monaco camaldolese, viene inserita la memoria della festa della Sindone, e all'uopo è riportata di peso tutta la trattazione del Bucci[43]. Nelle altre edizioni e traduzioni dell'opera del Villega che ho potuto consultare, non ho più trovato alcun accenno alla Sindone, e tantomeno al trattato del Bucci. Si può forse quindi dedurne trattarsi di una aggiunta del traduttore per questa edizione piemontese.

In questo secolo è doveroso anche ricordare i brevi cenni del Paradin e del Dellexio, i cui nomi sono citati dallo stesso Pingon. Il primo è autore di varie opere, tra cui una «Chronique de Savoye», edita per la prima volta nel 1552[44]. Della Sindone si accenna in quest'opera nell'edizione del 1561, nella quale si dà notizia dell'ostensione annuale della Sindone e del concorso di

[40] D. F. Bucci, *Il solenne battesimo del Serenissimo Prencipe di Piemonte Filippo Emanuelle*, Torino 1587.

[41] D. F. Bucci, *Il solenne battesimo del Serenissimo Prencipe Filippo Emanuelle... corrette e di nuovo ristampate*, Torino 1588.

[42] Di quest'opera esiste anche una traduzione in francese: D. F. Bucci, *Le solemnel baptesme de Monseigneur le Prince de Piedmont Philippe Emanuel*, Turin 1588. Purtroppo dell'unico esemplare segnalato di questa edizione si conserva presso la Biblioteca Reale di Torino solo il frontespizio. Non è quindi possibile sapere se contenesse o meno la memoria del Bucci. Si può presumere di sì, trattandosi di una edizione dello stesso stampatore di quella del 1587 (cf. M. Bersano Begey - G. Dondi, *op. cit.*, I, n. 143).

[43] A. Villega, *Il nuovo e vero leggendario della vita e fatti di N.S. Giesù Christo e di tutti i Santi...*, Cuneo 1684, pagg. 250-255.

[44] G. Paradin, *Chronique de Savoye*, Lyon 1552.

molti pellegrini[45]. L'edizione riveduta ed aumentata da Jean de Tournes del 1602 riporta lo stesso testo di quella del 1561[46].

Il Dellexio, dottore in legge e storico, nativo «della Rocchetta diocesi di Moriana»[47], pubblica nel 1571 un lavoro sui domini del Duca di Savoia e, parlando di Chambéry, ricorda l'esistenza della Sindone[48].

Ancora nel 1561 Teodoro Molignano aveva pubblicato un libretto, oggi rarissimo, dedicato ad Emanuele Filiberto. In esso, laddove vengono enumerati tesori e reliquie del principe, l'autore cita la «mas preciosa y santa reliquia del Mondo, el Santo Sudario», che viene conservato nella cappella del «Principe d'Europa»[49].

Sempre nel '500 troviamo l'opera del Tonso su Emanuele Filiberto, che dedica due pagine alla Sindone, traendole dalla lettera dell'Adorno e dal Pingon, senza tuttavia aggiungere nulla di interessante[50]. Il testo che diventerà importante fonte sulla vita di Emanuele Filiberto, non avrà altrettanta fortuna per quanto riguarda la Sindone.

Al termine della trattazione del secolo è necessario ricordare il testo e l'autore che più è stato presente nelle citazioni degli studi sulla Sindone sin qui e che vedremo nel secolo seguente. Mi riferisco allo scritto di Calvin, noto come il «De Reliquiis» stampato a Ginevra nel 1543[51]. In esso il Calvin codifica una controversia teologica con la Chiesa Cattolica, sulle reliquie in seno ad essa conservate e venerate. L'autore giustifica nell'opera la propria posizione di rifiuto di questo culto allegando tutta una serie di motivazioni storiche ed esegetiche, e di difficoltà teologiche. Evidentemente a farne le spese sono soprattutto quelle che venivano ritenute le reliquie principe, essendo anche

---

[45] G. PARADIN, *Chronique de Savoye revue et nouvellement augmenté*, Lyon 1561, pag. 24.

[46] G. PARADIN, *Chronique de Savoye...*, Lyon 1602, p. 24. Nel testo si riferisce anche del viaggio di Francesco I nel 1516, dopo la vittoria di Marignano, da Lione a Chambéry (pagg. 384-385).

[47] F. A. DALLA CHIESA, *Catalogo di scrittori piemontesi, savoiardi e nizzardi*, Carmagnola 1660, pag. 228, dal quale traggo la grafia del nome.

[48] J. DELLEXIO, *Chorografia insignum locorum qui maxima ex parte subbiciuntur... potentissimo Principi Sabaudo*, Camberii 1571, pag. 23.

[49] T. MOLIGNANO, *Lirbo de cavalleria, entitulado el Cavallero resplendor*, Vercé 1562, c. [30]. Su quest'opera si veda L. AVONTO, *«El Cavallero resplendor» un rarissimo esemplare dell'Agnesiana di Vercelli*, in *Bollettino Storico Vercellese*, n. 3 (1973) pagg. 25-35; L. AVONTO, *Mito imperiale e America in una rara edizione del Cinquecento*, in *Bollettino Storico Vercellese*, nn. 20-21 (1983) pp. 5-70.

[50] G. TONSO, *De vita Emmanuelis Philiberti Allobrogum Ducis*, Mediolani 1596, pagg. 207-210.

[51] Per la precisione Calvin cita la Sindone di Nizza, là trasportata da Chambéry. J. CALVIN, *Advertissement trèsutile...*, in *Corpus Reformatorum*, XXXIV (Brunswig 1867), col. 474. L'opera originale di Calvin, secondo i curatori del *Corpus Reformatorum*, non ha infatti il titolo *De Reliquiis*, ma invece *Advertissement trèsutile du grand proffit qui reviendroit à la Chrestienté, s'il se fasoit inventaire de tous les corps sainctz, et reliques, qui sont tant en Italie, qu'en France, Allemaigne, Hespaigne, et autres Royaumes et Pays. Par M. Iean Calvin*, Imprimé à Genève, par Iehan Girard, 1543, 110 p. 8°. *Corpus Reformatorum*, XXXIV (Brunswig 1867). Confrontando questa scheda con quella pubblicata nelle *schede bibliografiche* al n. 3, si può notare una certa differenza che qui mi limito a segnalare. L'intero testo di questa opera di Calvin venne, a causa della sua difficile reperibilità, ripubblicato in: J. A. S. COLLIN DE PLANCY, *Dictionnaire critique des réliques et des images miraculeuses*, Paris 1821-1822, III, pag. 251 segg. Calvin ritornerà altre volte sul culto delle immagini. Cf. i tre inediti J. CALVIN, *De cultu imaginum*, in *Corpus Reformatorum*, XXXVIII (Brunwig 1871) coll. 193-202, seppure in essi non si citi più la Sindone.

figurate, quali le varie sindoni e sudari sparsi un po' per tutta l'Europa, tra le quali evidentemente anche la Sindone di Chambéry.

Non è questa la sede per approfondire una disputa essenzialmente religiosa e teologica che si è perpetuata nei tempi sino ai giorni nostri. Dirò soltanto che forse per la Sindone questa polemica fu un fatto positivo, in quanto le obiezioni mosse, sia di carattere storico ed esegetico, che teologico, spinsero studiosi, come si è visto anche di grosso calibro, a prendere seriamente in considerazione il misterioso reperto, e senz'altro contribuirono, inserendo il problema del Lenzuolo in una disputa ben più ampia e fondamentale, ad aumentare la notorietà e l'interesse per la Reliquia.

Un riflesso non dell'opera ma probabilmente delle posizioni di Calvin contro la Sindone, e delle voci che circolarono dopo l'incendio del 1532, voci che volevano essere la Sindone bruciata e quindi rimpiazzata e che portarono poi alla nota ricognizione del Gorrevod del 1534, si può trovare nell'opera di Rebelais. Al cap. XXVII del libro I del «Gargantua» troviamo la descrizione dell'episodio dell'assedio posto all'Abbazia e del suo salvataggio. Narrando dei nemici che vengono dispersi ed uccisi, il Rabelais mette loro in bocca varie invocazioni, tra cui anche una alla Sindone: «Les ungs se vouayent à sainct Jacques; les aultres au sainct suaire de Chambéry, mais il brusla troys moys après, si bien quon n'en peut saulver un seul brin»[52].

Il XVII secolo

La produzione tipografica del XVII secolo è decisamente più ampia di quella del secolo precedente. Ciò è valido anche per le pubblicazioni sulla Sindone. Risulterebbe esorbitante per queste pagine un esame specifico sulle singole opere, come si è fatto per il '500. Sarò quindi costretto ad omettere la trattazione di molti testi reperiti, che saranno comunque segnalati nelle schede bibliografiche. Ridurrò anche la trattazione delle opere restanti, soffermandomi su alcune che presentano particolare interesse.

Così non può essere passato sotto silenzio, ancorché per la sua notorietà basti un accenno, il lavoro di Daniele Mallonio, che è in un certo modo il

---

[52] F. RABELAIS, *Oeuvres complètes*, édition établie et annotée par Jacques Boulenger, revue et complétée par Lucien Scheler, Bruges 1970, p. 86. La citazione è tratta da *La vie très horrifique du Grand Gargantua père de Pantagruel jadis composé par M. Alcofribas abstracteur de quinte essence. Livre plein de pantagruelisme*. La prima edizione di quest'opera, stampata con lo pseudonimo Alcofribas Nasier, anagramma del nome dell'autore, vide la luce, secondo i curatori della fondamentale edizione delle opere per la collana *La Pléiade* innanzi citata, probabilmente il 3 novembre 1534 (F. RABELAIS, *op. cit.*, pag. XV). Si riporta qui la scheda bibliografica di tale edizione «[*Gargantua*] (Franç̧ois Juste, vers 1534. In 8° allongé, goth, 100 ff. 33 lignes. Le titre manque, ainsi que le 8° feuillet du premier chaier, à l'ex. de la Bibliothèque Nationale, qui est le seul que l'on connaisse)» (*op. cit.*, pag. 999, n. 20). La citazione della Sindone in Rabelais era già stata segnalata da F. DE MELY, *Le Saint Suaire de Turin est-il authentique?*, Paris, s.d. (ma 1902), pagg. 13-14; P.A. ESCHEBACH, *Le Saint Suaire de Notre Seigneur vénéré à Turin*, Torino 1913, pag. 52, n. 1. Troviamo comunque già citato il passo in: J. A. S. COLLIN DE PLANCY, *op. cit.*, III, pag. 280, n. 1.

ponte tra i due secoli[53]. Nell'opera infatti l'autore si prefigge lo scopo di integrare lo scritto del Paleotti, che egli ripubblica, tradotto in latino, commentato capitolo per capitolo da lunghe specificazioni e speculazioni, spesso sconfinanti in divagazioni, che spaziano in tutti i campi: esegetico, storico, archeologico, anche se, a dire il vero, non sempre risultano perfettamente attinenti al problema trattato. A causa di questo l'opera diviene di difficile lettura e consultazione, forse la più difficile di questi due secoli. Ciò nonostante l'indubbio valore di alcune ricerche del Mallonio, e la mole di lavoro svolto con notevole serietà, originano un testo estremamente citato dagli scrittori seguenti, ai quali naturalmente offre gran copia di argomenti. Per quanto riguarda la parte storica, che evidentemente è quella da cui ci aspettiamo di più nello studio di queste fonti, dobbiamo rilevare che essa non aggiunge nulla di sostanzialmente nuovo a quanto sin qui abbiamo visto. Il lavoro conobbe parecchie ristampe. Due nell'anno seguente alla prima edizione, il 1607, delle quali una in tedesco, e una terza nel 1616[54]. Alle riedizioni è allegata una seconda parte che contiene due scritti opera del cardinale Marco Vigerio, pronipote di Francesco della Rovere (Sisto IV), che già erano stati pubblicati al principio del '500[55], con alcune aggiunte del gesuita Richard Gibbson.

A riprova della notorietà che il testo assunse, basti pensare che, nello stesso anno della sua pubblicazione, esce a Roma un altro libro, opera di Prospero Bonafamiglia dedicata all'Arciconfraternita del Santo Sudario di Roma, nel quale è citato già il Mallonio[56]. Anche questo lavoro, che riassume quasi alla lettera il Pingon, non porta nessun contributo di novità. Fatto abbastanza importante è invece che esso venne tradotto, l'anno dopo la prima edizione, in spagnolo da un ignoto «devoto de la Sancta Savana», e pubblicato a Torino[57]. Di quest'opera esiste una ulteriore pubblicazione. Si tratta del volumetto dal titolo pressoché identico, ma anonimo, stampato a Torino nel 1652 e nel 1684[58]. Questo libro nelle bibliografie viene citato come opera a sé, mentre si tratta di una ristampa alla lettera del Bonafamiglia, con solo alcune piccole modifiche. Così al nome Emanuele Filiberto venne sostituito quello

---

[53] A. PALEOTTI, *Iesu Christi crucifixi stigmata Sacrae Sindonis impressa... mellifluis delucidationibus... authore F. Daniele Mallonio*, Venetiis 1606.

[54] E. DERVIEUX, *op. cit.*, nn. 14, 17; G. T. GRAESSE, *Trésor de livres rares et preciéux*, Dresda 1859-1869, VII, pag. 440 (per l'ed. tedesca).

[55] Traggo le notizie da G. ODOARDI, s.v., in *Enciclopedia Cattolica* cit., XII, coll. 1411-1412. Sull'edizione originale delle due opere del Vigerio, la *Controversia de excellentia instrumentorum Dominicae Passionis* e il *De precipuis verbi incarnati mysteriis*, cf. L. WADDING, *Scriptores Ordinis Minorum*, Romae 1906, pag. 167; I. G. SBARALEO, *Supplementum et castigatio ad scriptores trium Ordinum S. Francisci*, Romae, 1908-1936, II, pagg. 211-212.

[56] P. BONAFAMIGLIA, *La sacra historia della Santissima Sindone di Christo Signor Nostro*, Roma 1606.

[57] P. BONAFAMIGLIA, *La sacra historia de la Santissima Savana de Christo*, Torino 1607. Esiste un'altra edizione dell'anno dopo, in italiano a Torino. Il Manno-Promis (A. MANNO - V. PROMIS, *op. cit.*, I, n. 283) affermano: «si citano ristampe di Torino del 1615, 1684, 1722 e di Napoli».

[58] *La sacra istoria della Santissima Sindone di Cristo Signor Nostro*, Torino 1684. Potrebbe anche trattarsi dell'edizione che il Manno-Promis cita, senza averla vista, a proposito del Bonafamiglia (vedi nota prec.). L'edizione del 1652 è riportata in E. DERVIEUX, *op. cit.*, n. 28.

di Vittorio Amedeo, mentre all'inizio sono annesse alcune righe, come al termine è mutato il finale della «pia esortazione». Per il resto nulla è cambiato, se si eccettua la soppressione delle citazioni che il Bonafamiglia pone a margine e che nel libretto non sono riportate.

Una particolare menzione meritano gli storici che in questo secolo nei loro lavori hanno dedicato un certo spazio alle notizie sulla Sindone. Il primo è Giovanni Botero, il quale, trattando dei duchi di Savoia, si sofferma sulla Reliquia[59].

Altra opera, oggi dimenticata, ma importantissima, è quella di Papirius Masson, molto citata nel periodo che ci interessa. In questo lavoro vediamo spuntare un nome, messo in relazione al trasferimento della Sindone ai Savoia, che è quello del marchese François de la Palud[60]. Il passo è estremamente interessante, in quanto il Masson afferma che la Reliquia fu offerta a Ludovico di Savoia dal la Palud per mano di Marguerite de Charny, la quale quindi sarebbe soltanto un tramite. Questa affermazione collima mirabilmente con l'ipotesi del Perret circa le ragioni della cessione[61], ed è, sebbene non citato dal Perret, un valido elemento a favore della sua ricostruzione storica.

Una menzione a parte occorre per lo studio di padre Monod, le cui ricerche sono di indubbio valore storico. Nato nel 1586 a Bonneville in Alta Savoia, entrò nella Compagnia di Gesù e nel 1624 fu nominato storico di Corte dei Savoia. Impiegato in missioni diplomatiche presso la Corte di Francia, cadde in disgrazia del Richelieu. Questi, accusandolo di aver avuto parte nella congiura del padre Caussin, fece pressioni su Madama Reale Cristina di Savoia, finché, dopo un tentativo di abbandonare gli Stati, il Monod venne tradotto a Montmellian. Portato da questa all'altra terribile fortezza, quella di Miolans, vi morì il 31 marzo 1644[62]. Sin dalla sua prima opera il Monod dedica un capitolo alla Sindone, compiendo per altro un sunto dichiarato dal Pingon[63]. Ma questo autore tornerà ancora ad occuparsi della Reliquia in modo, almeno per quello che fu il suo intento, ben più vasto. Purtroppo non venne edita che una breve nota, che fa decisamente rimpiangere la mancata pubblicazione dell'intero suo studio. Tale nota è inserita nell'opera di monsignor Agaffino Solaro di Moretta[64], ed in essa l'autore rivede completamente quanto detto sei anni prima. Il Piano ed il Lanza, al contrario dell'Eschbach[65], rilevano tale ulteriore intervento del Monod sulla Sindone, ma non eviden-

---

[59] G. BOTERO, *Seconda parte de' Prencipi Christiani che contiene i Prencipi di Savoia*, Torino 1603, pagg. 511-513.

[60] P. MASSON, *Elogia Serenissimorum Ducum Sabaudiae*, Parisiis 1619, pagg. 99-100.

[61] A. PERRET, *op. cit.*, pagg. 84-88.

[62] Per la biografia e le opere cf. D. VALLE, *Il padre Pietro Monod della Compagnia di Gesù*, in *Miscellanea di storia italiana*, III s., t. XIV (1910), pagg. 269-366; G. CLARETTA, *op. cit.*, pagg. 318-354.

[63] P. MONOD, *Recherches historiques sur les alliances royales de France et Savoye*, Lyon 1621, pagg. 86-90.

[64] A. SOLARO DI MORETTA, *op. cit.*, pagg. 69-75.

[65] L. G. PIANO, *op. cit.*, I, pagg. 237-238; G. LANZA, *La Santissima Sindone del Signore*, Torino 1898, pagg. 37-38; P. A. ESCHBACH, *op. cit.*, pag. 43.

ziano abbastanza l'importanza di una tale revisione. La quale avvenne, come l'autore stesso afferma, per effetto delle novità apportate dai lavori del Camuzat e dello Chifflet, ma anche, e direi soprattutto, in seguito ai suoi studi personali, che avrebbero dovuto confluire nella prevista compilazione degli «Annales» di Savoia, opera purtroppo non terminata anche a causa delle tristi vicende in cui fu coinvolto[66]. Le ricerche compiute gli permettono di aderire alle nuove tesi che si sono andate elaborando sugli Charny e sul la Palud. Afferma anch'egli una partecipazione di questo alla cessione della Sindone, non ripetendo però alcuni errori ed imprecisioni contenuti nei testi precedenti. Ci dà inoltre alcune preziose notizie, come quella relativa ad Umberto de la Roche insignito del Collare dell'Annunziata.

Una citazione, per segnalare una curiosità, va riservata al volumetto del Victon, edito a Parigi nel 1634. Nel lavoro, che per il resto è abbastanza fedele al Pingon, si legge un curioso stravolgimento dell'episodio che vide il tentativo del Brissac a Vercelli di trafugare la Sindone nel 1553. Invece di attribuire il merito del salvataggio della Reliquia al canonico Costa, l'autore lo riferisce... alla sensibilità e generosità dello stesso Brissac[67]!

Dopo questa parentesi, veniamo ad un testo singolare ed importante, pochissimo noto. Si tratta del lavoro di Agostino Calcagnino, molto citato nel passato. L'opera è consacrata allo studio dell'immagine edessena, ma in essa vengono considerate tutte le immagini di Cristo ritenute miracolose, tra le quali evidentemente le sindoni di Besançon e Torino[68]. Sul Calcagnino non si posseggono molte notizie, ma quelle tramandateci sono sufficienti per confermare la sua competenza e preparazione storica[69]. Si sa che fu canonico della Cattedrale di Genova, ma soprattutto fu un noto studioso di storia ecclesiastica, tanto da essere più volte citato dall'Ughelli nella sua «Italia Sacra»[70], alla elaborazione della quale contribuì con la trasmissione all'autore

---

[66] Sulla scorta di questo passo dobbiamo anticipare già a quest'epoca l'inizio della redazione degli *Annales* da parte del Monod.

[67] F. VICTON, *Histoire ou bref traité du Saint Suaire de N.S. Ièsus Christ*, Paris 1634, pagg. 65-67. La particolare interpretazione dell'avvenimento è con ogni probabilità fondata su quanto in quegli anni scrisse il Boyvin de Villars nelle sue *Mémoires* (Paris 1629). Cf. in proposito il fondamentale lavoro: G. FERRARIS, *La Sindone salvata a Vercelli*, in *Atti del 1° Convegno regionale di sindonologia*, Vercelli 9 aprile 1960, Torino, s.d., particolarmente alle pagg. 23-24.

[68] A. CALCAGNINO, *Dell'immagine edessena. Osservazioni storiche*, Genova 1639. Il testo da me reperito è acefalo con un frontespizio manoscritto. Che mi risulti l'unico a citarne l'esistenza in campo sindonologico moderno è N. NOGUIER DE MALIJAY, *La Santa Sindone di Torino*, trad. Piero Valetto, Torino 1930, pag. 111, nel quale appare solo in bibliografia. La notorietà del testo in passato può essere testimoniata dal riassunto che ne fa il Beato Sebastiano Valfrè in un suo scritto, conservato nell'Archivio dell'Oratorio di Torino: S. VALFRÈ, *Alcune notizie concernenti l'istoria della SS. Sindone*, ms., più conosciuto con il titolo posteriore, convenzionalmente accettato, *Dissertazione istorica della SS. Sindone*. Su quest'opera del Valfrè e sulla sua caratteristica di sunto cf. G. M. ZACCONE, *Una composizione del Beato Sebastiano Valfrè sulla Sindone*, in *Studi Piemontesi*, vol. XIII, fasc. II, novembre 1984.

[69] Le notizie biografiche fondamentali si trovano in M. A. SAOLI, *Li scrittori della Liguria*, Genova 1667, pagg. 3-4. Da lui trae G. SPOTORNO, *op. cit.*, V, 19.

[70] F. UGHELLI, *Italia Sacra*, Venetiis 1717-1729, IV, coll. 832, 844, nella quale è definito «Agostino Calcagnino Canonico, viro erudito, antiquarum rerum perito». Ricordo che anche in quest'opera è citata la Sindone (*op. cit.*, IV, col. 1021).

di molte notizie. Quella sull'immagine edessena non fu la sua unica opera, anche se forse la più nota, ma lasciò vari lavori che vennero pubblicati anche postumi. Morì di contagio nel 1657.

I testi sui quali si è documentato il Calcagnino per trattare della Sindone, e che vengono più spesso citati, sono il Pingon e lo Chifflet. Un particolare notabile è la citazione che egli fa del Bucci, dal momento che, come si è detto, è un autore non facilmente ricordato. Si può sottolineare che il Calcagnino, pur citando lo Chifflet, non fa cenno al la Palud, forse essendosi accorto di un errore storico che quello commette nel trattare del Cavaliere. Presta fede invece ai miracoli tramandati dal Pingon, e con lui e con altri autori è del parere che la Sindone di Torino fu quella che accolse il corpo di Gesù dopo la deposizione durante il trasporto al sepolcro. Questo, secondo tali scrittori, spiegherebbe la ragione per cui si è potuta formare l'impronta di sangue sul lenzuolo, che in seguito, nel sepolcro, non avrebbe più potuto avere luogo a causa della lavatura del corpo che questi autori ritengono senz'altro avvenuta. Il Calcagnino cita poi ancora il Paleotti, il Santarelli ed il Ripamonti, dimostrando uno scrupolo scientifico non indifferente.

Circa la notorietà del testo del Calcagnino vorrei ricordare la citazione che ne fa Antonio di Paolo Masini, in una sua piuttosto rara, quanto interessante, operetta sulla Passione di Cristo. Il Masini, ricco mercante di seta, fu un appassionato studioso della propria città, alla quale dedicò un libro molto noto, la «Bologna perlustrata». Morì a 92 anni il 5 febbraio 1691[71]. Uomo molto pio scrisse anche opere di pietà, tra cui quella sulla Passione. Tale lavoro, secondo il Fantuzzi, vide la luce nella sua prima stesura, a Bologna nel 1672 col titolo «I sette viaggi tormentosi di Cristo...». Questo scritto ebbe molte ristampe, sinché, sempre secondo il Fantuzzi, nel 1713 ne fu fatta una nuova impressione aumentata con un titolo diverso: «Ristretto della Passione di N.S. Gesù Cristo», stampata sempre a Bologna[72]. Tuttavia nel «National Union Catalog» è citata la stessa opera col titolo «Ristretto...», ma stampata a Messina e recante una prefazione datata 1700[73]. Ritengo sarebbe interessante approfondire l'argomento. Qui basti dire che il Masini, discorrendo della sepoltura di Cristo, fa un preciso riferimento alla Sindone di Torino, citando lo Chifflet soprattutto, ma anche il nostro Calcagnino[74]. L'opera è molto interessante anche per altri versi. Al termine per esempio sono poste delle tavole che permettono di convertire la lunghezza del percorso fatto da Gesù nella Passione secondo i principali sistemi di misura del suo tempo. Questo perché chiunque potesse pietosamente ripetere materialmente nel suo paese o addi-

---

[71] G. FANTUZZI, *Notizie degli scrittori bolognesi*, Bologna 1781-1794, V, pagg. 356-358.
[72] A. MASINI, *Sette viaggi tormentosi di Cristo nella sua Passione*, Bologna 1672; A. MASINI, *Ristretto della Passione di N.S. Gesù Cristo*, decima impressione, Bologna 1713 (G. FANTUZZI, *op. cit.*, V, pag. 358).
[73] V. *schede bibliografiche*, n. 108.
[74] A. MASINI, *Ristretto della Passione di N.S. Gesù Cristo*, decimaquinta impressione, Napoli 1732, pagg. 274-278.

rittura nella propria stanza tale percorso, meditando la Passione del Signore.

Trattando degli storici, non si può dimenticare Samuel Guichenon, autore di una importantissima e fondamentale storia di Casa Savoia. Il Guichenon tratta della Sindone già nel suo lavoro sulla storia di Bresse e di Bugey, come anche nella sua opera maggiore «Histoire généalogique»[75].

Una parola va anche spesa su François Capré. Più sopra ricordai le voci che circolarono dopo l'incendio del 1532, le quali volevano che la Sindone fosse andata distrutta, e come Clemente VII avesse affidato al cardinal Gorrevod una ricognizione per accertare al contrario l'integrità della Reliquia. Il documento relativo a tale ricognizione, avvenuta nel 1534 con l'intervento di eminenti personaggi, ci viene tramandato anticamente solo dal Capré, nel suo «Traité du Saint Suaire de Turin», allegato al «Traité historique de la Chambre des Comptes de Savoye», opera questa di grande interesse per lo studio storico giuridico dell'importante organo dell'Amministrazione sabauda[76].

A questo punto, e dopo tutti i richiami fatti, credo sia d'obbligo il riferimento al testo più frequentemente citato. Si tratta dell'opera «De linteis sepulchralibus Christi» di Jean Jacques Chifflet[77].

Alcuni appunti biografici anche su questo personaggio credo possano esser utili per inquadrare meglio l'autore della fondamentale opera sulla Sindone[78]. Nato a Besançon nel 1588, dopo aver studiato nella sua città natale, alla quale resterà sempre molto legato, ed aver viaggiato per l'Europa, tornò ad esercitare la sua professione di medico. Console di Besançon, venne inviato come rappresentante della città presso Elisabetta Clara Eugenia, regina dei Paesi Bassi. Trattenuto ivi come medico, fu inviato in seguito alla Corte di Spagna, dove divenne medico di Filippo IV. La sua fedeltà alla Casa di Spagna lo portò ad una polemica piuttosto accesa contro la Francia, che si tradusse anche in un lavoro scritto. Morì molto anziano intorno al 1660.

Uomo multiforme, non si occupò soltanto di medicina, ma anche di fisica e storia. La sua produzione letteraria fu notevole, e si assomma a quella dei suoi tre fratelli, due dei quali furono gesuiti, Laurent e Pierre-François, e il terzo, Philippe, fu canonico di Besançon. Anche i due figli, Jean e Jules, lasciarono degli scritti.

L'opera dello Chifflet sulla Sindone è rimasta certo la più celebre tra i suoi scritti, sebbene curiosamente non venga ricordata dal citato Moreri. Pregio del lavoro, che spazia su tutte le problematiche, è quello di porre un punto fermo, altamente critico, sullo stato della ricerca sino al suo tempo, nel quale sono fusi tutti i contributi precedenti relativi allo studio della Reliquia, anche di carattere generale, e non solo sulla Sindone di Torino.

---

[75] S. GUICHENON, *Histoire de Bresse et de Bugey*, Lyon 1650; S. GUICHENON, *Histoire Généalogique de la Royale Maison de Savoye*, Lyon 1660.

[76] F. CAPRÉ, *Traité historique de la Chambre des Compts de Savoye*, Lyon 1662, pagg. 391-406.

[77] J. J. CHIFFLET, *De linteis sepulchralibus Christi*, Antuerpiae 1624.

[78] Una preziosa fonte di notizie è L. MORERI, *Le grand dictionnaire historique*, Paris 1743-1749, II, pag. 264. Cf. anche L. G. PIANO, *op. cit.*, I, pagg. 17-19; G. LANZA, *op. cit.*, pag. 45.

L'opera contiene infatti una parte generale di carattere filologico, esegetico ed archeologico sul problema della sepoltura nell'antichità, dell'uso di lini funerari e sul significato dei vari termini quali sindone e sudario[79]. Quindi passa ad applicare questi principi generali ai due casi particolari, e cioè le Sindoni di Besançon e Torino. Evidentemente l'interesse dell'autore è rivolto più al reperto di Besançon che a quello di Torino, ma la parte dedicata a quest'ultimo, insieme a quella generale, restano fondamentali. Per giustificare la coesistenza dei due teli funerari, nonché le evidenti differenze delle figure[80], egli sostiene che la Sindone di Torino avvolse il corpo di Cristo deposto dalla croce e prima della sepoltura. Ciò spiega la presenza dell'impronta delle lesioni e del sangue su tutto il corpo. La sindone, o meglio il sudario di Besançon, servì invece per la sepoltura finale, dopo che il corpo fu lavato ed unto. Ciò spiegherebbe la presenza di meno lesioni e la mancanza di sangue sul corpo. Sarebbe questo, sempre secondo lo Chifflet, il sudario di cui parla S. Giovanni, posto sul capo e che scendeva sino ai piedi, coprendo quindi solo la parte frontale del corpo. Lo Chifflet cita vari testi a sostegno di questa sua tesi circa la inconsueta lunghezza di un sudario, testi antichi che egli interpreta con profonde analisi filologiche ed esegetiche, certamente notevoli per il suo tempo[81]. Il terz'ultimo e penultimo capitolo si occupano di altre immagini acheropite.

Nel piano di svolgimento del lavoro, l'autore vorrebbe anche cercare di emendare gli errori precedenti, servendosi di documenti da lui ritrovati, oppure fornitigli dall'opera estremamente interessante e documentata del Camuzat[82]. Ciò non toglie che anch'egli cada in altri errori, per altro inevitabili, i quali comunque non inficiano l'alto valore dell'opera nel suo complesso. Nell'ultimo capitolo viene accennato un grosso problema teologico, nato soprattutto in seguito alle obiezioni protestanti e calviniste in particolare, che è quello del tipo di devozione da tributarsi alle immagini[83].

Se lo Chifflet dedica solo un capitolo alla intricata questione, non così è per un altro grandissimo autore sulla Sindone, che negli stessi anni sta studiando la Reliquia. Si tratta di monsignor Agaffino Solaro di Moretta, autore del volume «Sindone evangelica...», il quale tratta in misura piuttosto ampia

---

[79] È sufficiente scorrere l'incredibile numero di testi ed autori citati nell'opera per rendersi conto del valore dello studio dello Chifflet.

[80] La sindone di Besançon, che conosciamo solo attraverso riproduzioni, delle quali una è proprio nell'opera dello Chifflet, presenta solo la parte anteriore, e non vi sono i molteplici segni di tortura presenti sul lenzuolo di Torino. Tale sindone, la cui storia è piuttosto oscura, e che si volle credere essere originariamente la stessa di Chambéry, scomparsa nel 1349 e sostituita con una copia dipinta, venne riconosciuta come pittura nel 1794, e quindi stracciata per ordine della Convenzione, onde farne delle bende per i feriti (cf. P. VIGNON, *Le linceul du Christ*, Paris 1902, pagg. 130-148).

[81] Ancor oggi la raccolta che egli fece di testi antichi contenenti i vari termini sindone, sudario, otoni, riveste un notevole interesse.

[82] N. CAMUZAT, *Promptuarium sacrarum antiquitatum Tricassinae Diocesis*, Augustae Trecarum 1610. Contiene varie notizie sulla Diocesi e sulle chiese, tra cui anche della Collegiata di Lirey. Si veda in particolare pag. 410.

[83] Dell'opera dello Chifflet esiste anche una versione in francese del 1631, citata dal Piano (L. G. PIANO, *op. cit.*, I, pag. 19) dal quale tutti traggono le notizie. Cf. *schede bibliografiche*, n. 68.

il problema teologico[84]. Bisogna dire che, a mio avviso, questo è uno dei più bei testi sulla Sindone, purtroppo molto poco conosciuto e studiato. Non moltissime notizie si posseggono dell'autore[85]. Si sa che Agaffino Solaro dei conti di Moretta si addottorò in leggi, e fu poi prevosto di Moretta e quindi teologo auditore del cardinal Maurizio. Il 29 marzo 1621 fu creato da Gregorio XV vescovo di Fossano. Si rese benemerito della chiesa locale discutendo a Roma la questione delle decime. Durante il proprio mandato si distinse per le sue qualità di pastore prudente ed amorevole, che lo portarono a visitare capillarmente tutta la diocesi. Nel 1625 ebbe il trasferimento a Saluzzo, importante riconoscimento della sua opera. Non poté però effettuare l'ingresso in quella diocesi perché la morte lo colse il 18 giugno 1625. Le sue spoglie furono seppellite a Fossano. Il lavoro sulla Sindone risulta essere l'unica opera a stampa del Nostro, ancorché postuma. Sicuramente il lavoro, che doveva già essere in uno stato di avanzata redazione, se non già compiuto, al momento della morte, era stato iniziato e probabilmente abbandonato per i sopravvenuti impegni, alcuni anni prima. Questo perché nell'opera non si cita mai lo Chifflet, cosa alquanto strana.

Alla morte del Solaro gli eredi trovarono tra le carte il manoscritto, e decisero di darlo alle stampe, affidando l'incarico di presentarlo al duca Carlo Emanuele I al nipote Giovanni Battista, paggio di Camera dello stesso duca. Ma la famiglia già aveva collaborato alla preparazione dello studio, specialmente ad opera del fratello del vescovo, Giovanni Battista, teologo del duca, gesuita, che aveva compiuto ricerche presso la Biblioteca Ambrosiana di Milano. Fu ancora lui che ordinò poi materialmente gli scritti lasciati dal fratello. Tutto questo risulta dalla citata presentazione dell'opera al duca[86].

Come si è accennato, una notevole parte del testo si occupa delle implicazioni teologiche della Sindone. Sotto questo profilo essa va a colmare uno spazio ancora piuttosto vuoto dello studio sindonico. Già abbiamo visto e vedremo che molti teologi citano la Sindone come esempio nelle proprie trattazioni teologiche, le quali hanno un carattere molto più generico, e comunque non finalizzate al problema della nostra Reliquia. Il Solaro compie invece l'operazione contraria, e sviluppa una sorta di «teologia della Sindone», che esamina i vari, grossi problemi, dibattuti all'epoca anche in seno alla Chiesa Cattolica, e che investono la Reliquia per le sue caratteristiche. Così per esempio troviamo capitoli dedicati alla possibilità o meno della rimanenza di sangue di Cristo in terra dopo la resurrezione, ed è la seconda parte del libro, ed al tipo di devozione dovuto alla Sindone, non solo come immagine, ma anche come oggetto rimasto in stretto contatto con il corpo di Cristo e del suo sangue

---

[84] A. SOLARO DI MORETTA, *op. cit.*
[85] G. BELTRAMI, *Storia della Diocesi di Fossano scritta dall'abate Caramelli*, Città del Vaticano 1972, pagg. 128-131; L. GIUGLARIS, *De Agaffini Solarii ex Morettae comitibus*, Torino 1645; V. ANGIUS, *Sulle famiglie nobili della Monarchia di Piemonte*, Torino 1841, I, pag. 974. Erroneamente l'Angius lo dà vescovo di Aosta.
[86] A. SOLARO DI MORETTA, *op. cit.*, pagg. [3-6].

imbevuto, che è la terza parte. Evidentemente l'affrontare questo tipo di problematica lo porta inevitabilmente ad una polemica nei confronti di Calvin e dei calvinisti, polemica che, per il carattere personale del Solaro, risulta non poche volte piuttosto accesa. Alle due parti di carattere teologico è però preposta una prima parte che tratta dei problemi storici e dei principi di autenticità della Sindone.

Relativamente alla trattazione storica, essa è per la massima parte ripresa ancora dal Pingon, almeno per quanto riguarda i passi lasciati scritti dal Solaro. Evidentemente la pubblicazione dello Chifflet con le sue correzioni al Pingon, rese insufficiente la parte storica del manoscritto. Di questo s'accorsero gli eredi, che ebbero la delicatezza di non mutilare il testo originale, ed il merito di richiedere a quello che era uno dei più affermati storici all'epoca, il Monod, un parere che venne pubblicato e del quale si è discorso sopra. Per quanto riguarda gli autori considerati dal Solaro, oltre al citato Pingon, troviamo in alcuni luoghi una severa critica nei confronti del Mallonio, fatto più unico che raro nella letteratura dell'epoca, nella quale il Mallonio era uno dei più considerati autori, mentre è sempre manifestato un grande rispetto per il testo del Paleotti. Sono poi citati, tra gli altri, il Baronio, il Salmeron, il Gretzer, il Rader, il Maiolo[87]. Ne risulta quindi un lavoro estremamente interessante, soprattutto se si tiene presente che, come si diceva, l'autore non conosceva lo Chifflet. Direi che l'opera va senza dubbio alcuno posta tra le più complete ed interessanti sull'argomento, per alcuni versi superiore anche allo stesso Chifflet.

E con questo autore abbiamo esaurito le quattro grandi opere che hanno caratterizzato la ricerca nei due secoli: il Pingon per la storia, il Paleotti per la descrizione, lo Chifflet per lo studio critico, un po' il correttore dei precedenti, ed il Solaro per la teologia.

Ancora alcuni testi però vorrei ricordare. Primo tra questi è quello di Jacques Gaultier, gesuita e noto autore di una cronografia del cristianesimo, da lui stesso più volte prolungata ed accresciuta. La prima edizione della sua opera, «Table chronographique», venne pubblicata nel 1609[88]. In essa non si parla però della Sindone. Nemmeno nella seconda edizione del 1613 si parla della Sindone di Torino[89]. Compare però un accenno alla sindone di Besançon. Il Gaultier cita un manoscritto della chiesa di Besançon, secondo il quale tale sindone sarebbe giunta nella città il 3 agosto del 417, inviatavi da Teodosio II[90]. La terza edizione comparve in lingua latina nel 1616. Questa volta contiene anche la citazione della Sindone, citazione non breve, relativamente all'impostazione dell'opera[91]. La fonte del Gaultier è essenzialmente il Pingon,

---

[87] Cf. *infra*.

[88] J. GAULTIER, *Table chronographique de l'éstat du christianisme depuis la naissance de Jésus-Christ iusques à l'année MDCVIII*, Lyon 1609.

[89] J. GAULTIER, *Table chronographique de l'éstat du christianisme depuis la naissance de Jésus-Christ, iusques à l'année MDCXII*, Lyon 1613.

[90] *Op. cit.*, pag. 281.

[91] J. GAULTIER, *Tabula chronographica status Ecclesiae Catholicae a Christo nato ad annum MDCXIV*, Lugduni 1616, pagg. 719-720.

al quale fa esplicito riferimento. Esiste poi ancora una nuova edizione di dieci anni dopo, nuovamente in francese. In questa è riportato il passo sulla Sindone, che è la esatta traduzione del corrispondente brano dell'edizione latina del '16[92]. Si deve quindi correggere l'affermazione del più volte citato padre Wuenschel, il quale sostenne che la trattazione della Sindone esistesse solo nelle edizioni latine dell'opera[93]. Nel complesso il contributo del Gaultier non è per nulla innovativo e determinante, ma pur tuttavia l'importanza dell'opera, che godeva di una notevole fama, fece sì che venisse molto spesso citata anche in opere fondamentali, come si è visto ad esempio nel testo del de Sponde.

Gli altri lavori, che vorrei ricordare brevissimamente, si ricollegano al discorso precedentemente fatto dello «argumentum auctoritatis», questa volta in campo essenzialmente teologico. Sono opere, come si accennava, apparse a cavallo tra i due secoli e opere edite durante tutto il '600. Questi autori sono universalmente noti in campo ecclesiastico, ed il trattarne esorbiterebbe dall'assunto di questo scritto. Ci sono nomi come quelli del Gretzer, del Salmeron e del Vazquez, che non hanno bisogno di alcun commento. Il Salmeron ci dà la notizia di una permanenza della Sindone a Nizza, permanenza per altro documentata durante l'ultimo atto della tragica ritirata di Carlo II di Savoia sotto l'impeto delle armate francesi nel 1538[94]. Il Vazquez, celeberrimo teologo gesuita nato nel 1549 e morto il 23 settembre 1602, nella sua monumentale opera su S. Tommaso, a proposito delle immagini di Cristo cita la Sindone «qua Christus in sepulchro fuit involutus», conservata a Torino[95].

E poi ancora Donato Calvi nelle sue «Resolutioni Evangeliche», ed il Contenson[96]. Sul problema del sangue di Cristo troviamo ancora l'opera di Francesco Collio[97]. Il Piano ne cita una edizione del 1614, che per altro non esiste, essendo la prima del 1617[98].

A difesa delle reliquie, contro la dottrina di Calvin, è poi ancora l'opera di Jean Ferrand, gesuita. L'autore fa una trattazione delle varie sindoni e sudari[99]. Più che l'accenno alla Sindone di Torino, è qui interessante il mo-

---

[92] J. GAULTIER, *Table chronographique de l'éstat du christianisme depuis la naissance de Jésus-Christ iusques à l'année MDCXXV*, Lyon 1626, pag. 757.

[93] E. A. WUENSCHEL, *op. cit.*, pag. 31, n. 11.

[94] J. GRETZER, *Syntagma de imaginibus manu non factis*, in G. CODINO, *De officiis Magnae Ecclesiae Costantinopolitanae*, Venetiis 1729, pag. 245 segg.; J. GRETZER, *De cruce Christi*, Ingolstadi 1600; A. SALMERON, *Commentarii in evangelicam historiam*, Madrid 1598-1602, X (1601), trac. XXXV, XLIX (cfr. C. SOMMERVOGEL, *op. cit.*, VII, pag. 479).

[95] G. VAZQUEZ, *Commentariorum ac disputationum in tertiam partem Sancti Thomae*, Lugduni 1620, I, disp. 103, c. 1, pag. 672.

[96] D. CALVI, *Propinomio evangelico, ovvero evangeliche resolutioni*, Bologna 1681, resol. 84, pag. 355; V. CONTENSON, *Theologia mentis et cordis*, Augustae Taurinorum 1768-1770, III, pag. 124 (Libro X, «de Deo conversante», diss. L, c. II).

[97] F. COLLIO, *De sanguine Christi*, Mediolani 1617, pag. 858.

[98] L. G. PIANO, *op. cit.*, II, pag. 46. Per l'edizione del '17 cf. G. B. AUDIFFREDI, *op. cit.*, II, pag. 360; G. T. GRAESSE, *op. cit.*, II, pag. 226.

[99] J. FERRAND, *Disquisitio reliquiaria*, Lugduni 1647, pagg. 21-31.

do di affrontare il problema, e le varie notizie che riporta, anche se evidentemente generiche, risultano notevolmente utili. Non proseguo oltre su questo filone, che indico come possibile traccia di un lavoro che ritengo potrebbe diventare estremamente interessante, di studio della evoluzione teologica del culto delle reliquie in particolare riferimento alla Sindone.

Un breve discorso è anche necessario fare sui testi letterari, che per la verità non sono molti.

Iniziamo da un autore celebre, Giambattista Marino, detto il Cavalier Marino. È noto che questo singolare ed irrequieto poeta soggiornò per un periodo non breve a Torino, ospite del duca Carlo Emanuele I. Ma anche in questa città, per antonomasia tranquilla, non riuscì a stare molto tempo in pace, tantoché dovette abbandonare la Corte sabauda. Il Marino perdette un protettore cui doveva molta fortuna e molti onori. Infatti, appena giunto a Torino, si era guadagnato il cavalierato di S. Maurizio e Lazzaro in seguito al suo elogio del duca, nel quale, tra l'altro, parla in versi della Sindone[100]. Il Marino tratta più diffusamente della Sindone in un'altra sua opera, pubblicata sempre a Torino. Nel 1614 uscì infatti il volumetto «Le dicerie sacre», serie di composizioni in prosa dedicate sempre a Carlo Emanuele I. La prima di queste porta il titolo: «La pittura, diceria prima sopra la Santa Sindone»[101]. L'opera venne ristampata a Torino nel 1620 e poi anche a Venezia nel 1667[102].

Di molto meno valore è invece la composizione poetica di Emilio Magliano[103]. Su questo lavoro credo non si possa far altro che ripetere il giudizio che ne diede il Manno: «Il poema è un faticoso centone delle Metamorfosi ovidiane»[104]. Sono invece belle le incisioni del Tasnière che illustrano l'edizione.

Altra opera poetica, interessante per il fatto che venne stampata a Verona, è il componimento di padre Eugenio Quarantotto, teatino, che premette un «Discorso morale istorico» sulla Sindone, per altro di non grande interesse[105].

Altre composizioni poetiche sono quella del Podavino, stampata a Brescia nel 1584, e, sempre a Brescia, sul finire del '500 quella di Ludovico Porcelleto[106].

Vari componimenti poetici sono poi inseriti in alcune delle pubblicazioni di diverso carattere che già abbiamo visto. Uno di questi è l'ode di Guido Casoni, inserita nel volume del Solaro e più volte dallo stesso richiamata nel nel testo[107]. In questo caso il componimento poetico è opera di un terzo, ma

---

[100] G. MARINO, *Il ritratto del Serenissimo don Carlo Emanuello Duca di Savoia*, Torino 1608, n. 197 segg.
[101] G. MARINO, *Dicerie Sacre*, Torino 1614, ff. 1-79.
[102] G. MARINO, *Dicerie Sacre, di nuovo ristampate*, Torino 1620. Per l'edizione veneziana cf. E. DERVIEUX, *op. cit.*, nn. 262, 436. Quella del 1667 è l'unica edizione citata dal Dervieux.
[103] E. MAGLIANO, *De Passione Domini et obiter de Sancta Sindone*, Augustae Taurinorum 1670.
[104] A. MANNO - V. PROMIS, *op. cit.*, I, n. 311.
[105] E. QUARANTOTTO, *La Sacra Sindone*, Verona 1624.
[106] D. PODAVINO, *Spinetum*, Augustae Taurinorum 1609, pag. 102 segg.
[107] G. CASONI, *Ode in honor della Sacratissima Sindone*, in A. SOLARO DI MORETTA, *op. cit.*

molto spesso è lo stesso autore della prosa che si esprime anche in versi, molte volte in latino. Si ricordi ad esempio il Pingon, che praticamente presenta un riassunto del testo in versi.

Ci rimane ancora da trattare il terzo filone cui si accennava nella premessa, quello penegiristico-apologetico. I testi in questo campo evidentemente seguono una loro impostazione del tutto particolare, influenzata specialmente dall'occasione dell'orazione. I panegirici sulla Sindone venivano fatti d'ordinario nei venerdì di quaresima, ed il quattro di maggio, festa liturgica della Sindone, nonché nelle varie occasioni eccezionali di ostensioni private o pubbliche. Non si ha memoria di opere a stampa di questo tipo nel '500, se si eccettua la notizia relativa alla pubblicazione di quattro prediche fatte a Torino dall'Adorno nel 1578. Non ritengo però che esse siano state realmente pubblicate. Analogo dubbio esprimevano anche il Manno, lo Spotorno ed il De Backer[108]. Personalmente non ho reperito notizie di alcun esemplare esistente di tale opera.

Il Seicento, secolo dell'oratoria, è invece estremamente ricco di panegirici ed orazioni, dai titoli, in omaggio al gusto dell'epoca, quanto mai vari ed originali: «Lo Scudo», «Iride Sacra», «Dio Pittore», «La Simpatia», e via dicendo[109]. Anche celebri panegiristi si sono cimentati sull'argomento, quali l'Ormea ed il famosissimo Segneri[110].

Una menzione a parte desidero però fare per un autore prolifico di oratoria sindonica, Camillo Balliano, domenicano. Non mi soffermo sul contenuto dei suoi «Ragionamenti», quanto piuttosto sulla vicenda editoriale delle varie serie di ragionamenti susseguitesi negli anni, sulle quali regna una certa confusione. Una prima parte dei «Ragionamenti» uscì a Torino nel 1610 dalla stamperia di Luigi Pizzamiglio, comprendente i ragionamenti da 1 a 7[111]. Nel 1616 si pubblicò una parte seconda, nella quale si tratta anche del Beato Amedeo[112]. Il volume, con numerazione successiva a quella della prima parte, porta però un frontespizio proprio.

Sorge qui una questione che non mi risulta sia mai stata sollevata. Il lavoro dovrebbe infatti terminare a pagina 443, dove, dopo l'XI ragionamento, è scritto «il fine», e segue, a chiusura, l'*imprimatur* di Tommaso da Ponte del 5 marzo 1616. Viceversa è inserito ancora un ragionamento, il XII, «Apparecchiato per farsi nella Chiesa di San Domenico di Torino alli 30 di marzo 1617».

---

[108] Le dànno come pubblicate G. Mazzuchelli, *op. cit.*, I, pag. 147, che trae la notizia dal Lipenio; M. Bersano Begey - G. Dondi, *op. cit.*, II, n. 644, che per altro non segnalano il reperimento del testo. Esprimono dei dubbi sulla pubblicazione A. Manno - V. Promis, *op. cit.*, n. 275; G. Spotorno, *op. cit.*, III, pag. 165. A. et A. de Backer, *Bibliothèque des écrivains de la Compagnie de Jésus*, Liège 1853-1861, I, pag. 4; C. Sommervogel, *op. cit.*, I, col. 55, le citano ma non dànno estremi di pubblicazione.

[109] Cfr. le *schede bibliografiche*.

[110] F. A. Ormea, *Li spettacoli divini sopra la S. Sindone*, in *Orationi panegiriche*, Torino 1667; P. Segneri, *La deformità che innamora*, in *Panegirici Sacri*, Bologna 1693.

[111] C. Balliano, *Ragionamenti della Sacra Sindone*, Torino, 1610.

[112] C. Balliano, *De' ragionamenti sopra la Sacra Sindone... nei quali si tratta insieme del Beato Amedeo, seconda parte*, Torino 1616.

Anche nell'indice di questa seconda parte, le indicazioni relative al XII ragionamento sono distinte da quelle degli altri ragionamenti. Si può ipotizzare che a stampa conclusa il Balliani abbia voluto aggiungere ancora un discorso, già preparato per l'anno successivo. Il curioso è che l'anno seguente vengono ripubblicate insieme le due parti già edite[113]. È sostituito il frontespizio della prima, ma il testo rimane identico. La seconda parte viene aggiunta conservando anche il frontespizio. Da notare però che lo stampatore non fa una riedizione nemmeno della seconda parte, ma conserva l'identica edizione dell'anno precedente, limitandosi ad aggiungere una unità alla data MDCXVI sul frontespizio, che diviene così MDCXVII. Il rimaneggiamento è visibilissimo in tutte le copie che ho consultato, dal momento che l'ultima unità è stampata molto male, mal allineata con le altre cifre, e sovrapposta al punto che chiudeva la data precedente. Alcune volte è persino capitato che il tipografo si fosse dimenticato di operare la correzione, lasciando così la data 1616.

Nel 1624 il Balliano dà alle stampe una terza parte, con numerazione successiva alle precedenti, nella quale si tratta anche della Beata Margherita di Savoia[114]. Non ho trovato, come per le altre due, una edizione individuale di questa terza parte, cosa che per altro non escludo sia avvenuta, avendo essa un frontespizio distinto. Conosco invece una edizione di tutte e tre le parti insieme, sempre nel 1624[115]. Come era già avvenuto nel '17, il frontespizio della prima parte viene sostituito con uno acconcio, mentre il testo della prima e seconda parte rimane immutato. Anzi, la seconda parte conserva ancora il suo anomalo frontespizio con la correzione. Vengono però aggiunte alla prima parte, prima della dedica a Carlo Emanuele del 24 agosto 1610 che rimane invariata, una dedica a Urbano VIII datata 26 agosto 1624, un componimento poetico allo stesso, e una lettera al Balliano di Annibal Guasco.

Si tratta, come si è potuto notare, di una singolare vicenda editoriale, non priva di un certo interesse, che ritengo possa meritare lo spazio che le si è dedicato.

Non mi soffermo oltre su questo pur fecondo filone panegiristico, in quanto ritengo di aver già troppo abusato dello spazio concessomi.

Non posso però esimermi dal trattare ancora due autori strettamente legati tra loro, anche se polemicamente ed in campi diametralmente opposti. Si tratta del teologo luterano Ernst Salomo Cyprian e del francescano Quaresmio.

Il Cyprian nacque ad Ostheim vor der Rhore in Franconia. Studiò alla scuola di Schlesingen, poi all'Accademia di Lipsia (1692), quindi a Jena. Dopo essersi iscritto a medicina, forse sulle orme del padre che era farmacista, passò allo studio teologico nel quale si distinse immediatamente, e ricoprì la carica di Maestro di Jena. Nel 1698 raggiunse il suo maestro, Johan Andreas Schmidt

---

[113] C. BALLIANO, *Ragionamenti sopra la Sacra Sindone... ristampati con la seconda parte*, Torino 1617.

[114] C. BALLIANO, *Terza parte de' ragionamenti sopra la Sacra Sindone*, Torino 1624.

[115] C. BALLIANO, *Ragionamenti sopra la Sacra Sindone... novamente ristampati e divisi in tre parti*, Torino 1624.

a Helmstädt. Da questo punto iniziarono i suoi incarichi sempre più importanti, dei quali citerò solo alcuni. Nel 1699 fu professore straordinario di filosofia, e nel 1706 venne nominato dottore in teologia a Wittemberg. Nel 1713 Augusto Consigliere Ecclesiastico, assessore nel Concistoro Superiore e direttore della Biblioteca Reale di Gotha dove diresse gli studi del Principe ereditario. In seguito a ciò nel 1714 ricevette il titolo di Consigliere Concistoriale e nel 1723 fu nella direzione del «Medaillen-Cabinet» del Principe. Membro dal 1703 della Reale Società Prussiana delle Scienze, nel 1736 raggiunse la carica di vice presidente del Concistoro Superiore a Gotha. Qui morì il 19 settembre 1745.

Luterano di confessione augustana, ebbe una dura polemica contro i riformati (calvinisti), essendo egli contrario alla proposta di unione delle due Chiese. Questo portò molte lagnanze nei suoi confronti da parte di ministri riformati e di molti principi, che peraltro evidentemente non scalfirono la sua reputazione in patria. Scrisse un considerevole numero di opere, tutte di indubbio valore, su svariati argomenti[116]. Tra queste sono le due dissertazioni presentate nell'Università di Helmstädt al proprio maestro Johan Andreas Schmidt, dal titolo «Fascias Christi»[117] e «Sudaria Christi»[118] nel 1698, evidentemente in occasione del suo arrivo all'Università, e che vennero pubblicate solo nel 1726.

È qui il caso di spendere due parole anche sul maestro del Cyprian, lo Schmidt, dal momento che senz'altro avrà partecipato alla stesura delle due dissertazioni dell'allievo[119]. Nacque a Worms il 18 agosto 1652. Costretto a sospendere gli studi a 14 anni a causa della morte di peste dei genitori, li riprese per cura del nonno materno che lo mise in collegio ad Augsburg. Nel 1672 compì i suoi studi ad Altorf e Jena. Qui tenne un dibattito in lingua italiana, e divenne Maestro delle Arti. Dopo tristi vicende personali, nel 1693 divenne professore di logica e metafisica a Jena. Rifiutato il posto di ministro ad Augsburg, e la Cattedra di teologia di Hail, divenuto nel 1694 dottore di teologia a Jena, rifiutò la cattedra, ed optò per il posto di professore ordinario di teologia e storia ecclesiastica ad Helmstädt (1695). Nel 1699 fu nominato abate di Marienthal con conseguente diritto di sedere negli Stati della Provincia. Ad Helmstädt risiedette sino alla morte, avvenuta per apoplessia nel 1720.

Lasciò un numero sterminato di opere scritte, ma il Moreri ci avverte che in gran parte sono opera di allievi[120]. Da sottolineare che l'Università di Helmstädt fu un centro di cultura molto importante, fondata dal duca Giu-

---

[116] Sulla vita e le opere del Cyprian cf. C. G. JÖCHER, *Allgemeines Gelehrten Lexicon*, Leipzig 1750-1751, I, coll. 2273-2276.

[117] J. A. SCHMIDT, *Fascias Christi*, Helmstadii 1726.

[118] J. A. SCHMIDT, *Sudaria Christi*, Helmstadii 1726.

[119] Cfr. C. G. JÖCHER, *op. cit.*, III, coll. 294-297; L. MORERI, *op. cit.*, pag. 626.

[120] Si veda la sterminata bibliografia nei due testi citati alla nota precedente.

lio di Brunswig il 15 ottobre 1576, e chiamata anche, per ciò, Accademia Julia. Vi si insegnavano teologia, diritto e medicina, e vi si professava la confessione augustana[121].

Le due operette che prendiamo in considerazione, come si è detto, sono opera del Cyprian, e presentate allo Schmidt, che certamente ha posto molto di suo nella trattazione. Infatti sia il Moreri che lo Jocher pongono tra le opere dello Schmidt anche queste due dissertazioni[122]. Da notare che lo stesso Jocher cita poi tra le opere del Cyprian «Dissertationum ecclesiasticarum pentas, 1 de sudore Christi sanguineo, 2 de sudariis Christi, 3 de fasciis Christi, 4 de mortibus Socinianorum, 5 de pictura teste veritatis»[123]. È quindi abbastanza accertato, nel caso specifico, la collaborazione tra il maestro ed il dotto discepolo, cosa che comunque avveniva generalmente in questo tipo di lavori.

I due lavori, che prendono in considerazione anche la Sindone di Torino, sono contrari all'autenticità di tutte quelle reliquie conservate nelle svariate chiese cattoliche, ed inerenti ad indumenti e teli sepolcrali di Cristo. Le ragioni di tale opposizione all'autenticità sono per la massima parte di carattere esegetico. L'autore si dimostra comunque estremamente documentato, e cita un vastissimo numero di opere sui vari argomenti che tratta. Nelle due dissertazioni egli passa in rassegna tutti i panni che si dicono essere appartenuti a Gesù e che ancora si ritenevano conservati, dalle fasce da neonato sino ai lenzuoli sepolcrali.

Anche per quanto riguarda la Sindone, il Cyprian mostra di essersi ben documentato, e cita spesso lo Chifflet. I suoi strali però si scagliano contro un altro autore che trattò della Sindone, Francesco Quaresmio, autore di una fondamentale opera sulla Palestina, edita nel 1634-1639.

Il Quaresmio, nato a Lodi il 4 aprile 1583 od 85, francescano, nel 1647 fu Procuratore Generale dell'Ordine. Ciò che però più importa, per capire il valore della sua opera, è il fatto che egli fu «Praeses Terrae Sanctae» per lungo tempo, addirittura, si dice, per 10 anni. Nel 1618 dovette pure subire la prigionia da parte dei Turchi. Ritornato in Italia, fu zelante oratore e diffusore di culti importati dalla Terra Santa. Così è riferito che egli fu il primo a portare in Italia la cerimonia della deposizione di Cristo dalla croce, che i francescani di Gerusalemme celebravano nel giorno di Parasceve. Morì il 26 ottobre 1656[124].

La sua opera «Historica, theologica et moralis Terrae Sanctae elucidatio» divenne il modello per molti altri scritti in argomento. Il padre Cipriano da Treviso, curatore della ristampa dell'opera nell'800, sul verso del frontespizio del primo volume cita alcuni lusinghieri giudizi su questo lavoro. Ed in

---

[121] B. La Martinière, *Le grand dictionnaire géographique et critique*, Venise 1737-1741, V, pag. 80.
[122] C. G. Jöcher, *op. cit.*, III, col. 295; L. Moreri, *op. cit.*, VII, pag. 626.
[123] C. G. Jöcher, *op. cit.*, I, col. 2274.
[124] F. Quaresmio, *Historica, theologica et moralis Terrae Sanctae elucidatio... a p. Cypriano de Tarvisio... recognitum et adnotatum*, Venetiis 1880-1881, I, pagg. IX-XIII.

effetti doveva essere alquanto noto, se stiamo alle citazioni che ne vengono fatte in seguito, anche in ambiente protestante, come nel caso del Cyprian.

Nel secondo volume del lavoro del Quaresmio vi è un capitolo, il XVII, intitolato «De gloria Dominici sepulchri ei ex solemni funere proveniente, ubi plura de sacris sepulchralibus linteis»[125]. Di questa parte è notevolmente interessante tutta la trattazione dedicata alle modalità della sepoltura di Cristo. Passa poi a trattare dei lini sepolcrali. Conosce molto bene lo Chifflet, e ne fa praticamente un riassunto. Ma in questo riassunto pone anche dei rilievi critici. In particolare esprime molte perplessità, acutamente, su quella che è una delle parti più deboli della trattazione dello Chifflet, e cioè le precise indicazioni ed individuazioni fornite dei lini serviti nella sepoltura di Gesù.

Come si ricorda, lo Chifflet risolveva il problema escludendo che la Sindone di Torino fosse stata usata per la sepoltura, per la quale fu invece adoperata quella di Besançon. Intelligentemente il Quaresmio nega tale sicurezza, rilevando che nulla può escludere che la Sindone di Torino fosse stata posta nel sepolcro. Infatti, secondo questo autore, non sorge alcuna difficoltà per l'esistenza in varie chiese di più sindoni, ed egli infatti ne considera quattro: quella di Torino, di Besançon, di Magonza e di Compiègne. La difficoltà consisterebbe invece nell'identificare questi con i diversi tipi di lini funerari descritti dai Vangeli per la sepoltura di Gesù.

Evidentemente nessuno di questi autori che abbiamo visto prendere in considerazione l'esistenza di più sindoni e sudari, si pone il problema di negare l'autenticità di qualcuno di essi. Piuttosto era preferibile ignorare o trattare di sfuggita quelle reliquie meno conosciute o più dubbie, anche per non turbare o magari inimicarsi i devoti e le autorità. Bisogna anche tener presente, affinché la critica sia serena e produttiva, che, sebbene molti autori, come abbiamo visto, fossero forniti di uno spiccato senso critico ed investigativo, molto spesso erano costretti a lavorare su notizie mediate, ed avevano magari visto l'oggetto del loro studio solo tramite qualche imprecisa ed insufficiente riproduzione pittorica o a stampa.

Questo per la nostra Sindone è invece un problema che non si pone. Gran parte degli autori che ne parlano, e senz'altro i maggiori studiosi, dimostrano chiaramente di conoscere bene la Reliquia sulla quale lavorano. Il fatto poi che sulla Sindone di Torino vi sia un numero così vasto di pubblicazioni, che non si può certo affermare siano solo frutto di piaggeria nei confronti della Casa regnante, testimonia un riconoscimento della particolarità ed anche della unicità di questa Reliquia rispetto alle altre ritenute tali.

Ritornando al Quaresmio, è da dire che il suo tentativo di risolvere il problema della coesistenza delle varie sindoni, lo porta a delle soluzioni parados-

---

[125] *Op. cit.*, II, c. XVII. Cf specialmente pagg. 397-408

sali, e senz'altro criticabili. Ed è su questo argomento che viene maggiormente attaccato dal Cyprian, il quale peraltro non eccede mai nella propria polemica.

Il Cyprian e lo Schmidt quindi, pur partendo da presupposti esegetici che sono ampiamente discutibili, conducono una rigorosa ricerca, finalizzata alla negazione dell'autenticità, degna comunque di nota e considerazione. Non mi sento assolutamente di condividere l'affermazione del Savio, unico che mi risulta abbia citato questi autori, anche se conosce solo i «Sudaria Christi», che afferma: «Lo scritto si distingue per confusione»[126].

E con questo concludo la relazione, conscio di non aver in alcun modo esaurito l'argomento. Il lavoro si presenta ancora lungo e suscettibile di ulteriori approfondimenti e senz'altro di molte correzioni. Soltanto la scadenza del Congresso mi ha convinto a pubblicare questi primi risultati di un anno di lavoro. Molti filoni di ricerca sono stati volutamente tralasciati, per il momento. Si pensi ad esempio alle sterminate opere agiografiche che trattano di Santi o Beati che dimostrarono una particolare venerazione alla Sindone: San Carlo, il Beato Amedeo di Savoia, San Francesco di Sales, la Chantal... In ogni biografia di questi personaggi vi è un riferimento alla Sindone, che in questo primo lavoro mi parve però di scarsa importanza rispetto al resto. Nelle schede bibliografiche si troveranno comunque alcuni titoli relativi a biografie di San Carlo e del Beato Amedeo di Savoia, come saggio per questo particolare tipo di citazione[127].

Spero in ogni modo di essere riuscito a mantenere i propositi espressi nella introduzione. Di essere stato capace cioè di offrire alcuni spunti che scoprono una problematica ben più vasta, ed indirizzano ad un tipo di ricerca che, mi pare di aver dimostrato, è ricco di stimolanti possibilità.

---

[126] P. SAVIO, *Ricerche sul culto*, cit., I, pag. 28, n. 6.
[127] Cfr. *schede bibliografiche* nn. 18, 52, 80.

Résumé. La relation présente une «panoramique» sur les oeuvres et les essais scientifiques qui ont été publiés dans le XVIème et le XVIIème siècle, dans le but de tracer un filon de recherches organiques au cours de la sus-dite période, exclusivement pour ce qui concerne les textes publiés. Le champ de recherches a été encore limité aux deux siècles dans lesquels la nouveauté de l'argument a suscité un plus grand intérêt pour la relique et le vide total de littérature a été remplacé par des recherches et des intuitions parfois géniales et qui en tout cas sont encore aujourd'hui d'une importance fondamentale pour l'étude du Saint Suaire de Turin. Ainsi on a pu retrouver des textes favorables et d'autres qui s'opposent à l'authenticité de la relique, textes sortis soit de l'ambiance catholique que protestante et en même temps on a pu mettre en évidence les contributions les plus originales et d'autres tout à fait répétitives de textes récurrents. Les oeuvres scientifiques, apologétiques et littéraires qui ont été découvertes furent cataloguées selon les criteriums dictés par l'Institut Central pour le Catalogue unique des Bibliothèques italiennes et pour les informations bibliographiques.

Summary. The report intends to give a panoramical insight on the works and studies on the Holy Shroud in 1500 and 1600. The author attempts to lay out a track for organical research, making use exclusively of the texts on the Holy Shroud published during this period. He has further delimitated the field of research to these two centuries, during which the novelty of the question had caused a greater interest for the relic and when the absolute lack of literature on the subject was filled up by studies and sometimes inspired intuitions. In any case, these studies are extremely important, even to-day, for the study of the Holy Shroud. Texts in favour and others against the authenticity have emerged both from Catholic and Protestant spheres and so it has been possible to find more original as well as merely repetitive contributions from recurring texts. These scientific, apologetic and literary texts have been filled according to the criteria of the Central Institute for the only Catalogue of the Italian Libraries and for bibliographic information.

SCHEDE BIBLIOGRAFICHE

AVVERTENZA

Le schede qui pubblicate devono considerarsi integranti e da integrarsi con il testo della relazione. Per la compilazione si sono seguite in linea di massima le norme *RICA* e le regole per il *censimento delle edizioni italiane del XVI secolo* (a cura del Laboratorio per la Bibliografia retrospettiva dell'Istituto Centrale per il Catalogo Unico delle Biblioteche italiane e per le informazioni bibliografiche), ovviamente per quanto possibile. Ci si è per altro discostati in alcuni punti dalle suddette norme a causa della particolarità del presente lavoro. Così anche per il seicento si è espresso il formato secondo il metodo classico delle piegature. I titoli sono in genere trascritti in modo più prolisso rispetto a quello necessario per una normale schedatura. I nomi degli autori ed i loro attributi sono stati conservati. Conformemente alle norme RI-CA non sono state tuttavia considerate le dediche dei lavori. In massima parte ho consultato personalmente i testi. In alcuni casi questo però non è stato possibile.
Le schede contrassegnate con * sono relative ad opere che ho individuato ma non reperito, nel qual caso cito la fonte da cui traggo la scheda.
Le schede contrassegnate con ** sono invece di opere delle quali ho potuto vedere solo una tarda edizione.
In questo caso, oltre alla fonte da cui traggo le schede, segnalo anche il numero che si riferisce alla nota della relazione nella quale è citato l'esemplare da me consultato. Per quanto riguarda il criterio di scelta delle edizioni, sono state prese in considerazione solo le prime edizioni oppure delle edizioni strettamente coeve. Le ristampe sono state segnalate quando di qualche interesse. Non sempre è poi stato possibile collazionare vari esemplari della stessa opera. Può quindi accadere che vi siano differenze di paginazione, di tavole, di numero di carte od altro, fra i testi da me schedati ed altri esemplari.

ABBREVIAZIONI

Audiffredi: G. B. Audiffredi, *Catalogus Bibliothecae Casanatensis*, Roma 1761-1788.
B.L.C.: *The British Library General Catalogue of Printed Books to 1975*, London 1979...
C.B.N.: *Catalogue Général des livres imprimés de la Bibliothèque Nationale*, Paris 1897...
De Backer: A. et A. De Backer, *Bibliothèque des écrivains de la Compagnie de Jésus*, Liège 1853-1861.
Dervieux: E. Dervieux, *Bibliografia della SS. Sindone di N.S.G.C.*, Chieri 1929.
Graese: G. T. Graesse, *Trésor de livres rares et preciéux*, Dresda 1859-1869.
Index Aurel.: Index Aureliensis, catalogus librorum sedecimo saeculo impressorum, Aureliae Aquensis 1965...
Manno: A. Manno - V. Promis, *Bibliografia storica degli Stati della Monarchia di Savoia*, Torino 1884.
N.U.C.: *The National Union Catalog pre-1956 Imprints*, Mansell 1968...
O.S.S.: *L'Ostensione della Santa Sindone*, Torino 1931.
Sommervogel: C. Sommervogel, *Bibliothèque de la Compagnie de Jésus*, Bruxelles-Parigi 1890-1900.
L. *Wadding*: L. Wadding, *Scriptores Ordinis Minimorum*, Romae 1906.

1. Sisto IV, *papa*. De sanguine Christi; De potentia Dei. [*precede*] Johannes Philippus de Lignamine, epistulam ad Sixtum IV. [Roma, Giovanni Filippo La Legname, dopo il 10 agosto 1471]. [122] c. 2°.

2.** Rabelais, François. [Gargantua], François Juste, vers 1534. 100 c. 8°. (*nota 52*)

3.** Calvin, Jean. Traité des reliques, ou avvertissement trèsutile du grand profit qui reviendroit à la chrestienté s'il se fasoit inventaire de tous corps saintes et reliques. Genevae, per Ioan Gerardum, 1543. [8], 239, [1] p. 8°. *Index Aurel., VI, p. 238.* (*nota 51*)

4. Paradin, Guillarme. Chronique de Savoye reveue [*sic*] & nouvellement augmentée par M. Guillaume Paradin, Doyen de Beaujeu... A Lyon, par Ian de Tournes, 1561. [32], 435 p. tav. ill. fol.

5. Molignano, Teodoro. Lirbo [*sic*] de cavalleria, entitulado el cavallero resplendor, en el qual se declara la vida del muy valeroso Principe... Emprimido en Vercè, en la emprenta de Su Alteza por el Pelippar, 1562. [51] c. 4°.

6. Dellexio, Jacques. Chorografia insignum locorum qui maxima ex parte subbiciuntur, tam cis, quam ultra montes, potentissimo principi Sabaudo... Authore Iacobo Delexio iurisconsulto. Camberii, per Franciscum Pomarum, 1571. [8], 29, [2] p. 4°.

7. Pingon, Emmanuel-Philibert. Philiberti Pingonii Sabaudi Augusta Taurinorum. Taurini, apud haeredes Nicolai Bevilaquae, 1577. 133, [14] p. tav. ill. fol.

8. Guarnerio, Giovanni Antonio. Epistola qua peregrinatio ab illustrissimo et reverendissimo cardinali S. Praxedis suscepta exponitur, cum ad invi-

sendum Sacrum Linteum Augustam Taurinorum se contulit. È communi Italo in Latinum a Io. Ant. Guarnerio canonico Berg. conversa. Bergomi, per Cominum Venturam, 1579. [7], 18 p. 4°.

9. PINGON, Emmanuel-Philibert. Inclytorum Saxoniae Sabaudiaeq. principum arbor gentilitia Philiberto Pingonio authore. Augustae Taurinorum, apud haeredes Nicolai Bevilaquae, 1581. [8], 120, [8] p. tav. fol.

10. PINGON, Emmanuel-Philibert. Philiberti Pingonii Sabaudi Cusiacen. Baronis Sindon Evangelica. Accesserunt hymni aliquot, insignis Bulla Pontificia, elegans epist. Francisci Adorni Jes. de peregrinatione memorabili. Augustae Taurinorum, apud haeredes Nicolai Bevilaquae, 1581. [8], 85, [3] p. tav. 4°.

11.* PODAVINO, David. In Sanctissimam Christi Sindonem Augustae Taurinorum asservatam... Davidis Podavinii Brixiensis carminum farrago accessit Faeliciani Beterae Brix., Medici ad aut. epistola... Brixiae, apud Vincentium Sabbium, 1584. 8°. *Dervieux, 428, 438; Manno, I, 277.*

12. MAIOLO, Simone. Simonis Maioli Astensis, episcopi Vulturariensis historiarum totius orbis omniunque temporum pro defensione sacrarum imaginum adversus Iconomachos libri seu centuria sexdecim... Romae, in aedibus Populi Romani, 1585. 6 c., [13], 416, [30] p. 4°.

13. BUCCI, Domenico Filiberto. Il solenne battesimo del serenissimo prencipe di Piemonte Filippo Emanuelle, primogenito figliuolo di Carlo Em. Duca di Savoia, & di Donna Caterina Infante Catholica, celebrato in Turino l'anno MDLXXXVII il XII di maggio. Insieme con... mostra de S. Sudario, con un breve discorso sopra esso fatto, ...col battesimo del secondo genito figliuolo Vittor Amedeo. Raccolti da Domenico Filiberto di Agostino Bucci... In Turino, appresso Antonio de' Bianchi, 1587. 32 c. 4°.

14.** BARONIO, Cesare. Annales ecclesiastici, a Christo nato ad annum 1198. I. Roma, Typographia Vaticana, 1588. 2°. *Index Aurel., III, p. 287. (nota 14)*

15. BUCCI, Domenico Filiberto. Il solenne battesimo del serenissimo prencipe di Piemonte Filippo Emanuelle, primogenito figliuolo di Carlo Emanuel Duca di Savoia & di Donna Caterina Infante di Spagna, celebrato in Turino l'anno MDLXXXVII il XII di maggio. Insieme con... mostra de S. Sudario... et col battesimo del secondo genito figliuolo Vittor Amedeo. Raccolte da Domenico Filiberto Bucci... Corrette & di nuovo stampate... In Turino, appresso Gio. Battista Bevilacqua, 1588. 39 c. 4°.

16. BUCCI, Domenico Filiberto. Le solemnel baptesme de monseigneur le prince de Piedmont Philippe Emanuel fils aisné des sérénissimes princes Charles Em. Duc de Savoye & Catherine d'Austriche Infante d'Espagne... Traduit de l'italien de Domini-

que Filibert... A Turin, par Antoine de Bianchi, 1588. .... 4°. *Esemplare mutilo.*

17. MARTINENGHI, Lucillo. Canzoni, sonetti, sestine in lode della Sacra Sindone conservata in Turino. Del Reveren. don Lucillo Martinenghi monaco cassinese. In Brescia, appresso Policreto Turlini, ad instanza di Gio. Battista Borelli, 1590. 32 p. 8°. *L'anno di stampa si ricava dal colophon.*

18. BESCAPÉ, Carlo. De vita et rebus gestis Caroli S.R.E. cardinalis Tituli S. Praxedis archiepiscopi Mediolani libri septem. Ingolstadii, ex officina typographica Davidis Sartorii, 1592. [10], 371, [2] p. 4°.

19. TONSO, Giovanni. De vita Emmanuelis Philiberti Allobrogum Ducis et Subalpinorum principis libri duo ... Augustae Taurinorum, apud Io. Dominicum Tarinum, 1596. [13], 235 p. tav. fol.

20. PALEOTTI, Alfonso. Esplicatione del lenzuolo ove fu involto il Signore, & delle piaghe in esso impresse col suo pretioso sangue confrontate con la Scrittura, profeti e padri. Con la notitia di molte piaghe occulte, & numero de' chiodi. Et con pie meditationi de' dolori della B. Vergine ... In Bologna, per gli heredi di Gio. Rossi, 1598. 3 c., [26], 146, [40] p. tav. 4°.

21. PALEOTTI, Alfonso. Esplicatione del Sacro Lenzuolo ove fu involto il Signore. Et delle piaghe in esso impresse col suo pretioso sangue confrontate con la Scrittura Sacra, profeti e padri. Con pie meditazioni de' dolori della Beata Vergine ... In Bologna, presso gli heredi di Gio. Rossi, 1599. 3 c., [28], 144, [35] p. tav. 4°.

22. GRETSER, Jakob. Iacobi Gretseri Societatis Iesu sacrae theologiae in Academia Ingolstadiensi professoris de cruce Christi, accurate recognitus, auctus et in quinque libros distributus ... Ingolstadii, ex typographia Adami Sartorii, 1600. [30], 810, [41] p. 4°.

23.* ALMERON, Alfons. Commentarii in evangelicam historiam et Acta Apostolorum in duodecim tomus distributi. Madrid, 1598 - 1601. 12 v. *Sommervogel, 7, col. 479.*

24. PARADIN, Guillaume. Chronique de Savoye, extraite pour la plus part de l'histoire de M. Guillaume Paradin. Troisième édition enrichée et augmentée en diverses endroits, et continuée jusques à l'an 1601. [Lyon], de l'imprimerie de Ian de Tournes, 1602. [6], 468, 12 p. tav. ill. fol. *Per il luogo di edizione cfr. n. 4. L'opera è stata rielaborata da Ian de Tournes, come si evince dall'introduzione.*

25. BOTERO, Giovanni. Seconda parte de' prencipi christiani che contiene i prencipi di Savoia ... Torino, appresso Gio. Domenico Tarino, 1603. [6], 720, [16] p. 8°.

26.* BALDI, Innocenzo. Discorso intorno a' misteri della Santa Croce. Nel giorno di sua inventione.

Dove anche si ragiona a lungo della Sacra Sindone et della serenissima Casa di Savoia, per divina Provvidenza sua legittima custode. Del reveren. P. maestro Innocentio Baldi da Bologna dell'Ordine de' Carmelit. della Congregazione di Mantoa ... In Torino, *s.n.t.*, 1605. [6] c., 175 p. 4°. *Dervieux, 258; Manno, I, 282.*

27.* BONAFAMIGLIA, Prospero. La sacra historia della Santissima Sindone di Christo Signor Nostro. Raccolta in compendio da gravi autori ... Con una pia esortazione. In Roma, appresso Luigi Zannetti, 1606. *Dervieux, 12; Manno, I, 283.*

28. PALEOTTI, Alfonso. Iesu Christi crucifixi stigmata Sacrae Sindonis impressa. Ab Alphonso Palaeoto archiepiscopo II. Bononiensi explicata. Mellifluis elucidationibus, ... Auctore F. Daniele Mallonio Sac. Congreg. Hieroniminianae, in celeberrimo Bonon. Gymnasio divinarum literarum publico interprete ... Venetiis, apud Baretium Baretium Bibliopolam, 1606. [32], 294, [38] p. tav. fol.

29. BONAFAMIGLIA, Prospero. La sacra historia della Sanctissima Savana de Christo Nuestro Señor recopilada de graves autores, por Prospero Bonafamilia ... Traducida de lengua toscana en española, por un devoto de la Sancta Savana de Christo. In Torino, appresso li fratelli Cavalleris, 1607. 37 p. 8°.

30.* PALEOTTI, Alfonso. Beschreibung der H. Leinwath oder Grabtuchs Christi. Augsp. 1607 ill. 4°. *Graesse, 7, p. 440.*

31. BONAFAMIGLIA, Prospero. La sacra historia della Santissima Sindone di Christo Signor Nostro, raccolta in compendio da gravi auttori per Prospero Bonafamiglia romano, cavaglier delli SS. Mauritio, e Lazaro con una pia esortazione. In Roma, e ristampata in Torino, appresso i ff. de' Cavaleris, 1608. 56 p. 8°.

32. MARINO, Giambattista. Il ritratto del serenissimo don Carlo Emanuello Duca di Savoia. Panegirico del Marino. Torino, *s.n.t.*, 1608. [22], 80, [3] p. 8°.

33.* PALEOTTI, Alfonso. Historia admiranda de Jesu Christi stigmatibus Sacrae Sindonis impressis, ab Alphonso Paleoto, ... explicata, figuris aeneis, questionibus ... illustrata ... auctore R.P.F. Daniele Mallonio, ... - ... tomus alter, complectens M. Vigerii, ... praecipuis Incarnat. Verbi mysteriis decachordum Christianum. Eiusdem lucubratio de instrumentis Dominicae Passionis. Omnia ad vetera exemplaria castigata ... per R.P. Richardum Gibbonium. Duaci, ex typis B. Belleri, 1607 - 1608. *C.B.N., 129, col. 359.*

34. [BOVIER, Felicien]. Voeus au Sainct Suaire pour Messeigneurs les princes de Savoie par un gentil homme Grénoblois. A Turin, *s.n.t.*, 1609. 112 p. 8°. *L'Autore si ricava dalla sottoscrizione della dedica.*

35. PORCELLET, Ludovic. Spinetum Ludovici Porcelleti Villariensis I.V.D. In Passionem Domini secundum Mathaeum. Augustae Taurinorum, apud Io. Antonium Disserolium, 1609. [12], 111 p. 4°.

36.** VAZQUEZ, Gabriel. Commentariorum et disputationum in tertiam partem S. Thomae. Tomus primus. Authore patre Gabriele Vazquez Bellomontano, theologo Societatis Jesu ... Compluti, apud viduam Iusti Sanchez Crespo, 1609. 6 c, 1195 p. 4°. *Sommervogel, 8, col. 514 (Nota 95).*

37. BALLIANO, Camillo. Ragionamenti della Sacra Sindone di N.S. Giesù Christo fatti da fra Camillo Balliani dell'Ordine de' Predicatori, dottore di sacra theologia, inquisitore di Torino. In Torino, per Aluigi Pizzamiglio, 1610. [8], 280, 8, [8] p. tav. 4°.

38. CAMUZAT, Nicolaus. Promtuariu.. sacrarum antiquitatum Tricassinae diocesis. In quo praeter seriem historicam Tricassinorum Praesulum, origines praecipuarum Ecclesiarum, vitae etiam Sanctorum qui in eadem diocesi floruerunt, promiscue continentur. Auctore seu collectore Nicolao Camuzat Tricassino. Augustae Trecarum, apud Natalem Moreau qui dicitur le Coq, 1610. ... 8°. *Esemplare mutilo.*

39.* PELLEONI, Teodoro. Due ragionamenti sopra la Santa Sindone ... Havuti nel Duomo di Torino alla presenza delle LL. A. RR. — uno il terzo venerdì di Quaresima — l'altro nella festività di questa Gran Reliquia. Torino, presso il Seghino, 1610. *Dervieux, 260.*

40. TORNIELLI, Agostino. Annales Sacri ab orbe condito ad ipsum Christi Passione reparatum cum praecipuis ethnicorum temporibus apti ordinateque disposti. Auctore Augustino Torniello Novariensi Congregationis S. Pauli clerico regulari. Mediolani, ex typographia Hem. Pacifici Pontii et Io. Baptista Picalia, 1610. 2 v. fol.

41.** GUALTEROTTI, Francesco Maria. La Sindone. Vaghezza. In Firenze, appresso Cosimo Giunti, 1611. *P. Savio, Ricerche sul culto cit., II, p. 25.*

42.* RADER, Matthäus, viridarium Sanctorum ex meneis Graecorum ... Augustae Vindelicorum, apud Christophorum Mangum, 1604. — ... Pars altera. Augustae Vindelicorum, apud Christophorum Mangum, 1610. — ... Pars tertia. Augusti, typis Chrisostomi Daberii, 1612. *Sommervogel, 6, coll. 1374 - 1375.*

43. GIOVANNI PAOLO S. GIO. . Breve discorso sopra la Santa Sindone del P. M. Gio. Paolo San Gio. Min. Conv. predicatore della città di Torino. Recitato alla presenza delle ser. Altezze nel Duomo il secondo venerdì di Quaresima. In Torino, appresso Gio. Antonio Seghino, 1614. 21 p. 8°.

44. MARINO, Giambattista. Dicerie sacre del cavalier Marino. Volume primo ... In Torino, per Luigi Pizzamiglio, 1614. 6, [6], 268 c. 12°.

45. BALLIANO, Camillo. De' ragionamenti sopra la Sacra Sindone di N.S. Giesù Christo, ne quali si tratta insieme del Beato Amedeo Duca di Savoia, fatti da fra Camillo Balliani ... Seconda parte. In Tori-

no, per Luigi Pizzamiglio, 1616. [8], 281 - 492 p. tav. 4°.

46. GAULTIER, Iacob. Tabula chronographica status Ecclesiae Catholicae a Christo nato ad annum MDCXIV. Authore Iacopo Gaulterio Annonaensi Societatis Iesu, qui eam Gallice primum scriptam postea Latinam fecit & multis additamentis in praefatione ad lectorem designatis locupletavit ... Lugduni, sumptibus Horatii Cardon, 1616. [12], 838, [28] p. fol.

47.* PALEOTTI, Alfonso. Historia admiranda de Jesu Christi stigmatibus, ... Figuris aeneis, quaestionibus ... et meditationibus ... a Daniele Mallonio illustrata ... Accessit tomus II ... de incarnati verbi mysteriis, deque instrumentis Dominicae Passionis ... Vigerii, S.R. Ecclesiae Cardinalis; adiectis plerisque per R. Gibbonum Societatis Iesu. Antuerpiae, Duaci, 1616. *Il tomo II è stato stampato a Douai. BLC, 245, p. 360.*

48. BALLIANO, Camillo. Ragionamenti sopra la Santa Sindone fatti da fra Camillo Balliani ... Ristampati con la seconda parte nella quale si tratta insieme del Beato Amedeo III Duca di Savoia. In Torino, per Luigi Pizzamiglio, 1617. [8], 280, 8, [8]; [10], 281 - 492, [8] p. 4°.

49. COLLIO, Francesco. De sanguine Christi libri quinque in quibus de illius natura, effusionibus ac miraculis copiose disseritur ... Authore Francisco Collio sacrae theologiae ac collegi Ambrosiani doctore. Mediolani, ex Collegi Ambrosiani typographia, 1617. [36], 912 p. 4°.

50.* AMBIVIERI, Francesco. Orazione per la visitazione della SS. Sindone, recitata nelle Scuole Canobbiane. In Novara, per Girolamo Sesalli, 1619. 8°. *Dervieux, 264; Manno, I, 287.*

51. MASSON, Papirius. Elogia serenissimorum Ducum Sabaudiae Papirio Massono auctore. Parisiis, apud Iacobum Quesnel, 1619. [4], 124 p. 8°.

52. La VIE du BIEN-heureux Amedee Duc III de Savoye ... par un pére de la Compagnie de Jésus. A Paris, chez Sébastien Chappelet, 1619. [10], 30, [1], p. 4°.

53. CORADUCCI, Vincenzo. Ragionamento in lode della Santissima Sindone di Christo Giesù, fatto il secondo venerdì di Quaresima 1620, nella Cathedrale di Torino, alla presenza di Sue Altezze serenissime da fra Vincenzo Coraducci padoano Minore Conventuale, dottore di sacra theologia, e predicatore nella Chiesa di S. Francesco. In Torino, per gli heredi di Gio. Domenico Tarino, 1620. 16 p. 4°.

54. MARINO, Giambattista. Dicerie sacre del Cavalier Marino dinuovo ristampate, & in questa seconda impressione migliorate. In Torino, appresso gl'heredi di Gio. Dominico Tarino, 1620. [10], 286 c. 12°.

55. MONOD, Pierre. Recherches historiques, sur les alliances royales de France, et de Savoye, ou sont monstrées plusieurs admirables rapports de ces deux Maisons, et déduictes dix-neuf alliances, qui iusques à maintenant ont estè entre icelles. Lyon, Pierre Rigaud, 1621. [8], 102, [1] p. 4°.

56.* DU MOINE, Nicolas. L'histoire sacrée du très-saint Suaire de Notre Seigneur Jésus Christ, inestimable trésor de la Maison de Savoye, auquel est contenu en bref, comme il a èté conservé depuis qu'il fut achepté par Joseph d'Armathie, iusques à présent recherché de divers auteurs (tant italiens que françois) mis en rime par luimesme. Turin, chez I. Ant. Leghuin, 1622. 35 p. 8°. *Dervieux, 19; Manno, I, 290.*

57. SPONDE, Henri de. Annales ecclesiastici ex XII tomis Caesaris Baronii... in epitomen redacti... una cum... brevi auctario ab eo tempore quo Baronius cessavit usque ad an. 1622. Opera Henrici Spondani mauleolensis S.R.E. Protonotarii. Lutetiae Parisiorum, sumptibus Dionysii de La Noüe, 1622. 2 v. tav. ill. fol.

58.* VERCELLINI, Giacomo Antonio. L'iride sacra. Panegirico sopra la SS. Sindone di Giac. Antonio Vercellini Vercellese. In Torino, appresso Pizzamiglio, 1622. 42 p. 8°. *Dervieux, 266; Manno, I, 289.*

59. BALLIANO, Camillo. Terza parte de' ragionamenti sopra la Sacra Sindone di N. S. Giesù Christo, nella quale si tratta insieme del Beato Amedeo III. Duca di Savoia, e della B. Margarita di Savoia ... In Torino, per Luigi Pizzamiglio, 1624. [4], 539 - 615, [3] p. tav. 4°.

60. BALLIANO, Camillo. Ragionamenti sopra la Sacra Sindone di N. S. Giesù Christo, fatti da fra Camillo Balliani ... novamente ristampati, accresciuti e divisi in tre parti. In Torino, per Luigi Pizzamiglio, 1624. [22], 280, 8, [8]; [10], 281 - 492, [8]; [4], 493 - 615, [3] p. tav. 4°.

61. CHIFFLET, Jean Jacques. Io. Iac. Chiffletii de linteis sepulchralibus Christi Servatoris crisis historica. Antuerpiae, ex officina Plantiniana, apud Balthasarem Moretum & viduam Ioannis Moreti & Io. Meursium, 1624. [16], 228, [14] p. tav. ill. 4°.

62. QUARANTOTTO, Eugenio. La Sacra Sindone, componimento del padre don Eugenio Quarant'otto paduano cher. regolare Teatino. [In Verona, nella stamparia di Angelo Tamo, 1624.] [12], 55 p. 4°. *Le note tipografiche si ricavano dal colophon.*

63. BLANCARDI, Giovanni Francesco. Tesoro celeste in discorsi morali sopra la S. Sindone di N. S. Giesù Christo, Reliquia della serenis. Casa di Savoia. Composta dal P. Gio. Francesco da Sospello Minor' Osservante di S. Francesco riformato. In Torino, appresso Luigi Pizzamiglio, 1625. [10], 64, [6] p. 4°.

64.* GRETZER, Iacob. Iacobi Gretzeri Societatis Iesu Syntagma de imaginibus manu non factis, deque aliis a sancto Luca pictis. Lutetiae Parisiorum, sumptibus Sebastiani Cramoisy, 1625. *Sommervogel, 3, col. 1802. (nota 94).*

65. GAULTIER, Iacob. Table chronographique de l'é-
stat du christianisme depuis la naissance de Jésus
Christ, iusques à l'année 1625... Par Iacques Gaultier de la Compagnie de Jésus natif d'Annonay en
Vivarez, reveue [sic] pour la quatriéme fois & de
beaucoup augmentée par l'autheur. A Lyon, chez
Pierre Rigaud & associez, 1626. [16], 886, [30] p.
tav. fol.

66.* NUCETO, Giovanni Battista. Il Commentario.
Panegirico sacro sopra la SS. Sindone detto nel Duomo di Torino alle Regali Altezze l'anno 1627. *L'autore è così individuato dal Donaudi. Dervieux, 269.*

67. SOLARO, Agaffino, *dei conti di Moretta*. Sindone evangelica, historica e theologica di monsig. D.
Agaffino Solaro de' conti di Moretta, Comendato-
re Gran Croce della sacr. Religione de SS. Mauritio & Lazaro, & per la gratia di Dio, e della Santa
Sede Apostolica vescovo di Fossano, & poi per tran-
slatione di Saluzzo. In Torino, appresso li Cavalleris, 1627. [8], 218, [6] p. 4°.

68.* CHIFFLET, Jean Jacques. Hiérothonie de Jésus-
Christ, ou discours des Sainctes Suaires de Notre
Seigneur; extrait et traduit du latin par A. D. C.
P. Paris, 1631. 240 p. *Piano, op. cit., I, p. 19.*

69. VICTON, François. Histoire ou bref traité du S.
Suaire de N. S. Jésus Christ, prétieuse relique de
la Maison de Savoye, qui se garde à Turin ville capitale du Piemont. Par le feu R. P. François Victon
vicaire général de l'ordre des p.p. Minimes en Piemont et en Savoye. A Paris, chez Sebastien Cramoisy, 1634. [8], 84 [*ma* 68] p. 8°.

70.* DES GUERROIS, Nicolaus. La sainteté chrétien-
ne contenant les vies, mort et miracles de plusieurs
Saints de France... qui ne sont dans les vies des
Saints et dont les Reliquies sont au diocèse et ville
de Troyes ... Troyes, chez J. Jacquard, 1637. *Dervieux, 512; Piano, op. cit., I, p. 214.*

71. CALCAGNINO, Agostino. Dell'immagine edessena. Osservazioni storiche di Agostino Calcagnino canonico penitenziere della Metropolitana di Genova. Genova, presso Farroni, 1639. 485, [14] p. 4°.
Nell'esemplare da me visto il frontespizio è ms.

72.** QUARESMIO, Francesco. Historica, theologica et moralis Terrae Sanctae elucidatio ... Auctore fr. Francesco Quaresmio Ordinis Minimorum
theologo. Olim Terrae sanctae Praesule ac Commis-
sario apostolico ... Antuerpiae, apud Balthazarem
Moretum, 1634, 1639. 2 v. fol. *Wadding, p. 91.
(nota 124).*

73. FERRAND, Jean. Ihoannis Ferrandi Aniciensis e
Societate Jesu theologi, disquisitio reliquiaria sive
de suspicienda et suspecta earundem numero reli-
quiarum quae in diversis ecclesiis servantur multi-
tudine. Nunc primum prodit. Lugduni, sumptibus
Laurentii Anisson & soc., 1647. [16], 588, 8 p. 4°.

74. BEROD, Michel. Le prerogative della Santissima
Sindone in compendio ... del sig. don Michele Berod savoiardo e canonico della Metropolitana di Ta-
rantasia in Savoia. In Roma, nella Stamparia della
Rev. Cam. Apost., 1648. 64 p. 12°.

75.* GIUGLARIS, Luigi. Panegirici sacri di Cristo N.
S. Venezia, Tarrino, 1648. 12°. *Altre edizioni: To-
rino 1650, Venezia 1667, Venezia 1672. De Backer,
I, p. 420; Dervieux, 270; Manno, I, 296.*

76. PAGGI, Giovanni Battista. Lo scudo, panegirico sacro sopra la S. Sindone detto alle Altezze Reali nel Duomo di Torino, dal P. D. Gio. Battista Paggi
de' chierici regolari di S. Paolo preposto in S. Martino d'Asti. In Torino, per Francesco Ferrofino,
1648. [17], 38 p. 4°.

77. GUICHENON, Samuel. Histoire de Bresse et de
Bugey... diviseé en quatres parties par S. Guichenon, advocat au Présidial de Burg en Bresse conseiller et historiographe du Roy. A Lyon, chez Jan
Antoine Huguetan & Marc. Ant. Ravaud, 1650.
[30], 109, [2]; 133, [3]; 113, [3]; [8], 399, [3]; 253,
[35]; 259 p. fol.

78. LOFFREDO D'ARSANO, Innocenzo. Il tabernacolo
del riposo di Dio. Discorso panegirico sopra la Santa Sindone detto nella Real Basilica di Torino dal
padre maestro Innocenzo Loffredo d'Arsano dell'ordine di S. Francesco Minore Conventuale ... In Torino, appresso Alessandro Federico Cavaleri, 1652.
33 p. 4°.

79. QUARANTA, Orazio. L'opera perfetta veduta
nella Santa Sindone. Panegirico ... In Torino, per
Bartolomeo Zavatta, 1652. 93, [3] p. 4°.

80.** La SACRA HISTORIA della Santissima Sindone
di Christo Signor Nostro raccolta compendiosamente
da gravi autori. In Torino, per Carlo Gianelli ad
istanza di G. B. Manzolino, 1652. *Dervieux, 28. (nota
58).*

81. CODRETO, Pasquale. ... Il politico celeste, vita
e maravigliosi successi del B. Amadeo di Savoia...
In Torino, per gli fratelli Niella, 1653. [1] c., 79-181
p. 4°. *L'opera si trova riunita con altre dello stesso
autore con un frontespizio unico: «Ghirlanda di alcuni Principi Beati di Real Casa Savoia tessuta dall'ossequio del R.P.F. Pasquale Codreto da Sospello, lettore predicatore generale e P. di Provincia de Minori
Osservanti».*

82. BUONAFEDE, Giuseppe. Regalo di Dio alla Real
Corona di Savoia. Panegirici sacri a i Misterii della
S. Sindone di N. Sig. Giesù Christo del P. Giuseppe
Buonafede lucchese teologo e predicatore Agostinia-
no. In Asti, per il Giangrandi, 1654. [11], 127 p. 4°.

83. CASTIGLIONE, Salvatore. Copia di lettera scritta dal signor Salvator Castiglione ... circa l'entrata
e accoglienze fatte dall'AA. RR. di Savoia alla Regina di Svecia nell'Augusta Città di Torino. In Torino, appresso Gio. Giacomo Rustis, 1656. 19 p. 4°.

84.* GALLEA, Agostino. La simpatia. Panegirico sacro detto nel Duomo di Torino col manto de Cavalieri... l'anno 1656. *Dervieux, 277.*

85. Rastelli, Alfonso Maria. Stella volante. Oratione panegirica del Santissimo Sudario del padre Alfonso Maria Rastelli ... detta nel Duomo di Torino, il primo venerdì di Quaresima dell'anno 1658. In Torino, per Gio. Sinibaldo, 1658. 30 p. 4°.

86. Guichenon, Samuel. Histoire généalogique de la Royale Maison de Savoye... par Samuel Guichenon seigneur de Painnesuit, conseiller & historiographe du Roy & de S.A.R. de Savoye, conte Palatin, chevalier de l'Empire & de la sacre Religion des Saint Maurice & Lazare. A Lyon, chez Guillaume Barbier, 1660. 2 v. fol.

87. Capré, François. Traité historique de la Chambre des Comptes de Savoye, iustifié par titres, stats, ordonnances, édicts et autres preuves tireés des Archives, par François Capré, conseiller de Son Altesse Royale, & maistre ordinaire en la dite Chambre. A Lyon, chez Guillaume Barbier, 1662. [18], 406, [17] p. 4°.

88.** Ughelli, Francesco. Italia sacra, sive de Episcopis Italiae et insularum adiacentium rebusque ad iis preclare gestis, deducta serie ad nostram usque aetatem ... Romae, apud Tanum, 1643 - 1662. 9 v. fol. *Graesse, VI, 2° p., p. 223. (nota 70).*

89. Frugoni, Fulvio Francesco. Pregi e miracoli della Santissima Sindone. Epitome historico e descrittivo del M.R.P. Maestro Francesco Fulvio Frugoni Minimo ad istanza della venerabile Confraternita della medesima Santissima Sindone e di Nostra Signora delle Gratie di Torino. In Torino, per gli heredi di Carlo Gianelli, 1665. 56 p. 4°.

90.* Fabbri, Costantino. La giffra di amore. Panegirico sacro per la SS. Sindone, detto alla presenza dell'Altezza Reale di Savoia e del Serenissimo principe Massimiliano di Baviera. In Torino, 1666. 4°. *Dervieux, 278.*

91. Ormea, Francesco Amedeo. Orationi panegiriche ... In Torino, per Bartolomeo Zavatta, 1667. [8], 354, p. 8°.

92.** Contenson, Vincent. Theologia mentis et cordis, seu speculationes universae sacrae doctrinae pietate temperatae ... Lugduni, sumptibus Petri Borde, Jo. et Pet. Arnaud, 1668. 2 v. fol. *Audiffredi, 2, p. 422. (nota 96).*

93.* Deza, Massimiliano. Orazioni sacre. In Venezia, presso il Baglioni, 1668. *Dervieux, 280.*

94.* Parrutia, Pietro Antonio. Il peplo. Panegirico sacro di Pietro Antonio Parrutia di Bra, teologo e dottor di leggi, sopra la Santissima Sindone. Detto nel Duomo di Torino alle Reali Altezze il primo venerdì di marzo dell'anno 1669. In Torino, per Gio. Sinibaldo, 1669. 125 p. 8°. *L'opera è detta dal Dervieux e dall'O.S.S. rarissima. Dervieux, 281; Manno, I, 306; O.S.S., p. 88 n. 17.*

95. Magliano, Emilio. De Passione Domini et obiter de Sancta Sindone in augusta civitate Taurini... sacra metamorphosis Aemilii Malliani civis Fossa-

nensis origine privilegio Taurin. ingenuarum artium V. I. et sac. theolog. doctoris iam vicarii generalis episcopalis nunc vero prioris aecles. paroch. SS. Stephani et Gregorii de jure patronatus S. Rochi Taurini. Augustae Taurinorum, ex tipographia Io. Sinibaldi, 1670. [10], 163 p. ill. 8°.

96.* Muratori, Carl'Antonio. Orazioni panegiriche. Asti, 1672. Dervieux, 282; Manno, I, 307.

97.** Rinaldi, Oderico. Annales ecclesiastici ab anno 1198 ubi desinit Baronius, auctore Odorico Raynaldo... Romae, excudebat Mascardus, 1646 - 1677. 9 v. fol. *C.B.N., 152, col. 216. (nota 38).*

98.* Nani, Bernardo. Li sacri doni offerti dalla SS. Sindone alla R. Casa di Savoia. Panegirico composto e detto nel Duomo di Torino fra il corso quaresimale... In Torino, ...Sinibaldi, 1678. 8°. *Dervieux, 284; Manno, I, 308.*

99. Villeri, Epifanio. Il velo risarcito del tempio. Panegirico Sacro della Santissima Sindone. Detto alla presenza dell'Altezze Reali di Savoia nel Duomo di Torino... dal padre D. Epifanio Villeri Barnabita genovese. In Torino, per gli heredi di Carlo Gianelli, 1679. 16 p. 4°.

100. Calvi, Donato. Propinomio evangelico ovvero evangeliche resolutioni... Opera del P. R. Donato Calvi da Bergamo, prelato, viceregente, & deffinitor perp. Agost. della Congregazione di Lombardia ... in questa nuova impressione dello stesso autore di quindici resolutioni ampliata, che nella prima non si leggono. In Bologna, per Gioseffo Longhi, 1681. 5 c., [10], 358, 15 p. 4°.

101.* Visconti, Giuseppe Maria. L'accademia, sermone della SS. Sindone, detto nel Duomo di Torino l'anno 1681 all'Altezza Reale di Savoia. In Torino, 1681. 4°. Dervieux, 286; Manno, I, 310.

102. La Sacra Istoria della Santissima Sindone di Cristo Signor Nostro, raccolta compendiosamente da gravi autori. In Torino, per Antonio Beltrandi e nuovamente per Gio. Batista Fontana, 1684. 30 p. 16°.

103. Vigliega, Alfons. Il nuovo e vero leggendario della vita e fatti di N. S. Giesù Christo e di tutti i Santi ... Raccolto da gravi & approvati autori e dato in luce in lingua spagnola dal M. Rev. D. Alfonso Vigliega di Toledo, teologo e predicatore sotto il titolo di Flos Sanctorum. Nuovamente con diligenza tradotto di spagnolo in lingua italiana da D. Timoteo da Bagno monaco Camaldolese. In Cuneo, per Lorenzo Strabelli, 1684. ... fol. *Esemplare mutilo.*

104. Barralis, Vittorio Amedeo. Anatomia sacra per la novena della S. Sindone con una corona composta d'affetti sopra li principali misteri della Passione. Opera spirituale del padre D. Vittorio Amedeo Barralis C. R. Theatino. In Torino, per gl'heredi Gianelli, 1685. [6], 120, p. tav. 8°.

105. Crocetti, Giacinto Maria. La sfinge evangelica composta di profetici enigmi discolti in sei ora-

zioni panegiriche sopra la Santissima Sindone del Signore, recitate nella Chiesa della santissima Trinità di Torino dal Molto Reverendo Padre D. Giacinto Maria Crocetti predicatore Camaldolese. Torino, per l'herede del Colonna, 1686. 204 p. 12°.

106.* SCAMERONI, Egidio. Il letto trionfale per riposo del Re di Cipro. Sermone per la SS. Sindone di N.S.G.C. detto nel Duomo di Torino alle LL.AA.RR. il venerdì d. prima settimana di Quaresima l'anno 1691. Torino, presso il Zappata, 1691. *Dervieux, 228.*

107. SEGNERI, Paolo. Panegirici sacri di Paolo Segneri della Compagnia di Gesù, in questa nuova impressione accresciuti. In Bologna, per il Longhi, 1693. 690 p. 16°.

108.* REALI, Sebastiano. La replicata Passione di Christo. Discorso sacro recitato ad honore d. SS. Sindone nel Duomo di Torino il 2° venerdì di marzo 1697. Torino, presso il Fontana, 1697. *Dervieux, 290.*

109.** MASINI, Antonio *di Paolo*. Ristretto della Passione di N. S. Gesù Cristo, divisa ne' 7 viaggi e stazioni tormentose, che fece prima di morire, col giorno, hora misure e distanze de' luoghi, ove patì, ed altre devozioni. Messina, stamp. Camer. D'Amico, pref. 1700. 248 p. 12°. *N.U.C., 366, p. 689. (nota 74).*

110. SCHMIDT, Johan Andreas. I.N.I. Fascias Christi praeside Io. Andrea Schmidt, S. Theol. eiusdemque ac sacrarum antiquitatum professore p. o. patrono praeceptore ac hospite suo summopere suspiciendo devotioni publicae exponet Ernest. Salomo Cyprianus Ostheimensis Francus, autor respondens A.O.R. MDCXCIIX ad d. augusti in Iuleo Magno. Helmstadii, apud Ioannem Christianum Langenheim, 1726. 32 p. 4°.

111. SCHMIDT, Johan Andreas. I.N.I. Sudaria Christi Praeside Academiae Iuliae Pro-Rectore Magnifico Io. Andrea Schmidt, ...praeceptore ac hospite suo parentis instar aetatem devenerando examini publico submittet responsurus author Ernest. Salomo Cyprianus Ostheimensis Francus, anno CISISCXCIIX. In Iuleo Magno ad d. iunii. Helmstadii, apud Ioannem Christianum Langenheim, 1726. 28 p. 4°.

INDICE ALFABETICO DEGLI AUTORI
CITATI NELLA BIBLIOGRAFIA

LA SINDONE DI BITONTO
NOTE STORICHE E ANALISI DESCRITTIVA

STEFANO MILILLO*

Note storiche

La partecipazione a questo Congresso mi offre la possibilità di fare alcune considerazioni su una copia della S. Sindone conservata a Bitonto fin dal 1659, venerata ed esaltata per tre secoli in quella città come reliquia particolare.

Fino a qualche anno fa, era prerogativa di un Capitolare portare solennemente la Sindone nella processione serale del Venerdì Santo, precedendo l'altra reliquia del Legno della Croce[1]; negli ultimi anni l'abbiamo visto portare dai confratelli di S. Maria del Suffragio.

Il suo culto è ormai quasi spento e la sua memoria si rinnova annualmente solo in occasione della predetta processione del Venerdì Santo.

Ma qual è l'origine della Sindone bitontina? Una pia tradizione locale riportata anche in un foglietto fatto stampare dal vescovo Taccone nel 1946 in occasione del terzo centenario della sua riproduzione, racconta che nel 1646 la Sindone di Torino si ravvivò in modo miracoloso. «Ne approfittò il Nunzio apostolico presso la Casa Sabauda Mons. Alessandro De Crescenzio vescovo di Ortona: egli sovrappose alla Sindone originale un'altra di uguali dimensioni, su cui si riprodusse — in modo perfetto — l'immagine del Divino Nazareno»[2]. Questa credenza popolare, confermata oralmente dal vescovo Taccone ad Adolfo Barberis[3], è chiaro sintomo sia della convinzione che la Sindone di Torino abbia avvolto il corpo di Cristo, sia, di riflesso, che quella di Bitonto, riprodottasi miracolosamente dall'originale, abbia lo stesso valore.

Ma il «miracolo» del 1646 rimane solo una «antichissima tradizione bitontina». In effetti nella ostensione del 4 giugno 1646 furono riprodotte tre copie della Sacra Immagine che sono attualmente a Fabriano, Bologna e quindi a Bitonto[4]. Tralasciando altri validissimi motivi che permettono di distinguere la copia dall'originale e di cui parleremo in seguito, tre argomenti fondano

---

* *Docente di storia e filosofia.*

[1] Sulla reliquia della Croce si veda: G. VALENTE, *La chiesa del SS.mo Crocifisso in Bitonto*, Bitonto 1891, pag. 25.

[2] *Ricordo. III centenario della S. Sindone estratta dall'originale torinese e donata al Capitolo Cattedrale di Bitonto da Mons. Alessandro De Crescenzio. 1646-1946.*

[3] A. BARBERIS, *Le Sindoni*, da «Sindon», 3 agosto 1960, pag. 14.

[4] G. SICOLO, *La nostra Sindone*, in «Da Bitonto», II, 3 aprile 1984, pagg. 1-2.

storicamente la tesi che si tratta di una copia. Il primo si ricava dalla stessa iscrizione che è a margine della Sindone di Bitonto, dove a stampatello è scritto dalla stessa mano del pittore che ne ha fatto copia: *Extractum ex originali. Taurini anno 1646.* Quella parola «extractum» sta chiaramente ad indicare che la sindone bitontina fu ricavata dall'originale e che quindi è una copia della stessa. In secondo luogo l'annotazione riportata nel secondo libro delle cautele del Capitolo di Bitonto parla della S. Sindone «Toccata dall'originale» e, ancora, in maniera più precisa l'atto notarile della donazione della stessa al Capitolo da parte di Mons. Crescenzio, ribadisce che la Sindone di cui ci occupiamo fu «copiata ed estratta dall'originale». È chiaro dunque che si tratta di una copia fatta fare in occasione della esposizione del 1646 e toccata sull'originale, come precisa lo stesso documento, dalle mani dello stesso vescovo donatore.

La questione del tocco ci riporta alla mente la diffusissima pratica delle reliquie che diventavano tali per contatto con l'originale. Si credeva che una virtù taumaturgica si trasmettesse da una reliquia all'altra, tanto che la seconda diventava reliquia anch'essa ed era venerata come la prima; così capitò per la Sindone di Bitonto, come pure, penso, per molte altre copie della Sindone che sono in circolazione.

Come mai questa reliquia si trova dunque a Bitonto? Diciamo subito che essa fu donata dal vescovo Alessandro Crescenzio che era stato Nunzio apostolico a Torino per dodici anni a cominciare proprio dal 1646. Come Nunzio, dunque ebbe la possibilità e il privilegio di poter far riprodurre una copia del sacro lenzuolo. Sentiamo cosa è detto nel II libro delle cautele: «Monsignore Ill.mo Alessandro Crescenzio vescovo di Bitonto ha donato al Rev.do Capitolo la Santa Sindone toccata dall'originale che si conserva in Turino dove egli è stato Nuntio apostolico per lo spatio di dodeci anni, la quale prima di riporsi nel reliquiario fu portata processionalmente il Venerdì santo per tutta la città con gran quantità di lumi, et vi intervenne lo stesso Ill.mo scalzo con fune al collo, ch'edificò tutta la città, et luoghi convicini, et si è riposta in una cassetta di velluto verde nell'Altare delle reliquie»[5]. Dell'evento fa cenno anche l'Ughelli a proposito del vescovo Crescenzio[6].

Dello stesso tono è l'atto ufficiale della donazione stipulato dinanzi al Cesare Siccoda il 25 maggio 1659 alla presenza di alcuni ordinati del clero e del capitolo della Cattedrale di Bitonto[7]. L'atto, contrariamente al solito, è scrit-

---

[5] *Libro secondo delle cautele del Rev.mo Capitolo di Bitonto*, c. 27, Archivio Diocesano Bitonto (A.D.B.).
[6] UGHELLI, *Italia sacra*, Venezia 1721, pag. 692.
[7] SICCODA C., *Atti notarili del 1659*, Archivio di Stato, Bari. Si riporta qui di seguito l'atto notarile. «Die vigesimo quinto mense may anni 12 ind. 1659, Bitunti. Predicto die in nostra presentia etc. constitutus Ill.mus et Rev.mus D.nus Alexander Crescentius Episcopus Bituntinus, subjciens [...] in nos agens ad infrascripta omnia pro se, suisque heredibus et successoribus qui sponte ass. coram nobis, presentibus ibidem Adm. Rev. Dom. Hieronimo de Lerma, Adm. Rev. Cantore D. Paulo Francavilla, Rev. Can.co D. Francesco Miola, et Rev. D. Francesco Brencola ordinatis Rev. Capituli Bituntini; et stipulandibus pro supradicto Rev.o Capitulo, et successoribus in futuris. In vulgari eloquio pro maiori facti intelligentia dicunt come esso Monsignore Ill.mo havendo in questa città di Torino, dove detto Ill.mo vescovo è stato Nuntio Apostolico per il spatio d'anni dodici in circa, portato la copia della S. Sindone, nella quale fu

to in vulgari eloquio «pro majori facti intelligentia». I destinatari della donazione promettono al vescovo di conservare riverentemente la copia della Sindone, deponendola in una custodia dell'altare delle reliquie della Cattedrale, «acciò dal popolo tutto sia riverita». La copia della Sindone fatta estrarre dal vescovo Crescenzio doveva essere destinata alla diocesi di Ortona di cui lo stesso monsignore era Ordinario nel 1646. Ma, essendo Nunzio a Torino, raramente frequentò quella diocesi; per cui, creato vescovo di Bitonto il 1652, pensò di donare la preziosa reliquia che aveva con sé alla nuova Diocesi nel momento del suo ingresso ufficiale nella stessa. Cosa che avvenne appunto nel 1659.

L'atto penitenziale del vescovo che, come abbiamo detto, accompagnò processionalmente la Sindone il Venerdì Santo del 1659 a piedi scalzi e con la fune al collo, il devozionismo del tempo alimentato dalle frequenti missioni dei gesuiti nella città, esaltarono il culto tanto che essa era ostentata, oltre che il Venerdì Santo, anche il 3 maggio in ricorrenza della festività della invenzione della Croce. Ce lo conferma il vescovo Luca Antonio Della Gatta che, nella visita pastorale del 1729, tra gli obblighi del Capitolo ricorda che questi, «nel giorno della invenzione della Croce a dì 3 maggio si porta dalla Cattedrale processionalmente alla Chiesa del SS.mo Crocefisso extra moenia, ed ivi canta solennemente il Vespro, terminato il quale, si coordina la Processione colli stessi regolari, e portandosi il legno della Santa Croce e l'immagine della Santa Sindone, si visitano le chiese dei due monasteri di monache e del Conservatorio e si rientra in Cattedrale»[8]. Nella visita pastorale alla chiesa del Crocifisso, operata dallo stesso vescovo, si ricorda quanto detto in precedenza[9]; così pure l'Ughelli nell'«Italia Sacra» conferma queste notizie affermando: «Cujus S. Sindonis venerabile exemplum cum ligno sacratissime crucis post solemnas vesperas eiusdem diei, ipsum Capitulum cum interventu cunctorum ordinum Regularium per Bituntinam urbem circumfert, maximo semper pietatis emolumento»[10].

Fin qui le notizie storiche della copia della Sindone conservata a Bitonto nell'altare delle reliquie, fin quando, alla fine degli anni '50, con i restauri

---

involto nostro Signore Gesù Christo nel Santo Sepolchro, copiata ed estratta dal suo proprio originale che si conserva appresso il serenissimo Duca di Savoia, con haverla anco detta copia fatta toccare con le sue proprie mani con il medesimo originale; et portando detto Sig. Ill.mo non poco affetto et amore a questa sua Chiesa Cathedrale, ha deliberato detta copia della Santa Sindone donare al Rev. Clero e Capitolo di essa Chiesa Cathedrale. Che però volendo detto Monsignore Ill.mo detta sua deliberazione redurre al desiderato fine, spontaneamente hoggi, predetto giorno, detta copia della Santa Sindone dona donationis tituli irrevocabiliter inter vivos ad esso rev. Capitulo et clero et per essi alli sopraddetti Rev. di Dignità. Et Ordinati di detto Rev. Capitolo presenti, et detta copia della Santa Sindone recipienti et acceptanti, et gratias referenti a detto Mons. Ill.mo, li quali Rev. Dignità, et Ordinati promettono detta copia della Santa Sindone tenere riverentemente et conservarla con molte custodie con le altre reliquie nel reliquiario di detta Cathedrale Chiesa, acciò da tutto il popolo sia riverita...».

[8] DELLA GATTA L. A., *Visita pastorale del 1729*, A.D.B.
[9] La visita alla chiesa del Crocifisso è andata dispersa; di essa ci ha lasciato memoria il Valente nell'*op. cit.*
[10] UGHELLI, *Italia sacra*, cit., vol. VII.

della cattedrale, l'altare fu demolito, mentre la Sindone fu conservata a cura del Capitolo in luogo sicuro.

Analisi descrittiva

Ma la Sindone bitontina è veramente copia fedele dell'originale, così come attestano i documenti storici? Per verificarlo, insieme al prof. Gaetano Sicolo, è stata fatta una ricognizione della reliquia di cui ci occupiamo.

Si tratta di un lenzuolo di lino in tessuto regolare di m 4,25 × 0,90 escludendo i margini inseriti in una bordatura di panno rosso, intermezzato da un nastro dorato, che circonda il lenzuolo per intero. Un panno rosso di fattura recente, come il bordo, ne costituisce anche la foderatura. Il lenzuolo presenta segni di tarlo e di rammendi che sono stati operati nel tempo specialmente nelle parti estreme.

L'autore della nuova Sindone doveva aver del talento ed un acuto spirito di osservazione, giacché riuscì a cogliere molti essenziali aspetti dell'originale e a riprodurre come in negativo, anche sul lenzuolo di Bitonto, non solo la doppia immagine di Cristo, ma anche le varie alterazioni dell'originale, dovute a bruciature e a piegature; furono riprodotte perfino le macchie di umidità presenti specialmente nella parte centrale.

Prima di usare il colore, incentrato sulle varie sfumature dell'ocra ma diluito o usato in maniera tale che ad occhio nudo non si notano residui di esso, prima di usare il colore, dicevamo, il pittore ha tracciato i contorni delle immagini, come si nota in alcuni punti. La figura di Cristo è alta quanto l'originale, intorno a m 1,82, l'apertura delle spalle è di m 0,48; dalla fronte al mento misura cm 20, la larghezza del viso è di cm 13. Al margine destro del lenzuolo è una scritta in maiuscolo che dice: Extractum ex originali. Taurini 1646.

Nonostante l'abilità dell'esecutore, la Sindone di Bitonto presenta notevolissime diversità rispetto all'originale, cosa che si evidenzia attraverso un attento confronto. Mi limito a sottolineare le differenze più rilevanti, senza riferirmi sempre all'originale che voi tutti conoscete. Partendo dalla parte anteriore si nota che la Sindone bitontina presenta una forte accentuazione della scatola cranica del Cristo; è poi tracciata a corsi regolari la «corona» di spine: quattro giri paralleli (non dunque un casco) segnati da tredici gocce di sangue. Molto regolare è la linea dei capelli in entrambi i lati del volto e che scendono non in maniera vaporosa sulle spalle. Ben disegnati sono i due baffi. Evidenti sono poi le differenze somatiche nel disegno globale del viso. Le spalle, anche se proporzionate al corpo, sembrano tracciate un po' ingenuamente e i segni delle bruciature sono spostati leggermente verso i margini rispetto all'originale interessando solo una parte delle braccia al di sopra dei gomiti. Le stesse braccia sono alquanto distanziate dal corpo anche se si raccolgono sul ventre con le mani addossate. Queste non solo sono in una posizione più alta rispetto all'originale, ma la destra non è più distesa della sinistra e il foro del chiodo, disegnato con due cerchi concentrici, non è sul polso ma sul dorso della mano (doveva invero esserci solo la macchia di sangue).

Le gambe sono leggermente distanziate tra loro fino ai piedi perfettamente allineati anche se poco definiti.

I segni della tortura sono accennati in maniera confusa. Poco rilevante il rivolo di sangue della fronte e l'ematoma del viso. Le frustate sono segnate con macchie irregolari delineate nella parte esterna; esse sono ben visibili nella parte superiore del petto e della spalla, meno evidenti altrove, mancano quasi del tutto sulle gambe. La ferita del costato è segnata con una linea curva da cui fuoriescono alcuni rivoli di sangue. L'autore, nel dipingere la Sindone, certo non poteva dimenticare la comune iconografia del Cristo morto. La coagulazione del sangue del costato, avvenuta nella corrispondente parte dorsale di Cristo, è resa dall'autore, che non aveva capito quei segni sull'originale, con una serie di linee parallele che non hanno nessun significato. Nell'altra parte del lenzuolo è ancora evidente la corona di spine, che questa volta sembra intrecciata, sei rivoletti di sangue che si fermano sulla nuca, nessun accenno al ciuffo di capelli raccolti indietro; si notano segni di frustate sulle spalle, sul dorso e molto meno sulle gambe. È delineata la linea dei talloni e, in maniera molto piatta, quella dei piedi.

Ad un attento esame, dunque, la Sindone di Bitonto non ha niente a che fare con quella di Torino; il volto e il corpo di Cristo non hanno niente della maestà, suggestione, perfezione dell'originale che senza dubbio è qualcosa di straordinariamente diverso.

Con quello che si è detto, però, non si vuole affatto sminuire né il valore intrinseco della copia bitontina in quanto non era facile, né è facile riprodurre, da parte di un pittore, la S. Sindone se non altro per la difficoltà di recepire quell'immagine appena visibile così come si presenta. Ed anche una perfetta riproduzione, che sarebbe costata giorni e giorni di attenta osservazione, non avrebbe certo sortito lo stesso effetto dell'originale, ove specialmente si consideri la sua causa. Come valore estrinseco la Sindone bitontina, già si è detto, ha avuto molta importanza nella religiosità del popolo bitontino; è stata anche qui considerata una reliquia eccezionale, venerabile, degna di essere esposta solo nelle occasioni particolari o in momenti significativi della liturgia dell'anno. Certo non è possibile auspicare un ritorno al passato e una ripresa della sua venerazione, ma è giusto e doveroso richiamare l'attenzione di tutti, specialmente dei bitontini, su tale importante reliquia e documento, che tanta parte ha avuto nella fede e nella cultura della città. Per essa auspichiamo almeno una sistemazione più degna di quella attuale e una più attenta cura nella sua manutenzione e salvaguardia.

RÉSUMÉ. On rapporte pièces qui demontrent comme la Suaire de Bitonto fut extrait par l'original pendant l'ostension du 4 juin 1646. L'évêque A. Crescenzio, en ce temps là nonce apostolique à Turin, en fît faire copie que ensuite il donna au clergé et au chapitre de Bitonto le 25 mai 1659 quand il fut nommé évêque de cette ville. Le Suaire a été objet de culte et de vénération pendant longtemps; maintenant il est porté en procession le Vendredi Saint.

Le «drap saint» est una copie fidèle de l'original en ce qui concerne les dimensions et la structure, même si un examen détaillé révèle quelques différences substantielles: boîte crânienne plus accentuée, couronne d'épines à tours réguliers, dessin du visage moin majestueux, bras éloignés du corp, blessure du côté bien nette, peu de traces de coup et confuses.

L'habilité de l'artiste qui a reproduit la copie ne pouvait que ressembler avec difficulté au prodige de l'original.

On souhaite une meilleure conservation de la relique.

SUMMARY. Documents, proving that the Sindon of Bitonto was taken out from the derived original in the exhibition on June, 4, 1646, are reported. The bishop A. Crescenzio, Apostolic Nuncio in Turin at that time, had a copy made, which later was given the Clergy and the chapter of Bitonto on May 25, 1659, when he was appointed Bishop of this town. The Sindon was subject of cult and veneration for a long time; nowadays it is taken in procession on Good Friday.

The "Holy Shroud" is a true copy of the original as for its size and structure, even if a deeper examination reveals some substantial differences: more accentuated skull, crown of thorns with regular turns, less imposing face appearance, arms spaced from the body, very clear wound in the chest, few and vague traces of beatings.

The skill of the artist reproducing the copy could hardly get near the prodigy of the original.

A better preservation of the relic is to be wished.

Fig. 1 — La Sindone di Bitonto.

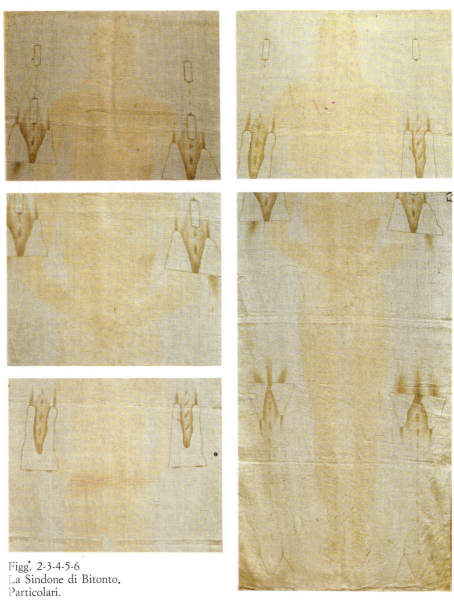

Figg. 2-3-4-5-6
La Sindone di Bitonto.
Particolari.

«GIOVANNI DI GERUSALEMME»
RICOSTRUZIONE DI UNA CROCIFISSIONE DEL I SECOLO

GINO ZANINOTTO*

Il ritrovamento a Gerusalemme di un individuo, crocifisso agli inizi della nostra era, non poteva non suscitare viva curiosità ed estremo interesse non tanto tra gli archeologi e gli appassionati di ricerche sull'antichità, quanto, soprattutto, ed era prevedibile, tra gli studiosi interessati a quel reperto archeologico, oltre che sacro, che è la Sindone[1]. Parecchi studiosi si sono già sforzati di pervenire, con il bagaglio delle loro specifiche competenze, alla soluzione o al chiarimento di quei dettagli ancora oscuri che i reperti di Gerusalemme, così evidenti a prima vista, non hanno ancora pienamente soddisfatto. Facendo tesoro dei risultati accumulati da tanti illustri studiosi[2], oso aggiungere alcune considerazioni che, insieme con le altre, portino un po' di luce su tre elementi e che, mi auguro, concorrano ad illustrare apparenti anomalie della crocifissione. Queste riguardano il misterioso termine HGQWL dell'ossario n. 4 della prima grotta; la tavoletta o il cuneo posto tra la testa del chiodo e il tallone sinistro; la posizione in croce del condannato.

Prima di affrontare il tema ritengo opportuno risolvere il quesito se veramente ci troviamo in presenza di una esecuzione capitale mediante

---

*Docente di Lettere.

[1] Nel giugno del 1968, durante i lavori di costruzione di alcune palazzine in una zona residenziale a nord-est di Gerusalemme, precisamente a Giv'at ha Mivtar, in arabo Ras el Masaref (situata verso il Monte Scopus a 500 metri dall'antica porta di Damasco a nord della strada che conduce a Nazaret), imprenditori edili israeliani portarono alla luce una vasta necropoli, solo in parte esplorata, perché ritenuta di mediocre interesse. Furono esplorate solo tre grotte sepolcrali che ospitavano 15 ossari in calcare, contenenti resti di scheletri umani. I risultati furono pubblicati nel 1970 da una équipe di tre studiosi israeliani, esperti in epigrafia, archeologia e anatomopatologia: il prof. Vassilli Tzaferis e Joseph Naveh del Dipartimento di Antichità e Musei dello Stato di Israele si incaricarono di studiare gli ambienti, la ceramica e le iscrizioni, mentre il prof. Nicu Haas si incaricò di studiare i resti umani. I risultati apparvero sulla rivista *Israel Exploration Journal* 20 (1970), 18-59. Il reperto, che ci interessa da vicino, fu rinvenuto nella prima tomba nell'ossario n. 4 (1/4). Lo Tzaferis pone la datazione del sepolcro tra gli anni 20/19 a.C. - 63 d.C. per l'iscrizione sull'ossario n. 1 «Simone costruttore del tempio» che restringe l'uso della grotta agli anni in cui il tempio conobbe i lavori di ricostruzione (vedi. n. 21).

[2] N. Haas, *Anthropological Observations* in the Skeletal Remains from Giv'at ha Mivtar, in IEJ 20 (1970), 38-59; J. Naveh, *The Ossuary Inscriptions from Giv'at ha Mivtar*, in IEJ 20 (1970), 33-37; Yadin Y., *Ossuaries Reburial and Rebirth...* in Bibl Or 24 (1971), 1.89-91; Martini C. M., *I resti dell'uomo crocifisso trovati a Giv'at ha Mivtar*, in Civiltà Cattolica 122 (1971) III, 482-98; Moller-Christensen V., *Skeletal Remains from Giv'at ha Mivtar*, in IEJ 26 (1976), 33-38; Kuhn H. W., *Jesus als Gekreuzigter in der frühchristlichen Verkündigung bis zur Mitte des 2. Jahrhunderts*, in ZThK 72 (1975), 1-46; Idem, *Der Gekreuzigte von Giv'at ha Mivtar. Bilanz einer Entdeckung* in Theologia Crucis-Signum Crucis; Festschrift für E. Dinkler zur 70. Geburtstag, Tubingen 1979, 303-334; Idem, *Die Kreuzesstrafe während der frühen Kaiserzeit*, Berlin 1982 II Principat Vol. XXV.1, 648-793; Fasola U., *La Sindone e la Scienza* (AA. VV.), Torino 1979, 183-185.

crocifissione[3]. Rispondo positivamente perché i resti illustrati dal Prof. Nicu Haas non permettono di ammettere una forma di morte all'infuori della crocifissione, anche se questa potrebbe essere stata eseguita con una tecnica differente da quella comunemente conosciuta[4]. La trafittura dei piedi, infatti, già rara nella crocifissione, non si rinviene in nessun altro tipo di pena capitale, come lo squartamento e il trascinamento dei cadaveri, nella quale si interveniva direttamente sugli arti inferiori[5]. In più si deve ammettere che solo a Gerusalemme si trova una connessione del crurifragio con la crocifis-

---

[3] Il dubbio è stato posto da ROBERT NORTH, *'Stauros' nell'archeologia e nel N. Testamento*, in *La Sapienza della Croce oggi, Atti del Congr. Int. Roma 13-18 Ott. 1975*, Torino. A pag. 476 è scritto: «Occorre subito notare che il rendiconto ammette di non poter dire nulla sulle "mani". Se non c'è indizio di mani perforate mentre i piedi sono trafitti, come si può escludere qualche altra pur simile specie di tortura?». Ma lo HAAS scrive a pag. 58 di *Anthropological Observations on the Skeletal Remains from Giv'at ha Mivtar* in *IEJ* 20 (1970): «It should be remembered in this context, that the wrist bones (either the carpalia or the metacarpalia of both arms) were found undamaged», il che significa che l'autore ne ha potuto parlare. Anche Y. YADIN, *Jerusalem Revealed*, Gerusalemme 1975, pag. 71 riferisce l'opinione di V. Tzaferis secondo cui l'ipotesi della crocifissione è un presupposto espresso dal solo Haas. Evidentemente, secondo l'autore, potrebbe trattarsi anche di altro genere di tormento.

[4] Il Dott. NICU HAAS del Dipartimento della scuola medica Hassadah dell'Università ebraica di Gerusalemme ebbe l'incarico di esaminare i reparti ossei. Lo studio delle ossa dell'ossario 1/4 ebbe preminenza su quelle degli altri ossari, dato che, per disposizione delle autorità, non si sa se religiose o dell'Ufficio di igiene, vigeva l'obbligo del seppellimento entro quattro settimane, quando la preparazione delle ossa, mediante disidratazione e consolidamento delle stesse, richiedeva almeno tre o quattro mesi. Venne fatta eccezione solo per i reperti che presentavano tracce di crocifissione. I reperti ossei appartenevano a due individui, un adulto dell'età apparente tra i 24-28 anni e di un bambino di 3 o 4 anni. Lo scheletro dell'adulto rivelava proporzione tra le membra e nello stesso tempo la loro gracilità, bellezza e armonia. Nessun trauma particolarmente rilevante, tranne tre, collegati direttamente con l'esecuzione capitale di cui era rimasto vittima. Le ossa dei calcagni (probabilmente del calcagno sinistro e di un altro osso del piede destro come fa notare anche il Kuhn) erano trafitte da un grosso chiodo, il *clavis trabalis*, menzionato da alcuni testi antichi (ARNOBIO, *Adv. Gentes* 2,13; *Acta Pionii*, 21; APULEIO, *Metamorfosi* 4,10; ALCIMO, *Contra Euthychem*, 2) il quale non poté essere estratto per la piegatura della punta; la tibia e la fibula dell'arto sinistro, e la tibia dell'arto destro si presentavano spezzate e scheggiate in conseguenza di un colpo dato con estrema violenza, dovuto alla pratica del crurifragio che a Gerusalemme era talvolta concomitante con la crocifissione (Gv 19,33; LATTANZIO, *Div. Inst.* 4,26; *Vangelo di Pietro* 4,14); nell'avambraccio destro — il sinistro risultava rovinato e a frammenti — a poca distanza dal carpo, era visibile sul radio una erosione dovuta a compressione e a frizione di un corpo duro, in seguito alla probabile rotazione dell'avambraccio attorno al chiodo che teneva affisso il cruciario.

Questi tre particolari traumi, appunto, hanno convinto lo studioso della presenza di una crocifissione romana del I secolo. Un «unicum», come si vedrà.

[5] G. FLAVIO, BJ 5,52 &451: «Inchiodavano (i soldati romani) per scherno quanti venivano catturati, chi in una chi in un'altra posizione». Seneca parla dello *skolops* che penetrava per tutto il corpo (*Ep* 24,5). Lo *stauros* o palo unico, la *crux patibulata*, la *commissa*, gli alberi, più pali (il *tripassalon*), la posizione inversa, il sedile ecc. costituivano delle varianti atte ad accrescere lo scherno, o ad affrettare come pure a ritardare, la fine dei condannati.

Non sembra infatti possibile proporre un diverso tipo di supplizio all'infuori della crocifissione. La mancanza di altre lesioni, che non siano inerenti al supplizio della croce, è sicuramente accertata. Non si può ipotizzare lo squartamento, una pena del resto molto rara in epoca storica, perché le estremità degli arti venivano legate o infilate separatamente come delle corde. Neppure accettabile la pena della trazione del cadavere; anche in questo caso i talloni venivano trapassati da una corda o da un nervo (*Iliade* 22,396-398: di entrambi i piedi perforò i tendini dal tallone alla caviglia e vi adattava cinghie di cuoio e lo legò al cocchio e lasciò che fosse trainato il capo); così scrive anche Curzio Rufo 4,6,29: «Per talos spirantis lora traiecta sunt, religantumque ad currum traxere circa urbem equi». Livio 1,28 ricorda lo squadramento di Mezzio Eufezio ma subito dopo aggiunge: «Fu quello il primo e l'ultimo supplizio, a Roma, col quale si diede esempio di scarso rispetto delle leggi di umanità; è nostro vanto che nessun popolo applicò in altri casi pene più miti».

sione, mentre altrove il crurifragio era impiegato come pena a sé stante e non richiedeva punto l'inchiodatura dei piedi[6].

Premetto, inoltre, che il reperto di Gerusalemme deve considerarsi un «unicum». Anche per il futuro sarà difficile stabilire dei confronti sia perché il cadavere venne sepolto con il chiodo ancora infisso nel calcagno, sia perché, essendo la crocifissione, almeno nel I secolo, un *supplicium servile*[7], comminato prevalentemente agli schiavi, risulta improbabile trovare ben conservati in una tomba i resti di uno schiavo crocifisso, quando il cadavere veniva lasciato sulla croce in pasto agli avvoltoi e alle fiere e che il rogo prima, la fossa comune poi, fatalmente avrebbe disperso. Anche nell'ipotesi di un rinvenimento, sarebbe improbabile scoprire i segni dei chiodi, dato che frequente, se non comune, era la crocifissione mediante corde, *lamminae*[8] o anelli, cinghie di cuoio; ma, ammessa la trafittura, quasi nulla sarebbe una loro traccia, dato che i chiodi venivano inseriti negli arti senza ledere le ossa. Ma anche la possibilità di rinvenire chiodi accanto ai crocifissi è da considerarsi altamente improbabile data la pressante richiesta di corde e chiodi di cruciari nelle pratiche magiche[9] e nella medicina popolare[10].

Può darsi che il cadavere abbia subito in croce sevizie culminate poi con il crurifragio. Due testi in particolare affermano questo rituale crudele: Seneca, *De Ira* 1,2,2: «Alium in cruce membra diffindere: farsi straziare le membra sulla croce»; Cicerone, *In Pisonem*, 42: «An ego, si te et Gabinium cruci suffixos videre, maiore adficerer laetitia ex corporis vestri laceratione...? — proverei una gioia dallo strazio del vostro corpo maggiore di quello della vostra fama?».

[6] Il crurifragium o crurifrangium, in greco *skelokopia* e *skeliages*, veniva irrogato nella prassi giudiziaria romana a tutte le categorie sociali e per svariati motivi. Aveva sempre esito mortale. Il collegamento con la crocifissione, nella Giudea soltanto, deve farsi risalire a motivi umanitari per abbreviare le pene dei crocifissi e per deporre i corpi della croce prima del tramonto del sole (*Vangelo di Pietro* 4,14; ORIGENE, in Matt. Sermo 140, pag. 13, 1973; ISIDORO 5,27,34).

[7] I Romani, pur avendo probabilmente accolto la croce dai Cartaginesi, furono restii ad applicarne la pena contro liberi cittadini e, solo in casi eccezionali, contro i militari, almeno fino al primo secolo dopo Cristo, quando abbiamo notizia di crocifissione di *cives humiliores*. La croce costituirà un supplizio prevalentemente volto a punire gli schiavi colpevoli di gravi reati come la fuga, l'attentato alla vita dei padroni, delazione contro i padroni, rivolta armata ecc. tanto che per antonomasia veniva detto *supplicium servile*, supplizio da schiavi (CICERONE, *Pro Cluentio* 5,66; *Philip.* 1,2; TACITO, *Storie* 2,73; 4,11; V. MASSIMO 2,7,12; VULCAZIO, *Avidio Cassio* 42; IRZIO 20,5 ecc.).

A Falero, in Grecia, è avvenuta una scoperta funeraria che potrebbe aggiungersi a questa di Gerusalemme. Si tratta di diciassette individui, pirati, uccisi nel VII sec. a. C. mediante una tortura, similare a quella della croce, detta *apotympànismos*, di cui si fa menzione nelle commedie greche, come della croce si fa in quelle latine (ARISTOFANE, *Pluto* 476 e relativo *Scholion*; LUCIANO, *Catapl.* 6; LUCIANO, *Iov. Trag.* 19; SEXTUS, *Adversus Rhetores* 30, pag. 295) oppure *sanis* (ERODOTO 9,120,4; 7,33; PLUTARCO, *Pericle*, 8). Furono trovati con un anello di ferro che girava attorno al collo e con degli uncini che stringevano le mani e i piedi. (Cf. A. D. KERAMOPOULLOS, *Ho Apotympanismos. Symbole archaiologike eis ten historian tou poinikou dikaioi kai ten laographian*, Atene 1923). Una notizia simile di scoperta di uomini ancora inchiodati a delle tavole, mi è stata riferita durante una conferenza a Lanciano: durante alcuni lavori nei campi in una località vicina a questa cittadina verso il 1960 furono rinvenuti i suddetti resti, che però vennero subito dispersi.

[8] PLAUTO, *Asinaria* 549 parla di *stimuli* pungoli, *lamminae* anelli per le mani, *cruces* croci, *compedes* strettoie ai piedi. Lo Ps. PROBUS *In Virgilii Bucolica et Georgica Commentarium* alla Bucolica 6,42 mostra un modo di crocifiggere «In monte Caucaso cum laminis patibulo adfixit». VITRUVIO 10,6,3; 10,10,3 parla di legni che vengono collegati mediante lamine e chiodi.

[9] LUCANO 6,545; APULEIO, *Metam.* 3,17; LUCIANO, *Philopseudes* 17: «L'Arabo mi diede l'anellino di ferro e mi insegnò il canto (una formula magica)».

[10] PLINIO NH 28,46 parla di chiodi di crocifissi per curare la febbre quartana. Gli Ebrei portavano chiodi di croce per curare gonfiori e punture di insetti (Shab 6,10; 67a; T J, Shab 6,9,8c.).

Oltre a queste considerazioni, mi sembra opportuno affermare che nel nostro caso siamo in presenza di una probabile variante di crocifissione sia per l'efferatezza della esecuzione (talloni accostati e crurifragio), sia per lo schema della croce. Anzi c'è il sospetto che l'esecuzione o fu opera di «carnefici incompetenti» oppure di un gruppo estraneo ai Romani che ha punito un suo membro secondo la tecnica caratteristica del loro popolo o clan.

1. *L'iscrizione*

Su una parete dell'ossario n. 4 della prima grotta (sigla 1/4), si leggono due iscrizioni in caratteri aramaici, tracciate da due differenti lapicidi. La prima, la più antica, posta nella banda superiore al centro, presenta, appena leggibile, il nome proprio YHWHNN יהוהנן YᵉHOHANAN: Giovanni. La seconda, anche questa al centro, sotto la prima e spostata verso sinistra, riporta, ben marcate ed incise su due righe sovrapposte, tre parole YHWHNN BN HGQWL (YᵉHOHANAN BEN HAGQUL), יהוהנן בן הגקול; Giovanni figlio di Hagqwl. Questa seconda iscrizione pone dei problemi di decifrazione soltanto per l'ultima parola. L'ossario conteneva, mescolati, i resti di due individui, un adulto ed un bambino (o bambina?) ai quali dovrebbero riferirsi le due iscrizioni. All'adulto, giustiziato mediante crocifissione, appartiene la prima; al piccolo, che dovrebbe essere suo figlio, la più recente.

In un primo momento la parola in questione venne provvisoriamente letta come יהזקל YHZQ'L, interpretandosi l'iscrizione con «GIOVANNI FIGLIO DI EZECHIELE»[11]. Tre anni dopo la pubblicazione dei reperti, il prof. Yigael Yadin riesaminò la sua ipotesi iniziale secondo la quale riteneva quella misteriosa parola estranea sia alla lingua ebraica sia a quella di un altro popolo semitico, ma vi scorse un nesso tra il misterioso termine e il tipo di morte subita dall'adulto[12]. Mutando, infatti, la lettera «ghimel» con «ayin», errore dovuto al lapicida stesso (si vede infatti un tentativo di correzione di una lettera, ma per confermare semmai il «ghimel»), lo studioso vi lesse una parola che si rinviene nel Talmud.

Si narra, dunque, nel Talmud che un ḥasîd (uomo pio) vide in sogno un esattore delle tasse, ormai defunto, essere tormentato, nell'altra vita, mediante

---

[11] Scrive il NAVEH, *a.c.* p. 35: «Ossario n. 4. Due iscrizioni, probabilmente incise dalla stessa mano; la prima è superficiale, la seconda penetra in profondità. L'altezza delle lettere è di circa 2 cm: 'YᵉHOHANAN la prima, YᵉHOHANAN figlio di HGQUL la seconda. Non si riesce a trovare una spiegazione soddisfacente di tali parole. Se chi scrive intendeva incidere 'zayin' al posto di 'gimel', allora ci troviamo davanti a HZQWL o HZQ'L che potrebbe essere una specie di diminutivo del nome YHZQ'L (יהזקל), Ezechiele. Tale presunta lettura potrebbe essere confortata dalla cancellazione che si riscontra tra gimel e qôf; ma questa è puramente ipotesi».

[12] Y. YADIN, *Epigraphy and Crucifixion*, in *IEJ* 23 (1973), 18-22. In questo articolo lo studioso spende un intero paragrafo per spiegare la mutazione di gimel in qôf. Precedentemente, però, come racconta Naveh, *The Ossuary... a.c.* pag. 35, n. 17: «Nei tentativi preliminarmente fatti per leggere questa iscrizione, il prof. Y. Yadin tentò, con grande esitazione, di interpretare l'iscrizione dell'ossario come una trascrizione corrotta di un nome proprio straniero (ad es. °AGKOL)». Proprio questa ultima ipotesi, abbandonata, è stata ripresa dal Kuhn; è da ritenersi, a mio parere, tuttora valida.

la sospensione a testa in giù sopra un corso d'acqua, senza riuscire a lambirla[13]. Dato che in una baraita la posizione dell'esattore è descritta nella seguente maniera: «Vide il figlio di Teodoro, l'esattore ḤIPY: 'qul con le gambe...» e tale termine nella forma Ḥ P'Y: 'iqqel significa *divaricato*, allora HAʿQUL della seconda iscrizione significa «divaricato» e tutta la iscrizione: «Giovanni, figlio del divaricato». Quindi, conclude Yadin, il testo significa: «appeso a testa in giù e con le gambe divaricate».

Tale spiegazione, a dire il vero molto complessa, si oppone a quella proposta dallo Yadin stesso nel 1970 e risulta meno accettabile per almeno due ragioni: la prima, perché la mutazione della lettera «ghimel» in «ayin» non convince, come già detto, essendo tale operazione dettata solo dal presupposto che il crocifisso venne posto a testa in giù, ricostruzione che non regge più dopo la successiva misurazione del chiodo ai talloni, inferiore di ben 5 centimetri rispetto alla misurazione precedente[14]; la seconda, perché il soprannome «Divaricato» dovrebbe essere stato assegnato a Giovanni dopo la morte. Ma tale epiteto risulta improbabile sia perché non poteva costituire un segno distintivo di riconoscimento, dato che la posizione abituale dei crocifissi su uno *stipes* o *cornu* inserito sul palo verticale (la *crux*) obbligava al divaricamento delle gambe[15], perché nessun familiare avrebbe mai permesso di incidere proprio sull'ossario, la cui funzione riveste un carattere onorifico, il nome infamante, che derivava dal tipo di morte che in ogni tempo ispirò orrore e ribrezzo[16].

---

[13] HAGGADAH 2,2(77d.): M. SCHWAB, *Le Talmud de Jérusalem*, IV, 278: cfr. Baraita Sanh 44b: I. EPSTEIN, *The Babyl. Talmud*: Seder Nezikin, Sanh I, 292 e n. 6.
   In un apocrifo di origine cristiana, attribuito ad un autore bizantino dell'VIII sec. intitolato *L'apocalisse della Madre del Signore*, 41-42 è dato ritrovare una punizione identica a quella descritta nel Talmud: «Un uomo tormentato nell'inferno, sollevato per i piedi» cui segue il motivo: «Costui ha commerciato oro falsificato». Almeno sul denaro il medioevo mette d'accordo, per quanto concerne le punizioni, due differenti culture.
[14] Un vero mistero risulta l'erronea misurazione del chiodo, di ben 5 cm inferiore al reale. Nicu Haas nell'*a. cit.* pag. 58 scrive: «Lo studio del chiodo dimostra che la lunghezza iniziale era di cm 17-18, abbastanza sufficiente per penetrare nei due talloni e per assicurare una loro tenuta sullo stipes».
   Per primo J. F. STRANGE, *Method of Crucifixion*, in *IDB Suppl. 1976*, 199-200, ha rilevato la non corrispondenza delle misure date dall'anatomista ebreo con la misurazione del chiodo quale veniva indicata nella foto stessa. L'errore venne confermato dal Kuhn (*Zum Gekreuzigten von Givʿat ha-Mivtar: Korrektur...*, in *ZfNTW* 69 (1978), 118-122.
   Tale correzione, riportando il chiodo ad una misura più modesta, riduce il numero delle ipotesi sulla modalità di esecuzione della crocifissione e pone, indubbiamente, delle incertezze per la retta ricostruzione della trasfissione ai piedi.
[15] I testi in nostro possesso sono abbastanza numerosi e probanti: MECENATE, fr. 3; SENECA *Ep* 101,14. Più chiari e sicuri: GIUSTINO, *Dial. cum Tryphone* 1,19 PG 6,691 (105 PG 6,722): «Nel mezzo dello stipes vi è piantato un legno a somiglianza di corno, sporgente, su di questo stanno a cavalcioni coloro che sono in croce»; TERTULLIANO, *Ad Nationes* 1,12 (PL 1,578); CSEL 20): «Tutta intera la croce con il palo trasversale e con quella protuberanza che serve da sedile»; Idem, *Adv. Marc.* 3,18 (CSEL 47,406): l'unicorno è il palo posto sul mezzo dello stipes». Accenni si trovano anche in IRENEO, *Adv. Haereses* 2,24,4 (PG 7,795); *Oracoli sibillini* 8,244-247 (ed. J. Geffchen, Lipsia 1902); APOLLINARE DI GERAPOLI (in M. J. ROUTH, *Reliquiae sacrae: sive Auctorum fere iam perditorum tertiique saeculi* p.C. I Oxford 1846, pag. 161); IPPOLITO, *Ben. Moysis* (PO 27, 173s.).
[16] Circa l'infamia basti citare, per i Latini, CICERONE, *Rab. Perd.* ,16; *Verre* 5,170; per i Greci, ARRIANO 4,7 che esprime un giudizio negativo nei confronti di Alessandro per aver punito i suoi avversari con il supplizio della croce; per i Giudei, Paolo 1Cor 1,18.23: «La parola croce è stoltezza per quelli che vanno in perdizione... noi predichiamo Cristo crocifisso, scandalo per i Giudei». Un ebreo contemporaneo, E.

Kuhn riprende l'interpretazione abbandonata dallo Yadin e ritiene che il termine ḤGQWL, ignoto ai semiti, debba invece ritenersi una trascrizione o traslitterazione in caratteri aramici del termine greco ʾΑΓΚΎΛΟΣ AGKYLOS, che significa «Storto», «Tortuoso», con cui si alluderebbe e alla piegatura delle ginocchia e alla posizione divaricata, assunta in croce dal cruciario[17].

Anche per Kuhn rimane, a mio parere, la difficoltà mossa allo Yadin: quella, cioè, di dare il nome infamante di «crocifisso», o meglio, «Divaricato» ad una persona di rango certamente diverso da quello servile, incidendolo proprio sulla parete dell'ossario. Ritengo, invece, che ci siano buone probabilità che il nome o soprannome venne dato a Giovanni mentre era in vita, per motivi che non hanno nulla a che vedere con il supplizio della croce.

ḤAGQUL, infatti, molto probabilmente, non è un termine semitico, ma preso in prestito dal greco o dal latino, con il significato generico di «storto», «tortuoso»[18]. Donde può essergli derivato un tale nome? Non certamente dal tipo di morte e nemmeno da un difetto fisico. Nel secondo caso significherebbe «lo sciancato», in contrasto con quanto dichiarato da Haas circa la costituzione sana e perfetta dell'uomo crocifisso che appare privo di lesioni che non siano quelle attribuibili a difficoltà al momento del parto e alle conseguenze della crocifissione. Rimarrebbe, quindi, che il termine designi una qualità morale, oppure che sia inerente all'esercizio di una attività[19], o all'espletamento di un incarico.

G. HIRSCH, *The Crucifixion from a Jewish Standpoint*, 1923, pag. 55 afferma: «Nel caso di crocifissione di un soggetto in vita (la crocifissione propriamente detta), i Giudei provavano una forte repulsione, costituiva un oltraggio».

[17] H. W. KUHN, *Festschrift für E. Dinkler*, 312ss. Il senso sarebbe, quindi, il seguente: Giovanni, figlio dello Storto, cioè del crocifisso con le gambe divaricate.

Quello che non riesco a capire in tale interpretazione è il perché, dato che si voleva indicare ad ebrei una persona morta per crocifissione, venga adoperato un nome di una lingua straniera, quando sarebbe stato sufficiente a ciò il verbo ebraico TALAH הצֶ‍ם o TQH חפּה, tanto più che l'epigrafe non è scritta in lingua aramaica ma ebraica. J. M. BAUMGARTEN, *Does tlh in the Temple Scroll refer to Crucifixion?*, in *JBL* 91 (1973), 472-481, ritiene che il verbo TALAH significhi sempre «appendere post mortem». Da testi di Qumran, invece, ad es. 4Q pNh 3-4, I, 7 si trova ad indicare una crocifissione di persona in vita חייﬦ אנשיﬦ חלה «Inchiodò (appese) uomini vivi». Cf. Y. YADIN, *Pesher Nahum Reconsidered*, in *IEJ* 21 (1971), pag. 8ss., n. 32.

[18] Nel *Thesaurus Linguae Graecae* dello *Stephanon*, vol. 1, 351, Parigi 1848-52, alla parola Ankylos Ἀγκύλος si trova scritto: «Metaphorice aliquando usurpatum ut Latine Tortuosus»; a pag. 352 viene riportato un esempio del termine adoperato come nome proprio da Arcadio, un grammatico del IV sec. d.C., nella forma sdrucciola (Il nome proprio Ankylos Ἀγκύλος è proparossitono). Lo stesso termine si ritrova nella lingua latina: Angulus, Angulani, come nomi propri e a questi corrispondono i greci Angolos-Ankylos Ἄγγολος Ἀγκύλος (PLINIO *NH* 3,107: *Vestinorum Angulani*: dal *Thes. Linguae Latinae* II, 59). Il termine, usato come nome proprio, potrebbe, nel nostro caso, essere una traslitterazione di un termine sia greco sia latino.

[19] Tra gli Apostoli di Gesù è annoverato Simone detto il Cananeo (Kananaios: Mc 3,18; Mt 10,4, termine di origine aramaica QAN'AN, fervente, zelota) che Luca riporta grecizzato in Zelota (Lc 6,16). Alla stessa stregua il nome di Iscariota dato a Giuda se dobbiamo ritenerlo forma grecizzata dal latino 'sicarius'. Dare un soprannome era, del resto, un'usanza comune; Gesù chiama Simone di Giovanni con il soprannome di Cefa (Roccia), i figli di Zebedeo, Giovanni e Giacomo, con quello di Boanerges (B'ne ragesh: Figli del tuono Mc 3,12). È nota pure l'alternanza anche fonetica di nomi ebrei con quelli latini (Saul-Paulus), Iohannes-Marcus, oppure greci, Filippo. Nel III secolo un cittadino di Tiro chiamato Malco figlio di Malco, mutò, ad imitazione di quanto avevano fatto alcuni suoi amici, il suo nome in Basileus e in seguito con quello di Porfirio (dall'industria della porpora fiorente a Tiro).

Escluso che Giovanni sia stato uno schiavo, il delitto per cui subì la crocifissione potrebbe essere configurato in un atto di ribellione per il quale chi non era della classe dei «cives» naturalmente incorreva. G. Flavio ci ha tramandato esecuzioni in massa di ribelli nel I sec. d.C.[20]. I ribelli, sotto ogni cielo e in ogni epoca, assumono naturalmente dei nomi fittizi, «nomi di battaglia», al fine di sfuggire al riconoscimento da parte delle autorità e di rendere difficili le ricerche e le delazioni. Pertanto àngylos o angỳlos poteva adattarsi bene a designare un individuo con funzioni di spionaggio o di collegamento con altre bande ribelli. Da ciò il nome di «astuto», «tortuoso», «colui che fa il doppio gioco». Così soltanto può essere comprensibile sia il titolo inciso nell'ossario accanto al nome del bambino (quasi figlio di un eroe), come termine onorifico, sia anche la barbara esecuzione fuori della norma, quasi a distinguere Giovanni dai delinquenti comuni, aggiungendo una nota di esecrazione contro un'attività, quella di spia, che suscita sempre un sentimento di ripulsa e di odiosità.

2. *I frammenti di legno nel chiodo*

Si è già accennato alla rettifica della lunghezza del chiodo il quale risulta inferiore di ben 5 cm rispetto alla misurazione dichiarata dallo Haas. Tale riduzione comporta, come vedremo appresso, la decadenza delle teorie sulla ricostruzione della posizione del cruciario, basate solidamente sulle misurazioni di 17/18 cm. Se desta sorpresa la utilizzazione di un chiodo di tale brevità per infiggere due talloni, appena sufficiente ad assicurare i piedi ad un palo, maggiore perplessità suscita la presenza, tra la testa del chiodo e il tallone sinistro, di una tavoletta di acacia o di pistacchio dello spessore di cm 1,5, che riduce sensibilmente e la penetrazione del chiodo nel legno e la stabilità degli arti stessi sullo stipes. Si deve aggiungere che nella punta ripiegata si rinvennero dei granuli di legno di ulivo. Questa diversa specie di legno induce

---

[20] G. Flavio ricorda i moti del 4 a.C., quando Sabino si reca a Gerusalemme per redigere l'inventario delle risorse del regno di Erode da poco defunto, suscitando viva opposizione e torbidi in tutto il paese. Forse in questa occasione data la rivolta di Giuda il Galileo (At 5,37) e del fariseo Zadok, i quali predicavano il rifiuto dell'obbedienza e dei tributi a Roma (da qui hanno origine gli Zeloti, Mt 22,17). Sabino fa appello a Varo che, data la caccia ai ribelli in tutto il paese, ne crocifigge 2.000 (BJ 2,5,2 § 75). Altri moti, secondo Flavio, avvennero nel 6 d.C. in occasione dell'inventario di Quirino riguardo ai beni di Archelao, mandato in esilio, sollevando anche in questo caso le agitazioni di Giuda il Galileo e di Zadok. Ma forse si tratta soltanto di un doppione. Anche in questa occasione vennero crocifissi 2.000 ribelli (AJ 12,295). Secondo alcuni studiosi risulterebbe più aderente alla verità la notizia che si rinviene nell'apocrifo Assumptio Moysis 6,9 ed. C. Clemen, Bonn 1904: «Et ducunt captivos et partem aedis ipsorum igni incendit, aliquos crucifigit circa coloniam eorum», qui si parla solo di alcuni crocifissi presso Gerusalemme. Lo Tzaferis ritiene che Giovanni venne crocifisso in questa occasione (IEJ 20/1970, 31). Tra gli anni 52-60, sotto il procuratore Felice, vennero crocifissi molti briganti (lestai λησται)' BJ 2,253 (2,13,2): «Furono poi un'infinità i briganti da lui stesso fatti crocifiggere, o i paesani che punì come loro complici». Infine, nell'estate del 66 Gessio Floro fa crocifiggere a Gerusalemme alcuni Giudei, ma una sollevazione lo obbliga a lasciare la città. Prima e dopo questo periodo, che lo Tzaferis considera più probabile per l'esecuzione di Giovanni, dobbiamo ricordare le crocifissioni avvenute sotto Alessandro Ianneo (AJ 13,14,2 § 380-381; BJ 1,4,6 § 97) e quelle del 70 d.C. (G. Flavio, Vita 75 § 420; BJ 2,14,9 § 306-308; 3,7,33 § 321; 5,6,5 § 289; 5,11,1 § 449-551). Vengono menzionate crocifissioni anche sotto Antioco IV Epifane (AJ 12,5,4 § 256).

a ritenere anche differente la loro funzione: l'olivo su cui era confitto il chiodo (probabilmente un albero) fungeva da *stipes*, la tavoletta, invece, doveva assolvere ad una funzione importante al punto da rischiare di rendere precaria la fissione dei piedi.

Nel nostro caso è da escludersi l'ipotesi che la tavoletta fosse il «titulus» che veniva apposto sulla croce, per notificare i motivi della condanna e il nome del cruciario anche in vista della consegna del cadavere ai parenti e di un qualsiasi riconoscimento legale; avrebbe un senso soltanto nel caso di una crocifissione inversa, che sembra da escludersi nel nostro caso. Il *titulus*, infatti, doveva apparire ben visibile e leggibile anche da lontano[21]: compito pressoché vano se la iscrizione veniva affissa ai piedi di una *crux humilis*, quale doveva ovviamente essere uno *stipes* o un albero di ulivo. Inoltre, la penetrazione del chiodo e nel piede e nel tronco sarebbe risultata problematica, se non impossibile, data la precisione richiesta da tutta l'operazione, ostacolata sia dal peso e dalla estensione del *titulus* sia dalla ridotta lunghezza del chiodo.

Il North, invece, ritiene la tavoletta una specie di *suppedaneum* o sgabello, oppure, per quel che è dato comprendere, quell'elemento che, in seguito, ha ispirato il *suppedaneum* nelle raffigurazioni della croce[22]. «Il *suppedaneum* — egli afferma — non è da respingere, ma si lascia aperta la possibilità che esso fosse tra chiodo e piedi anziché fra piedi e croce».

In tale ipotesi non si riesce francamente a comprendere che razza di *suppedaneum* fosse un attrezzo di tale foggia. Non sarebbe servito a sorreggere in alcun modo il corpo del condannato, dal momento che il peso puntava solamente sul chiodo. Questo asse, al contrario, accorciando la penetrazione del chiodo nello *stipes*, comprometteva la possibilità di sostegno del chiodo stesso.

Il Kuhn, non trovando nulla di meglio, suppone che «questa tavoletta serviva eventualmente ad allargare la testa del chiodo»[23]. Ma anche questa interpretazione non mi pare renda pienamente ragione della necessità dell'asse. Il *clavis trabalis* presenta, infatti, una tale grossezza nel corpo e nella capocchia che, infilato nelle ossa del tallone, risulta anatomicamente difficile il suo sfilamento non dico nella direzione del capo, ma persino della punta.

Personalmente ritengo che i carnefici, pur avendo un chiodo esiguo, abbia-

---

[21] Nel Vangelo è chiaramente detto che il *titulus* con il motivo della condanna era posto sul capo di Gesù (Mt 17,37; Lc 23,38; Gv 19,19) e doveva essere fissato con un chiodo (Ps. CIPRIANO, DE MONTE SINA ET SION PL 4,915: Et in capite ligni clavis... tabulam confixit). Gv 19,20-22: «Molti Giudei lessero quel cartello, perché il luogo dove era crocifisso Gesù era vicino alla città...».

[22] R. NORTH, a.c., pag. 480. Non trovo difficoltà ad ammettere che questo legno, lungo almeno 20 cm, posto trasversalmente allo *stipes*, che in realtà, almeno per la *crux humilis*, doveva assomigliare ad un paletto, o ad un castagnolo, possa aver influenzato alcune varianti nel disegno della croce, come quel legno che, in seguito, nei crocifissi bizantini, costituirà la pedana o *suppedaneum*, come pure quegli ingrossamenti o elementi verticali alle estremità del *patibulum*, quali è dato ritrovare ad esempio nel «tridente» di alcune navi nelle catacombe o nella croce di Lorena.

[23] H. W. KUHN, *Die Kreuzesstrafe während der frühen Kaiserzeit (Aufstieg und Niederganga der Römische Welt)*, vol. 25 I, pag. 713. TH. HUMBER, *La Santa Sindone*, ed. Mursia 1978, 126 afferma che la tavoletta serviva ad assicurare meglio i piedi.

no adottato un accorgimento noto a chi lavora nella carpenteria edile, allorché si ha necessità di estrarre, in un momento successivo, un chiodo infitto nel legname molto consistente. Il chiodo non viene fatto penetrare fino in fondo, ma si lasciano fuori dal legno alcuni centimetri in modo da offrire al martello o alle tenaglie un aggancio per rendere agevole e spedita l'estrazione. Un chiodo quadrato, infisso completamente nelle braccia (nel polso o nelle mani) oppure nei piedi, veniva estratto con fatica, mancando lo spazio su cui far leva, a meno di lacerare le carni (atto estremamente ripugnante), specialmente se lo *stipes* aveva forma tondeggiante; e lo *stipes*, nella stragrande maggioranza dei casi, era appunto un palo, come pure lo era il *patibulum*. I chiodi in uso per la crocifissione erano della categoria dei *trabales*; data, quindi, la forma quadrata del chiodo e la punta piramidale, la estrazione dal trave veniva eseguita senza attrezzi, facilitata dal semplice movimento delle mani verticalmente e lateralmente per mezzo della tavoletta, precedentemente infilata e posta all'altezza della capocchia. Questi movimenti, allargando il foro di entrata, permettevano una estrazione facile. La tavoletta serviva, quindi, da manubrio, per compiere movimenti di estrazione, ma nello stesso tempo serviva per tener fermo e diritto il chiodo al momento della confittura negli arti, assicurando una introduzione precisa al momento di affondare il colpo[24].

Per quanto poi concerne la curvatura della punta del chiodo, ritengo che questa sia stata prodotta da un nodo dell'ulivo o dalla piega del legno che ne hanno ostacolato la penetrazione. Non mi sembra, invece, del tutto plausibile l'ipotesi formulata dal Kuhn, che addebita la curvatura ai movimenti di estrazione del chiodo al momento della deposizione del cadavere dalla croce. La penetrazione del chiodo, infatti, è stata esigua; ammessa pure tale ipotesi, al massimo si sarebbe prodotta una curvatura di 90° e non di 180° ca., come la fotografia sembra indicare[25].

3. *Posizione del cruciario*

Haas, nel ricostruire la posizione del cruciario al momento del crurifragio, ha dato una interpretazione in linea con la iconografia ufficiale. Ad un primo disegno che riproduceva il cruciario con le gambe flesse e fortemente divaricate[26], seguì, dopo un esame più attento del reperto restaurato, la definitiva ricostruzione ufficiale. In questa il cruciario è rappresentato con le

---

[24] Un probabile accenno a questa tavoletta per estrazione dei chiodi dagli arti si avrebbe in ARTEMIDORO, *Oneirocriticon* 2,58: «La croce è fatta di legni e di chiodi»; in LATTANZIO, *Institutiones 4,13*: «Con funi, chiodi e legni affrontò una morte acerba»

[25] Mi sembra chiaro che un movimento di torsione del chiodo *trabalis* sarebbe ben visibile, dato che movimenti verticali e orizzontali avrebbero dato una piegatura diversa. Un altro particolare: i chiodi quadrati attualmente in uso sono acciaiosi, quindi molto più resistenti di quelli antichi, che, come si vede nelle navi di Nemi, facilmente potevano piegarsi all'interno del legno.

[26] *Art. cit.* in IEJ 20 (1970), fig. 24 A. Ad un primo esame era parso allo studioso che il chiodo avesse trafitto la parte interna dei calcagni; in seguito ad un esame più approfondito, dopo la disidratazione del reperto, l'interpretazione venne corretta e fu proposta un'altra figura.

gambe appaiate, ma fortemente flesse, il tronco girato di 90 gradi rispetto alle braccia, i talloni accostati e trafitti (così dovrebbe essere, come si afferma nel testo, ma nel disegno il chiodo è spostato verso il mezzo del piede) su una grossa tavola mediante un unico chiodo. Gli arti superiori, in estensione, risultano fissati parallelamente al patibolo con un chiodo che trapassa l'avambraccio in un punto vicino al carpo, tra l'ulna e il radio[27]. [FIG. 2].

Tranne qualche lieve modifica, come quella suggerita dal Padre C. M. Martini che suppone le braccia inchiodate dapprima ad un patibolo, successivamente posto tra i rami di un ulivo invece che sulla sommità di uno *stipes*[28], l'ipotesi dello Haas non ha finora incontrato forti opposizioni tra gli studiosi, nonostante la successiva verifica dei reperti[29]. L'unica novità finora avanzata giunge dal prof. Y. Yadin, che però è inficiata dalla modesta lunghezza del chiodo. Secondo l'esimio studioso, il chiodo trapassava due tavolette, una di acacia e l'altra di ulivo, entro le quali stavano rinserrati i piedi[30]. Il cruciario, così costretto, venne poi sollevato per i piedi in posizione inversa, fissato su uno *stipes*, mentre le braccia vennero fissate in basso sul palo mediante chiodi. Proprio tale posizione inversa, come già detto, avrebbe fatto di Giovanni un 'Qul, un appeso a testa in giù, in posizione divaricata.

Tale schema, raramente usato dai Romani in quanto non permetteva una lunga sopravvivenza[31], in linea di principio era possibile allorché lo richiede-

---

[27] IEJ, *art. cit.*, pag. 58: «Circa la posizione del corpo sulla croce, la nostra interpretazione può essere brevemente descritta in questi termini: i piedi erano uniti quasi in parallelo, entrambi trafitti al tallone da un unico chiodo, con le gambe adiacenti; le ginocchia piegate in due, il piede destro sovrapposto al sinistro; il tronco girato in torsione; gli arti superiori distesi, un chiodo perforava ogni braccio all'altezza degli avambracci». Tale descrizione era riprodotta dalla figura 24 B. Forse per un errore in fase di montaggio (ma a pag. 56 sembra esservi una confusione tra calcagno destro e sinistro che potrebbe aver indotto il disegnatore a questa rappresentazione), il disegno risulta invertito. Fu J. H. CHARLESWORTH, [*Jesus and Iehohannan; An Archaeological Note on Crucifixion*, in *The Expository Times* 84 (1972-73, 149 n. 22,] il primo a rilevare tale errore.

[28] C. M. MARTINI, *I resti dell'uomo crocifisso trovati a Giv'at ha Mivtar*, in *Civiltà Cattolica* 122 (1971), III, 492-498. L'ipotesi del patibolo collocato tra i rami di un olivo potrebbe essere sufficiente a spiegare la stranezza dell'inchiodamento laterale dei calcagni, come pure la posizione contorta del cruciario, che doveva adattarsi alla figura del tronco. Tuttavia, a mio parere, la collocazione di un *patibulum*, con un crocifisso inchiodato, tra i rami contorti di un olivo mi sembra francamente difficile da accettare per la difficoltà che comporta una tale operazione e per la macchinosità di tutta l'operazione, che poteva risultare molto più semplice se eseguita in altro modo.

[29] La difficoltà può sorgere da due particolari, anatomico l'uno (la contorsione, cioè, del corpo che risulta eccessiva e non spiega la corrosione del chiodo sul radio), tecnico l'altro, perché è impossibile ricavare uno *stipes*, ritto e affinato, da un tronco di olivo contorto e piuttosto tozzo, come giustamente fa notare lo Yadin nell'*art. cit.* in IEJ 23 (1973), 22.

[30] È stato giustamente obiettato che se non si possono fare pali con gli ulivi (Y. YADIN, *Epigraphy... a.c.*), tanto meno si possono ottenere tavolette (U. FASOLA, *La Sindone e la Scienza*, pag. 72). Ritengo che per appendere un uomo a testa in giù, un attrezzo, quale è quello proposto per il cruciario, fosse inutile e per di più irrealizzabile. Perché due differenti legni per un attrezzo così semplice: da una parte l'acacia o il pistacchio (l'incertezza dipende dal fatto che nell'esame dei resti vennero privilegiate le ossa) e dall'altra l'olivo?

[31] Una morte entro breve tempo non assolveva al fine che i Romani si proponevano, che era quello di tenere il cruciario vivo sul palo il più a lungo possibile, come efficace deterrente contro i delinquenti. Solo quando le necessità contingenti consigliavano celerità, si interveniva con un colpo di lancia al cuore. Che la morte dovesse essere lenta basti per tutti quanto afferma SENECA *Ep.*, 101,14: «Perire membratim... et per stillicidia emittere animam — Perire a membro a membro (in conseguenza dei crampi?) ...ed emettere la vita a goccia a goccia». La crudeltà della croce risiedeva proprio nella lentezza con cui soprav-

va un elevato numero di cruciari da giustiziare o si proponevano varianti agli schemi consueti per colpire le vittime di un maggiore dileggio[32]. Nel caso di Giovanni mi pare che la ricostruzione dello Yadin sia improponibile perché dettata più dalla ricerca di un senso alla parola misteriosa dell'epigrafe che dall'oggettivo e sereno esame dei reperti. Difficile, infatti, è tenere una posizione divaricata allorché il corpo pende solo dai piedi, senza alcun sostegno al tronco mediante corde o paletti. La scalfittura del radio non può essere addebitata soltanto al momento della penetrazione del chiodo, ma anche, vorrei dire soprattutto, alla rotazione dell'avambraccio. Nel caso probabile che la divaricazione fosse stata ottenuta dalla pressione del corpo sulle mani, sarebbe stata l'ulna a presentare segni di scalfittura.

Sulla linea di Yadin, del quale però non accetta lo schema della crocifissione inversa, il Dr. Møller-Christensen del Museo della Storia della Medicina dell'Università di Kopenhagen, partendo sempre dal termine 'qul ξIPY «divaricato», propone un altro schema di croce[33]. Egli raffigura il cruciario in posizione seduta, posto su una specie di «sedile», ma con le gambe divaricate, mentre i piedi sono serrati dentro una «pedica», fissata a sua volta sullo stipes. Le braccia, come nel disegno dello Haas, sono distese lungo il *patibulum*, sicché, fissato in quel modo, non erano consentiti al cruciario movimenti tali da giustificare la lesione del radio da parte di un chiodo. In questa ricostruzione rinvengo una duplice inesattezza di carattere anatomico e archeologico. Nel primo caso la divaricazione delle gambe risulta impossibile per l'assenza di un *cornu* su cui il cruciario cavalca e per la compressione dei piedi nella pedica, (nel secondo caso nessun testo letterario parla di pediche formate da un attrezzo che rinserra i piedi mediante la trafittura con un chiodo)[34].

---

veniva la morte. Ogni intervento di abbreviazione della sofferenza, sia umano (*crurifragium, transverbera-tio*) sia divino, era ritenuto un atto di pietà. Dietro compenso, il carnefice poteva talvolta abbreviare le sofferenze (CICERONE, *De Suppl.* 45,117-119).

[32] SENECA, *Consolatio ad Marciam* 20,3: «Vedo qui strumenti di tortura, e non di una sola specie, ma costruiti diversamente a seconda di chi ne ha ordinato la costruzione. C'è chi vi appende il reo a testa in giù, c'è chi lo impala oscenamente, c'è chi lo inchioda sulla croce». Le varianti erano molte; normalmente occasionate dalla personalità del condannato, dal materiale a disposizione, dalla cultura del paese in cui veniva operata la crocifissione, dalle indicazioni del magistrato. Il testo di G. Flavio a nota 5 dimostra che talvolta la mancanza di alberi o di pali obbligava ad appendere ad uno stesso legno più di un cruciario. Se lo spettacolo dei crocifissi in pose sconce o strane era pensabile in situazioni di assedio (come facevano gli Assiri) lo era di più quando, in occasione di rivolte, l'ammonizione ai vivi diventava più terribile dall'agonia prolungata del crocifisso. Secondo VULCACIO GALLICANO, *Av. Cassius* 4,3, il rivoltoso Avidio Cassio (/ 176), siriano, inventò un nuovo sistema: «Primus etiam id supplicii genus invenit, ut stipitem grandem poneret pedum octoginta et centum (m. 52) (id est materiam) et a summo usque ad imum damnatos ligaret et ab imo facem adponeret incensisque aliis alios fumo, cruciatu, timore etiam necaret».

[33] Cf. MØLLER-CHRISTENSEN, *Skeletal Remains from Giv'at ha Mivtar*, in IEJ 26 (1976), 33-38.

[34] La pedica o pastoia consisteva in un legno detto anche nervus (ved. TERTULLIANO, *De Patientia* 13; PRUDENZIO, *Peristephanon* 5,250), detta in greco anche *podokake* (*Lisia* 10,16: «Legge: essere legato il piede nella *podokake* per cinque giorni»). In latino era detta anche *caudex* o *codex*. In esso venivano infilati i piedi (vi erano fino a cinque fori: *pentasyringon*) e ivi fissati. Se ne fa menzione in PLAUTO, *Poenulus 1153*: «Quos ego iam detrudam ad molas / Inde porro ad puteum atque ad robustum codicem — Vi schiafferò dentro al mulino, poi al pozzo e vi farò legare ad un robusto tronco», così pure PROPERZIO 4,7,44: «Codicis immundi vincula sentit anus — la vecchia prova i legacci della immonda trave»; GIOVENALE 2,57: «Re-

Il Kuhn riprende, invece, il disegno di Haas, apportandovi una leggera modifica. Ricostruisce, infatti, l'attrezzo del supplizio con i due elementi comuni: lo *stipes* ed il *patibulum* a forma di Tau. Il cruciario viene raffigurato con i piedi uniti, inchiodati lateralmente allo *stipes* da un *clavis trabalis* con tavoletta, il tallone sinistro posto in posizione leggermente più avanzata sul piede destro il quale poggia direttamente sul tronco. Solo così, stando ad un esperimento eseguito nell'Istituto di Anatomia dell'Università di Heidelberg, è possibile la perforazione di ambedue i piedi con un chiodo di soli cm 11,5[35]. Le braccia non sono completamente stese, onde permettere movimenti al corpo; il cruciario sta poggiato su un tronco fissato allo *stipes*, con le ginocchia flesse, ma meno di quanto si riscontra nel disegno dello Haas. [FIG. 3].

In un mio studio precedente avevo proposto una ricostruzione simile a quella del Kuhn[36], senza però risolvere alcuni punti che rimasero di incerta interpretazione: il motivo dell'inchiodamento laterale dei piedi sia ad uno *stipes* sia ad un albero di ulivo, quando sarebbe stato più semplice e naturale trafiggere i piedi sovrapposti; perché la posizione «patibulata» su un ulivo (ammesso che su questo sia avvenuta la crocifissione), quando è difficile rinvenire rami a forma di croce e tali da essere conficcati da un chiodo trabale; infine perché mai i chiodi trafiggono gli avambracci e non i polsi o il palmo delle mani come era uso comune[37].

Dopo un riesame dei dati archeologici, confortato da una riproduzione di cruciari nel Menologio di Basilio II, ho ricostruito la crocifissione di Giovanni in uno schema che, a mio modesto avviso, spiegherebbe le anomalie anzidette.

Ritengo altamente probabile che nel nostro caso la crocifissione avvenne direttamente su un albero di ulivo e non su uno *stipes* di questo legno, data la difficoltà di ottenere un tronco eretto da un albero basso e contorto. Le

---

sidens in codice paelex — sta la druda sul tronco» e lo SCHOLIASTE spiega: «la padrona condannando colei che ha avuto rapporti con suo marito la lega ad una catena e la infigge in una trave e così le ordina di filare la lana». Un tale ceppo è conosciuto da ERODOTO 6,75: lo legarono in un legno; e 9,37; ARISTOFANE, *Cavalieri*, 367.705 (ti legherò su un legno); CICERONE, *Ad Herennium I*, racconta di un tale che, condannato per aver ucciso la madre, ebbe la bocca avvolta da un otre di pelle di lupo e suole di legno ai piedi, con queste fu condotto in carcere (si tratterebbe della *podokake* o della *podostraba*). *Da tali testi non si evince che i piedi venissero inchiodati alla tavoletta, ma chiusi nella pedica mediante corde* (ISIDORO 4,27,8: *Predicae suni laquei quibus pedes illaqueaniur*). Una operazione come quella proposta dallo studioso risulta complessa ed estremamente difficile a realizzarsi.

[35] Il KUHN, *Gekreuzigte von...*, pagg. 333-334, fa notare che gli anatomisti di Heidelberg sperimentarono su uno scheletro l'esatta posizione di un cruciario, partendo dai dati forniti dallo Haas. Il piede destro dovrebbe trovarsi in una posizione più avanzata rispetto al sinistro per cui il chiodo trafigge non il tallone sinistro, ma un altro osso del piede; la posizione delle ginocchia dovrebbe risultare meno flessa di quella proposta dallo Haas e infine questo doveva essere crocifisso su un tronco o su un albero.

[36] G. ZANINOTTO, *La Tecnica della Crocifissione Romana*, Collana Emmaus, n. 3, Roma 1982, fig. 35. La ricostruzione è stata disegnata dall'ing. Maurizio Policchi, quando l'autore non era ancora a conoscenza della pubblicazione del Kuhn.

[37] L'unico testo letterario preciso si trova in PLAUTO, *Mostellaria 259*: «Darò un talento a chi per primo correrà sulla croce, con questo patto, però, che si inchiodino due volte le braccia e due volte i piedi — *offigantur bis pedes, bis brachia*». Potrebbe trattarsi o di quattro chiodi o di otto. La prova di tale crocifissione sarebbe questo reperto di Gerusalemme. Nel Martirologio si ha notizia di chiodi infissi in altre parti del corpo (4 nov.: Agricolam plurimis clavis affigentes interemerunt; 29 nov: «Philomenus manibus pedibusque ac demum capite clavis conficto, martyrium consummavit»; Martirologio greco 29 genn.: «Sollevati in alto, trafitti da chiodi al capo, resero l'anima a Dio» (ma potrebbe trattarsi in questo caso di uccisione in croce dei cruciari).

crocifissioni su alberi erano ben note nell'antichità[38], anzi le prime forme a noi note prevedevano l'esposizione del reo alle fiere e agli elementi naturali — freddo, pioggia, fame, calore solare — legando il condannato a particolari alberi detti *infelices*[39]. Solo in un secondo tempo, per mancanza di alberi entro le mura cittadine, o per le caratteristiche delle località prescelte alle esecuzioni, — i «campi maledetti», — furono preferiti i pali, facilmente adatti sia al trasporto, sia alla erezione, sia alle manovre di confittura. Alcuni testi letterari parlano anche di alberi di ulivo come strumenti di crocifissione, sia perché facilmente reperibili in Oriente, sia perché, offrendo una modesta altezza unita alla robustezza, per cui era molto simile alla *crux humilis* comunemente usata[40], facilitava le operazioni di affissione e quelle di distacco del cruciario. [FIG. 4].

Nel caso di Giovanni, probabilmente in mancanza di rami adatti a tenere distese le braccia orizzontalmente o a conficcarvi i chiodi, si può ipotizzare che il cruciario, legato dapprima ai polsi mediante corde (lo *spartum*), venne sollevato su un ramo per essere flagellato o torturato; poi, così sospeso, venne

---

[38] Presso tutti i popoli si ha menzione che le prime forme di esecuzioni capitali avvenivano mediante legatura del reo ad un albero fino al momento della morte. Vedasi per gli Ebrei, Deut 21,21; per i Latini, LIVIO 1,26,6; CICERONE, *Rab. Perd. 13*; SENECA, *De Ira* 3,15,4 in cui si ha notizia di un *arbor infelix*; per i Germani, TACITO, *German.* 12,1; per i Cartaginesi, SILIO ITALICO, 2,343; per gli Iberi, DIODORO SICULO 33,15,1. PLUTARCO, *Alessandro* 43. Nel mito viene ricordato Marsia e Sini (PROPERZIO 3,22); OVIDIO, *Amores* 1,12,18. Nella favola ESOPO 214 (un assassino crocifisso ad un moro), AUSONIO, *Cupido cruciatur*, 56-62 (il dio Cupido crocifisso ad un mirto). Ps. CIPRIANO, *De Pascha Domini*: «Hic ego, de sterili succiso robore lignum/Plantatum, memini fructus genuisse salubres». APULEIO, *Metamorfosi* 8,22,5 (albero di fico).

[39] Non mancano menzioni dell'uso dell'olivo come croce. Che a Gerusalemme l'olivo fosse stato utilizzato per questo durante l'assedio del 70 lo si deduce dalle notizie riportate da GIUSEPPE FLAVIO (*Bellum Jud.* 5,11,1 § 451). Ricorda, infatti, che il numero dei crocifissi era così elevato, che mancava lo spazio per le croci e le croci per le vittime. Da NICEFORO 2,48 sappiamo che l'evangelista Luca fu sospeso ad un albero di olivo frondoso, perché mancava di un legno secco da cui la croce viene ricavata. Ci è lecito, quindi supporre che, nel caso di Gerusalemme, poterono essere utilizzati alberi di olivo.

Lo Ps. IPPOLITO, *De 12 Ap* (PG 10,952 B), riferisce che l'apostolo Andrea fu crocifisso in Acaia «ad un albero di olivo in posizione eretta». Ἀνδρέας... ἐσταυρώθη ἐυ Πάτραις της Ἀχαιάς ἐπι ἐλαιάς ὄρθιος.

Di un albero, ma senza specificarne la specie, parla anche P. CRISOLOGO, PL 52,564 A: «Petrus namque crucem, arborem conscendit Andreas. — Pietro salì su una croce, Andrea fu affisso ad un albero».

È curioso notare che nel Vangelo Apocrifo di Filippo, scoperto a Nag Hammadi, Egitto, si rinviene che Gesù fu messo in croce su un olivo. «L'apostolo Filippo narra che il falegname Giuseppe, avendo bisogno di legno per il suo mestiere, piantò un giardino (*paradeisos*). Con gli alberi piantati egli fece la croce e la sua discendenza fu appesa a ciò che egli aveva piantato: la sua discendenza è Gesù, la croce è l'albero. Ma l'albero della vita che è in mezzo al giardino, è l'olivo donde deriva l'olio, per mezzo suo c'è la risurrezione» (L. MORALDI, *Apocrifi del N. Testamento*, vol. II, 1025 n. 1, Torino 1971).

Dalle *Memorie di Nicodemo* 3,1: «Che cosa chiedi, Set? — domanda l'Angelo al figlio di Adamo. — Chiedi l'olio che fa risorgere gli infermi, oppure l'albero dal quale scorre quell'olio per l'infermità di tuo padre? Ciò non si può trovare. Va' dunque e di' a tuo padre che dopo che saranno compiuti 5.300 anni dalla creazione del mondo discenderà sulla terra l'unigenito Figlio di Dio fatto uomo, egli lo ungerà con quest'olio e risorgerà». Secondo altri racconti apocrifi, nel monastero di S. Croce a Gerusalemme Adamo piantò l'albero da cui fu tratto il legno della croce, da cui scorre l'olio santo.

[40] La croce bassa costituiva la norma, quella alta (*sublimis*) l'eccezione. Da quest'ultima si otteneva un maggior dileggio: LATTANZIO, *Inst.* 4,26; CICERONE, *Verre* 5,169: «Dalla croce poteva vedere l'Italia e persino la sua casa»; SUETONIO, *Galba* 9,1: «Diede ordine di sostituire la croce con una più alta e dipinta di bianco (perché cittadino romano era il reo che protestava)»; SILIO 2,344; ARTEMIDORO 4,49; SENOFONTE EFESIO 4,2; TERTULLIANO, *Ad Martyres* 4,1; CALLISTENE, *Historia Alexandri Magni* pag. 95,21.

confitto al tronco di ulivo con un unico chiodo, che trapassò gli arti superiori nel punto di incontro degli avambracci[41]. Sarebbe in tal modo spiegata la trafittura del chiodo in vicinanza della zona carpale e forse anche la lesione, per sfregamento od altro, del chiodo sul radio, dato che le braccia non si presentavano perfettamente aderenti anche per i movimenti del cruciario. In mancanza di altri segni riscontrabili nell'avambraccio sinistro a causa della frammentarietà dello stesso, tale ipotesi è in correlazione con quanto è verificabile nella trafittura dei piedi. Questi furono confitti in modo similare a quello delle braccia, sulla base del tronco, in posizione leggermente flessa. Credo che non ci fosse bisogno di sedile o *cornu*: i movimenti del corpo venivano assicurati mediante la flessione delle ginocchia con probabili fasi alterne di accasciamento e di sollevamento, finché la fine non fu accelerata dal crudele rito del crurifragio. La lesione del chiodo al radio è più verificabile in questa posizione che in quella raffigurata dallo Haas e dal Kuhn.

La conferma di tale crocifissione viene data, come già ho detto, dal Menologio di Basilio II della Biblioteca Vaticana[42]. Nella riproduzione di pag. 147 si trova raffigurato il martirio dei santi Claudio, Asterio, Neone e della santa Theonilla. La santa è sollevata da terra, appesa per i lunghi capelli assicurati ad una trave, poggiante su due colonne; i tre martiri, inchiodati per le mani e per i piedi, pendono su tre grossi stipiti infissi sul terreno. [FIG. 5]. Si tratta degli *xyla* o *stauroi*, cioè di quelle croci ad un unico palo in uso in Oriente (Assiria, Persia e persino Grecia) per la crocifissione. Mentre due di questi martiri sono inchiodati con la schiena sullo *stauròs* e con le mani e i piedi separati, il terzo è appeso di fianco, quello sinistro; un chiodo trafigge le palme

---

[41] NONNO DI PANOPOLI, *Giovanni* 19,98 accenna alla legatura e alla inchiodatura dei ladroni: «χντροις αντιτύποισιν 'επι σταυροῖο ζεθευτές. In cruce praeduris clavis fixi, inque ligati» traduce LIPSIO, *De Cruce*, II, 8. LUCIANO, *Prometeo Crocifisso* descrive l'affissione ad una roccia secondo la tecnica romana: «τὴν δεξιάν... κατακλειε κα προσλου. Stringi la destra ed inchiodala». La mano veniva stretta con corde o con anelli *lamminae*, fissate poi con chiodi alla roccia. Una legatura similare si può scorgere nella statua di Marsia al Campidoglio; sulla sommità di un palo (lo *stauròs*) è fissata una corda che stringe il semidio ai polsi, così legato questo pende lungo un palo quasi a toccare terra. L'esistenza di chiodi e di corde insieme si trova in un testo di ILARIO, *De Trinitate* 10,13 (PL 10,352): «Sed forte penduli in cruce corporis poenae, et colligantium funium violenta vincula, et adactorum clavorum cruda vulnera sunt timori? Et videamus cuius corporis homo Christus sit: ut in suspensam et nordatam et transfossam carnem dolor manuserit». Si parla, dunque, di funi, di chiodi, di carne legata con corde (*nodatam*) e trafitta. Si confronti anche con LUCANO 6,543-547; ARTEMIDORO 2,58; SENECA, *Ep.* 101,12 «Patibulo pendere districtus»; LATTANZIO, *Div. Inst.* 4,24; TERTULLIANO, *Scorpiaco*, 15; ALCIMO AVITO, *De Sententia Dei* 3.

Nella flagellazione il colpevole veniva talvolta appeso ad una trave e mantenuto per lungo tempo in quella posizione (PLAUTO, *Anfitrione* 279-280; *Asinaria* 297); talvolta le mani erano strette in ceppi; sollevato e stirato da pesi legati ai piedi il reo veniva impedito di muoversi o di scalciare (PLAUTO, *Asinaria* 303-304; qualche volta poteva essere sollevato anche per i piedi (PLAUTO, *Casina* 209). Altri testi in ATENEO 12,547 B; ARISTOFANE, *Rane* 620; PLUTARCO, *De Sera Num Vind.* 9; EUSEBIO, *Historia Eccl.* 8,10,4; PLAUTO, *Asinaria* 617.

[42] *Menologia di Basilio II* (Codex Vat. Graecus 1613 del sec. X-XI). Fu eseguito verso l'anno 985 da otto diversi pittori, su incarico dell'imperatore Basilio II (976-1025). È possibile che le composizioni possano risalire ad antichi modelli che si trovavano nei Sinassari, nei libri dei Profeti. Questo fatto riveste grande importanza perché le scene di martirio potrebbero rivelare un fondamento storico e non essere solo scaturite dalla fantasia degli artisti.

unite e un altro i piedi anch'essi uniti. Il testo greco del Menologio usa, per la descrizione del martirio, vocaboli che si rinvengono solitamente in caso di crocifissioni, non aggiungendo nulla che possa far pensare ad una crocifissione fuori della norma. «Appesi sopra degli *xyla* (legni), e infissi con dei chiodi... 'επι ζιλων κρεμασντες καὶ μλοις προσμλώσαντες». Si tratta, come si vede, di una elevazione cui segue l'inchiodatura[43].

La probabilità che anche Giovanni abbia subito una tortura similare non sembra, quindi, pure fantasia, ma trova una buona garanzia di verità storica.

A conclusione, mi riallaccio ad una ipotesi accennata all'inizio. Furono romani gli esecutori materiali della crocifissione di Giovanni? Dai pochi testi in nostro possesso, per di più manchevoli di particolari e generici, la crocifissione da me proposta sembra non consueta per i Romani. Non ci sarebbe nulla di strano, però, se per la irreperibilità di uno *stipes* idoneo e di un *patibulum*, se per la fretta di eseguire la condanna del reo sul luogo della cattura si fosse optato per una esecuzione sbrigativa e lontana dalla prassi solitamente impiegata: una delle tante varianti di cui hanno parlato Seneca e G. Flavio.

Ma un'altra domanda si impone. Adottarono i Romani uno schema di supplizio in vigore nella Giudea? Non era inconsueto che, per procurare un maggiore scherno, i Romani accogliessero le forme di supplizio delle popolazioni sottomesse: questo spiegherebbe nel nostro caso l'albero (Dt 21,21-22; Giosuè 8,29) come croce, e il crurifragio[44].

Infine, non è improbabile, invece, che autori dell'esecuzione di Giovanni siano stati dei fanatici ebrei che vollero punire, durante una rivolta, o in assenza delle autorità romane, un connazionale, come un collaborazionista dei Romani. Quest'ultima ipotesi sconcertante e sorprendente non mi pare del tutto improbabile. Recenti studi, tra i quali uno dello Yadin, confermano che, nonostante la forte ripugnanza per la crocifissione di una persona in vita (d'al-

---

[43] Nel commentare questo testo, il prof. Pio Franchi de' Cavalieri annota che questa era «la maniera di crocifiggere più semplice e comoda». Nello stesso *Menologio*, a pag. 301 è dato vedere i due martiri Teofilo ed Elladio legati ad un palo all'altezza degli avambracci, sollevati da terra e, in questa posizione, scorticati.

[44] SVETONIO (*Cesare* 74,1) scrive che il futuro dittatore Cesare trattò i pirati della Cicilia, che lo avevano catturato in oriente (VELLEIO PATERCOLO 2,42,3; PLUTARCO, *Cesare* 2), punendoli secondo il costume orientale: dapprima li strangolò, poi li appese alla croce certamente perché la punizione apparisse grave agli occhi dei cittadini orientali (Svetonio intende questo trattamento come segno di «pietà» e di «ricompensa» per il trattamento avuto, ma, a parer mio, per non infamare il personaggio «Cesare»).

Pare ormai più che probabile, contrariamente alle tesi finora sostenute tanto dagli Ebrei quanto dagli esegeti, che nella prassi giudiziaria ebraica fosse in auge la crocifissione sia ante sia post mortem. Le testimonianze bibliche, imprecise e poco chiare, hanno una maggiore luce dai ritrovamenti dei Rotoli di Qumran. Pochi ormai sono i dubbi concernenti la prassi della crocifissione, anche durante la dominazione romana. Vedasi un mio studio *La Crocifissione presso gli Ebrei* in *Emmaus* 3, pagg. 69-81.

Nel caso nostro potrebbe esserci una possibilità che l'esecuzione sia avvenuta secondo la modalità giudaica da due elementi: la affissione ad un albero (l'olivo. Dt 21,21) e il crurifragio che soltanto gli Ebrei collegano con la crocifissione (cf. LATTANZIO, *Div. Inst.* 4,24; n. 7. Invece S. AGOSTINO *in Ps 33*, sembra suggerire che tale pratica avvenisse per tutti i crocifissi (in Giudea?): «Quomodo solebat crucifixis fieri. Come solitamente si agiva nei confronti dei crocifissi»).

tronde anche i Romani e i Greci provavano viva ripugnanza per la croce), gli Ebrei non furono immuni dalla pratica della crocifissione. In questo caso diventa più comprensibile l'anomalia dell'esecuzione, l'onore di una tomba per un crocifisso[45], proprio nella zona riservata ai Sinedriti, e il fatto che in una epigrafe stilata in lingua ebraica (si noti Ben al posto di Bar, allora comune) venga inciso un nome di origine straniera. Se l'ipotesi è esatta avremo qui un esempio di crocifissione ebraica o almeno la modalità secondo la quale veniva eseguita in Giudea una crocifissione.

In seguito alle incertezze sollevate dalla imprecisa misurazione del chiodo — elemento fondamentale per la ricostruzione dello schema di crocifissione — due studiosi israeliani: Joseph Zias del Dipartimento di Antichità e Musei, ed Eliezer Sekeles dell'Hebrew University - Hadassah Medical School, di Gerusalemme, prima che i resti fossero di nuovo sepolti, hanno deciso di riesaminare il materiale restaurato da N. Haas, insieme con le fotografie originali, gli abbozzi e le radiografie.

*Gli esami hanno dato i seguenti risultati: lunghezza del chiodo cm 11,5; il chiodo trapassa soltanto il tallone destro; l'erosione tra l'una e il radio, ritenuta prodotta da un chiodo, può giustificarsi con l'antichità delle ossa (erosioni si riscontrano nelle ossa delle gambe che non hanno nulla a che vedere con la crocifissione) e non in seguito a compressione traumatica; l'indagine, fatta mediante il microscopio elettronico e scansione, rivela che tra la testa del chiodo ed il tallone si trova legno di olivo e non delle specie pistacchio o acacia; alla punta del chiodo, che è ricurva, non è stato possibile identificare i granuli legnosi a motivo della esiguità del materiale. (*Isr. Explor. Journal 35 (1985), 22-27).

È evidente che, alla luce delle nuove ricerche, tutte le ipotesi formulate per ricostruire la crocifissione dell'individuo di Giv'at ha-Mivtar risultano inconsistenti. Lo studio varrà solo per una ipotetica ricostruzione di crocifissioni nell'ambito della prassi romana.

Riservandomi di riprendere l'argomento in una prossima pubblicazione.

---

[45] *Talmud*, *Sanhedrin* 6,5 ss.: «Il corpo del condannato non veniva seppellito nel cimitero dei suoi padri; esistevano due campi riservati al tribunale: uno per i lapidati, l'altro per i decapitati e gli strangolati. Quando le carni erano decomposte, si raccoglievano le ossa e si seppellivano nel posto dovuto...». Invece i Romani o bruciavano i cadaveri (*Martirio di Policarpo*, 18,1: «Il centurione... poste nel mezzo le spoglie, le fece bruciare, come era d'uso»), oppure consegnavano le salme ai parenti che le richiedevano.

Nell'esame delle ossa il prof. Haas ha potuto osservare che «nella regione delle gambe spezzate furono osservate molte grandi macchie di colore bruno. Crediamo che tali macchie siano tracce ancora esistenti dell'unzione rituale, praticata direttamente sulle ossa spoglie, poco prima della sepoltura nell'ossario» (*art. cit.* pag., 59). C'è comunque da notare che il Talmud, appartenente alla cultura farisaica, dimostra una legge umanitaria che molte volte, nella pratica non venne osservata.

RÉSUMÉ. La découverte de la dépouille d'un individu crucifié à Jérusalem au premier siècle assume une importance considérable soit pour l'archéologie de la croix, jusqu'à present c'est un «unicum», soit pour la vérité du Saint Suaire. Ce sont examinés trois détails, sur lesquels il est possible de donner une différente interprétation. Le terme HGQUL de l'inscription sur l'ossuaire n. 4 s'explique comme une translittération du terme grec 'αγχιλος (ankylos) ou du latin «angulus», qui pourrait être un nom propre ou plus vraisemblablement un surnom provenant d'une qualité morale ou de l'activité exercée (rusé, tortueux). Le bois ou la tablette de bois, placé entre la tête du clouet et le talon droit faisait fonction de lévier pour l'extraction du clou du stipes et du membre. La crucifixion fut exécutée sur un arbre d'olive en position latérale, et un seul clou transperçait les avambras et les talons.

En conlusion on expose l'hypothèse d'une crucifixion suivante le modèle judaïque ou oriental. Cette hypothèse est renforcée par la liage à un arbre et le «crurifragium» employé soit par les Romains pour faire injure à un Juif ou par les Juifs mêmes contre un de leurs compatriotes.

SUMMARY. The finding of the anatomic remains of a man crucified in Jerusalem in the first century assumes a great importance both for the archaelogy of the cross, as till now it is an "unicum", and for the verity of the Holy Shroud. It is certainly a question of death by crucifixion. Only three particulars are examined and they may be given a different interpretation. The word HGQUL of the inscription on the ossuary n. 4 is explained as a transposition of the Greek term 'αγχιλος (ankylos) or of the Latin «angulus», which might refer either to a proper noun or, as it is more likely, to a nickname due to a moral quality or to the activity carried out (shrewd, tortuous). The wood, or the small board, placed between the head of the nail and the right heel acted as handle for the extraction of the nail from the stipes and from the limb. The crucifixion was executed on an olive-tree, in lateral position, and only a nail pierced the forearm and the heels through.

In conclusion, we formulate the hypothesis of a crucifixion according to the Judaic or Oriental scheme, as the attack on a tree and the «crurifragium» indicate, which was executed both by the Romans to put an affront upon a Judean, or by the same Judeans towards a fellow countryman.

BIBLIOGRAFIA

BRIEND J., *La sépolture d'un crucifié*, BTS 133 (1972), 142-145.

CAMES G., *Rechérche sur les Origines du Crucifix à trois clous* in *Cahiers Archéologique* 16 (1966), 185-202.

DUCREY P., *Note sur la crucifixion* MH 28 (1971), 183-185.

FASOLA U., *La Sindone e la Scienza*, Torino 1979, 59-81.

FITZMYER J. A., *Crucifixion in Ancient Palestina, Qumran Literature and the New Testament*, in CBQ 40 (1978), 494-498.

HAAS N., *Anthropological Observations in the Skeletal Remains from Giv'at ha-Mivtar*, in IEJ 20 (1970), 38-59.

HENGEL M., *La crucifixion dans l'antiquité et la folie du message de la Croix*, (tr. franc.) Paris 1981.

HEWITT J. H., *The use of nails in the crucifixion*, in HThR 25 (1932), 29-45.

KUHN H. W., *Iesus als Gekreuzigter in der frühchristlichen Verkündig bis zu Mitte des 2. Jahrhunderts* in ZThK 72 (1975), 1-46.

KUHN H. W., *Zum Gekreuzigten von Giv'at ha-Mivtar: Korrektur eines Versehens in der Erstveröffentlichung*, in Zeitschrif f. neutestamentlichen Wissenschaft 69 (1978), 121.

KUHN H. W., *Theologia Crucis, Figura crucis*. Festschrifte für E. Dinkler, 1979, 309 ss.

KUHN H. W., *Die Kreuzesstrafe während der frühen Kaiserzeit*, Berlin 1982, II Principat 25/1, 648-793.

MARTINI C. M., *I resti dell'uomo crocifisso trovati a Giv'at ha-Mivtar*, in *Civiltà Cattolica* 122 (1971), III, 482-498.

MEYERS E. M., *Jewish Ossuaries Reburial and Rebirth. Secondary Burial in their Ancient Near Eastern Setting*, in Bibl Or 24 (1971), pag. 1. 89-91.

MOLLER-CHRISTENSEN V., *Skeletal Remains from Giv'at ha-Mivtar*, in IEJ 26 (1976), 33-38.

NAVEH J., *The Ossuary Inscriptions from Giv'at ha-Mivtar*, in IEJ 20 (1970), 33-37.

NORTH R., *Stauròs nell'Archeologia e nell'Antico Testamento*, in *La Sapienza della Croce oggi*. Atti del Congresso Internazionale, Roma 1975, Torino, 466-481.

STRANGE J. F., *Method of Crucifixion*, IDB Suppl. 199-200.

YADIN Y., *Epigraphy and Crucifixion*, in IEJ 23 (1973), 18-22.

YADIN Y., *Pesher Nahum Reconsidered*, in IEJ 21 (1971), 8 ss.

ZANINOTTO G., *La tecnica della crocifissione romana*, Emmaus III, Roma 1982.

Fig. 1 — Chiodo del crocifisso di Gerusalemme, conservato nell'Israel Museum di Gerusalemme (Fotogr. Lossing-Magnum).

Fig. 2 — Primitiva ricostruzione del crocifisso da parte del prof. Nicu Haas (Israel Exploration Journal 20 (1970) tav. 24 A).

Fig. 3 — Ricostruzione del crocifisso come correzione della posizione proposta dallo Haas (Emmaus 3 Roma 1981 fig. 35).

Fig. 4 — Stampa del '500 in cui è raffigurato il Marsia del Campidoglio, appeso ad un tronco con una corda che stringe i polsi.

Fig. 6 — Ricostruzione della crocifissione ad un olivo come viene suggerita dai reperti (dis. Maurizio Paolicchi).

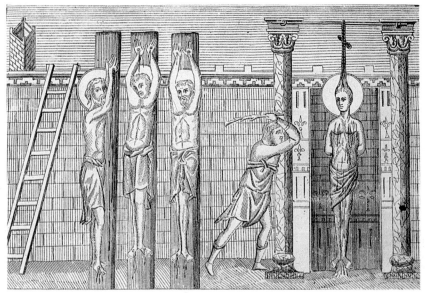

Fig. 5 — Crocifissione su *xyla* o tavole (*apotympanismos? sanis?*); uno dei crocifissi viene inchiodato di fianco e con un solo chiodo che trapassa i talloni e le mani (Menologio di Basilio II).

TEORIA NUMISMATICA DELL'ITINERARIO SINDONICO

MARIO MORONI*

Introduzione

La presente relazione mira a delineare una teoria numismatica dell'itinerario sindonico durante il periodo imperiale bizantino nell'arco cronologico che va dal 678 al 1204. Al tempo stesso si vuole mostrare come l'insieme di ipotesi che la costituiscono sia sufficientemente ampio, e coerente, da includere alcune teorie già esistenti sull'argomento, o da spiegare alcuni dati, che altre teorie non giustificano. A questo scopo la teoria numismatica si presenta costituita da un insieme di tre grandi ipotesi, corrispondenti alle tre località dell'itinerario sindonico teorizzato (Costantinopoli - Edessa - Costantinopoli). Tali ipotesi si troveranno congiunte ad altre «logiche conseguenze», le quali permetteranno di dedurre una serie di dati diretti (a base numismatica) o indiretti (a base storica) che confermeranno la validità dell'intera teoria.

Prima di presentarla, riteniamo opportuno fornire alcune note inerenti alla metodologia numismatica qui utilizzata, in quanto essa costituisce il fulcro della teoria stessa:

a) Come ogni epoca storica, anche durante il periodo bizantino le monete coniate dagli Imperatori commemoravano un evento, rendendolo ufficiale e conferendogli veridicità. Le monete hanno pertanto un insostituibile valore di «*fonte storica*»[1].

b) Su ogni moneta da noi considerata appare l'Immagine di Cristo. Secondo la prescrizione liturgica bizantina, ogni «immagine» era rappresentata con un concetto di «*identità*», così rigoroso che essa costituiva «la stessa realtà raffigurata»[2].

Tali immagini non potevano pertanto avere altra fonte di ispirazione che i «caratteri reali» che si volevano rappresentare.

---

* *Esperto in numismatica, membro del Centro Internazionale di Sindonologia.*

[1] La numismatica fornisce le basi per le indagini (T. KROA - *Lexikon der Numismatik*, Gutersloh, 1977). Dal prevalere di una serie di immagini è possibile ricostruire quale sia stata, in quel momento, la politica dell'Imperatore verso il popolo e seguire le tappe e le svolte dei movimenti religiosi. La numismatica è una delle principali e più attive fonti di informazione documentata, per ricostruire vicende e notizie nel campo dei culti e della loro diffusione. Il conio dell'«immagine» si costituisce e si svolge attorno a un contenuto stesso dell'immagine (LAURA BREGLIA, *Numismatica antica, storia e metodologia*, Ed. Feltrinelli 1967).

[2] Tale concetto viene ribadito dalla VI sessione del II Concilio Ecumenico di Nicea (787): «l'Icona deve essere una immagine rappresentante una estrema rassomiglianza col prototipo».

c) Ne consegue che nessuna immagine poteva verosimilmente essere riprodotta se non per una «immediata presenza» dell'originale, che nel caso della Sindone[3] era ritenuta «acheropita», ossia «non creata da mano umana».

Fatte queste debite premesse, possiamo presentare la teoria che si istituisce in linea di continuità con il precedente articolo apparso su *Sindon* (n. 31, dic. 1982)[4] e divenuto di impostazione generale della teoria stessa.

1. *Conferme della Sindone a Costantinopoli dal 678 al 754 Prima ipotesi*

In conformità con l'82° Canone del Concilio Trullano (692)[5], il quale ordinava che Cristo fosse raffigurato come un uomo e non più come un agnello, il primo imperatore a emettere monete in Costantinopoli con il Volto di Gesù fu Giustiniano II (685-695) [FOTO A].

Tale Volto aureo di «Cristo Pantocrator» ha lineamenti fortemente simili al Volto dell'Uomo della Sindone, che ipotizziamo essere presente a Costantinopoli, proveniente da Gerusalemme[6].

---

[3] Il più antico riferimento alla Sindone (talvolta panno, sudario, lenzuolo di lino, telo funerario) lo troviamo citato: nei Vangeli, nei testi apocrifi «Secundum Hebraeos», nelle narrazioni «Gli atti di Pilato», nelle citazioni «Evangelium duodecim Apostolorum», nelle notizie del maestro Niafori del II sec., nelle disposizioni di Papa Silvestro (314-335), nelle omelie di S. Cirillo (340), negli scritti «De Viris Illustribus» di S. Gerolamo (420), nelle cronache dei pellegrini, come quelli dell'anonimo di Piacenza (570), nella lettera di Braulione (635-651), nelle compilazioni liturgiche mozarabiche (sec. VI-VII), nella liturgia gallicana del sec. VIII. Ed ancora, la Sindone è riportata nelle notizie del Venerabile Beda (720) e nei sermoni antichi di Papa Stefano III (759), nelle prediche di Giovanni il geometra (sec. X), nei codici antichi quali «Codex Sinaiticus» e «Codex Alexandrinus», nelle citazioni di Epifanio Monaco Angiopolita dell'XI sec. Pure in S. DE SANDOLI, *Itinera Hierosolymitana Crucesignatorum* troviamo: i racconti di Sevulfo (vol. II - 1002/1003 - *Descrizione del sito di Gerusalemme*), il prologo di Pietro da Cassino all'abate Ghibaldo (vol. II - 1107/1159 - *Luoghi Santi*) ed i racconti di Guglielmo da Tiro, nato nel 1127, arcivescovo (vol. I - libro VIII - *Storia degli avvenimenti d'oltre mare*).
In campo non patristico o religioso, troviamo questo termine «Sindone» frequentemente in letterature antiche come, per esempio, presso Erodoto e Plutarco. (P. SAVIO, *Ricerche sul tessuto*, tip. S. Nilo, Grottaferrata 1973).

[4] «L'ipotesi della Sindone quale modello delle raffigurazioni artistiche del "Cristo Pantocrator": conferma numismatica».

[5] O Concilio Quinisesto: il Can. 73 riguardava la venerazione della Croce, quello 100 metteva in guardia dalle pitture sacre (quale eredità pagana) e il Can. 82 riguardava la figura di Cristo.

[6] Lo storico NICEFORO CALLISTO (1350) in *Storia Eclesiastica* parla della venerazione della Sindone in Gerusalemme nei secoli IV-V. Giustiniano I (527-565) invia a Gerusalemme due incaricati per ricavare la statura di Gesù dal «lenzuolo funebre» allo scopo di costruire una croce della medesima altezza (*croce mensurale*). «Notizia di Procopio da un anonimo - P.C. c. XXII, pag. 1306, e Bibl. Laur. PL. XXV, Cod. 3».
Il cronista S. Antonino Martire racconta che verso il 570 vengono conservati in gran segreto «i panni funebri del Redentore» (M. GREEN, *Enshrouded in Silence, The Amplefourth Journal*, autunno 1969, New York). Nel 630, dopo l'assedio di Gerusalemme da parte di Cosroe II, le «reliquie» rubate vengono restituite a Eraclio I (S. RUNCIMAN, *Storia delle Crociate*, vol. II, Torino 1960).
Nel 670 Arculfo (ADAMNANO, *De Locis Sanctis*) «vide e baciò, in una chiesa a Gerusalemme, la Sindone, lunga otto piedi».
In merito alla lunghezza del telo, anche il diacono Pietro da Cassino, nel «Prologo» indirizzato a Ghibaldo, abate di Cassino e di Stavelot (vol. II di *Itinera Hierosolymitana... op. cit.*) conferma che [...] «il popolo salutava e baciava con somma venerazione quel (sudario): era lungo otto piedi». Secondo AIMARO IL MONACO, invece, il sudario era lungo sette piedi (*Itinera..., op. cit.*, vol. III).
Una importante testimonianza della Sindone in Gerusalemme nel VI sec. è data da quelle fiaschette

Questa prima ipotesi della nostra teoria ci permette di spiegare diversi dati. Innanzitutto essa concorda con alcune fonti storiche che attestano la presenza della Sindone a Costantinopoli proprio verso il 678[7].

In secondo luogo, un altro elemento della massima importanza può essere spiegato.

Il Volto di Cristo impresso sulle monete coniate a Costantinopoli da Giustiniano II durante il suo secondo regno, dal 705 al 711, non è di «tipo sindonico», come quello sopra citato, emesso durante il primo regno (685-695) ovvero con chioma ondulata, barba lunga, baffi e caratteristico piccolo ciuffo sulla fronte [FOTO B], bensì di «tipo siriaco-palestinese» con folti capelli ricci e barba corta[8] [FOTO C]. Secondo il prof. James D. Breckenridge, tale moneta sarebbe stata ispirata dall'Icona di Camulia[9] presente nella capitale sin dal 574.

Sapendo che, dal 695 al 705, si verificò a Costantinopoli un primo breve, ma turbolento periodo, a causa di controversie teologiche dovute al dilagare di riproduzioni di «ritratti realistici» di Cristo[10], preludio di una non lonta-

---

di vetro che i pellegrini portavano di ritorno dalla Palestina [in epoca anteriore all'occupazione persiana (514) e musulmana (638)]. Sono delle ampolle, non più grandi di 7 cm, che venivano riempite di olio santo. Su alcune di queste ampolle, donate dalla regina Teodolinda (612) alla Basilica di Monza, è riprodotto in rilievo il Volto di Cristo di tipo fortemente sindonico: folta capigliatura, barba e baffi. (cfr. particolare in foto (u) e citaz. in *Sindon* n. 31, pag. 40, dicembre 1982).

[7] Gerusalemme nel 636 venne invasa dal successore di Maometto. Il patriarca di Gerusalemme Sofronio, a conoscenza della notizia che il nemico è a Gerico dopo la battaglia sul fiume Yourmuk, raccoglie le reliquie di Cristo e le fa trasportare a Costantinopoli (S. RUNCIMAN, *Storia delle Crociate*, vol. II, *op. cit.*). Fra queste reliquie c'è la Sindone? Forse sarebbe stata tenuta nascosta e custodita fino a quando gli arabi dal 673 al 678 tentarono di impadronirsi di Costantinopoli. Il vescovo di Saragozza, S. Braulione, dichiara in una lettera del 650 all'abate Taio di ignorare dove il sudario si trovi (P. SAVIO, *Ricerche storiche sulla S. Sindone*, pagg. 68, 147, 178, Torino 1957).

[8] BRECKENRIDGE, in *The Numismatic Iconography of Justinian II*, New York 1959, riporta anche la descrizione del Volto di Cristo di tipo siriaco che compare nelle miniature del manoscritto siriano del 586 d.C., di Rabula Gospels (conservate presso la Biblioteca Laurenziana di Firenze), e quello del 634: il viso di Cristo è triangolare, le sopracciglia si congiungono, naso lungo, «capillos subanellatos» e corta barba.

[9] *Secondo Breckenridge*, l'Icona Camuliana che viene dalla Cappadocia antica, ora Asia Minore, era ritenuta miracolosa, e come tale servì a infondere coraggio ai soldati durante la battaglia del 586 e durante l'assedio di Avar nel 626. Eraclio usò la miracolosa immagine di Cristo, proprio quella Camuliana si narra, quale «Palladion» nella sua campagna persiana. l'Icona poi andò persa, o distrutta, durante il periodo delle prime lotte iconoclastiche (714-741) e il suo posto venne preso dall'immagine di Edessa.

Secondo lo studioso P. Kelley (cfr. *La Sindone e la Scienza*, Torino 1979) in *Canterbury's first Icon*, pag. 397, l'immagine della Icona di Camulia (o di Giustiniopoli) che raffigura il Cristo assiso in trono fu venerata in Costantinopoli nel 578 dal futuro papa Gregorio Magno. Questi, nel 596, consegnò la copia di tale icona al monaco Agostino, che partiva in missione tra gli anglosassoni pagani. A Canterbury, il monaco ristrutturò una vecchia chiesa dedicandola al «Re e Signore Gesù Cristo» per ricordare l'icona di «Cristo in trono» da lui portata in quella città.

La venerazione per tale icona si era così radicata e diffusa, che numerose furono le pitture rinvenute nella Canterbury meridionale. Ancora oggi l'immagine di «Cristo in trono» viene riprodotta su sigilli che servono ad autenticare documenti nel nome dell'arcivescovo di Canterbury, primate di tutta l'Inghilterra (foto a).

[10] «Il fatto che sulle monete ricorresse tanto di frequente l'immagine di Cristo, fu indubbiamente uno dei fattori che determinarono l'atteggiamento di Leone III (714-741) nei riguardi delle immagini sacre e provocarono, prima del 726, agitate discussioni...» (AA.VV., *L'Impero Bizantino*, Milano 1978, pagg. 94-102).

na lotta iconoclastica, si può supporre che «la Sindone, considerata l'acheropita di ogni immagine, possa essere stata prudenzialmente messa al sicuro prima di ogni altra icona». Ecco dunque che, essendo la Icona Camuliana già presente nella città dall'anno 574, accadde che «prima» del turbolento periodo citato la Sindone, e non la Icona Camuliana, funse da modello del conio del primo regno di Giustiniano II (685-695).

«Durante» il periodo di controversie teologiche, invece, accadde che in un primo momento scomparve dalle monete il Volto Sindonico (sostituito dal 695 al 705 dalla «croce potenziata» [FOTO D]) e, in un secondo momento, la Icona Camuliana e non più la Sindone fece da modello del secondo conio di Giustiniano II (705-711).

La Sindone, probabilmente nascosta e salvaguardata, comparirà più tardi cessate le lotte iconoclastiche.

Una seconda serie di dati è congruente con l'ipotesi avanzata. Il Volto «siriaco-palestinese» di Cristo non verrà più riprodotto su alcuna altra moneta, appunto perché l'Icona Camuliana andrà definitivamente persa dopo le dure disposizioni contro le rappresentazioni di Cristo, emanate nel 726, con editto promulgato durante il Concilio di vescovi, voluto da Leone III.

Il «Volto Sindonico» di Cristo, invece, verrà ripetutamente coniato, come si vedrà, dopo l'843, proprio perché la Sindone sopravvisse alle lotte iconoclastiche[11].

A ulteriore conferma della relazione tra la Sindone (ipoteticamente presente a Costantinopoli) e le immagini di Cristo di «tipo sindonico», impresse sulle citate monete, il dott. Whanger ha recentemente dimostrato[12] la perfetta sovrapponibilità del Volto dell'Uomo della Sindone con i Volti di «tipo sindonico» di Cristo Pantocrator, impressi sulle monete emesse in Costantinopoli da Giustiniano II (685-695), Michele III (842-867) e Costantino VII (945-959) [FOTO E].

La nostra prima ipotesi costituisce anche una risposta indiretta all'interrogativo che si è posto il prof. A. Grabar[13]: «Ciò che colpisce in queste immagini monetarie di Cristo è che si ispirano a effigi monetarie simili, coniate dal basileus ortodosso Giustiniano II (✝711) più di un secolo prima, cioè una trentina d'anni prima degli inizi dell'iconoclastia degli imperatori di Bisanzio [...]. I vincitori dell'843, i quali avrebbero potuto inventare una iconografia originale, si affrettarono a tornare a formule iconografiche anteriori alla crisi iconoclasta, cioè vecchie di oltre un secolo».

---

[11] BRECKENRIDGE, *op. cit.*, asserisce: «[...] In merito al fatto che venne usato un solo conio di Giustiniano e non l'altro, possiamo suggerire diverse ragioni complementari: la sparizione dell'Icona di Camulia e (inoltre) la separazione permanente fra Siria e Palestina ormai da lunga data...».

[12] *Statement by Dr. Alan Whanger*, Duke University, Jan. 27, 1982; ROBERT L. HARALICK, *Analysis of Digital Images of the Shroud of Turin*, Virginia Polytechnic Institute and State University, Blacksburg, VA, December 1, 1983.

[13] In ANDRÉ GRABAR, *Le vie della creazione nell'Iconografia Cristiana*, pag. 193, Milano 1983.

È logico ritenere infatti che tale «ritorno» fu dovuto alla ricomparsa della Sindone, quale modello dei relativi conii [14].

2. Conferme della Sindone a Edessa dal 754 al 944
Seconda ipotesi

La seconda ipotesi della nostra teoria asserisce la presenza della Sindone a Edessa negli anni che vanno dal 754 al 944, nella ridotta dimensione di un lenzuolo ripiegato a fazzoletto, o «Mandilion», lì conosciuto molto probabilmente anche nella sua interezza.

Come vedremo, alcuni «dati numismatici» ci permetteranno, da un lato, di identificare il «Mandilion» di Edessa con la Sindone; dall'altro di precisare con esattezza l'arco cronologico di permanenza della Sindone a Edessa, in perfetta compatibilità con tutte le fonti storiche [15], e di confermare la probabile conoscenza dell'intero «lenzuolo funerario» da parte di imperatori e di altri.

Per la ragione espressa nella parte introduttiva, ovvero che per la riproduzione rigorosa dell'immagine necessita la presenza dell'originale, sapendo che dal 711 al 787 scoppiarono le lotte iconoclastiche (momentaneamente interrotte e poi riprese ancora dall'802 all'820), se la nostra ipotesi fosse vera, dovremmo dedurre *a fortiori* che l'immagine di Cristo sui conii non dovrebbe comparire, lasciando il posto ad altre rappresentazioni, per poi ripresentarsi, cessate le lotte, «con tutte le caratteristiche del Volto di Cristo di tipo sindonico».

Ed ecco la serie di dati numismatici che ci permettono di convalidare l'ipotesi di questa seconda parte.

A Costantinopoli, in seguito al veto dell'imperatore Leone III (717-741) di riprodurre il Volto di Cristo, le monete coniate in tale periodo recano l'immagine della «croce potenziata» su gradini, come quelle apparse in precedenza dal 695 al 705 e dal 711 al 717 [16] [FOTO F].

---

[14] La fine della crisi iconoclasta si ebbe nell'843, quando un Concilio promosso dall'imperatrice Teodora di nuovo dichiarò lecito il culto delle icone. Lo scopo apparente del Concilio, convocato da Fozio nell'861, fu quello di ottenere la condanna definitiva dell'iconoclastia, con la conseguente attribuzione del merito del trionfo dell'ortodossia al periodo del governo personale di Michele III. Teodora venne così defraudata del titolo di gloria, per il ristabilimento dell'ortodossia attuato nell'843.

[15] Edessa, ora Urfa in Turchia, cittadina evangelizzata ai tempi del re Abgar V, non appartiene più all'impero bizantino e si trova quindi estranea alla «lotta iconoclastica» che infuria dal 725. Come tale risulta luogo sicuro, rifugio ideale per nascondere la Sindone-Immagine, che per necessità logica deve essere allontanata con altri tesori dalle grandi città durante le persecuzioni. La fama dell'immagine di Edessa, o Mandilion, considerata una reliquia preziosa e ricopiata con assoluta scrupolosità da famosi pittori autorizzati a farne dei duplicati, assume una così vasta risonanza che l'imperatore Leone VI (886-892) avanza richiesta per riaverla in Costantinopoli. Gli edesseni la ritengono di loro proprietà fin dai tempi del re Abgar V. A Edessa anche Costantino VII Porfirogenito fa visita, con i suoi cognati, all'Immagine che vide chiaramente, mentre agli altri sembrò «estremamente confusa». Questo, secondo la traduzione di Wilson in merito alla *Narration de Imagine edessena*, una storia ufficiale di Edessa, scritta da un cortigiano. Nel 943 Romano I Lecapeno (919-944) invade la Siria per impadronirsi dell'Immagine, considerata il vero ritratto di Cristo, molto venerata a Bisanzio.

[16] Dal 726 «[...] durante il lungo periodo di furore iconoclasta, gran numero di pitture vennero distrutte e la nuova decorazione delle chiese fu ristretta a riproduzioni di croci [...]». MANOLIS CHATZIDAKIS - ANDRÉ GRABAR, in «*La pittura bizantina e dell'Alto Medio Evo*», Milano 1965.

Alcune fonti storiche asseriscono che la Sindone intanto era scomparsa dal deposito delle icone in Costantinopoli ed era stata nascosta a Edessa nel 754[17], mentre infuriava la lotta iconoclastica sotto Costantino V (741-775).

Sempre se la nostra ipotesi fosse vera, prima dell'820 non dovrebbe ancora comparire sulle monete nessuna immagine di Cristo.

Infatti, dal 717 all'842, a Costantinopoli gli imperatori emettono monete con la tipica croce potenziata, sostituita frequentemente, sul retro, dal volto dell'imperatore stesso assieme a quello del figlio co-reggente, oppure dell'imperatore che tiene nella destra una lunga croce [FOTO G]. Cessate le lotte iconoclastiche, come previsto, ricompare il Volto di Cristo Pantocrator sul conio aureo di Michele III (842-867) [FOTO H].

Inoltre, fatto assolutamente nuovo, gli imperatori bizantini coniarono, in Costantinopoli, alcune monete con «l'immagine di Cristo in trono», a partire dall'869 fino al 944, in conformità al III Canone del Concilio Costantinopolitano IV[18] che propone «il Culto» e ordina «la Venerazione» delle Immagini.

Basilio I Macedone (867-886) fu il primo imperatore a presentare l'immagine di Cristo a figura intera, circoscritto dalla frase: «IHS-XPS-REX RE-GNANTIVM», assiso su un trono senza spalliera, o con la caratteristica spalliera a lira [FOTO I], in uso durante l'alto cerimoniale imperiale. Anche una caratteristica aureola, che racchiude la croce dietro la testa di Cristo, compare per la prima volta sulle monete e verrà d'ora in avanti ripetuta su ogni tipo di conio ove il Cristo sarà rappresentato o con il solo Volto o a figura intera.

Gli imperatori bizantini che, successivamente, coniarono l'immagine di «Cristo in trono» sono:
— Leone VI (911-912) [FOTO L]
— Alessandro, fratello di Leone VI (912-913)
— Romano I (919-944) [FOTO M]
— Costantino VII con Romano I (944).

L'ipotesi qui avanzata ci permette di asserire che, a motivo della conoscenza che tali imperatori avevano del «Mandilion di Edessa»[19], il Volto di Cri-

---

[17] Cfr. pagg. 111-115 «L'impero Bizantino», *op. cit.*. Proprio nel 754 si tenne nel palazzo imperiale di Hieria (a sud di Calcedonia) il VII Concilio Ecumenico promosso da Costantino V e presieduto da Teodosio, vescovo di Efeso. Una decisione conciliare proibì «la produzione», il culto, il possesso e *l'occultamento delle immagini sacre.* La severa disposizione venne fatta rispettare da una legge imperiale.

M. GREEN, *Eshrouded in silence*, The Ampleforth Journal, vol. LXXIV, 1969. J. WILSON, *The Turin Shroud*, London 1978, part. III, cap. XII-XIV e part. IV, cap. XV-XVII. Il prof. Cazzola, riferendosi ai suddetti autori (nella Rivista *Studi e Ricerche sull'Oriente Cristiano*, anno VI, fasc. 1, pag. 30, Roma 1983), riporta in merito al periodo edesseno (754-944): «[...] la Sindone, dopo la prima bufera, sarebbe stata esposta... ripiegata in quattro parti, in modo che apparisse solo il Volto, sicché potesse passare per una "pittura edessena" e sfuggire alle ricerche degli iconoclasti».

[18] Il III Canone del Concilio Costantinopolitano IV (869) recita: «Noi ordiniamo che l'immagine sacra di Nostro Signore Gesù Cristo sia venerata come il Libro dei santi Vangeli [...]; poiché ciò che il Libro ci dice con le parole, l'immagine ce l'annuncia e ce lo rende presente [...]».

[19] In *The Numismatic Iconography, op. cit.*, Breckenridge dice: «[...] Le monete di Basilio I ci mostrano come, in linea generale, la dinastia macedone ritenesse dover sembrare il prototipo».

sto in trono, coniato sulle loro monete, non poteva avere se non le fattezze del Volto del Mandilion.

Infatti il Breckenridge precisa: «Basilio I sostituisce l'immagine di Cristo Pantocrator con una nuova: si tratta di Cristo a figura intera, benedicente, in trono, che tiene nella mano sinistra il Libro dei Vangeli... Il particolare del Viso, le parti superiori del corpo della figura che compare sul conio di Basilio I, permettono l'identificazione di questa figura con il ritratto-busto sulle monete di Michele III (842-867) e, per estensione, di Giustiniano II (primo regno 685-695).

Sembrerebbe chiaro che il Cristo-conio di Giustiniano II era ritenuto essere una parte di una più grande immagine del Cristo in trono...».

Stante la perfetta sovrapponibilità del Volto di Cristo Pantocrator coniato da Michele III, Giustiniano II e Costantino VII, con il Volto dell'Uomo della Sindone, dimostrata da Whanger [FOTO E], è possibile trarre un elemento ancora a prova della tesi che il Mandilion e la Sindone siano la stessa cosa. Essa fu dunque presente a Edessa fino al 944, data corrispondente all'ultimo conio di «Cristo in trono» emesso appunto nel 944 da Costantino VII con Romano I.

Un ulteriore «dato numismatico» della massima importanza convalida «ad abundantiam» questa seconda ipotesi della nostra teoria sull'itinerario sindonico.

L'immagine di Cristo, a tutti nota, con i caratteristici lunghi capelli, barba e baffi, compare dall'869, a figura intera, in trono, aureolato e «*raffigurato con un piede orizzontale e l'altro proteso*» [FOTO N].

Il Redentore, sovrano, sembra avere gli arti inferiori di lunghezza diversa, proprio come si può notare da una visione per «intero» della «parte dorsale dell'Uomo della Sindone» che appare, a prima vista, con una gamba più corta dell'altra[20].

Vi è ancora un altro elemento della massima importanza e decisivo. Il Green asserisce[21] che «Wilson ha dato rilievo all'importanza dell'episodio verificatosi nel 944, quando i figli dell'imperatore ebbero la speciale opportunità, secondo Steven Runciman, di vedere l'immagine a Edessa che, con ogni probabilità, era solitamente ricoperta di metallo. A essi sembrò sfocata».

---

[20] In concordanza con la rappresentazione, sulle monete, di *Cristo assiso in trono* con gli arti inferiori non della medesima lunghezza, i proff. P. Cazzola e M. D. Fusina asseriscono che talvolta nelle antiche opere d'arte bizantino-russa, il Cristo bambino viene rappresentato tra le braccia della Madre, con il suddetto tipico difetto fisico. Quindi il Cristo, secondo gli autori, sarebbe ritenuto zoppo fin dalla nascita. Cfr. *La Sindone, Scienza e Fede*, Bologna 1983, in *Tracce sindoniche nell'arte bizantina* (da pag. 129 a 135). In *Genesi e Storia della Santa Sindone*, Napoli, 1978 il prof. Chiavarello scrive: «[...] I santi Cirillo e Metodio appartenevano alla corrente che sosteneva il difetto della gamba, e insegnarono ai popoli slavi, da loro convertiti, a portare croci con il braccio inferiore, inclinato [...]».

Anche la croce delle Chiese Orientali, che qualche studioso ha definito «croce dell'Uomo della Sindone», ha la caratteristica del poggiapiedi inclinato, proprio di una croce che si addice a un Uomo zoppo, come appare nella medaglia, con scritte slave attorno al bordo della medesima (foto b). Il medaglione è tuttora un segno distintivo dell'ordine sacerdotale ortodosso.

[21] In MAURUS GREEN, *Enshrouded in silence*, In search of the First Millenium of the Holy Shroud, *op. cit.*.

Secondo Green, la difficoltà della tesi di Wilson consiste nello stabilire se l'immagine fosse «visibile in parte», solo la testa o se si fosse trattato dell'immagine «a tutta lunghezza».

Secondo la nostra teoria, il Cristo in trono, coniato proprio dall'869 al 944, con il tipico difetto fisico, è «identico» a quello coniato molto tempo più tardi, verso il 1180, da Manuele I (1143-1180). Poiché questi era in possesso della Sindone[22] e pertanto ne conosceva l'immagine reale, si può dunque ipotizzare che la fonte d'ispirazione sia stata la medesima: il Mandilion di Edessa[23] che è poi la Sindone di Costantinopoli, qui vista e nota per «intero» dispiegata.

Senonché si potrebbe obiettare che in Edessa, città situata fuori dai confini e dal dominio dell'Impero Bizantino, non avrebbe dovuto esserci motivo alcuno per salvaguardare la reliquia dai pericoli dell'iconoclastia: quindi non necessariamente la Sindone avrebbe dovuto essere esposta ripiegata.

Il Mandilion, tuttavia, a maggior ragione può essere ritenuto la Sindone, perché volutamente ripiegato, non a causa della iconoclastia (nel qual caso non sarebbe stato prudente esporre nemmeno il solo Volto, quale immagine sacra), ma al fine di celare ogni traccia di martirio e di morte dell'immagine ivi impressa: in rispetto delle disposizioni dell'82° articolo del Concilio Trullano (692), infatti, era stato imposto che l'Immagine di Cristo non venisse presentata «con i segni della Passione»[24].

Poiché tale ordinanza ebbe effetto immediato, come attesta la prima moneta col Volto di Cristo emessa dal 692 al 695 da Giustiniano II, si potrebbe ipotizzare che la Sindone fosse stata «ripiegata a partire dal 692»: la Sindone si trovava ancora a Costantinopoli «prima del pericolo iconoclastico» (711).

Traslata poi a Edessa (754), mentre infuriavano, a Costantinopoli, le lotte alle immagini sacre, la Sindone vi rimase esposta ripiegata nella tipica dimensione di un Mandilion, anche «dopo il cessare delle lotte iconoclastiche» (843).

La Sindone verrà «dispiegata» molto tempo dopo il suo rientro a Costantinopoli (944): l'immagine nella sua interezza verrà qui mostrata a partire dal 1147 perché sino a quella epoca erano ancora vigenti le citate disposizioni del Concilio Trullano[25] [v. tavola riassuntiva].

Ecco allora che anche il primo conio di Cristo in trono, emesso nell'869 da Basilio I, con la nota anomalia degli arti inferiori deducibile dall'immagine

---

[22] Secondo il racconto storico del 1174 di Guglielmo di Tiro, l'imperatore di Costantinopoli Manuele I possedeva, fra i suoi tesori, la Sindone (W. TYREUSIS ARCHIEPISCUS, *Historia rerum in portibus transmarinis gestarum*, lib. XX, cap. XXIII, Parigi 1844).

[23] M. GREEN, *op. cit.* Oderico Vitale (1142) e Gervasio di Tilbury (1211-1213), riferendosi al contenuto di un sermone di papa Stefano III (769) che sottolinea l'immagine gloriosa «del viso e di tutto l'intero corpo» su un telo, pensano all'immagine di Edessa come «una impronta dell'intero corpo».

[24] Non regge pertanto l'affermazione di chi sostiene che per oltre un millennio, nell'arte pittorica «la rappresentazione di Cristo non ricorre mai con le numerose impronte ematiche» perché l'immagine sulla Sindone, alla quale ispirarsi, sarebbe stata «creata dall'uomo» verso il 1300.

[25] «Le prescrizioni dell'Art. LXXXII del Concilio Trullano rimasero in vita sino al X-XII secolo». Così asserisce anche Maria Delfina Fusina in *Rivelazione dei dettagli iconografici. Corso introduttivo di Studi sulla Sindone*, Torino 1978.

impressa sul telo, ha il Volto con una ciocca di capelli sulla fronte (come i precedenti Volti di Cristo coniati nel 692 e nell'843, da Giustiniano II e Michele III), anziché col noto rivolo di sangue[26]. Il ricciolo sulla fronte, infatti, nelle diverse forme che appare sui Volti di Cristo delle citate monete e di quelle successive, è da ritenersi non una particolarità «derivante da una non precisa lettura dell'immagine sindonica»[27] bensì un segno volutamente sostitutivo della tipica colata ematica a forma di 3 rovesciato (posto quasi al centro della fronte dell'Uomo della Sindone), da non riprodursi.

L'ipotesi che vuole la Sindone a Edessa dal 754 fino al 944, ci permette di spiegare altri dati storici, tra cui l'episodio dell'invio di un esercito a Edessa nel 943, da parte di Romano I (919-944) perché «il Mandilion» fosse restituito a Costantinopoli. In secondo luogo, non meno importante, il fatto descritto da J. Wilson delle solenni processioni che si svolgevano in Edessa. Secondo lo studioso inglese, lo svolgimento di tali processioni seguiva un ordine preciso che terminava con il trasporto di una «Icona di Cristo in trono» il cui Volto era «considerato copia dell'immagine dipinta su tela». Il tutto si spiega con la presenza della Sindone in Edessa, con l'aggiunta di una importante precisazione, cui lo studioso non fa riferimento, circa il periodo in cui avenne tale fenomeno.

Infatti, come già visto, l'immagine che compare sulle monete emesse da Basilio I reca proprio la figura di «Cristo in trono» di ispirazione sindonica: ciò ci permette di asserire che il fenomeno iniziò dopo il Concilio Costantinopolitano IV dell'869, data d'inizio anche della monetazione sopra citata che durerà fino al 944.

Al fenomeno del «culto» e della «venerazione» caratterizzato da pubbliche e solenni processioni con l'immagine di Cristo in trono, fa contemporaneamente seguito quello della riproduzione dell'immagine di Edessa, considerata dagli Edesseni vero ritratto di Cristo.

Durante la presenza del Mandilion, infatti, come riferiscono valenti storici, Edessa diviene sede e scuola per antonomasia degli artisti che confluiscono per ricopiare le fattezze del Volto ivi impresso[28], anche se nell'arco di tempo di cento anni (dall'843 al 944) esistono altrove numerose altre «immagini» alle quali ispirarsi.

---

[26] Quanto detto nei riguardi delle monete ha ampia risonanza in arte pittorica: i principali lineamenti del Volto sindonico, in particolar modo la ciocca di capelli, sono riscontrabili sui Volti di Cristo dalla primitiva iconografia, fino dopo il Mille (dagli studi di Vignon, Legrand, Wuenschel, Wilson).

[27] «La fronte su cui si stacca una impronta sarà dai copisti mai omessa, ma interpretata quale una ciocca ribelle dei capelli», in *Rapporti fra il Volto della Sindone e l'antica arte bizantina* (introduzione del conte Carlo Lovera di Castiglione alla relazione di C. Cecchelli in *La Santa Sindone nelle ricerche moderne*, Riedizione anastatica).

[28] M. GREEN, *op. cit.* Tutte le testimonianze suggeriscono che la soluzione di *far copiare il Volto* venne fatta per prima a Edessa (il solo posto dove «la vera somiglianza» fu interpretata nei termini di ritratto di Cristo «a tutta grandezza»), *togliendosi così dall'imbarazzo di mostrare un Cristo morto, ferito*, misteriosamente sfocato.

Questo «Volto Sindonico» diverrà la matrice delle infinite copie dei «Volti santi»[29] che si diffonderanno largamente e si ripeteranno nel tempo con i medesimi lineamenti, senza variazione e con una rigorosa fedeltà all'originale.

3. *Conferme della Sindone a Costantinopoli dal 944 al 1204*
Terza ipotesi

La Sindone esposta ripiegata a Edessa fu traslata a Costantinopoli il 15 agosto 944[30].

La nostra terza ipotesi asserisce, sempre su base numismatica, che vi resterà fino al 1204[31].

Infatti, in coerenza con ciò che ha finora retto la nostra teoria, da un lato

---

[29] M. GREEN, *Veronica and her veil*, in *The Tablet*, 1966. Tra i più celebri Volti, il più noto è quello della «Veronica» venerato a Roma: è una immagine su «velo» combaciante con il Volto ottenuto dal Pia (1898), secondo un esperimento del fotografo belga Bierre. Un Volto della Veronica è invece esattamente sovrapponibile, a seguito della prova fotometrica eseguita da Hynek e Vasko, con quello ottenuto dall'Enrie (1931). Cfr. HYNEK, *L'aspetto fisico di Gesù*, Torino 1951.
Molti furono anche i pontefici che, mossi da personale venerazione, coniarono monete con l'effigie del «Volto Santo», che prese anche il nome di «Veronica» o «Sudario».
Queste monete venivano coniate durante la celebrazione dei Giubilei, o negli Anni Santi. In occasione poi dell'ostensione del «Velo della Veronica» si svolgevano festose cerimonie, processioni e altri tradizionali atti di pubblica venerazione.
Alcune rarissime monete da ricordare sono quelle coniate dal 1350 al 1625, indicate nelle foto riportate (c-d-e-f-g-part. h).
Vi sono anche medaglie «di restituzione» di qualche papa che riportano sul rovescio un grande fazzoletto sul quale figura il Volto della Veronica (foto i). Lo stesso motivo è ripetuto su ricami di arredi sacri (part. foto l).
Altri «Volti Santi» sono quelli di Laon di Genova e il Crocifisso ligneo di Lucca, questo comunemente detto «Volto Santo». In S. DE SANDOLI, in *Itinera Hierosolymitana Crucesignatorum*, vol. II (Tempore Regum Francorum), Jerusalem, 1980, è riportato: «[...] da Luni si arriva a Lucca. Qui si conserva il Volto di Cristo che fece disegnare Nicodemo...». Descrizione di NICOLA SAEMUNDARSON (1151-1154), *Un Viaggio nei Luoghi Santi*.
È noto inoltre che per ricordare la popolare venerazione del Volto Santo di Lucca, furono coniate monete, nel 1209, da re Ottone IV (1174-1218) (foto m) e dall'imperatore Carlo V (1519-1558) (foto n, o). Su tali monete il Capo di Cristo è sormontato da una corona, il Viso è incorniciato da lunghi capelli e non mancano i baffi e la barba. Compaiono tre tipi di corona: una a diadema alla maniera bizantina, una costituita da una fascia che si articola in spicchi triangolari e aperta, la terza di tipo chiuso e imperiale. Quindi le mutazioni delle corone, con le quali nel corso dei secoli i fedeli vollero onorare il Crocifisso di Lucca, trovano la loro rispondenza e testimonianza sulle monete stesse delle città (P. LAZZARINI, in *Il Volto Santo di Lucca*, 1982).
[30] Secondo il Sinassario, libro liturgico bizantino, il 16 agosto 944 è la data che si celebra come festa della traslazione dell'«Immagine acheropita di Cristo», da Edessa a Costantinopoli.
[31] I documenti attestanti la presenza in Costantinopoli della Sindone sono numerosi. È facile trovare argomenti, oltre che nel campo numismatico e liturgico, anche in quello della storia nel senso più stretto. Giovanni il Geometra (fine sec. X) parla dell'immagine di Cristo nel sudario (P. SAVIO, in *Prospetto Sindonologico* da *Sindon*, n. 3, agosto 1960). Il compilatore dell'elenco delle reliquie conservate nella chiesa di S. Maria delle Beacherme (Bibl. Vaticana, fasc. 2, ottobre 1969) riporta: «il sudario della sepoltura del Signore e gli oggetti sacri», portati questi ultimi definitivamente a Costantinopoli da Gerusalemme (1007) per prevenire la profanazione del califfo El Hakem.
L'imperatore Alessio I (1008-1118) invita Roberto di Fiandra a conquistare Costantinopoli che conservava «le preziose reliquie del Signore» e tra queste cita «i lenzuoli di Lui» (V. P. RIANT, in *Exuviae Sacrae Costantinopolitanae*).
In altri elenchi del 1150 compare fra le reliquie il «Sudarium» conservato nel Palazzo dell'imperatore.
Il monaco Nicola di Thingeyrar ha compilato nel 1157 un altro catalogo delle reliquie: tra queste la Sindone.

dopo il 944 cessano le riproduzioni del «Redentore benedicente in trono» e riprende il conio aureo del «Volto Sindonico»[32] di Cristo Pantocrator, con Costantino VII (945-959) [FOTO O] fino al 1143, anno del regno di Giovanni II Comneno (1118-1143).

D'altro lato, dal 1030, con l'imperatore Romano III Argiro (1028-1034) riprende nuovamente il conio di «Cristo benedicente in trono» che, dopo l'iniziale assenza di circa 90 anni, perdurerà fino all'anno che precederà la caduta di Costantinopoli avvenuta nel 1204: era imperatore Alessio III (1195-1203)[33].

Anche Venezia[34], che per motivi di traffico commerciale frequentava la capitale dell'Impero, dal 1192, sotto il doge Enrico Dandolo (1192-1205) emette monete con raffigurato il «Cristo in trono» [FOTO P].

Allo stesso modo Ruggero II (1130-1154), re di Sicilia[35], che per ragioni politiche manteneva legami con l'imperatore di Costantinopoli, conia monete con il Volto di Cristo di tipo sindonico [FOTO P1].

Queste monete, che rientrano in una tipologia essenzialmente bizantina, confermano ulteriormente l'ipotesi della presenza della Sindone, dispiegata, a Costantinopoli che, proprio nel 1147, fu venerata dal re di Francia Luigi VII[36], e nel 1171 fu mostrata dall'imperatore Manuele I Comneno al re di Gerusalemme Amaury[37].

Sempre se questa terza ipotesi fosse vera, dovremmo assistere, dopo la caduta di Costantinopoli e la scomparsa della Sindone, al progressivo decadimento della monetazione, appunto per il venire meno della sua «presenza» nella città. Si può avere una conferma nel fatto che, dopo tale avvenimento, si assisterà alla

---

[32] Il Volto di «Cristo Pantocrator», di carattere sindonico, verrà coniato sulle monete di bronzo, a partire dall'imperatore Giovanni I Zimisce (969-976) (foto p).
Sulle monete di bronzo emesse da Costantino X (1059-1067), il Cristo è raffigurato per intero (foto q).
Le citate monete di bronzo, a differenza di quelle in oro, sono circoscritte dal titolo «IC... XC... EMMANVHΛ» = Dio con noi, e anche «IC... XC... NIKΛ» = Gesù Cristo vince (foto r) di Romano IV (1067-1071).
Le monete d'oro portano invece il titolo «REX REGNANTIVM» preceduto da «IHS. CRISTOS», oppure «DN. IHS. CHS»; o «IHS. XPS».
Sui solidi di tipi concavo compare però la semplice scritta «IC... XC» come nella foto s (g.c.) di Michele VII Ducas (1071-1078).
Anche il sigillo di piombo del 1050 dell'imperatore Manuele I (1143-1180) porta il Cristo benedicente, nimbato, con il titolo di «Emmanuel» (foto t).
[33] Il manoscritto del 1203 del cronista della IV crociata Roberto di Clary, riporta: «[...] Il lenzuolo soleva essere esposto al popolo in posizione verticale, tutti i venerdì così che si poteva ben vedere la figura di nostro Signore...» (da *Li prologues de Constantinoble*, manoscritto che trovasi nella Biblioteca Reale di Copenaghen). Cfr. R. DI CLARY, *Li estoires de chians qui conquisent Constantinoble*, Berlin 1873.
[34] «I Veneziani avevano contatto molto stretto con Costantinopoli. La chiesa di S. Marco a Venezia è giustamente considerata un monumento bizantino, iniziato verso il 1063 sul modello della chiesa dei Santi Apostoli di Costantinopoli». CYRIL MANGO, *Architettura Bizantina*, Electa Editrice 1978.
[35] Dopo l'XI secolo, in Sicilia, le costruzioni tipicamente normanne delle chiese di Palermo, della cattedrale di Cefalù, del convento di Monreale, vengono decorate internamente con evidentissimo stile bizantino. L'immagine di Cristo Pantocrator ha caratteristiche sindoniche ed è posto nella parte alta delle absidi.
[36] Dal racconto di GIOVANNI CINNAMO, *Il libro della Storia*, V, pagg. 133, 408 cit. dal SAVIO in *Ricerche storiche sulla S. Sindone*, Torino 1957.
[37] Da una descrizione dell'arcivescovo di Tiro, GUGLIELMO-WILLERMUS ARCH., *op. cit.*, libr. XX, cap. XXIII, in *Recueil des historiens des Croisades*, Paris 1844.

riproduzione, sulle monete, del Volto di Cristo senza più quel rigore della tradizione bizantina. L'immagine di Cristo si evolverà in forme prive di realtà, ovvero in raffigurazioni che cadono nella «ritrattistica senza impegno».

I vari imperatori che si succedono dopo il 1204 si rifanno a una evidente standardizzazione di conii-immagini preesistenti e l'immagine risulterà del tutto imitativa. Molto significative sono le monete emesse da Andronico III (1328-1341) perché ricalcano quelle di Venezia.

L'immagine di Cristo compare anche su alcuni sigilli bizantini, quali per esempio quello di Giovanni III Ducas (1222-1254) e di Andronico II (1282-1328), «a figura intera», «in piedi davanti al trono» [FOTO Q].

Più tardi ancora, sulle monete, il Cristo riapparirà con un Volto che può essere interpretato come quello tradizionalmente «sindonico», ma di tecnica deteriore e di stile povero [FOTO R], come risultano quelle emesse da Manuele II (1391-1423): lo stile riflette le sorti e l'economia di un impero ormai decaduto, di una capitale imperiale che sta per cadere nelle mani dei Turchi.

Conclusioni

Come abbiamo enunciato nell'introduzione, il presente lavoro ha mirato a formulare una teoria numismatica dell'itinerario della Sindone, durante il periodo imperiale bizantino. Si è visto che due elementi di primaria importanza «reggono» l'intero lavoro: da un lato la perfetta concordanza delle ipotesi con i reperti numismatici; dall'altro la non meno importante congruenza della teoria con le varie fonti storiche.

Si è inoltre dimostrato come alcuni dati, che altre teorie sull'argomento non spiegano, possono essere dedotti dalla teoria stessa con sufficiente attendibilità.

A questo punto ci sentiamo di dover addurre un altro fatto scientifico di grande rilievo, opera di Max Frei Sulzer[38] († 1983) che rafforza ulteriormente l'itinerario della Sindone da noi ipotizzato: la presenza inconfutabile sul tessuto sindonico di una rilevante quantità di pollini, provenienti da piante che vivono «esclusivamente» nei dintorni di Costantinopoli e di Edessa (Anatolia), oltre che del Mar Morto, della Turchia, della Francia e dell'Italia.

Come si può facilmente intuire, è importante che ci siano pollini provenienti da Costantinopoli, ma soprattutto da Edessa, in quanto questa ipotesi è senz'altro quella oggi maggiormente discussa.

Finora la coerenza, con le ipotesi dei dati diretti e indiretti, è sorprendente e, se altri se ne aggiungeranno, siamo fiduciosi che si muoveranno sempre nella direzione da noi indicata, così da arricchire in modo rilevante la conoscenza dell'itinerario sindonico e da rafforzare l'«ipotesi Edessena».

---

[38] *Il passato della Sindone alla luce della palinologia* (pagg. 191-200) in AA.VV., *La Sindone e la Scienza*, Torino 1979. *Identificazione e classificazione dei nuovi pollini della Sindone* (pagg. 277-284) in AA.VV., *La Sindone, Scienza e Fede*, Bologna 1981. W. BULST, *Shroud Spectrum International*, Indiana 1983. G. INTRIGILLO, *Microscopio sulla Sindone*, Trani 1983.

Résumé. L'Auteur se propose de demonstrer une théorie de l'itinéraire syndonique pendant les ans de 678 à 1204 au fin de renforcer l'hypothèse déjà existante quant au passage de la «Syndone» dans les différents lieux.

Ce bût à été poursuivi au moyen de la numismatique, dont l'oubli en siège de reconstruction storique, n'avait pas permis jusqu'aujourd'hui d'expliquer suffisamment les phases les plus obscures de l'itinéraire syndonique.

Au moyen d'une attentive analyse des monnaies bizantines, l'auteur demontre la présence de la «Syndone» dans la ville de Constantinople, de Edessa et encore de Constantinople en parfaite concomitance avec les sources historiques et l'iconographie de l'époque.

La théorie numismatique ainsi delinéée non seulement a enlargé les theories précedentes, mais elle a aussi expliqué des éléments que ces theories n'acceptaient pas, par exemple la présence de la «Syndone» comme «Mandilion» dans la ville de Edessa, hypothèse largement contestée par plusieurs historiens.

Summary. The Author intends to propose a theory of the Shroud's itinerary, during the period from 678 to 1204 A.D., in order to strengthen the already existing hypotheses concerning the transit of the Shroud in some localities.

This aim has been pursued through numismatics, the omission of which did not yet allow, during the reconstruction of historical events, to clearly enlighten the most hidden phases of the Shroud's itinerary.

By means of an accurate analysis of Byzantine coinages, the Author demonstrates the presence of the Shroud in Constantinople, in Edessa and back in Constantinople, and this in perfect concurrence with historical sources and iconography of that time.

The numismatic theory so outlined has been proved capable, not only to widen the previous theories, but also to explain some elements not yet clarified; in particular, among them, the presence of the Shroud in Edessa, under the name of Mandilion, an hypothesis strongly objected by several experts.

GERUSALEMME (fino al 678)	COSTANTINOPOLI (678-754)
La legge ebraica vietava ogni raffigurazione di volti umani: le monete riproducevano simboli vegetali o sacrificali.	**IL PRIMO CONIO SINDONICO** Dal 678 la Sindone è a Costantinopoli: presto si impone un «prototipo» del volto di Cristo per le monete. Il Concilio Trullano (691), nel Can. 82, invita a rappresentare il Cristo non nel simbolo dell'Agnello, ma nella sua figura di uomo. Il conio di Giustiniano II (685-695) riproduce per la prima volta l'immagine sindonica, traducendo come una piccola ciocca di capelli di caratteristico «epsilon» di sangue (perché il Concilio vietava di raffigurare il Cristo con i segni della passione (V. foto **A**). **DISCUSSIONI TEOLOGICHE (695-705)** Aspre controversie teologiche sospesero la raffigurazione di Cristo: si torna così alla venerazione della Croce (foto **D**). Forse la Sindone è già nascosta per prudenza (Giustiniano II Foto **G**, conia una moneta con un diverso Cristo-imperatore giovane senza barba. Si impone come modello l'Icona Camuliana, di cui era già giunta copia a Caterbury nel 596 (foto **a**).
EDITTO DEL 313 Dopo l'editto di Costantino si riproducono sulle monete simboli cristiani e il monogramma di Cristo	**PERIODO DELLE LOTTE ICONOCLASTICHE (711-820)** Disposizioni contro la rappresentazione delle immagini di Cristo riportano nei conii, croci, simboli, o il volto degli imperatori (v. foto **F G**). Il II Concilio di Nicea (787) ribadisce concetto che l'immagine dove essere *copia del prototipo*.

EDESSA
(754-944)

La Sindone viene trasferita a Edessa, ove è conservata ripiegata («tetradiplon») in modo che appare solo il «volto santo» in mezzo a un ricamo. Edessa divenne la matrice dei «volti santi» come quelli di Roma e di Lucca (v. foto **e-m**).

COSTANTINOPOLI
(944-1204)

Dal 944 la Sindone è nuovamente a Costantinopoli. La familiarità con l'originale porta a nuovi conii di sicura ispirazione sindonica (foto **O**); il volto del Pantocrator a volte è circoscritto da EMMANYHA (v. bronzo, foto **P**), a volte da REX REGNANTIUM (v. oro, foto **q**). Intanto anche i Veneziani, molto in relazione con Costantinopoli, coniano una moneta (v. foto **P**) che raffigura il Cristo in trono, con un piede proteso in avanti.

IL CRISTO IN TRONO
(869-944)

Sopravvissuta alle lotte iconoclastiche la Sindone riappare sulle monete, non soltanto con il volto «da prototipo» (v. foto **H**), ma anche ispirando icone di «Cristo in trono», come suggeriva il IV Concilio di Costantinopoli (869). Varie monete mostrano il Cristo con i piedi a diversa altezza (v. foto **I**), oppure la croce con il «suppedaneo» inclinato come a reggere i piedi d'un Crocifisso zoppo (v. foto **b**), secondo la nota interpretazione della Sindone.

La Sindone scompare a Costantinopoli nell'assedio del 1204: i successivi conii impoveriscono nel dettaglio, riflettendo le sorti d'un impero decaduto (v. foto **R**).

* *Legenda*

Ɒ = diritto della moneta
Ṟ = rovescio della moneta
R. = Ratto
L. = Laurent
B. = Breckenridge
C.N.I. = Corpus Nummorum Italicorum
M. = Muntoni

A Giustiniano II (685-695) primo regno — solidus — oro ⌀ 16 mm. — R. 1682.
Ɒ D. IVSTINIANVS SERV. CHRISTI. CONO. P.A. L'imperatore, di fronte, tiene una lunga croce con gradini.
Ṟ IHS. CRISTOS. REX REGNANTIVM. Busto di Cristo con lunghi capelli e barba. Croce dietro il capo.
B Particolare: la caratteristica ferita «ε» che appare sulla fronte dell'Uomo della Sindone è qui interpretata e riprodotta come una ciocca di capelli sulla fronte di Cristo (moneta di Giustiniano II).
C Giustiniano II (705-711) secondo regno — solido — oro ⌀ 20 mm. — R. 1706.
Ɒ dN.IVSTINIAN-VS-ET TIBERIVS PP.A. Busto dei due regnanti che trattengono una lunga croce potenziata che poggia su gradini.
Ṟ dN.IHS.CHS.REX-REGNANTIUM. Volto di Cristo, di fronte, benedicente, capelli ricci e barba corta.
D Tiberio III (698-705) — solido — oro — ⌀ 20 mm. — R. 1701.
Ɒ D.TIBERI-VS-PE.AV. Busto, di fronte, dell'Imperatore che trattiene una lancia diagonalmente sul petto.
Ṟ VICTORIA - AVGCIE - CONOB. Croce potenziata, su gradini.
E Sovrapposizione del Volto di Cristo Pantocrator, coniato da Giustiniano II (685-695) — primo regno — con il Volto dell'Uomo della Sindone (eseguita da Dott. Whanger — sua concessione).
F Leone III (717-741) — miliaresia — argento — ⌀ 20 mm. — Dumb. 3.
Ɒ Croce su tre scalini e scritta: IHSVS.CRISTVS.NICA.
Ṟ Lunga leggenda.
G Niceforo I (802-811) — solido — oro — ⌀ 22 mm. — R. 1783.
Ɒ NICI-FOROS-BASILE. Busto dell'imperatore, di fronte, che trattiene una croce potenziata.
Ṟ STAVRA-CIS.dESPO'E. Busto, incoronato: l'imperatore tiene tra le mani una lunga croce.
H Michele III (842-867) — solidus — oro — ⌀ 20 mm. — R. 1844.
Ɒ MIKAHL — basile — busto incoronato, di fronte, con croce a sin.
Ṟ Busto di Cristo, di fronte, croce dietro al capo, con scritta + IHSVS XRISTOS + .
I Basilio I Macedone (867-886) — solido — oro — ⌀ 21 mm. — R. 1858.
Ɒ Busto dell'imperatore che regge una lunga croce greca.
Ṟ IHS.XPS.REX.REGNANTIVM. Il Cristo con nimbo e croce, benedicente in trono, con spalliera.
L Leone VI (911-912) — solido — oro — ⌀ 20 mm. — R. 1879.
Ɒ L'imperatore, di fronte, tiene un globo con croce.
Ṟ IHS.XPS.REX.REGNANTIVM. Cristo in trono, di faccia, con croce nel nimbo.
M Alessandro (912-913) — argento (concavo) — ⌀ 27 mm. — B.lc.
Ɒ L'imperatore, in piedi, trattiene il labaro.
Ṟ Cristo, nimbato, seduto in trono.
N Particolare: da una moneta di Basilio I, il Cristo, assiso in trono, presenta una evidente anomalia.
O Costantino VII (945-959) — solido — oro — ⌀ 19 mm. — Dumb. 15.28.
Ɒ Busti di Costantino VII e Romano II di fronte che reggono una lunga croce.

P E. Dandolo (1192-1205) — grosso matapane — argento — C.N.I. - 2.
Ɗ Il doge e S. Marco, stanti, sostengono il vessillo.
℟ Cristo in trono — Ī C. X̄C-.
P₁ Ruggero II re di Sicilia (1130-1154) - Ducato, di imitazione bizantina: Arg.-Spahr. 58.
Ɗ Il re, con parametri imperiali bizantini, trattiene una lunga croce di tipo patriarcale.
℟ Volto di Cristo: Croce nimbata e scritta IC, XC......
℟ Busto di Cristo con nimbo e croce: IHS.XPS.REX.REGNANTIVM.
Q Giovanni III Ducas (1222-1254) — sigillo di piombo — ∅ 40 mm. — L. 14.
Ɗ L'imperatore, di fronte, in abiti da parata.
℟ Il Redentore benedicente, in piedi davanti al trono. IC.XC.
R Manuele II (1391-1423) — modulo medio — argento — R. 2254.
Ɗ   Busto di Cristo, di fronte, aureolato con croce.
℟ Busto dell'imperatore, aureolato, fra due piccoli globi.

a) Sigillo 83 × 104 mm. — su carta — da documento datato 20 agosto 1829, a nome di «Carlo Arcivescovo di Canterbury e di tutta l'Inghilterra».
Ɗ THE.SEAL.OF.THE.PREROGATIVE.CURT.OF.THE.ARCHBISHOP.OF.CANTERBURY.
   Cristo in trono, con ai lati due monaci genuflessi.
b) Medaglione tipo Enkolpion — ovale — 33 × 27 mm. — argento — (ca. 1900).
Ɗ Madonna Odighitria — con corona sul capo.
℟ Croce russa-ortodossa con titulus. Suppedaneum inclinato: ai lati della croce, senza Cristo crocifisso, due angeli oranti. Alcune scritte in slavo.
c) Sec. XIII-XIV — denaro piccolo — bronzo — coniato in Roma — a nome del Senato Romano — ∅ 14 mm. — M. 100.
Ɗ + .S...VS + , in campo il Volto di Cristo (particolare).
℟ Croce tricuspidata con piccole stelle ai lati.
d) Sec. XV — picciolo — bronzo — coniato nel 1400 — ∅ 14 mm. — C.N.I. 483 — M. 100 (Senatori anonimi).
Ɗ Volto di Cristo (forma stilizzata).
℟ Croce patente.
e) Papa Giulio III (1550-1555) — terzo di grosso — argento — ∅ 16 mm. — C.N.I. 160.
Ɗ Armetta del Pontefice
℟ VVLTVS.ALMA.RO. Il Volto Santo, impresso sul Velo.
f) Papa Urbano VIII (1623-1644) — testone — argento — ∅ 30 mm. — C.N.I. 39 var.
Ɗ Stemma del Papa e data 1625.
℟ QVI.INGREDIT.SINE.MACULA. — RO.MA. Porta Santa con, evidenziato al centro, il Velo della Veronica.
g) Paolo II (1464-1471) — ducato papale — oro — M. 7 — C:N.I. 46.
Ɗ PAVLVS-PP.-SECVNDVS. Stemma sormontato da tiara e chiavi.
℟ ALMA.ROMA. La Veronica regge con ambo le mani la immagine del Volto Santo.
h) Moneta anonima del sec. XIV-XV — ducato — oro — C.N.I. 636 — Munt. 127 —
Ɗ S. Pietro stante a destra, consegna il vessillo al senatore genuflesso.
℟ Cristo in aureola ellittica, circoscritta da piccole stelle, con evidenziato a sinistra (a fine leggenda e nel piccolo cerchio) il «Sudario».
i) Medaglie di restituzione, o postume — in bronzo — ∅ 40 mm.
℟ Il Velo della Veronica, a verso delle medaglie dei seguenti pontefici:
— busto a sin. di ANACLETVS I — PONT. M. (100-112)
— busto a ds. di MARCUS I — PONT. MAX. R. (336)
— busto a ds. di IOANNES XV — PONT. M. (985-996)
l) busto a ds. di LEO X — PONT. MAX. (1513-1521) con ricamo, sul piviale, del «Volto Santo».

A

B
IL RIVOLO DI SAN-
GUE E' INDICATO DA
UN CIUFFO SULLA
FRONTE

C

D

E

F

G

H

I

L

M

N
IL TIPICO
DIFETTO
FISICO

O

P

P₁

Q

R

a

m) Re Ottone IV (1174-1218) — grosso — argento — sec. XIII — C.N.I. 1 — ∅ 19 mm.
Ð + + monogramma H.
℞ S.VVLT.DE.LVCA. Il Volto di Cristo, di fronte, con corona a tre fioroni sul capo
n) Carlo V imperatore (1519-1558) — grosso da 6 bol. — testone — Arg. — C.N.I. 215 + .
Ð CAROLVS IMPERATOR: in campo, L.V.C.A.
℞ + VVLTVS SANTVS + Il Santo Volto — di fronte —, con corona sul capo.
o) Carlo V imperatore (1519-1558) — grosso da 6 bolognini — argento — sec. XVI — ∅
22 mm. — C.N.I. 210.
Ð CAROLVS.IMPERATOR. In campo, ...L.V.....C.A. disposto a croce.
℞ VVLTVS SANTVS. Volto di Cristo a sin. con corona sul capo, tipo aperta, sormontata
da piccola croce.
p) Giovanni I Zimisces (969-976) — follis anonimo — bronzo — ∅ 33 mm. — R. 1926. Var.
Ð IC-XC + EMMANOVHΔ- Busto di Cristo di fronte: nimbo e 5 globetti nelle braccia della
croce.
℞ Leggenda che inizia e termina con A.
q) Costantino X con Eudocia (1059-1067) — follis — bronzo — ∅ 25 mm. — R. 2022.
Ð I due imperatori, stanti di fronte, trattengono un labaro crociato che poggia su tre gradini.
℞ IC-XC-EMMANOVHΔ- Cristo, di fronte, con nimbo e croce, benedicente, in piedi.
r) Romano IV Diogenes (1067-1071) — follis anonimo — bronzo — R. 2030.
Ð Busto di Cristo di fronte, senza aureola, scritta IC-XC. NI-KA.
℞ C-h-P-Δ. negli angoli di una croce ornata.
s) Michele VII Ducas (1071-1078) — solido concavo — oro — R. 2032.
Ð Busto imperatore di fronte con labaro e globo sormontato da croce.
℞ Volto di Cristo di fronte, con nimbo e scritte IC-XC.
t) Manuele I (1143-1180) — sigillo di piombo — ∅ 35 mm. — L. 13.
Ð L'imperatore di faccia, con parametri regali e corona sul capo, tiene una croce nella mano
destra.
℞ ...C-XC....M.MAN...HΔ- Volto di Cristo benedicente, con nimbo e 5 globetti nella croce.
u) Ampolle di Monza (VI sec.): fiaschette di vetro del ∅ da 5 cm con decorazione in rilievo
in piombo e stagno.
Ð Sono raffigurate le scene della crocifissione: sovrapposto alla croce. Ai lati della lunga croce, si trovano i due ladroni e, più in basso, due persone inginocchiate. Scritta greca in esergo.
Busto di Cristo con barba e lunga chioma, tipo sindonico.
℞ Al centro trovasi l'edicola del S. Sepolcro. Alla destra un Angelo seduto e dal lato opposto,
le pie donne in piedi che reggono un turibolo e un'urna per unguenti. Iscrizione frammentaria
in esergo.

BIBLIOGRAFIA

AA.VV., *La Sindone e la scienza*, Atti del 2° Congr. Internaz., Ed. Paoline, Torino 1978.

AA.VV., Atti dei Convegni di Studio - Torino 1938 - Roma, Torino 1950 in: *La Santa Sindone nelle Ricerche Moderne*, riedizione anastatica 1980.

AA.VV., *Osservazioni alle perizie ufficiali sulla Santa Sindone*, C. In. Sind. Torino (1969-1976).

AA.VV., *Le Icone*, Mondadori 1983.

AA.VV., *I Bizantini - Storia di un Impero*, De Agostini 1981.

AA.VV., *L'Impero Bizantino*, vol. III, Cambridge - Garzanti 1978.

AA.VV., *Il Volto Santo - Storia e Culto*, Fazzi-Pacini, Lucca 1982.

BABELON E., *Traité des monnais grecques et romaines - 1.re Partie: Théorie et doctrine*, Paris 1901.

BARBERIS A., *Le altre Sindoni* in *La Sindone nelle ricerche moderne*, Lice, Torino 1941.

BERNAREGGI E., *Istituzioni di Numismatica Antica*, Cisalpino-Goliardica, Milano 1978.

BRECKENRIDGE J.D., *The numismatic Iconography of Justinian II*, New York 1959.

BREGLIA L., *Numismatica antica - Storia e metodologia*, La Tipografica, Varese 1967.

BON A., *Bisanzio*, Ed. Nagel, Ginevra 1976.

CAZZOLA P., FUSINA M. D., FREI MAX, *La Sindone, Scienza e Fede*, Atti del 2° Convegno Nazionale di Sindonologia, Ed. Clueb, Bologna 1983.

CHIAVARELLO P., *Genesi e storia della Sindone*, Ponzini, Napoli 1978.

CONTI R., *Il Tesoro*, Museo del Duomo di Monza, Tipografia Sociale, Monza 1983.

DE SANDOLI S., *Itineraria Hierosolymitana Crucesignatorum* da *Collectio Maior*, Franciscan Printing Press, Jerusalem:
— Vol. I, *Tempore Primi Belli Sacri* (Saec. XII-XIII) 1978.
— Vol. II, *Tempore Regnum Francorum* (1100-1187) 1980.
— Vol. III, *Tempore Recuperationis Terrae Sanctae* (1187-1244) 1983.

DONADEO S. M., *Le Icone*, Morcelliana, 1981.

DONADEO S. M., *Icone di Cristo e di Santi*, Morcelliana, 1983.

FUSINA M. D., *L'Iconografia, documento storico*, Corso introduttivo di studi sulla Sindone, a cura del Centro Intern. Sind., in proprio, Torino 1980.

GALIGNANI P., *Il mistero e l'immagine. L'icona nella tradizione bizantina*, La Casa di Matriona, Milano 1981.

GRABAR A., *Le vie della creazione nell'iconografia cristiana*, Jaca Book, Milano 1983.

GRABAR M. A., *La Sainte Face de Laon, le Mandylion dans l'art orthodoxe*, Praga 1931.

GREEN M., *Enshrouded in Silence* - Search of the first millenium of the Shroud. The Ampleforth Journal, vol. LXXIV, part III, Autumn 1969, N.Y.

GREEN M., *Veronica and her veil*, The Tablet, December 31, 1966.

GÖBL R., *Antike Numismatik*, München 1978.

HARALICK R. M., *Analysis of Digital Image of the Shroud of Turin*, Virginia Polytechnic Institute, Blacksburg 1983.

HUMBER Th., *La Santa Sindone*, Mursia, Milano 1978.

HYNEK, *La passione di Cristo e la scienza medica*, Vita e Pensiero, Milano 1950.

HYNEK, *L'aspetto fisico di Gesù*, Lice, Torino 1951.

KROHA T., *Lexikon der Numismatik*, Gütersloh 1977.

INTRIGILLO G., *Microscopio sulla Sindone*, Quaderni aperti n. 3, Trani 1983.

LAURENT V., *Les Sceaux Byzantins du Médailler Vatican*, vol. I, Città del Vaticano 1962.

LAZZARINI P., *Il Volto Santo di Lucca*, Fazzi-Pacini, Lucca 1982.

MAIER F. G., *L'Impero Bizantino* - Storia Universale, vol. 13°, Feltrinelli, Milano 1980.

MANNS F., *Les Sceaux Byzantins* (Museum 1), Studium Biblicum Franciscanum, Jerusalem 1976.

MASSONE A., MONASSE P., *L'Icona, arte e fede*, Palombi, Roma 1983.

PERI V., *La Grande Chiesa Bizantina*, Queriniana, Brescia 1981.

PFEIFFER H., *Emmaus n. 2* (Quaderni di studi sindonologici), a cura del Centro Romano di Sindonologia, Roma 1982.

PUGNO G. M., *La Santa Sindone che si venera a Torino*, Torino 1960.

RATTO R., *Monnaies Byzantines* (Réimpression), Amsterdam 1974.

SACHERO L., *Guida alla Numismatica*, AEDA, Torino 1968.

SAVIO P., *Ricerche sul tessuto della Santa Sindone*, Tip. italo-orientale S. Nilo, Grottaferrata 1973.

VON SCHRÖTTER F. F., *Wörterbuch der Münzkunde*, Berlin 1970.

SEAR D. R., *Byzantine Coins and their Values*, B. A. Seaby, London 1974.

SEBATIER J., *Description General Monnaies Byzantines*, Paris 1862.

SENDLER E., *Icona, immagine dell'invisibile*, Ed. Paoline, Roma 1984.

SEWARD D., *L'icona*: immagine del Divino, «The Ampleforth Journal», vol. LXXIV, part. III, Autumn 1969.

TOBLER T., *Itineraria Hierosolymitana et descriptiones Terrae Sanctae*, Ginevra 1879.

TOLSTOI J., *Monnaies Byzantines*, Pietroburgo 1912-14.

VIGNON P., *Le Saint Suaire de Turin devant la science, l'archeologie, l'histoire, l'iconographie, la logique*, Masson, Paris 1938.

WITTING P.D., *Monnaies Byzantines* (L'univers des monnaies), Suisse, Fribourg 1973.

WILSON J., *The Shroud's history before the 14th century*, Proc. of the 1977 U. S. Conference of Research of the Shroud of Turin, Alberquerque 1977.

WILSON J., *The Turin Shroud*, Gollanez, London 1978.

LA SINDONE NEI VANGELI
E NELLA LITURGIA BIZANTINO-SLAVA

PIERO CAZZOLA*

Scrive l'evangelista Giovanni (11,2 e 12,1-8) che dopo la resurrezione di Lazzaro, Gesù, spinto dall'amore per lui e le sue sorelle Marta e Maria, volle visitarle a Betania e che Maria allora, «presa una libbra di olio profumato di vero nardo, assai prezioso, cosparse i piedi di Gesù e li asciugò coi suoi capelli, e tutta la casa si rempì del profumo dell'unguento»; di fronte poi alla protesta di Giuda Iscariota perché quell'unguento non era stato venduto per ricavarne 300 denari da dare ai poveri (protesta, dice l'evangelista, non originata dall'amore per il prossimo bisognoso, ma dalla sua cupidigia di cassiere e «ladro» della piccola comunità), Gesù rispose: «Lasciala fare, perché lo conservi per il giorno della mia sepoltura. I poveri infatti li avete sempre con voi, ma non sempre avete me»[1] (*Ostav'te eë; ona sberegla eto na den' pogrebenija Moego; ibo niščich vsegda imeete s soboj, a Menja ne vsegda*)[2].

Questa dichiarazione, che s'inserisce nel patetico incontro di Gesù col risorto amico e le sue amorose sorelle, sembra a prima vista soltanto di carattere domestico (quante volte le nostre parsimoniose nonne non riponevano ciò che avanzava di una vivanda per consumarla in seguito, nel loro zelo di massaie?), pure ci fa fremere di commozione, come del resto leggendo altri brani dei Vangeli. Perché qui, per la prima volta, Gesù, aprendo il suo cuore in casa degli amici forse più intimi, profetizza la prossima sua morte e fa cenno addirittura al suo seppellimento e agli usi largamente praticati fra gli ebrei del suo tempo di cospargere aromi (aloe, mirra, nardo) sui cadaveri, a scopo conservativo e d'imbalsamazione. È proprio questo particolare dell'unzione dell'amato Maestro da parte di Maria che c'interessa in modo speciale, perché esso sembra preludere a quel non lontano mesto ufficio che sarà l'unzione del cadavere di Cristo.

Passiamo ora ad un altro notissimo episodio evangelico che riguarda aromi e profumi; è quello che ha per protagonista un'altra Maria, la prostituta pentita di Magdala, la quale durante il convito in casa del fariseo Simone sparse in abbondanza olio profumato sui piedi del Maestro diletto, per fargli onore.

---

* *Docente all'Università di Bologna, membro del Centro Internazionale di Sindonologia.*

[1] *Il Santo Vangelo*, vers. uffic. della C.E.I., Roma 1976.
[2] *Biblija-Knigi svjaščennogo pisanija Vetchogo i Novogo Zaveta* - kanoničeskie - v russkom perevode s parallel'nymi mestami, Biblejskie obščestva, s.d. e l. (ot Ioanna svjatoe blagovestvovanie, 12, 7-8, p. 117).

Così descrive la scena l'Evangelista S. Luca:

«Ed ecco che una donna, una peccatrice di quella città, saputo che si trovava nella casa del fariseo, venne con un vasetto di olio profumato; e stando dietro, presso i suoi piedi, piangendo cominciò a bagnarli di lacrime, poi li asciugava con i suoi capelli, li baciava e li cospargeva di olio profumato» (7,36-50)[3].

Anche in quest'episodio non manca il Maligno; infatti la scena provoca i cattivi pensieri del fariseo, cui Gesù risponde con la parabola dei due debitori, per concludere che la prostituta è degna del perdono dei suoi molti peccati perché ha molto amato, facendogli l'accoglienza che per contro il fariseo non gli ha fatto. Tale episodio si legge, negli stessi termini, nella traduzione in russo moderno dei Vangeli, sopracitata (Luca, 7,37-38 - Matteo, 26,7 - Marco, 14,3)[4].

Siamo dunque in quel mondo orientale dove, a causa del clima torrido, delle scarse precipitazioni e della poca igiene, ogni abluzione assumeva quasi l'aspetto di un rito; figuriamoci poi se all'acqua, in segno di particolare rispetto e amore per l'ospite, si aggiungevano gli aromi, i balsami, i profumi. Come non commuoverci di fronte a queste due donne del Vangelo — ma c'è chi sostiene l'identificazione della sorella di Lazzaro con Maria di Magdala — che aprono il loro cuore a quel grande amoroso Maestro e gli fanno onore lavandogli con amare lacrime i piedi (quei piedi che percorrevano tante strade polverose di Palestina per annunziare la Buona Novella) e cospargendoli di profumi preziosi? Ma non ci pare che questi pii uffizi siano anche simbolici? Giacché sarà proprio a causa di queste, ed altre consimili sostanze aromatiche, che si sarebbero formate — secondo una teoria, quella vaporigrafica, ancora oggi abbastanza accreditata fra gli scienziati — le impronte sul lenzuolo della Sindone. Dunque quell'atto d'amore ha toccato il cuore del Salvatore e quelle piante dell'Oriente sono state il tramite per ottenere la sua straordinaria «fotografia», quel Volto Santo tanto agognato dalla nostra vacillante fede, dolce, meraviglioso, austero, chiuso nel silenzio dei millenni. Basti pensare a quanta prodigiosa forza d'ispirazione artistica esso abbia dato agli antichi iconografi, soprattutto a quelli anonimi di scuola bizantina e delle varie scuole russe (di Mosca, di Novgorod, del Nord), che dipingevano l'immagine «non di mano umana» (*acheiropoietica, nerukotvornaja*). Contempliamo in silenzio lo *Spas* di Neredica, il *Volto* di Laon, i *Cristi buoni* di Simon Ušakov; da questa «speculazione» nei colori (*umozrenie v kraskach*)[5] ne usciremo di certo migliori.

* * *

Esaminiamo ora un altro episodio evangelico che narra Giovanni:

«Dopo questi fatti Giuseppe d'Arimatea, che era discepolo di Gesù, ma

---

[3] *Il S. Vangelo* cit.
[4] *Biblija* cit., pagg. 72, 32, 56.
[5] È l'espressione che usa il critico d'arte russa E. TRUBECKOJ, autore di *Contemplazione nel colore. Tre studi sull'icona russa*, Milano 1977, ed. La Casa di Matriona (trad. it. a mia cura).

di nascosto, per timore dei Giudei, chiese a Pilato di prendere il corpo di Gesù. Pilato lo concesse. Allora egli andò e prese il corpo di Gesù. Vi andò anche Nicodemo, quello che in precedenza era andato da lui di notte, e portò una mistura di mirra e di aloe di circa cento libbre. Essi presero allora il corpo di Gesù e lo avvolsero in bende insieme con oli aromatici, com'è usanza seppellire per i Giudei. Ora, nel luogo dove era stato crocifisso, vi era un giardino e nel giardino un sepolcro nuovo, nel quale nessuno era stato ancora deposto. Là dunque deposero Gesù, a motivo della Parasceve dei Giudei, poiché quel sepolcro era vicino» (19,38-42)[6].

Lo stesso episodio è riportato nella già citata traduzione russa dei Vangeli da tutti e quattro gli Evangelisti (Giovanni, 19,38-42 - Matteo, 27,57-60 - Marco, 15,43-46 - Luca 23,50-53), con maggiori particolari su Giuseppe da parte degli ultimi due: *Prišel Iosif iz Arimafei, znamenityj člen soveta, kotoryj i sam ožidal Carstvija Božija, osmelilsja vojti k Pilatu i prosil Tela Iisusova. On, kupiv plaščanicu, i snjav Ego, obvil plaščaniceju i položil Ego vo grobe, kotoryj byl vysečen v skale; i privalil kamen' k dveri groba* (Marco, vv. cit.)[7].

Da questi dettagli, che mostrano in Giuseppe d'Arimatea — nonostante certe contrarie opinioni — una figura di «giusto», pur nella sua fragilità umana, ci pare di poter trarre qualche considerazione. E cioè che, se dobbiamo attribuire finalità storiografiche ai Sinottici, com'è stato affermato, furono due illustri ebrei, non apostoli, però «discepoli segreti» di Gesù, profondamente colpiti dalla sua predicazione e statura morale, che si assunsero il compito di staccarlo dalla croce e deporne il cadavere in un sepolcro «nuovo», scavato nella roccia (sembra che appartenesse a Giuseppe, che l'aveva fatto scavare come sepoltura per sé e per i suoi), dopo averlo avvolto in una sindone «monda», cioè nuova, acquistata allo scopo di ravvolgere il corpo dell'amato Maestro.

Proprio dunque su tale racconto sono basate le non poche icone di scuola bizantina e russa che rappresentano la scena: Giuseppe e Nicodemo sono raffigurati in atto di calare il corpo inanimato di Gesù dalla croce (*snjatie s kresta*) e indi di trasportarlo verso il sepolcro e quivi deporlo (*položenie v grob*). Bellissime, per tragica espressione di sentimenti, sono in particolare le icone di quest'ultimo episodio, con le Marie che straziate dal dolore alzano le braccia al cielo come a invocarne soccorso.

A questo proposito va detto che la Chiesa russa, e in genere quelle cristiano-orientali, tributano a Giuseppe d'Arimatea, la cui festività nel calendario greco cade il 31 luglio, particolare onore. Egli è annoverato fra i santi-venerabili (*prepodobnye*) e la sua gesta (*podvig*) ammirata come eroica, per aver osato rivolgersi alla suprema autorità romana in Palestina con la richiesta del corpo di un giustiziato e per aver seppellito il «Rabbi» nella tomba nuova scavata

---

[6] *Il S. Vangelo* cit.
[7] *Biblija* cit., pagg. 68 e 97.

per sé e la sua famiglia; è un gesto che ce lo rende caro per sempre: senza quella tomba non avremmo le tracce della Passione di Cristo, né l'orma del Suo Corpo in quel Lenzuolo. Giacché c'è ancora un'azione che va a grande merito di Giuseppe d'Arimatea: l'aver acquistato un indumento mortuario nel quale ravvolgere le spoglie di quel Maestro tanto amato. Così Giuseppe, membro del Sinedrio, ma anche uomo buono e giusto (*čelovek dobryj i pravdivyj*), che pure aspettava il Regno di Dio (*ožidavšij takže Carstvija Božija*), ha vinto ogni ignavia e timore: se non aveva potuto salvare il «Rabbi» in vita, almeno gli dava ora onorata sepoltura nella sua tomba; così arcanamente diventava «parente» di Cristo, entrato nella roccia scavata per i d'Arimatea. Non saranno che 36 ore per il corpo dell'uomo Cristo, prima della gloria di Cristo-Dio; ma in quell'estremo sostare fra noi, nella nuda terra, nel buio di una grotta, sarà stato Giuseppe il «tramite» per la nostra fede, l'ultimo testimonio della passione e della morte di Gesù.

Ed anche di Nicodemo dobbiamo pur apprezzare l'opera pietosa, dopo averlo conosciuto nei Vangeli, al colloquio notturno con Cristo, così pieno di accenti sublimi (Giov., 3,8-19)[8].

Questo vecchio fariseo non poteva non sentire il fascino della parola del «Rabbi», dello «Spirito che soffia dove vuole» e si ode la sua voce, ma «non si sa di dove viene e dove va»; della «luce che è venuta nel mondo», ma gli uomini, nella loro malvagità, vi hanno preferito la tenebra. E difenderà Gesù davanti al Sinedrio e invocherà un principio di legalità: «Può dunque la nostra legge giudicare un uomo, se prima non lo si sarà ascoltato e non si sarà appreso ciò che ha fatto?» (*Sudit li zakon naš čeloveka, esli prežde ne vyslušajut ego i ne uznajut, čto on delaet?* Ioann 7,51)[9].

Di fronte ai rappresentanti della Legge di Mosè, non era giusto richiamarli alla sua osservanza? Ma poi anche Nicodemo soccombe, quando si sente citare l'«indegna» Galilea e lanciare in faccia la perfida accusa di voler difendere un compaesano.

Così noi vediamo qui, in queste scene che da tanti secoli ornano le iconostasi delle piccole chiese dell'Oriente cristiano, due uomini che il rimorso strazia atrocemente; eccoli calare dall'ignominia della croce il corpo dell'amato Maestro e poi metterlo nel sepolcro; ma Nicodemo non è stato da meno di Giuseppe; se questo ha offerto la sua tomba e il lenzuolo, l'altro ha portato aromi in abbondanza (circa cento libbre), perché non si corrompesse quel corpo tanto amato.

*   *   *

Ci sembra infine del pari interessante menzionare un passaggio della Liturgia bizantino-slava di San Giovanni Grisostomo, nel commento che ne fece il grande e infelice scrittore Nikolaj V. Gogol' negli ultimi anni della sua vita,

---

[8] *Il S. Vangelo*, cit.
[9] *Biblija* cit., pag. 110.

travagliata da una profonda crisi mistico-religiosa[10]. L'episodio evangelico sopra ricordato costituisce infatti un momento del servizio divino della Messa (*Božestvennaja Liturgija*). Nel corso delle litanie per i fedeli, che seguono a quelle per i catecumeni, così Gogol' descrive la cerimonia: «Il sacerdote toglie dal capo del diacono il santo disco[11], come togliesse dalla croce il corpo del Salvatore e lo pone sull'antiminsio[12], disteso come su una sindone[13], accompagnando il gesto con le parole: "Il venerabile Giuseppe[14] staccò dal legno il purissimo Tuo corpo, avendolo avvolto in una sindone monda e con aromi richiuslo in un sepolcro nuovo, ve lo pose" (*Blagoobraznyj Iosif s dreva snem prečistoe Tvoe telo, plaščaniceju čistoju obviv i blagouchan'mi vo grobe nove zakryv, položi*)»[15].

In seguito, tolto il velo dal disco e dal calice e la stola dalle spalle del diacono, volendo ora raffigurare non già i panni nei quali fu avvolto Gesù Bambino, ma il sudario (*sudar'*) e i lini sepolcrali (*grobovye pokrovy*) nei quali fu ravvolto il Suo corpo morto, l'officiante, dopo averli incensati, ricopre di nuovo con essi calice e patena pronunciando le stesse parole di prima[16].

Con questo significativo momento della Liturgia della Chiesa russa, esempio della com-passione (da *sum-pasco, patisco insieme*) che i fedeli ortodossi hanno sempre dimostrato verso chi, come Giuseppe d'Arimatea, ebbe il privilegio di essere un *anello* di quella *catena* che ci ha conservato, dopo duemila anni, la S. Sindone, chiudo il mio *excursus* nell'affascinante mondo dell'antica Cristianità orientale.

---

[10] N. V. GOGOL', *Razmyšlenija o Božestvennoj Liturgij*, Jordanville, N.Y., 1952. Vedi anche *Liturgia bizantino-slava*, a cura del Centro Studi Russia Cristiana, Milano 1958.
[11] Il disco corrisponde alla patena, ma è più grande e profondo.
[12] L'antiminsio corrisponde al corporale e alla pietra sacra che contiene le reliquie.
[13] La sindone (*plaščanica*) era una coperta che si distendeva sull'altare il Giovedì Santo; portava ricamata la scena della Deposizione dalla Croce; si sono conservati degli autentici capolavori d'arte del ricamo; vedi la mia relazione in *La Sindone e la Scienza, Bilanci e Programmi*, Torino 1979, pagg. 51-57.
[14] Il termine *blagoobraznyj* significa venerabile, devoto, ma anche di aspetto bello, piacente, dignitoso, che ispira fiducia; ben si adatta dunque a Giuseppe d'Arimatea.
[15] GOGOL', *op. cit.*, pag. 26.
[16] *Ibidem*, pag. 27.

RÉSUMÉ. La relation, après avoir cité les deux épisodes évangeliques de l'onction des pieds de Jésus dans la maison de Lazare de la part de Marie, sa dévouée soeur (Jean, 11,2 et 12,1-8) et de la pécheresse anonyme dans la maison de Simon (Luc, 7,36-50), observe comme ces pieuses opérations paraissent préluder à celle, unique dans son tragique, de l'onction du cadavre de Jésus-Christ.

On rappelle à ce propos les analogues passages de l'Evangile dans la traduction russe moderne de la Bible et on fait allusion aux aromes en tant que possible cause de la formation des Empreintes sur le Saint Suaire (théorie vaporigraphique).

La relation examine ensuite, en se rappelant encore à la traduction russe des Evangiles, l'épisode de la Descente de la croix (*snjatie s kresta*) et de la Déposition au sépulcre (*polojenie v grob*) du cadavre de Christ, en présentant les oeuvres de l'art iconographique chétienne-orientale, surtout russe, qui se référent à ces thèmes. Enfin on fait allusion à l'honneur que l'Eglise russe attribue à Joseph d'Arimathée, ainsi qu'il est évident d'un passage de la Messe, ou Liturgie byzantine-slave, avec le commentaire de N.V. Gogol, dont on donne la traduction intégrale. Egalement on se rapporte à la figure de Nicodème, en rappelant son entretien nocturne avec le Sauveur et la fonction que les deux Pharisiens ont assumée dans l'histoire, avec les sus-dites pieuses opérations, de «disciples secrets» de Jésus-Christ.

SUMMARY. The reporter quotes two episodes from the Gospels: the unction of Jesus's feet in Lazarus's house by his beloved sister Mary (John XI.2. and XII.1-8) and in Simon's house by the unnamed woman sinner (Luke VII.36-50). He explains how these operations, appear to prelude to the much sadder one of anointing of Christ's corpse. He then recalls similar evangelical passages in the modern Russian translation of the Bible and points out the aromatic spices used in the unction as a possible cause of the impression left on the Holy Shroud (see vapourgraphic theory).

The reporter passes then to the study, also in the above mentioned Russian translation of the Gospels, of the episodes of the Deposition from the Cross (*snjatie s kresta*) and the laying down of Christ's body in the sepulchre (*položenie v grob*). He recalls the Christian Oriental iconography and works of art, particularly the Russian ones, which illustrate those themes and the tribute paid by the Russian Church to Joseph of Arimathea, as appears also in a sequence of the Mass or Bizantine-Slav liturgy, commented by N.V. Gogol and which is integrally translated. The figure of Nicodemus is also brought forward for his nightly conversation with Jesus and for the function performed by the two Pharisees in history, throughout the above named pious operations of Christ's «secret» disciples.

1. Pantocratore. XI secolo. Mosaico. Dafni (Grecia).

2. Pantocratore. XI secolo. Mosaico. Monastero Osios Lukas (Grecia).

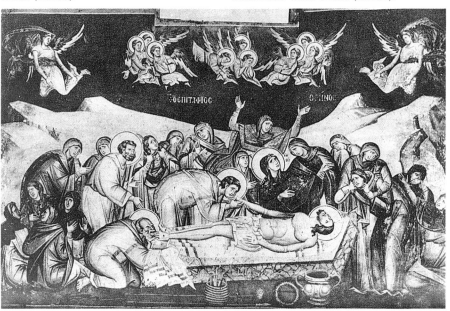

3. La Madonna che piange Cristo. Affresco di Michele e Eutiche. Arte serba. 1295. Chiesa S. Clemente Ocrida (Jugoslavia).

4. Discesa dalla croce. XIII secolo. Icona bizantina. Collezione Stoclet. Bruxelles.

5. Discesa dalla croce. Fine XV secolo. Icona russa. Galleria Tret'jakov. Mosca.

6. Discesa dalla croce. Particolare detta.

7. Deposizione nel sepolcro. Fine XV secolo. Scuola russa del Nord. Icona. Galleria Tret'jakov. Mosca.

8. Particolare detta.

CONTRIBUTI PER UNO STUDIO DELL'ICONOGRAFIA DELLA CROCIFISSIONE IN RELAZIONE ALLA SINDONE

*Analisi di tre aspetti: la forma della croce,
gli arti inferiori dell'Uomo sindonico,
il problema del pollice*

MASSIMO CENTINI*

La ricerca del tema sindonico nell'ambito della storia dell'arte anche se volutamente limitato ad un'area ristretta, sia geograficamente che cronologicamente, si presenta immediatamente vasto e spesso difficile da analizzare nelle sue infinite diramazioni.

Al ricercatore si offre una tal mole di materiali che solo dopo una lunga, e pur sempre incompleta schedatura, possono evidenziare verifiche e legami storici con le scuole e maestri di nota fama. Ma nonostante questa realtà ciò che ancora è visibile, completamente e parzialmente, merita di essere raccolto e studiato al fine di comporre un'aggiornata mappa dell'iconografia sindonica.

Ogni frammento dovrebbe essere studiato non solo attraverso l'importante ed insostituibile strumento critico, ma dovrebbe essere anche analizzato con chiavi di lettura condizionate dalla figura della Sindone, per tentare così di ricostruire l'excursus storico del sacro lino e le istanze sociologiche ad esso legate.

La ricerca di tutte queste tracce non è assolutamente un'operazione facile, anche se molto è stato fatto in questi anni da accreditati studiosi italiani e stranieri che, nella maggioranza dei casi, hanno trovato un costante sostentamento e una preziosa guida storica nel Centro Internazionale di Sindonologia di Torino.

Ma comunque c'è ancora molto da fare.

Forse occorreranno molti anni prima che sia possibile completare in modo chiaro e completo la tanto richiesta mappa della Sindone, ottenuta attraverso la decodificazione dell'iconografia relativa alla reliquia presente in diverse aree occidentali ed orientali[1].

Inoltre accanto ad una precisa documentazione iconografica è richiesta — come era già stato sottolineato nel corso del II Congresso Internazionale di Sindonologia — una «sistematica indagine sulle fonti scritte, documentarie, perché siano definite le circostanze, le occasioni e le motivazioni rappresenta-

---

* *Pubblicista e direttore di giornale, membro del Centro Internazionale di Sindonologia.*

[1] Parte di queste prime note sono state tratte da una serie di articoli apparsi a firma dell'autore sul quotidiano *La Gazzetta del Popolo* nell'ottobre 1983.

tive che determinarono le raffigurazioni della Reliquia durante la storia della diffusione e dell'elaborazione del suo culto: dalle ricorrenti ostensioni alle calamità (guerre e pestilenze), alle più varie devozioni pubbliche e particolari, non escluso il significato per così dire araldico che la santa insegna ebbe ad assumere in relazione alla dinastia sabauda»[2].

Per chi ricerca un possibile riferimento in grado di garantire l'autenticità della Sindone, studiandone l'eventuale presenza in tutti quei periodi storici definiti «oscuri», l'arte è uno dei settori di indagine in cui è facile attingere notizie e stereotipi iconici che, con caratteristiche e stili diversi, possono essere un ottimo strumento di appoggio per le ricerche delle tracce relative alla Sindone negli anni ancora privi di precisi riferimenti e di documenti accertabili. Ma se la storia è ricca di testimonianze dirette, in particolare a partire dal XVII secolo quando vi fu un crescendo di ostensioni dopo l'acquisizione della reliquia da parte di Casa Savoia, più scarse sono le testimonianze dirette legate ai periodi storici precedenti. Possediamo invece molte testimonianze indirette dell'epoca medievale (crocifissioni, deposizioni, sepolture, Cristo in Maestà, ecc.) che in modo diverso possono fornire tutta una serie di indicazioni utili per scoprire fino a che punto l'immagine sindonica influenzò la creatività artistica del periodo.

È evidente che l'optimum sarebbe costituito dal ritrovamento di un affresco o di un'altra opera, sicuramente collocabile prima del 1353, in cui fosse evidente una rappresentazione della Sindone diretta e priva di discutibilità.

In questo modo saremmo in possesso di un elemento, cronologicamente accreditato, per tentare di chiarire sulla base dei dati in esso contenuti fino a che punto la Sindone trovò eco nei secoli ancora sconosciuti della sua storia.

Ma purtroppo l'arte bizantina, l'arte romanica e quella gotica sono così avare di notizie da indurci a credere che allora la Sindone non trovò vaste possibilità di inserimento diretto nei diversi complessi iconografici. A questo punto, davanti ad una simile realtà culturale e sociologica, può essere importante non ignorare la grande quantità di altre testimonianze che, pur non potendo garantire indiscutibilmente la loro origine poetica, sono certo molto utili per apportare ulteriori contributi alla sindonologia. Tra queste opere «indirette», o comunque non ufficialmente legate alla Sindone, penso sia molto interessante collocare le testimonianze artistiche in cui il tema centrale è rappresentato dalla crocifissione.

Questo tema, piuttosto frequente nella storia dell'arte internazionale, è certamente quello che più di altri offre moltissime opportunità per tentare di consolidare determinate tesi che sono sorte dopo numerosi esami antropometrici effettuati sulla Sindone.

Le opere relative alla crocifissione, come gran parte del corredo pittorico e scultoreo delle chiese medievali, non furono realizzate con intenti direttamente estetici, ma rivestirono una funzione prevalentemente pedagogica, in

---

[2] G. GENTILE, *Questioni di iconografia e di cultura figurativa attorno alla Sindone* in *La Sindone e la Scienza*, Torino 1979.

quanto evidenziarono una realtà religiosa che in gran parte non poteva essere colta nella sua totalità attraverso il solo testo scritto.

Il crocifisso è quindi un topos rappresentativo che ritroviamo con particolare frequenza nell'arte medievale e che assume diverse caratteristiche ed intonazioni stilistiche secondo i luoghi e le maestranze in essi attive; oltre alle diverse matrici formali notiamo che anche la figura e il suo abbigliamento assumono connotazioni non sempre simili, anzi spesso si tratta di impostazioni in antitesi (Cristo vestito-Cristo seminudo) e caratterizzate da tutta una serie di significati originati da stereotipi radicati nelle culture pagane. Aniella Jaffè, collaboratrice di C.G. Jung, osservava: «fino all'epoca carolingia la croce equilatera, o greca, costituiva un tipo comune, e pertanto era implicito il motivo mandala. Ma, col passar del tempo, il punto focale si è spostato in direzione della sommità della croce, finché la croce ha assunto la forma latina, con i suoi bracci, orizzontale e verticale, di misura ineguale, così come ogni tipo oggi diffuso. Questo sviluppo è importante, perché trova una precisa corrispondenza nello sviluppo interiore della cristianità fino all'alto Medioevo. In termini elementari, esso simboleggiava la tendenza a spostare il centro gravitazionale dell'uomo, e la sua fede, dai livelli della terra, e a elevarlo alla sfera spirituale. Tale tendenza originava dal desiderio di tradurre in azione la parola di Cristo: "Il mio regno non è di questa terra". La vita terrena, il corpo, il mondo erano dunque entità che era necessario sopraffare. Le speranze dell'uomo medievale venivano così dirette verso l'aldilà, perché era solo in paradiso che si poteva realizzare la promessa dell'appagamento integrale»[3].

Il tema del crocifisso si è così trasformato in un soggetto di notevoli possibilità linguistiche da inserire in diversi contesti, e connotato con i simboli e gli spazi più vicini alle richieste poetiche dell'artista e, in modo particolare, dei suoi committenti.

Così nel Medioevo, anche se gli altri periodi storici non sono certo poveri di casi analoghi, ovviamente di diversa impostazione stilistica, il crocifisso assunse molteplici connotazioni e fu spesso usato come un modello da variare e da adattare ai singoli compiti rappresentativi. Vi fu quindi una sorta di politicizzazione dell'immagine in questione che, dai tentativi di astrazione psicologica fino alle più tenere ed umanissime ricostruzioni, svolse l'incarico di sintetizzare linguisticamente un concetto fondamentale per tutti i cristiani.

Parlando di iconografia della crocifissione, può essere interessante sottolineare l'importanza delle teorie dell'*homo ad quadratum* [FIG. 1].

Infatti questa teoria rappresentativa, su derivazione degli studi di Vitruvio[4], intendeva formulare la perfezione del corpo umano; in pratica si tratta di un tentativo per stabilire le analogie estetiche esistenti tra un corpo umano e quelle di una costruzione architettonica.

---

[3] A. JAFFÈ, *Il simbolismo nelle arti figurative* in *L'uomo e i suoi simboli*, Milano 1980.

[4] VITRUVIO (I sec. a.C.), architetto romano autore del *De Architectura* in dieci libri dedicati ad Augusto. Conosciuto nel Medioevo, il trattato trovò una certa fortuna in epoca rinascimentale costituendo una solida base per la trattatistica dell'Alberti e del Palladio.

Tutta la problematica dell'*homo ad quadratum* può essere, crediamo, applicata alla composizione pittorica e scultorea della crocifissione. Nelle linee essenziali, che costituiscono la sua struttura, l'essere umano segue un impianto in cui il corpo, anche se in modo innaturale, presenta forme proporzionate.

Vitruvio affermava che il corpo umano a braccia aperte è uguale in larghezza e in altezza generando un quadrato da cui è ascritto, e lo stesso corpo divaricato, facendo centro nel suo ombelico, genera un cerchio per cui si può dire anche *homo circularis* o *homo rotatus*. Come ha fatto giustamente notare il Ragghianti «il corpo ha una coincidenza originaria con le figure fondamentali della geometria, e ne ha la proprietà di simmetria di tutte le parti e di equivalenza, totale e continua, senza fine, realizzando una forma invariabile assoluta, oggettiva»[5].

Le teorie vitruviane furono particolarmente valorizzate nel Rinascimento, dopo un periodo medievale di alterne fortune; ma ciò che in questa sede ci interessa evidenziare è il preciso legame che esiste tra l'uomo crocifisso e il concetto di perfezione di *homo ad quadratum*. Si tratta di un legame simbolico che viene a stabilirsi tra l'uomo e lo spazio, un tentativo di ricondurre l'arte ad imitazione della natura. Ripercorrere il lungo elenco di crocifissi in cui in qualche modo è visibile un legame con l'*homo ad quadratum* o *rotatus* è un compito arduo, in quanto certamente troppo vasto per essere affrontato in questa sede; l'elenco si farebbe via via sempre più ricco se, oltre al ricco corpus rappresentato dalle opere occidentali, si indagassero anche le testimonianze dell'arte orientale e di quella tibetana in particolare. Si tratterebbe quindi di analizzare con un più ampio corredo critico una formula estetica «dotata di una struttura proporzionale o modulare pari a quella di un'architettura, di una musica o di una metrica poetica, nei secoli di mezzo usata per rappresentare il Cristo, ed anche figure allegoriche dell'unità uomo-dio»[6].

Tornando alla crocifissione, dopo questa breve parentesi che comunque sarebbe interessante ampliare nel corso dei futuri studi, scopriamo che questo terribile supplizio non fu in uso tra gli ebrei ma era una pena romana (*crudelissimum teterrimum supplicium* diceva Cicerone) in quanto è noto che il popolo ebraico praticava la lapidazione. Non conosciamo però il popolo che per primo praticò la crocifissione, anche se è possibile che «l'usanza di appendere un uomo ad un palo, fino alla sua completa dissoluzione fisica, deve ascriversi alla concezione del valore della vita presso l'uomo primitivo, il quale, per motivi religiosi o ancestrali, provava una forte repulsione all'idea di togliere direttamente la vita ad un suo simile, benché macchiato di gravi colpe, lascian-

---

[5] C. L. RAGGHIANTI, *Trasmissione di forme* in *La Critica d'Arte*, aprile-giugno 1984.
[6] C. L. RAGGHIANTI, *op. cit.*.

do alle cause naturali — la pioggia, il vento, il sole, gli animali — il compito di produrre direttamente la morte»[7].

Altre testimonianze storiche confermano l'uso della crocifissione tra gli egizi, i persiani, i fenici, i cartaginesi e i greci.

Spogliato delle vesti, al *cruciarius* venivano legate le braccia al *patibulum*, il trave orizzontale della croce, e costretto a camminare fino al luogo dell'esecuzione. Spesso il condannato era legato ad altri uomini che dovevano subire l'identica condanna e il mesto corteo percorreva l'ultimo tratto in condizioni difficilissime; infatti quando qualcuno di loro cadeva era obbligatoriamente costretto a sbattere con violenza il volto in terra, poiché non poteva ripararsi con le braccia in quanto erano distese sul pesante trave posto dietro le spalle.

Giunti al luogo dell'esecuzione, dove il palo verticale — lo *stipes* — era già stato eretto, al *cruciarius* venivano inchiodati i polsi o legati al *patibulum*; quest'ultimo era poi incastrato nello *stipes* e i piedi del condannato legati o inchiodati al trave verticale.

«In pratica quel che importava era che la croce fungesse da macchina di dolore, e che i cruciari vi rimanessero distesi per più giorni; la morte quindi, era invocata come una liberazione e il procurarla era considerato un gesto di pietà»[8].

La morte sopraggiungeva per shock cardiocircolatorio o per asfissia; spesso per interrompere le sofferenze del condannato i carnefici gli spezzavano le ossa delle gambe così che non potesse sostenersi per respirare. Il *crurifragio* che procurava la morte per embolia, emorragia, asfissia, non sempre era considerato un gesto di crudeltà ma di pietà, in quanto interrompeva le sofferenze che potevano protrarsi anche per più di una giornata. L'uso del crurifragio potrebbe essere dovuto all'antica credenza che collocava nell'articolazione dei ginocchi una «cavità» in cui era contenuta la vita. «...i soldati andarono a spezzare le gambe ai due che erano stati crocifissi insieme a Gesù. Poi si avvicinarono a Gesù e videro che era già morto. Allora non gli spezzarono le gambe ma uno dei soldati gli trafisse il fianco con la lancia. Subito dalla ferita uscì sangue con acqua» (Giovanni 19,32-33).

Infatti il condannato morì prima che i carnefici potessero definitivamente interrompere la sua sofferenza e, come pure ricorda Marco (15,44) «Pilato si meravigliò che fosse già morto».

Anche se, come abbiamo visto, non siamo in possesso di testimonianze evangeliche che in qualche modo descrivano la forma della croce usata per martirizzare il Figlio di Dio, abbiamo una certa omogeneità nelle testimonianze degli evangelisti per quanto riguarda il suo martirio:

«...quando arrivarono in un luogo detto Golgota (che significa luogo del

---

[7] G. ZANINOTTO, *La tecnica della crocifissione romana*, Centro Romano di Sindonologia. Il volumetto è un interessantissimo documento in cui la vasta problematica della crocifissione è trattata con ampi riferimenti alla storia e all'archeologia.

[8] G. ZANINOTTO, *op. cit.*

Cranio), si fermarono e vollero dare a Gesù un po' di vino mescolato con fiele. Gesù lo assaggiò ma poi non volle bere. Lo inchiodarono alla croce...» (Matteo 27,33-35).

«...Gesù fu portato in un luogo detto Golgota (che significa luogo del Cranio). Vollero dargli un po' di vino drogato, ma Gesù non lo prese. Poi lo inchiodarono alla croce e si divisero le sue vesti tirandole a sorte per decidere la parte di ciascuno» (Marco 15,22-24).

«...quando furono arrivati sul posto detto luogo del Cranio, prima crocifissero Gesù e poi i due malfattori uno a destra e l'altro a sinistra di Gesù» (Luca 23,33).

«Allora le guardie presero Gesù e lo fecero andare fuori della città costringendolo a portare la croce sulle spalle; giunsero al posto chiamato Cranio, che in ebraico si dice Golgota; e lo inchiodarono alla croce. Con lui crocifissero altri due, uno da una parte e uno dall'altra. Gesù era in mezzo. Pilato scrisse il cartello e lo fece mettere sulla croce. C'era scritto: Gesù di Nazaret, il re dei Giudei» (Giovanni 19,17-19)[9].

Ma il tema della crocifissione, come anche quello della sola croce, non trovò subito un inserimento nel tessuto iconografico dei primi anni della Chiesa. Solo nella seconda metà del III secolo, cominciò ad essere un motivo più frequente acquistando nel corso dei secoli ulteriori elementi decorativi nel proprio impianto stilistico.

Ma il Cristo crocifisso tardò ad apparire così come oggi lo immaginiamo: infatti, in primo luogo, vi era ancora una sorta di pudore nella coscienza dei primi cristiani che limitava questo tipo di rappresentazione; in secondo luogo, allora erano ancora abbastanza forti le controversie dei nestoriani e dei monofisiti che, nonostante i concili di Efeso (431) e di Calcedonia (451), non terminarono in breve tempo, anzi lasciarono un'eco che condizionò non poco l'arte religiosa del periodo.

In quest'ottica trovarono un sempre crescente utilizzo le matrici simboliche costituite da croci greche, monogrammatiche, medaglioni quadrilobati e con l'inserimento di iconografie simboliche: animali, intrecci floreali, ecc.

Trovò anche una notevole diffusione l'immagine dell'agnello collocata al centro o alla base della croce.

In linea del tutto teorica, in quanto è evidente che i pittori di volta in volta, pur sottostando a certi canoni iconografici, reagirono secondo impulsi dettati dalle matrici architettoniche in cui l'opera era inserita, dai desideri della committenza e dalla creatività individualistica di artisti-artigiani, possiamo isolare quattro motivi principali con i quali Cristo era rappresentato:

a) Cristo simbolico;
b) Cristo adolescente;
c) Cristo realistico;

---

[9] Brani tratti da *Parola del Signore. Il Nuovo Testamento*, ABU 1976.

d) Cristo crocifisso;
(dal III secolo si aggiunge la barba).
Ma come abbiamo visto nei primi anni, la Chiesa preferì ricorrere al simbolo:
  a) pesce (le lettere greche del sostantivo corrispondono alle iniziali di *Gesù il Cristo Figlio di Dio Salvatore*);
  b) altri animali simbolici;
  c) Buon Pastore;
  d) dal Buon Pastore deriva anche l'Agnus Dei, rappresentato da un solo agnello;
  e) Cristo rappresentato come Orfeo.

«Ma urgeva arrestare questo simbolismo esagerato — scriveva padre C. Costantini — e dire chiaramente come Cristo nella sua umanità avesse sofferto realmente e crudissimamente per la salute del genere umano»[10].
Infatti nel Concilio di Trullo o Quinisesto tenutosi a Costantinopoli fu sottolineata l'urgenza di trovare un modo diverso per rappresentare la sofferenza umana di Cristo:
«In certe pitture e immagini venerabili si rappresenta il Precursore che mostra col dito l'Agnello. Noi abbiamo adottato questa rappresentazione come un'immagine della grazia; per noi l'Agnello adombra Cristo, nostro Signore, mostratoci dalla legge. Perciò, dopo aver accolto queste figure e queste ombre come dei segni e degli emblemi, noi ora preferiamo a essi la grazia e la verità, cioè la pienezza della legge. Di conseguenza, affinché la Perfezione sia esposta a tutti anche per mezzo delle pitture, noi decidiamo che per l'avvenire occorre di raffigurare nelle immagini Cristo nostro Dio sotto forma umana in luogo dell'antico Agnello. È necessario che noi possiamo contemplare tutta la sublimità del Verbo attraverso la sua umiltà. È necessario che il pittore ci conduca quasi per mano a ravvisare Gesù vivente nella carne, che soffre e muore per la nostra salute, realizzando così la redenzione del mondo»[11].
L'insegnamento trovò una sua applicazione fino a divenire un modello iconografico classico che superò le barriere geografiche orientali estendendosi anche in Occidente.
L'apoteosi della rappresentazione artistica della crocifissione la troviamo sempre in Oriente, in piena decadenza bizantina, con il *Manuale di Pittura del Monte Athos*; qui sono descritti i modi con cui rappresentare la crocifissione e una serie di indicazioni iconografiche in grado di guidare gli artisti attraverso un piano rappresentativo aprioristicamente determinato: «un monte, e sul medesimo Cristo crocifisso, e ai due lati i ladroni; quello di destra, dai capelli grigi e dalla barba rotonda, dice a Cristo: "Pensa a me, o Signore, quando entrerai nel tuo regno!" ma quello di sinistra si volge dispettoso e dice: "Se

---

[10] C. Costantini, *Il crocifisso nell'arte*, Firenze 1911.
[11] Mansi Concilia XI.

sei Cristo, aiuta te stesso e noi!''. In alto, sulla cima della croce di Cristo, vi è un'iscrizione, infissa con i chiodi, che porta le lettere ''I.N.R.I.''. A basso dal lato destro un soldato a cavallo spinge la lancia nel costato destro di Cristo e ne sgorgano acqua e sangue. E dietro di lui è caduta in deliquio la madre di Dio e le altre portatrici di mirra la sorreggono, e presso di lei sta il teologo Giovanni rattristato e tiene una mano alla guancia. S. Longino guarda Cristo e tenendo la mano levata loda Dio. Dall'altra parte vi è pure un soldato a cavallo e porta una spugna infissa a una canna e l'avvicina alla bocca di Cristo; ed appresso vi sono altri soldati e santi scrittori e farisei e molto popolo; gli uni parlano con gli altri mostrandolo a dito; altri aprono la bocca e guardano; altri ancora lo deridono e pure lo guardano; altri stendono le braccia e dicono: ''Egli ha pure salvato altri e non sa giovare a se stesso''. Altri soldati stanno lì seduti e sorteggiano i vestiti di lui; e uno fra loro ha gli occhi chiusi e stende d'ambo le parti le sue mani verso le mani degli altri suoi vicini. Sotto la croce vi è una piccola caverna con entro il teschio di Adamo e due altre ossa bagnate dal sangue di Cristo che cola giù dalle ferite dei piedi»[12].

LA FORMA DELLA CROCE

Nel Vangelo non troviamo una descrizione, anche sommaria, della forma tipica della croce usata per completare la passione del Figlio di Dio.

Nell'ambito della storia dell'arte troviamo invece diversi tipi di croce che comunque, pur nel vasto ed eterogeneo panorama iconografico presente, dimostrano di possedere legami di consistenza diversa con realtà storicamente accertabili.

Fino a noi sono giunti diversi modelli di croce, tutti legati in qualche modo a radici simboliche diverse che si perdono nell'antichità; naturalmente solo una piccola parte di esse può essere messa in relazione diretta con lo strumento di supplizio che noi immaginiamo quando sentiamo parlare di croce. Il Bagatti e il Testa, nel libro *Il Golgota e la croce*, citano un passo dell'*Oratio* di Giustino in cui la croce assume una funzione fondamentale nella vita dell'essere umano, in quanto inserita in molte delle forme quotidiane a noi vicine:

«Scrutate le cose che sono nel mondo, se senza questa figura possono esistere. Il mare non si può tagliare se non rimanga integro quel trofeo che si chiama vela... La terra senza questo segno non si può arare. Gli zappatori e i braccianti non possono compiere il loro lavoro se non usando strumenti che hanno questa figura. La stessa figura umana non differisce dagli animali che non hanno ragione per nessun'altra causa se non perché è eretta ed ha l'estensione delle braccia e nel volto ha il naso prominente dalla fronte ma

---

[12] Vedi nota 10.

che non mostra nessun'altra figura se non quella della Croce... Anche le inse-
gne dei vostri vessilli e dei vostri trofei dichiarano la forza di questa figura...»[13].

La Sindone, anche se presenta l'immagine di un uomo che prima di esservi
avvolto morì sulla croce, non è in grado di testimoniare, con una certa affidabilità scientifica attraverso segni certi e inconfondibili, a quale tipo di croce
quest'uomo fu inchiodato.

«La zona scapolare sinistra mostra una contusione dovuta alla trave legata alle
spalle — scrive Giulio Ricci. — Si nota una leggera espansione all'esterno della
scapola che si dovette verificare quando le braccia dell'Uomo della Sindone si trovavano in stato di abduzione, cioè distese orizzontalmente, legate alla trave»[14].

Mentre nelle rappresentazioni tradizionali troviamo la raffigurazione del Cristo
in salita verso il Golgota, che trascina una croce completa (in linea di massima
del tipo latino), in realtà pare quasi certo che egli portò sulle spalle solo il trave
orizzontale, cioè il *patibulum*, del peso di circa 30-40 kg [FIG. 2][15].

Se accettiamo questa tesi, il Figlio di Dio fu probabilmente inchiodato su
un solo tipo di croce e cioè su quella *commissa* o a «T».

Infatti, in questo caso, il giustiziato, dopo aver portato sulle spalle lungo
un percorso di caratteristiche diverse il braccio orizzontale, fu inchiodato a
quest'ultimo che, a sua volta, era incastrato nel palo verticale, già infisso nel
terreno e predisposto per l'incastro.

In questo caso basti citare una miniatura tedesca del 1417 del Wallraf Richartz Museum di Colonia [FIG. 3] in cui la caratteristica «T» della croce è
evidente e la scena si presenta ricostruita attraverso lo schema tipico.

Nelle croci a «T» non c'era però spazio per il cartello (*titulus*) in cui era
segnata la condanna del giustiziato; alcuni artisti però, conoscendo la serie
tristemente stereotipata dei movimenti eseguiti dalla vittima, quest'ultima infatti scivolava verso il basso lasciando un certo spazio tra la testa e il braccio
orizzontale della croce, hanno inserito il cartello al di sopra della trave orizzontale così da renderlo visibile a tutti.

Il caso è evidente nella «Crocifissione» di Taddeo Gaddi[16] [FIG. 4] che fa
parte di un gruppo costituito da ventidue formelle di diversa misura e da una
lunetta conservata presso la Galleria dell'Accademia di Firenze.

Le opere hanno sempre diviso la critica: infatti alcuni studiosi tendono ad
attribuire il complesso al Gaddi sottolineando però la presenza di un disegno
giottesco, altri invece ne hanno individuato un'opera giovanile dell'artista eseguita comunque con la collaborazione, o almeno la guida, del maestro. Al di

---

[13] B. BAGATTI - E. TESTA, *Il Golgota e la croce*, Gerusalemme 1978.
[14] G. RICCI, *La Santa Sindone* in *Fogli*, Verona, maggio 1978. Ricordiamo che l'autore è noto per la sua
vasta bibliografia legata alla reliquia che spazia in diversi settori di studio.
[15] I *cruciari* che portavano ognuno il loro *patibulum* sulle spalle, secondo alcune tesi, non condivise da
tutti, si avviavano verso il luogo dell'esecuzione con le braccia e i piedi legati insieme.
[16] Taddeo Gaddi (Firenze 1290 circa - 1366).

là delle problematiche legate all'attribuzione, che in questa sede non condizionano direttamente i nostri studi, credo sia importante considerare il crocifisso citato come una testimonianza interessante per comprendere con la dovuta lucidità la collocazione del cartello posto sull'antico strumento di pena.

Altre forme di croce che nel corso dei secoli hanno sempre trovato minori applicazioni all'interno dei complessi iconografici della passione di Cristo, forse perché sulla Sindone non vi sono evidenti riferimenti che in qualche modo richiamino queste forme, sono quella *decussata* o *di Sant'Andrea* (così denominata poiché il Santo fu martirizzato con questo tipo di croce) e quella a «Y».

Un esempio interessante del primo tipo di croce è offerto dall'icona della Resurrezione (1563) della chiesa della Chrysaliniotissa [FIG. 5].

La produzione di icone su legno, le più antiche risalgono al V e al VI secolo, dopo la minaccia iconoclasta trovò una certa eco tanto che, con il passare del tempo, la loro produzione toccò un livello altissimo sia in liturgia che nei corredi privati.

«A poco a poco, dunque, ogni casa si orna di icone — scriveva Antoine Bon — più o meno preziose. Esse costituiscono per lo storico di oggi un materiale notevole: mostrano infatti in che modo le tendenze tradizionali siano sopravvissute; vi sono poche innovazioni, il modo migliore perché i fedeli credano all'efficacia e alla potenza dell'immagine è riprodurla nell'aspetto tradizionale da tutti conosciuto»[17].

Per le croci a «Y» credo possa valere per tutte, anche se le testimonianze giunte fino a noi sono piuttosto scarse, ricordare la scultura di Giovanni Pisano[18] del Pulpito di Sant'Andrea a Pistoia [FIG. 6].

Autore tra i più impegnati del suo periodo, il Pisano era in possesso di un'originalità che «si configura soprattutto — sottolinea la Castelfranchi Vergas — come vicenda spirituale oltre che estetica, mossa da una prepotente individualità creatrice».

L'opera che riflette una certa metodologia esecutiva della crocifissione fa parte di un complesso costituito anche dalle ricostruzioni della Natività, dell'Adorazione dei Magi, della Strage degli Innocenti e del Giudizio; la sua collocazione cronologica è certa — 1301 — in quanto è attestata da un'iscrizione locale.

Le forme plastiche acquistano un movimento nell'ambito della rappresentazione poiché, oltre ad una forte intensità drammatica ottenuta dalla ricostruzione gestuale dei personaggi comprimari, vi è un'indubbia accentuazione della forte tensione interna dovuta ai giochi chiaroscurali del bassorilievo. In questo contesto la crocifissione a «Y» si trasforma in un robusto elemento

---

[17] A BON, *Bisanzio*, Ginevra 1975.
[18] Giovanni Pisano (Pisa 1248 - 1314 circa) allievo e figlio di Nicola. Nel 1297 fu capomastro della cattedrale di Pisa, in quel periodo eseguì il pulpito di Pistoia.

rappresentativo con il quale contribuire ad evidenziare la drammaticità del racconto; si noti lo svenimento della Madre, la travolgente agitazione dei fedeli, gli opposti atteggiamenti di Tito ed Imaco legati su due croci a «T» e il mesto cerimoniale degli angeli raccolti intorno a Cristo per comprendere fino a che punto tutta la rappresentazione sia viva.

QUALCHE NOTA SULL'ASPETTO DEGLI ARTI INFERIORI DELL'UOMO SINDONICO

Da sempre si parla di una probabile malformazione fisica dell'uomo della Sindone, in relazione alle analisi antropometriche effettuate sul reperto da alcuni medici ed antropologi.

Oggi, però, sempre sulla base degli studi scientifici condotti intorno all'immagine, pare che le deturpazioni fisiche siano comunque solo da attribuire ai martirii subiti da Cristo prima e durante la crocifissione.

Intorno al problema della probabile malformazione fisica del Figlio di Dio sono state fornite molte versioni, spesso eccessivamente caratterizzate da falsi intenti celebrativi, o peggio sorte per cercare di gettare discredito sulla figura del Salvatore.

La problematica è stata dibattuta dai professori Maria Delfina Fusina e Piero Cazzola nel corso del II Congresso Nazionale di Sindonologia, che sulla scorta di una provata documentazione iconografica hanno cercato di capire fino a che punto fosse radicata la tradizione del Cristo storpio.

«Si pensava che la superata leggenda medievale del Redentore zoppo fosse limitata a queste note rappresentazioni iconografiche, ma oggi, dal rinnovato studio delle icone bizantine e russe, sembra di poter dedurre che essa si fosse radicata ben più profondamente nell'arte orientale giungendo a ritenere il Redentore zoppo sin dalla nascita, già nelle braccia di sua Madre, mentre i canoni teologici, che presiedevano a tutta l'iconografia bizantina, pare avessero codificato l'asimmetria degli arti, con la precisazione liturgica che i piedi del Cristo, uno orizzontale e l'altro proteso, indicano la sua duplice natura umana e divina»[19].

Come testimonianza principale i due studiosi segnalavano una tavola del XIV secolo [FIG. 7] sulla quale è dipinta una crocifissione in cui è evidente la nota «curva bizantina»; «con quella singolare torsione e asimmetria del bacino, come la rappresentano le scuole iconografiche medievali»[20].

Inoltre, nell'ambito del loro saggio, la Fusina e il Cazzola hanno presentato alcune «Madonne col Bambino» di matrice bizantina e collocabili cronologi-

---

[19] P. Cazzola - M. D. Fusina, *Tracce sindoniche nell'arte bizantina russa* in Atti del II Congresso Nazionale di Sindonologia, Bologna 1983. (L'ultima affermazione citata dai due autori è tratta dalla rivista *Terra Santa* dell'aprile-maggio 1983).

[20] P. Cazzola - M. D. Fusina, *op. cit.*

camente tra il XIV e XVII secolo, in cui il piccolo Gesù dimostra sempre una malformazione al piede, per tentare di trovare un'ulteriore conferma alla tradizione del Cristo storpio.

Isaia sottolineava che «(Cristo) non ha bella apparenza né decorosa da attirare i nostri sguardi, non aspetto da doversene compiacere... quasi persona da cui si torce il volto, spregevole e di niun conto per noi...»[21].

Dalle parole del profeta molti Padri della Chiesa trassero delle conclusioni personalissime e certamente non dimostrabili scientificamente, sulla eventuale deformità fisica del Cristo. Sulla Sindone (in particolare nella parte dorsale del negativo) [FIG. 8] è evidente «l'asimmetria della figura umana impressa; infatti il suo asse centrale che va dal capo al tallone destro conferisce alla stessa l'attitudine di uno zoppo sciancato; il piede destro appiattitosi contro il legno mostra esattamente la sua forma mentre il sinistro appare storto ed accorciato per la sua posizione fra i teli»[22].

Esiste comunque, a monte di una eventuale conferma o smentita scientifica, una tradizione che indubbiamente ha attinto molti dei propri percorsi narrativi in un tessuto leggendario, saldamente connesso, per motivi indubbiamente dovuti anche al carattere orale di certi racconti, alla realtà letteraria di un'epoca in cui la verbalità prima e l'adattamento stilistico e contenutistico dopo hanno in gran parte sfalsato delle immagini originariamente costituite da caratteristiche diverse. «I partigiani della bassa statura di Gesù — ricordava il professor Judica Cordiglia — aggiungevano che egli era spregevole, malaticcio e meschino, *infirmus et ingloriosus*, cosa inammissibile, in quanto deformità è espressione di malattia, di disordini funzionali per alterazioni anatomiche, congenite e ereditarie o acquisite, alterazioni delle quali doveva essere immune, come del resto la madre sua, scevra, come è noto, da deficienze organiche e disarmonie. Per far giustizia di coteste dicerie degli antichi cristiani non sarà inutile notare che bassa statura e deformità fisica servivano, in quel tempo di accese eresie, ed erano utili movventi a avvelenare particolari ambienti e a minare alla base proporzioni eretiche sulla umanità e divinità di Gesù. I partigiani della bellezza del Cristo sono assai più numerosi e l'alta statura sua si riscontra anche negli apocrifi, i quali hanno cura di raccogliere elementi comunemente accettati, per poter meglio coprire i racconti favolosi o comunque errati, che riportano»[23].

Ma la storia dell'arte è ricca di esempi che sono in grado di offrire non pochi punti da mettere in relazione con quanto è stato evidenziato in questa sede; prendiamo ad esempio i due crocifissi di Cimabue[24] [FIG. 9].

Il primo attribuitogli dal Toesca[25] è probabilmente l'opera più antica del

[21] Isaia (53,2-3).
[22] P. CAZZOLA - M. D. FUSINA, *op. cit.*
[23] G. JUDICA-CORDIGLIA, *L'uomo della Sindone è il Gesù dei Vangeli?*, Brescia 1974.
[24] Cenni di Pepo detto Cimabue (1272-1302).
[25] Arezzo, chiesa di San Domenico (336 × 267).

maestro italiano, «il modello dei crocifissi tardi del Giunta vi appare rielaborato, al lume del drammatico plasticismo del Coppo, raggiungendo una esasperata e violenta bellezza»[26].

Il secondo[27], che subì non pochi danni durante l'alluvione fiorentina del novembre 1966, è un'opera molto interessante dove la figura del Cristo appare più lontana dai modelli orientali che, invece, caratterizzano maggiormente la prima; qui è sfruttata la «trasparenza del perizoma per formare fragili involucri luminosi: più che una forma umana idealizzata il Cristo è una trama spirituale che si configura come forma umana»[28].

In entrambe le opere di Cimabue la «curva bizantina» è molto evidente, e conferma il legame con certe tradizioni orientali e con certi stereotipi iconografici legati alla rappresentazione della Passione nella poetica di un artista che fu «quasi prima cagione della rivalutazione dell'arte della pittura»[29].

In questa sede credo possa essere interessante citare la deposizione dalla croce in legno policromo della metà del XIII secolo [FIG. 10], in cui la presupposta malformazione fisica di Cristo appare sufficientemente evidente.

L'opera costituita da figure isolate propone un modello compatto ed uniforme, ricostruito con scarsa partecipazione dei personaggi che sono privi di quel caldo coinvolgimento presente in molte altre opere coeve.

È da notare che il suppedaneo sul quale i piedi di Cristo sono inchiodati singolarmente è collocato obliquamente, confermando così la malformazione fisica della gamba.

In questo modo la gamba sinistra appare più corta; inoltre il piede sinistro è più piccolo del destro. Il resto del corpo invece è stranamente perfetto e cioè privo delle ferite e dei segni della Passione. Solo le mani e i piedi sono segnati dalle ferite causate dai chiodi.

Quindi l'uomo della Sindone era storpio?

O comunque presentava determinabili deformazioni fisiche dovute a cause naturali?

Oppure quelle deformazioni erano il terribile e concreto risultato di tutta una serie di maltrattamenti inflitti sul corpo con lucida violenza?

Sono domande difficili, domande alle quali non è comunque possibile trovare una risposta certa e scientificamente dimostrabile solo affidandoci alle testimonianze artistiche.

È comunque evidente che le opere giunte fino a noi sono molto ricche di elementi, che possono contribuire non poco ad aiutarci a comprendere con maggiore lucidità questo complesso problema. È comunque importante non dimenticare che, come aveva fatto notare il professor Judica Cordiglia, l'eventuale malformazione fisica di Cristo potrebbe essere dovuta al sistema di

[26] F. BOLOGNA, *Cimabue*, in *Maestri del colore*, Milano 1976.
[27] Firenze, Museo di Santa Croce (448 × 390), anteriore al 1271.
[28] G. C. ARGAN, *Storia dell'arte italiana*, Firenze 1977.
[29] G. VASARI, *Vite*, Milano 1968.

crocifissione: «Sulle immagini degli arti inferiori, posteriormente e anteriormente, è da rilevare anzitutto che la coscia ed il ginocchio sinistro sono spostati in avanti e in alto rispetto al lato destro, così che l'arto di sinistra si presenta più corto del destro [...]. È da rilevare subito che questo atteggiamento degli arti inferiori non è stato privo di ripercussioni sul restante del corpo, specie sulla metà destra, metà destra che appare sensibilmente abbassata da questo lato. Per poter dare una spiegazione, è necessario rifarsi alle modalità della crocifissione dei piedi che, come si deduce dalla lesione, venne effettuata con due chiodi [...]. Naturalmente, premendo sul dorso del piede per stirarlo e avvicinare il più possibile la regione plantare al palo, tutto l'arto, e il ginocchio in specie, si flettono e tutto il corpo del condannato, necessariamente, si abbassa da questo lato. In questa manovra, a parer nostro, sta la ragione dell'abbassamento della spalla e di tutta la metà destra del corpo del Cristo, quell'abbassamento che sia il Gedda come il Barbet interpretano diversamente»[30].

Ritorniamo ancora al nostro materiale iconografico, e soffermiamoci su un particolare molto interessante: il sistema di crocifissione dei piedi.

Tralasciando per un momento la quantità di chiodi usati per gli arti inferiori (tre o quattro) soffermiamoci solo sul modo in cui i piedi furono inchiodati.

La tradizione pittorica, verbale e lo studio dell'immagine sindonica hanno indotto gli studiosi a pensare che i piedi di Cristo furono trafitti insieme: il destro aderente al legno dello *stipes* mentre il sinistro (quello più corto?) sovrapposto e quindi rimasto contratto nella rigidità cadaverica. Vi è però anche un'altra tesi sulla crocifissione dovuta alla scoperta (nel 1968 a Gerusalemme)[31] di uno scheletro di un presunto ribelle, un certo Yehohanan, crocifisso ad un albero (e disposto a Y) in cui il modo di crocifissione pare proporre una diversa metodologia da quella che a prima vista si può intendere leggendo la Sindone: i chiodi in alto perforano gli avambracci tra l'ulna e il radio, le gambe sono entrambe girate sullo stesso lato e i piedi sono inchiodati insieme con un chiodo che passa tra i malleoli e i tendini del calcagno.

Questa scoperta ha offerto non poche motivazioni di dibattito anche se è difficile determinare con una certa scientificità come realmente il supplizio si verificò, è evidente che possono essere sorte diverse problematiche al momento della crocifissione che noi naturalmente non possiamo immaginare, e quindi il lavoro di ricostruzione deve necessariamente sottostare a tutta una serie di tolleranze difficili da abbattere. Ma cercando comunque un indizio che possa confermare quanto l'archeologia ha proposto, credo possa essere interessante ricordare l'affresco absidale di San Miguel d'Engolasters [FIG. 11] in cui i piedi del Cristo non sono assolutamente feriti dai chiodi, ma anzi sono le caviglie a presentare le ferite tipiche che possono rimandare per intendimento pittorico al modello proposto dai resti di Yehohanan.

---

[30] G. Judica Cordiglia, *op. cit.*
[31] Per maggiori chiarimenti ricordiamo che la relazione scientifica del professor N. Haas è comparsa in *Istrale exsploration Journal*, vol. XX, 1970.

Pur tenendo ben presente l'errore prospettico dovuto ai sistemi pittorici dell'epoca, l'opera presenta una struttura che segue la tipica impostazione stilistica del romanico in cui la figura del Cristo in maestà è raccolta all'interno della classica mandorla che, nella maggioranza dei casi, trova posto nel catino absidale in corrispondenza della mezza cupola di copertura.

Come molte altre testimonianze dell'arte catalana del periodo, anche questa è strutturata secondo quell'immobilismo tipico delle composizioni romaniche, in ogni caso il Cristo Pantokrator benedicente assiso all'interno delle diverse fasce policrome della mandorla ci offre un'interessante collocazione delle stigmati inferiori che può allacciarsi al modello proposto dai resti del ribelle ebreo.

Sarebbe comunque interessante approfondire queste ricerche nell'ambito dell'arte romanica, anche se si tratta di un lavoro monumentale che richiede certamente molto tempo e una dovuta conoscenza del problema che va al di là della epidermica trattazione proposta in questa sede.

Il materiale in affresco è moltissimo e presenta delle tipologie che possono in qualche modo richiamare quanto appare evidente nella Sindone in modo non sempre diretto ma evidenziabile, spesso parzialmente, solo dopo un'attenta ricerca storico-critica[32].

L'esempio citato è uno dei tanti che può ovviamente essere accettato con tutte le prudenziali del caso; comunque al di là delle personalissime e giustificatissime tesi, credo che l'affresco catalano possa essere un motivo in più per tentare di risalire con sempre maggiore precisione alla metodologia della crocifissione a cui fu sottoposto il Figlio di Dio.

Un'altra testimonianza che si lega all'esempio precedente è costituita da una delle illustrazioni della Bibbia Istoriata di Velislav (ca. 1340) [FIG. 12]; si tratta di un'opera costituita da circa 750 illustrazioni e conservata presso la Biblioteca Statale Cecoslovacca di Praga: di particolare interesse per lo studio che ci interessa affrontare è la decorazione in cui è rappresentato il sogno di Abramo. L'illustrazione, attraverso una precisa sintesi iconografica, ripropone le fasi principali legate al racconto della Genesi (28,10-22): il sonno, il sogno, la scala, il voto e la consacrazione della pietra di Bethel.

«La qualità delle immagini, dovute ad almeno due artisti, perfettamente al corrente del linguaggio gotico, permette di pensare che la bottega, senza dubbio già laica, da cui è uscito questo manoscritto, poteva avere dietro di sé una lunga tradizione dello stile gotico, tanto più che si conoscono manifestazioni parallele dello stesso stile nelle pitture murali dell'epoca, in Boemia. Varie scene provano che la realtà quotidiana, osservata con occhi attenti, costituiva per i miniatori della Bibbia Istoriata di Velislav una importante fonte di ispirazione»[33].

Come nel caso catalano, anche in questa occasione troviamo una collocazione dei fori prodotti dai chiodi negli arti inferiori di Cristo, un legame con la metodologia vista nei resti archeologici di Yehohanan. Infatti le ferite non

---

[32] Per chi volesse approfondire l'argomento si consiglia il volume di R. OURSEL, *La pittura romanica*, Milano 1980.
[33] J. KUET, *Codici miniati romanici e gotici in Cecoslovacchia*, Milano 1964.

sono poste nel centro della parte anteriore del piede ma in alto, quasi sulle caviglie.

L'identica notazione può essere avanzata per un'altra pagina miniata, questa volta tratta dal Passionario dell'Abbadessa Cunegonga (ca. 1320) [FIG. 13], anch'essa conservata presso la biblioteca di Praga, in cui sono rappresentate la morte di Cristo, la Deposizione della Croce e la Sepoltura.

In questo caso i piedi sono inchiodati con un solo chiodo alla trave verticale, ma in modo del tutto anomalo tale da far pensare che la tesi di un'eventuale malformazione fisica di Cristo avesse trovato un'eco ben più ampia, nelle diverse stratificazioni sociali, di quanto crediamo.

Un'altra testimonianza che si lega alla precedente è l'affresco della Crocifissione nel Battistero di San Cuniberto a Colonia (XIII sec.) [FIG. 14] che «con le sue aderenze quasi gotiche rappresenta l'ultimo stadio dello stile frecciato, che ha ormai raggiunto il massimo delle sue possibilità espressive. Le vesti sfarzose della Vergine e di San Giovanni sono percorse da pieghe angolose e spezzate che cadono rigidamente, come se fossero ritagliate in svolazzi a ventaglio. Nella raffinata composizione il fluire rapido ed impetuoso della luce pare placarsi nel ritmo armonioso che governa la scena e nell'espressione di alto lirismo dei volti»[34].

Qui i piedi del Cristo sono inchiodati con un solo chiodo ma subiscono una torsione certamente innaturale: è evidente che questa tipologia rappresentativa può essere alla base di una tradizione che si lega alla già citata eco di una malformazione di Cristo; infatti nell'affresco si nota che il corpo sulla croce è caratterizzato dalla «curva bizantina» e mentre la gamba di sinistra è completamente tesa, quella di destra è notevolmente ripiegata.

Tentando di immaginare quale potrebbe essere la natura di questa particolare disposizione, è evidente che la prima tesi plausibile riguarda proprio la malformazione che determina una diversa lunghezza tra gli arti inferiori. In questo caso la gamba di sinistra ancora una volta potrebbe essere più corta della destra che, come abbiamo visto, appare ancora ripiegata nonostante la già notevole angolazione dei fianchi. Un altro caso che si allaccia a questa tesi, ma non analizzabile nella sua completezza in quanto notevolmente deteriorato, è l'affresco del chiostro dell'Abbazia di Vezzolano [FIG. 15]. L'opera collocata cronologicamente nella prima metà del XVI secolo, offre una singolare interpretazione della inchiodatura degli arti inferiori; infatti i piedi sono ripiegati in un modo insolito, il che potrebbe anche non essere inteso solo come un ulteriore modo per far soffrire il condannato, ma come una particolare angolazione degli arti dovuta ad una già presente malformazione congenita.

«I piedi del Cristo trafitti da un solo chiodo, lo straordinario e parossistico aggrovigliarsi delle membra, eccezionale se non unico sul suolo italiano, è la testa di Adamo che beve il sangue della redenzione con la mascella slogata

---

[34] AA.VV., *Storia della pittura*, Novara 1983.

grottescamente in un ghigno feroce e selvaggio, di gioia insieme e di disperazione»[35].

Anche in questo caso, per quanto si riesce a vedere dai pochi resti, la chiodatura dei piedi è tale da offrire ancora degli interrogativi sul reale aspetto fisico del crocifisso. C'è da dire che, visto l'intento grottesco dell'opera, già sottolineato dal Castelnuovo, la disposizione dei piedi così drammaticamente violenta e contro ogni ragione potrebbe essere uno dei tanti risultati ottenuti da maestranze gotiche impegnate a coinvolgere, attraverso il linguaggio visivo, i fruitori in uno spazio che potesse colpire la loro emotività vivificando paure e angosce latenti.

Le forme sono però troppo rozze, si veda ad esempio il piede destro di San Giovanni, per credere di poter trovare in questo affresco, come in altre testimonianze analoghe, delle tracce certe ed accreditabili. Il loro scopo è quello di offrire nuovi spunti per attivare delle tesi scientifiche, ma non hanno ovviamente la pretesa (in effetti non potrebbero) di offrire dei dati precisi; il vastissimo corpus iconografico serve esclusivamente come complemento, come traccia di una storia che spesso tarda a ritornare alle realtà.

IL PROBLEMA DEL POLLICE

L'immagine umana impressa sulla Sindone, per quanto notevolmente dettagliata, non presenta, nell'area occupata dall'impronta delle mani, nessun segno che possa essere interpretato come la presenza dei pollici.

Intorno a questa assenza si è dibattuto molto, oggi gran parte degli studiosi sono concordi nell'attribuire l'origine di questa mancanza iconica al metodo della crocifissione e in particolare al sistema di inchiodatura; infatti le esperienze hanno dimostrato che perforando con un chiodo il polso, nel cosiddetto «spazio di Destot», si produce sempre la lesione del nervo mediano che porta come conseguenza il ripiegamento del pollice nel palmo della mano [FIG. 16].

Già il Barbet, attraverso degli esperimenti effettuati su alcuni cadaveri, aveva dimostrato che l'infissione di un chiodo nello «spazio di Destot» permette di sostenere il peso del corpo applicato alla croce. Durante gli esperimenti e la seguente dissezione della zona lo studioso aveva rilevato che, in gran parte dei casi, il chiodo penetrando nel polso determina una lacerazione delle fibre laterali del nervo mediano. «Tali fibre sono prevalentemente di tipo sensitivo... da ciò egli ha ammesso l'ipotesi che l'irritazione delle fibre sensitive abbia determinato uno spasmo in contrattura dei muscoli opponenti il pollice e pertanto il pollice si sia posto in posizione di opposizione, vale a dire di fronte alle altre dita e nascosto nel palmo della mano»[36].

---

[35] E. CASTELNUOVO, *Appunti per la storia della pittura gotica in Piemonte*, Bologna 1961.
[36] M. BOCCA - S. MESSINA - S. SALVI, *Considerazioni critiche sulle lesioni anatomo-funzionali da inchiodamento della mano in riferimento alla Sindone di Torino*, in *La Sindone e la scienza*, Torino 1979.

Con il sopraggiungere della rigidità cadaverica tale posizione del pollice si sarebbe definitivamente confermata, determinando così la mancata visualizzazione nell'impronta sindonica. Raramente l'iconografia della crocifissione offre delle testimonianze in grado di illustrare con una certa lucidità le problematiche legate al ripiegamento del pollice; vi è però un esempio, nell'ambito dell'iconografia da noi indagata, in cui la posizione delle dita di Cristo pare seguire l'impostazione formale proposta dalla Sindone.

Si tratta della copertina in avorio dell'Evangeliario di Echternach[37] collocata cronologicamente, per alcune tipologie stilistiche, nel X secolo [Fig. 17].

L'avorio in tutto il Medioevo rivestì un'importante funzione decorativa; l'uso di questo materiale si perde nell'antichità ma raggiunse un alto livello in particolare durante il gotico, quando, oltre alla primaria matrice religiosa e cultuale, rivestiva anche il diretto compito di costituire quel corredo che, con l'oreficeria e le altre arti minori, era d'obbligo in ogni famiglia nobile. In questa dimensione l'avorio si inserì nel «solito armamentario delle corti d'amore dove, a volerli cercare, magari si possono reperire anche simboli e allusioni alla fede o al culto; perché nonostante il realismo mondano che pervade quest'arte il limite che la separa dall'arte sacra resta piuttosto labile, e il linguaggio, i moduli, le soluzioni di gusto rimangono pressappoco gli stessi»[38].

Troviamo opere in avorio in tutta l'arte medievale; dopo la forte caratterizzazione bizantina, si incontra una vera e propria scuola nell'ambito della cultura carolingia.

In questi casi vi fu un abbandono delle simmetrie bizantine fino a raggiungere, nei secoli futuri, una diversa utilizzazione del supporto; anche la tematica risentì di una maggiore libertà spirituale che l'allontanò definitivamente dagli schemi religiosi diretti.

L'importanza dell'avorio fu prevalentemente dovuta alla nobiltà del materiale: infatti la provenienza dall'Africa, dall'India e dai Mari del Nord, con le zanne del tricheco, contribuì molto ad accreditare il prestigio della preziosa materia.

Quella di Echternach è un'opera che conferma la notorietà dell'avorio e dell'uso di decorare con materiali preziosi le copertine dei libri, in un'epoca in cui è però curioso notare come «l'ornamentazione germanica possa convivere con la tenace inclinazione realistica»[39].

La crocifissione tedesca non lascia dubbi sulla collocazione dei pollici, anche se il chiodo è posto al centro della mano secondo gli schemi stereotipati dell'iconografia più classica[40].

---

[37] Norimberga, Germanisches National Museum.
[38] M. Carrà, *Gli avori in Occidente*, Milano 1966.
[39] M. Carrà, *op. cit.*
[40] In modo del tutto epidermico vorrei ricordare che un altro interessante esempio di iconografia in cui è evidente una tipologia esecutiva dove i riferimenti con la Sindone sembrano piuttosto concreti, è

I piedi non sono inchiodati, a differenza della maggioranza delle testimonianze disponibili, ma poggiano su un suppedaneo sostenuto da una figura con tratti grotteschi; sulla base dell'appoggio la scritta «Terra». Ai lati del *patibulum*, le rappresentazioni del sole e della luna completano la composizione simbolica.

RÉSUMÉ. Le relation se présente en de différents «blocs», qui donnent une forme plus schématique au vaste argument, dans le but d'offrir aux non-spécialistes une fruition plus linéaire de la recherche même.

La première partie examine, en se servant des contributions d'une bibliographie spécifique, la «fortune» de la Croix dans les limites de l'art médiéval, tandis que la deuxième propose un court excursus, appuyé par des références iconographiques, parmi les formes de la croix, qui plus fréquemment recourent dans le panorama artistique de l'époque.

La troisième partie s'arrête sur l'aspect des membres inférieurs de Christ crucifié, en prenant à sa base certaines oeuvres tout à fait remarquables.

La quatrième partie, très courte, signale une oeuvre d'Ecole allemande, dans laquelle c'est evident le repliement du pouce à l'intérieur de la paume de la main.

Chaque oeuvre citée dans la relation présente toujours d'évidentes références avec le Saint Suaire de Turin, même si l'auteur a recueilli seulement quelques témoignages de l'art médiéval en particulier, dans la considération que la sus-dite recherche est une contribution qui veut élargir le déjà riche panorama d'études qu'on est en train de faire sur l'argument.

SUMMARY. The report is presented in various sections, which make the vast subject more schematic, so as to offer an easier approach even to non specialised students.

The first part delineates, with the help of a scientific bibliography, the «fortune» of the Cross in medieval art.

The second one gives a brief survey with iconographic references to the different shapes of the Cross recurring more frequently in the artistic panorama of the time.

The third part insists on the appearance of the inferior limbs of the Christ crucified, on the basis of some particularly important studies.

The very short fourth part refers to a work of German school in which a thumb, folded back into Christ's hand, is clearly visible.

Every work mentioned in the report presents evident references to the Turin Holy Shroud. The Author, for obvious problems, has collected only part of the medieval works bearing witness to the Holy Shroud, considering this research as a contribution to the already plentiful studies existing on the subject.

---

quello relativo alla crocifissione di Antonio Van Dyck (1599-1641). Citiamo la FUSINA: «Tre Crocefissioni di Van Dyck sono eminentemente sindoniche: quella di Genova, quella di Venezia ed una stampa citata dal Tonelli, ed è certo che la precisione delle osservazioni riguardo alla Sindone è sorprendente profonda. Oltre ai chiodi nel carpo, contrariamente a tutta la tradizione pittorica, anche l'atteggiamento del Crocefisso è sorprendente; la rotazione del bacino con i due fianchi ad altezza disuguale, uno dei due arti inferiori più stirato che l'altro, i pollici contratti, i piedi convergenti, le proporzioni generali e la plastica della figura richiamano una diretta osservazione intelligente della Sindone.

Viene da pensare che se si schiodasse il Crocefisso di Van Dyck e lo si ponesse tal quale in una tela, lascerebbe delle impronte assai simili come proporzioni a quelle sindoniche».

Fig. 1 — LEONARDO DA VINCI, *Homo quadratus* (Venezia, Accademia).

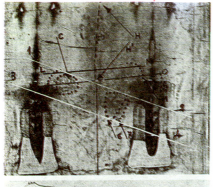

Fig. 2 — Il *patibulum*, cioè la trave orizzontale, fu portato dal Cristo sulle spalle fino al Calvario.

Fig. 3 — Miniatura del 1417 (Wallraf Richartz Museum, Colonia).

Fig. 4 — TADDEO GADDI, *Crocifissione* (Firenze, Galleria dell'Accademia).

Fig. 5 — Dipinto su tavola, *Resurrezione del 1563* (Nicosia, Chiesa della Chrysaliniotissa).

Fig. 6 — GIOVANNI PISANO, Pulpito di Sant'Andrea (Pistoia, Sant'Andrea).

Fig. 7 — Arte greca del XIV secolo, *Crocifissione* (Atene, Museo Bizantino).

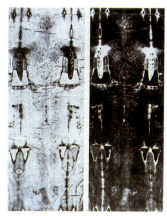

Fig. 8 — La Sindone.

Fig. 9 — CIMABUE, *Crocifisso* (Arezzo, San Domenico). Crocifisso (Firenze, Museo di Santa Croce).

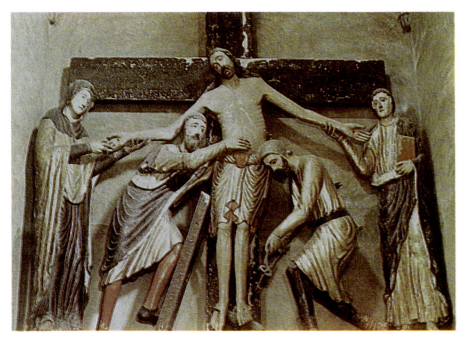

Fig. 10 — Legno policromo del XIII secolo, *Deposizione* (Volterra, Cattedrale).

Fig. 11 — Arte romanica spagnola, *Cristo Pantocrator* (Affresco dell'abside di San Miguel d'Engolasters, Museo d'arte catalana).

Fig. 12 — Miniatura del 1340, *Sogno di Abramo* (Praga, Biblioteca Statale Cecoslovacca).

Fig. 13 — Miniatura del 1320, *Passione di Cristo* (Praga, Biblioteca Statale Cecoslovacca).
Fig. 14 — Affresco del XIII secolo, *Crocifissione* (Colonia, Battistero di San Cuniberto).

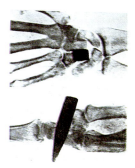

Fig. 15 — Affresco del XVI secolo, *Crocifissione* (Vezzolano, Abbazia omonima).

Fig. 16 — Spazio di Destot.

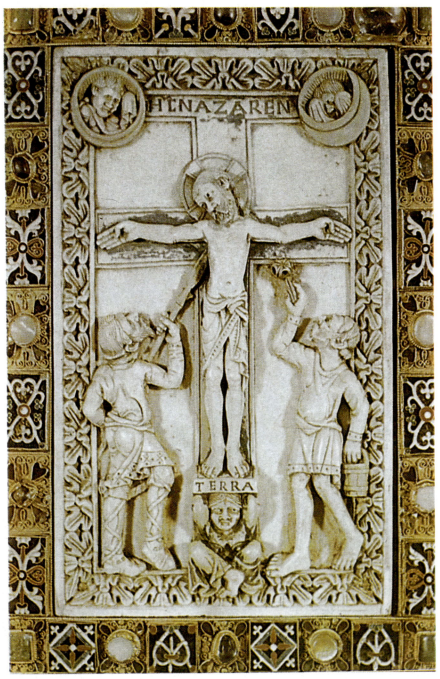

Fig. 17 — Copertina in avorio del X secolo, *Crocifissione* (Evangeliario di Echternach).

CARATTERISTICHE SINDONICHE
DEL CROCIFISSO DELLE TREMITI

AURELIO CARELLA* - GIUSEPPE DI MONACO**

Abbiamo ritenuto opportuno segnalare l'antico crocifisso delle Tremiti, poiché è noto che la ricerca iconografica può dare un contributo alle prove di autenticità della Sindone relativamente al primo millennio, in carenza di documenti scritti.

Si arriva all'arcipelago delle Tremiti, a nord del promontorio del Gargano, con una sensazione di «tremiti di gioia», come ha detto un poeta locale, per la selvaggia bellezza delle isole che, ricche di antiche leggende, accolgono il visitatore misteriose e affascinanti.

Approdati all'isola di San Nicola, per ripide vie si arriva al santuario di Santa Maria a Mare, splendido nel suo isolamento e nella sua posizione strategica, quasi a difesa della fede e dei fedeli, che i Benedettini di Montecassino scelsero nel 1016 come seconda casa madre in pieno mare tra l'Oriente e l'Occidente.

Appena entrati nel tempio, si è attratti dal monumentale crocifisso dipinto su legno che, per dimensioni e finezza di fattura, per maestosità d'espressione e per impostazione, risulta splendido e imponente.

Il crocifisso, del peso di quasi due quintali, è alto tre metri e mezzo, ha una apertura di braccia di metri 2,60 con un pannello centrale di un metro quadrato. Le aste hanno una larghezza di 36 cm e lo spessore di 12 cm.

Con i lavori del 1956 dell'Istituto Centrale del Restauro di Roma, all'epoca diretto da Cesare Brandi, per una migliore conservazione il dipinto è stato riportato su un supporto di legno nuovo, poi applicato sulla vecchia croce che presentava «tarlature infinite».

In questo restauro si è scoperta la parte tergale della croce, anch'essa dipinta, seppure non in maniera così fine come l'anteriore.

Essa rappresenta un agnello al centro di un cerchio, in una decorazione vegetale interessante per colorazione e disegni a volute tipiche dei motivi pittorici dell'arte preromanica e romanica.

Questo lato della croce era rimasto nascosto per secoli perché la croce, attaccata al muro di una cappella laterale, era racchiusa entro una grande bacheca barocca di legno intagliato con vistosi motivi dorati, che nascondevano

---

* Docente di disegno, membro del Centro Internazionale di Sindonologia.
** Laureato in medicina, cultore di arte, membro del Centro Internazionale di Sindonologia.

gran parte del crocifisso, le figure laterali dei dolenti e la grande scritta in lettere greche sulla cimasa: «GESÙ CRISTO RE DELLA GLORIA».

Non era in pratica distinguibile quella pittura dai colori molto delicati con ombre verdine su fondo azzurro e oro e neanche l'insieme della figura, che ha gli stessi caratteri generali e all'incirca le stesse dimensioni dell'Uomo della Sindone.

A guardar bene questo crocifisso dipinto, ritornano alla mente le parole che Pio XI disse a proposito della Sindone: «È quel volto di una bellezza così virile, così serena, così veramente divina... una bellezza impressionante nella sua magnifica solidità e solennità».

Lo stesso giudizio si può ripetere, a ragione, per questo crocifisso monumentale dal volto virile, ma non severo, paterno ma non languido. Un crocifisso che non ti strappa una espressione di orrore per il supplizio atroce, né un sentimento di compassione per la sofferenza dissimulata, ma un Cristo che ti colpisce, ti conquista: «Ecco quanto ti ho amato» — pare che dica — e ti provoca una risposta d'amore.

* * *

Chi può essere stato il modello di tale capolavoro per l'ignoto pittore? La sorprendente coincidenza di espressione, di caratteristiche, di particolari è così numerosa e puntuale da convincere che l'artista prese a modello l'impronta sindonica del Cristo che tuttavia è rappresentato senza le tracce della passione, senza sangue, se si esclude una piccola ferita al torace da cui fuoriesce un minuscolo zampillo di sangue.

Il corpo è longilineo, magro ma robusto, la testa piccola rispetto al corpo. Il capo ha una leggera inclinazione a destra che, a guardare la Sindone, è suggerita dalla posizione dei capelli che cadono rettilinei da un lato e che sono rigonfi e arcuati dal lato opposto. La fronte è ugualmente alta.

Il dipinto ha un grosso ciuffo bifido di strana fattura nel mezzo della fronte, inspiegabile nella compostezza generale del disegno del volto, se non fosse una interpretazione ingenua, ma anche una puntuale riproduzione del caratteristico rivolo di sangue a forma di *epsilon* che si ammira sulla fronte del volto sindonico.

Corrispondente la asimmetria dell'altezza dei sopraccigli uniti al centro alla linea del naso in una caratteristica T maiuscola, naso lungo, rettilineo, dello stesso taglio; occhi grandi aperti come sembrarono agli antichi osservatori del lenzuolo. La bocca contratta dall'asfissia nella Sindone, dal pittore è riprodotta piccolissima. Un disco roseo, sfumato verso l'esterno sullo zigomo sinistro, può essere l'interpretazione pittorica dei gonfiori della parte destra del volto sindonico vista frontalmente, come pure la diversa lunghezza e sviluppo dei baffi e la insolita forma della barba che appare nella Sindone malamente divisa per l'asimmetria del volto tumefatto.

I capelli sono rappresentati lunghi, ricadenti in boccoli simmetrici sulle spalle.

Questa caratteristica risulta ripetuta nei cosiddetti «volti santi», antichissime riproduzioni del volto di Cristo e nello stesso *Mandilion* di Edessa, che da molti è considerato la Sindone ripiegata. Sul collo è disegnata qualche linea trasversale curva che somiglia all'ombra provocata sul lenzuolo da una piega del tessuto.

Il tronco è dipinto con le stesse caratteristiche sindoniche, il disegno dei muscoli pettorali, rigonfi e contratti, è rappresentato in modo originale e realistico «a mantellina».

L'addome è riprodotto infossato nella parte superiore e sporgente in quella inferiore, così come risulta nella Sindone.

Le braccia sono riprodotte ugualmente lunghe, le dita lunghe. Ma ciò che colpisce, perché raro nella iconografia dei crocifissi, il pollice è piegato nel palmo della mano. In sostanza l'artista ha rappresentato il pollice piegato perché non si vede nella Sindone accanto alle altre dita.

Allo stesso modo sono disegnate le spalle più strette e il bacino più largo, avvolto in un lungo velo leggero.

Guardando l'impronta frontale della Sindone, la coscia destra appare più voluminosa della sinistra, il ginocchio destro più alto del sinistro, gli arti inferiori decisamente lunghi; nella impronta dorsale risulta più evidente la asimmetria delle gambe e dei piedi, che lasciarono una traccia diversa sul lenzuolo, perché irrigiditi nella diversa posizione assunta in croce. Questa asimetria, che ha perpetuato nei secoli la leggenda del Cristo zoppo, ha indotto l'artista a rappresentare il corpo in torsione con la cosiddetta «curva bizantina». Ha creato infatti una innaturale curva dell'anca per cui il fianco sinistro forma una concavità, la coscia sinistra è leggermente ruotata e sovrapposta alla destra con asimmetria e deformazione dei ginocchi: il sinistro sensibilmente più alto e più voluminoso del destro con rotule ben disegnate.

I piedi infine sono inchiodati alla stessa altezza con chiodi dorati.

* * *

Dove è stato realizzato questo capolavoro? La risposta è intuitiva: là dove evidentemente si sono create le condizioni politiche, religiose e artistiche perché si potesse sviluppare questo genere di arte: la rappresentazione del crocifisso.

Dato che i Vangeli non li riferivano, dove cercare i connotati fisici del modello da rappresentare se non nella meravigliosa impronta sindonica?

Ci sono testimonianze che veniva periodicamente mostrato al popolo, e privatamente a personaggi illustri e ad artisti, il lenzuolo funerario di Cristo nella chiesa di Santa Maria di Blakerne a Costantinopoli.

L'autore dunque potrebbe aver realizzato il crocifisso in Oriente oppure si può pensare ad un lavoro di un artista locale, probabilmente un frate benedettino, che abbia utilizzato l'antica croce con l'immagine simbolica dell'agnello per dipingere il Cristo sull'altra faccia, con le caratteristiche sindoniche, aiutato da suggerimenti di persone provenienti dall'Oriente che avevano visto la Sindone.

Illustri critici hanno espresso giudizi di attribuzione diversi e contrastanti in epoca però precedente al restauro e quindi poco attendibili: il Brandi, per analogia alla maniera di Berlinghiero, ha attribuito la croce a un toscano precedente a Giunta Pisano; il Salmi lo ha detto «probabilmente pisano»; anche il Campini lo ritiene importato. Garrison invece fin dal 1949 ha catalogato il crocifisso come pugliese datandolo intorno al 1270.

La vera storia del crocifisso delle Tremiti va ancora scritta. Noi riteniamo che il crocifisso non sia di importazione toscana; al contrario, a considerare l'influenza dei Benedettini sul mondo culturale dell'epoca, non è azzardato pensare che quel crocifisso monumentale servisse da modello iconografico alle altre varie immagini sacre. In Puglia abbiamo altri crocifissi raffigurati con tecniche e su materiali diversi, ma di buona fattura, di grandi e piccole proporzioni, che per alcuni particolari si rifanno al crocifisso tremitese.

Per brevità ne citiamo soltanto alcuni: affresco del Pantocratore delle chiese rupestri di San Gregorio e di San Nicola a Mottola, la crocifissione a bassorilievo del portale della tomba di Rotari a Monte Sant'Angelo, il crocifisso ligneo di Siponto che è a grandezza naturale, e ancora gli affreschi: Cristo in trono a Carpignano Salentino e a Otranto nella chiesa di San Pietro. Caratteri sindonici si notano anche nella interessante crocifissione della chiesa di Santa Croce nella vicina città di Andria; in alcune miniature e reliquiari.

Tutte opere della stessa epoca del crocifisso delle Tremiti che oggi ammiriamo come un autentico capolavoro e che merita di essere più conosciuto ed apprezzato.

RÉSUMÉ. Les auteurs signalent aux culteurs du Saint Suaire et aux spécialistes en iconographie l'ancien crucifix peint gardé dans le sanctuaire de l'île de S. Nicolas des Tremiti (prov. Foggia), qui pourrait donner une contribution aux épreuves d'authenticité du Saint Suaire relativement au premier millénaire à travers l'art.

Le monumental crucifix mesure 3,50 m. avec une envergure de 2,60 m. Au centre la croix s'élargit avec un panneau d'un mètre carré sur lequel sont peints la Vierge et saint Jean.

La partie postérieure présente une peinture avec bandes spirales et au centre un agneau du type ravennate.

Nombreuses sont les caractéristiques de la peinture qui méritent d'être approfondies.

Les auteurs, après un soigné examen direct du crucifix et une comparaison avec l'empreinte sindonique, mettent en évidence beaucoup d'éléments de concordance et soutiennent l'hypothèse que l'artiste inconnu ait pris pour modèle le Christ du Saint Suaire.

Il y a dans les Pouilles d'autres crucifix (sculptures en bois, fresques, miniatures réalisées par des artisans et des artistes du pays), qui présentent des caractéristiques sindoniques et des ressemblances avec l'exemplaire des Tremiti, c'est pourquoi restent douteuses les attributions d'école faites par les critiques de tout part.

SUMMARY. The authors draw the attention of the venerators of the Shroud and the persons concerned with iconography to the ancient painted crucifix kept in the shrine of the Tremiti islands of St. Nicholas.

The monumental crucifix is mt. 3,50 high and the spread of its arms is 2,60 metres.

In its centre the cross widens with a panel of one square metre on which the Virgin Mary and St. John are painted.

The posterior part shows a painting with spiral ornamental subjects and in the centre a lamb of the Ravennate type.

The characteristics of the painting, which are worth being carefully examined, are many.

The authors, after a careful, direct exam of the crucifix and its comparison with the Shroud print, point out a large concordance of elements and uphold the hypothesis that the unknown artist had the Christ of the Shroud as his model.

In Puglia there are other crucifixes (wooden sculptures, frescoes, miniatures by local craftsmen and artists) which show the characteristics of the Shrond and are very like the Tremiti painting, so that the attributions to schools, made by critics from everywhere, are very questionable.

BIBLIOGRAFIA

ARMANDO M. DI CHIARA, *La Montecassino in mezzo al mare*, Ed. Catapano, Lucera 1980.

Catalogo mostra dell'arte in Puglia dal tardo antico al rococò, a cura della Pinacoteca provinciale di Bari, 1964.

BRUNO MOLAJOLI, *Monumenti e opere d'arte nell'isola di San Nicola delle Tremiti*, Rivista di archeologia e arte IAPIGIA, Anno VI 1935, Bari.

L. LOTTI, *Problemi storici e artistici relativi alla tomba di Rotari a Monte Sant'Angelo*, Ed. Aurora Serafica, Bari 1978.

La Puglia fra Bisanzio e l'Occidente, Ed. Electa, 1980. Saggi di Pina Belli D'Elia, M. Stella Calò Mariani, S. D. Fonseca, A. Guillon, V. Pace.

DINO CAMPINI, *Giunta Pisano Capitini e le croci dipinte romaniche*, Martello Editore, Milano 1966.

GARRISON, *Italian Romanesque Panel Painting*, S. Olschki, Firenze 1949.

SALMI, *La scultura romanica in Toscana*, Firenze 1928.

C. BRANDI, *Pellegrino di Puglia*, Ed. Laterza, Bari.

P. SOCCIO, *Gargano segreto*, Ed. Adda, Bari 1965.

Fig. 1 — La croce monumentale venerata nel santuario.

Fig. 2 — Particolare del Crocifisso.

Fig. 3 — Parte tergale della croce.

APPLICAZIONI DI TECNICHE IMMUNO-ENZIMATICHE AI PRELIEVI DALLA SINDONE: LA DIMOSTRAZIONE DI ELEMENTI EPIDERMICI

PIER LUIGI BAIMA BOLLONE* - AGOSTINO GAGLIO**

Le ricerche di tracce biologiche sui fili estratti dalla Sindone la notte del 9 ottobre 1978 hanno sinora consentito l'identificazione di sangue (*Baima Bollone*, 1981), la dimostrazione della natura umana di questo (*Baima Bollone, Jorio e Massaro*, 1981) e la sua appartenenza al gruppo AB (*Baima Bollone, Jorio e Massaro*, 1982; *Baima Bollone e Gaglio*, 1984).

Parallele indagini morfologiche e immunologiche hanno inoltre permesso di identificarvi la concomitante presenza di tracce di aloe e di mirra (*Baima Bollone*, 1981; *Baima Bollone e Gaglio*, 1984).

È qui prospettabile l'ipotesi che siano state tali droghe a determinare ovvero a contribuire alla conservazione del sangue di cui, forse, persiste addirittura qualche emazia (*Baima Bollone e Gaglio*, 1984).

Allo stato non appare pertanto peregrina una ulteriore indagine tesa ad accertare l'eventuale persistenza di altri materiali cellulari.

Abbiamo affrontato il problema con metodo immuno-istochimico.

Premesse sul metodo

Le moderne tecniche immuno-istochimiche rappresentano l'integrazione e — per certi aspetti — il superamento di quelle di immuno-fluorescenza (*Taylor*, 1978).

Esse utilizzano una nuova generazione di antisieri coniugati con enzimi i primi dei quali, ed oggi più largamente impiegati, sono quelli con le perossidasi di rafano (*Sternberger*, 1979).

L'enzima perossidasi, ampiamente distribuito sia nei tessuti sia nelle cellule, ha la proprietà di combinarsi facilmente con legame stabile a molecole anticorpali opportunamente purificate e titolate.

Si possono, allora, allestire «sandwiches» immunitari a doppio o singolo strato, analogamente ai metodi diretto e indiretto della immunofluorescenza.

I complessi sono poi evidenziabili mediante la coniugazione con gruppi cromogeni quali la benzidina o il 3-amino-9-etilcarbazolo.

---

* *Ordinario della Cattedra di medicina legale all'Università di Torino e direttore del Centro Internazionale di Sindonologia.*
** *Primario f. f. Servizio Anatomia e Istologia Patologica Ussl 68 (Osped. Civile, Asti).*

Tappa preliminare all'incubazione con l'antisiero primario del metodo indiretto (o con quello perossidasi-coniugato del metodo diretto) è l'inibizione della perossidasi endogena che, come detto, risulta ubiquitaria nei tessuti. Ciò si ottiene con acqua ossigenata al 3%. Ulteriore tappa preliminare, volta a ridurre al minimo il «fondo», vale a dire la colorazione aspecifica di base, consiste nell'incubazione del materiale in esame con siero normale (della stessa specie dell'antisiero ponte). Questo accorgimento evita l'instaurazione di legami non specifici tra gli anticorpi e le molecole proteiche del collagene. Al termine di questa doppia operazione di blocco si passa alla formazione del complesso antigene-anticorpo.

La tecnica più seguita è certamente quella indiretta o del doppio legame. Infatti si possono così utilizzare antisieri primari non marcati, prodotti in specie animali diverse e largamente disponibili sul mercato.

Avvenuto il primo legame tra antigene ed anticorpo primario (ad esempio immunoglobulina di coniglio) il preparato viene incubato con immunoglobulina animale anti-immunoglobulina di coniglio (ad esempio di maiale) che costituisce l'anticorpo «ponte» o «legante» (linking-antibody). È a questo punto che avviene l'effettiva marcatura del complesso immunitario costituito come sopra descritto. Si provvede, infatti, ad una nuova incubazione con antisiero (immunoglobuline animali dello stesso tipo di quello primario, nel nostro caso di coniglio), antiperossidasi e legante a molecole di questo enzima. Tali anticorpi, legati alla perossidasi in uno dei siti Fab, con l'altro si legano alle immunoglobuline dell'antisiero «ponte» per cui in conclusione ne deriva un doppio complesso antigene-anticorpo. Ad una estremità di questo si trova l'antigene da localizzare mentre nell'altro sta la molecola di perossidasi.

A questo punto, completata la parte immunologica della reazione, si procede alla reazione istochimica per evidenziare la perossidasi e, indirettamente, l'antigene, utilizzando uno dei cromogeni sovra indicati (diamino-benzidina o 3-amino-9-etilcarbazolo).

Obiettivi e metodo della ricerca

Ci siamo proposti di verificare la presenza sulla Sindone di elementi dello strato corneo della epidermide. I sieri per l'individuazione della citocheratina sono stati forniti dalla Dako (Dakopatts). L'anticorpo primario è stato impiegato con diluizione 1:25 e tutti i passaggi sono stati preceduti da lavaggio con tampone PBS a ph 7,4.

In particolare la ricerca delle cellule cornee è stata condotta con antisiero primario di coniglio anticitocheratine, isolato dallo strato corneo di piede umano, che è risultato interagire positivamente con tutti gli strati epidermici ed annessi cutanei. Nel medesimo Kit (K 518 Dako-Pap) erano altresì contenuti antisiero di maiale contro immunoglobulina di coniglio e antisiero di coniglio con antiperossidasi di rafano legato a perossidasi di rafano. Abbiamo così realizzato un doppio «sandwich» di antisieri-anticorpi uniti ad antisiero «ponte» di maiale, secondo quanto proposto in letteratura (*Schlegel, Banks, Schlegel* e *Pinkus,* 1981).

A tal fine abbiamo portato avanti una serie di vetrini porta-oggetti sui quali avevamo separatamente fatto aderire mediante nastro bi-adesivo: materiale ottenuto dal raschiamento tegumentario di un giovane maschio adulto; materiale ottenuto dal grattamento della superficie di un frammento di tela di lino del Timossi; polvere aderente al tappo della provetta di conservazione dei fili rispettivamente prelevati da D2c, C9d, B12c e C12d della mappa di riferimento (*Baima Bollone* e *Ghio,* 1977; *Gervasio,* 1978).

I vetrini furono posti in camera umida a temperatura ambiente, indi furono eseguite le seguenti operazioni:

1) Incubazione con due gocce di perossido di idrogeno al 3% per 5 minuti;

2) Lavaggio con tampone PBS e incubazione con due gocce di siero di maiale non immune per 20 minuti;

3) Ulteriore lavaggio ed aggiunta di due gocce di antisiero monoclonale primario di topo anti-A, anti-B e anti-H umani per 20 minuti;

4) Lavaggio con tampone PBS ed apposizione di due gocce di antisiero di coniglio anti-immunoglobuline di topo;

5) Lavaggio in PBS ed apposizione di due gocce di antisiero di maiale, coniugato con perossidasi, anti-immunoglobuline di coniglio per 20 minuti;

6) Evidenziazione delle sedi del legame mediante amino-acetilcarbazolo (A.A.C.) diluito (una goccia in 2 ml di tampone acetato e una goccia di perossido di idrogeno al 3%);

7) Montaggio in gelatina glicerinata tamponata.

Risultati

L'osservazione dei preparati ha innanzi tutto permesso di rilevare, sui controlli da prelievi tegumentari di giovane maschio adulto, una grande quantità di elementi dello strato corneo dell'epidermide. Questi elementi contengono al loro interno una moltitudine di granuli di citocheratina evidenziati da una intensa colorazione rosso-bruna degli immuno complessi ottenuta con la perossidasi.

L'osservazione degli analoghi preparati ottenuti dal grattamento della superficie della tela ricostruita da Timossi non ha per contro consentito di individuare la presenza di alcun elemento cellulare, in particolare di alcun elemento colorato.

Invece, sui preparati delle polveri estratte dalle provette contenenti i fili di Sindone faceva spicco tutta una serie di elementi morfologicamente sovrapponibili a quelli indicati dalla letteratura quali prodotti di desquamazione cutanea (*Schlegel, Banks, Schlegel* e *Pinkus,* 1981). Questi elementi risultano affatto simili a quelli da noi ottenuti nei preparati test da cute umana.

L'esame comparativo dei preparati ha mostrato un accentramento di questi elementi in corrispondenza di quei fili prelevati dalle macchie ematiche in prossimità di lesioni traumatiche.

La frequenza risulta essere la seguente:

D2c   ±
C9d   +
B12c + + +
C12d + + +

Considerazioni

Le presenti ricerche valgono a dimostrare che alla Sindone aderiscono elementi cellulari con le caratteristiche morfologiche degli elementi dello strato corneo dell'epidermide.

Va precisato in merito che la tecnica immuno-istochimica da noi impiegata è assolutamente specifica per le cheratine umane, in quanto è stato impiegato un antisiero ottenuto contro molecole di cheratina, prelevato dallo strato corneo dell'epidermide di piede umano.

Ciò garantisce nel medesimo tempo sulla specificità della reazione sia rispetto alla specie umana, sia nei confronti delle cheratine.

Ne deriva che gli elementi da noi individuati sono cellule di epidermide umana.

Il problema è quello di stabilire se esse siano coeve alle tracce ematiche ovvero se derivino dai successivi maneggiamenti del reperto.

Certo non è escludibile a priori che una componente maggiore o minore di questi elementi sia riferibile alle manualità subite dal lenzuolo nel tempo.

Tuttavia il fatto che le sollecitazioni meccaniche dei traumatismi di cui è traccia nelle immagini sindoniche ben possa essere fonte di accentuata desquamazione, il fatto che lo sfregamento dei margini delle lesioni da parte di un lenzuolo funerario rappresenti una sorta di «brushing» (raccolta per sfregamento) e l'essere la maggior densità degli elementi da noi individuati accentuata in corrispondenza con le tracce ematiche sono gli elementi che convergono a far ritenere che una quota a parte degli elementi corneificati da noi evidenziati riconosca la medesima origine degli imbrattamenti ematici.

D'altro canto se la presenza di aloe e di mirra giustifica la conservazione del sangue e dei suoi elementi morfologici, è chiaro che ciò ben si può estendere alla conservazione di altri materiali cellulari soprattutto se ad alta resistenza come gli elementi più superficiali dei tegumenti.

Conclusioni

In sintesi la ricerca immunoistochimica delle cellule dello strato corneo dell'epidermide mediante antisiero di coniglio anticitocheratine umane da noi effettuata sul materiale aderente ai fili dei prelievi sindonici è risultata positiva.

Esiste una concordanza topografica tra l'accentramento di tali elementi e le sedi delle lesioni traumatiche. Si può pertanto presumere che, almeno in parte, essi possano essere riferiti a fenomeni di desquamazione marginale delle sedi traumatizzate.

RÉSUMÉ. La récherche de traces biologiques sur les fils du St. Suaire préléves la nuit du 9 octobre 1978 a permis jusqu'à present l'identification du sang (Baima Bollone 1981), la possibilité de confirmer sa nature humaine (Baima Bollone, Jorio et Massaro 1981), son classement comme group AB (Baima Bollone, Jorio et Massaro 1982; Baima Bollone et Gaglio 1984). Recherches concomitantes morphologiques et immunologiques ont permis en plus de relever la présence de traces d'aloès et de myrrhe (Baima Bollone 1981; Baima Bollone et Gaglio 1984).

Il est donc possible supposer que telles épices aient eu une influence détermitative ou au moins contributive à la conservation du sang dont restent quelques érythrocites (Baima Bollone et Gaglio 1984).

À présent on n'estime pas hors de l'ordinaire des recherches pour vérifier la présence d'autres matières cellulaires. Le problème est examiné par la méthode immuno-histo-chimique.

SUMMARY. The two Authors face with the immunoenzymatic method the problem of the possible persistence of cellular tissue on the Shroud. Aim of the process followed is to demonstrate, mainly in the traumatic injury area, the actual presence of cells of the skin horny layer.

BIBLIOGRAFIA

BAIMA BOLLONE P. L., *Leggendo il resoconto pubblico delle perizie dell'ottobre 1978 sulla Sindone*, Sindon 28, 9, 1979.

BAIMA BOLLONE P. L., *La presenza della mirra, dell'aloe e del sangue sulla Sindone* in: *La Sindone, Scienza e Fede*. Atti del II Convegno Nazionale di Sindonologia, Bologna, 27-29 novembre 1981, pagg. 169-174.

BAIMA BOLLONE P. L., *La determinazione del gruppo di sangue identificato sulla Sindone* in: *Atti del II Convegno Nazionale di Sindonologia*, op. cit., pagg. 175-177.

BAIMA BOLLONE P. L., *Indagini identificative su fili della Sindone*. Conferenza tenuta il 6 maggio 1981, Giornale dell'Accademia di Medicina di Torino, 145, 228, 1982.

BAIMA BOLLONE P. L. e GAGLIO A., *Ulteriori ricerche sul gruppo delle tracce di sangue umano sulla Sindone*, Sindon, 33, 9, 1984.

BAIMA BOLLONE P. L. e GAGLIO A., *Demonstration of blood, aloes and mirrh on the Holy Shroud with immunofluorescence techniques*, Spectrum Shroud International 13, 3, 1984.

BAIMA BOLLONE P. L. e GHIO A., *Proposta di una mappa della Sindone*, Sindon 26, 23, 1977.

BAIMA BOLLONE P. L., JIORIO M. e MASSARO A. L., *La dimostrazione della presenza di tracce di sangue umano sulla Sindone*, Sindon, 30, 5, 1981.

BAIMA BOLLONE P. L., JORIO M. e MASSARO A. L., *Identificazione del gruppo delle tracce di sangue umano sulla Sindone*, Sindon, 31, 5, 1982.

GERVASIO R., *Riscontri topografici e riferimenti su alcune mappe della Sindone*, Sindon, 27, 45, 1978.

POLAK J. M. e VAN NOORDEN S., *Immunocytochemistry*, Wright, Bristol 1983.

SCHLEGEL R., BANKS SCHLEGEL S. e PINKUS G., *Immunohistochemical localisation of Keratin in normal human tissues*, Lab. Invest. 42, 91, 1981.

STERNBERGER L. A., *Immunocytochemistry*, 2nd ed., John Wiley & Sons, Inc., New York 1979, pagg. 104-169.

TAYLOR C. R., *Immunoperoxydase technique. Practical and theoretical aspects*, Arch. Pathol. Lab. Med. 102: 113-121, 1978.

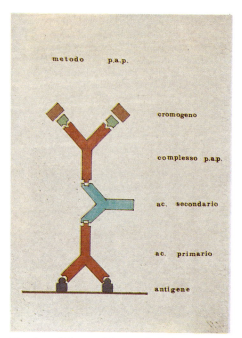

Fig. 1 — Schema del metodo P.A.P.

Fig. 2 — Cellule dello strato corneo dell'epidermide di maschio adulto, × 600 sull'originale.

Fig. 3 — Cellule epidermiche in B12c, × 600 sull'originale.

Fig. 4 — Cellule epidermiche in C12d, × 600 sull'originale.

LA LESIONE DA CHIODO AGLI ARTI SUPERIORI DEL CROCIFISSO

LAMBERTO COPPINI*

La ferita al carpo della mano sinistra del Crocifisso [FIG. 1], la sola rilevabile sulla Sindone, essendo la mano destra parzialmente nascosta e la lesione da chiodo incerta, è un fatto che non avrebbe bisogno di essere nuovamente discusso. Al limite si potrebbe cercare di mettere in chiaro qualche particolare di meccanica articolare del carpo sottoposto al trauma del chiodo.

Le ricerche di Barbet, a partire dal 1939[1] e quelle del Ricci, a partire dal 1960[2], da tutti conosciute, sono da ritenersi storicamente e scientificamente importanti per i molti aspetti che trattano e perché si prestano ad importanti integrazioni.

Le prove sperimentali del Barbet hanno dimostrato che la ferita da chiodo ha interessato, contro l'opinione corrente ed in particolare di quella artistica [FIG. 2], l'articolazione mediocarpica a sinistra, e l'A. ha cercato di rendersi conto sperimentalmente del decorso compiuto dal ferro.

Il Ricci ha svolto un lavoro di rilievo studiando le impronte ematiche, per le quali l'A. non solo conferma la lesione al carpo, ma, attraverso l'analisi goniometrica della direzione del sangue uscito dalle ferite, determina le varie fasi dell'accasciamento e del sollevamento del Crocifisso, trattenuto al patibolo dai chiodi[3].

Non sarei ritornato sull'argomento della lesione al polso, così come si può constatare sulla Sindone, se non avessi letto e sentito voci contrarie alla lesione da chiodo sulla articolazione medio-carpica.

Se leggiamo la letteratura specifica, e ci riferiamo volutamente a quella in

* Professore Ordinario di Anatomia Topografica nella Facoltà di Medicina e Chirurgia all'Università di Bologna; Delegato Regionale per l'Emilia Romagna del Centro Internazionale di Sindonologia.

[1] Le ricerche di Barbet sono condensate in: P. BARBET, Le cinque piaghe di Cristo, studio anatomico e sperimentale sui dati anatomici della Sindone, S.E.I., Torino 1939. ID., La Passione di N.S. Gesù Cristo secondo il chirurgo, L.I.C.E., Torino 1959.

[2] Le numerose ricerche del Ricci sono compendiate nel volume: G. RICCI, La Sindone Sacra. Centro Romano di Sindonologia, Roma 1976.

[3] G. RICCI in L'uomo della Sindone è Gesù, Studium, Roma 1969, p. 246 e ss., localizza la zona di infissione del chiodo al carpo anche per la mano destra: lo si rivelerebbe sulla Sindone in corrispondenza del punto in cui si individuano due immagini speculari a losanga ad angoli smussati. Di queste due immagini speculari la superiore è più sbiadita e si sarebbe realizzata per una piega di rincalzo del lenzuolo. Il foro del chiodo, tenuto conto di questa piega di rincalzo, si troverebbe in corrispondenza dell'avambraccio, vicino alla mano sinistra in sovrapposizione. Questo rilievo importante meriterebbe una conferma.

cui gli AA. hanno eseguito prove sperimentali, si nota che è ristretta a pochi lavori. Altri numerosi AA. che trattano di sindonologia, si sono ripetuti sull'argomento, alcuni invero con maggiore puntualizzazione di altri; ma di questa vasta letteratura tratterò in un proseguo del lavoro.

Le esperienze di crocifissione del Barbet non sono state certamente le prime, ce lo ricorda Mons. Alfonso Paleotti, 1598[4], il quale dopo il pellegrinaggio effettuato a Torino per l'ostensione della Sindone del 1582[5], ne era rimasto talmente colpito da essere indotto a scrivere sull'argomento per la «utilità spirituale del suo popolo». A proposito della lesione in oggetto, il Paleotti afferma che il chiodo è uscito «nella giuntura tra braccio e mano, chiamata dagli anatomisti carpo e non fu piantata nella palma, questo perché il chiodo non avrebbe retto il corpo; ma sarebbesi per lo peso stracciata la mano; secondo la esperienza fattane dai pittori e scultori valenti, in corpi morti per cavarne ritratti».

Accenno solo al Donnadieu, 1903[6], il quale oltre ad essere contrario alla autenticità della Sindone, ha cercato, in un lavoro pieno di preconcetti, di dimostrare che una mano trafitta al palmo poteva essere comunque un punto solido e sicuro senza che si determinasse una lacerazione dei tessuti. I particolari riferiti, la scelta del materiale, la tecnica, la presentazione di una fotografia in cui si vede un cadavere mal ridotto, perché già trattato per la dissezione, appeso per una sola mano, tolgono ogni serietà al lugubre tentativo di esperimento.

Chi ha voluto trovarsi nelle condizioni più idonee, simili al vivente, ha dovuto convenire che ogni prova di sospensione per inchiodatura deve essere condotta su cadavere deceduto da poche ore, o su pezzi d'amputazione, cosa che ha fatto il Barbet, il quale iniziò i suoi esperimenti nella primavera del 1932, dopo avere partecipato alla ostensione della Sindone del 1931. Nella sua ricerca fu anche aiutato dalle fotografie riprese dall'Enrie nel 1931[7], fotografie che ancora oggi vengono utilizzate. Alla conclusione degli esperimenti, descritti con precisione, il Barbet ritenne di sostenere che il chiodo, infisso nella mano sinistra del Crocifisso, era penetrato in pieno carpo nello spazio di Destot[8], che si può vedere con la radiografia, e che poteva essere raggiun-

---

[4] A. PALEOTTI, *Esplicatione del Sacro Lenzuolo ove fu involto il Signore.* Grossi, Bologna 1598. Mons. Alfonso Paleotti (1531-1610), alla morte del cugino Gabriele, arcivescovo di Bologna, avvenuta in Roma nel 1597, fu eletto al suo posto nell'arcivescovado di Bologna.

[5] Il viaggio a Torino di Mons. Alfonso Paleotti fu effettuato per l'Ostensione della S. Sindone del 13-14 giugno 1582, come si legge nei documenti pubblicati dal SAVIO, *Ricerche storiche sulla S. Sindone*, Torino 1957, pp. 304-307.

[6] A.L. DONNADIEU, *Le Saint Suaire de Turin devant la science*, Ch. Mendel, Parigi 1903.

[7] G. ENRIE, *La Santa Sindone rivelata dalla fotografia*. S.E.I., Torino 1933.

[8] E. DESTOT, *Scaphoide et fracture au poignet*, Librairie et imprimerie Vitte, Lione 1898. ID., *Le poignet et les accidents du travail*, Vigot Fréres, 1905. ID., *Traumatismes du poignet et Rayons X*, Masson, Parigi 1923. Al Destot spetta il merito, poco dopo la scoperta dei raggi X, comunicata dallo stesso Röntgen il 28 dicembre 1895 alla Società Fisico-Medica di Würzburg, di avere acquistato e messo in opera, nel

to dal centro della piega distale di flessione del polso [FIG. 3-4].

Prove su materiale anatomico sono state condotte anche da Judica Cordiglia, 1959[9], da Baima Bollone, 1978[10]. Tali AA. ritengono che un'inchiodatura al palmo non consentirebbe ai tessuti di reggere un peso corrispondente a quello di un uomo della costituzione del Crocifisso, mentre ciò è possibile quando il chiodo è infisso in corrispondenza dello spazio di Destot.

La Sassu, 1979[11], esegue prove di transfissione, che le permettono di giungere alle conclusioni di Barbet; esegue anche prove di equilibrio in sospensione sul vivente per studiare il meccanismo d'innalzamento e di accasciamento dei crocifissi. Ella afferma che i suoi risultati sperimentali reggono il confronto con quanto appare nella Sindone.

Eskenazi, 1951[12] e De Castro, 1960[13] non concordano con una inchiodatura alla articolazione metacarpica e sostengono invece l'ipotesi che questa sia stata effettuata al palmo.

In particolare il De Castro sostiene che la infissione del chiodo è nel palmo e ciò lo rileverebbe da un addensamento dell'immagine situata tra il secondo ed il terzo metacarpale, alla unione del suo terzo medio e prossimale. Afferma che non esistono ragioni scientifiche, anatomiche e sperimentali per cui si debba produrre la fenditura del palmo della mano in senso longitudinale, agendo il chiodo nella medesima direzione.

Il De Castro ha creduto di scrivere un lavoro documentato, ma in realtà ha utilizzato, per la parte sperimentale, solo dati molto criticabili, fornitigli dall'anatomico Conde Andreu, il quale aveva crocifisso nove cadaveri nel suo dipartimento anatomico. Tali cadaveri, crocifissi senza sostegno ai piedi, avrebbero resistito quindici giorni (sic) senza lacerarsi; uno cedette, ma solo da una mano, rimanendo in sospensione.

Nel 1977 ad Albuquerque, nel New Messico degli Stati Uniti, venne indetto dalla Holy Shroud Guild di New York un incontro di studi sulla Sindone,

---

febbraio 1896, tubi di Crookes costruiti presso Chabaud di Parigi. Da quel momento, tra i primi in Europa, iniziò uno studio serrato di Anatomia, Fisiologia, Radiologia e Patologia del polso, nel quale raggiunse con l'aiuto di allievi una nota competenza. Quando ci riferiamo agli spazi di Destot, intendiamo quei «trous» come li chiama lo stesso Destot, che si riscontrano, radiologicamente ed anatomicamente, in corrispondenza dell'articolazione mediocarpica [FIG. 3-4], che sono importanti punti di riferimento nella semeiologia traumatica del carpo. Il primo di questi spazi, quello che direttamente ci interessa perché è il punto naturale di passaggio del chiodo attraverso il carpo, è delimitato dall'osso capitato, dal semilunare, dal piramidale e dall'uncinato. Il secondo si può rilevare in corrispondenza dell'angolo diedro dello scafoide che lo separa dal collo dell'osso capitato.

[9] G. JUDICA CORDIGLIA, *Contributo medico legale sulla modalità della Crocifissione*, Sindon 1959, n. 1, p. 7.
[10] P. BAIMA BOLLONE-P.P. BENEDETTO, *Alla ricerca dell'Uomo della Sindone*, Mondadori, Milano 1978, pagg. 157-158.
[11] G. SASSU, *Alcune considerazioni sulle impronte degli arti superiori riscontrabili nella Sindone*, in: *La Sindone e la Scienza*, E.P. 1979, pag. 413.
[12] M. ESKENAZI, *Impossibilità di spiegare naturalmente la formazione delle impronte*, La Santa Sindone nelle ricerche moderne, Torino 1951, pag. 20.
[13] L. DE CASTRO, *La crucifixion de las manos en el Santo Licenzo de Turin*, Sindon 1960, n. 2, pagg. 25 e ss.

al quale parteciparono vari qualificati ricercatori. Una sorpresa fu la presentazione di immagini tridimensionali della Sindone ottenute mediante la lettura di chiaroscuri delle fotografie di Enrie, quelle del 1931, con gli stessi apparecchi con i quali erano stati analizzati i dati, trasmessi a terra dalle sonde Viking, per realizzare le fotografie del pianeta Marte. Spetta perciò a Jumper, Jackson e Devan, 1977, l'aver presentato una ricerca, pubblicata sugli Atti[14], in cui, oltre a vari importanti rilievi, affermano di avere individuato, lungo il bordo radiale dell'avambraccio destro, una immagine riferibile al pollice, abdotto a circa 90°. Le immagini presentate sugli Atti di Albuquerque non risultano chiare a causa della stampa, ma gli AA. sono categorici nel testo e affermano che «la loro opinione è che la nuova immagine è un pollice». L'esame obiettivo della Sindone, per quanto si conosceva prima della ricerca, veramente importante, di Jumper e Coll., non aveva permesso di rilevare l'immagine del pollice della mano sinistra[15]. Gli AA. affermano che se il pollice fosse da considerare sotto la mano, il lenzuolo sarebbe rimasto più sollevato di quanto invece mostra la foto tridimensionale.

Il Sava, 1977[16], nella medesima riunione di Albuquerque, presenta un lavoro nel quale attacca il Barbet, dicendo, fra l'altro, che la pietà personale dello scrittore ha offuscato il punto di passaggio fra la soggettività ed una valutazione medico-scientifica. A proposito della lesione da chiodo alla mano sinistra sostiene che il cosiddetto spazio di Destot deve essere forzato con il sacrificio dei legamenti molto corti che collegano le ossa carpali l'una all'altra. Rileva che la separazione delle ossa e degli spazi adiacenti non è sfortunatamente illustrata nelle immagini del Barbet. Realizzato di nuovo l'esperimento, giunge alla conclusione che un chiodo introdotto come sostenuto dal Barbet e da altri AA. non avrebbe potuto dare una maggiore sicurezza nel sostenere il corpo di un uomo affisso alla croce, di quanto non lo possa fare una transfissione attraverso la parte media della mano. Egli ritiene che la zona in cui è passato il chiodo nel Crocifisso deve essere ricercata al di sopra della linea di articolazione del polso e precisamente tra radio ed ulna. Così non ci sarebbe stato pericolo di distacco dalla croce, per il fatto che le parti terminali delle due ossa dell'avambraccio sono virtualmente fuse, quando si incontrano l'un l'altra, venendo a formare un ponte osseo (sic) capace di sopportare molto di più del peso di un corpo in stato di sospensione.

Non si deve dimenticare che nel 1970 ci fu un ritrovamento di 35 scheletri

---

[14] E. JUMPER, J. JACKSON, D. DEVAN, *Computer related investigations of the Holy Shroud*, Proceeding of the 1977 United States conference of research on the Shroud of Turin, 23-24 marzo 1977. *Holy Shroud Guild*, New York 1977, pag. 197.

[15] Il Barbet, non avendo rilevato dalle fotografie della Sindone l'impronta del pollice per la mano sinistra, pensò che ciò fosse dovuto ad una opposizione causata dalla lesione del nervo mediano ad opera del chiodo. Alla luce dei rilievi di Jumper e coll., la tesi del Barbet dovrebbe essere rivista, anche se ha una sua giustificazione nel fatto che in arti appena amputati e infissi al carpo, si può verificare l'opposizione del pollice.

[16] A. SAVA, *The Holy Shroud on Trial*, id., pag. 50 e ss.

in 15 ossari a Giv'at ha-Mivtar, nei pressi di Gerusalemme. Uno degli ossari, databile intorno ai giorni della guerra giudaica (70 d.C.), conteneva lo scheletro di un uomo ancora giovane, che risultò essere morto in croce. La ricerca antropologica la dobbiamo all'Haas, 1970[17]. I talloni del crocifisso erano trattenuti assieme da un chiodo che li aveva attraversati di lato, e le braccia erano state inchiodate al *patibulum*, trapassandole a livello dello spazio interosseo radio-ulnare. Lo studio del reperto scheletrico fece anche rilevare sul radio una erosione dovuta al rapporto traumatico col chiodo, in seguito ai movimenti del braccio intorno alla sua morsa. Non desta meraviglia quindi che il Sava abbia sostenuto l'ipotesi di un inchiodamento tra radio ed ulna.

La Siliato è autrice di una monografia, 1983[18], che può riguardare l'argomento del nostro studio, avendo in questa pubblicato un documento fotografico di un certo interesse, riportato nell'ultima tavola del volume: si tratta di una fotografia di Riggi, 1978[19]. L'autrice riferendosi ad un particolare addensamento della immagine, a livello della impronta delle mani, ripresa per transilluminazione, ritiene che quell'addensamento debba essere riferito al punto di infissione del chiodo: fa rilevare «la forma quadrata del foro che non si vede ad occhio nudo e non si era mai visto fino ad ora». La Siliato, nei suoi scritti chiaramente non favorevole al Barbet, fa eco alla tesi del Sava, parteggiando per una inchiodatura allo spazio interosseo dell'avambraccio. Fin qui nulla da eccepire, essendo ognuno libero di pensare come vuole e può presentare opposte ragioni purché abbiano carattere scientifico. Quello che ci lascia perplessi è il fatto che l'A. fa corrispondere quell'area di maggiore addensamento, visibile sulla fotografia, al punto di inchiodatura nello spazio interosseo. Non essendo sufficientemente chiara la fotografia riportata nel testo, abbiamo fatto un esame sulla diapositiva originale, gentilmente concessa dal Riggi. Ora, l'addensamento in oggetto, che secondo la Siliato dovrebbe rappresentare il punto di infissione del chiodo, non corrisponde topograficamente a quello già determinato dal Ricci, per via goniometrica[20], sulle impronte delle colate di sangue visibili sulla S. Sindone. Se le cose stessero come afferma la Siliato i risultati della ricerca del Ricci dovrebbero essere riveduti; ma in questo senso, in mancanza di altri elementi, penso si debba andare molto piano. Ritorneremo comunque sull'argomento. Sempre in rapporto alla fotografia in questione, ripubblicata con la stessa didascalia sul Catalogo

---

[17] N. HAAS, *Anthropological Observation on the Skeletal Remains from Giv'ha-Mivtar*, in *Israel Exploration Journal*, 1970, n. 20, pagg. 38-59.

[18] M.G. SILIATO, *Indagine su un antico delitto: la Sindone di Torino*, P.M., Roma 1983.

[19] La foto in oggetto, presentata dalla Siliato nella sua monografia, fu ripresa da G. Riggi durante i rilievi effettuati sulla Sindone, subito dopo il Congresso Internazionale del 1978. La fotografia corrisponde al riquadro E 4 del reticolo che egli aveva posto sopra la Sindone per individuare le aree interessate. Cfr: G. RIGGI, *Rapporto Sindone*, Piccolo Editore, Torino 1982.

[20] G. RICCI, *L'uomo della Sindone è Gesù. Op. cit.*, 76, ss.

di una Mostra sulla Sindone da lei curata[21], assieme al particolare di un radio, apparentemente ritenuto eroso dal chiodo, appartenente allo scheletro ritrovato a Giv'at ha-Mivtar, fa notare ancora che il «chiodo fu posto come mostra la Sindone». Accenna in nota anche ad un suo studio che non risulta ancora pubblicato. A questo punto non si può non rilevare che, su un argomento così delicato come quello della S. Sindone, si rischia così di incidere nella didattica con informazioni parziali e discutibili[22].

Ci rimane da riferire ancora su un lavoro di Bocca, Messina e Salvo, 1979[23]. Gli AA., specialisti in chirurgia della mano, conducono una analisi serrata e chiara. Essi ricordano, mi riferisco a quanto dicono riguardo alla posizione del chiodo, che se si vuole accettare il suo passaggio in corrispondenza della zona della macchia visibile al III e IV metacarpale (tesi sostenuta dal De Castro) e le prove di resistenza al peso (Conde Andreau, sempre in De Castro), potrebbe apparire favorevole una infissione al palmo. Ma la mancanza di resistenza degli elementi anatomici al palmo e le impronte poco marcate, visibili sulla Sindone, sono elementi contrari a questo tipo di infissione. Il chiodo all'avambraccio sarebbe una tesi favorevole per la solida sospensione che si può realizzare, ma gli AA. non vedono nessun elemento che appaia a favore esaminando la Sindone. La infissione al polso, nello spazio di Destot, che secondo il Sava è troppo piccolo per una infissione, ha in realtà un buon fondamento per la facilità della penetrazione del chiodo in detto spazio, per le prove positive di resistenza e per la corrispondenza della lesione con le macchie che si vedono sulla S. Sindone.

In riassunto gli AA. che si sono interessati della lesione da chiodo, visibile sulla mano sinistra della impronta sindonica e che hanno cercato di rendersene conto con prove sperimentali, possono essere divisi in tre gruppi.

— Il primo gruppo è rappresentato da coloro che propendono per la lesione al palmo: De Castro (1960), e con fini diversi, Donnadieu (1903), Eskenazy (1951).

— Il secondo gruppo comprende coloro i quali sostengono che la lesione sia da ricercarsi nel carpo: Barbet (1932), Ricci (1960), Judica Cordiglia (1959), Baima Bollone (1978), Sassu (1979), Bocca, Messina e Salvi (1979).

— Il terzo gruppo comprende coloro i quali ritengono che la lesione da chiodo sia riscontrabile nella parte distale dello spazio interosseo dell'avambraccio: Sava (1977), Siliato (1983).

---

[21] M. G. SILIATO, *Indagine su un antico delitto: Fotodocumentazione scientifica storico-archeologica circa la Sindone di Torino*, Roma 1983.
[22] Per tutti i sindonologi c'è la necessità di una continua attenzione al rispetto di una esatta interpretazione e rigore della informazione. Ciò è stato sollecitato da JUDICA CORDIGLIA nei suoi scritti su *Sindon* del 1960 (3, pag. 32) e del 1968 (12-13, pag. 33), e ancora da MAX FREI SULZER, il cui ricordo è ancora vivo in noi, quando, in un suo intervento come presidente del II Convegno di Bologna del 1981, riprendeva con calorosa fermezza le parole dello stesso GIOVANNI JUDICA CORDIGLIA sulla necessità di un «rigorismo scientifico ed interpretativo delle verità sindoniche».
[23] M. BOCCA, S. MESSINA, S. SALVI, *Considerazioni critiche sulle lesioni anatomo-funzionali da inchiodamento della mano in riferimento alla Sindone di Torino*, in *La Sindone e la Scienza*, E.P. 1979, pag. 149.

Abbiamo dato alla ricerca un limite ben preciso: ci siamo voluti rendere conto sperimentalmente se, nella logica di una esecuzione per croce, un chiodo infisso al carpo potesse offrire un appiglio in grado di reggere un corpo in sospensione, senza che a causa della transfissione da chiodo si venisse a determinare uno scompaginamento delle formazioni anatomiche tale da rendere, nelle varie fasi dell'agonia di un crocifisso, meno valido rispetto ad altri questo tipo di sospensione.

La documentazione che presentiamo sarà necessariamente limitata rendendoci conto che le persone che ci ascoltano non sono solo medici e non vorremmo quindi abusare della pazienza di coloro che non possono essere avvezzi alle crude dimostrazioni della anatomia. La documentazione completa verrà presentata nel lavoro in esterno, che sarà pubblicato su Sindon.

Il materiale da noi usato è rappresentato, essenzialmente, da segmenti di arto superiore, concessi immediatamente dopo interventi di amputazione e utilizzati per la parte che ci interessava. I segmenti appartenevano a soggetti di varia età, prevalentemente maschili, alcuni giovani, altri di età tra i trenta ed i quaranta anni. Abbiamo utilizzato inoltre materiali anatomici fissati in vario modo per la loro conservazione o iniettati con masse adatte per la messa in evidenza dei vasi. Le prove di infissione di un chiodo, nei segmenti di arto a nostra disposizione, è stata realizzata con modelli di «Chiodo della Passione» realizzati dal C.I.S., uguali a quelli utilizzati da Baima Bollone per i suoi esperimenti, e da lui gentilmente offertimi.

Infissioni sono state fatte a vari livelli: palmo della mano, carpo, parte distale dell'avambraccio. Si è proceduto a controlli di anatomia topografica, secondo la tecnica corrente; in molti casi si è studiato su sezioni, ottenute dopo congelamento del pezzo [Fig. 5-7].

Le sezioni della mano erano condotte sia nel senso orizzontale, che trasversale, avendo cura di interessare col taglio la parte distale dell'avambraccio e della mano, fino ai metacarpi compresi. Lo spessore delle sezioni poteva variare per le esigenze della dimostrazione e delle tecniche radiografiche che si è ritenuto di applicare successivamente. Per potere eseguire le sezioni con taglio di sega, prima del congelamento si è usato questo accorgimento: dopo che era stato infisso il chiodo di ferro, questi veniva lasciato in situ alcuni minuti e successivamente sostituito con un modello uguale di legno [Fig. 6]. Il chiodo di legno rimaneva infisso durante il tempo di congelamento e delle operazioni successive di sezione e analisi, le quali così potevano essere fatte con buon risultato, senza che le formazioni anatomiche venissero a perdere i loro reali rapporti o quelli acquisiti. I rilievi radiologici, su cui riferiremo in seguito, sono stati condotti con varie tecniche.

Nei nostri preparati l'attenzione è stata rivolta prevalentemente al carpo, che va inquadrato in quella più ampia regione, chiamata polso, i cui limiti sono assai variati a secondo degli Autori[24].

---

[24] R. Versari, *Guida pratica per gli esercizi di Anatomia Topografica*, Pozzi, Roma 1933, pag. 240 e ss.

Volendo cercare un luogo il cui chiodo potesse avere una solida presa, tale da sostenere in ogni momento il peso di un corpo crocifisso, si doveva necessariamente considerare il carpo che, come tutti sanno, è una complessa formazione anatomica costituita da ossa brevi [FIG. 3-4-5], unite in modo singolare in un massiccio resistente, mobile, flessibile, a funzione meccanica complessa per le articolazioni che presenta, tanto da essere chiamato il giunto universale di Destot[25].

Il tramite che quasi naturalmente si realizza, sperimentando la infissione al carpo, corrisponde al centro della piega distale di flessione del polso. Tale punto dista poco più di 8 cm, con qualche differenza da caso a caso, dalla testa del III metacarpale.

Infiggendo il chiodo ci si rende conto che esiste un passaggio facile da affrontare, verso il quale si dirige la punta del chiodo che scivola sulla faccia mediale dell'osso capitato, per uscire dorsalmente un poco più in alto rispetto al foro di entrata. L'obliquità del tramite è condizionata dalla disposizione delle superfici ossee, attorno allo spazio di Destot, come si può facilmente rilevare in un preparato di scheletro ben riarticolato.

Le quattro ossa brevi che delimitano il ricordato spazio, semilunare, piramidale, capitato ed uncinato si spostano, conservandosi i rapporti delle singole ossa delle due fila, mentre si dilata la rima articolare medio carpica. Nei preparati a fresco, quando si estrae il chiodo metallico, la rima articolare tende a ricomporsi, risultando lo spazio di Destot modestamente dilatato.

Dopo quanto abbiamo sperimentato e visto ci sembra che l'infissione del chiodo, in corrispondenza dello spazio di Destot, quindi in piena cavità articolare medio carpica, permette di fissare solidamente l'arto superiore di un crocifisso. Se si confrontano poi i dati sperimentali della inchiodatura al carpo con quanto si rileva dalla macchia corrispondente alla lesione in oggetto e visibile sulla impronta della S. Sindone, si deve ammettere una corrispondenza molto probabile.

Se il chiodo, infatti, fosse stato infisso in corrispondenza della parte inferiore, ancorché a più distale possibile dello spazio interosseo, il segno della ferita si sarebbe presentato ad una distanza dalla testa del III metacarpale maggiore di quanto non si veda in realtà sulla S. Sindone; il contrario poi si sarebbe verificato per una infissione al metacarpo.

Una infissione del chiodo al palmo, come ci è stata tramandata dalla tradizione iconografica, è infine difficilmente compatibile con una sospensione in croce e ciò per il peso che dovrebbe reggere il palmo della mano, le cui strutture, avendo una disposizione prevalentemente raggiata, offrirebbero una limitata resistenza al carico [FIG. 7].

---

[25] Sulla anatomia del polso si possono consultare oltre ai testi classici, il volume del Versari, appena citato, e quello del Destot: *Traumatismes, ecc. Op. cit.*, nota 10. Cfr. anche: M. PATEL - J. CREYSSEL - M. DARGENT, *Précis d'anatomie médico-chirurgicale. Maloine*, Paris 1951, pagg. 495 e ss. CALLANDER - B. J. ANSON - W. G. MADDOCK, *Anatomia Chirurgica*, S. E. Universo, Roma 1960, pagg. 896 e ss. I. A. KAPANDJI, *Fisiologia articolare*, S. E. Demi, Roma 1974, Vol. 1, pagg. 128 e ss.

Solo un cadavere defedato, fissato per la dissezione, può in una crocifissione sperimentale sopportare, a certe condizioni, il suo peso. Certamente questo non poteva verificarsi nel Crocifisso ancora vivo e sottoposto a reazioni motorie somatiche anche notevoli. La fenditura delle strutture al palmo si sarebbe determinata ed avrebbe interessato importanti arterie. Avremmo dovuto vedere una più larga macchia di sangue sulla faccia dorsale della mano applicata alla croce, ma ciò non si vede sulla impronta sindonica dove si rilevano solo i segni di una effusione di sangue che certamente è quasi solo venoso.

In conclusione, in un primo incontro della nostra ricerca col problema della sospensione dei crocifissi, dobbiamo convenire che gli studi di Barbet e di Ricci, quando parlano della inchiodatura del Crocifisso al carpo, hanno una buona base sperimentale e reggono il confronto con quanto si vede sulla S. Sindone. Siamo ripartiti dalle ricerche di Barbet, di Ricci e dalle fotografie di Enrie, ma avremmo invero desiderato di potere usufruire anche di una raccolta completa ed ufficiale delle fotografie scientifiche del 1978, debitamente autenticate e depositate presso la Cappella della S. Sindone e consultabili, almeno in copia, presso il Centro Internazionale, cui le Delegazioni fanno capo. Purtroppo non ci risulta che questo sia stato fatto ed è veramente incomprensibile che la Proprietà e l'Autorità Ecclesiastica non abbiano provveduto a porre questa condizione ai membri della Commissione che hanno effettuato i rilievi nel 1978. Tutto ciò ha reso più difficile, ed in certe condizioni anche opinabile, il lavoro dei ricercatori successivi.

Tenuto conto di questa situazione, e nella eventualità di nuovi esami sulla S. Sindone, vorremmo si tenesse conto delle necessità di un diretto controllo, con i mezzi a disposizione, della Immagine sindonica. In particolare desidereremmo effettuare particolari rilievi delle regioni corrispondenti ai settori 4 B-C della mappa sindonica[26], perché sono un punto importante di osservazione anatomica e per la conoscenza della tecnica e della dinamica di quella Crocifissione. Si potrebbe concorrere, le possibilità si intravvedono, ad una dichiarazione definitiva di «autenticità anatomica» della S. Sindone.

Era questa autenticità o verità anatomica e fisiologica emergente dalla immagine impressa sulla S. Sindone, che era cara al Barbet.

Per questo mi sia concesso, a chiusura, un richiamo alla sua memoria, necessario particolarmente oggi, per le voci che si sono levate contro la sua opera e il suo modo di essere e di sentire.

Il Barbet ha ricercato per tutta la vita quella verità ed autenticità della S. Sindone, utilizzando i mezzi allora a sua disposizione con i quali è giunto a rappresentarsi il supplizio di un crocifisso. Ciò gli ha permesso, in un secondo momento di meditare sulla sofferenza e sulla morte di Cristo, così infatti scriveva: «...Mais existe-t-il au monde un objet de méditation plus important pour l'homme que ces souffrances, où se matérialisent pour lui deux mystérieuses

---

[26] M. PALEL - J. CREYSSEL - M. DARGEN, *Op. cit.*, pag. 495.

vérités, les seules au vrai qui lui importent, l'Incarnation et la Rédemption? Il faut et il suffit évidemment qu'il y adhére de toute son âme, et qu'il en tire lyalement sa régle de vie. Mais, dans cet événement unique, qui est le point culminant de l'histoire humaine, le moindre détail acquiert, il me semble, une valeur infinie. On ne se lasse pas d'en scruter les moindres particularités, même quand la discrétion des Evangélistes nous réduit à échefauder sur des bases scientifiques, et non plus scripturaires et inspirées, de plus ou moins solides hypothéses... Aussi faut-il, de toute nécessité, que nous médecins, anatomistes, physiologists, nous qui sanvons, nous proclamions bien haut la vérité terrible; que notre pauvre science ne serve pas seulement à soulager nos fréres, mais, par un service plus grand, à les éclairer»[27].

Che potessero sorgere delle discussioni sulla sua opera lo prevedeva, se scriveva: «Je n'ai d'ailleurs pas, qu'on se rassure sur mon compte, la prétention de donner dans ce livre une solution compléte et définitive du problème posé par le Saint Linceul:.. Je suis donc tout prêt, comme on doit l'être en matière de sciences, à abandonner ou à modifier dans ses détails celle croyance si des faits nouveaux indubitables viennent raisonnablement m'y contraindre»[28].

Non mi sembra dunque, come è stato scritto e già riferito, che «la pietà personale dello scrittore ha offuscato il punto di passaggio fra la soggettività ed una valutazione medico scientifica».

Sarebbe bene che ci ricordassimo sempre che ogni nostra ricerca non è altro che un tentativo, se onestamente condotta, di fare scoccare davanti ai nostri occhi ed alla nostra mente, una scintilla della infinita Sapienza di Dio. Mi ritornano alla mente le parole di Pascal, quando diceva: «che l'uomo è veramente grande quando è in ginocchio», ed il Barbet è stato grande come uomo e come sindonologo, perché ha accolto con tutta la sua fede e pietà ciò che la S. Sindone gli aveva mostrato, sulla base di una ricerca seriamente condotta.

Dobbiamo sentirci onorati di avere avuto tra i primi sindonologi moderni Piero Barbet, il quale sapeva bene che la S. Sindone non era un semplice reperto archeologico, ma una reliquia cristiana: a questa ci si dovrebbe sempre accostare con corrispondenti sentimenti!

Ho cominciato a conoscere il Barbet nel 1951 e gli debbo molto, ma per ricordarlo nella sua giusta luce, più che dirlo con le mie parole, desidero rileggere, con loro, quanto Francis Ruello, Professore alle Facoltà Cattoliche d'Angers, scriveva nel 1965, nella sua prefazione alla IX edizione francese del libro del Barbet «La Passion de Jésus Christ selon le chirurgien»[29]: «...Fut un homme de foi profonde et de grand savoir... de éminentes qualités scientifi-

---

[27] R. GERVASIO, *Riscontri topografici e riferimenti su alcune mappe della S. Sindone, Sindon* XX, 27, 1978; pagg. 45 e ss.
[28] P. BARBET, *La passion de Jésus-Christ selon le chirurgien. Apostolat des Editions*, Editions Paulines, Paris 1950, pagg. 18-19.
[29] *Idem c.s.*, pag. 22.

ques, immense culture, très fonciére honnêteté, de farouche (et parfois brutale) loyauté, méfiance des idées, sens inné de la mesure... Je le connessais déjà depuis bien des années et nous avions silencieusement compris l'un et l'autre quels liens profonds, véritablement filiaux, m'unissaient à lui. Ces liens-ils ne sont pas rompus-devinrent de plus en plus étroits, de plus en plus chers, a tel point que je considère une immense grâce d'avoir pu vivre chez lui, d'Octobre 1946, au dimanche Laetare de 1961, jour de son entrée dans la vie éternelle. Pour sa part, il avait accompli dans sa chair ce qui manque à la Passion du Christ et je n'oublierai jamais le signe de Croix qu'il traça sur lui-même, humblement, spontanément, quand il me vit gravir l'escalier qui condusait à sa bibliothéque devenue sa chambre de malade. Je lui apportais pour la dernière fois le Corps du Christ. Et nous savons tous que sa tendresse pour l'Eucharistie n'était pas moins ardente que sa tendresse pour le Christ en Passion corporelle»[30].

RÉSUMÉ. L'Auteur considère la lésion déterminée par les clous aux membres supérieurs du Crucifié. La littérature qui traite ce sujet est abondante, mais la majeure partie des Auteurs s'est limitée à observer et à discuter l'image de la lésion telle qu'elle apparaît sur le S. Suaire, en formulant l'hypothèse que cette lésion se trouve à la paume de la main, au carpe, ou à la partie distale de l'avant-bras. L'Auteur se référant en particulier aux rares chercheurs qui ont effectué des expériences pour contrôler les diverses possibilités et les confronter avec la réalité du S. Suaire, rappelle que les recherches de Barbet, faite sur le cadavre, induisent à opter pour le carpe. Ces recherches trouvent une confirmation dans les travaux de Ricci qui étudie la goniométrie des empreintes hématiques visibles sur le S. Suaire. Les recherches du Barbet et de Ricci peuvent être considérées comme les travaux expérimentaux les plus acceptables.

L'Auteur, à son tour, opérant sur un matériel anatomique, prélevé et traité dans des conditions particuliéres, pratique le clouage au carpe, qu'il considère comme le siege le plus exact, ainsi que l'on peut le vérifier sur l'image du S. Suaire. En analysant les modalités du trajet du clou, enfoncé au centre de la ligne distale de flexion du poignet, il se rend compte que le clou traverse l'un des trous de Destot, celui qui est compris entre l'os semi-lunaire pyramidal, grand os et crochu, au milieu de l'articulation médio-carpienne. Pour réaliser son expérience et mieux contrôler la topographie de la lésion, il a l'idée de substituer au clou de fer utilisé tout d'abord, un clou en bois semblable. Cela lui permet d'effectuer, après congélation, des sections du matériel anatomique diversement orientées.

L'étude doit encore être complétée et porsuivre dans le but d'examiner la validité des autres thèses.

L'Auteur déplore que, à la suite des observations faites sur le S. Suaire en 1978, les chercheurs n'aient pu bénéficier d'une collection de photos certifiées authentiques et légalement déposées, exécutées alors. Ce fait rendra plus compliqué et parfois aussi discutable le travail des futurs chercheurs.

Se référant aux travaux de Barbet, il souligne les qualités humaines de ce dernier, ainsi que ses dons de chirurgien et de sindonologiste. Evocant ensuite Iudica Cordiglia, il affirme qu'il est de la plus haute importanze tous le sindonologistes de se conformer à des critères extrêmement objectifs dans l'utilisation, à des fins didactiques, de renseignements recueillis dans des études et pubblications sur le S. Suaire dont la valeur n'est pas encore effirmée.

Le S. Suaire peut être étudié scientifiquement avec les moyens dont on dispose, et ceci devrait être permis, à condition qu'aucun chercheur n'oublie qu'il ne s'agit pas seulement d'une pièce archéologique, mais d'un document chrétien et sacré, duquel on ne devrait s'approcher qu'avec des sentiments adéquats, ou du moins avec grande prudence et respect.

---

[30] *Idem c.s.*, Prefazione al volume del Barbet di F. RUELLO, pagg. 9-17.

SUMMARY. The Author takes into consideration the lesion of the nail to the upper arms of the Crucifix. The literature in which the argument is discussed is vast, however the majority of the Authors limited themselves to observe and discuss the image of the lesion as it appears on the Shroud, in which sits the hypothesis the lesion to be on the palm, on the wrist, or on the distal portion of the forearm. One recalls in particular the few Authors that have done experiments in order to check the various possibilities and compare them with the finding of the Shroud, recalling that the research of the Barbet, conducted on the cadaver, preposes a nail hole on the carpus, which has been confirmed by the investigation of Ricci who studied the geometry of the visible impression of blood on the Shroud. The research of Barbet and of Ricci are thought to be the most acceptable experiments.

The Author, working on material taken and treated in particular conditions, makes the nail hole on the carpus that he considers the most correct place which one can verify on the Shroud image. Analysing the impression of the nail fixed on the center of the distal line of flexion of the wrist, one finds that this crosses one of the spaces of Destot, which include the semilunar pyramidal, capitated, hooked bone in full articulation of the medial carpus. In order to prove this, and to better check the topography on the lesion, one uses the technique of substituting another nail, utilising a wooden nail for transfixing: he has effected various sections oriented towards anatomical material after freezing. The research has to be completed and we arene going on to see the validity of other opinions.

The Author regreats that after the reliefs done on the Shroud in 1978, the researchers have not had the possibility to take advantage of certificated photographs done at that time. This makes more difficult and questionable the work of subsequent researchers.

Recalling Bardet's works, he emphasizes the humanness of the surgeon and of the studious of the Shroud. Recalling Judica Cordiglia, he thinks that it is extremely important that all the studiouses on the Shroud must be objective of all the results of studies not yet confirmed.

The Shroud has to be studied scientifically and this should be allowed, but no researcher has forget that this is not simply an archeological finding but a holy proof, who must be approached with great caution and respect.

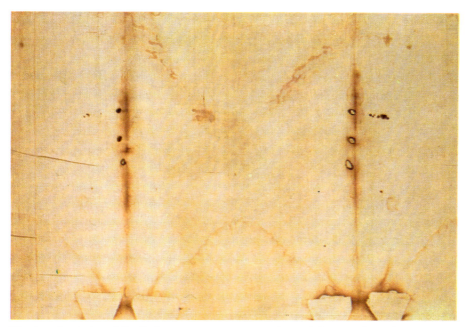

Fig. 1 — Particolare della Sindone ripresa in corrispondenza dell'area sulla quale si sono impresse le mani e gli avambracci segnati dalle colate di sangue.
Tenuto conto della inversione della immagine impressa sul telo, notare particolarmente l'impronta delle colate di sangue uscite dalla ferita al carpo della mano sinistra (apparentemente la destra per chi guarda). La fotografia è stata gentilmente concessa dal Centro Internazionale di Sindonologia.

Fig. 2 — Cristo crocifisso. Particolare di dipinto della Scuola di A. Van Dyck. Gallerie della Soprintendenza ai Beni Artistici e Storici di Venezia. Per gentile concessione.
Contrariamente alla iconografia corrente i chiodi sono infissi al carpo.

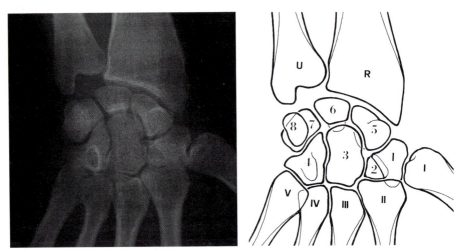

Fig. 3 — Radiografia di mano destra in adduzione (a) e relativo schema a tratto (b). In alto le estremità distali del radio (r) e dell'ulna (u). Al centro le otto ossa del carpo: 1 trapezio; 2 trapezoide; 3 capitato; 4 uncinato; 5 navicolare; 6 semilunare; 7 piramidale; 8 pisiforme. Le ossa metacarpali sono segnate dai numeri romani corrispettivi. Notare la interlinea articolare tra le fila prossimale e distale delle ossa del carpo, corrispondente alla articolazione mediocarpica (cfr. con la Fig. 4). Gli spazi (trous) del Destot si trovano: uno in corrispondenza dell'angolo diedro dello scafoide che lo separa dal collo dell'osso capitato; l'altro tra le ossa capitato, uncinato, piramidale e semilunare (3, 4, 7, 6). Quest'ultimo spazio è quello in cui si impegna il chiodo, quando si effettua la inchiodatura al polso, essendo infisso il ferro in corrispondenza del centro della piega di flessione distale del polso.

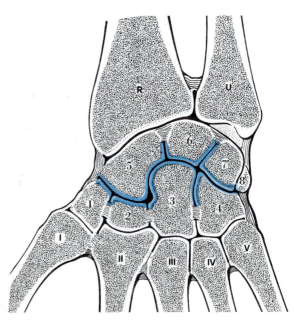

Fig. 4 — Schema della articolazione mediocarpica disegnata su una sezione. Le didascalie corrispondono a quelle della Fig. 3.

Fig. 5 — Preparato anatomico della mano destra sezionata, previo congelamento, in due parti (a) dorsale, (b) palmare. Le parti sono presentate come un libro aperto, essendo la fotografia centrata sul carpo.
La parte dorsale è a sinistra di chi guarda, la palmare a destra. Si rilevino i rapporti articolari delle varie ossa del carpo, ed in particolare la interlinea articolare medio-carpica.
Le didascalie sono le stesse della Fig. 3.

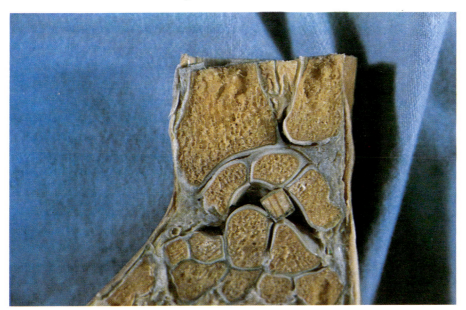

Fig. 6 — Particolare della sezione orizzontale di mano destra, ottenuta dopo congelamento: preparato fissato. La parte esposta corrisponde al piano dorsale di taglio della mano. Si è voluto dimostrare il punto di probabile passaggio, attraverso la regione del carpo, di un modello di «Chiodo della Passione», infisso al centro della piega distale di flessione del polso. Nel preparato, il chiodo di legno (si vedano i motivi nel testo), che ha sostituito quello di ferro utilizzato inizialmente per la transfissione, è stato interessato dal taglio della sega mentre attraversa lo spazio di Destot (cfr. con le fig. 3-4-5).
Il preparato, pur essendo eseguito su esile mano di donna, ha sopportato bene il passaggio di un chiodo di 8 mm. La rima articolare medio carpica ha subito un notevole allargamento, senza peraltro che siano venute a determinarsi fratture o traslocazione delle singole ossa delle due fila del carpo.

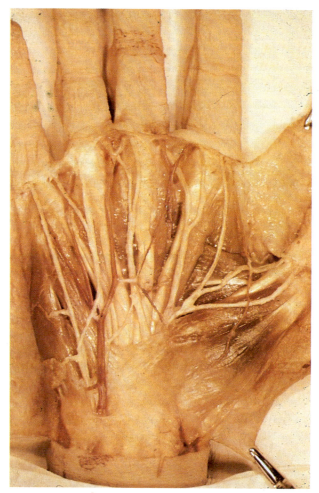

Fig. 7 — Preparato anatomico, eseguito a fresco, di mano destra vista dal lato palmare. Superato il piano cutaneo e quello della aponeurosi palmare, sono stati scolpiti i nervi e le arterie, iniettate, della arcata superficiale. Notare la disposizione raggiata delle formazioni anatomiche. Una fissione del chiodo alla regione palmare offre scarsa garanzia di sopportare le scosse o le reazioni motorie di un corpo vivo sospeso per crocifissione. Comunque tale garanzia è certamente molto inferiore a quella che si può avere con una infissione al carpo o alla parte distale dello spazio interosseo dell'avambraccio.

L'IGNOMINIOSA FLAGELLAZIONE SECONDO LA SINDONE RILIEVI DI FISIOPATOLOGIA CLINICA

GIOVANNI LARATO*

> «Les plombeés et coups de fouets sont si fréquents... qu'à peine y peut on trouver une place de la grosseur d'une pointe d'épingle exempte de coups; elles se croisaient toutes et s'étendaient tout le long du corps... Les épaules sont entièrement déchirées et moulues de coups de fouets, qui s'étendent partout... La diversité des coups fait voir qu'ils se servirent de diverses sortes de fouets, comme de verges nouées d'épines, de cordes de fer qui le dechiraient si cruellement...».
>
> *(Dal verbale delle Suore Clarisse di Chambéry, al termine del lavoro di restauro della Sindone, il 2 maggio 1534).*

Le Clarisse di Chambéry ci offrono la più antica descrizione delle lesioni da «flagello» impresse sulla Sindone in una prosa che rende, nella sua commovente semplicità, tutta la loro fede e lo sforzo di penetrazione dell'enigma sindonico da esse compiuto in quella che può considerarsi — nella travagliata storia della Sindone — la più lunga ostensione privata consumata, fra assorti silenzi e tacite preghiere, in un paziente lavoro di restauro.

«Le lividure dei colpi di flagello sono così frequenti... che a mala pena si può trovare un posto della grandezza di una punta di spillo esente da colpi... Esse si incrociano sempre e si estendono lungo tutto il corpo» (è la prima constatazione di una flagellazione metodica e senza limitazione di colpi). «Le spalle sono interamente lacerate e contuse dai colpi di frusta che appaiono dappertutto... La diversità dei colpi indica che si servirono di varie specie di flagelli: come verghe di spine e corde di ferro che lo lacerarono tanto crudelmente» (le pie suore si rifanno erroneamente all'iconografia popolare del loro tempo immaginando strumenti di tortura assai rudimentali e grossolani ben lontani dalla «perfezione vulnerante» del *flagrum* romano).

Paul Vignon, allievo prediletto di Yves Delage e pioniere degli studi scientifici sulla Sindone, nell'ambiente e nel clima, positivista dei primi decenni del nostro secolo, fu il primo a voler tentare di riprodurre su di un rudimentale modello sperimentale (un cartone ondulato da imballaggio sul quale era in-

---

* *Laureato in medicina, specialista in cardiologia, segretario della Delegazione Regionale Pugliese del Centro Internazionale di Sindonologia.*

collato un foglio di carta) le modalità lesive della flagellazione riscontrate sul telo sindonico, servendosi di uno strumento simile al *flagrum* romano da lui ricostruito sulla base di precise indicazioni iconografiche e letterarie desunte dall'archeologia greco-romana.

La riproduzione fotografica dello strumento da lui usato è riportata a pag. 56 (fig. 27) del suo libro *Le Saint Suaire de Turin* e mostra un *flagrum* con un manico ligneo, forse troppo lungo — a mio parere — rispetto alle strisce di cuoio, in numero di tre, appesantite all'estremità da due palline di piombo messe l'una dietro l'altra alla distanza complessiva di circa tre centimetri.

È una ricostruzione abbastanza fedele dello strumento di tortura usato per la flagellazione *more romanorum*, confermata da studi ulteriori che hanno descritto vari tipi di *flagrum* con un numero variabile di strisce di cuoio (le *lorae*), generalmente da due a tre, appesantite alle loro estremità da palline metalliche, di solito appaiate a «manubrio di ginnastica», di varia foggia e dimensione, o da ossa di animali (per lo più astragalo di montone) o anche da dadi di legno, che potevano essere numerosi e disposti a «corona di rosario» su tutta la lunghezza delle *lorae*.

Era questo nelle sue linee essenziali il *flagrum taxillatum*, l'*horribile flagrum*, strumento di tortura assai temibile per la sua efficacia devastante, che spesso portava a morte la vittima fra atroci sofferenze[1].

Il Vignon era dell'avviso che solo la parte terminale appesantita fosse idonea a provocare le caratteristiche ferite lacero-contuse «en forme de petits halterés» (manubri di ginnastica) da lui riscontrate sul telo sindonico. Egli afferma testualmente: «La portion non plombée ne blesse pas»; ed in effetti molti studiosi di sindonologia ammettono che soltanto i colpi di flagello che determinarono discontinuazioni cutanee hanno lasciato tracce visibili sulla Sindone.

Secondo Baima Bollone, poiché «non è affatto dimostrata la inidoneità delle ecchimosi a lasciare tracce sulla Sindone», deve ammettersi che anche i colpi di flagello che non discontinuarono la cute, ma provocarono ecchimosi, possono aver lasciato traccia sull'immagine corporale che l'Uomo della Sindone ha impresso sul lenzuolo funerario. Infatti accanto alle immagini binate tipiche della flagellazione si intravedono sulla Sindone, ad una attenta lettura, alcune fini tracce lineari (che non sfuggirono alle pie clarisse) riproducenti le caratteristiche delle *vibici* (termine usato in medicina legale per definire le ecchimosi superficiali sottili ed allungate, come quelle provocate da verghe o colpi di frusta).

Da una revisione critica della bibliografia sindonica più recente riguardante le modalità della flagellazione mi sembra di poter riassumere in tre punti fondamentali i dati più sicuri e/o meno controversi, sui quali è lecito condur-

---

[1] Secondo le testimonianze di G. Flavio ed Eusebio la flagellazione poteva produrre lacerazioni profonde con esposizione di ossa e visceri.

re tutta la successiva discussione sugli aspetti fisiopatologici e clinici della flagellazione dell'Uomo della Sindone:

1) La flagellazione comminata all'Uomo della Sindone fu sistematica e realizzata con un numero rilevante di colpi, che verosimilmente superarono i quaranta meno uno (che era il numero massimo ammesso dalla legislazione ebraica, mentre quella romana non imponeva limitazioni): fu sistematica per la precisione e la direzione dei colpi che non risparmiarono praticamente alcuna zona cutanea, se si eccettua forse l'area precordiale e la parte distale degli arti. Il numero dei colpi inferti, che secondo alcuni sindonologi può aver superato i cento (Ricci), non può stabilirsi con sufficiente precisione perché non si conosce il numero esatto delle corregge e delle palline metalliche di cui era dotato lo strumento usato per «quella» flagellazione (Baima Bollone - Benedetto) o gli strumenti, secondo gli studiosi che hanno ipotizzato l'azione di due flagellatori, sulla base dei due punti focali verso cui convergono le linee direzionali delle lesioni[2].

2) L'uomo della Sindone fu flagellato nudo perché sulle regioni glutee sono chiaramente visibili le lesioni da *flagrum* («ignominieuse» definisce il Vignon tale flagellazione); da fermo e verosimilmente legato ad una colonna, con il corpo eretto e con le braccia sollevate e legate in alto, secondo Legrand (per la constatazione della direzione obliqua verso l'alto delle lesioni riscontrate sulle braccia, sugli omeri e sulle regioni sovrascapolari, orizzontali invece per quelle del tronco e della regione lombare ed oblique verso il basso per quelle delle cosce e delle gambe); legato invece ad una colonna bassa o ad un ceppo così da presentare il dorso curvo, secondo Ricci.

3) Fu, comunque la si voglia descrivere, una flagellazione comminata con fredda determinazione e come pena a sé stante sia per il numero e la precisione dei colpi sia, soprattutto, perché precedette la condanna alla pena capitale e l'imposizione del *patibulum*, come è dimostrato dalla constatazione che le impronte contusive-escoriative lasciate da quest'ultimo sulla regione sovrascapolare destra e scapolare sinistra si sovrappongono deformandole (e quindi furono provocate dopo) alle tipiche lesioni binate da *flagrum*.

Queste sommarie conclusioni che emergono già ad una semplice lettura diretta sulla Sindone delle lesioni binate da *flagrum*, permettono di affermare fin da ora che il numero rilevante di tali lesioni e l'estensione raguardevole delle aree cutanee interessate [FIG. 1] devono essere i punti di riferimento obbligati per un corretto approccio allo studio degli effetti lesivi sistemici della flagellazione.

Per correttezza metodologica un tale studio non può sottrarsi alle classiche norme del ragionamento induttivo, proprio della medicina legale, perché de-

---

[2] L'esecuzione della flagellazione era affidata ai *tortores*, schiavi pubblici alle dipendenze dei triumviri, addestrati in apposite scuole (*Gymnasium flagri*, Plauto) a questo ingrato compito che essi assolvevano con raffinata crudeltà, di solito in numero di due (Apuleio-Petronio), ma in casi eccezionali anche in più coppie alternantesi (Gellio-Plauto).

RICOSTRUZIONE SCHEMATICA DEL NEGATIVO FOTOGRAFICO

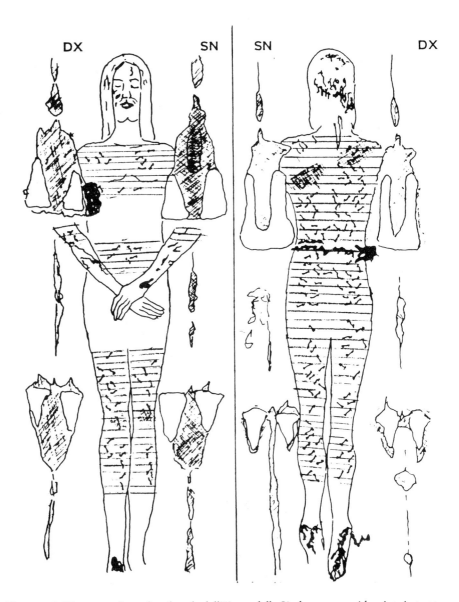

Fig. 1 — Sull'impronta frontale e dorsale dell'Uomo della Sindone sono evidenziate in tratteggio le aree interessate dai traumi multipli della flagellazione (fra parentesi la percentuale relativa alla superficie cutanea totale): tronco (27%), regione lombare, natiche, cosce (30% circa), terzo superiore e medio delle gambe (8% circa). In totale circa i due terzi della superficie cutanea globale (65%).

ve partire obbligatoriamente dalla osservazione analitica dei particolari impressi su di un lenzuolo funerario (che è un tipico reperto cadaverico); deve, in ogni caso, mantenersi scrupolosamente aderente ai fatti e ai reperti sindonici, sulla base delle più aggiornate conoscenze di anatomia ed istologia patologica e di patologia generale, riguardanti soprattutto il mantello cutaneo (e mi scuso se dovrò brevemente richiamare all'attenzione di chi legge alcune di queste nozioni, per esigenze di chiarezza e completezza).

1. L'ORGANO BERSAGLIO DEL FLAGRUM: IL MANTELLO CUTANEO

Binomio essenziale di ogni azione traumatica — in senso medico legale — è l'interreazione fra agente lesivo ed organo bersaglio: nel nostro caso fra *flagrum* e mantello cutaneo.

Come si può dedurre dalla sommaria descrizione del *flagrum*, riportata nell'introduzione, è legittimo identificare in questo «agente vulnerante» un meccanismo prevalentemente contundente di «martellamento» per la forma smussa delle pesanti estremità metalliche ed un meccanismo «lacerante» per la presenza delle lunghe corregge di cuoio in grado di imprimere notevole forza viva alle estremità appesantite, che possono anche attorcigliarsi nelle sedi cutanee più appropriate, come agli arti inferiori, determinando una variabilità di lesioni, che in seguito brevemente descriverò, e che fin da ora si possono raggruppare sotto il termine comprensivo di «ferite multiple lacerocontuse» (Baima Bollone - Benedetto).

Come organo bersaglio del *flagrum* deve essere considerato il mantello cutaneo in tutta la estensione delle aree interessate dai traumi e non soltanto nei punti circoscritti dove più profonde e più nette appaiono le lesioni lacerocontuse, in quanto nella valutazione della lesività complessiva da *flagrum* non può trascurarsi l'azione dei traumatismi più lievi (come abrasioni, escoriazioni, edema flogistico), per la nota grande reattività della cute ai vari stimoli.

Brevi richiami di anatomia e fisiologia della pelle

La pelle è non soltanto l'organo più esteso (la superficie totale della pelle varia a seconda della taglia individuale da 1,5 a 2 m² per uno spessore variabile da 0,5 a 4 mm) ed il più pesante (circa 3.500 grammi, secondo Allen, in confronto ai 1.500 grammi del cervello e ai 1.400 grammi del fegato), ma è anche uno dei più complessi se si considera che in un cm² di cute sono contenute in media: duecento terminazioni dolorifiche, venticinque corpuscoli tattili, tremila cellule nervose, quattro metri di rete nervosa, un metro di capillari e tre milioni di cellule.

Della nota complessità istologica della pelle mi preme sottolineare, ai fini del mio studio, alcune caratteristiche emerse dai più recenti lavori di immunoistochimica: intendo riferirmi soprattutto al ruolo delle cellule di Langerhans, localizzate di preferenza nello strato spinoso dell'epidermide, caratterizzate morfologicamente da alcuni tozzi e corti prolungamenti dendritici, nucleo voluminoso e dentellato, citoplasma dotato di attivo apparato lisosomiale e ben sviluppato reticolo endoplasmatico ed apparato del Golgi; queste cellule sono DOPA-negative, ATP-asi positive e cromaffini, ma quel che più conta sono da considerare a tutti gli effetti come «macrofagi», a localizzazione intraepidermica ma di derivazione mesodermica, come è dimostrato da recenti ricerche istochimiche ed immunologiche sui recettori di membrana.

Un cenno particolare meritano anche le cellule di Merkel, localizzate nel corpo di Malpighi dell'epidermide, grossolanamente tondeggianti o poligonali, con nucleo voluminoso e caratteristicamente «pieghettato» e con ampio citoplasma dotato di scarse e tozze estroflessioni simil-dendritiche; esse sono interpretate come unità recettoriali sensitive, sulla base della dimostrazione di intimi rapporti di tipo sinaptico che esse stabiliscono con terminazioni nervose intraepidermiche (P. Fabbri); recenti acquisizioni sembrano documentare che i granuli intracitoplasmatici di queste cellule contengono neuropeptidi del tipo delle metencefaline.

Come si arguisce da questi brevi cenni anche lo strato più esterno della pelle è dotato di una sua peculiare attività biologica, sia nel senso neurorecettoriale che nel senso della competenza immunologica, ma sicuramente la parte più reattiva della pelle e la più ricca di elementi cellulari è il «derma», il quale adempie a importanti funzioni metaboliche oltre a rappresentare un tessuto di sostegno, garantendo con la sua componente vasale la nutrizione dell'intera epidermide.

Il derma è classicamente distinto in uno strato più superficiale (derma papillare), in uno strato medio ed in uno strato profondo, con diverse caratteristiche istologiche; sinteticamente il derma può essere considerato come una impalcatura angio-connettivale con elementi cellulari immersi nella così detta sostanza fondamentale. Gli elementi cellulari che si rinvengono a livello del derma sono numerosi: alcuni propri del derma (fibroblasti e fibrociti), altri da considerarsi migrati dal torrente circolatorio [v. Tabella. I].

Fra gli elementi cellulari del derma rivestono particolare importanza, nella fisiopatologia degli effetti lesivi, i «mastociti»: elementi cellulari rotondeggianti (ma la forma può variare in rapporto alla loro attività funzionale) caratterizzati da un nucleo grande con uno o due nucleoli e citoplasma infarcito di granulazioni metacromatiche contenenti numerosi mediatori chimici come l'istamina, il fattore attivante le piastrine, ed il fattore chemiotattico per gli eosinofili, che svolgono un ruolo molto importante nelle reazioni flogistiche cutanee, come si vedrà in seguito quando verrà evidenziata la risposta cutanea globale agli stimoli della flagellazione.

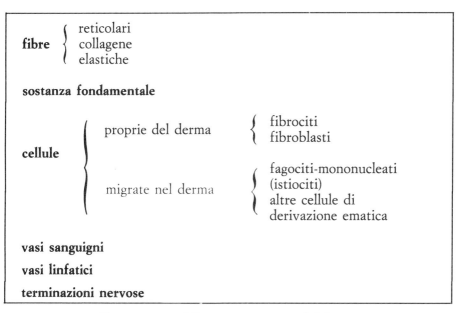

TABELLA 1 - *Elementi costitutivi del derma*

Innervazione cutanea

È nota a tutti la grande sensibilità della pelle dovuta alla sua ricchissima innervazione deputata soprattutto alla ricezione tattile, termica e dolorifica ma anche alla regolazione della microcircolazione (attraverso il controllo del tono della ricca rete vasale del derma), della attività delle ghiandole sebacee e sudoripare e dei muscoli erettori dei peli.

I tronchi nervosi costituiscono un plesso profondo al limite fra derma e ipoderma ed un plesso superficiale al confine fra derma papillare e derma medio: i due plessi si anastomizzano ampiamente fra di loro in una fitta rete di straordinaria ricchezza, disposta a vari livelli, dalla quale partono esili terminazioni che raggiungono l'epidermide, i muscoli pilo-erettori, le ghiandole sudoripare, i follicoli pilo-sebacei, i microvasi e i corpuscoli sensoriali.

Le terminazioni nervose sensitive possono essere libere o capsulate (corpuscoli) e sono concentrate soprattutto nelle zone cutanee senza peli e nelle zone di transizione mucocutanee. È interessante sottolineare che le terminazioni capsulate sono molto rare nelle zone cutanee coperte da peli, dove abbondano invece le terminazioni libere.

Sulla base delle più moderne conoscenze non è possibile correlare la stimolazione di un determinato tipo di recettore con una particolare sensazione (specificità): tutte le varietà di sensazioni possono essere compiutamente realizzate in zone cutanee provviste soltanto di terminazioni libere ed i recettori capsulati non sono essenziali per la percezione di alcuna particolare sensazione (P. Fabbri).

È noto che le sensazioni di caldo, freddo, dolore[3] sono prevalentemente prodotte dalla stimolazione di fini terminazioni libere situate nell'epidermide, nelle papille dermiche e intorno ai follicoli piliferi. Nella tabella II ho elencato schematicamente tutte le terminazioni nervose cutanee per meglio evidenziare la ricchezza e la varietà di tale innervazione.

A. deputate alla conduzione delle sensazioni somatiche	
1 - terminazioni nervose libere intraepidermiche	
2 - terminazioni nervose libere del derma papillare	
3 - terminazioni nervose libere a rete del follicolo pilifero	
4 - organi terminali cutaneo-mucosi	
5 - corpuscoli di Meissner	
6 - corpuscoli di Pacini	
B. deputate al controllo di annessi cutanei e di microvasi del derma	
1 - adrenergiche	arteriole cutanee
	muscolo piloerettore
	ghiandole sudoripare apocrine
2 - colinergiche	ghiandole sudoripare eccrine

TABELLA II - *Terminazioni nervose cutanee*

Circolazione cutanea

Grande importanza riveste, per i suoi riflessi fisiopatologici sui rapporti fra traumi ed apparato tegumentario, il sistema circolatorio cutaneo, costituito

---

[3] Per causare dolore uno stimolo deve produrre un danno tessutale sufficiente a liberare mediatori chimici quali istamina, bradichinina, polipeptidi, enzimi proteolitici, joni e soprattutto prostaglandine. Gli impulsi raccolti ai nocicettori periferici sono condotti al sistema nervoso centrale da due differenti tipi di fibre: le fibre A-delta (fornite di guaina mielinica, di grosso calibro e ad alta velocità di conduzione) e le fibre C (amieliniche, di piccolo calibro e a conduzione più lenta); le prime sono responsabili della trasmissione del dolore immediato o «pronto» (che è ben localizzato), le seconde invece trasmettono il dolore «ritardato» che compare qualche secondo dopo ed è scarsamente localizzato.

da una serie di reti stratificate disposte su piani orizzontali e da una serie di reti orientate diversamente, che circondano gli annessi cutanei [Fɪɢ. 2].

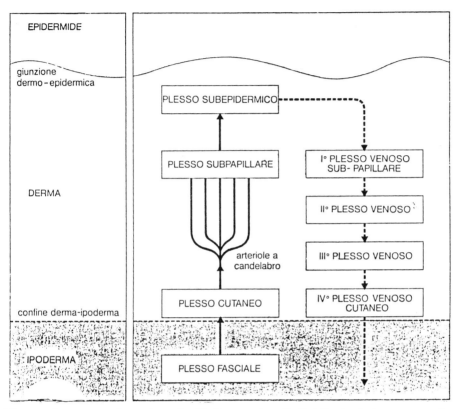

Fig. 2 — Rappresentazione schematica (da Panconesi e coll. 7) della circolazione cutanea che evidenzia i plessi arteriosi e venosi e la loro localizzazione topografica.

Una particolare menzione merita l'insieme dei capillari delle papille dermiche («anse capillari papillari») che nascono da una arteriola terminale proveniente dal plesso sub-papillare, che costituisce un vero e proprio sistema attraverso il quale viene regolato il flusso ematico nei vari distretti della superficie cutanea (P. Fabbri).

La circolazione cutanea deve considerarsi di tipo terminale, perché le arteriole terminali irrorano ciascuna un'area circoscritta con un preciso e limitato numero di papille, ma in condizioni normali solo la metà del letto capillare e pervio in quanto esiste un sistema di regolazione che controlla l'alternarsi delle regioni cutanee progressivamente irrorate. In condizioni particolari possono essere attivate vie di comunicazioni dirette fra arteriole e venule del plesso sottopapillare che permettono di «cortocircuitare» il letto capillare (sia per canali preferenziali, che per veri e propri «shunts» arterovenosi più complessi, come i «glomi arteriolari» regolati da cellule contrattili particolari che sono le «cellule epitelioidi di Masson»).

Ora, a parte la varietà e la complessità della microcircolazione cutanea, a me preme sottolineare la particolare estensione della rete capillare del derma che è stata valutata approssimativamente in un metro per ogni centimetro quadrato di pelle e che ben si allinea con la grande estensione della rete nervosa, calcolata all'incirca in quattro metri per centimetro quadrato di pelle.

A questo punto può farsi una esplicita traduzione in termini numerici, assai indicativi di questi concetti, moltiplicando la superficie totale delle aree cutanee interessate dalla flagellazione (valutabile sul reperto sindonico approssimativamente nei due terzi della superficie cutanea totale [FIG. 1]), e cioè almeno diecimila centimetri quadrati, per la lunghezza media della rete capillare e nervosa racchiusa in un centimetro quadrato di cute (rispettivamente un metro e quattro metri), il che porta ad un totale di dieci chilometri di rete capillare e quaranta chilometri di rete nervosa potenzialmente esposti al danno endoteliale ed alla stimolazione neurorecettoriale da parte dei traumi multipli della flagellazione.

Questa constatazione, veramente impressionante in termini quantitativi, ci dà ragione fin da ora della massiva liberazione di sostanze vasoattive e flogogene (che sarà innescata, per riflessi assonici, dalla stimolazione multipla traumatica dei neurorecettori cutanei) e dell'abnorme attivazione dei processi emocoagulativi (che sarà indotta dall'esteso danno endoteliale) provocate, come vedremo in seguito, dalla flagellazione sistematica.

2. BREVI CENNI DI TRAUMATOLOGIA FORENSE SULLE LESIONI DA FLAGRUM

Come ho già detto, per un corretto approccio metodologico allo studio degli effetti lesivi sistemici della flagellazione bisogna necessariamente partire dall'analisi medico-legale delle lesioni esterne da *flagrum*; ma non potendo riferirmi ad osservazioni dirette, perché la tortura della flagellazione è da secoli desueta nel mondo occidentale (e quindi manca un preciso riscontro bibliografico nella letteratura medico-legale) devo rifarmi alla descrizione generica delle ferite da corpo contundente-lacerante, quale era in realtà il *flagrum*.

La prima considerazione generale da fare, osservando l'aspetto esterno delle lesioni provocate da corpo contundente, riguarda la loro variabilità oggettiva, in quanto esse si manifestano con morfologia e gravità diverse a seconda della forza viva[4] e della direzione con cui l'agente traumatizzante investe la superficie cutanea.

---

[4] La forza viva od energia cinetica, espressa dalla formula $EC = M \cdot V^2 : 2$, può essere posseduta dal corpo vulnerante, da quello vulnerato o da entrambi.

Le linee di forza possono agire in senso più o meno perpendicolare o tangenziale a seconda dell'angolazione dell'impatto e delle caratteristiche topografiche della cute colpita. Nel caso delle lesioni da *flagrum* bisogna ipotizzare linee di forza tangenziali di attrito e sfregamento, provocate essenzialmente dalle *lorae*, linee di forza oblique di trazione con lacerazione e strappamento (a seconda dell'elasticità o fissità del punto cutaneo colpito, in rapporto anche a connessioni con aponeurosi, muscoli e piani ossei offrenti varia resistenza) e linee di forza perpendicolari con schiacciamento o martellamento dei tessuti, ad opera del pesante *taxillum* ad angoli smussi o arrotondati.

Nella scala graduale di lesività le escoriazioni ed abrasioni rappresentano le lesioni più lievi; esse sono caratterizzate dalla perdita degli strati più superficiali della cute e delle mucose e si manifestano con modestissimo sanguinamento, che nelle escoriazioni strettamente cutanee può mancare se è stata asportata la sola epidermide senza lesione delle papille dermiche, comparendo in tal caso solo un gemizio linfatico.

Quando la violenza traumatica dell'agente contusivo è tale da dilacerare i tessuti situati al di sotto degli strati più resistenti tegumentari, che pertanto rimangono integri, si producono spandimenti emorragici dello spessore del derma per ressi vascolari (*ecchimosi*).

A seconda della forma ed estensione, gli spandimenti ecchimotici si distinguono in *suggellazioni* (piccole ecchimosi ravvicinate come granelli di sabbia), *petecchie* (grandi come una capocchia di spillo), *vibici* (a strie allungate) e *suffusioni* (vaste zone di infiltrazione prodotte da estesi traumi contusivi); *ematomi* sono invece le raccolte più o meno voluminose di sangue in cavità neoformate o preformate.

Oltre che con il tipico meccanismo della compressione, il corpo contundente può provocare ecchimosi in modo indiretto esercitando uno spostamento in senso tangenziale della cute, più elastica, che non può essere seguito dai vasi sottostanti, dotati di minore elasticità e maggiore fragilità e che quindi si discontinuano sia «in loco» che a distanza (*ecchimosi da trazione*). Bisogna ipotizzare nel caso della flagellazione anche meccanismi di tale tipo ad opera soprattutto delle cinghie (*lorae*).

Se la violenza dell'agente contusivo è di tale entità da superare anche la resistenza elastica del tessuto tegumentario, si producono delle discontinuazioni più o meno profonde con meccanismo che può essere di pressione (schiacciamento) o di scoppio (per effetto idrodinamico nello spessore dei tessuti molli a contatto con piani ossei), oltre che di trazione e stiramento.

Le ferite lacerocontuse hanno forma molto irregolare (stellata, raggiata, ecc.) con margini sfrangiati, per lo più scollati per lo stiramento subito, edematosi o ecchimotici oppure, in caso di schiacciamento vasale, sottili e pallidi, accollati ai piani sottostanti.

Scarso è il divaricamento dei margini, il fondo è per lo più coperto di coaguli, rimossi i quali i tessuti appaiono ecchimotici, lacerati e spappolati (ferite da strappamento).

La profondità delle ferite lacerocontuse è anch'essa variabile ed irregolare ed è possibile osservare che fra le varie formazioni interessate quelle più elastiche e tenaci hanno resistito all'azione discontinuante dando luogo a ponti o lacerti fibrosi, tesi fra i margini della ferita.

Le ferite di schiacciamento possono conservare l'impronta di superfici solide figurate appartenenti a strumenti e corpi contundenti noti e identificabili (come martelli, parti di ingranaggi e, nel caso specifico, le caratteristiche estremità metalliche binate del *flagrum*).

Alla grande variabilità morfologico-descrittiva delle lesioni lacerocontuse fa da contrasto una certa uniformità del «danno tessutale»[5] consistente soprattutto in alterazioni necrotico-regressive cellulari su base ischemica per l'esteso danno vascolare (da schiacciamento e strappo dei piccoli vasi di cui il derma è — come si è visto — riccamente dotato); comune denominatore di questa particolare traumatologia è infatti, insieme al pallore dei tessuti ed alla presenza di coaguli ematici, lo scarso sanguinamento delle ferite con rapida tendenza all'emostasi.

Questi tre aspetti peculiari delle ferite lacerocontuse, che a me pare giusto sottolineare, e cioè: l'esteso danno degli endoteli vasali, le alterazioni necrotico-regressive dei tessuti traumatizzati e lo scarso sanguinamento con tendenza spontanea all'emostasi, non vanno considerate «variabili indipendenti» fra di loro ma devono richiamare già intuitivamente l'esistenza di stretti rapporti fra traumi lacerocontusivi ed attivazione dei processi emocoagulativi.

3. TRAUMI LACEROCONTUSIVI ED ATTIVAZIONE DELL'EMOCOAGULAZIONE

A seguito di un trauma contusivo avvengono a livello vasale alcune modificazioni importanti ai fini emostatici che possono essere distinte in modificazioni reologiche-emodinamiche e alterazioni della parete vasale (Storti). A livello arteriolare la lesione del vaso determina — con effetto immediato — una vasocostrizione localizzata con conseguente rallentamento della corrente sanguigna e deviazione della stessa verso distretti viciniori non interessati dal trauma; la circolazione a livello dei capillari, non dotati di cellule muscolari lisce, può essere ridotta e rallentata per la contrazione dello sfintere arteriolare precapillare e forse in parte per costrizione del lume capillare assicurata dalla contrattilità dell'endotelio medesimo[6].

---

[5] In ogni ferita lacerocontusa si osservano classicamente tre zone distinte di danno tessutale: a) zona di necrosi, che comprende il piano dei margini ed il fondo con mortificazione completa dei tessuti; b) zona di stupefazione in cui i tessuti presentano scarsa vitalità e sono infiltrati di sangue; c) zona di reazione, che inizia alla periferia della lesione ad opera di fermenti proteolitici tessutali e leucocitari che provocano la demolizione dei coaguli sanguini, degli elementi necrotici della fibrina, detergendo l'area che verrà poi sostituita da tessuto di granulazione.

[6] Recenti studi di microscopia elettronica hanno dimostrato l'esistenza all'interno delle cellule endoteliali di filamenti somiglianti a miofibrille dotati di capacità contrattile.

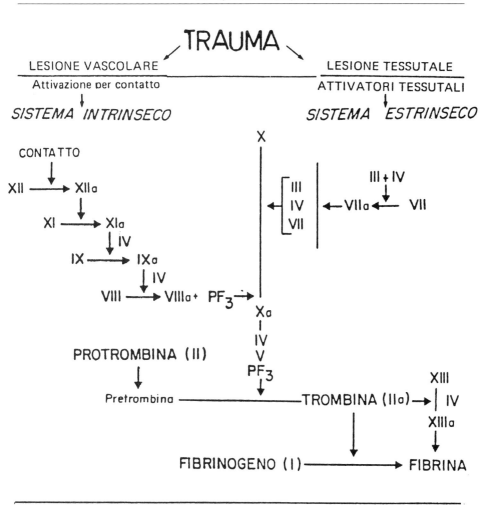

Fig. 3 — In questo schema si evidenzia l'effetto dei traumi sul sistema coagulativo: a sinistra è rappresentata la serie delle reazioni del sistema intrinseco (plasmatico) avviata dall'attivazione per contatto con superfici bagnabili (collageno, subendotelio) del fattore XII. Ogni fattore coagulativo attivato dal fattore che lo precede attiva enzimaticamente il fattore successivo (teoria della cascata enzimatica).

A destra è rappresentata la via (più breve) delle reazioni del sistema estrinseco che prende l'avvio dalla liberazione di tromboplastina tessutale (fattore III) contenuta nei microsomi delle cellule. A partire dal fattore X il sistema coagulativo intrinseco ed estrinseco seguono una via comune. Applicando rigorosamente la teoria della cascata enzimatica si evince che poche molecole del primo fattore (XII) riescono ad attivare centinaia di migliaia o addirittura milioni di molecole degli ultimi fattori coagulativi ed in particolare del fattore X, che trasforma la protrombina in trombina (teoria dell'amplificazione enzimatica di Macfarlane).

Oltre che con la vasocostrizione, il vaso reagisce al trauma con un aumento della sua permeabilità e con la fuoriuscita di liquidi verso i tessuti circostanti con conseguente incremento dell'ematocrito intravasale e della viscosità ematica locale che favorisce il rallentamento della corrente vasale con effetto pro-aggregante piastrinico. Nello stesso tempo l'essudazione determina un aumento della pressione extravasale che rende più difficile lo spandimento emorragico nei tessuti circostanti.

Accanto alle modificazioni emodinamiche bisogna considerare le alterazioni della parete vasale, che hanno un valore preminente nella emostasi spontanea. È noto che le piastrine circolanti non aderiscono alle cellule endoteliali normali della parete vasale mentre divengono prontamente adesive quando vi sia una perdita anche minima del normale rivestimento endoteliale: il danno endoteliale provocato dal trauma lacerocontusivo porta ad un immediato arresto della sintesi di prostaciclina da parte delle cellule endoteliali lese con liberazione contemporanea di ADP, sostanza ubiquitaria, il che rappresenta il «primum movens» per l'adesione e aggregazione primaria delle piastrine.

In seguito all'esposizione delle strutture subendoteliali il collageno e le microfibrille della membrana basale vengono a diretto contatto con la corrente ematica vasale e questo rappresenta il più importante catalizzatore non solo dell'adesività piastrinica ma anche dell'emocoagulabilità («fase di contatto») con l'attivazione della via intrinseca della cascata coagulativa [Fig. 3].

In seguito al trauma possono inoltre liberarsi dai tessuti lesi sostanze dotate di attività tromboplastica in grado di attivare la via estrinseca della coagulazione [Fig. 3].

In conclusione le modificazioni della parete vasale secondarie al trauma, ed in particolare la rottura del rivestimento endoteliale con esposizione del collageno, costituiscono i fattori più importanti per le prime tappe dell'emostasi spontanea, sia per quanto attiene all'emocoagulazione che alle piastrine.

Le piastrine e l'emostasi

Protagonista principale di tutto il complesso meccanismo emostatico nelle sue varie fasi deve essere considerata la «piastrina», questo singolare corpuscolo del sangue identificato e descritto già cento anni fa dal Bizzozero in «termini funzionali che ancora oggi appaiono di una modernità sorprendente e anticipatrice» (De Gaetano).

L'irresistibile tendenza delle piastrine ad aggregare fra loro ne fa da una parte, per usare la vivace espressione di De Gaetano, «una confraternita di misericordia pronta ad intervenire e soccorrere benevolmente, dall'altra un'associazione a delinquere capace dei più atroci misfatti».

Per capire meglio questo concetto occorre schematicamente ripercorrere le tappe del complesso meccanismo dell'emostasi visto dalla parte delle piastrine:

1) La perdita della continuità endoteliale o dell'intera parete vasale fa aderire rapidamente le piastrine alle strutture sottoendoteliali, con il concorso —

come si è visto — della reazione vasocostrittiva del vaso leso e del rallentamento della corrente vasale.

2) Le piastrine vanno così incontro ad attivazione con cambiamento di forma e liberazione del contenuto degli alfa-granuli («release reaction»).

3) Il collageno, cui le piastrine hanno aderito, esalta l'aggregazione delle stesse ed innesca l'emocoagulazione attraverso l'attivazione del fattore Hageman (fattore XII) e del fattore XI adsorbito alle piastrine.

4) Intanto dalle cellule endoteliali lese, dalle emazie e dalle stesse piastrine, che sono andate incontro all'aggregazione, si libera ADP che induce ulteriore aggregazione piastrinica: si ha così la formazione del tappo piastrinico.

5) Dopo stimolazione da parte dell'ADP le piastrine acquistano la proprietà di servire come superficie di contatto per l'ulteriore attivazione del fattore XII innescando così per altra via la «cascata coagulativa».

6) Con l'aumentare della concentrazione dell'ADP e con la formazione delle prime tracce di trombina, l'aggregazione piastrinica diventa irreversibile e si innescano ulteriori meccanismi di potenziamento della stessa (accrescimento del trombo piastrinico); a questo punto l'emostasi primaria può considerarsi avvenuta, con un primo arresto del sanguinamento legato alla formazione del trombo bianco piastrinico; l'emostasi diviene poi definitiva quando si ha la formazione di una quantità di fibrina sufficiente a stabilizzare gli aggregati piastrinici ancorandoli saldamente alla sede della lesione vasale.

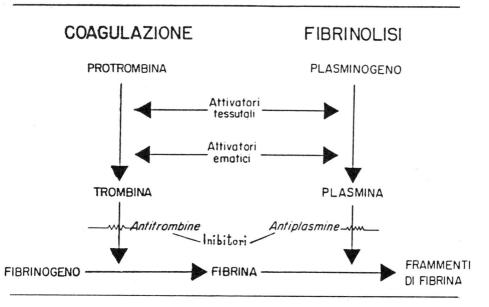

Fig. 4 — Analogie fra sistema coagulativo e fibrinolitico: entrambi hanno attivatori tessutali ed ematici ed inibitori che agiscono favorendo o inibendo l'attivazione di un proenzima inattivo (protrombina e plasminogeno).

7) Le piastrine infine accelerano la formazione di fibrina con l'attivazione del fattore X da parte del fattore IXa e favorendo la conversione della protrombina in trombina attraverso l'evidenziazione del così detto fattore 3 piastrinico (PF 3)[7].

La fibrinolisi e gli inibitori della coagulazione

Al processo coagulativo fa seguito, ma forse è più giusto dire si sovrappone, il processo di attivazione della fibrinolisi con la trasformazione del plasminogeno in plasmina attiva, che sembra avere il fine di limitare l'eccessiva formazione di fibrina, scindendola in monomeri, e di modellare quindi il trombo riducendone via via la massa fino a rendere libero il vaso e ripristinare così la normalità circolatoria una volta cessata la «noxa» traumatica e l'emorragia.

È oggi ampiamente dimostrato che i meccanismi dell'emocoagulazione sono intimamente connessi con i meccanismi della fibrinolisi: entrambi riconoscono una via intrinseca ad opera di profattori attivabili già presenti nel plasma e nella parete vasale ed una via estrinseca ad opera di fattori tessutali liberati dai traumi [FIG. 4-5], con tutta una serie di reazioni e controreazioni da parte di attivatori e di inibitori della coagulazione e della fibrinolisi, che agiscono a vari livelli ed interferiscono variamente fra di loro, realizzando una vera e propria bilancia omeostatica coagulativa [FIG. 6] il cui equilibrio instabile può facilmente essere alterato quando intervengono fattori lesivi abnormi sia per l'entità che per l'estensione e l'azione iterativa di essi (ed è questo il caso paradigmatico della flagellazione sistematica dell'Uomo della Sindone).

La «flogosi» come momento attivante comune
della emocoagulazione e della fibrinolisi

A rendere più intimi i legami fra emocoagulazione e fibrinolisi concorre il fattore Hageman (dal nome del paziente nel cui plasma fu riscontrata per la prima volta la sua presenza), il cui ruolo negli ultimi anni si è dimostrato sempre più importante nell'avviare da una parte la catena delle reazioni emocoagulative (era infatti già noto come fattore XII della coagulazione o «fattore di contatto») e dall'altra nell'avviare, favorendo la conversione del plasminogeno in plasmina, l'attivazione del sistema fibrinolitico con il concorso delle fibrinochinasi tessutali liberate dalla flogosi.

Il fattore Hageman — comune attivatore di questi sistemi — è esso stesso uno dei principali mediatori chimici dell'infiammazione, per cui la «flogosi» intesa come risposta globale ed aspecifica dei tessuti alle varie «noxae» —

---

[7] Il fattore piastrinico 3 (PF3) esiste allo stato latente nelle piastrine intatte circolanti e diventa disponibile solo quando le piastrine sono «attivate» in seguito alle reazioni di «adesione/aggregazione». Esso è associato a fosfolipidi di membrana a carica negativa distribuiti nel versante interno della membrana piastrinica, che vengono esposti sulla superficie esterna solo in seguito alla lisi cellulare e alla stimolazione con trombina più collagene.

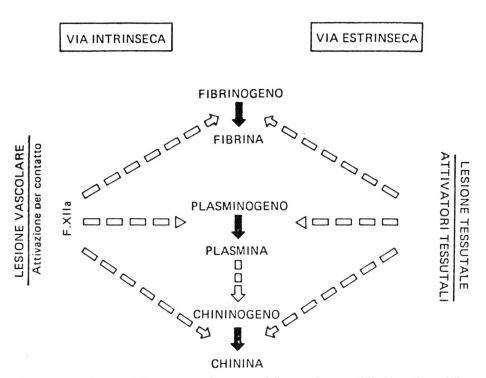

Fig. 5 — Simultaneità dell'attivazione dei sistemi della coagulazione, della fibrinolisi e delle chinine ad opera del fattore Hageman (XII) e degli attivatori tessutali liberati dai traumi.

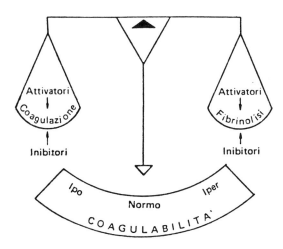

Fig. 6 — La bilancia emostatica (equilibrio instabile dell'omeostasi coagulativa-fibrinolitica).

e quindi anche ai traumi lacerocontusivi — rappresenta la vera interazione dei complessi fenomeni fin qui esaminati, per esigenza di chiarezza, in maniera distinta, ma che devono in realtà essere considerati come le varie facce di quel variegato prisma che è l'infiammazione tessutale.

La risposta infiammatoria dei tessuti si svolge secondo un modello fondamentale che può schematicamente ridursi ad una duplice reazione vascolare e cellulare, caratterizzata la prima da iperemia con aumento della permeabilità vasale e fuoriuscita di materiale plasmatico (exemia) e la seconda da migrazione di globuli bianchi nell'interstizio ed attivazione di cellule mesenchimali libere del connettivo (eventi vascolari ed essudativi)[8].

L'avvento della microscopia elettronica ha permesso in questi ultimi anni di indagare la risposta infiammatoria dei tessuti a livello sub-cellulare, evidenziando tutta l'importanza dell'intervento lisosomiale nella reazione flogistica, intesa sia come difesa dalla «noxa» che come potenziale effettrice di reazioni dannose. Pare certo che i lisosomi accollandosi ai vacuoli contenenti il materiale fagocitato («fagosomi») si trasformano in «fagolisosomi», nei quali si compie la digestione del materiale estraneo senza che venga compromessa la vitalità della cellula. L'intervento dei lisosomi non si ferma qui, perché attraverso la liberazione e l'attivazione di diversi mediatori chimici[9] determina tutta una serie di effetti, come l'aumentata permeabilità capillare, la liberazione di istamina dai mastociti, l'adesione e la migrazione leucocitaria, l'aggregazione piastrinica, la proliferazione cellulare, la reazione piretogena che sono in definitiva i principali fenomeni costituenti l'essenza dell'infiammazione.

La particolare ricchezza del derma in elementi cellulari attivi in senso flogogeno ed in strutture vascolo-connettivali ne fa un terreno ideale per la reazione flogistica (ed infatti è il modello sperimentale più usato per i vari «test» dell'infiammazione).

A questo punto è facile rendersi conto come una flagellazione sistematica che ha interessato quasi i due terzi del mantello cutaneo provocherà il rilascio

---

[8] Più dettagliatamente la risposta infiammatoria dei tessuti consiste in una serie di eventi obbligati biochimici e morfologici che coinvolgono attivamente: a) sistemi poli-molecolari del plasma e dell'interstizio (sistemi del complemento, della coagulazione, delle chinine, della plasmina); b) elementi cellulari del sangue (globuli bianchi e piastrine); c) cellule di origine mesenchimale libere nel tessuto connettivale (mastociti, macrofagi, fibroblasti) ed organizzate in strutture (endotelio dei vasi sanguigni e linfatici, cellule muscolari lisce, cellule del reticolo e dei seni degli organi linfatici).

[9] I più importanti mediatori chimici della flogosi sono: 1) l'istamina che interviene nella fase più precoce dell'infiammazione provocando aumento della permeabilità capillare con formazione del ponfo (edema localizzato); 2) la serotonina che provoca vasocostrizione locale e favorisce, come si è visto, l'aggregazione piastrinica insieme al trombossano A2; 3) le varie proteasi lisosomiali (enzimi contenuti nei lisosomi e non tutti identificati con esattezza) da considerare come idrolasi attive su vari substrati proteici: elastasi, collagenasi, agenti fibrinolitici ecc.; 4) il sistema delle chinine (bradichinina soprattutto) che determina vasodilatazione, aumento della permeabilità dei piccoli vasi, migrazione leucocitaria, contrazione di alcuni muscoli lisci come quelli dei bronchioli, ed è in grado di provocare sensazioni dolorose; 5) infine il già citato fattore Hageman in grado di promuovere la formazione di sostanze algogene e flogogene e da considerare come il comune attivatore, come già si è detto, della coagulazione del sangue, del sistema delle chinine e della fibrinolisi.

in circolo, in quantità massiva, dei vari fattori della flogosi, alcuni dei quali, come la serotonina ed i neuropeptidi del tipo delle metencefaline (presenti nelle cellule di Merkel dell'epidermide), sono in grado di attraversare la barriera ematoencefalica e di attivare quindi il sistema endorfinico, giustificando ampiamente quella straordinaria resistenza fisica al dolore ed alla fatica caratteristica di alcuni soggetti sottoposti a torture varie e prolungate, come può essere stato il caso dell'Uomo della Sindone.

4. FLAGELLAZIONE SISTEMATICA E «COAGULAZIONE INTRAVASCOLARE DISSEMINATA»

Riassumendo i concetti esposti finora si può dire che ogni trauma lacero-contusivo possiede una sua intrinseca capacità di attivare l'emostasi spontanea «in situ», sia attraverso il danno della parete vasale (via intrinseca) che attraverso le alterazioni tessutali e la liberazione di sostanze tromboplastiche (via estrinseca), inducendo quindi un notevole consumo locale di piastrine e fattori attivati della coagulazione (ma anche il rilascio in circolo di tali sostanze); ed è in grado inoltre, attraverso la reazione flogistica locale e la liberazione dei vari fattori lisosomiali cellulari (soprattutto del fattore Hageman), di provocare una attivazione della fibrinolisi e del sistema delle chinine.

Se noi ora analizziamo le impronte lasciate sul telo sindonico dalla flagellazione possiamo «solo con una certa approssimazione valutare la profondità e la gravità delle singole lesioni» (M. A. Dina), ma sicuramente ci possiamo rendere conto, con un realismo quasi fotografico, dell'estensione e del numero rilevante di tali lesioni (come ho ricordato nell'introduzione) e quindi dell'azione iterativa dei multipli traumatismi concentrati nel tempo relativamente breve di una flagellazione legale. Questa dovrà necessariamente provocare, per la frequenza ravvicinata dei numerosi traumi (ne sono stati contati più di cento), fasi alterne di consumo (deplezione) e resintesi (replezione) di piastrine e fattori coagulativi, dapprima compensate poi sempre più scompensate, con una tale accelerazione del «turnover» di tali fattori da portare inevitabilmente all'esaurimento del loro «pool plasmatico» e della capacità della loro resintesi, che non può ritenersi illimitata («coagulopatia da consumo»).

Se poi si considera che i vari fattori plasmatici e tessutali ad attività pro-coagulante agiscono prevalentemente con meccanismo enzimatico «a cascata», è facile rendersi conto del fatto che l'azione ripetitiva dei traumi multipli non può limitarsi ad un semplice effetto di sommazione di stimoli ma provocherà una sorta di amplificazione progressiva di effetti con l'instaurarsi di perversi meccanismi autocatalitici destinati ad automantenersi [cfr. *bibl. 37*].

In definitiva la flagellazione sistematica, attraverso il consumo eccessivo di fattori plasmatici della coagulazione e di piastrine da una parte e l'accelerazione generalizzata nel circolo sistemico dei processi emocoagulativi e fibrinolitici dall'altra, realizzerà una situazione fisiopatologica in cui paradossalmente si troveranno a coesistere diffusi fenomeni trombotici intravascolari con manifestazioni emorragiche infrenabili oltre ad un'abnorme attivazione della fibrinolisi con elevato tasso circolante dei prodotti di degradazione della fibrina (FDP) in un polimorfo quadro clinico di estrema gravità, ampiamente studiato in questi ultimi venti anni e ben noto in ematologia clinica con il termine internazionalmente codificato di «Disseminated intravascular coagulation» («coagulazione intravascolare disseminata» (CID), o anche «coagulazione intravascolare - fibrinolisi» - CIF).

Essa più che una sindrome clinica a sé stante va intesa come «un perverso meccanismo intermediario di malattia» (McKay), che può verificarsi in svariate condizioni morbose aventi in comune la capacità «in termini sia di grandezza che di durata dello stimolo di superare e sopraffare i normali processi di compensazione» cosicché si crea un circolo vizioso autoperpetuantesi (Wintrobe).

Il risultato finale sarà determinato dall'«interazione reciproca fra i vari processi patologici ed i meccanismi compensatori», destinati questi ultimi quasi sempre a fallire con l'instaurarsi di profonde alterazioni in tutti gli apparati organici, in un quadro terminale dominato dallo shock irreversibile associato ad emorragie multiple ed infrenabili ed occlusioni vascolari disseminate (fra cui microembolie polmonari e possibile quadro di «cuore polmonare acuto»).

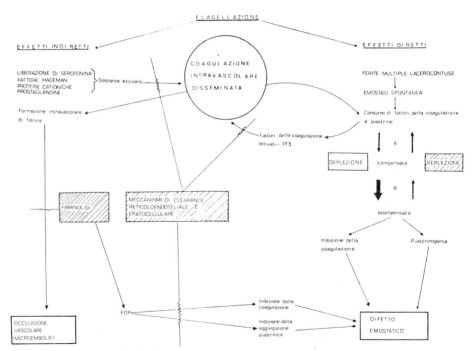

Fig. 7 — Schema generale della fisiopatologia della CID («coagulazione intravascolare disseminata»). Leggenda: rettangoli chiari e frecce = fattori lesivi e patologici; rettangoli tratteggiati e frecce ondulate = fattori di compenso. La spiegazione è nel testo.

Ho cercato di riassumere e rendere più comprensibili questi meccanismi, nella realtà clinica molto più complessi, in uno schema generale di fisiopatologia della CID, adattato dal Wintrobe e messo in correlazione con la flagellazione sistematica [FIG. 7]. Esso va letto in questo modo: nel cerchio centrale è rappresentata la CID verso la quale convergono i vari fattori indicati con le frecce; a destra, sotto la voce: «effetti diretti della flagellazione», sono indicati i vari passaggi che portano al grave difetto emostatico attraverso l'attivazione della emostasi spontanea ed il consumo di piastrine e fattori della coagulazione; l'attivazione eccessiva dell'emostasi mette in circolo i fattori attivati della coagulazione ed il «fattore piastrinico 3» che avviano la generalizzazione intravascolare dell'emocoagulazione, la quale a sua volta provoca ulteriore consumo di piastrine e fattori della coagulazione (oltre alla liberazione di antitrombina III e anticoagulanti circolanti di tipo eparinico) aggravando inesorabilmente il difetto emostatico già presente, come è indicato con le frecce circolari che stanno ad evidenziare il più importante circolo vizioso autocatalitico caratteristico della CID. A sinistra in alto, sotto la voce: «effetti indiretti», sono rappresentate tutte quelle sostanze attivanti ad azione tromboplastica che si liberano dalle estese necrosi tessutali ed anche dalla risposta globale «flogistica» del mantello cutaneo ad opera dei vari stimoli della flagellazione (sono i già ricordati mediatori chimici della flogosi, soprattutto serotinina, prostaglandine, fattore Hageman ecc. dotati di indubbia azione pro-aggregante piastrinica e pro-coagulante).

Questa abnorme tendenza alla coagulazione intravascolare disseminata provoca la formazione di aggregati di fibrina nei piccoli vasi (freccia) con occlusioni multiple microtrombotiche, alle quali si oppone come fenomeno di compenso (rettangolo tratteggiato) l'attivazione della fibrinolisi che è però un compenso ambiguo in quanto, con la produzione degli FDP, accentua il già presente difetto emostatico inibendo ulteriormente l'aggregazione piastrinica e la formazione di trombina (frecce).

L'unico meccanismo di compenso efficace in questa situazione è rappresentato dalla normale «clearance» del sistema reticoloendoteliale (rettangolo tratteggiato) e soprattutto delle cellule di Kuppfer del fegato, in grado di captare ed inattivare i vari fattori patogeni spezzando i circoli viziosi ai vari livelli (come indicato con le frecce ondulate)[10].

Questo schema generale si presta molto bene — secondo il mio parere — ad una visione globale «unitaria» della complessa patologia politraumatica del-

---

[10] Vi sono molte prove che i prodotti della coagulazione intravascolare (fibrina libera, protrombinasi, fattore 3-piastrinico, vari tipi di FDP e loro complessi) e dei vari attivatori della emocoagulazione (frammenti tessutali, tromboplastine, stroma dei globuli rossi) vengono rimossi dal circolo ematico ad opera del sistema reticolo-endoteliale ed in particolare dalle cellule di Kupfer del fegato (voci bibliografiche 20-21; 23-25); infatti il blocco sperimentale del SRE porta all'insorgenza di CID fulminante, come nella reazione di Schwartzman.

l'Uomo della Sindone [TAB. III]. Infatti se si considera che, oltre alla brutale flagellazione, egli subì l'imposizione sul capo di uno strumento di tortura aculeato (verosimilmente un casco di rovi spinosi) che provocò numerose ferite da punta con abbondante sanguinamento e quindi ulteriore perdita di piastrine e fattori della coagulazione; subì poi le cadute sotto il peso del «patibulum» con ripetuti traumi contusivi al torace (probabili fratture costali e verosimile emotorace traumatico); subì infine la sospensione con inchiodamento alla Croce, con le conseguenze assai gravi del «collasso ortostatico» secondo Modder e della «sindrome asfittica» secondo Hynek, bisogna convenire che l'evoluzione di una CID, avviata dalla flagellazione e mascherata inizialmente dai fenomeni compensatori, sarà stata sicuramente aggravata e potenziata da tutto il complesso politraumatico e resa clinicamente scompensata all'atto

EVENTI TRAUMATICI	EFFETTI LESIVI e/o FISIOPATOLOGICI	MANIFESTAZIONI CLINICHE
FLAGELLAZIONE	Ferite multiple lacero-contuse (con attivazione multipla contemporanea dell'emostasi). Necrosi polifocali muscolari (con mioglobinuria ed iperpotassiemia)	«Coagulopatia da consumo» (con avvio della CID clinicamente latente). I fase dello shock traumatico (compensata). Possibili aritmie cardiache.
CORONAZIONE DI SPINE	Ferite multiple da punta con abbondante sanguinamento	Anemia acuta (ipovolemia: aggravamento dello shock)
CADUTE sotto il peso del «PATIBULUM»	Traumi contusivi: toracici (con probabili fratture costali) e cranio-facciali	Emotorace? Sindrome commotiva cerebrale? Aggravamento dello shock traumatico
SOSPENSIONE per inchiodamento alla CROCE	Collasso ortostatico (Mödder); sindrome asfittica (Hynek)	Critico aggravamento dello shock traumatico ipovolemico: ipossiemia, ipercapnia, acidosi
ULTIME ORE SULLA CROCE	«Cid» scompensata ⟶ ↑ ↓ Shock irreversibile Terminale ↓ Grave anossia miocardica ⟶ (necrosi diffuse subendo-cardiache)	A) Emorragie multiple infrenabili B) Microembolie C) Iperfibrinolisi Arresto cardiaco per fibrillazione ventricolare

TAB. III. Rappresentazione schematica della complessa patologia traumatica dell'Uomo della Sindone in un tentativo di sintesi clinica che evidenzia il ruolo prioritario della flagellazione nell'avviare ed imprimere una particolare «accelerazione» all'iter patologico fino all'exitus sulla croce.

della crocifissione, quando lo shock traumatico-ipovolemico verrà a sopraffare i vari meccanismi di compenso con la depressione generalizzata del SRE e con la mancata ipoperfusione epatica.

L'aspetto clinico più eclatante della CID scompensata è così descritta dal Larizza [cfr. *bibl. 15*]: «...i sintomi più comuni sono il sanguinamento delle ferite... nelle quali era già stata raggiunta una emostasi più o meno completa»; ed ancora dallo Storti [*Bibl. 11*]: «talora il sangue reso incoagulabile continua ad uscire dai fori praticati per le normali iniezioni endovenose o intramuscolari...».

Quest'ultima sconcertante constatazione clinica è per me, oltre che una prova indiretta della veridicità dell'ipotesi di una CID scompensata nel quadro terminale dell'Uomo della Sindone, la chiave per capire l'apparente enigma di quel tre rovesciato che si è venuto a decalcare così nettamente sul telo sindonico in corrispondenza della regione frontale e che sta a testimoniare lo stillicidio continuo, dalle ferite da punta provocate dalle spine e riapertesi sulla croce, del sangue reso incoagulabile, che si è fatto strada lentamente tra le rughe della fronte contratta dagli spasimi dell'agonia.

L'ipotesi di una CID terminale vale a spiegare anche la presenza dei rivoli ematici divergenti formatisi per il lento e continuo fluire di sangue, durante i movimenti di accasciamento e di innalzamento sulla Croce, dalla ferita da chiodo al carpo sinistro e tutta quella straordinaria effusione di sangue rivelata con tanto realismo dalla elaborazione elettronica del Volto Sindonico ad opera dell'Ing. Tamburelli (reperti che sarebbero — secondo me — mal conciliabili con la marcata riduzione della perfusione tessutale sulla croce, in condizioni di shock ipovolemico con caduta critica della pressione arteriosa, se non si ammettesse contemporaneamente l'esistenza di una grave coagulopatia). Si spiegano così infine agevolmente anche: il vasto alone sieroematico che circonda sul lenzuolo l'impronta della ferita post-mortale del costato e la così detta «cintura sanguinante» della regione lombare, che stanno a dimostrare la presenza di abbondante versamento siero-ematico libero nel cavo pleurico destro, favorito proprio dalla grave sindrome emorragica con iper-fibrinolisi.

5. FLAGELLAZIONE SISTEMATICA E «CRUSH SYNDROME»

L'azione traumatica del *flagrum* romano, identificabile in gran parte in un meccanismo di martellamento dei tessuti con interessamento di masse muscolari più o meno estese, può realizzare in un certo senso una «sindrome da schiacciamento»: ora fino a che punto essa è assimilabile alla «crush syndrome» descritta per la prima volta da Bywaters e Beall nel 1941?

Come è noto, nel corso della seconda guerra mondiale, per merito soprattutto del patologo inglese e dei suoi collaboratori, fu segnalata e poi esaurientemente studiata una grave sindrome di insufficienza renale acuta in individui che avevano riportato schiacciamento di arti nel crollo di edifici durante i bombardamenti di Londra, per cui dai predetti autori fu denominata «crush syndrome» (sindrome da schiacciamento).

Fu osservato (e confermato sperimentalmente) che quando uno o più arti vengono schiacciati, rimanendo compressi per un tempo più o meno lungo, l'apporto sanguigno alle masse muscolari viene a mancare in seguito alla loro compressione con lesioni irreversibili, per cui, cessata o rimossa la compressione, gli arti diventano edematosi, anestesici e paralitici, con necrosi diffusa di grandi masse muscolari rilevabile ad occhio nudo. L'edema dell'arto è dovuto al passaggio nei muscoli di grande quantità di plasma (fino a due litri), per cui si instaura un'emoconcentrazione con ipovolemia, che provocherebbe caduta critica della pressione arteriosa se non intervenisse una vasocostrizione compensatoria per adattare il letto circolatorio al diminuito volume ematico; ma spesso tale adattamento non interviene o è di misura inadeguata per cui la pressione arteriosa cade a livelli collassiali, accompagnandosi ad oliguria con aspetto apparentemente normale delle urine.

Dopo un intervallo di 10-36 ore dalla liberazione dell'arto compresso, le urine assumono un colore rosso borgogna intenso con deposito abbondante brunastro per subire nelle ore o giorni successivi altre modificazioni con marcata oliguria fino all'anuria.

Si instaura così la «sindrome renale completa da schiacciamento» con mioglobinuria, presenza di cilindri pigmentari, aumento marcato dell'urea ematica, iperpotassiemia, iperfosfatemia e quadro di shock, che conduce, nei casi più gravi ed in assenza di trattamento terapeutico efficace, alla morte che avviene di solito all'improvviso preceduta da gravi disturbi del ritmo cardiaco.

Appare chiaro, sulla base della descrizione originale di Bywaters e Beall, che nel caso della flagellazione dell'Uomo della Sindone non si può parlare di «crush syndrome» nella sua completa accezione nosografica, perché manca la lunga durata della compressione e l'interessamento muscolare da parte dei traumi multipli contusivi è limitato ad un numero circoscritto di fibre per ogni gruppo muscolare (non vi è quindi necrosi massiva), ma soprattutto viene a mancare il fattore più importante che è il lasso di tempo necessario all'evoluzione di una tubulo-necrosi e di una insufficienza renale, in quanto l'iter patologico dell'Uomo della Sindone si conclude tragicamente in poche ore sulla Croce.

Ed allora che cosa rimane da considerare della «crush syndrome» in una flagellazione sistematica come quella comminata all'Uomo della Sindone?

Io ritengo: soprattutto le alterazioni biochimiche fondamentali di questa sindrome e cioè la mioglobinuria, l'iperfosfatemia e l'iperpotassiemia, direttamente legate alle necrosi polifocali muscolari, sicuramente provocate dalla flagellazione, che andranno ad aggiungere un altro carico di fattori lesivi alla già complessa patologia traumatica dell'Uomo della Sindone.

Un'analisi di muscoli sottoposti a schiacciamento ha dimostrato — anche sperimentalmente — che essi perdono il 75% del loro pigmento (mioglobina) ma anche il 75% del loro fosforo, il 66% del potassio, il 70% della creatinina

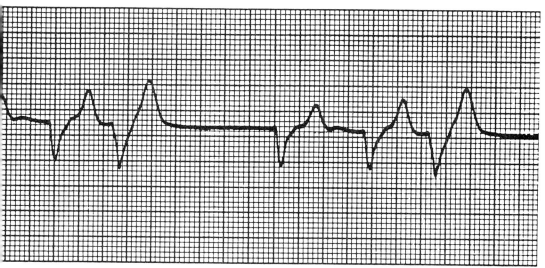

Fig. 8 — Alterazioni elettrocardiografiche in un paziente con potassiemia pari a 8,6 mEq/litro: allargamento marcato del QRS, scomparsa dell'onda P e ritmo idioventricolare che prelude alla fibrillazione ventricolare (da Levinsky).

ed il 95% delle sostanze acidogenetiche come il glicogeno (Bywaters 1944). Una elevazione della potassiemia che in questi casi può raggiungere facilmente il doppio dei valori normali è spesso la causa immediata della morte che talvolta, ripeto, è improvvisa e preceduta da disordini del ritmo cardiaco[11].

Questa constatazione è per me di estrema importanza perché offre una spiegazione clinicamente ineccepibile della morte «subitanea», nel corso della breve agonia sulla croce dell'Uomo della Sindone, che oggi si identifica con altissimo indice di probabilità nel Gesù dei Vangeli.

L'iperpotassiemia, sommata per di più all'acidosi[12], all'ipercapnia, all'anemia acuta, allo shock ed alla conseguente sofferenza anossica degli strati subendocardici[13], è senza dubbio il fattore aritmogeno più importante in grado di provocare dapprima paralisi atriale poi un ritmo idioventricolare irregolare [FIG. 8] ed infine fibrillazione ventricolare secondaria con arresto cardiaco terminale[14].

---

[11] N. G. Levinsky riporta alcuni casi di soldati che a seguito di ferite o traumi vari sono morti per arresto cardiaco da iperpotassiemia entro quarantotto ore, in mancanza di adeguato trattamento di urgenza atto a correggere lo squilibrio elettrolitico e lo shock.

[12] L'acidosi metabolica diminuisce la soglia della fibrillazione ventricolare per alterazione del rapporto calcio/potassio.

[13] La grave sofferenza anossica degli strati subendocardici, secondaria allo shock ipovolemico e all'anemia, provocando diffuse necrosi focali (Buchner) con liberazione di potassio «in loco», favorisce la fibrillazione ventricolare.

[14] L'arresto cardiaco potrebbe essere stato innescato con meccanismo vagale inibitorio dal riflesso della deglutizione, se vogliamo attenerci strettamente alle testimonianze evangeliche (Marco, 15, 36-37: «...e uno corse ad inzuppare una spugna con l'aceto, la infilò in cima ad una canna e gli porse da bere... Gesù lanciato un forte grido spirò»).

Con quest'ultima ipotesi patogenetica riguardante il meccanismo terminale della morte dell'Uomo della Sindone, che ritengo perfettamente compatibile con la realtà clinica e che dovrebbe una buona volta sgombrare il campo da ipotetiche interpretazioni implicanti un'assai improbabile rottura di cuore [*Bibl. 34*], è giusto concludere questa mia relazione che ha superato largamente i limiti che mi ero prefisso all'inizio, sconfinando in campi della medicina sicuramente affascinanti ma assai complessi e non del tutto esplorati, e che avrebbe perciò richiesto ben altra preparazione e competenza pluridisciplinare.

Non ho la pretesa di aver detto cose nuove ed originali [*Bibl. 35*] né voglio imporre le mie ipotesi come verità scientifiche, ma solo presentarle come un tentativo personale, serio e meditato, di capire meglio la complessa causalità di morte dell'Uomo della Sindone, perché — come ha scritto Pascal — «ci si persuade ben di più con le ragioni trovate da noi stessi che non con quelle trovate da altri».

Se è vero che — come è stato detto — ogni ricerca seria nasce in fondo da un'idea chiave che la giustifica e la illumina, nel mio caso l'idea che mi ha sorretto e guidato, ricevendo ad ogni approfondimento critico-bibliografico ulteriore conferma, è stata la convinzione razionale che la Sindone ha avvolto il cadavere di un uomo: che l'«Uomo della Sindone» è il Gesù dei Vangeli, offertosi liberamente ed in piena integrità psicosomatica alla sua Passione, e che la sua morte infamante sulla croce non è stata la comune morte del malfattore che si consuma in una lenta e disperata agonia, ma una morte per così dire accelerata, ad opera dei complessi meccanismi fisiopatologici da me analizzati ed innescati dalla brutale flagellazione: una morte consumata, nella tragica brevità dell'agonia descritta dai Vangeli, in una «totale effusione di sangue» come egli stesso aveva predetto nell'ultima Cena quando «prese il calice, disse la preghiera di ringraziamento e lo passò ai discepoli dicendo: Bevetene tutti, ecco infatti il mio sangue... versato per tutti in remissione dei peccati» (Matteo 26,27-28).

RÉSUMÉ. L'Auteur, médecin de clinique spécialisée en cardiologie, explique avant tout les notions essentielles d'anatomie et physiologie de la peau et de patho-morphologie des lésions par «flagrum»; indique l'estension du dommage de l'endothélium vasculaire et les altérations nécrotiques-regressives tissutaires comme le denominateur commun de telle traumatologie. Il analyse les rapports pathogénétiques entre les traumes lacérocontusifs et l'activation de l'hémostasie, de la fibrinolyse et du système des kinines dans la response phlogistique cutanée à la «noxa traumatica».

L'action itérative des traumes multipliés de la flagellation est supposée le facteur anomal d'accélération progressive des procès hémocoagulatifs avec considérable destruction sur place de plaquettes et de facteurs de coagulation et avec tendence à la «coagulation intravasculaire disséminée» (CID).

Suit un exposé sur la physiopathologie générale et le tableau clinique de la «CID conclamata», référée à la pathologie particulière de «l'Homme du Suaire». Enfin l'auteur examine la «Crush Syndrome» référée aux traumes contusifs de la flagellation sur les masses musculaires et prit en considération l'excès de potassium comme facteur d'arithmie responsable de l'arrêt cardiaque subit à cause de la fibrillation ventriculaire sécondaire irréversible.

SUMMARY. The Author, a doctor specialist in cardiology, after having premised some essential notions of anatomy and physiology of the skin cortex as well as of the patho-morphology of the lesion from "flagrum", identifies in the extended "endothelium injury" and in the "tissue necrophilous-regressive alterations" the common denominator of said traumatology.

He analyses the pathogenic connections between the lacero-contusion trauma with the setting in action of the hemostasia, the fibrinolysis and the quinine system in the whole picture of the skin inflammation response to the traumatic "noxa".

The repeated action of the flagellation multiple trauma is hypotesized as an "abnormal factor" of the haemal-coagulative processes with high local consumption of blood platelets and coagulation factors ("consumption coagulopathy") and with tendency to the "definibration syndrome" (DIC).

The general physiopatology and the clinical picture of the "acknowledged DIC" is described with reference to the complex pathology of the Man of the Holy Shroud. It is also discussed the "Crush Syndrome" in connection with the flagellation contusive trauma interesting muscular masses and it is evaluated the hyperkalemia role as an arhythmogenous factor responsible for a sudden heart stoppage due to irreversible secondary ventricular fibrillation.

BIBLIOGRAFIA

1. R. Gervaso, *Validità ed attualità di due antiche descrizioni della Sindone, Sindon* n. 19, aprile 1974 (pag. 14 s).

2. P. Vignon, *Le Saint Suaire de Turin*, ed. Masson, 1939.

3. P. Baima Bollone - P. P. Benedetto, *Alla ricerca dell'Uomo della Sindone*, Mondadori 1978.

4. L. Fossati, *Breve saggio critico di bibliografia ed informazione sulla sacra Sindone*, Torino 1978.

5. G. Zaninotto, *La tecnica della crocifissione romana*, Quaderni Emmaus n. 3, Roma.

6. *Enciclopedia Medica Cronos*: voce *La pelle*, European book, Milano 1984.

7. E. Panconesi, *Manuale di dermatologia*, USES, Firenze 1981.

8. Adamo e coll., *Medicina legale*, Monduzzi, Bologna 1979.

9. C. Gerin, *Medicina legale delle assicurazioni*, Roma 1977.

10. Enciclopedia Medica Italiana: voci *Ferite lacerocontuse* e *Infiammazione*, USES 1979.

11. Storti - U. Torelli - E. Ascari, *Ematologia*, UTET, Torino 1983.

12. G. De Gaetano, *Piastrine trombosi e aterosclerosi*, Masson Italia, Milano 1982.

13. G. G. Neri Serneri, *Piastrine e Malattie Cardiovascolari*, Boehringer, Firenze 1983.

14. G. G. Neri Serneri, *Le malattie e le sindromi emorragiche* in *Patologia Medica*, vol. I, ed. Piccin, Padova 1980.

15. P. Larizza, *Manuale di Medicina Interna*, vol. I *Le malattie emorragiche*, ed. Piccin, Padova 1977.

16. R. Marano - A. M. Moretti in P. Larizza, *Manuale di Medicina Interna*, vol. VIII, ed. Piccin, Padova 1984.

17. M. M. Wintrobe, *Ematologia Clinica*, vol. II, ed. Piccin, Padova 1981.

18. D. G. Mc Kay, *Disseminated intravascular coagulation*, Harper Row, New York 1964.

19. D. G. McKay, *Trauma and disseminated intravascular coagulation*, J. Trauma 9: 646, 1969.

20. L. Lee, *Reticuloendothelial clearance of circulating fibrin ecc.*, J. Exp. Med. 115: 1065, 1962.

21. W. R. Pitney, *Disseminated intravascular coagulation*, Sem. Hematol. 8: 65, 1971.

22. Neri Serneri-Paoletti, *Sindrome da CID - Aspetti fisiopatologici*, Riv. Clin. Medica 69, 5, 1969.

23. *Disseminated intravascular coagulation*, ed. E. F. Mamman, Stuttgart-Schattauer, 1969.

24. D. G. McKay, *Pulmonary embolism and disseminated intravascular coagulation*, Am. J. Cardiol. 20: 374, 1967.

25. Th. Spaet, *Hemostatic homeostasis*, Blood 28: 112, 1966.

26. E. G. L. Bywaters e D. Beall, Brit. Med. J. 427, 1941.

27. E. G. L. Bywaters, J. Amer. Med. Ass. 124: 1103, 1944.

28. G. Monasterio, *Le nefropatie mediche*, pag. 418, ed. USES, 1970.

29. G. Hadfield e L. P. Garrod, *Recenti progressi in Patologia*, Ed. Scientifiche Sansoni, Roma 1950.

30. N. G. Levinsky, *Quadro Clinico dell'Iperkaliemia*, in *Clinician: Il potassio in clinica*, monografia Searle.

31. U. Wedenissow in *La Sindone e la Scienza*, Ed. Paoline, 1978.

32. L. Malantrucco, in *La Sindone-Scienza e Fede*, pagg. 243-245, ed. CLUEB, Bologna 1983.

33. G. Delle Site, *ibidem*, pagg. 247-248.

34. G. Larato, *ibidem*, pagg. 253-259.

35. M. A. Dina, *Indagine anatomopatologica della Passione* in *L'Uomo della Sindone*, ed. Orizzonte Medico, Roma 1978.

36. M. Bernardi, *Le varie cause di morte nei crocefissi e il meccanismo della morte per crocefissione* in *L'Uomo della Sindone*, ed. Orizzonte Medico, Roma 1978.

37. R. G. Macfarlane, *An enzyme cascade in the blood clotting mechanism and its function as a biochemical amplifier*, Nature 202: 498, 1964.

38. L. Schamroth, *I disordini del ritmo cardiaco*, Ed. Marrapese, Roma 1979.

39. P. A. Maccarini, G. Fumagalli, *Ritmologia*, Ed. Piccin, Padova 1980.

TRAUMATOLOGIA E TANATOLOGIA OCULARE GUARDANDO LA SINDONE

GIUSEPPE DI MONACO*

Sono stato spinto ad affrontare questo studio dalla mia esperienza di medico oculista. Guardare negli occhi il paziente è un metodo professionale per capire lo stato generale di salute fisica e psichica, perché tutto si riflette nell'occhio come in uno specchio: le alterazioni delle condizioni del corpo e le diverse passioni dell'anima.

Quando ciò non è possibile, ad esempio nel cieco, è l'intero volto a riassumere ed esprimere queste condizioni.

L'esperienza di questa lettura sul volto di un cadavere, vale a dire a posteriori, quando l'immobilità ha fissato i lineamenti, è già straordinaria e impressionante, ma lo è ancora di più sulla impronta sindonica che rappresenta il modellato in negativo del volto di Gesù.

«Volto maestoso e triste ma al tempo stesso sereno» lo definì Max Frei.

L'oculista condivide questa valutazione espressa del resto con costanza da tutti gli osservatori, ma, notando alterazioni e asimmetrie su quel volto, si pone altri quesiti: quali furono le condizioni obiettive? quali le cause? quando agirono? nell'organismo vivente, nello stato agonico o nel cadavere? quali turbative di ordine fisico e psichico, quali sofferenze produssero?

Gesù subì due processi, il primo davanti al Sinedrio, il successivo nel pretorio di Pilato. È certo che nei due luoghi fu ripetutamente percosso al volto e al capo da un bastone e dalle mani robuste e violente dei soldati e da quelle cariche di odio dei servi del Sinedrio. È certo che gli fu posto sul capo un «casco di rovi». È fondata tradizione che urtò col viso per terra nel trasporto del patibulum al Calvario.

La risultante di questa serie di traumi è evidente: un volto tumefatto, ferito, insanguinato; gli occhi e i suoi annessi coinvolti.

Ma oltre gli effetti meccanici da insulto somatico dei traumi oculari, bisogna valutare gli importanti aspetti psicodinamici da insulto sensoriale visivo. Dal Getsemani al Calvario gli occhi di Cristo furono interessati da una serie di episodi sconvolgenti, ulteriore causa di sofferenze: la vista del traditore, il cinismo dei carnefici, lo spettacolo della folla inferocita...

---

* Laureato in medicina, specialista in oculistica, membro del Centro Internazionale di Sindonologia.

Per capire meglio gli effetti delle diverse cause traumatiche sulla regione oculare, cui si limita la mia analisi, è utile premettere qualche nozione di anatomia e di fisiopatologia.

Gli occhi sono contenuti in due cavità ossee, le orbite, circondati da tessuto adiposo e da formazioni fibrose e muscolari che li proteggono e ne consentono il movimento. L'occhio è protetto in alto dal bordo orbitario, formato dall'osso frontale, sul quale è posto il sopracciglio, in basso dal bordo formato dall'osso zigomatico e mascellare; l'occhio lateralmente è meno protetto perché sopravanza il margine dell'orbita.

Le palpebre sono due pieghe cutaneo-muscolari, distinte in palpebra superiore e inferiore che ricoprono gli occhi, hanno margini forniti di ciglia, delimitano una fessura: la rima palpebrale che è più o meno ampia in rapporto ai movimenti di chiusura e apertura. La chiusura è provocata dalla contrazione del muscolo orbicolare e l'apertura dal muscolo elevatore della palpebra superiore.

L'apertura della rima palpebrale è variabile: mediamente 30 mm in larghezza e 12-15 mm in altezza. La riduzione o chiusura della rima palpebrale può avvenire o per insufficiente funzionamento del muscolo elevatore o per contrazione del muscolo orbicolare e a maggior ragione per la coesistenza delle due cause.

La cute delle palpebre è sottile, il sottocutaneo è formato da tessuto connettivo lasso che si lascia facilmente distendere. La rete vascolare è particolarmente ricca.

Tra occhio e palpebra c'è uno spazio, il sacco congiuntivale, nel quale si riversano secrezioni provenienti da ghiandole situate nell'orbita e nello spessore palpebrale: la secrezione lacrimale delle ghiandole lacrimali principali e delle accessorie di Krause, la secrezione mucosa delle cellule caliciformi, la secrezione sebacea delle ghiandole di Meibomio e delle ghiandole di Zeiss e in minima parte la secrezione sudoripara delle ghiandole di Moll.

Queste secrezioni, in condizioni di normalità, formano una emulsione di acqua, di sostanze albuminoidi e grasse che assicurano la giusta umidità e temperatura nel sacco congiuntivale, la giusta lubrificazione palpebrale e la ossigenazione corneale.

La sensibilità generale del globo oculare e dei suoi annessi dipende dal nervo oftalmico, prima branca del trigemino, che raccoglie gli stimoli tattili, termici e dolorifici e attraverso i nervi motori regola l'ammiccamento e le secrezioni ghiandolari.

* * *

I violenti traumi contusivi provocati da mezzi smussi, pugni e bastoni, aprono ferite irregolari sulle parti sporgenti dei bordi orbitari, che risultano taglienti rispetto alle parti molli sovrastanti; i traumi provocano escoriazioni ed ecchimosi là dove la regione colpita presenta, sotto la pelle, resistenza ossea come le ossa zigomatiche, per meccanismo di compressione e di trazione tangenziale sui tessuti. Alla discontinuità della cute si associa lacerazione dei vasi sanguigni e diffusione e coagulazione di sangue e imbibizione edematosa del connettivo sottocutaneo.

I globi oculari possono subire lesioni per contusione diretta e in via indiretta per traumi cranici. Lesioni che vanno dalle emorragie sottocongiuntivali, alle emorragie endoculari, alla alterazione di trasparenza dei mezzi diottrici, alla rottura delle membrane interne, alla paralisi dei muscoli oculari, fino alla perdita della funzione visiva.

Le palpebre appesantite dall'edema e dalle ecchimosi si gonfiano e tendono a chiudersi, le ferite lacero-contuse dei sopraccigli provocano lo schiacciamento del nervo sovraorbitario, ulteriore causa di abbassamento della palpebra superiore.

La secrezione lacrimale, che si stima di 30 gocce nelle 24 ore, condizionata dall'irritazione congiuntivale, dalla contrazione dolorosa dei muscoli mimici, aumenta notevolmente, diventa pianto, come pure aumentano le secrezioni mucose e sebacee. Un sintomo banale, il prurito, diventa bruciore urente.

La frequenza dell'ammiccamento, che è di circa 10-20 battiti al minuto, aumenta per stimolazione del riflesso nervoso trigemino-facciale, esasperato da stimoli fisici: la luce, la polvere, il clima secco o umido, e da stimoli psichici: l'ambiente ostile, la stanchezza, il dolore.

In mancanza di interruzione delle cause scatenanti, i fenomeni progrediscono, si instaura un circolo chiuso di stimolazione e reazione, subentra un tenace blefarospasmo: secrezioni e sangue si impastano tra le ciglia costituendo un magma aderente[1].

Gli stimoli dolorosi, che interessano la prima branca del trigemino, si irradiano al territorio di innervazione delle altre due branche, provocano cefalea secondaria cui si accompagna il corteo sintomatologico neurovegetativo: sudorazione, congestione delle mucose, vertigine, nausea, crampi.

* * *

L'effetto dei traumi sull'Uomo della Sindone è ben valutabile, a mio giudizio, malgrado alcune importanti limitazioni: mancano infatti i dati relativi alle caratteristiche fisionomiche; non conosciamo i punti di contatto del lino sul volto e i punti in cui invece passava a ponte, né la grandezza e la posizione della mentoniera; è inoltre da considerare la deformazione del leggero tessuto (peso di 300 gr per mq) che ha subìto tante vicissitudini nel tempo con probabili modificazioni della stessa impronta. Impronta infine monocroma, espressa cioè dalla diversa densità del chiaroscuro, per cui non sono apprezzabili le variazioni di colore provocate dai traumi.

---

[1] Ogni oculista ha questa esperienza: è difficile aprire le palpebre ferite; è necessario spesso ricorrere all'applicazione di blefarostati metallici previa istillazione di collirio anestetico e abbondante lavaggio. Spesso lo spasmo palpebrale è più forte della volontà del paziente di collaborare.

Sono riconoscibili: ferite lacero contuse dei sopraccigli, escoriazioni contuse delle regioni zigomatiche, che sono tumefatte, ecchimosi palpebrali. Lesioni aggravate dal particolare supplizio della croce e dalle ferite da spine sulla fronte.

L'emivolto destro, e quindi anche l'occhio destro, ha patito più del sinistro, ma non si conosce l'entità dei danni intraoculari[2].

Nella posizione del crocifisso, ad una fase iniziale di asfissia con dispnea nella quale gli occhi sono aperti, sbarrati in esoftalmo, succede un rilasciamento muscolare in cui le palpebre si chiudono.

Questa altalena di fasi si è ripetuta molte volte e le palpebre ogni volta si sono aperte di meno anche per spasmi tetanici dei muscoli orbicolari e dei muscoli mimici, esacerbati probabilmente dalla presenza di insetti richiamati dall'odore di sangue.

Il Crocifisso aveva il volto madido di sudore, intriso di sierosità ematiche, imbrattato di polvere della via dolorosa. Le palpebre gonfie si chiudevano appicciate dalle secrezioni congiuntivali miste a sangue, sudore e polvere che si raccoglievano negli angoli palpebrali interni e scorrevano in parte lungo i solchi laterali del naso e in parte si essiccavano in croste tra le ciglia a causa della esposizione all'aria per tre lunghe ore, senza possibilità di pulirle. Le palpebre alla fine erano suggellate.

Quando è sopraggiunta la morte, il *rigor mortis* le ha fissate in questa posizione senza necessità di mezzi meccanici, senza l'intervento di mani pietose[3].

Con la perdita delle funzioni vitali, gli occhi di solito ruotano in alto e all'esterno e restano infossati nelle cavità orbitarie. Per l'intensa traspirazione non reintegrata dall'apporto dall'esterno di liquidi e per il collasso ortostatico, il tono oculare è ridotto, le cornee formano delle pieghe, i mezzi diottrici si intorbidano. Questi fenomeni insorgono già durante l'agonia e si accentuano dopo la morte per l'evaporazione e l'ipostasi.

Non sono documentati dalla Sindone fenomeni tanatologici trasformativi dovuti a processi che modificano la materia organica come la putrefazione e la macerazione[4].

---

[2] Il Cristo della necropoli di San Ponziano a Roma (VI-VII sec.) citato da Vignon: «il Cristo che ci guarda con questa terribile fissità», presenta il globo oculare sinistro ferito o schiacciato. La lesione così riprodotta è una falsa interpretazione pittorica dell'indistinta impronta sindonica dell'occhio destro, che è dovuta al passaggio «a ponte» del lenzuolo tra tumefazione zigomatica e arcata sopracigliare. La rottura del globo oculare esige un trauma particolarmente violento, tale da vincere la resistenza dell'orbita oppure l'impiego di strumenti taglienti, acuminati, penetranti. Sembra pertanto inverosimile.

[3] Ritengo del tutto superflua l'applicazione di una qualsiasi moneta sulle palpebre di Cristo allo scopo di tenerle chiuse. Non entro nel merito dell'uso delle monete a scopo rituale. L'elaborazione tridimensionale avrebbe rilevato sulle palpebre due superfici circolari simili a bottoni e riferibili a impronta di monete. Ritengo che si tratti piuttosto di secrezioni essiccate.

[4] Nello stadio putrefattivo il contenuto orbitario si rigonfia e i bulbi oculari protrudono dalle orbite. La decomposizione cadaverica è caratterizzata da varie fasi: colorativa, gassosa, colliquativa ecc.

Questo studio clinico è fondato sul racconto evangelico ed è compatibile con la impronta sindonica.

Ho dato meno peso all'analisi geometrica del volto sindonico perché mi è sembrata meno attendibile per l'intervento di molte variabili[5]. L'esame esclusivo di immagini fotografiche che possono essere frutto di artefatto, come quella già pubblicata che mostra l'occhio sinistro semiaperto e altre elaborazioni incongrue è causa di interpretazioni errate se prive del fondamento clinico[6].

È unanime la convinzione che gli occhi dell'Uomo della Sindone sono chiusi; quegli occhi che gli artisti antichi di ispirazione sindonica hanno interpretato e riprodotto aperti, fissi, severi[7].

Le impronte oculari sulla Sindone sono più scure al centro dell'orbita, in corrispondenza della parte più tumefatta e quindi più sporgente, perciò più vicina al tessuto, e più chiare tutto intorno, nei solchi orbito-palpebrali superiore e inferiore.

Per analogia con le altre impronte, se l'occhio fosse aperto si avrebbe l'inverso: il centro chiaro (là dove l'occhio aperto del cadavere si copre della cosiddetta tela viscida corneale circondata da zone di essiccamento sclerale) e il contorno scuro, per la presenza del sangue conglutinato alle ciglia, come avviene per le altre formazioni pilifere del volto.

* * *

Leggiamo nel Vangelo di Giovanni: «Gesù *vedendo* la madre e accanto a lei il discepolo che egli amava, disse: Donna, ecco tuo figlio».

Ritengo che il fatto avvenne poco dopo la crocefissione e subito dopo il perdono alla folla e al malfattore pentito.

L'ultimo sguardo di Gesù fu per sua madre, poi gli occhi si chiusero e il colloquio continuò solo con l'Eterno Padre.

---

[5] Ritengo che una «scrupolosa analisi geometrica», così come una esatta misurazione degli angoli per voler spiegare tutti e singoli i chiaroscuri, non sia metodo applicabile, in modo assoluto, alla Sindone, che non è una perfetta pellicola fotografica applicata su una perfetta scultura con proiezioni ortogonali perfette. Esige pure cautela l'interpretazione di immagini fornite dal computer. Infatti lascia perplessi quanto dichiarato dal prof. R. Haralick al settimanale *Gente* (n. 40 del 5.10.1984): «Intorno alla testa gira una benda scura interrotta sulla fronte da una zona rettangolare bianca; sotto questa benda sulla nuca c'è una seconda benda».

[6] Se l'occhio resta aperto nel cadavere, l'epitelio si altera, la cornea rapidamente perde la trasparenza. L'iride e il forame pupillare non sono riconoscibili ed è escluso che possano dare una «impronta» distinta. La foto di Voltolini è una invenzione fotografica.

[7] Questa interpretazione era evidentemente sbagliata. L'impronta più scura al centro dell'orbita non corrisponde al punto più sporgente dell'occhio ossia al centro della cornea, ma al punto più sporgente della palpebra tumefatta, che poggiando su una superficie sferica, il globo oculare, assume forma rotondeggiante. Infatti la distanza fra i centri delle aree circolari più scure, misurata sulle foto di Enrie del 1931, è di soli 56 mm, inferiore di circa un centimetro alla distanza tra i due centri corneali di un adulto con assi oculari paralleli; d'altra parte, si ritiene, come già detto, che gli occhi fossero deviati in alto e all'esterno. Questo dato fisionomico costituisce un limite anche nella ricostruzione computerizzata del volto sindonico.

Résumé. L'Auteur, qui est médecin oculiste, analyse les effets des traumas oculaires.

Il fait précéder l'étude clinique de notions d'anatomie et de physiopathologie.

Il vérifie les lésions traumatiques de l'appareil oculaire souffertes par le Christ à la lueur des Evangiles et de l'empreinte du Saint Suaire.

Il distingue les altérations qui precedèrent et qui suivirent le crucifiement.

Malgré quelques importantes limitations pour un complet jugement, il estime pouvoir conclure que les sécrétions des annexes oculaires mêlées à sang provoquèrent la fermeture des paupières blessées et tuméfiées sans besoin de moyens mécaniques ou d'autres interventions extérieures.

Il touche à l'absence de processus thanatologiques transformatifs.

Summary. The Author who is an ophthalmologist analyses the effects of the ocular traumas.

His clinical research is preceded by elements of anatomy and physiopathology.

He verifies the traumatic lesions of the eye system suffered by Christ according to the Gospels and the Shroud print.

He tells former alterations from those subsequent the crucifixion.

In spite of some important limits for a complete judgement, he thinks he can come to the conclusion that the secretions of the ocular glands mixed with blood, caused the shutting down of the wounded, swollen eyelids without any need of mechanical means or other external help.

He mentions the absence of changing tanatologist processes.

BIBLIOGRAFIA

1. *Encyclopédie médico-chirurgicale. Ophtalmologie*, Paris.

2. R. Thiel, *Atlante delle malattie dell'occhio*, Minerva Medica, Torino 1966.

3. M. Maione, *Oculistica*, UTET 1970.

4. Diez, *Infortunistica. Patologia traumatica e medicina legale*, Minerva Medica, Steb, Bologna 1959.

5. Canuto e Tovo, *Medicina legale e delle assicurazioni*, Cortina, Pavia 1965.

6. G. De Gennaro, *Ergoftalmologia*, Florio, Napoli.

7. P. Vignon, *Le Saint Suaire de Turin*, Ed. anast. Bottega d'Erasmo, Torino.

8. B. Voltolini, *Una foto diversa* in *La Sindone, Scienza e Fede*, CLUEB, Bologna.

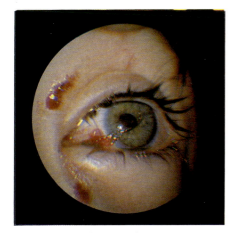

Fig. 1 — Palpebre e occhio ferito.

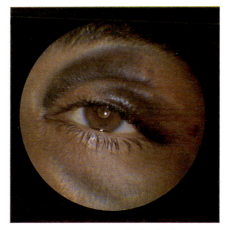

Fig. 2 — Ecchimosi palpebrale da trauma contusivo unico (pugno).

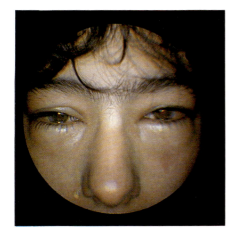

Fig. 3 — Edema palpebrale e secrezione congiuntivale.

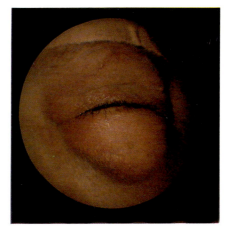

Fig. 4 — Marcata tumefazione palpebrale per ferita del sopracciglio.

L'IPOTESI DI MORTE PER EMOPERICARDIO: NUOVI CONTRIBUTI DALLO STUDIO DELLA FERITA AL COSTATO

SALVINO LEONE*

1. La morte di Gesù

L'indagine sulla causa fisica della morte di Gesù ha acquistato particolare rilievo da un certo numero di anni parallelamente allo sviluppo assunto dalla sindonologia.

I termini della questione sembrerebbero di per sé abbastanza chiari: Gesù, come ogni crocifisso è morto per asfissia e shock a genesi multifattoriale (ipovolemico, da stasi periferica, algogeno, settico, ecc.). Un fatto insolito, però, che è stato definito il «referto medico» [Bibl. 1] di S. Giovanni 19,34 («Uno dei soldati, con la lancia, gli aprì il costato e subito uscì sangue ed acqua») ha fatto sorgere nuove ipotesi, molte delle quali hanno rimesso in discussione la sicurezza della diagnosi iniziale. Le due domande fondamentali che esso pone sono:

— Da dove provenivano *sangue ed acqua*?
— Perché sono fuoriusciti come elementi distinti?

La dizione di *sangue ed acqua*, infatti, comporta o una distinta origine di due elementi (sangue e liquido trasudativo o essudativo) oppure la separazione tra parte liquida (siero) e corpuscolata (globuli rossi) del sangue determinata dalla sua sedimentazione in una cavità.

Il contributo che qui si vuole portare riguarda l'ipotesi di morte per emopericardio conseguente alla rottura di cuore come complicanza di un infarto cardiaco. È un'antica ipotesi che anche recentemente ha fatto molto discutere. Non affronteremo il problema sul piano fisiopatologico rimandando per questo alla letteratura già esistente [Bibl. 2, 3]. L'angolazione secondo cui vogliamo trattare il problema riguarda l'organica confutazione delle altre ipotesi proposte (per cui l'emopericardio rimane l'unica possibile) e l'apporto di nuovi dati emergenti dalla critica testuale.

---

* Laureato in medicina, membro del Gruppo Siciliano del Centro Internazionale di Sindonologia.

IPOTESI PROPOSTE	
SANGUE	ACQUA
Cuore	$\left\{\begin{array}{l}\text{Idroperic. preagonico (Barbet)}\\[1em]\text{Pericard. traum. (Judica-Cord.)}\end{array}\right.$
Les. v. azygos	Idrotorace (La Cava)
Emotorace traumatico (Sava)	
Evento miracoloso (Jose)	

TABELLA I

2. Le ipotesi proposte

Le ipotesi proposte per spiegare il fenomeno del sangue ed acqua sono varie [TAB. I]. Le prime due concordano nel ritenere che il sangue provenisse dal *cuore* mentre divergono nell'attribuire l'origine dell'*acqua*. Ora se riportiamo sul torace l'esatta localizzazione della ferita sindonica e dai fuochi della sua ellisse tracciamo due parallele, otteniamo l'esatta proiezione sul cuore della ferita di ingresso della lancia [FIG. 1] che, come si vede, colpisce la parte superiore dell'atrio destro. Nell'ipotesi che il sangue fuoriuscito provenisse da questa ferita atriale esso avrebbe dovuto avere le seguenti caratteristiche:

a. *Scarsa quantità* (perché l'atrio era stato colpito nella parte superiore e, anche considerando la retrazione dei margini della ferita, la sua capacità massima nei cadaveri è di circa 200 cc. Inoltre il sangue si sarebbe in gran parte disperso tra i tessuti e gli spazi attraversati.

b. *Debole energia cinetica*, perché rallentato dall'attrito con le strutture attraversate (miocardio, sierose, parenchima polmonare, breccia muscolocutanea).

c. *Omogeneità* (in quanto nel tragitto si sarebbe mescolato con la cosiddetta «acqua» qualunque ne fosse l'origine).

La Sindone e S. Giovanni ci dicono, invece, che il *sangue* era in quantità discreta, fuoriuscito a getto e distinto dall'*acqua*.

Quanto all'origine dell'acqua il Barbet [*Bibl. 5, 6*] la attribuisce a un *idropericardio preagonico* ma in realtà [*Bibl. 7*]:

a. La quantità di liquido pericardico nei cadaveri è scarsa.

b. Una violenta coltellata al cuore, nei cadaveri, lascia fuoriuscire solo sangue.

Judica Cordiglia [*Bibl. 8*], invece, attribuisce l'acqua a una *pericardite sierosa traumatica* ma:

a. Nella regione precordiale i colpi sono piuttosto scarsi, sicuramente non

tali da giustificare un trauma aperto con conseguente infezione da piogeni, principale causa delle pericarditi sierose [*Bibl. 9*].
  b. In ogni caso è difficile che si sia verificato un grosso trauma stante la protezione dello sterno.

La Cava [*Bibl. 10*] fa risalire il sangue a una lesione della *vena azygos* e l'acqua a un *idrotorace* (dovuto sia allo scompenso cardiaco che alla discrasia ematica). Ma:
  a. La vena azygos non è sulla traiettoria di ingresso della lancia [*Bibl. 11*].
  b. L'idrotorace prima di raggiungere il V spazio intercostale avrebbe occupato i seni costofrenici e costo-diaframmatici, innalzandosi solo successivamente, ma a questo punto la respirazione sarebbe stata troppo compromessa per consentire l'emissione vocale testimoniata dal Vangelo. Quanto a una sua genesi post-mortem, è improbabile ma non impossibile, però in ogni caso:
  c. Il liquido non sarebbe uscito a getto né distinto dal sangue con cui si sarebbe mescolato.

Nell'ipotesi dell'*emotorace traumatico* (apparentemente la più verosimile e l'alternativa più probabile alla nostra) proposta da Sava [*Bibl. 11*] intanto vale quanto già detto sia per la pericardite traumatica che per l'idrotorace. Inoltre:
  a. Per raggiungere il V spazio intercostale l'emotorace doveva aggirarsi intorno ai 2-3 litri: data la localizzazione della ferita gran parte di esso sarebbe rimasto all'interno della cavità pleurica fuoriuscendone solo dopo la deposizione di Gesù dalla Croce. Ma in tal caso (nel passaggio dalla posizione verticale a quella orizzontale) se ne sarebbe trovata traccia sulla schiena mentre la Sindone sul lato dorsale evidenzia solo una piccola macchia ematica circondata da un alone sieroso mentre è probabile che la «cintura» ematica al fianco si sia determinata quando il Crocifisso era ancora inchiodato (e la sua quantità è compatibile con quella di un emopericardio più altre piccole emorragie dei vasi intercostali resecati dalla lancia).
  b. Determinandosi progressivamente, avrebbe causato uno shock (per di più in così sfavorevoli condizioni emodinamiche) assai prima delle tre ore in cui Gesù parlò e si mosse sulla Croce (come Vangeli e Sindone rispettivamente testimoniano).
  c. L'intensa anemizzazione di Gesù avrebbe determinato un prevalere della componente sierosa su quella corpuscolata [*Bibl. 13*] per cui al V spazio intercostale si sarebbe trovata solo «acqua» e non quell'abbondante fiotto ematico testimoniato dalla Sindone.

Citiamo per ultima l'ipotesi di Jose [*Bibl. 14*] che richiamandosi al pensiero dei Padri della Chiesa sostiene che in assenza di una plausibile spiegazione non resta che invocare *l'evento soprannaturale* volto a significare la ricca simbologia identificata dagli stessi Padri[1] e che vede nel *sangue ed acqua* il sim-

---

[1] Origene: «Contra Celsum», II-36; S. Ambrogio: «Expositio Evangelii Sancti Lucas», cap. 23; S. Girolamo: «Epistula ad Oceanum», n. 83; S. Agostino: «De Civitate Dei», Lib. XV, cap. 26.

bolo dell'unione della natura umana alla divina, del Battesimo e dell'Eucaristia, della nascita della Chiesa, ecc. Sul piano mistico possiamo considerare anche questi significati simbolici ma l'ipotesi, riferita allo stretto fenomeno fisico, è troppo rassegnata e ricorre a un gratuito «soprannaturalismo».

3. L'ipotesi alternativa

L'ipotesi che qui sosteniamo fu enunziata per la prima volta da W. Stroud [*Bibl. 15*] e poi ripresa da Hyneck [*Bibl. 16*], Wedenissow [*Bibl. 2*] e, recentemente, Malantrucco [*Bibl. 3, 17*] e Delle Site [*Bibl. 18*]. E l'ipotesi dell'*infarto miocardico* con conseguente *rottura di cuore* secondo la seguente successione di eventi.

Cause predisponenti *Cause scatenanti*

INFARTO
ROTTURA DI CUORE
EMOPERICARDIO
TAMPONAMENTO CARDIACO
MORTE

Quali fattori predisponenti identifichiamo con Wedenissow [*Bibl. 2*] quelli relativi allo stress psicofisico della vita di Gesù: continue peregrinazioni, veglie, lotta contro le potenze del male, preveggenza delle proprie sofferenze, ecc.

Un prolungato spasmo coronarico insorto al Getsemani deve essere ritenuto il fattore scatenante[2]. Questo episodio, successivamente, non solo si è protratto ma si è aggravato e forse anche ripetuto (a causa dell'ischemia ipovolemica per le cospicue emorragie, del violento dolore per la crocifissione, dell'iperpiastrinemia conseguente allo stato emorragico con conseguente possibilità di fenomeni trombotici [*Bibl. 13*], probabilmente anche di un aumento del lavoro cardiaco per una possibile sepsi) potendo provocare la necrosi della parete miocardica. Col conseguente emopericardio, in circa tre ore, il sangue ha avuto modo di sedimentare potendo fuoriuscire distintamente come *sangue ed acqua* al momento della lanciata.

Le vecchie obiezioni che un tempo venivano mosse a questa ipotesi devono ormai ritenersi superate essendo costituite la prima dall'impossibilità di un episodio infartuale in un cuore assolutamente sano e la seconda dall'intervallo di tempo (troppo breve secondo i Vangeli) tra episodio infartuale e rottura di cuore. Quanto alla prima è ormai acquisito che l'infarto può senz'altro verificarsi in un soggetto senza fattori di rischio coronarico specifico (soprattutto di tipo dismetabolico), anzi costituisce il 16% di infarti nei soggetti giovani (quale era Gesù). A sintesi della molta bibliografia in merito basti citare il recente lavoro di Braunwald [*Bibl. 19*]. Per ciò che riguarda la seconda obiezione; intanto lo stesso Braunwald [*Bibl. 20*] riporta la possibilità di un inter-

---

[2] La sudorazione di sangue potrebbe essere una prova indiretta dell'intenso squilibrio neurovegetativo all'origine dei due fenomeni.

vallo di tempo inferiore a 24 ore ma in ogni caso la moderna esegesi tende decisamente ad anticipare al martedì l'Ultima Cena [*Bibl. 21*].

4. Rilievi sindonici

La ferita al costato, sulla Sindone [FIG. 2] è un'impronta ematica a limiti netti nella sua parte superiore e discendente in basso in una colata irregolare e frastagliata. La parte superiore ha forma ellittica con maggior asse orientato obliquamente in senso postero-anteriore e infero-superiore, della lunghezza di 4,5 cm. La localizzazione è a livello del V spazio intercostale destro, 13,5 cm lateralmente allo sterno[3]. La sottostante colata si estende per circa 15 cm, delimitata bruscamente nel suo margine destro dal rattoppo della tela e presentante al terzo medio del margine sinistro un'incisura dovuta alla parziale imbibizione idrica per l'acqua con cui fu spento l'incendio di Chambéry.

Il sangue è di tipo post-mortale e si presenta in grumi grossolani intercalati da zone di eluizione, facilmente raffrontabili con la contigua macchia d'acqua.

La caratteristica più interessante è data dall'andamento della colata. Le striature dei coaguli, infatti, pur nella loro tortuosità, dovrebbero seguire un andamento verticale ed essere tra loro approssimativamente paralleli, almeno così ci si aspetterebbe per semplice legge di gravità. Viceversa l'impronta, come già a suo tempo notò Ricci [*Bibl. 22*] mostra chiaramente [FIG. 3] nei suoi margini laterali un andamento divergente che si corregge poi divenendo verticale, *segno della fuoriuscita di sangue «a getto» perché sotto pressione all'interno della parete toracica*. Nell'emopericardio, lo si è visto, questa evenienza era possibile.

5. Rilievi di critica testuale

1. «*Gesù, poi, gridando a gran voce rese lo spirito*» (Mt 27,50; Mc 15,37; Lc 23,46). È questo uno degli elementi che lo Stroud porta a sostegno della sua ipotesi in quanto spesso i soggetti deceduti per rottura di cuore hanno emesso un forte grido prima di morire, dovuto all'intenso dolore provocato dalla brusca distensione pericardica.

I testi dei sinottici sono concordi nel riportare questa *gran voce* (*phonè megàle*) anzi addirittura Matteo usa con estrema proprietà l'onomatopiéico *kràzo* già contenente in sé l'idea di gridare vigorosamente, rafforzandolo poi con la specificazione modale di cui sopra (*kràxas phonè megàle*). L'attestazione multipla dovrebbe, secondo i consueti criteri [*Bibl. 23*] garantire l'autenticità storica.

Questo grido mal si accorda con l'atto terminale di una lenta agonia. Da un punto di vista fisiopatologico la morte sarebbe dovuta sopraggiungere con la flebile emissione dell'ultimo respiro. Deve essere, quindi, insorto un fatto nuovo: l'ipotesi più probabile ci sembra la rottura di cuore.

---

[3] Il motivo della scelta del lato destro è da ricercare in una abitudine della scherma romana, in quanto il sinistro era protetto dallo scudo.

APERIO	I - aprire, spalancare, rendere visibile, ecc. II - schiudere, scavare, creare un varco, rendere accessibile, ecc. mai «**TRAFIGGERE**»
TRAFIGGERE	I - figo e derivati (transfigo, configo, ecc.) [Cic.] II - fodio e derivati (perfodio, transfodio, ecc.) [Liv., Tac.] mai «**APERIO**» o simili

TABELLA II

VARIANTI DEI CODICI

APERUIT	bresciano usseriano aureo	sec. VI VI-VII VIII
INSERUIT	palatino	IV-V
PUPUGIT	veronese	IV-V
PERCUSSIT	vercellese corbeiense sangallese	IV V V-VI
PERFODIT	colbertino	XII

TABELLA III

2. «*Uno dei soldati con la lancia gli aprì il costato*» (Gv 19,34). Il testo greco usa il verbo *nysso* (*ényxen*) che ha come primo significato *urtare, percuotere, pungere, ferire* e, solo secondariamente — nel caso di armi — *trafiggere* [*Bibl.* 24]. Questo ultimo concetto è espresso molto più appropriatamente dai verbi *titròsko, diapeìro* ed altri. Lo stesso Gv nel riportare subito dopo [*Bibl. 19, 37*] la citazione scritturistica usa *ekkentéo*. La versione latina usa *aperuit* il cui primo significato è evidente ma non contiene in sé l'idea di trafiggere. Tale verbo, d'altra parte, è traducibile in latino in molti modi (il Georges ne

elenca nove [*Bibl. 24*]) ma mai con aperio [TAB. II]. Né attestano diversamente
le varianti dei codici [*Bibl. 25*] [TAB. III] in quanto una sola volta troviamo
perfodit che è il verbo appropriato usato da Livio, Tacito, ecc. ma si tratta
del codice colbertino che tra tutti è il meno antico, risalendo al XII secolo.
Negli altri casi troviamo *inseruit* (Palatino, sec. IV-V); *pupugit* (Veronese, sec.
IV-V); *percussit* (Vercellese, sec. IV; Corbeiense, sec. V; Sangallese, sec. V-VI).

Tutti questi elementi inducono a ritenere che l'attenzione del testimone
oculare fu attratta, più che dalla profonda trafittura, dal fatto che *sangue ed
acqua*, fuoriuscirono non appena il costato fu *aperto, colpito, ferito* e, quindi,
confermano che la raccolta si trovava immediatamente al di sotto della parete
toracica, come — appunto — nel caso dell'emopericardio.

3. «*...e subito ne uscì*» (Gv 19,34). Il latino *continuo* che abbastanza fedelmente riproduce il greco *euthùs* il cui aggettivo di origine ha il significato di
dritto, immediato dà chiaramente l'idea dell'immediata continuità tra l'atto
del penetrare della lancia e la fuoriuscita di *sangue ed acqua*, segno non solo
di una raccolta ematica immediatamente al di sotto della parete toracica ma
contenuta sotto pressione come ancora una volta, nel caso dell'emopericardio.

REPERTO SINDONICO (Testim. oggettiva)	REPERTO EVANGELICO (Testim. soggettiva)
sangue ed acqua	
provenienti da una ferita	
(da taglio)	**prodotta da una lancia**
al V sp. interc. dx	(al fianco)
fuoriusciti a getto	**nell'istante della trafittura**
in discreta quantità	(in modo visibile)

TABELLA IV

6. Conclusioni

Alla fine di questa indagine, quindi, ci troviamo dinanzi un duplice ordine
di testimonianze: quella oggettiva della Sindone e quella soggettiva di S. Giovanni che con linguaggio diverso attestano gli stessi aspetti del fenomeno
[TAB. IV]. Per alcuni di essi le due testimonianze sono del tutto sovrapponibili (sangue ed acqua provenienti da una ferita), per altri una delle due completa e precisa l'altra.
Complessivamente, quindi, dalla testimonianza sindonico-evangelica emer-

gono questi sei reperti che ogni ipotesi etiopatogenetica deve essere in grado di spiegare esaurientemente.

Allora, concludendo, l'ipotesi di morte per emopericardio ci sembra l'unica in grado di offrire:

a. Una spiegazione etiopatogenetica dei 6 segni riscontrati (a differenza delle altre che ne giustificano solo alcuni).

b. Una spiegazione etiologica della *gran voce* al termine dell'agonia (che la semplice morte per shock e/o asfissia non spiegherebbe).

c. Una spiegazione naturale e non miracolistica del *sangue ed acqua*.

d. Una spiegazione che, in aggiunta all'emopericardio, non esclude l'ulteriore trafittura del cuore e quindi:

e. Una spiegazione che non contrasta con ogni successiva elaborazione teologico-simbolica. Basti pensare al culto del Sacro Cuore e alle altre implicanze teologiche che su questa ipotesi possono impiantarsi [*Bibl. 27*].

RÉSUMÉ. On a proposé beaucoup d'interpretations pour expliquer le «sang et eau» de la blessure au thorax de Jésus reporté par l'Evangile de St Jean. Cependant la plupart d'eux ne concordent pas avec le témoignage du Saint Suaire et de l'Evangile (beaucoup de sang et eau sortis d'un jet par une blessure au V.ème space intercostel droite à l'instant du transpercement).

Cet étude, qui confime l'hypothèse de mort par hémopéricarde, porte une détaillée réfutation de tous les autres et propose des nouveaux éléments qui viennent de la critique textuelle (usages verbales dans les côdes les plus vieux qui confirmet l'instantanéité du découlement de sang et eau à l'instant du transpercement — qui était possible seulement en cas d'hémopéricarde — storicité de la «grande voix» avant der mourir, etc).

SUMMARY. Many hypothesis have been proposed to explain "blood and water" of the Jesus chest wound reported by St John Gospel. Nevertheless most of them disagreed with sindonic and evangelic evidence (blood and water becoming from a spear wound at Vth right intercostal space, discharged in a notable amount at white heat in that very instant of transfiction).

This study, that confirms haemopericardium hypothesis, reports a detailing refusing of textual criticism (verbal uses in oldest codex confirming instantaneousness of blood and water coming out in that very instant of transfiction — only possible in haemopericardium — storicity of the "loud voice" before the death and so on).

BIBLIOGRAFIA

1. Ricci G., *La Sindone Santa*, Centro Romano di Sindonologia, Roma 1976, pag. 186.

2. Wedenissow U., *Considerazioni ipotetiche sulla causa fisica della morte dell'Uomo della Sindone*, in *La Sindone e la scienza*, Ed. Paoline, Torino 1979, pag. 137.

3. Malantrucco L., *La grande ferita al costato*, in *Quaderni Emmaus*, Centro Romano di Sindonologia, Roma 1981, pagg. 9-13.

4. Riquelme Selar, *Exame médico de vida y passión de Jesu Christo*, Madrid 1953, pagg. 81-127.

5. Barbet P., *La passione di Gesù secondo il chirurgo*, LICE, Torino 1951.

6. Barbet P., *Le cinque piaghe di Cristo*, SEI, Torino 1940.

7. Ricci G., *op. cit.*, pag. 188.

8. Judica Cordiglia G., *L'uomo della Sindone è il Cristo?* Ghirlanda, Milano 1941.

9. Giugni e La Cava, citati da Ricci, pag. 190.

10. La Cava F., *La passione e la morte di N.S. Gesù Cristo illustrate dalla scienza medica*, D'Auria, Napoli 1953, pagg. 13-46.

11. Ricci G., *op. cit.*, pag. 192.

12. Sava A., *The Holy Schroud on trial*, in Stevenson, *Proceedings of the 1977 United States Conference on the Shroud of Turin*, pagg. 51-54.

13. Marinone G., *Anemie postemorragiche*, in Introzzi, *Trattato Italiano di Medicina Interna*, USES, Firenze 1982, pag. 2319.

14. Jose R., *Esame medico della vita e della Passione di Gesù Cristo*, Ed. Paoline, Roma 1955, pagg. 154-157.

15. Stroud W., *A treatise on the physical cause of the death of Christ*, Edimburg 1847.

16. Hyneck R. W., *La Passione di Cristo e la scienza medica*, Vita e Pensiero, Milano 1950, pag. 121.

17. Malantrucco L., *Attualità di un'antica ipotesi: la morte di Cristo per emopericardio*, in *La Sindone, Scienza e Fede*, CLUEB, Bologna 1983, pagg. 243-245.

18. Delle Site G., *Emopericardio quale probabile causa di morte di Gesù*, ibidem, pagg. 247-248.

19. Braunwald E., *Heart disease, a textbook of cardiovascular medicine*, Saunders, Philadelphia 1984, pagg. 1262-1267.

20. Braunwald, *ibidem*.

21. Jaubert A. M., *La date de la Cène*, Gabalda, Paris 1957.

22. Ricci G., *L'uomo della Sindone è Gesù*, Studium, Roma 1969, pag. 364.

23. Latourelle R., *Gesù attraverso i Vangeli*, Cittadella 1982, pag. 249.

24. Rocci L., *Vocabolario greco-italiano*, Dante Alighieri, Città di Castello 1964, pag. 385.

25. Georges-Calonghi, *Dizionario latino-italiano*, Rosemberg & Seller, Torino 1967, pag. 206-207.

26. Merk A., *Novum Testamentum graece et latine*. Pontificio Istituto Biblico, Roma 1964, pag. 385.

27. Cfr. Sal 21,15; 30,6; 68 (citati da Ricci, *op. cit.*, n. 1, pag. 215).

Fig. 1 — Ricostruzione del tragitto percorso dalla lancia.

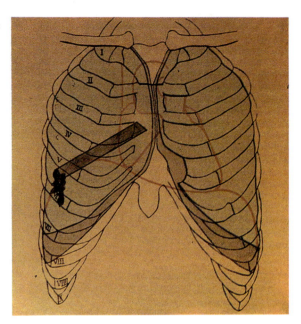

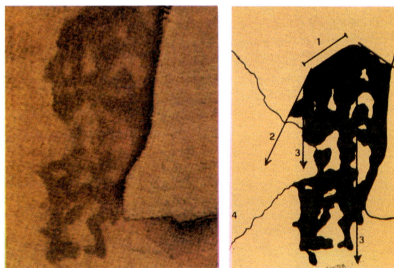

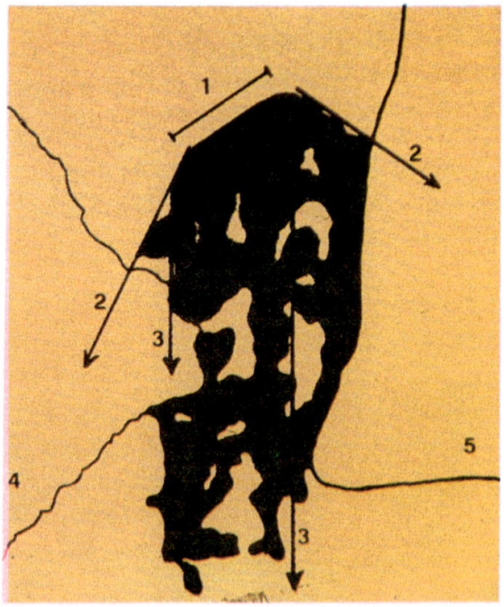

Fig. 2 — Impronta sindonica della ferita al costato.

Fig. 3 — Impronta sindonica della ferita al costato (disegno schematico):
1. Orientamento della ferita cutanea.
2. Direzione dei margini del getto sieroematico.
3. Direzione degli stessi prevedibile per semplice gravità.
4. Macchia d'acqua.
5. Rattoppo.

NUOVO ELEMENTO SULL'ALTEZZA DELL'UOMO DELLA SINDONE

STANISLAO D'AMORE*

È fuori dubbio che una delle questioni maggiormente dibattute e contro-verse di tutto il «problema sindonologico» sia quello inerente l'accertamento e la determinazione delle stigmate somato-etniche, nonché delle caratteristi-che biotipologiche mensurali del corpo esanime dell'Uomo che, circa duemila anni fa, fu avvolto nel Lenzuolo di Lirey-Chambéry-Torino.

Infatti, contrariamente a quanto avvenuto relativamente all'esame, all'a-nalisi ed alla risoluzione di altri «punti oscuri», non facilmente decifrabili ed interpretabili se non con l'ausilio delle più avanzate e sofisticate tecniche me-todologiche (intendo riferirmi, ad esempio, al problema pertinente l'autenti-cità e la retrodatazione dell'epoca del Sudario, dilemma brillantemente e de-finitivamente risolto dalle ricerche palinologiche di Max Frei, l'investigatore che «interrogava le piante»), invece appare, tuttora, discutibile ed aperta l'in-dagine antropometrica, tesa ad accertare la statura dell'Uomo, il cui cadave-re, sia per le evaporazioni tipicamente post-mortali, sia per l'azione chimica di sostanze antiputride e conservative, lasciò di sé impronta indelebile di ine-quivocabile autenticità sul Lenzuolo funebre, oggi conservato nella cappella, appositamente costruita da Guarino Guarini, nel Duomo di Torino.

È probabile che la determinazione della *mensura Christi*, accanto alla iden-tificazione della reale ed effettiva causa del decesso, costituisca uno dei pochi aspetti non ancora completamente chiarito dai vari studiosi, che, di volta in volta, l'hanno affrontato. L'assoluta mancanza di univocità e di sovrapponi-bilità nelle deduzioni conclusive elaborate da esperti di vari settori rappre-senta la prova inconfutabile ed irrefragabile della precipua salienza, attualità e del notevole spessore di interesse, che tale argomento occupa e riveste in tutta la cultura sindonologica.

Innumerevoli sono stati i tentativi fatti, nel corso dei secoli, al fine di ac-certare la statura dell'Uomo della Sindone. Da sempre l'umanità, con grande interesse e curiosità, si è chiesta che aspetto, che sembianze, quale altezza avesse Nostro Signore.

Un primo serio tentativo in tal senso risale già al VI secolo ad opera del-l'imperatore Giustiniano, il quale (come narra un autore del XIII secolo rial-lacciandosi a notizie direttamente attinte dalle opere di Procopio di Cesarea,

---

*Laureato in medicina.

statura uomo sindone		
autore	anno	altezza
GIUSTINIANO	VI sec.	cm. 180
BARBET	1936	cm. 178
VIGNON	1939	cm. 180
GEDDA	1939	cm. 183
JUDICA CORDIGLIA	1941 - 1961 1967	cm. 181
RICCI	1966 - 1967	cm. 162
DE GAIL	1972	cm. 172
R. BUCKLIN	1976	cm. 177
FERRI		cm. 187

storico contemporaneo a Giustiniano) ordinò la costruzione di una croce mensurale, esposta nello scevofilacio della chiesa di S. Sofia, sulla quale «era riportata» la statura di Cristo e tale misurazione era stata «diligentemente e fedelmente eseguita da uomini notabili e degni della massima attendibilità». Verosimilmente la misura riportata sulla «croce giustinianea», esattamente pari a 180 cm, secondo quanto riferisce lo storico dinanzi citato, era stata ricavata direttamente dall'esame e dalla misurazione eseguiti sul «documento più eloquente», che, all'epoca di Giustiniano, era certamente noto e venerato a Gerusalemme, secondo le testimonianze di Antonino Piacentino nell'anno 570 e del monaco Arculfo, intorno al 650-670, il quale riferisce di aver venerato e baciato a Gerusalemme il «linteum majus in quo ipsius Domini imago figurata».

C'è stato, inoltre, chi, ricorrendo più ad un criterio intuitivo-deduttivo che non rigorosamente tecnico-scientifico, ha cercato di stabilire la statura dell'Uomo della Sindone, traendo spunto da una *sfumatura*, da qualche *particolare significativo*, da qualche *dettaglio descrittivo*, ricorrente nei vari passi dei Vangeli. Si tratta di sfumature estremamente significative ed abbastanza suggestive, come la scelta di una posizione eminente da parte di Zaccheo *«quia pusillus erat»*, al fine di poter osservare il Maestro, circondato dalla folla ovvero la indicazione e la segnalazione con il famigerato *bacio*, fatto da Giuda agli sgherri. Da tali intelligenti osservazioni, risulterebbe implicito e scontato, secondo l'assertore della tesi, che se si fosse trattato di un soggetto con statura nettamente superiore a quella media della razza mediterranea-palestinese (150-160 cm), allora né Zaccheo si sarebbe preoccupato di arrampicarsi sul sicomoro, né Giuda sarebbe ricorso alla forma più abbietta di tradimento. E proprio prendendo spunto da queste constatazioni, alcuni sindonologici giungono alla conclusione che l'altezza dell'Uomo della Sindone potrebbe corrispondere a circa 162 cm, rientrando nella media della razza mediterranea-palestinese.

Per la soluzione della questione, le conclusioni più convincenti ed interessanti, tutt'altro che concordanti tra loro, sono apparse quelle ricavate tramite metodologie medico-forensi, imperniate su indagini antropometriche, condotte da esperti in campo medico-legale. Ebbene, da dati biometrici ottenuti attraverso metodologie dovunque adottate, la maggior parte di questi studiosi sono propensi ad attribuire all'Uomo della Sindone una statura *eccezionale* a confronto della statura del normotipo palestinese di duemila anni fa, oscillante, come già precisato, tra i 150-160 cm.

I valori ottenuti sono abbastanza fluttuanti, oscillando tra un minimo di 178 cm (Barbet) ed un massimo di 187 cm (secondo lo scultore Ferri). Tralasciando le conclusioni cui è pervenuto il Ferri, che presumibilmente valutò la questione esclusivamente sotto il profilo artistico, attribuendo all'Uomo della Sindone la statura di 187 cm, ossia la lunghezza «testa-talloni» visibile sull'immagine dorsale del Lenzuolo, ci sembra opportuno soffermarci brevemente sulle misure ottenute con criteri più schiettamente antropometrici-biotipologici-costituzionali.

Uno dei primi a cimentarsi scientificamente in tale argomento fu il chirurgo francese Barbet, il quale pervenne alla conclusione che il cadavere avvolto nella Sindone di Torino, in vita, era appartenuto ad un uomo alto 178 cm. Successivamente, fu la volta, nel 1939, prima di Vignon e quindi di Gedda, che riferirono rispettivamente una statura di 180 e 183 cm.

Bisogna, poi, attendere diversi anni per avere un altro studio valido e serio in merito e, questa volta, grazie al prof. Judica-Cordiglia. Egli, applicando la metodologia antropometrica del Viola, indica in 181 cm la statura dell'Uomo Sindonico e conclude il suo studio sottolineando la impossibilità a classificarlo in un ben determinato e preciso tipo etnico, a causa delle «particolari caratteristiche somatiche e dell'alto grado di perfezione corporea».

Dopo questa breve ma doverosa disamina delle conclusioni circa la statura dell'Uomo della Sindone, mi accingo ad esporre delle considerazioni ed osservazioni puramente personali, precisando, fin da ora, che la misurazione finale da me elaborata si accosta di molto a quella del Barbet, discostandosi da essa di circa mezzo centimetro. Mi preme, inoltre, puntualizzare che criterio di riferimento e comparativo della mia ricerca è stato lo studio eseguito dal clinico Gedda nel 1939 e, per tali ragioni, mi riallaccerò spesso ad esso nella mia breve esposizione.

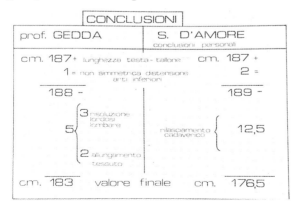

Dai molti parametri potenzialmente impiegabili ho tratto spunto dalla lunghezza dell'immagine dorsale, impressa sulla Sindone. Come tutti sapranno, sulla faccia dorsale del Lenzuolo esistono due misure facilmente riscontrabili e verificabili:

a) misura dalla testa alle dita dei piedi, pari a cm 205
b) misura dalla testa ai talloni, pari a cm 187.

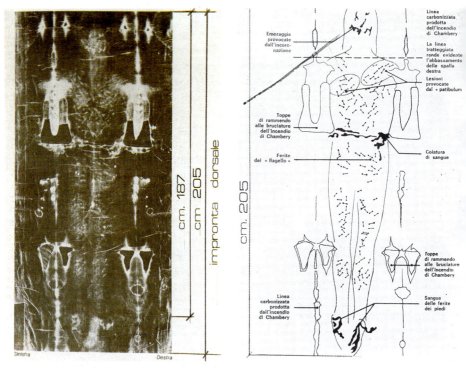

Di queste due misure, la seconda (testa-talloni) mi è parsa quella più utile e significativa ai fini dell'economia e dei risultati della mia ricerca. Partendo dallo stesso dato (187 cm), il prof. Gedda, attraverso una serie di addizioni e sottrazioni, variamente motivate, perveniva alla conclusione che l'altezza dell'Uomo Sindonico corrispondesse a 183 cm. Infatti, ai 187 cm. della lunghezza testa-talloni, aggiungeva un cm per la non perfetta e simmetrica distensione degli arti inferiori (tant'è che il piede sinistro appare sensibilmente più corto del controlaterale, a causa della sua maggiore flessione). L'aggiunta di questo valore addizionale mi sembra quanto mai legittima ed opportuna, ritenendo, però, che un solo centimetro non riesca a compensare pienamente quella *vistosa* disarmonia distensiva degli arti inferiori (vistosa al punto che la fantasia popolare, in passato, non ha esitato a diagnosticare in Cristo una accentuata forma di zoppia, fatto presumibilmente imputabile al diverso angolo segnato dalla linea dei due talloni sulla Sindone), per cui sopraeleverei di un altro centimetro (pertanto in tutto due centimetri) tale dato aggiuntivo.

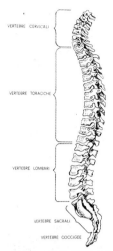

VERTEBRE CERVICALI

VERTEBRE TORACICHE

VERTEBRE LOMBARI

VERTEBRE SACRALI

VERTEBRE COCCIGEE

PROFILO LATERALE SINISTRO DELLA COLONNA VERTEBRALE

Ai 188 cm così ottenuti, il Gedda sottrae in tutto cinque centimetri e precisamente 3 cm per un tipico fenomeno di ordine antropometrico-costituzionale e 2 centimetri per l'eventuale allungamento subito dal tessuto. Il fenomeno innanzi citato è quello che, dai costituzionalisti, è definito «*della risoluzione della lordosi lombare*», fenomeno per cui la statura dell'uomo in posizione coricata supera di circa 3 cm la statura dello stesso in posizione ortostatica. Infatti, nella stazione eretta la colonna vertebrale, a guisa di una molla elastica, subisce varie deformazioni a carattere ondulativo soprattutto nel tratto dorso-lombare (accentuazione della lordosi lombare) sotto il peso del tronco, capo ed arti superiori. È evidente che, quando il corpo assuma una posizione di clinostatismo, cessando l'azione del peso delle suddette strutture corporee, si risolve l'accentuazione della lordosi lombare e ciò si traduce in un aumento della statura di circa 3 cm.

Viene, dunque, ampiamente spiegato il motivo della diversità e della discrepanza tra la statura di un soggetto in posizione eretta e la statura dello stesso in posizione coricata.

Molto arguta ed efficace appare questa osservazione del Gedda, ma si presta ad una obiezione di inequivocabile apprezzabilità obiettiva: si tiene conto dell'allungamento della statura corporea che, in posizione distesa, subisce un soggetto in vita, laddove ci si dimentica che ogni calcolo e riferimento deve essere eseguito rispetto ad un cadavere, per il quale, per il noto fenomeno del rilasciamento di tutta la muscolatura verificantesi nella immediatezza della morte, l'allungamento della statura corporea è di ben altra entità e proporzione. Per tale ragione, nella misurazione da me condotta, i 3 cm proposti dal Gedda vengono sostituiti, o meglio, integrati ed al contempo assorbiti dal valore medio dell'aumento di statura che subisce ogni cadavere.

Per quanto riguarda, invece, i 2 cm da sottrarre a causa del possibile allungamento subìto dal tessuto, penso che essi non debbano ritornare nel calcolo finale, essendo esso tessuto preservato da possibili insulti in tal senso, data la sua particolare compattezza e robustezza. Ed inoltre attendibili testimoni oculari hanno, di volta in volta, riferito misure non discostantesi affatto dalle misure che attualmente presenta la Sindone.

Per la mia determinazione conclusiva, dunque, sono partito dalla misura di 187 cm (distanza testa-talloni dell'immagine posteriore), cui ho aggiunto 2 cm per compensare la non uguale distensione degli arti inferiori. Senza ricorrere a particolari sofismi e cercando di seguire una metodologia, la più semplice e lineare possibile, utilizzando criteri antropometrici, comunemente impiegati ai fini di identificazione di un cadavere, ai 189 cm ho sottratto 125 mm, valore cui si ricorre per stabilire l'altezza presunta avuta in vita da un determinato soggetto. Infatti Gilli, Chiodi e collaboratori, nel loro *Manuale di Medicina legale*, affermano che per calcolare la statura del vivente da quella del cadavere, bisogna sottrarre mm 125 per l'uomo e mm 200 per la donna. Certamente questo parametro potrebbe sembrare eccessivo, ma in realtà non lo è se si tiene conto che nell'immediatezza della morte ha luogo il rilasciamento di tutta la muscolatura, sia liscia che striata (fenomeno conosciuto col nome di «intervallo di rigidità» e che si protrae per un lasso di tempo variabile da una a quattro ore circa) dovuto alla perdita del tono fisiologico e da cui dipende la caduta della mandibola e la incontinenza degli sfinteri. Sottraendo ai 189 cm 125 mm, si ottengono circa cm 177,5 (risultato molto vicino anche se non perfettamente coincidente con quello proposto dal prof. Barbet). Dunque la statura dell'Uomo Sindonico corrisponderebbe a 177,5 cm; il che sarebbe in perfetta sintonia con la descrizione atletica-normosomica, proposta da più fonti.

TABELLA COMPARATIVA DELLE MISURE
IN CENTIMETRI, POLLICI, PIEDI

176,5	cm =	69,49	pollici =	5,79	piedi
187	cm =	73,62	pollici =	6,13	piedi
2	cm =	0,787	pollici =	0,06	piedi
189	cm =	74,40	pollici =	6,20	piedi
12,5	cm =	4,92	pollici =	0,41	piedi
183	cm =	72,05	pollici =	6	piedi

RÉSUMÉ. L'Auter, selon l'idée d'un ouvrage de Gedda du 1939, arrive à la conclusion que la stature de Jésus corresponde a cm. 177,5. Comme paramètre de départ il faut considerer la longueur de l'empreinte dorsale imprimée sur le Drap, égale a cm. 187; à cette valeur il faut ajouter cm. 2 pour compenser l'imparfaite et asymétrique détension des articulations inférieurs. Aux 189 cm. ainsi obtenus, le jeune sindonologue a soustrait 12,5 cm. qui est la valeur employée pour remonter en portant de la stature du cadavre, à la réelle stature que le subjet avait pendant sa vie. Il faut préciser qu'au moment immédiat de la mort le relâchement musculaire joue un rôle important, dû à la perte du ton physiologique, duquel depend la chûte de la mâchaire et l'incontinence des sphincters.

Ce phénomène, qui s'appelle «interval de rigidité», se protrait en un temps variable de 1 à 4 heures, après quoi il advient un progressif raidissement de tous les muscles. Selon l'auteur, le limite de l'ouvrage du Gedda, qui fixait la stature de Jesus en 183 cm., est dû au fait que la «résolution de la lordose lombaire», qui est le moment fondamental pour son calcul, est un phénomène tipiquement et exclusivement vital, puisque on ne peut l'employer dans le champ tanatologique.

SUMMARY. The Author, taking a Gedda's work of 1939 as a starting point for his observations, comes to the conclusion saying that Jesus' stature is corresponding to 69,49 inches, starting from the lenght of the dorsal impression printed on the Sheet, that is corresponding to 73,62 inches, to such measure we have to add 0,787 inches to counterbalance the not perfect and asymmetrical straining of the lower limbs.

The young sindonologist subtracts, from 74,40 inches that he had obtained before, 4,92 inches as a measure used to obtain, starting from the lenght of the corpse, the real stature of the subject when he was alive.

We have also to remark that at the immediacy of the decease we have an important role, played by the muscular relaxation, due to the loss of physiologic tone and from which derives the fall of the mandible and the incontinence of the sphincters.

This phenomenon, called «interval of rigidity», endures from one to four hours, to which the progressive stiffening of all the musculature follows. According to the Author, the limit of Gedda's work, that established the Jesus' stature of 72,05 inches, is to connect with the «resolution of lumbar lordosis» fundamental for his calculation, is a typical and exclusively vital phenomenon, so we can't use it in such thanatologic studies.

UN NUOVO PROCESSAMENTO
DELLA IMMAGINE SINDONICA

GIOVANNI TAMBURELLI* — FABRIZIO OLIVERI**

Introduzione

L'informatica è, fra le scienze che hanno studiato la Sindone, certamente quella che ha fornito risultati tanto sorprendenti quanto inaspettati. Fra questi possiamo citare l'immagine tridimensionale della Sindone [*Bibl. 1-2*] ed il successivo volto naturale tridimensionale (privo di ferite) ottenuto mediante il filtraggio numerico [*Bibl. 1-2*].

Il primo dei suddetti risultati ha dimostrato che il lenzuolo sindonico ha avvolto il corpo di un uomo e, come riportato per esempio in [*Bibl. 3*], ha permesso di rivelare una ventina di particolari non visibili ad occhio nudo nell'immagine bidimensionale originale, taluni dei quali corrispondenti alla narrativa dei Vangeli, mentre il secondo ha dato per la prima volta il volto naturale dell'uomo della Sindone, e cioè probabilmente di Gesù Cristo.

Le arti figurative hanno dato attraverso i secoli molte immagini di Gesù Cristo; si possono citare in proposito il volto del Cristo delle catacombe e quello del Cristo di Dafne, riportati negli atti del Congresso sindonico di Albuquerque, ed è ben noto il bel volto del Cristo dell'Ultima Cena di Leonardo; ma il volto Sindonico privo di ferite fornito dal computer costituisce un'approssimazione matematica del vero volto sindonico e pertanto ha maggiore probabilità di essere con buona approssimazione il vero volto di Gesù Cristo. Il volto sindonico naturale ottenuto in [*Bibl. 1*] e riportato in FIG. 2 non aveva però finora avuto perfezionamenti. Può essere opportuno ricordare che tale immagine è stata ottenuta sfruttando il diverso contenuto spettrale tridimensionale delle immagini delle ferite e di quelle dei lineamenti. Infatti le immagini delle ferite presentano variazioni di intensità molto più rapide di quelle dei lineamenti ed è quindi possibile, mediante un filtro numerico bidimensionale passa basso, ridurle notevolmente senza praticamente alterare i lineamenti stessi. Ovviamente in tal modo sono le ferite più grandi a risultare meno attenuate e così nel volto sindonico naturale di FIG. 2 si vedono residui della grande ferita sulla guancia destra, del grande rivolo a forma di tre rovesciato sulla fronte, delle estese ferite sullo zigomo sinistro, nonché dei due grandi grumi

* Docente all'Università di Torino, consulente dello CSELT, membro del Centro Internazionale di Sindonologia.
** Laureato in informatica.

di sangue sul labbro superiore. Tale immagine può risultare tuttavia esteticamente accettabile come volto naturale poiché il residuo della grande ferita sulla guancia destra sembra una piega del volto mentre gli altri residui non alterano la bellezza del volto stesso. L'importanza di questi segni residui sembra ancora diminuire nel volto con i capelli scuriti pubblicato in [*Bibl. 1*], in cui l'annerimento è stato introdotto in base alla posizione dei capelli, della barba e delle sopracciglie indicata dal computer.

Nonostante la relativa bontà delle immagini senza ferite così ottenute, sono state prese in esame le possibilità di migliorarle. L'operazione che in proposito è sembrato più opportuno effettuare è quella di eliminare completamente le ferite del volto senza alterarne i lineamenti. Ovviamente questa operazione non può essere effettuata seguendo il metodo usato per ottenere la FIG. 2. Infatti un ulteriore filtraggio della FIG. 2 equivarrebbe ad un filtraggio complessivo dell'immagine stessa fatto con una banda più stretta che altererebbe i lineamenti.

Un metodo proponibile consiste nel sottrarre dal volto tridimensionale con le ferite, riportato in FIG. 3 e presentato per la prima volta in [*Bibl. 1*], i segni del martirio. Con questo metodo si verrebbe in sostanza a sostituire alla pelle lacerata, tumefatta o coperta di sangue, l'aspetto ipotetico di una pelle inalterata. Un simile processamento presenta però una grossa difficoltà; infatti mentre il computer è in grado di fornire con una certa approssimazione la posizione dei rivoli e dei grumi di sangue, come è riportato in FIG. 4, il computer stesso non sembra idoneo ad indicare adeguatamente la posizione delle ferite e delle tumefazioni.

La nuova elaborazione

Si è quindi pensato di ricorrere ad un filtraggio differenziato e cioè ad un filtraggio passa basso bidimensionale con una frequenza di taglio diversa per le varie zone del volto, scelta appropriatamente a seconda della struttura delle zone stesse. Questo modo di operare viene suggerito dalla diversa struttura dei lineamenti; infatti le guance e la fronte, essendo alquanto più lisce degli altri lineamenti, consentono rispetto a quelli l'azione di un filtro passa basso con una banda molto più stretta.

Osservando la FIG. 2 si rileva come i residui delle ferite più grandi siano proprio situati sulle guance e sulla fronte; come è noto, e come risulta dall'immagine tridimensionale del volto riportata in FIG. 3, la grande ferita sulla guancia destra è presumibilmente dovuta ad un colpo di bastone [*Bibl. 3*] mentre il più grande segno dovuto alla tortura sulla fronte è costituito dall'ormai famoso rivolo a tre rovesciato; i residui delle ferite sulla guancia sinistra, in corrispondenza dello zigomo, messi in evidenza per la prima volta nella FIG. 3, sono invece presumibilmente dovute ad una caduta con impatto della guancia sinistra su un suolo coperto di pietrisco. Nella FIG. 2 sono però evidenti i residui di due grossi grumi presenti nel labbro superiore ed anch'essi rivelati per la prima volta nella FIG. 3.

Inoltre vi sono tre tipici segni, evidenziati con la FIG. 3, che possono rendere problematico il filtraggio del naso; essi sono: 1) l'incisione molto nitida nel lato sinistro del naso, dovuta presumibilmente alla punta del ramo di issopo che portava la spugna imbevuta di aceto [*Bibl. 1 e 3*]; 2) i due nitidi fori ai lati del naso in FIG. 3, di origine finora totalmente sconosciuta e che potrebbero forse costituire una notevole prova dell'autenticità della Sindone.

Il filtraggio di questi tre segni risulta effettuato quasi completamente in FIG. 2 e si potrebbe quindi pensare di utilizzare la FIG. 2 stessa eliminando i segni residui del martirio mediante opportuni filtraggi locali. Questo tipo di processamento non risulta però consigliabile se si tiene conto del filtraggio totale che ha subito la FIG. 3 per trasformarsi nella FIG. 2, filtraggio che è stato spinto fino ad ottenere un euristico compromesso tra un'adeguata riduzione dei segni del martirio ed una certa alterazione dei lineamenti.

Si noti in proposito che un filtro passa basso bidimensionale allarga ed appiattisce i lineamenti e che quindi nella FIG. 2 si può rilevare un certo allargamento dei lineamenti rispetto a quelli della FIG. 3. Ciò nonostante la FIG. 2 presenta un volto con i lineamenti più sottili di quelli della fotografia del volto sindonico originale riportato in FIG. 1, poiché in quest'ultimo le ferite, i rivoli ed i grumi di sangue rendono apparentemente più grandi i lineamenti, pur rimanendo il volto ancora molto bello, ma con aspetto patriarcale. La FIG. 3, consentendo di separare visivamente i segni del martirio dai lineamenti, già mette in evidenza come questi ultimi siano molto più sottili.

Si è quindi deciso di partire dall'immagine di FIG. 3 cercando di ottenere, nel modo predetto, i lineamenti, senza ferite e senza sangue quali risultano dall'immagine stessa. Si ricorda che l'immagine di FIG. 3 è stata ottenuta [*Bibl. 1*] in modo da far risaltare i particolari con la massima definizione possibile, ed è proprio la comparsa nella stessa FIG. 3 di nuovi particolari ad alta definizione (vedasi ad es. la comparsa stereoscopica della goccia di sangue cadente dal lato destro del labbro superiore) a costituire una garanzia sulla buona approssimazione dell'immagine. In proposito occorre altresì notare come la FIG. 3 sia stata ricavata da una fotografia ufficiale di Enrie.

La prima operazione di processamento dell'immagine di FIG. 3 è stata comunque un filtraggio su tutta l'immagine fatta con un filtro passo basso avente una frequenza di taglio relativamente elevata e cioè tale da eliminare una parte dei segni del martirio, e cioè quella avente un contenuto spettrale a frequenze più elevate, senza alterare sensibilmente i lineamenti. Mediante questa prima operazione è stato possibile eliminare completamente i rivoli ed i grumi di sangue dalle palpebre degli occhi. Il filtraggio è stato effettuato facendo passare l'immagine successivamente attraverso tre filtri non ricorsivi con finestra spaziale quadrata nel piano bidimensionale di 25 × 25 punti per i primi due e 31 × 31 per l'ultimo. In FIG. 6 è rappresentata questa finestra disposta in un punto dell'immagine del volto sindonico.

Il filtraggio è stato effettuato sui valori di intensità luminosa dei punti, lasciando inalterata la funzione di rilievo al fine di non ridurre la tridimensionalità dell'immagine. La forma quadrata per la finestra è stata scelta per ragioni di semplicità; una forma circolare sarebbe stata più razionale, ma le differenze dei risultati relativi alle due finestre all'atto pratico, se la finestra è sufficientemente grande, risultano trascurabili. Come è noto i migliori risultati di smoothing, ossia di livellamento delle brusche transizioni dell'immagine, si ottengono pesando, con un filtro ricorsivo, i valori dell'intensità luminosa con una funzione di tipo

$$W (k_1 - n_1, k_2 - n_2) = W_1 \left((k_1 - n_1)^2 + (k_2 - n_2)^2 \right)$$

dove n_1 e n_2 sono le coordinate del centro della finestra bidimensionale. Come funzione W_1 si può prendere quella della finestra di Kaiser. Ancora per ragioni di semplicità abbiamo invece preferito avere come funzione W_1 una gaussiana con il valore massimo normalizzato a 1 e cioè:

$$W_1 (k_1 - n_1, k_2 - n_2) = e^{\dfrac{-(k_1 - n_1)^2 + (k_2 - n_2)^2}{2 \sigma^2}}$$

dove, δ, il valore della norma, è stato scelto in modo che l'inevitabile troncamento della gaussiana avvenga per un valore relativamente piccolo, e cioè pari a 1/10, agli estremi delle due mediane della finestra quadrata. In tal modo si è mantenuto il fenomeno di Gibbs dovuto al troncamento entro limiti praticamente irrilevanti. Il filtro non ricorsivo effettua la media pesata nella finestra avente genericamente N x N punti e quindi calcola per ogni punto generico dell'immagine il valore

$$\dfrac{1}{\sum_{k_1, k_2} W (k_1 - n_1, k_2 - n_2)} \sum_{k_1, k_2} W (k_1 - n_1, k_2 - n_2) I (k_1, k_2) \qquad (1)$$

dove I è il valore dell'intensità luminosa.

La 1) è ovviamente la convoluzione spaziale tra la funzione di intensità luminosa I (k_1, k_2) e la funzione della finestra W_1. Come è noto la funzione di Gauss è invariante per la trasformazione di Fourier e quindi anche la trasformata di Fourier W (w_1, w_2) della W_1 è una gaussiana a meno di piccole oscillazioni dovute al suddetto troncamento.

In questo ambito l'applicazione del concetto di *texture* [*Bibl. 5*] all'immagine sindonica è sembrata particolarmente interessante e foriera di sviluppo. In effetti l'immagine originale della Sindone è costituita da minuscoli puntini di colore bruno che, presumibilmente, si sono formati per contatto tra la superficie della tela e il corpo coperto dal sangue dell'Uomo in essa avvolto. A ciascun puntino può essere associato un livello di intensità luminosa. Ogni puntino viene considerato come l'elemento costitutivo della *texture*. L'insieme di tutti i puntini, con i loro livelli luminosi e la loro disposizione nello spazio, dànno luogo all'immagine sindonica quale essa ci appare. Quindi l'intera immagine può essere considerata come costituita da un insieme di *texture* diverse tra loro per la disposizione e l'intensità luminosa dei puntini che la costituiscono.

Negli ultimi anni lo studio delle *texture* è stato particolarmente approfondito. Specificamente sono state confrontate tra loro le varie tecniche di analisi delle *texture*, e si è dimostrato come le matrici di co-occorrenza (insieme con la trasformazione di Fourier) siano il metodo migliore per discriminare tra *texture* differenti [*Bibl. 5*].

Gli esperimenti compiuti presso lo CSELT hanno avuto lo scopo di distinguere *texture* diverse (corrispondenti a parti diverse dell'immagine) presenti sul volto tridimensionale dell'Uomo della Sindone, quale era stato ottenuto per il Congresso di Sindonologia di Torino (1978).

Per caratterizzare le *texture* si è fatto uso della matrice di co-occorrenza [*Bibl. 6*].

Come è noto il termine generale della matrice di co-occorrenza è dato da [*Bibl. 6*]:

$$C_{i,j} \ P \ (\Delta x, \Delta i, j)$$

che esprime la probabilità di avere due pixel con intensità i e j separati dalla distanza vettoriale (Δx, Δy). Un'altra definizione è la seguente [*Bibl. 6*]

$$C_{i,j} = \# \ [(x,y), (x_1,y_1)/f \ (x,y) = i, f \ (x_1,y_1) = j]$$

$$\forall \ , x_1 = x + \Delta x, y_1 = y + \Delta y$$

che si legge: numero delle coppie di pixel di coordinate generiche (x, y), (x[1], y[1]) soddisfacenti alla condizione di avere intensità i, j e tali che la distanza tra di loro ha componenti (Δx, Δy).

Naturalmente la matrice di co-occorrenza viene a dipendere dalla direzione (e non dal verso) considerata.

Per risparmiare tempo si è usata una versione semplificata della matrice di co-occorrenza consistente nel sommare le quattro matrici di co-occorrenza corrispondenti alle quattro direzioni fondamentali nel piano.

Il programma per calcolatore che discrimina fra regioni di un'immagine costituita da *texture* diverse è costituito da 2 fasi [*Bibl. 5*].

Fase 1. L'immagine di partenza viene suddivisa in quadrati (quadtree FIG. 5) raggruppati a 4 a 4 in modo da ottenere un quadrato di partenza. Per ciascun quadrato di un gruppo di 4 quadrati viene calcolata la matrice di co-occorrenza. Se la somma delle differenze fra il massimo e il minimo di ciascun elemento delle matrici considerate è inferiore ad una soglia fissata x_1, ovvero, in formula, se

$$\Sigma_{i,j}, \max (C_{ij}^1, (C_{ij}^2, (C_{ij}^3, (C_{ij}^4) - \min ((C_{ij}^1, (C_{ij}^2, (C_{ij}^3, (C_{ij}^4) \lhd x_c$$

allora le quattro ragioni vengono raggruppate in una sola. Viceversa se tale somma risulta maggiore di x_1, le 4 regioni sono considerate costituite da *texture* diverse e ciascuna di esse è suddivisa in quattro e riesaminata. Questa fase continua finché non si eseguono più fusioni o suddivisioni.

Fase 2. In questa seconda fase il vincolo (1) viene allentato scegliendo una soglia più elevata. Per ogni regione viene nuovamente computata la differenza fra la matrice di co-occorrenza ad essa associata e quella associata alla regione adiacente. Se tale differenza è inferiore alla soglia fissata allora le due regioni sono fuse in una sola. Questo procedimento viene ripetuto per ogni regione.

Uno dei risultati ottenuti è visibile in FIG. 7. Questa tecnica è tuttora in fase di studio.

Successivamente si è passati ad un forte filtraggio locale della guancia destra, per eliminare il segno della profonda ferita, causata presumibilmente dal colpo di bastone, della guancia sinistra, per mitigare le ferite e le tumefazioni, e della fronte, per eliminare i rivoli ed i grumi di sangue.

In tre punti con le ferite particolarmente profonde quali la guancia superiore destra ed i fori ai due lati del naso è stato opportuno usare un filtro di predizione d'ordine zero.

Il filtraggio locale dell'immagine provoca discontinuità tra le zone adiacenti per le quali si sono usati filtri passa basso con frequenza di taglio differenti. Queste discontinuità sono ovviamente molto nette e facilmente eliminabili con un filtraggio globale dell'immagine. È bastato quindi effettuare, dopo i filtraggi locali, un unico filtraggio globale con una finestra 25 × 25 per eliminare ogni discontinuità senza alterare praticamente le zone filtrate separatamente.

Il risultato ottenuto è riportato in FIG. 8. Come si può rilevare confrontando questa figura con la FIG. 3, i lineamenti sono rimasti sostanzialmente inalterati pur essendo le ferite e le tracce di sangue sostanzialmente scomparse.

Poiché l'immagine con ferite di FIG. 3 che presenta un'elevata definizione è da ritenersi molto vicina all'immagine vera, di conseguenza anche l'immagine di FIG. 8 è da ritenersi molto vicina all'immagine vera dell'uomo della Sindone prima della tortura. Le differenze residue sono probabilmente dovute ad una tumefazione generale del volto, evidentemente non eliminabile, ed all'irrigidimento della morte.

Il confronto dell'immagine ottenuta con quella del volto di Gesù, dipinto nei primi secoli dopo Cristo, rivela una notevole corrispondenza dei lineamenti, (vedasi per es. la memoria di P. Cazzola in questi stessi Atti) anche se a nostro parere il volto fornito dal computer è più dolce, luminoso ed armonico.

Il medico potrebbe dare utili indicazioni sulle suddette differenze, ma il volto di FIG. 8 ci sembra così bello da farci ritenere che eventuali miglioramenti possano risultare di importanza secondaria. Può essere comunque opportuno considerare il volto di FIG. 8 come quello di una risurrezione dell'uomo della Sindone ed è questa la ragione prevalente dell'emozione che ci ha pervasi quando per la prima volta ci è comparso sullo schermo video il volto senza martirio il 2.9.84.

Ringraziamo il sig. Giancarlo Piretta dello CSELT per la sua collaborazione. Inviamo inoltre un particolare ringraziamento a Don Piero Coero Borga per i suoi consigli e incoraggiamenti.

RÉSUMÉ. On décrit une nouvelle élaboration de l'image du Suaire et on présente le nouveau visage à trois dimensions du Suaire, c'est-à-dire sans aucune trace du martyre, obtenu avec la susdite élaboration. Les traits du visage sont inaltérés du point de vue visuel par rapport au visage à trois dimensions avec les blessures; en outre, les traits sont très similaires à ceux de beaucoup de représentations artistiques du visage de Jésus-Christ des premieres siècles après sa mort.

SUMMARY. A new processing of the Shroud image is presented together with the new 3-D Shroud face, i.e. with no martyrdom signs, obtained through the above processing. The face features are visually unchanged with respect to those of the 3-D face with wounds; furthermore, these features greatly recall many artistic representations of Jesus Christ face of the first centuries after His death.

BIBLIOGRAFIA

1. G. TAMBURELLI e G. GARIBOTTO, *Nuovi sviluppi nell'elaborazione dell'immagine sindonica* in *La Sindone e la scienza*, E.P. Torino 1978.
2. G. TAMBURELLI, *Some results in the processing of the Holy Shroud of Turin*, IEEE Transaction on Pattern Analysis and Machine Intelligence, vol. PAMI-3, No. 6, Novembre 1981.
3. G. TAMBURELLI, *Studio della Sindone mediante il calcolatore elettronico*, da *L'Elettronica*, n. 12, vol. LXX, 1983.
4. G. TAMBURELLI, *La Sindone dopo l'elaborazione tridimensionale*, in *L'Osservatore Romano*, Roma, 6 luglio 1979.
5. P. C. CHEN e T. PAVLIDIS, *Segmentation by texture using a co-occorrence matrix and a split and merge algorithm*, Computer Graphics and Image Processing 10, pagg. 172-182, 1979.
6. R. M. HARALICK, K. SHANMAGAM, I. DINSTEIN, *Textural features for image classification*, IEEE Transaction on System, Man and Cybernetics, November 1973, pagg. 610-621.

Fig. 1 — Volto originale in negativo della Sindone.

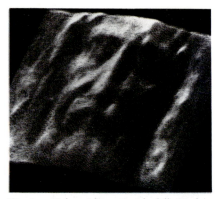

Fig. 2 — Volto tridimensionale della Sindone con i segni del martirio ridotti.

Fig. 3 — Volto tridimensionale della Sindone.

Fig. 4 — Rivoli e grumi di sangue determinati dal computer sul volto tridimensionale della Sindone.

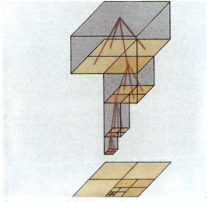

Fig. 5 — Suddivisione di un'immagine in quadrati (quadtree).

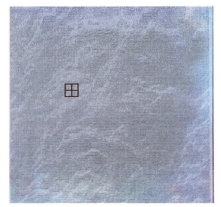

Fig. 6 — Finestra spaziale del filtro gaussiano usato, disposta in un punto del volto sindonico tridimensionale.

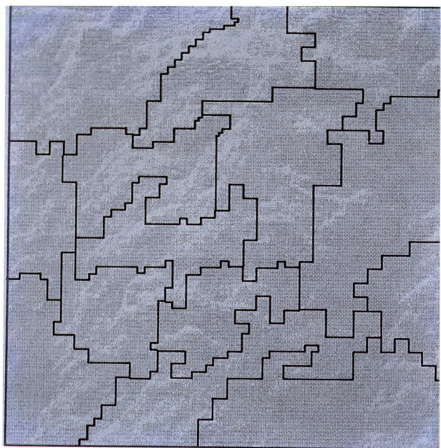

Fig. 7 — Suddivisione dell'immagine tridimensionale del volto sindonico in zone aventi struttura (texture) costante.

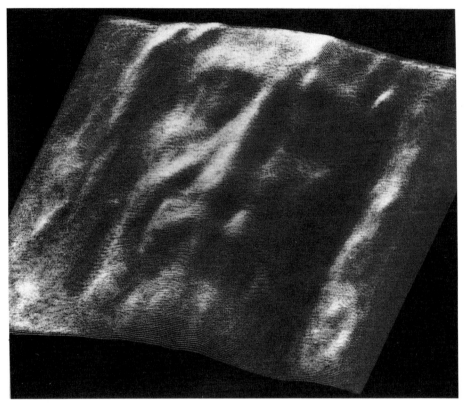

Fig. 8 — Nuovo volto tridimensionale della Sindone completamente privo dei segni del martirio.

PRESENTAZIONE E ANALISI
DI MACROFOTOGRAFIE DELLA SINDONE

AURELIO GHIO*

Non propongo probabilmente nulla di nuovo con queste mie brevi parole che unicamente vogliono essere un chiarimento illustrativo alle fotografie da me scattate nel 1978.

Molto s'è detto e si dirà sul problema Sindone con diverse interpretazioni e giudizi nei singoli campi di ricerca.

Ritengo però che se è chiaro ciò che si osserva e si studia, chiare dovrebbero essere le relative interpretazioni.

L'immagine della Sindone ci è stata data nel tempo dai numerosi dipinti o copie o miniature da coloro che la ritrassero o l'immaginarono.

Ricordo unicamente quella del Giovan Battista Della Rovere (1600) della Galleria Sabauda di Torino e quella del Monastero di Sumela in Turchia, a me particolarmente cara.

Il dipinto di questo Monastero, fondato nei primi secoli del Cristianesimo, ingrandito intorno al 1000 e ulteriormente affrescato per la incoronazione di Alessio III (1340), ben ci rappresenta il Sacro Lenzuolo.

Interessanti i lavori di restauro, già iniziati, ma soprattutto l'eventuale ritrovamento di altri dipinti sottostanti a quelli che attualmente si vedono e quindi sicuramente risalenti a epoche molto lontane nel tempo e quindi utili per una ulteriore ricerca e collocazione nel tempo del Lenzuolo stesso.

Fu solo dopo le fotografie del Pia (1898), dell'Enrie (1931) e del Judica Cordiglia (1969), che abbiamo avuto la possibilità di osservare e studiare la Sindone su riproduzioni fotografiche in relazione alla mancanza della sua disponibilità.

Pare qui opportuno ribadire un concetto fondamentale: studi e ricerche devono essere condotti sulle fotografie *ufficiali*.

Premetto subito che una cosa è fotografare un soggetto ed un'altra è la riproduzione del soggetto stesso in stampa: le diapositive che seguono sono i risultati di stampe diverse di un solo negativo fotografico.

Poiché esiste questa possibilità è vero che si amplia il campo della indagine, ma è anche vero che si può facilmente scivolare nelle *distorsioni* fotografiche con grave pregiudizio della realtà del soggetto.

---

* *Perito del tribunale di Torino, membro del Centro Internazionale di Sindonologia.*

Le tappe della riproduzione fotografica sono sostanzialmente fotografia, macro fotografia e micro fotografia.

Tenendo presente che una di queste tre modalità attuate con mezzi e tecniche diverse dà sempre il risultato di un certo tipo di osservazione, è ovvio che saranno impiegati strumenti di osservazione diversa a seconda del tipo di ricerca.

Ho fotografato la Sindone nel 1978: a me interessava una maggior chiarezza di osservazione su alcuni particolari quali rattoppi, bruciature, macchie.

Presento alcuni risultati in diapositiva, rammentando ancora le modalità di ripresa: la Sindone in posizione orizzontale, macchina senza appoggio con obiettivo macro, ripresa a 3/6 centimetri dal soggetto con illuminatore elettronico.

Tempo limitato. Anzi limitatissimo. Oggi avrei caro averne di più. Userei la stessa tecnica ma con riprese anche con soggetto verticale.

Nulla o pochissimo sappiamo del verso della Sindone: sarebbero utilissime ricognizioni fotografiche anche su questo lato, potendosi così costruire o completare una mappa fotografica del Lenzuolo con interessanti caratteristiche relative alla tela e alle sue particolarità, avendo come base le 48 ripiegature e la mappa a suo tempo illustrata dal prof. Baima Bollone. Avremmo ancora la possibilità di studiare tutti i particolari del *recto* e del *verso* e sarebbe invero troppo bello se questa speranza si avverasse.

Come detto, le macro fotografie sono la prima tappa, dopo il puro rilievo fotografico e l'ingrandimento di più complesse tecniche di riproduzione delle quali altri, con maggiore competenza, sicuramente vi parleranno nel corso di questo Congresso.

Vi ruberò ancora pochi minuti con una serie di riproduzioni micro fotografiche dei pollini del dr. Frei[1].

Come sapete, furono prelevati in due occasioni, furono studiati per anni e fotografati in parte presso la Società Microscopica di Zurigo, della quale il Frei era presidente, e presso l'Orto Botanico della stessa città.

Rappresentano una degna tappa finale di anni di studi e di ricerche fatti dal Frei dopo i prelievi del '73 — quasi di nascosto — e quelli del '78.

Chi mi ascolta sa, in parte, cosa vuol dire prelevare, pulire, classificare, fissare e fotografare un granulo di polline invisibile ad occhio nudo con una grossezza che varia dai 10 ai 200 micron.

Il prof. Baima Bollone che tanto tempo ha dedicato a queste ricerche dopo la morte del prof. Frei ci potrebbe dare dati sconvolgenti.

Ma è sempre la fotografia a darci l'ultimo meraviglioso dettaglio della ricerca stessa.

Auguriamoci di avere ancora almeno una possibilità per mettere a frutto le passate esperienze e riprendere nuovamente questo unico e misterioso soggetto.

---

[1] Sui pollini raccolti e analizzati dal compianto dr. Max Frei è in allestimento un *Atlante Palinologico della Sindone* (postumo), come omaggio all'appassionato ricercatore (N.d.R.).

Résumé. La photographie a toujours représenté la seule possibilité pour l'étude d'un subject qui n'est pas disponible.

Les photographies, les macrophotographies et les microphotographies représentent donc le support indispensable pour l'étude du Saint Suaire, soit qu'il s'agit de contrôle, soit qu'il s'agit de découverte.

Il est donc souhaitable d'avoir une série complète de reproductions photo macro/ microphotographiques qui permettent de mettre en relief les moindres détails qui sont utils aux chercheurs pour la solution des problèmes dans les différents champs de recherche.

Summary. Photography has always been the only way to study a not available sample.

Photographies, macrophotographies, microphotographies represent the essential support for the Holy Shroud examinations, being them of check or of discovery.

It is so desirable to have a complete series of micro/macro photographic reproductions to allow the survey also of those slight details that are helpful to the studious in the solution of problems in the single fields of research.

Fig. 1 — Macchie di sangue a livello dei piedi: × 3.

Fig. 2 — Macchie di sangue a livello dei piedi: × 2.

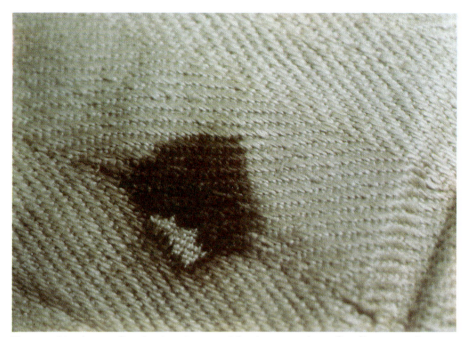

Fig. 3 — Piccola area di carbonizzazione parziale. Attraverso la perdita di sostanza si osserva la tela di Olanda alla quale è cucita la Sindone dal 1534: x 3.

Fig. 4 — Rattoppo con cuciture anche successive: x 4.

* *La relazione del prof. A. Ghio è documentata anche dalle foto riportate nella relazione del prof. R. Gervasio, nelle pagine seguenti, cui rimandiamo.*

LA STRUTTURA TESSILE DELLA SINDONE

Documentazioni tecnologiche, fotografiche e storiche

RICCARDO GERVASIO*

È ben noto che la Sindone misura m 4,36 di lunghezza per m 1,10 di larghezza, pari a mq 4,80 di superficie, e pesa poco meno di un chilogrammo e mezzo (kg 1,420, secondo il Timossi[1]). Però, riguardo alle dimensioni ed «a prescindere dall'asportazione di uno o di due bordi della parte terminale», il prof. Scarpelli[2] pone il caso ch'essa abbia subito nel corso dei secoli, per cause varie, ma soprattutto a cagione della «tecnica di avvolgimento su rullo» e della «trazione per evitare le pieghe», uno stiramento nel senso della lunghezza e, conseguentemente, un restringimento della larghezza (in pratica, una semplice variazione del grado di ondulazione dei fili intrecciati tale da compensare «gli effetti deformanti della curvatura del lenzuolo che si adattò in superficie ed in profondità al Volto», e da modificare il calcolo della statura reale (cm 165 ± 5) dell'Uomo che vi ha lasciato la propria impronta: cause ed effetti... che a me riesce arduo di accettare, pur «tenendo conto della difficoltà nel ripartire la deformazione totale del 20% fra lunghezza e larghezza».

Il telo è di puro lino, filato a mano con torsione destra (Z = senso orario), contrariamente all'usanza egiziana (S = senso antiorario), e venne tessuto sopra un telaio primordiale: un utensile, questo, conosciuto fin dalla più remota antichità (specialmente dai popoli orientali, dagli Egiziani e dai Greci, nonché dai Germani delle età preistorica e protostorica e perfino dagli autoctoni della Svizzera lacustre del neolitico), ma tuttavia già tanto perfezionato, all'inizio dell'era volgare, da potersi ottenere stoffe lisce a lavorazione saia con l'impiego dei licci[3]. Lo Schlabow[4] anzi precisa, per quanto attiene agli abitanti della Germania, che dopo le recenti scoperte di oggetti d'uso domestico e di

---

* *Membro del Centro Internazionale di Sindonologia.*

[1] VIRGINIO TIMOSSI (già docente di Tecnologia Tessile presso l'Istituto Tecnico Industriale Statale di Torino). *La Santa Sindone nella sua costituzione tessile*, LICE, Torino, 1942, e in AA.VV., *La Santa Sindone nelle ricerche moderne*, ibidem, 1950, pag. 106.
[2] NICOLA SCARPELLI (prof. ordinario di Matematica e Fisica, membro della Delegazione Regionale Pugliese del C.I.S. di Trani), in AA.VV., *La Sindone, Scienza e Fede*, CLUEB, Bologna, pagg. 337, 338, 341, 343.
[3] Vedasi *Lessico della terminologia* in Appendice.
[4] KARL SCHLABOW, *Textilfünde der Eisenzeit in Norddeutschland*, Karl Wachholtz Verlag, Neumünster, 1976. Per g. c. dell'Autore e dell'Editore.

residui d'indumenti, venuti alla luce nelle regioni costiere del Nord (colline artificiali per insediamenti palafitticoli, torbiere, luoghi sacrificali e sepolture a tumulo), è dato di affermare con sicurezza ch'essi già praticavano, nelle età del bronzo e del ferro, l'arte della tessitura *in modo autonomo*, con i telai a pesi [Fig. 1 e 2] ed aggiunge che il materiale raccolto, debitamente classificato e datato col metodo palinologico, venne distribuito in vari Musei nazionali, a testimonianza storico-archeologica dell'umano progresso.

Ora a me pare che, nei limiti del presente argomento di studio, anche a queste diligenti ricerche si possa e si debba ricorrere, per ricavarne conferme alla causa dell'autenticità della Reliquia di Torino, che John Tyrer[5], a sua volta, riconosce come «il più ragguardevole *campione standard* per l'interpretazione storica della tessitura fino al presente»: una mutua scambievole prova di fatto che interessa, per il passato, gran parte delle remote civiltà euro-asiatiche e particolarmente la Galilea, sita «ai crocevia del mondo commerciale dove le idee culturali si sono fuse per secoli» e centro importante della produzione e della lavorazione del lino.

Intreccio

Il Timossi definisce la Sindone «una semplice levantina da quattro disposta con una rimettitura a punta, tre sopra e una sotto, comunemente detta *a spina di pesce* «(cioè "con intrecciatura a spiga rotta ed in direzione convergente"), formante strisce longitudinali simultanee, poco regolari, ascendenti e discendenti, ciascuna di 40 fili e della larghezza di circa 11 millimetri ciascuna [Fig. 3], precisando più oltre che il grado di finezza dei filati dovrebbe corrispondere approssimativamente «al n. 50 (titolazione inglese del filo) per l'orditura, nella riduzione di fili 40 per centimetro, ed al n. 30 per la trama... nella riduzione di 27 inserzioni per centimetro»[6].

Essa dunque risponde ai requisiti strutturali d'una saia, o sargia, nel rapporto 3/1 fra ordito e trama, e viene considerata dai tecnici dell'arte tessile un panno consistente e nello stesso tempo morbido al tatto, fitto e resistentissimo, di durata pressoché illimitata (in stato di riposo ed in favorevoli condizioni d'ambiente; ma soprattutto per il fatto che il lino, bollito e candeggiato non viene attaccato dalle tarme né va soggetto a deterioramenti provocati da batteri).

Ritengo superfluo rappresentarne qui, con un disegno analogo a quello della Fig. 3, la parte posteriore, differendo la medesima soltanto nell'aspetto delle nervature, le quali, sul rovescio appunto, si susseguono per l'ordito in linee parallele oblique di punti semplici verticali, intercalate dalle nervature della

---

[5] John Tyrer, *Looking at the Turin Shroud as a textile*, nella rivista britannica *Textile Horizons* del Textile Institute: articolo pubblicato nel dicembre 1981 e recensito da Francesco Malaguzzi F.T.I. sul periodico torinese «'l caval 'd brôns», n. 1 del 1982.
[6] *Op. cit.* al n. 1, pagg. 69 e 72 del primo volume e pag. 105 del secondo.

trama, di tutti punti lunghi in rilievo disposti scalarmente nel senso orizzontale.

Alla omissione supplisco con una testimonianza inequivocabile: il perfetto ingrandimento fotografico [FIG. 4] d'una estremità marginale del lenzuolo (già scucita o ribaltabile), eseguito nel 1973 da G. B. Judica Cordiglia[7] per suggerimento del prof. P. Coero Borga[8].

Passiamo ora alle conclusioni sulla natura dei filati cui è giunto il prof. G. Raes[9], incaricato per la sua specifica competenza a svolgere ricerche merceologiche e strutturali sopra un ritaglio del tessuto (campione prelevato il 24 novembre 1973, nella zona corrispondente al riquadro *A 1 d* della mappa inclusa nel quaderno n. XXVII di *Sindon*[10] [FIG. 5], contenente anche alcuni fili dell'enigmatica striscia laterale o, quanto meno, di cuciture estranee.

Trascrivo dal resoconto, con frasi intercalate di mia mano:

	Pezzo I		Pezzo II	
	ordito	trama	ordito	trama
numero di fili per cm	38,6	25,7	—	25,7
titolo del filo in tex	16,3	53,6	18	73,1
titolo in n. inglese Na	10,1	3,1	9,2	2,3

— «Dato che il titolo del filo non ha potuto essere determinato che su di una piccolissima lunghezza e che non si ha alcuna indicazione sull'irregolarità del filo, non è possibile dire con certezza che i campioni I e II provengano da tessuti di fabbricazione differente» (per pezzo I s'intende una minuscola porzione di lenzuolo, mentre il II è di dubbia appartenenza); «la materia prima utilizzata è incontestabilmente del lino», tuttavia per la presenza di «tracce di fibre di cotone... parrebbe che i fili di lino siano stati filati in luoghi dove si filava ugualmente del cotone» (materia prima allora conosciuta soltanto in Oriente);

— «la tessitura a spiga del tessuto è identica per i pezzi I e II: si tratta di una sargia 3/1» (ossia d'una saia da quattro fili in armatura);

— il tipo del tessimento «non presenta nulla di particolare e non permette di determinare l'epoca della fabbricazione», se cioè risalga o meno ai tempi di Gesù.

---

[7] GIAN BATTISTA JUDICA CORDIGLIA, fotografo ufficiale della Sindone nella ricognizione del 1969 e nella ostensione televisiva del 1973, autore del rilievo fotografico [FIG. 4] qui inserito per sua gentile concessione.

[8] D. PIETRO COERO BORGA, rettore della chiesa torinese del S. Sudario, segretario della R. Confraternita omonima e del Centro Internazionale di Sindonologia (C.I.S.).

[9] GILBERT RAES (direttore del Laboratorio delle Tecniche Tessili dell'Università di Gand, Belgio) in AA.VV., *La S. Sindone*, supplemento della *Rivista Diocesana Torinese* del gennaio 1976, pagg. 79 e ss.

[10] *Sindon*, Medicina-Storia-Esegesi-Arte, rassegna ufficiale della R. Confraternita del SS. Sudario e del Centro Internazionale di Sindonologia, 10122 Torino, via S. Domenico 28.

Ma l'uomo della strada, e fra gli altri il sottoscritto (che ha esaminato molte fotografie ingrandite del prof. Ghio[11] e dell'esperto Judica Cordiglia, dove la grossezza del filato si presenta a prima vista abbastanza uniforme, salvo, beninteso, le frequenti differenze tra filo e filo ed anche in tratte diverse d'uno stesso filo), non riesce a spiegarsi i divari di titolazione riportati nel duplice prospetto del Raes, in confronto con quelli del Timossi, mentre trova chiarificatrice la precisazione del prof. Baima Bollone[12], il quale dice testualmente: «I fili da me prelevati (in *A 11 a/c*), pur con una certa variabilità a seconda della sede di estrazione, risultano composti da una settantina di fibre di lino, di diametro oscillante tra una decina ed una ventina di millesimi di millimetro, cui si unisce qualche filo di cotone. I fili di trama conservano un angolo (*di torsione*) di 12°-15° rispetto all'asse longitudinale del filo; quelli di ordito un angolo di 15°-30°».

Altre incertezze sorgono, in ogni modo, e permangono sulla natura del cosiddetto «pezzo II» e sulla valutazione dei pochi residui di sfilacciature e di cuciture visibili sul campione.

Quanto poi alle varie irregolarità di tessitura del venerato Lenzuolo faccio di nuovo riferimento al Timossi, che così le riassume:

«Dalle caratteristiche del Sacro Telo rilevasi che ii filo col quale fu fatto è di lino filato a mano e presenta irregolarità di diametro nei singoli fili, bottoncini, ecc., come pure il tessuto venne eseguito a pedale a mano con un intreccio a spiga, detto anche lisca di pesce. Nella passatura dei fili presenta irregolarità di diverso genere: 1° non tutte le righe di spighe sono uguali, verificandosi righe più larghe e righe più strette (*la fotografia in grandezza naturale che il tecnico tessile presenta a pag. 65 del proprio libro ne è chiaro esempio!*); 2° sbagli di rimettaggio, per cui dei fili che avrebbero dovuto fare la spina in senso ascendente la fanno in senso discendente e viceversa; 3° sbagli di passatura dei fili d'ordito in pettine; 4° trame mancanti e conseguentemente interruzioni di passatura in alcune righe, così da avere interrotto l'ordine delle nervature che produce i fili della catena d'ordito nella sua evoluzione a intreccio con il filo di trama. Come pure all'estremità di ogni riga, ove fa punta la spiga dell'ordito, si riscontrano diverse punte non bene acute secondo il predisposto ordine d'intreccio; vennero cioè accoppiati due fili della catena d'ordito alla estremità della punta, sicché nel suo intreccio con la trama, essendo i suddetti due fili passati egualmente nei licci, si formano i cosiddetti fili gemelli, provocando la smussatura della punta in alcune righe»[13].

---

[11] AURELIO GHIO (consulente del Tribunale di Torino, autore delle riprese fotografiche delle Fig. 7, 8, 9, 10, 11, graziosamente offerte in omaggio con l'autorizzazione a pubblicarle), in *La Sindone, Scienza e Fede*, *op. cit.* al n. 2, pagg. 273 e ss.

[12] PIERLUIGI BAIMA BOLLONE (ordinario di Medicina Legale presso la Facoltà di Medicina e Chirurgia dell'Università di Torino, direttore del Centro Internazionale di Sindonologia, in *Sindon*, n. XXX, pag. 33; nell'*Osservatore Romano* del 6-5-'81 e in *Indagini identificative su fili della Sindone*, estratto del *Giornale dell'Accademia di Medicina di Torino*, 1981, pag. 2.

[13] *Op. cit.*, al n. 1, pag. 67.

Confronti

Dopo queste premesse e dopo aver ricordato che il benemerito studioso ha pure tradotto il frutto dei suoi rilevamenti sulle fotografie del Pia e dell'Enrie in una diligentissima ricostruzione della Sindone in grandezza naturale (esemplare unico, donato con filiale devozione al card. Fossati e successivamente da questi al Centro Internazionale di Sindonologia di Torino, dove si trova tuttora con il telaio a mano ideato dalla signora Lindermüller di Dachau e con una vasta raccolta di cimeli e di materiale bibliografico, iconografico, scientifico e didattico), dovrei passare alla esposizione dei miei personali accertamenti, con un cenno almeno ad alcune di quelle particolari anomalie che il Timossi segnalò, senza peraltro poterle evidenziare visivamente. Ma preferisco indugiare ancora un poco per esprimere, proprio qui, il mio disappunto di non aver trovato finora libri che pongano di proposito a confronto la costituzione tessile dell'*Unicum* di Torino con la struttura d'altri lini di sicuro affidamento per la loro identificazione (escluse dunque le reliquie comunemente dette «per contatto»): il Sudario di Oviedo, per esempio, da molti ritenuto autentico, e — perché no? — i lembi (qualora fosse dato di rintracciarli) asportati dal Lenzuolo che si esponeva a Costantinopoli, nei primi decenni del sec. XIII, da autorevoli *collezionisti di reliquie*, come i vescovi Nivelone e Krosigk, per inviarli ai rispettivi paesi di residenza, e il re Baldovino, per farne dono al cugino Luigi IX.

Ad ogni modo gli scritti di Domenico Leone[14] e Natale Noguier de Malijay[15] sfiorano appena l'argomento senza approfondirlo nel senso che avrei desiderato, e la relazione di D. Luigi Fossati[16] sulle icone e sui mandilion acheropiti, apparsa negli Atti del Convegno di Bologna, si limita, in merito ai tessuti, di possibile attinenza sindonica, a riportare giudizi molto esitanti del Bertelli e del Casola sul ravvisamento di qualche parvenza d'intreccio a spina di pesce in alcune minutissime aree scoperte della tela (non ancora esplorata al microscopio) che si custodisce nella sala della contessa Matilde in Vaticano sotto il nome appunto di «Sacro Volto del Vaticano».

Io stesso potrei confermare con buoni indizi, seppure con prudenti riserve, che il «Volto» di S. Bartolomeo degli Armeni, a Genova, simile al precedente e da me esaminato in ogni dettaglio, presenta tracce interpretabili come tessuto spigato (il che conferisce all'immagine prestigio e un titolo di venerabilità), ma nulla di più.

Le uniche testimonianze dell'esistenza di stoffe antiche in diagonale a spiga rotta mi pare consistano, per ora e senza alcun riferimento alla Sindone,

---

[14] Domenico Leone S.D.B., *El Santo Sudario en Espāna*, Borrás, Barcellona, 1959.
[15] Natale Noguier de Malijay S.D.B., *La Santa Sindone e il Santo Volto di N.S. Gesù Cristo*, Torino, SEI, 1930.
[16] Luigi Fossati S.D.B., in *La Sindone, Scienza e Fede, op. cit.* al n. 2, pag. 119.

in due importanti reperti archeologici: quello segnalato dal Vignon[17] (e da altri studiosi del suo tempo) riguardante il brandello ricuperato negli scavi di Ercolano (eruzione vulcanica del 79 d.C.) e quello di mons. Savio[18] dei due cuscini confezionati con stoffa di provenienza copta e ornati da guarnizioni d'inconfondibile intreccio spigato [FIG. 6], rinvenuti nella necropoli ebraico-cristiana di Antinoe (città fondata nel 130 d.C.), esplorata dall'egittologo André Gayet a fine Ottocento.

Accertamenti

Ed eccomi giunto finalmente al momento di riassumere, sia pure da profano in materia, alcune mie argomentazioni sull'eccezionale fotografia a colori che la cortesia del prof. Ghio[19] ha messo a mia disposizione [FIG. 7] e corrispondente alla zona *A 4 a* della mappa: un documento di tanta evidenza descrittiva, ai fini dell'esame strutturale della Sindone, da essere addirittura preferibile allo stesso archètipo (cui, d'altronde, soltanto pochi fortunati hanno avuto il privilegio di accostarsi, per condurre a termine ricerche scientifiche di ben altro livello). Le note predette, anche se non aggiungono praticamente un gran che di nuovo ai dotti chiarimenti del Timossi, serviranno almeno di guida, io lo spero, nel controllarle sull'ingrandimento.

I) Il titolo dei fili longitudinali (provenienti dal subbio della catena d'ordito, attraverso gli occhielli dei licci) e di quello trasversale continuo della trama (che, inserito dalla spola, forma il pieno del tessuto) non è uniforme, innanzi tutto a causa del diverso grado di torsione dei due tipi di filato ed in secondo luogo perché si tratta d'un manufatto d'antica data richiedente la collaborazione di più persone addette al medesimo lavoro.

Si sa che per determinare, a rigore di norme tecniche, il titolo d'un filato occorre misurare e pesare una notevole porzione del medesimo.

Ma se badiamo alla fittezza del panno, dobbiamo ammettere che anche questa è variabile, per il diverso rapporto numerico delle inserzioni di trama rispetto all'ordito, le quali si riducono, nel caso della Sindone, da 3/4 (cioè da 30 contro 40) a 2,7/4 (27 contro 40), come afferma il Timossi, e perfino a 2,4/4: una proporzione assurda, eccepisce lo Scarpelli[20], perché avrebbe complicato, per quei tempi, le operazioni della tessitura.

L'eminente studioso infatti ha constatato, sul piano pratico, che la riduzione dell'angolo di spiga, controllabile su fotografie diverse del tessuto sindonico, da 73° a 67° fino a 63° (e talvolta anche meno, aggiungo io), dipende

---

[17] PAUL VIGNON, *Le Saint Suaire de Turin...*, Masson, Paris, 1939, pag. 79.
[18] PIETRO SAVIO, *Ricerche storiche sulla Santa Sindone*, SEI, Torino, 1957, pag. 122, e *Ricerche sul tessuto della Santa Sindone*, Tip. Italo-Orientale S. Nilo, Grottaferrata 1973, pag. 49.
[19] Vedasi nota 11.
[20] *Op. cit.* al n. 2, pagg. 339 e 341.

anche dalle variazioni del rapporto trama-ordito, sempre per effetto dello stiramento che ha modificato l'angolo stesso.

C'è proprio da augurarsi che seguano presto ulteriori approfonditi esami da parte di esperti volenterosi... che siano disposti a dare finalmente la preminenza agli accertamenti su «che cosa sia la Sindone in quanto a tessitura»[21], avvalendosi per le misurazioni e per i calcoli di ingrandimenti idonei, come ho cercato di fare io, alla meglio.

II) Delimitata, dunque, sulla superficie della fotografia una porzione triangolare, ritenuta a mio modo di vedere fra le più regolari dell'intero lenzuolo e comprendente gli estremi grafici d'un intreccio spigato completo di 10 nervature in rilievo simmetriche per parte (la destra alquanto sbilenca!), ho misurato innanzi tutto l'angolo di spiga, di circa 57° (60° nel tessuto del Timossi, a pag. 55 del suo libro, e 67° nella fotografia di pag. 65, l'unica che fornisca dati di riferimento indiscutibili), poi la larghezza della base, ossìa delle due bande formanti la striscia ad andamento discendente (di cm 16,5), seguendo il percorso del filo di trama, e da ultimo l'altezza della medesima striscia (di cm 16), lungo il filo centrale dell'ordito; ho contato infine sulla base di una decina di passaggi in vista della trama dal centro verso sinistra, distanziati da 30 punti perpendicolari dell'ordito, e altrettanti a destra, pari ad un totale approssimativo di 80 fili della catena d'ordito, mentre sull'altezza ho individuato a fatica da 40 a 42 inserzioni di trama, corrispondenti ad un massimo di 23 per centimetro (19 : 10 = 42 : x, oppure 18 : 10 = 42 : x, dato che, nella riproduzione presa come termine di paragone, l'altezza del triangolo di spiga è compreso fra i 18 e i 19 mm): un po' pochine, rispetto alla proporzione indicata dal Timossi, e così pure a quella, già pur minima, ammessa dallo Scarpelli, che tuttavia non va generalizzata, a scanso di errori di valutazione.

Analogamente ho proceduto sull'ingrandimento che orna la sovracopertina degli Atti del Convegno di Bologna, dove delimitai, in un triangolo rettangolo con l'ipotenusa che corre lungo la cresta della nervatura ai margini della ustione, la parte analizzabile d'una mezza spiga. E anche qui ho controllato che le caratteristiche dell'intreccio non differiscono dalle precedenti.

Né ho desistito ancora, ritentando per la terza volta l'operazione sopra una zona di maggiore affidabilità dell'ingrandimento che si trova pure incluso (contraddistinto con il n. 4) nella Relazione Ghio al predetto Convegno [FIG. 8]. Isolai pertanto nell'area d'un triangolo rettangolo gli elementi valutabili d'una striscia semplice (questa volta con 11 nervature), ricavandone i seguenti dati: angolo di spiga (dimezzato) di 35°, 11 punti in vista della trama, sia sulla base che sull'altezza, più il mediano e l'estremo al vertice, e 44 lungo l'ipotenusa, cioè 44 fili dell'ordito contro 44 inserzioni reali della trama, riducibi-

---

[21] *Op. cit.* al n. 5.

li a 23 o 24 per centimetro, secondo la valutazione dell'altezza del triangolo di spiga originale. E questo è tutto.

III) Non sarà superfluo aggiungere, a proposito di anomalie della tessitura, che qua e là, in diversi rilievi fotografici di dettaglio eseguiti dal prof. Ghio, si notano disuguaglianze non trascurabili di misure e d'intreccio, con la presenza di fili gemelli [FIG. 9], di doppi passaggi di trama (come nella illustrazione n. 4 della citata Relazione), di bottoncini (esempio vistoso nella sovracopertina di cui sopra), di spighe difformi, con nervature contorte [FIG. 7]... che non possono sfuggire ad un occhio esercitato alla osservazione con l'uso della lente.

Restauri

Non dubito che i medesimi riscontri possano aver valore anche per la striscia cucita lungo il lato maggiore (il sinistro dell'immagine negativa guardata in posizione verticale, con l'impronta frontale in basso), della quale non fu dato finora di accertare se si tratti del telo ripiegato su se stesso o d'una porzione riportata dalla parte opposta, o d'una benda proveniente dal sepolcro (uno dei *linteamina* del Vangelo di Giovanni?). Attendiamo un responso.

Intanto si può ben dire, in linea generale, che, quanto alla centralità della figura del Cristo, la Sindone che avvolse la sua salma doveva avere uno dei margini più ampio dell'altro (constatazione che non sorprende) e che l'intervento per ragioni estetiche o di ricupero deve risalire ad epoca assai remota, altrimenti non si spiegherebbero neppure la simmetria delle piegature e delle bruciature, già comprovata dall'iconografia sindonica del periodo savoiardo.

L'autenticità della striscia, come parte integrante del lenzuolo, è implicitamente ipotizzata anche dal Raes e dal Frei, il secondo dei quali ha prelevato nei riquadri *1-2 A* (ossia nella zona della cucitura) una quantità considerevole di pulviscolo comprendente, fra l'altro, pollini di piante fiorifere proprie dell'area di distribuzione che si estende dal Medio Oriente (Gerusalemme, Edessa o Urfa, Costantinopoli), alla Francia e all'Italia. Si tratta di ben 58 specie diverse, la cui presenza sulla Reliquia ha un significato incontrovertibile.

Questi dati palinologici si possono controllare nella Relazione presentata da Max Frei[22] al Congresso del 1978 e successivamente in quella elaborata per il Convegno di Bologna.

Altri lini, di tessuto diverso (tele a semplice intreccio perpendicolare), cuciti per sostegno o per il restauro della Sindone, sono:
1) il supporto di tela d'Olanda che le Suore Clarisse applicarono nel 1534 (due anni dopo l'incendio divampato nella cappella-sacrestia del castello di Chambéry), fissandolo «tour à tour à faux filet», come le medesime si espres-

---

[22] MAX FREI SULZER (biologo, già direttore del Servizio Scientifico della Polizia di Zurigo), in AA.VV., *La Sindone e la Scienza*, Edizioni Paoline, Torino 1979, pag. 191, e *La Sindone, Scienza e Fede, op. cit.*, pag. 277.

sero in un loro preciso rendiconto riportato e commentato dallo scrivente nel n. XIX di *Sindon*: la tela si scorge attraverso i fori delle bruciature non riparate [FIG. 9], che sono le quattro allineate sull'asse minore e le molteplici, poco appariscenti, distribuite in quattro gruppi simmetrici, note come «bruciature di Besançon», ma piuttosto attribuibili ad una prova del fuoco con carboni accesi;

2) 31 rattoppi applicati sul diritto e cuciti indissolubilmente con il drappo e con il supporto: 19 di tela bianca di corporale, ad opera delle Clarisse, su altrettante lesioni di notevole grandezza e di forma triangolare, lungo le due piegature longitudinali parzialmente carbonizzate; 8 di tela grigiastra, di forma varia, ben riconoscibili dalle precedenti; 2 di tela bianca, di aspetto simile a quello di un dente molare a due radici, sulle perforazioni maggiori, nella parte dorsale della figura, e 2 ancora, di tela bianca, rettangolari, agli estremi della striscia, forse in sostituzione di lembi consunti dall'uso, quando le ostensioni erano frequenti e si effettuavano sorreggendo il lungo Lenzuolo con le mani, in modo che l'impronta frontale risultasse a sinistra per la moltitudine dei pellegrini;

3) una piccola e sottile aggiunta di tessuto di lino fu applicata, nell'agosto del 1978, dall'*équipe* del restauratore prof. Gian Luigi Nicola di Aramengo ad una estremità del telo (dove si trova la toppa rettangolare minore e precisamente in *A 1 d*), per riquadrarlo meglio, prima di collocarlo nell'apposita cornice nuova.

Del filo usato per le varie cuciture (a torsione sinistra, S) mi pare potrebbero interessare i dati utili a determinarne, grosso modo, la datazione... avendo costantemente fisso in mente il pensiero di sciogliere una volta per sempre ogni dubbio sull'identità della striscia laterale.

Nel quaderno XXIV di *Sindon* ritengo d'aver pressoché esaurito l'argomento dei molteplici tipi di cuciture usate, caso per caso, nell'opera di restauro, con prevalenza del sopraggitto, che talvolta interessa soltanto più la tela del supporto, dato che col passare del tempo qualche punto del tessuto carbonizzato si è completamente logorato [FIG. 10, attinente alla zona *C-D 10 c-a*].

Vorrei ancora specificare che l'intervento del Beato Sebastiano Valfrè (1694) si limitò a riprendere con filo di colore bruno scuro alcune cuciture allentate o di tenuta ormai compromessa che riguardano il rappezzo rettangolare grande (in *A 12 a-b-d*), quello a U (in *A 8 b*) e quello che ricopre parte della ferita al costato (in *C 5 c-d*).

A breve distanza l'uno dall'altro si trovano, infine, tre rammendi veri e propri, essi pure eseguiti con filo marrone, ma più grosso di quello usato dal Padre Filippino (e, si direbbe, anche da mano più esperta della sua) e d'una tonalità di colore che si confonde con quello delle bruciature: si possono rintracciare sulla mappa nelle zone *C 5 c*, al vertice della toppa, *C-D 5 c-a*, fra le punte dei due rappezzi [FIG. 11], e *C-D 6 c-a*, lungo la piegatura carbonizzata (l'ultima della serie di lesioni lenticolari).

Questo è lo stato obiettivo di conservazione di quella che *Padre Bastiano*, ossia il Valfrè, amico e confidente del Duca Vittorio Amedeo II, proclamò «Regina delle Immagini».

Speriamo ch'essa non abbia ulteriormente sofferto a causa dei prelievi di campioni di filo da sottoporre all'esame del microscopio, dell'analisi per attivazione neutronica, delle radiografie con raggi X, delle prove di fluorescenza e spettroscopiche, dell'esplorazione della superficie nascosta (con l'impiego del divaricatore Riggi e di sonde a fibre ottiche), dell'esposizione prolungata a fasci di luce intensa (richiesta dai rilevamenti fotografici)... scrutata e indagata come fu (senza paragone col trattamento usato per qualsiasi altro reperto archeologico), prima nel giugno del '69, poi nel novembre del '73 e finalmente, per cinque giorni consecutivi, da un gruppo imponente di ricercatori europei ed extraeuropei dopo l'ostensione del 1978: confidiamo, in altre parole, che la scienza non abbia rischiato di fare un passo avanti... a troppo caro prezzo!

Ci risulta, ad esempio, e ciò sia detto per inciso, senza punto drammatizzare sulle conseguenze indubbiamente passeggere del fenomeno, che durante l'esposizione privata del 13 aprile 1980, alla presenza augusta del Sommo Pontefice Giovanni Paolo II in visita a Torino, si constatò che l'avvolgimento in via sperimentale del Telo nel senso contrario a quello consueto dal Cinquecento in poi (con le sacre Impronte, cioè, all'interno del rotolo) aveva dato luogo, malauguratamente, a nuove piegoline assai fastidiose per la veduta d'insieme, come si nota nelle fotografie ufficiali del momento, anche perché esse tendono ad estendersi: sorpresa e disappunto evitabili se si fosse prevista la causa dell'inconveniente, dovuto con ogni probabilità alla «inversione delle forze di trazione e di compressione che agiscono sulle due superfici o facce del tessuto (*diritto e rovescio*), appunto in conseguenza dell'arrotolamento nel senso contrario e per le caratteristiche organolettiche delle fibre di lino, assai poco elastiche e fra le più fragili esistenti in natura», come opina e spiega il prof. Vittorio Carli[23] con il grafico che segue:

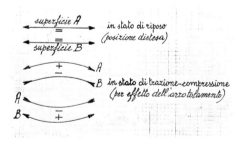

[23] Vittorio Carli (docente di Tecnologia e Disegno Tessile presso l'Istituto Tecnico Industriale Guarrella di Torino, consulente tecnico al Tribunale e alla Camera di Commercio), *al quale sono debitore di viva riconoscenza per le preziose cognizioni sulla tecnologia tessile elargitemi.*

Conclusione

Un problema marginale, che mi augurerei fosse affrontato da qualche intenditore, sarebbe quello di determinare con esattezza le tonalità cromatiche, di varia natura, per lo più tenui o sfumate, che s'intravedono in tutta l'estensione del telo.

So bene che i proff. Soardo e Artom[24] hanno compiuto rilevamenti di dati fotometrici e colorimetrici in ben 71 settori diversi dell'ampia superficie, raggruppandoli in due tabelle (consultabili nelle pagine 322-324 degli Atti del Convegno di Bologna), allo scopo di facilitare in avvenire eventuali controlli sullo stato di conservazione della Reliquia; ma il mio sogno sarebbe proprio che si potesse dedurre un *quadro visivo* delle tonalità cromatiche della Sindone, di facile lettura per quanti, come me, hanno avuto come unica fonte d'informazione diretta la contemplazione *vis à vis* del sacro Lino durante la veglia del 22 novembre 1973 e poi dai banchi del duomo, con il binocolo puntato, per non meno di 20 ore complessive di sosta, nei giorni dell'Ostensione straordinaria dell'agosto-ottobre 1978.

Un altro modo potrebb'essere, dal momento che forse non si può fare assegnamento sul processo fotografico per una resa fedele e duratura dei colori, quello di ricorrere, in una prossima favorevole occasione, all'occhio assuefatto d'un pittore, dotato di tutti i necessari requisiti, il quale sappia attribuire a ciascuna delle tinte il nome appropriato, in modo da ovviare alle imprecisioni del linguaggio corrente.

Valga, a titolo di esempio (delle inesattezze sotto accusa), la terminologia imbastita sulla falsariga delle impressioni ricevute dal mio occhio sprovveduto: il giallo fondamentale, avorio ocraceo o ambrato, del panno; il bruno seppia violaceo dell'immagine, tendente a toni più caldi nella regione dorsale; il rosso carminio aranciato delle parti che denotano effusione di sangue (quasi vermiglio sulla fronte e sulla nuca e rubino in corrispondenza delle ferite alle mani e ai piedi; assai meno acceso al costato), e poi il bruno delle parti carbonizzate, nelle gradazioni della terra di Siena e della terrà d'ombra bruciata (non dissimili da quelle del filo usato per i rammendi), e l'azzurro ceruleo o bluastro del bordo. Pressoché bianchi sono invece i 21 rappezzi sicuramente applicati dalle Suore di Santa Chiara e grigiastri gli altri otto (di cui uno diagonalmente sbarrato); candide sono pure le toppe terminali della striscia laterale.

Ringrazio anticipatamente i cortesi lettori che vorranno inviarmi suggerimenti, benevoli critiche e motivate correzioni.

---

[24] MARIA ARTOM e PAOLO SOARDO (docenti dell'Istituto Elettrotecnico Nazionale G. Ferraris di Torino), in *La Sindone, Scienza e Fede, op. cit.*, pagg. 321 e 331.

APPENDICE
LESSICO DELLA TERMINOLOGIA

Angolo di spiga = è quello formato dall'incontro delle *nervature* nel tessuto spigato.
Armatura d'intreccio = diagramma che rappresenta il *rapporto* elementare d'intreccio dei *fili* con le *trame* (quadretti neri e bianchi).
Bottoncini = ingrossamenti irregolari del *filato*.
Diagonale = effetto ottico (di *nervature* in rilievo o in incavo) risultante sulla stoffa in funzione d'una determinata *armatura*, che di norma è una *saia* o un intreccio derivato.
Diritto = parte utilizzata per l'uso ritenuto più idoneo.
Disegno = effetto visivo che risulta dallo sviluppo di un'*armatura*.
Effetto pesante ed **effetto leggero** = verso del tessuto corrispondente alla maggiore o minore levata dei *fili* rispetto alle *trame* d'un medesimo intreccio.
Filato = fascio di fibre tessili unite con torsione destra (Z) o sinistra (S), talvolta ritorto (ma non nel caso della Sindone) a più capi nel senso inverso, come nel filo da cucire.
Filo = nome proprio dell'*ordito*.
Levantina = tipo di tessuto derivato dalla *saia*, che mostra sul diritto più *ordito* che *trama*.
Licci = staffe a foggia di cornice fornite di elementi metallici mobili con *occhiello* centrale (maglie) per il passaggio dei *fili d'ordito*, che vengono parzialmente ed alternativamente alzati ed abbassati al fine di aprire il varco alla *spola* nel realizzo d'un determinato intreccio.
Messa in carta tecnica = grafico su carta quadrettata che rappresenta lo sviluppo di un'*armatura*, conforme a particolari norme tecniche di tessimento.
Navetta = contenitore della *spola* per l'inserimento della *trama* nel *passo* (varco) aperto della *catena d'ordito*.
Nervature = linee parallele in rilievo del tessuto risultanti dall'allineamento di punti in vista, cioè in superficie, che si succedono scalarmente.
Ordito o **catena d'ordito** = serie di fili paralleli avvolti intorno al *subbio*, che passano nelle maglie dei *licci* e del *pettine* per formare l'intreccio del tessuto.
Passo o **bocca** = apertura a losanga, o meglio ad angolo diedro, nella *catena d'ordito*, che si ottiene con l'alzata e l'abbassata dei *licci*, per il passaggio della *spola*.
Pedali = leve per il movimento alterno dei *licci*.
Pettine = riquadro munito di stecchine fisse verticali ed equidistanti che regolano la fittezza dell'*ordito* e serrano il *pieno* comprimendo ciascuna *trama* contro le precedenti.
Pieno o **ripieno** = filo più grosso, usato come *trama*, per conferire al panno maggior consistenza e morbidezza.
Punti di legatura = accavallamenti dell'*ordito* con la *trama* e viceversa.
Rammendo = ricostruzione ad ago con fili incrociati di porzioni logore del tessuto.
Rapporto = numero dei fili d'*ordito* e di *trama* costituenti l'*armatura d'intreccio*.
Rimettaggio o **rimettitura** = ordine in cui vengono passati i *fili d'ordito* nelle maglie dei *licci*, secondo le evoluzioni che devono compiere, ossia il modo di raggruppare i fili d'ordito.
Saia o **sargia** = tipo di stoffa ottenuto con un'*armatura* fondamentale avente i *punti di legatura* disposti lungo la diagonale d'un *rapporto* quadrato d'intreccio superiore a 2 × 2.
Spigato = effetto risultante dall'accostamento di *armature* in *diagonale* con direzione contrapposta («spina di pesce» e «saia spezzata»).
Striscia o **banda** = andamento ascendente o discendente delle *nervature* d'un tessuto spigato.
Subbi = rocchettoni o cilindri girevoli per l'avvolgimento dei *fili d'ordito* o del tessuto.
Tela = tessuto con *armatura* semplice in cui *fili* e *trame* s'intrecciano perpendicolarmente, nel minimo *rapporto* di 2 contro 2.
Telo = stoffa in pezza.
Titolo o **numero** = grado di finezza o di grossezza del *filato*, dato dalla relazione fra la lunghezza e il peso del medesimo (non dal diametro, che è sempre irregolare e pertanto non misurabile).
Trama = filo continuo avvolto sulla *spola* che s'inserisce trasversalmente nella *catena d'ordito* attraverso il *passo* o varco per formare il *pieno*.

RÉSUMÉ. Le rapport reprit dès l'origine l'examen d'un sujet presque négligé par les savants qui ont préféré s'adonner à recherches de plus grand intérêt pour la Syndonologie; depuis le diligent développement par Timossi et peu d'autres experts on a peut-être sousestimé que le Linceul de Turin est le plus important spécimen «standard» pour l'interprétation historique du tissage (John Tyrer). Par l'aide d'exceptionnels grossissements de photos le rapport expose un examen du tissu dès la qualité du fil jusqu'aux entrelaces, aux anomalies relévées dans le tissu, aux lésions, à la couleur, à la mise en evidence de quelques retrouvés archéologiques qui en témoignent la possible ou probable authenticité.

SUMMARY. The report resumes from the very beginning an argument rather neglected by other scholars who, after the deep discussion of Timossi and the investigations of other few experts, preferred to dedicate themselves to researches of greater and more pressing interest in the Holy Shroud field, perhaps underevaluating the fact that the Torino linen constitutes the most remarkable *standard sample* for the historical interpretation of waving (John Tyrer).

With the help of exceptional photographic enlargements, a detailed examination is made of the funebrial linen, from the thread nature to the spin relations, from the discrepancies found in the weaving to the damages occurred and to the colour, underlining some archeological findings which indirectly testify the possible and probable authenticity of the Shroud.

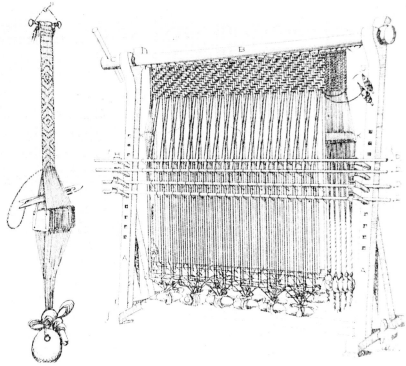

Fig. 1 — La tessitura presso i popoli primitivi della Germania del Nord (dall'op. cit. alla nota 4). *Per g.c. dell'Autore e dell'Editore*:
— Tensione dell'ordito per la tessitura con le tavolette.
— Ricostruzione d'un telaio a pesi dell'età del ferro.

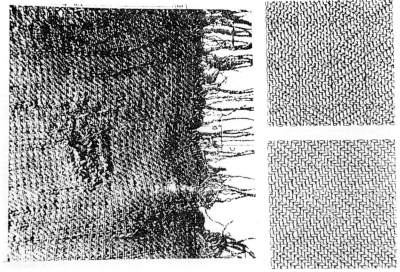

Fig. 2 — Esemplare di tessuto originale, con cimossa e frange.
— Schemi di tessuti a spiga rotta e a losanghe.

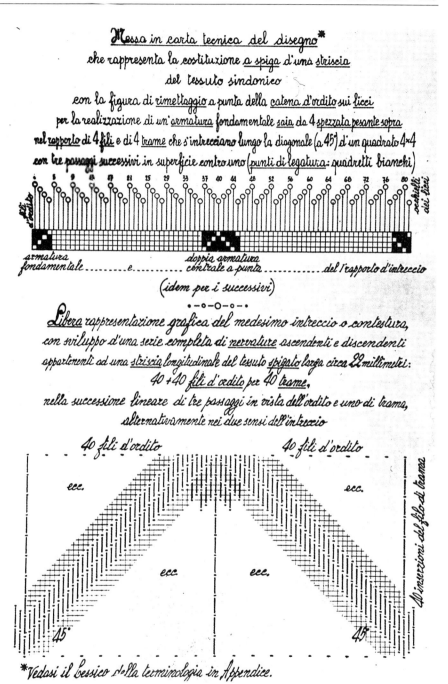

Fig. 3 — Messa in carta tecnica del disegno che rappresenta la struttura d'una striscia di tessuto spigato 3/1. *Diagramma e grafico eseguito da Gino Moretto di Torino.*

Fig. 4 — G. B. JUDICA CORDIGLIA: ripresa fotografica del rovescio d'una estremità del sacro Len
Per g.c. dell'Autore.

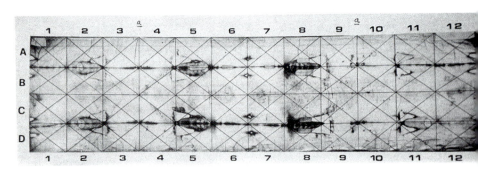

Fig. 5 — Mappa della Sindone, come si presenta nel quaderno n. XXVII di *Sindon*,
sul modello proposto dai Proff. Baima Bollone e Ghio in *Sindon* n. XXVI.

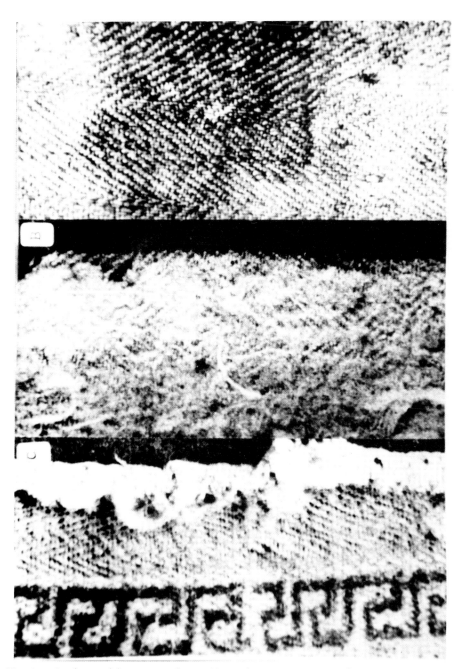

Fig. 6 — Confronto del tessuto sindonico (A) con le guarnizioni (B-C) dei cuscini provenienti dalla necropoli di Antinoe sul Nilo (*Scec-Abada*). *Per g.c. Archimandrita Abbazia di Grottaferrata e della Tip. Editr. S. Nilo.*

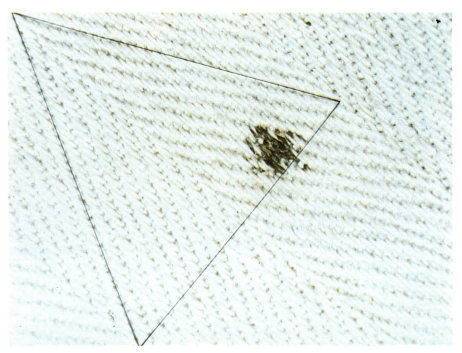

Ingrandimenti di dettagli del tessuto sindonico. (Fig. 7, 8, 9, 10, 11). Per g.c. del prof. A. Ghio.
Fig. 7 — Sviluppo completo d'un intreccio a spiga rotta, con 10 nervature convergenti per parte.

Fig. 8 — Sviluppo d'una mezza spiga, nei limiti d'un triangolo rettangolo.

Fig. 9 — Zona del tessuto dove si affiancano fili gemelli.

Fig. 10 — Lesione riportata nell'incendio del 1532, dove si scorge la tela del supporto con i resti d'una cucitura a sopraggitto.

Fig. 11 — Punto carbonizzato e rammendato con filo di colore bruno.

SUDARIO E ANAMNESI.
ESAME OBIETTIVO DELLE LESIONI DA CORONA DI SPINE. INCENDIO DI CHAMBÉRY E BASSORILIEVO SURRISCALDATO SCONFESSANO IL FALSARIO MEDIEVALE

SEBASTIANO RODANTE*

L'ipotesi che la Sindone sia l'opera di un contraffattore medievale è stata sostenuta in passato da diversi autori. Anche recentemente qualcuno ha ipotizzato che le impronte sul lenzuolo siano state prodotte tra il 1200-1350 da un artista che sovrappose per qualche secondo una tela di lino su un bassorilievo di bronzo, raffigurante Cristo morto, e surriscaldato a 220°.

Il falsario, così, avrebbe ottenuto le caratteristiche impronte somatiche soprattutto indistorte, superficiali ed indelebili. Su tali impronte avrebbe realizzato, poi, le tracce riferibili al sangue o con uno stilo incandescente ovvero con ocra rossa solubile.

Il punto focale per cui *solo* da un bassorilievo si può ottenere l'immagine indistorta del volto deriverebbe dal fatto che da un volto umano non sarebbe possibile ottenere impronte prive di distorsione per i dislivelli ivi esistenti. Ma un medico che si trova dinanzi alla Sindone, per non incorrere nell'errore della distorsione, deve anzitutto approfondire l'anamnesi della persona cui il falsario si riferisce: cioè di Cristo.

L'anamnesi riferita dall'evangelista Giovanni, testimone oculare della sepoltura di Lazzaro e di Cristo, ci assicura, infatti, la presenza del sudario attorno al viso, legato sul capo del cadavere: «...Uscì il morto, piedi e mani legati (*dedeménos*) con fasce ed il suo viso legato attorno con un sudario (*kaì e ópsis autoû soudarío periedédeto*)» (Gv 11,44). Quindi non c'è dubbio che questo capo mortuario, questo *sudarium*, era legato sopra la testa, attorno al viso, per tenere chiusa la bocca. Giovanni al sepolcro (20,7) vede «...il sudario che era stato sopra il capo di lui (*ò ên epì tês kephalês autoû*)». Non certo «come un turbante», fa osservare Intrigillo, «perché azione inutile su un cadavere»[1]. Si tratta, pertanto, dello stesso capo mortuario usato per Lazzaro e che fu anche adoperato per Gesù a Gerusalemme che si trova ad un tiro di schioppo da Betania.

---

* *Laureato in medicina, segretario del Gruppo Siciliano del Centro Internazionale di Sindonologia.*

[1] INTRIGILLO G., *Come era il sudario sul capo di Gesù*, Rosario Oggi, U.M.R., Trani, luglio 1982, pag. 161. GEDDA L., *Le dottrine antropometriche e la S. Sindone*, in *La S. Sindone nelle ricerche moderne*, L.I.C.E.,

Tale mentoniera, allora, riducendo i dislivelli esistenti [FIG. 1], poté determinare su una tela sovrapposta al volto di Cristo, che aveva sudato sangue, un'immagine indistorta e completa in tutti i particolari del viso. Infatti ponendo una tela imbevuta in soluzione acquosa od oleosa di aloe e mirra su un volto raffigurante quello della Sindone, attorniato da una mentoniera, spruzzato con sudore di sangue e con sovrapposti coaguli sanguigni fatti seccare sulla fronte, ho potuto ottenere impronte indistorte [FIG. 2]. Le immagini somatiche, determinate sulla tela dal sudore di sangue, sono anche superficiali, al contrario di quelle ematiche che sono visibili d'ambo i lati [FIG. 3]. E ciò perché la soluzione di mirra, che è una «gomma mirra», rende impermeabile la tela al sudore di sangue, che è un sangue diluito; i coaguli sanguigni, invece, essendo formati da sangue «in toto», permeano la tela anche dal lato opposto. Le suddette impronte sono ricche di particolari, come quelle sindoniche, con immagine completa tra naso e guance [FIG. 4], indelebili alle prove cui fu sottoposto il lino sindonico durante i secoli[2], tridimensionali[3] e fluorescenti[4]: hanno, cioè, le stesse caratteristiche della Sindone.

Un artista del 1200-1350 non avrebbe mai potuto riprodurre le tracce riferibili alla corona di spine né con stilo incandescente né con ocra rossa. E ciò perché lo stilo rovente avrebbe bruciato la trama del tessuto. Infatti sulla tela artefatta, presentata da chi sostiene il falso[5], il corpo della «ε» è rovinato perché bruciato dalla punta arroventata [FIG. 5a]; la «ε» sindonica, invece, porta intatta la trama del tessuto [FIG. 5b]; così come è intatta la trama del tessuto della «ε» di una delle mie tele a spina di pesce, trattate con soluzione acquosa di aloe e mirra [FIG. 5c].

L'esame obiettivo delle impronte della corona di spine sulla fronte, poi, evidenzia che si tratta d'impronte sanguigne differenziate nella loro modalità di coagulazione in impronte di sangue arterioso e venoso. Infatti l'impronta sul-

---

Torino, 1951, pag. 115. L'autore, al I Convegno Nazionale sulla Sindone del 1939, dall'esame obiettivo delle impronte sindoniche, fu il primo a far rilevare la presenza di una fascia attorno al viso: «Chiamo *spazio epicranico* quello spazio che divide l'impronta anteriore dall'impronta dorsale della testa e che finora non fu sufficientemente considerato. Tale spazio, a parte la macchia provocata dall'acqua, si presenta libero da impronte molto probabilmente perché al Cristo era stata legata una fascia passante sotto la mandibola (mentoniera) e annodata sul vertice. (...) Dunque non vi sono impronte nello spazio epicranico per la presenza di una benda».

[2] RODANTE S., *A proposito dell'uomo che creò la Sindone*, Scienza e Fede, n. 6, Palermo, settembre-dicembre 1982, pag. 6.

[3] Le prime elaborazioni tridimensionali delle impronte ottenute con sudore di sangue furono effettuate dal prof. GIOVANNI TAMBURELLI di Torino nel 1979 e dallo stesso autore riportate in *Applicazione dell'elaborazione tridimensionale sindonica ad immagini ottenute per contatto*, su La Sindone Scienza e Fede, Ed. CLUEB, Bologna 1983, pag. 290, fig. 10. RODANTE S., *The Imprints of the Shroud Do Not Derive Only from Radiations of Various Wave-lenghts*, Shroud Spectrum International, Indiana Center for Shroud Studies, Nashville, giugno 1983, pag. 23.

[4] RODANTE S., *La verità sulla Sindone*, Città Nuova, n. 6, Roma, marzo 1983, pag. 29. Le foto delle impronte, risultate fluorescenti alla luce ultravioletta, furono effettuate dal prof. AURELIO GHIO, perito fotografico del Tribunale di Torino e noto sindonologo.

[5] APRILE P., *È una statua riscaldata la fotografia di Gesù?*, Oggi, n. 23, 1979, pag. 53.

la fronte, a sinistra della linea mediana[6] ed a forma di «ε», ha le caratteristiche di sangue venoso con discesa lenta e continua [FIG. 6].

E poiché la coagulazione del sangue, come sappiamo, richiede qualche minuto prima di prodursi, solamente una piccola parte di esso sangue coagula in vicinanza della ferita; quanto più si allontana dalla ferita tanto maggiore è la quantità di sangue che giunge al suo tempo di coagulazione e che, continuando a fluire, coagula disponendosi in strati successivi. La massa del coagulo, perciò, è tanto più spessa e più larga quanto più si allontana dalla ferita[7]: come appunto nel caso in esame. Vicino alla ferita, infatti, il coagulo è più stretto, meno spesso; mentre allontanandosi da essa, nel gomito della «ε» è più largo; ed ancor più distalmente, nel ginocchio della «ε», tanto che una goccia di sangue cade al sopracciglio sinistro [FIG. 6].

Osservando, invece, la traccia A1 alla regione fronto-temporale destra, si nota che essa ha caratteri nettamente diversi dalla precedente. È una traccia come se fosse venuta fuori dalla lesione di un ramo arterioso: infatti è come il coagulo di un sangue arterioso che sprizza fuori da un'arteria ed arriva in basso come un rivolo lungo la cornice dei capelli appunto perché sollecitato dalla pressione arteriosa [FIG. 6].

Su un forte ingrandimento della traccia di sangue venoso a forma di epsilon, nel punto della lesione, si nota un coagulo circolare [FIG. 5b] più netto, più denso attorno allo spino. Ciò sta ad indicare che tale coagulo si è formato per tutto il tempo in cui lo spino rimase infisso dentro la parete del vaso venoso ed era mosso, pur restando «in situ», dalla contrazione del muscolo frontale che rendeva beante, a tratti, la parete vasale trafitta dall'aculeo.

L'anatomia topografica ci evidenzia la posizione della vena frontale che, unica, al punto F si biforca [FIG. 7]. Uno spino ha leso tale vena dopo la biforcazione: difatti il coagulo di sangue a forma di «ε» si trova a sinistra della linea mediana [FIG. 6]. La traccia A1 alla regione fronto-temporale destra, invece [FIG. 6], proviene dalla lesione del ramo frontale dell'arteria temporale superficiale [FIG. 8] che è stato perforato nel punto A1 e che ha dato luogo a fuoruscita di sangue con carattere nettamente arterioso.

La traccia, poi, che parte dal punto A3 alla regione fronto-temporale sinistra ha, come quella a forma di «ε», caratteristiche di sangue venoso. Infatti ha una discesa lenta e continua ed è più stretta vicino alla ferita mentre distalmente s'ingrossa formando la goccia rotondeggiante T [FIG. 6].

Uno spino ha leso, a sinistra della fronte e nel punto A3, il ramo frontale della vena temporale superficiale [FIG. 9] che corre verso l'alto e parallelamente, vicino all'arteria omonima e che è stato leso più in alto — e quindi più medialmente — dell'arteria controlaterale [FIG. 6].

Da quanto sopra esposto in rapporto all'anatomia topografica si deduce che

[6] CASELLI G., *Le constatazioni della medicina moderna sulle impronte della S. Sindone*, in *La Santa Sindone nelle ricerche moderne*, L.I.C.E., Torino 1950, pag. 29.

[7] BARBET P., *La Passione di Cristo secondo il chirurgo*, L.I.C.E., Padova 1965, 4ª ed., pag. 113.

la perfetta corrispondenza dei coaguli di sangue della fronte impressi sul lenzuolo e che si sovrappongono «specularmente» all'arteria e alle vene studiate [FIG. 10], ci dice sicuramente che questa tela ha avvolto il cadavere di un uomo che «in vita» subì la lesione di tali vasi sanguigni.

Orbene noi medici sappiamo dalla storia della medicina che la circolazione del sangue, la differenza cioè tra sangue arterioso e venoso, fu scoperta nel 1593. In tale anno, infatti, Andrea Cesalpino, con l'opera *Quaestionum Medicarum*, scoprendo la circolazione del sangue, diede inizio agli studi che avrebbero portato in seguito a diversificare, dal lato medico-legale, la modalità di coagulazione del sangue arterioso e venoso fluente sulla cute dopo che è stato leso il rispettivo vaso sanguigno. Sappiamo, sempre dalla storia della medicina, che tale scoperta del Cesalpino fu presentata nel 1628 dall'inglese William Harwey, per la prima volta al mondo scientifico con argomentazioni fisiche, nell'opera *Exercitatio anatomica de motu cordis et sanguinis in animalibus*. Nel 1661, poi, lo stesso Harwey fece stampare a Rotterdam un'ulteriore edizione col titolo *Exercitationes anatomicae de motu cordis et sanguinis circulo*.

Dopo tali precisi riferimenti storico-scientifici sorge spontanea la domanda: come poteva un falsario, con ocra rossa o con qualsiasi altro artifizio, produrre la perfetta e diversa morfologia di coagulazione del sangue arterioso e venoso sulla fronte alcuni secoli prima della scoperta della circolazione del sangue?

Né si dica che qualunque buon osservatore tra il 1200-1350 poteva avere informazioni dirette sulla *coronazione di spine* e quindi aveva potuto copiare «ex homine» i rivoli di sangue provenienti da eventuali arterie o vene lese dalle spine[8]. E ciò perché non esiste in tale periodo alcuna documentazione storica *specificamente* riferentesi a coronazione di spine né tampoco esiste opera alcuna di artisti italiani o stranieri i quali, per aver assistito «de visu» a coronazione di spine rapportata a crocifissione, abbiano riprodotto il sangue della fronte con tale diversa realtà emocoagulativa. Né, ancora, si porti come esempio che il beato Angelico, pur essendo vissuto prima del 1593, abbia perfettamente descritto la coagulazione del sangue nelle sue opere. Osservando, infatti, le lesioni da corona di spine nelle crocifissioni da lui riprodotte, non si ha affatto la descrizione della diversa modalità di coagulazione di sangue venuto fuori da arterie o da vene [FIG. 11], né eventuali rivoli di sangue rivelano alcuna diversità morfologica tra loro in quanto presentano caratteristiche ematiche indifferenziate [FIG. 11a].

Dopo gli esami — nel settore dell'ematologia forense —, che con siero fluorescente antigammaglobulina umana hanno evidenziato nei fili pigmentati della Sindone la presenza di sangue umano[9], il disegno o lo stampo con ocra ros-

---

[8] Asserzione di chi sostiene l'opera del falsario medievale.
[9] BAIMA BOLLONE P.L. - JORIO - M. MASSARO A., *La dimostrazione della presenza di tracce di sangue umano sulla Sindone*, Sindon, n. 30, Torino, dicembre 1981, pag. 7.

sa ancora una volta viene escluso. Infatti nell'ocra rossa non c'è la ...gamma-globulina umana.

A questo punto, però, chi sostiene l'artefatto, potrebbe supporre che la tela possa essere stata ritoccata aggiungendovi macchie di vero sangue. E qui ci viene incontro — indirettamente — Ulisse Chevalier, noto negatore dell'autenticità. Nella sua opera edita a Parigi nel 1903 *Autour des Origines du Suaire de Lirey avec documents inedits*, per dimostrare che la Sindone di Chambéry-Torino è lo stesso lenzuolo di Lirey, luogo ove un pittore l'avrebbe dipinto, riporta integralmente il verbale redatto dalle Clarisse nel 1534. Orbene, a pag. 49 della suddetta opera si legge, per la parte del volto che c'interessa, ciò che le suore videro mentre riparavano la tela: «....la sua testa divina forata da grosse spine da cui uscivano rivoli di sangue che colavano sulla fronte (...); notiamo sul lato sinistro della fronte una goccia più grossa delle altre e più lunga che serpeggia ad onda (...); poi vedemmo una lunga traccia che discendeva sul collo...»[10]. Proprio come osserviamo ora sul volto sindonico a proposito delle tracce riferibili alla corona di spine e che abbiamo dimostrato essere di sangue arterioso e venoso [FIG. 6]. Allora l'incendio di Chambéry è un altro elemento che esclude il falso. Infatti se tali impronte della fronte fossero state ritoccate con vero sangue umano, ciò non toglie che esse già esistevano sulla Sindone al tempo dell'incendio del 1532 e quindi non potevano essere state prodotte ad arte da alcuno in tempi anteriori alla scoperta della circolazione del sangue.

Inoltre si dimostra come il bassorilievo in se stesso esclude l'opera del falsario. Esperimenti di controllo hanno evidenziato che, seguendo il metodo del surriscaldamento a 220°, le impronte ottenute *non sono superficiali*. Infatti sovrapponendo per alcuni secondi una tela di lino di spessore uguale alla Sindone su un medaglione di bronzo, surriscaldato a 220° e raffigurante il volto sindonico, ho ottenuto impronte che non sono affatto superficiali come quelle sindoniche, ma sono visibili pure dalla parte opposta [FIG. 12a].

Cade, quindi, una delle caratteristiche essenziali dell'artefatto; direi la più essenziale: la superficialità dell'impronta. Anche l'Intrigillo[11], d'altronde, aveva ottenuto lo stesso risultato [FIG. 13].

Posso dimostrare, infine, che le impronte al calore *non sono indelebili*[12]. Infatti le immagini ottenute col calore su tela di lino [FIG. 12b], dopo 2 minuti di bollitura in una soluzione diluita di candeggina (1 cucchiaio in 2 litri d'acqua), sbiadiscono in ambedue i lati [FIG. 12c] fino a scomparire del tutto dopo 4 minuti complessivi di bollitura [FIG. 12d].

---

[10] «....sa tête divine percé de grosses epines d'ou sortoit des ruiseaux de sang, qui couloit sur son front... nous remarquions sur le costé gauche du front une goute plus grosse que les autres et plus longue, elle serpente en onde...; puis nous vimes une longue trace qui descendoit sur le col...».

[11] INTRIGILLO G., *Bruciatura o... abbaglio?*, Rosario Oggi, U.M.R., Trani, aprile 1983, pagg. 88-94.

[12] Il sostenitore dell'artefatto medievale da bassorilievo surriscaldato afferma: a) che l'impronta ottenuta col calore è *assolutamente indelebile*: cioè non dev'essere possibile asportare via l'immagine con l'acqua né con solventi organici od inorganici; insomma qualsiasi tipo di sollecitazione immaginabile non deve

In conclusione: gli argomenti presentati: sudario ed anamnesi, esame obiettivo delle lesioni da corona di spine, incendio di Chambéry e bassorilievo surriscaldato, sono tutti elementi che sconfessano l'opera del falsario medievale.

RÉSUMÉ. L'Auteur réfuse l'hypothèse d'un contrefacteur qui aurait déterminé les empreintes somatiques du Saint-Suaire en mettant dessus d'un bas-rélief en bronze, suséchauffé à 220°, une toile de lin.

S'en rapportant à l'anamnesis relatée par l'évangéliste S. Jean sur la mentonnière nouée au dessus de la tête du Christe démontre que la non-distorsion du visage du Sindon fut causée par la mentonnière la quelle, nouée autour du visage et réduisant les différences de niveau, détermina des empreintes sans aucune distorsion.

Ayant obtenu expérimentalement des images - sur des toiles de lin imbibées d'une solution d'eau ou d'huile de aloès et myrrhe, surposées à un visage arrosé de sueur de sang — avec les mêmes caractéristiques rencontrées sur le Sindon, l'Auteur confronte les empreintes obtenues au réchauffement par le contrefacteur suposé avec les empreintes du Sindon. De cette manière, par des argumentations d'histoire de la médicine, de médicine légale et d'anatomie topographique, l'Auteur démontre qu'il manque de fondement la contrefaction obtenue au réchauffement et, merci aux essais personnels, il démontre que les empreintes obtenues par le contrefacteur n'offrent pas deux caractéristiques essentielles: la superficialité et l'indélébilité.

SUMMARY. The Author refutes the hypothesis that a medieval forger would made the somatic traces of the Holy Shroud superimposing a linen on a bronze bas-relief overheated at 220 centigrade degrees. He goes back to the anamnesis reported by St. John the evangelist about a sudarium that was binded on Jesus's head, and he proves that the face was not distorted just owing to a band binded round it that reduced the differences in depth on the face; and thus it caused some traces without distortion.

After having obtained, experimentally, some images with the same characteristics of the Holy Shroud — using some linens imbued with watery or oily solution of aloe and mirrh and superposed on a face sprinkled with sweat of blood — the Author confronts the traces obtained by the alleged forger using the heat, with the traces of the Holy Shroud. So, with arguments of history of medecine, forensic medecine and topographic anatomy, he makes obvious the baselessness of the thesis that the linen is adulterated with heat and, through personal researches, he proves that the traces obtained by the forger lack two essential characteristics: the superficiality and the indelebility.

alterare la traccia. b) Che l'indelebilità dell'impronta è *concettualmente indiscutibile* oltre che *sperimentalmente verificabile* dal momento che col calore si ha un'alterazione fisico-chimica della struttura della fibra nel senso di una disidratazione e quindi della modificazione di alcuni legami chimici.

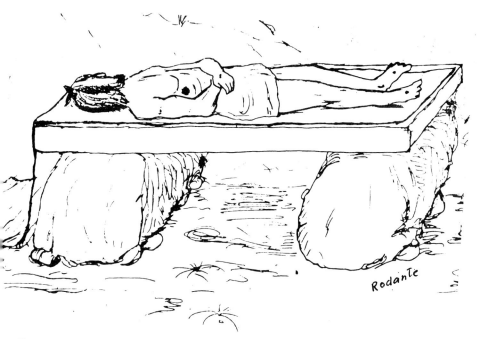

Fig. 1 — La mentoniera, legata sul capo del cadavere, riducendo i dislivelli tra naso e guance, permette l'impressione non distorta del volto su una tela ad esso sovrapposta.

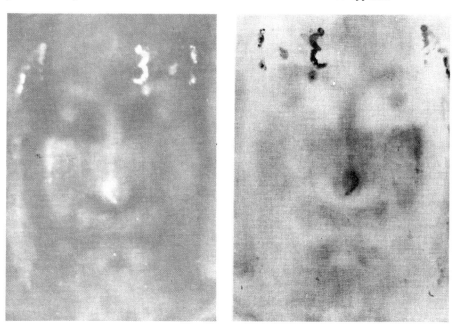

Fig. 2 — Negativo e positivo dell'esperimento: impronta del volto indistorta.

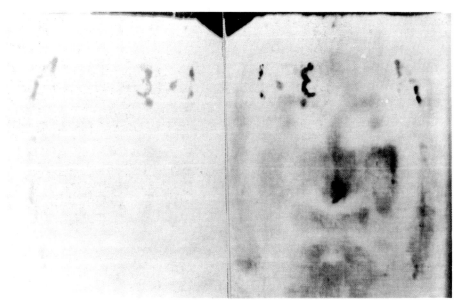

Fig. 3 — Le impronte del volto (somatiche) sono superficiali; quelle ematiche, invece, sono visibili anche dal lato opposto. Tali caratteristiche sono uguali alle impronte sindoniche.

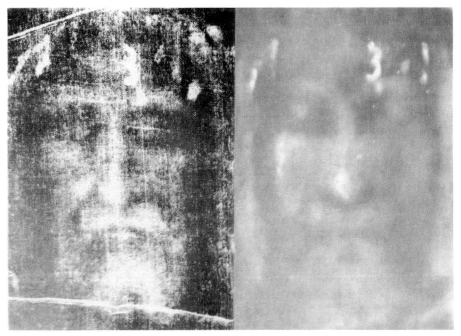

Fig. 4 — Volto sindonico a confronto con l'impronta del volto da esperimento. L'immagine ottenuta, oltre ad essere indistorta, è *completa* tra naso e guance.

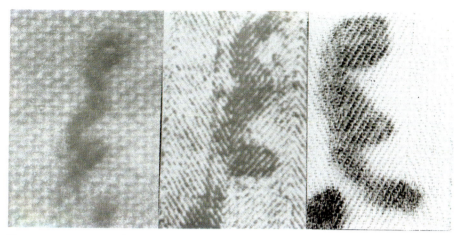

Fig. 5 — a) *Epsilon* prodotta con stilo incandescente presentata da chi sostiene l'artefatto medievale: la trama del tessuto, all'interno della *epsilon*, non è visibile perché rovinata dalla punta rovente.

    b) *Epsilon* sindonica con la trama del tessuto intatta. Si nota all'inizio, nel punto della lesione, un coagulo circolare più netto, più denso, formatosi attorno alla spina.

    c) Impronta di coagulo sanguigno a forma di *epsilon* su tela spigata similsindonica imbevuta in soluzione acquosa di aloe e mirra. La trama del tessuto è ben visibile dentro il corpo della *epsilon*: come quella sindonica.

    Si deduce l'infondatezza dell'artefatto al calore e la possibilità della formazione delle impronte sindoniche su tela imbevuta in soluzione acquosa di aloe e mirra.

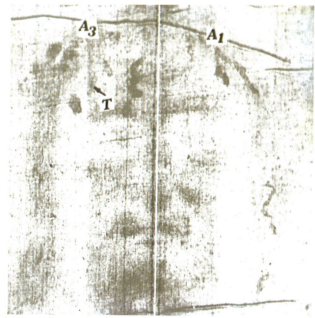

Fig. 6 — L'impronta di sangue venoso a forma di *epsilon* trovasi a sinistra della linea mediana (Caselli). Si nota la goccia di sangue che staccatasi dal ginocchio della «ε», cade sul sopracciglio sinistro (Rodante).

A1: traccia di sangue arterioso dovuta alla perforazione del ramo frontale dell'arteria temporale superficiale dx (Caselli).

A3: rivolo di sangue venoso proveniente dalla lesione del ramo frontale della vena temporale superficiale sx (Rodante).

T: goccia rotondeggiante distale del rivolo venoso A3 (Rodante).

Fig. 7 — F: punto di biforcazione della vena frontale. Uno spino ha leso la vena dopo la biforcazione nel punto «ε».

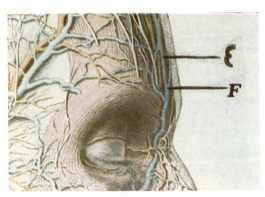

Fig. 8 — À1: punto di perforazione del ramo frontale dell'arteria temporale superficiale destra.

Fig. 9 — A3: punto di perforazione del ramo frontale della vena temporale superficiale sinistra.

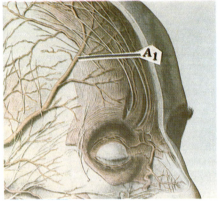
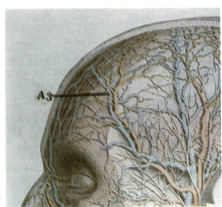

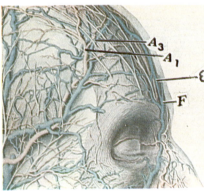
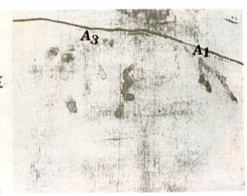

Fig. 10 — I punti A1, A3 ed «ε» del volto sindonico si sovrappongono specularmente ai punti A1, A3 ed «ε» determinati sulla fronte dalla lesione sia del ramo frontale dell'arteria e vena temporale superficiale sia della vena frontale. Tale «specularità» denota che le impronte sanguigne sindoniche riferibili alla corona di spine si sono formate perché il lenzuolo ha avvolto il cadavere di un uomo che «in vita» subì la lesione di tali vasi sanguigni.

N.B. Le tavole anatomiche delle Figg. 7, 8, 9 e 10 sono state tratte da: Sobotta, *Atlante di Anatomia Descrittiva*, USES, Firenze 1971.

Fig. 11 — Crocifissione del Beato Angelico (cella n. 36 del convento di S. Marco a Firenze). Come in tutte le crocifissioni dell'artista domenicano, si notano sulla fronte solo gocce di sangue, pertanto indifferenziato.

Fig. 11a — Crocifissione (cella n. 37).
I rivoli di sangue riprodotti sulla fronte non presentano alcuna differenziazione morfologica tra di loro.

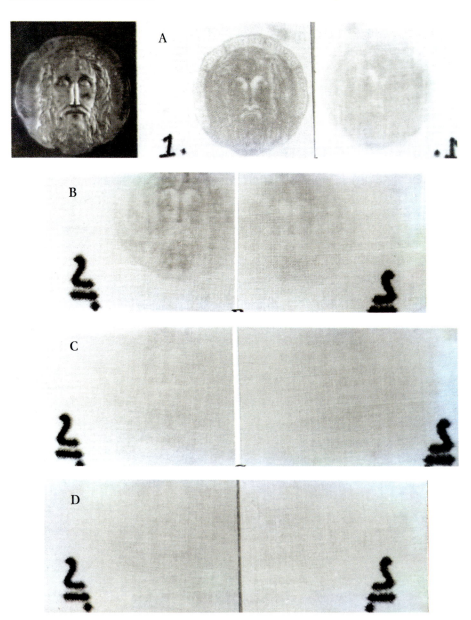

Fig. 12 — **A.** Esperimento n. 1: tela di lino sovrapposta per qualche secondo ad un medaglione di bronzo raffigurante il volto sindonico e surriscaldato a 220°: l'impronta *non è superficiale*, ma visibile pure dalla parte opposta.
B. Esperimento n. 2: tela di lino con impronta (a 220°) visibile d'ambo i lati.
C. La stessa tela dopo bollitura con candeggina per 2 minuti: l'impronta sbiadisce.
D. Dopo bollitura con candeggina per altri 2 minuti l'impronta scompare. Si deduce che le impronte al calore *non sono indelebili.*

CARATTERI DELLE MACCHIE DI ORIGINE TERMICA SU DI UN TESSUTO DI LINO DI TIPO SINDONICO. PROCESSO DI FORMAZIONE DELLA IMMAGINE SINDONICA

NICOLA SCARPELLI*

La Relazione che segue, pur rispettando le linee generali di quella presentata oralmente in Congresso, è più sviluppata ed estesa. Ciò si è reso necessario per una migliore comprensione degli esperimenti e delle tesi proposte. L'esposizione fatta in Congresso, per la necessaria sinteticità, non permetteva un opportuno dibattito. L'Autore si augura che tale dibattito possa avvenire dopo la pubblicazione degli Atti con la dovuta pubblicità e ringrazia il Comitato di Redazione per avere accettato, in via eccezionale, di pubblicare una relazione più ampia.

Fra le numerose ipotesi sull'origine dell'impronta sindonica è stata formulata, recentemente, quella che fa ricorso a fenomeni termici, in quanto si è creduto che l'ossidazione e la disidratazione delle fibre del lino siano state la causa della variazione del colore della superficie del tessuto e della formazione delle macchie caratteristiche che compongono l'immagine sindonica.

Per questo motivo ho pensato di esaminare in modo sistematico le alterazioni che subiscono le fibre del lino quando sono sottoposte ad un graduale innalzamento di temperatura o ad una esposizione, breve o prolungata, alle radiazioni elettromagnetiche di varia lunghezza d'onda.

Che l'azione termica sia capace di produrre alterazioni di forma e di colore ad un tessuto di fibre organiche è cosa nota fin dai tempi più remoti e, certamente, di più vasta conoscenza, fin da quando furono adoperati ferri da stiro: infatti, ogni disattenzione nello stirare, sia per la maggiore temperatura del ferro, sia per la maggiore durata del contatto, si pagava con deboli o vistose macchie di bruciatura.

In teoria, il processo fisico del trasferimento di energia da un corpo ad un altro avviene in un solo modo, e cioè, mediante lo scambio di «quanti» di energia. In pratica, invece, tale fenomeno è presentato sotto aspetti diversi: l'aspetto chimico, secondo cui lo scambio di energia è associato allo spostamento degli elettroni; l'aspetto meccanico, secondo cui l'energia termica è trasferita mediante gli urti molecolari delle parti superficiali dei due corpi a contatto, o tramite l'azione convettiva dell'aria; l'aspetto elettromagnetico, dovuto all'azione delle micro-onde, o all'azione dei raggi infrarossi, o alle radiazioni luminose ed ultraviolette, o ai raggi X.

---

* Già docente di matematica e fisica, membro del Centro Internazionale di Sindonologia.

Tutti questi aspetti sono descritti dalla meccanica quantistica associando ad ogni «quanto» di energia una lunghezza d'onda e una quantità di moto. L'energia di ciascun «quanto», espressa da h.v (h è la costante di Plank e v la frequenza associata) determina l'effetto di «soglia», mentre il numero dei «quanti», per unità di superficie, determina l'intensità dell'azione. Però, in quasi tutti gli scambi di energia, naturali o artificiali, i «quanti» sono distribuiti in una estesa gamma di frequenze, per cui non è sempre facile poter dire quali di queste frequenze generano l'effetto termico che si studia, specialmente se si fa uso di radiazioni infrarosse, le cui frequenze non sono facilmente separabili per la mancanza di filtri selettivi. Inoltre, il comportamento della materia che interagisce con la radiazione dipende anche da altri fattori oltre che dalla distribuzione delle frequenze che compongono la radiazione integrale. Dipende dalla durata dell'azione termica, dalla distanza del corpo dalla fonte di energia, dalla natura e dalla geometria delle superfici dei mezzi interessati. Infine l'energia quantizzata trasmessa ai corpi si propaga, nell'interno di essi, in due modi sostanzialmente diversi, perché diverse sono le proprietà dei due trasmettitori dell'energia, e precisamente degli elettroni liberi che generano il «gas elettronico» e dei «phononi» che generano il «gas phononico», il cui «quanto d'azione» è la quantità elementare di vibrazione del reticolo cristallino formato dagli atomi o dalle molecole del corpo[1].

Mentre le leggi della conduzione del «gas elettronico» sono indipendenti dalla natura del corpo, così come avviene nella teoria cinetica dei gas, le leggi della conduzione «phononica» dipendono dalla struttura dei reticoli cristallini. Pertanto, nei buoni conduttori, la corrente termica è data dalla somma di questi due «trasmettitori» e dagli effetti prodotti dalle loro interazioni; mentre nei cattivi conduttori, fra cui i tessuti di fibre organiche, le azioni elettroniche e phononiche sono fortemente localizzate nell'ambito delle strutture molecolari superficiali, e la trasmissione del calore è debole per la scarsa presenza di elettroni liberi e per la scarsa elasticità dei reticoli cristallini, nel senso che gli spostamenti non sono proporzionali alle forze. Tutto ciò complica enormemente il processo dell'assorbimento e della trasmissione del calore nei corpi non metallici, per cui lo studio si rende possibile solo dopo notevoli semplificazioni del modello teorico; ciò che determina, naturalmente, risultati di limitato valore pratico. In conclusione, per la comprensione degli effetti prodotti dall'assorbimento dell'energia termica o radiante, è necessario tener presente che:

a) Quando in assenza del contatto, o per contatto, i fotoni emessi da un corpo vengono assorbiti dall'altro, l'energia di questi fotoni viene trasferita agli elettroni del corpo ricevente, e questi, interagendo con i reticoli cristallini, destano la loro vibrazione, e quindi l'aumento di temperatura del corpo.

---

[1] Y. S. TOULOUKIAN, *Thermodynamic and Transport Properties of Gases, Liquids and Solids*, papers presented of the Symposium on Thermal Properties, february 1959, purdue University Lafayette, Indiana, The American Society of Mechanical Engineers, New York.

b) Quando un corpo a temperatura maggiore viene posto a contatto con un corpo a temperatura minore, oltre ad aversi il trasferimento di energia di cui al punto a), si ha un passaggio di «phononi» per le interazioni dei reticoli cristallini delle superfici dei due corpi a contatto, e ciò provoca un ulteriore aumento di temperatura.

Conseguenza di questi due processi è la rottura di alcuni legami molecolari e la deformazione dei reticoli, da cui consegue la disidratazione e l'ossidazione, specie se trattasi di sostanze organiche.

Cambia, pertanto, la composizione della luce diffusa dalle superfici, e quindi si ha la formazione di macchie di colore.

Si potrà capire adesso perché risulta difficile poter determinare quantitativamente, da un punto di vista teorico, la temperatura del contatto, o la frequenza della radiazione incidente, capaci di produrre una ben determinata variazione del colore delle fibre di un tessuto. Ciò, non solo per la complessità dei processi del trasferimento dell'energia, ma anche per la complessità della struttura del corpo in esame. Infatti, per determinare la giusta variazione del colore della superficie del tessuto bisognerebbe conoscere con esattezza l'assetto molecolare dei componenti delle fibre del lino e la composizione qualitativa e quantitativa di tutte le sostanze che costituiscono le impurità; inoltre, bisognerebbe tener conto degli estesi orbitali molecolari (orbitali π) e di tutti i gruppi laterali «auxocromi»; infine, bisognerebbe trattare gli elementi in esame con l'analisi matematica, a «livello superiore», fornitaci dall'ottica geometrica e dall'ottica fisica. Una simile analisi è sempre possibile, ma certamente è troppo laboriosa per essere veramente informativa.

Perciò ci serviremo della teoria soltanto per l'interpretazione qualitativa dei fenomeni, mentre, per la determinazione dell'aspetto quantitativo, ci serviremo dei risultati di una serie di esperimenti condotti con rigore e sistematicità. Infine, per gli esperimenti di formazione di quelle impronte che necessitano di un tempo lunghissimo per la loro apparizione (decine di anni o qualche secolo), ci serviremo di materiali vari sui quali le impronte si sono formate in modo analogo.

DESCRIZIONE DEGLI ESPERIMENTI PER OTTENERE IMPRONTE DA CONTATTO CON UN CORPO RISCALDATO

Ad un medaglione di bronzo del peso di 120 g, e del diametro di 3 cm, (medaglia dell'Accademia Navale di Livorno) è stato applicato un tubicino di rame, lungo 3 cm, contenente qualche goccia di mercurio. Nel tubicino è stato infilato un termometro a mercurio con scala − 10 ÷ 350 °C e sensibilità di 1 °C. Il medaglione è stato riscaldato su di una piastra elettrica, oppure

nell'interno di una cavità chiusa, dalla quale sporgeva solo il cannello del termometro. Non è stata adoperata una stufa, per le difficoltà inerenti il controllo preciso della temperatura e dei tempi di estrazione.

Per le operazioni di breve durata (da 1 a 600 sec.), il medaglione riscaldato
è stato appoggiato, con tutto il termometro infilato, sul tessuto di lino, oppure, sfilato il termometro, sul medaglione è stato poggiato il tessuto di lino.

Per le operazioni di lunga durata (da 10 minuti a 48 ore), il tessuto di lino
è stato poggiato non sul medaglione, ma direttamente sulla piastra elettrica,
mantenuta a temperatura costante, mediante un circuito potenziometrico. Se
il tessuto fosse stato poggiato sul medaglione, che doveva essere mantenuto
a temperatura costante per molte ore, allora il calore della piastra sottostante
avrebbe alterato le impronte.

Si riportano nella tabella seguente le modalità sperimentali e i risultati ottenuti. Si indica con:

T_p la temperatura della piastra elettrica;
T_m la temperatura del medaglione;
t la durata del contatto;
L_w caratteri delle impronte fluorescenti alla luce di Wood (3653 Å, 3655
     Å, 3663 Å)
L_u caratteri delle impronte fluorescenti con luce ultravioletta di 2537 Å di
     lunghezza d'onda.
L_n caratteri delle impronte visibili con luce naturale
D   impronte visibili soltanto sul diritto (faccia riscaldata)
DR   impronte visibili sia sul diritto che sul rovescio
FIG.   riferimento alle figure.

Tabella I

T_p	T_m	t	L_w	L_u	L_n	D DR	FIG.
60 °C	—	36 ore	debolissima	assente	assente	DR	—
100 °C	—	24 ore	debole	debole	assente	DR	—
150 °C	—	12 ore	grigia-azzurra	giallo-debole	assente	DR	—
—	200 °C	600 sec	giallo-bruna	gialla	debole	DR	1
—	230 °C	60 sec	giallo-bruna	giallo-vivo	giallo-bruna	DR	—
—	250 °C	2-8 sec	giallo-bruna	giallo-vivo	giallo-bruna	DR	2 ÷ 5
—	250 °C	60 sec	scura	scura	carbonizzata	DR	—
—	300 °C	3 sec	giallo-bruna	giallo-vivo	giallo-bruna	D	6 ÷ 7

Prime conclusioni:

Da 200 °C in poi, le impronte sono visibili, sia con luce ultravioletta, che
con luce naturale.

Le impronte si vedono sia sul diritto che sul rovescio, sebbene leggermente
attenuate.

Si sono avute impronte superficiali, non visibili sul rovescio, in un solo caso: quando il contatto, ad alta temperatura, 300 °C, è stato mantenuto, appena per 3 secondi (ultimo esperimento riportato nella tabella). Tale risultato è facilmente prevedibile, infatti, quando il contatto persiste per tempi lunghi, anche se il tessuto è doppio, si forma un gradiente di temperatura tra le due facce, perciò il calore attraversa il tessuto e l'impronta non rimane superficiale. Se, invece, il contatto è istantaneo, allora non si dà tempo al calore di attraversare il tessuto e l'impronta rimane superficiale.

Il contatto a temperatura inferiore a 100 °C, anche per tempi lunghissimi, non produce alcuna impronta visibile, anche se osservata con luce di Wood. La ragione di questo comportamento sarà esposta in seguito.

A partire da 100 °C e fino a 200 °C, pur prolungando il contatto per molte ore, si ottengono macchie visibili per fluorescenza ultravioletta, ma non con luce naturale. Infine, a partire da 200 °C, e con durata del contatto sempre più breve, si hanno impronte visibili anche con luce naturale.

Spiegazione sommaria dei fenomeni osservati

Il contatto per 36 ore con la piastra riscaldata a 60 °C ha prodotto nel tessuto di lino una «corrente elettronica» e una «corrente phononica» con «quanti» di energia di varia lunghezza d'onda. A 60 °C, la lunghezza d'onda a cui compete il massimo contributo energetico è di 8,6 μ (micrometri o micron), prodotto da «quanti» di 0,14 eV (elettron-volt); mentre, a 250 °C (523 °K), il massimo energetico si ha per «quanti» di 5,5 μ, pari a 0,23 eV. Poiché a quest'ultima temperatura si ottiene la rapida formazione delle impronte, si deve dedurre che occorrono «quanti» di almeno 0,23 eV di energia per interagire efficacemente con le fibre del lino e per produrre la rottura dei legami molecolari, dando luogo ai fenomeni della disidratazione e della ossidazione superficiale del tessuto e alla formazione delle impronte.

Come si rileva dall'esame della figura 1, che rappresenta le isoterme relative allo spettro del corpo nero per le varie temperature, i «quanti» di 5,5 μ, relativi all'isoterma di 60 °C, hanno una densità trascurabile. Infatti, a tale temperatura, e per $\lambda = 5,5$ micrometri, i «quanti» di 0,23 eV trasferiscono, approssimativamente, l'energia di $1,47 \circ 10^{-5}$ cal/cm². • sec., mentre l'energia integrale trasferita al tessuto, alla temperatura di 250 °C, e per la durata di 10 secondi, è di circa 110 cal/cm² • sec. Circa il 40% di questa energia è trasmessa da «quanti» di energia non inferiore a 0,23 eV, perciò si hanno 44 cal/cm² capaci di modificare la struttura molecolare del lino. Questa quantità è 3.000.000 di volte superiore a quella fornita dal contatto a 60 °C, che produrrebbe gli stessi effetti, solo se il contatto agisse per circa un anno. Poiché l'esperimento del contatto con la piastra riscaldata a 60 °C è stato fatto per la durata di appena 36 ore, è naturale che non si siano ottenuti risultati positivi per la formazione delle impronte. Ciò, peraltro, non assicura che, ove si fosse mantenuto il contatto per un anno, si sarebbero ottenuti i risultati previsti teoricamente.

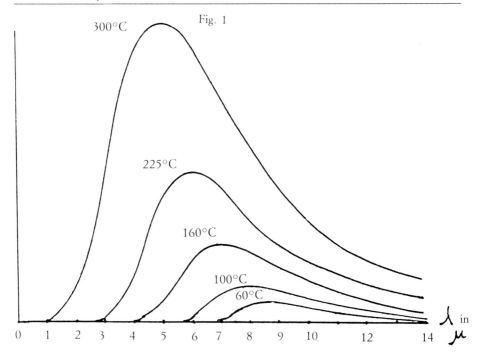

Fig. 1

DESCRIZIONE DEGLI ESPERIMENTI PER
OTTENERE IMPRONTE MEDIANTE L'AZIONE
DEI RAGGI INFRAROSSI O DELLA LUCE SOLARE
DIRETTA O DIFFUSA

Sono state fatte due serie di esperimenti per produrre le impronte: la prima, con raggi infrarossi di $\lambda = 3,2\mu$, emessi da una piastra riscaldata alla temperatura di 900 °K, distante 20 cm dal tessuto di lino. La seconda, esponendo il tessuto alla luce solare all'aperto, o alla luce del giorno in ambiente chiuso.

In entrambi i casi il tessuto è stato ricoperto nei seguenti modi:

a) Con una piastra di metallo traforata «a giorno» (piastra di riduzione dei fornelli a gas).

b) Con un foglio di cartone traforato.

c) Con un foglio di carta nera traforata.

d) Con una figura disegnata sul tessuto con smalto color marrone, molto denso, in modo da non essere assorbito dal lino e da potersi asportare facilmente con l'acetone.

Lo scopo di questi esperimenti, come pure di quelli eseguiti precedentemente, per contatto, non è stato quello di ottenere un'impronta sindonico-simile, ma soltanto quello di indagare sul processo di formazione dell'impronta, perché si è convinti, e lo si chiarirà in seguito, che i caratteri geometrici (ortogonalità, tridimensionalità, ecc.) dipendono dalle caratteristiche del modello adoperato e dall'assetto del telo, non già dal processo di trasferimento dell'energia.

Si riportano in una tabella i singoli esperimenti effettuati e i risultati ottenuti:

TABELLA II

Raggi infra-rossi FIG.	Radiazio-solare FIG.	Tempo di esposiz.	Visione in L_w	Visione in L_u	Visione in L_n
(a) 8,9		160 s	DR giallo-cupo	DR giallo-vivo	DR giallo-bruno
(a)		300 s	DR scura, carbonizzata	DR scura, carboniz.	DR carboniz.
(b) 12 13		150 s	DR giallo-scuro	DR giallo-verde	DR giallo-bruno
	10 11 (c)	36 ore	D giallo-verde	D giallo-azzurro	
	(c)	60 giorni	D giallo-verde	D giallo-azzurro	D giallo-debolissima
	14 (d)	36 ore	D giallo-verde	D giallo-azzurro	
	(c) 60 gg. Luce diffusa in ambiente chiuso		D tra giallo e grigio chiaro	D giallino	

I simboli (a), (b), (c), (d) si riferiscono ai vari diaframmi di copertura del tessuto di lino, come precedentemente esposti, mentre i simboli L_w, L_u, L_n, D, e DR sono gli stessi della precedente tabella relativa agli esperimenti da contatto.

Interpretazione dei risultati.

Gli esperimenti eseguiti facendo agire sul tessuto di lino i raggi infrarossi emessi da una sorgente alla temperatura assoluta di 900 °K dànno gli stessi risultati ottenuti sottoponendo il tessuto al contatto con un corpo riscaldato a 250 °C, sia pure operando per intervalli di tempi differenti. Ciò è comprensibile, se si tien presente, con le dovute differenze esistenti tra corpo nero e corpo reale, la legge di Stefan-Boltzmann sul potere emissivo del corpo nero. Infatti, nel primo caso si trasferiscono 142 cal/cm², e nel secondo caso una quantità di energia quasi uguale, cioè 138 cal/cm².

Gli esperimenti effettuati esponendo il tessuto di lino alla luce solare diretta, o a quella diffusa, hanno dato risultati paragonabili a quelli ottenuti con il contatto della piastra riscaldata a meno di 200 °C. In tutti questi casi le impronte, molto nitide, sono visibili soltanto con luce ultravioletta. Questo fatto è il sintomo inconfondibile dell'alterazione della struttura molecolare del lino.

Quindi, anche le radiazioni luminose producono i fenomeni della disidratazione e della ossidazione della superficie del lino; infatti, esse contengono una discreta percentuale di fotoni di lunghezza d'onda non superiore a 5,5μ, o, ciò che è lo stesso, con energia non inferiore a 0,23 eV, necessaria per la rottura dei legami reticolari delle fibre del lino. Se il fenomeno non è così rapido e intenso, come per gli esperimenti del contatto o dell'irraggiamento infrarosso, sì da produrre macchie visibili con luce naturale, ciò lo si deve alla debole quantità di energia assorbita dal tessuto di lino esposto alla radiazione solare, non solo per l'elevato potere riflettente del lino, che aumenta con l'inclinazione dei raggi solari, ma, soprattutto, per l'esigua densità della radiazione solare, che non riesce ad elevare sensibilmente la temperatura del tessuto. Infatti, quasi tutta la frazione luminosa della radiazione solare non è assorbita dalla superficie del lino, e solo una ristretta banda del lontano infrarosso, e del medio infrarosso, è notevolmente assorbita. Osservando l'isoterma relativa a 3500°K, che è la temperatura di colore della radiazione solare sulla superficie terrestre, si nota che l'area sotto la curva, intorno ai 5,5μ, è piccolissima, circa lo 0,01%. Stimando così le cose, si può ritenere che per il trasferimento di 140 cal/cm², quante ne occorrono per produrre impronte visibili con luce naturale, si deve mantenere il tessuto perpendicolarmente ai raggi del sole, per un tempo di 20 anni. E, se dalla luce solare diretta si passa alla luce del giorno in ambiente chiuso, questo tempo aumenta di un fattore 10. Occorrono quasi due secoli affinché l'azione della luce del giorno, di un ambiente dotato di una finestra, possa produrre macchie nitide, di colore giallo-bruno, sul tessuto esposto alla luce.

Ecco perché non è stato possibile ottenere con le radiazioni luminose, in tempi brevi, l'ingiallimento delle fibre del lino. Però, oltre al fatto che questa alterazione del colore è visibile con luce ultravioletta, vi sono numerosi esempi che attestano la realtà del fenomeno. Per esempio: se parcheggiamo la nostra automobile rivolta ai raggi del sole, durante tutta la stagione estiva, quando, a fine d'anno, estrarremo il bollo e/o il tagliando dell'assicurazione dalla custodia fissata sul parabrezza, li troveremo ingialliti e fragili per effetto della notevole disidratazione prodotta dai raggi del sole e favorita dall'ambiente secco dell'abitacolo dell'autovettura. Inoltre, se esaminiamo un libro, che per oltre 50 anni è stato riposto in uno scaffale illuminato, troveremo che le parti sporgenti del volume sono ingiallite, mentre quelle interne e riparate, sulle quali non filtra la luce, hanno mantenuto il colore originale. Il fenomeno si renderà più evidente, quando lavando i margini avremo asportato tutta la polvere e i fumi depositatisi.

Poiché la carta contiene la stessa sostanza cellulosica delle fibre vegetali, lo stesso fenomeno osservato sulla carta dovrà verificarsi sulla superficie di un tessuto di lino bianco.

ORIGINE DELL'IMPRONTA SINDONICA

Le precedenti valutazioni quantitative degli esperimenti, riportati nelle due tabelle, non devono considerarsi rigorosamente valide, perché si è fatto uso delle leggi dell'irraggiamento del «corpo nero» e dei processi di assorbimento e conduzione del calore che sono propri dello stato solido a struttura cristallina, mentre il comportamento reale dei corpi, specie se cattivi conduttori, si discosta notevolmente dalle predette leggi. Nonostante ciò, i risultati dell'analisi sono validi in linea di principio e si prestano ad indagare e a comprendere l'origine delle impronte sindoniche, permettendo di considerare l'effetto termico come causa *naturale* e *non artefatta* di tali impronte. Per giungere, però, a tali conclusioni, è necessario esaminare con spirito critico le reali caratteristiche dell'immagine sindonica, valutando quantitativamente l'incidenza dei caratteri necessari e peculiari alla definizione dell'impronta, onde stabilire con precisione quali sono i caratteri importanti, o primari, e quali sono i caratteri accidentali, o secondari.

(A) Il primo carattere primario essenziale è la natura chimico-fisica delle sostanze che compongono le macchie colorate della Sindone. Qual è la natura delle macchie?... Sono dovute alla presenza di sostanze estranee a quelle cellulosiche che compongono il lino sindonico, oppure sono dovute all'alterazione propria delle fibre del tessuto? A questi interrogativi alcuni studiosi rispondono decisamente: «Non vi è nulla di estraneo al tessuto che determini, o concorra a determinare, l'impronta; trattasi soltanto di ossidazione e disidratazione delle fibrille superficiali del lino».

Altri studiosi, invece, sono meno categorici su questo punto, avendo accertato la presenza di granuli di aloe e di mirra sui fili della Sindone. Essi lasciano pensare che l'impronta sia costituita essenzialmente da granuli di aloe e mirra, la cui diversa distribuzione, o il diverso colore, genera l'immagine. Questa supposizione, priva di oggettività, perché la densità dei granuli nelle varie regioni del lenzuolo non è stata determinata quantitativamente, permette a costoro di supporre che l'aloe e la mirra avrebbero prodotto l'immagine reagendo con alcune sostanze presenti sull'epidermide del cadavere (sudore misto a sangue, sostanze basiche, sostanze acide, ecc.). Questa supposizione, affascinante, perché trova riscontro nel racconto evangelico, implica il verificarsi di alcune procedure: bagnare il lenzuolo, o il cadavere, con la soluzione acquosa di aloe e mirra; sistemare il lenzuolo intorno al corpo; dar tempo, affinché le frazioni solubili di queste sostanze subiscano la cristallizzazione (in seguito all'evaporazione dell'acqua) e il deposito fra le fibre del lino. Tutto ciò è possibile, ma se così fosse avvenuto, dovremmo trovare i cristalli di aloe e di mirra disseminati con densità elevata e distribuzione continua su tutto il tessuto e per l'intero spessore. Invece le analisi eseguite dal prof. Pierluigi Baima Bollone sui fili della Sindone, da C 12/a, riportate negli atti del 12° Convegno Nazionale di Sindonologia di Bologna nel 1981, a pag. 170, portano a concludere che, sebbene granuli di aloe e mirra, valutabili i primi intorno ai 2μ, e i secondi intorno ai 20μ, siano realmente presenti sul tessuto, si presentano, però, come corpi estranei, isolati e disseminati con scarsa densità. Perciò, la predetta ricerca non avvalora, in modo determinante, la tesi dell'impronta a costituzione aloetica-resinosa. Inoltre, è lecito pensare che, se altri studiosi non hanno osservato la presenza dei granuli di aloe e mirra, questi granuli si trovano accidentalmente e non sistematicamente.

Scartata l'ipotesi della presenza dell'aloe e della mirra sotto forma granulare, si potrebbe supporre che le frazioni solubili di queste sostanze siano nelle fibre del lino sotto forma molecolare o atomica non cristallizzata, e che i fenomeni di ossidazione e disidratazione del lino siano stati influenzati da tale presenza. Ma le conclusioni delle analisi per «attivazione neutronica», eseguite in Italia dai dott. Brandone e Borroni dell'Università di Pavia, riportate a pag. 215 degli Atti del Congresso Internazionale del 1978, non assicurano la presenza degli elementi chimici che compongono l'aloe e la mirra in percentuali significative. Ciò porta ad escludere anche quest'ultima supposizione.

Il complesso delle considerazioni precedentemente fatte porta al convincimento che l'aloe e la mirra non costituiscono il substrato colorato dell'impronta sindonica, ma che questo è dovuto alla ossidazione e alla disidratazione della sostanza cellulosica delle fibre del lino.

(B) Secondo carattere principale dell'immagine sindonica è la sua «ortogonalità»: l'immagine sembra una proiezione ortogonale del corpo e non una proiezione di sviluppo, così come sarebbe avvenuto se il lenzuolo fosse stato a contatto con la superficie curva del corpo. Ciò non è del tutto vero, perché, in realtà, l'immagine sindonica è una parziale superficie di sviluppo e, quindi, possiede entrambi i requisiti, sia della proiezione ortogonale, sia della proiezione di sviluppo. Infatti, il contatto è avvenuto soltanto su una parte della superficie del corpo. Per esempio: il contatto sulla parte frontale della testa è avvenuto su meno di un quarto della superficie di tutta la testa. Si consideri che la distanza degli zigomi misura meno di un quarto della circonferenza di tutta la testa; allora, si immagini di inscrivere un quadrato nella circonferenza: si troverà, così, che il lato del quadrato è lungo 1,414 volte il raggio, mentre l'arco di circonferenza corrispondente è lungo 1,570 volte il raggio, sicché la differenza tra l'arco e la corda risulta meno di $0,157 \cdot r$, cioè meno del 10% della lunghezza dell'arco. Se la testa fosse cilindrica, la deformazione di sviluppo in un piano di un quarto di superficie non supererebbe il 10%. Questa deformazione è poco rilevante per alterare l'aspetto antropomorfo dell'immagine sindonica; infatti, rientra nella casistica della morfologia somatica dell'uomo. Inoltre, vi sono buone ragioni per ritenere che l'attuale immagine sindonica presenta un allungamento, dovuto allo stiramento longitudinale del lenzuolo, proprio del 10%. Ciò è stato ampiamente discusso in una relazione, tenuta al Convegno di Bologna del 1981, e riportata agli Atti a pag. 338.

Infine, oltre alla deformazione cilindrica di sviluppo, con asse longitudinale, di cui si è detto, la Sindone presenta una deformazione poliedrica in corrispondenza delle fosse orbitali e della protuberanza nasale. Queste deformazioni di sviluppo sono realmente riscontrabili sull'immagine sindonica. In particolare, quella dovuta alla punta del naso è costituita da due settori, dell'ampiezza di 20°-30°, che formano le zone chiare ai lati della zona scura della punta del naso. Tali zone, invertite nel negativo fotografico, conferiscono l'aspetto di persona anziana all'Uomo della Sindone, perché sembrano come due rughe profonde, accentuate dalla tumefazione del viso. Invece, sono ombre generate dalle pieghe del lenzuolo che, per passare dal rilievo nasale ai rilievi delle labbra e delle guancie, si è piegato ad angoloide.

Dunque esistono ragioni valide per affermare che l'immagine sindonica presenta i caratteri geometrici di una superficie pieghevole posta a contatto parziale con il corpo umano.

Ci si augura che, in avvenire, coloro i quali sosterranno tesi «emissionistiche», o tesi di frode, vorranno considerare quanto sopra esposto.

(C) Terzo carattere primario è la «tridimensionalità» dell'immagine, per la presenza di una informazione che può essere espressa in funzione della presunta distanza della superficie del lenzuolo dalla superficie del corpo. Ciò permette di elaborare un'immagine tridimensionale di sorprendente effetto.

(D) Quarto carattere fondamentale è la superficialità dell'impronta. Infatti la profondità dell'impronta non è superiore ad $I\mu^2$ e il colore giallo delle fibrille superficiali è «monocromo», in quanto la densità di colore dipende solo dal numero maggiore o minore di fibre colorate rispetto a quelle non colorate. Questo carattere, pur essendo importante, non è stato sufficientemente approfondito dagli studiosi che hanno potuto operare direttamente sulla Sindone o su alcuni frammenti del lino sindonico. Essi avrebbero dovuto misurare la profondità dell'alterazione di colore anche con la luce di Wood. Infatti, dai miei esperimenti risulta che in alcuni casi, pur essendo l'immagine superficiale, la fluorescenza si propaga per tutto lo spessore del tessuto e compare anche sul rovescio. L'assenza di fluorescenza profonda ci permette di affermare che la sorgente termico-radiante non ha prodotto un gradiente termico apprezzabile tra le due facce del tessuto, e che l'impronta non è stata causata da un sensibile aumento di temperatura della superficie del lino.

(E) È fondamentale, infine, il carattere per cui l'impronta è di colore più scuro del fondo e appare meno fluorescente di questo.

Sono, invece, caratteri secondari e quindi non caratterizzanti l'impronta sindonica, anche perché non sufficientemente studiati:

a) La natura, la forma e l'estensione delle bruciature prodotte dall'incendio di Lirey.

b) L'indelebilità dell'impronta, perché è un carattere relativo, non espresso quantitativamente. Non è stato misurato il grado di indelebilità rispetto a ben definite azioni fisiche o chimiche (radiazioni, azioni meccaniche, getto di vapore alle varie temperature, lavaggi in acqua con i vari solventi acidi, basici o neutri, ecc.).

c) La coniugazione delle fibrille del lino, perché non è stato accertato se questo fenomeno è accidentale o regolare su tutto il tessuto.

---

[2] E. STEVENSON - R. HABERMAS, *Verdetto sulla Sindone*, Brescia 1981, pag. 120.

d) La degradazione della densità di colore lungo i contorni e i particolari dell'immagine. Tale carattere dipende dalla tecnica del contatto e non dal processo del trasferimento dell'immagine.

e) La perdita della visione nitida e della geometria dell'immagine, allorquando la si osserva da vicino. Trattasi di un fenomeno soggettivo, conseguenza del precedente carattere di cui alla lettera *d*).

f) La mancanza della direzionalità dei tratti nelle macchie di colore. Tale carattere interessa il problema dell'autenticità e non il problema fisico chimico della formazione dell'immagine.

Solo dopo aver analizzato i precedenti caratteri è possibile fare una critica costruttiva delle varie ipotesi di formazione dell'impronta sindonica avanzate negli ultimi decenni.

Non potendo, per ragioni di spazio, analizzarle tutte quante, mi limiterò a considerare soltanto le due più accreditate: la prima dagli studiosi italiani e la seconda dagli studiosi americani.

La prima afferma che l'immagine si è formata per l'azione chimica del miscuglio di sudore e di sangue, proveniente dal corpo, sulla polvere o sulla soluzione di aloe e di mirra presenti sul lenzuolo.

Tale ipotesi non sembra accettabile; infatti:

1) Non è confortata dalle ricerche sulla presenza di tali sostanze sul lenzuolo, in quantità sufficiente e con distribuzione adeguata, così com'è stato evidenziato precedentemente alla lettera (A).

2) Non trova sostegno nella dimostrata presenza di alcuni granuli di aloe e mirra sui fili del quadrante C 12/a, perché se l'immagine avesse avuto un supporto granulare, senza alcuna sostanza di fissaggio, si sarebbe sgretolata e cancellata progressivamente.

3) Non è comune, perché ricorre al concorso del fenomeno straordinario della «ematoidrosi», o comunque ad una distribuzione uniforme di sudore e di sangue sul cadavere.

4) Non si presta a produrre effetti superficiali specie nella parte dorsale del corpo.

Analogamente, le conclusioni derivanti dalla seconda ipotesi, riportate nella citata pubblicazione *Verdetto sulla Sindone*, non sono assolutamente accettabili sul piano scientifico. Gli autori di questo libro, avendo proposto la tesi termica, sono ricorsi a fenomeni soprannaturali per la genesi dell'impronta. Essi dicono: «L'immagine della Sindone ha un certo numero di caratteristiche in comune con le proprietà di una bruciatura»; «I numerosi esami scientifici specializzati confermano la tesi che l'immagine è una bruciatura»; «Le tesi basate sulla falsificazione o su ipotesi naturali sono alternative improbabili». Quindi, si tratta di un miracolo!

Questa è la conclusione, a dir poco, affrettata, ma che fa notizia e sensazione. Rimanendo sul piano scientifico e con maggior rigore, essi avrebbero dovuto ragionare così: visto che l'impronta è una bruciatura, esaminiamo a fondo con quali mezzi e in quanti modi si possono produrre quelle alterazioni intime, molecolari, che, lentamente o rapidamente, conferiscono al tessuto l'aspetto tipico della bruciatura. Essi sapevano benissimo che la disidratazione e l'ossidazione possono essere fenomeni lenti quanto si vuole, oppure violenti, esplosivi, a piacimento. Perché hanno accettato l'ipotesi della bruciatura violenta?

IPOTESI SULL'ORIGINE NATURALE DELL'IMMAGINE SINDONICA

Dagli esperimenti precedentemente riportati emerge la seguente ipotesi sull'origine naturale e non artefatta dell'immagine sindonica.

Avendo notato, nei miei esperimenti, che il tessuto di lino nelle parti esposte al contatto con i corpi riscaldati, o alle radiazioni infrarosse, oppure alle radiazioni luminose, si alterava per fenomeni di ossidazione e/o di disidratazione, sono stato indotto a supporre che alcune parti del tessuto sindonico furono esposte alle predette azioni fisiche più delle altre. Questo processo poteva verificarsi ipotizzando la presenza sul lenzuolo di una sostanza che proteggesse la superficie in alcune zone più che in altre. Allora ho supposto che l'aloe e la mirra hanno svolto una funzione protettiva e conservatrice della superficie del tessuto, solo nelle zone ove maggiormente erano presenti, e non già una funzione di supporto dell'impronta: l'impronta si è prodotta in quelle zone ove era scarsa la densità di tali sostanze.

Il più elementare e semplice processo di distribuzione discontinua delle sostanze è il seguente:

La Sindone fu bagnata con una soluzione in acqua di aloe e di mirra; la soluzione si distribuì dapprima con uniformità su entrambe le facce e nello spessore dei fili di tutto il tessuto; nel lenzuolo, così preparato, fu avvolto il cadavere di un Uomo; l'umidità e la bassa temperatura dell'ambiente non consentirono una rapida evaporazione della soluzione, ma permisero l'eliminazione della maggior parte della fase liquida della soluzione, lasciando sul lenzuolo una fase «pastosa» dotata di notevole potere adesivo. Quando si verificò il distacco del lenzuolo dal corpo, parte delle sostanze rimasero aderenti al corpo e parte al lenzuolo; il trasferimento delle sostanze dal lenzuolo al corpo avvenne in quantità direttamente proporzionali alle forze adesive, e, quindi, proporzionalmente alle distanze micrometriche che si generarono nello spazio di circa 1/10 di millimetro, entro cui si svolse il contatto (questo punto sarà chiarito in seguito). Successivamente, nel corso di qualche secolo, l'azione della luce produsse la disidratazione e l'ossidazione delle fibrille del lino che avevano perduto lo strato protettivo, perché rimasto aderente alla superficie del corpo. Infine, una volta formatasi l'immagine, l'aloe e la mirra, granulari, si distaccarono per via meccanica (spazzolature, scuotimenti) o per via umida (lavaggio, umidità atmosferica condensatasi sui granuli, ecc.).

Pertanto, l'immagine è derivata:

1) da un *processo di sottrazione* parziale delle sostanze aloetiche e resinose dal telo sindonico;

2) da un'azione *termico-luminosa* sulle zone non protette della superficie del lino;
3) da una quasi totale perdita dei granuli di aloe e di mirra residui.

Questi tre effetti, di cui si dirà diffusamente in seguito, sono semplici, elementari, naturali, e spiegano, con il conforto dei risultati delle ricerche oggettive degli studiosi contemporanei, tutti i caratteri attuali dell'impronta sindonica.

Per giustificare la definizione dell'impronta in relazione alla distanza del telo dal corpo è stato invocato il fenomeno dell'adesione.

L'adesione è un fenomeno che si verifica quando la distanza delle due superfici è inferiore a 10^{-5} mm $(0,02\mu)$. Tenendo conto che la superficie di un tessuto di lino, con le sue fibrille, presenta fili disposti non esattamente allo stesso livello, sia per gli effetti di tessitura, sia per il diverso spessore dei fili, si comprende perché, tra filo e filo, o fra le fibrille di uno stesso filo, in una tela grezza, si può riscontrare un dislivello che può raggiungere anche più di 1/10 di millimetro. Ora, il dislivello di 0,1 mm può essere suddiviso in più di mille gradini distanti l'uno dall'altro 0,1 micron, perciò sono possibili più di mille gradi di contatto differenti, a partire da quello che interessa le fibre più sporgenti, fino a quello che coinvolge anche le fibre più basse.

Poiché il tessuto presenta i fili dell'ordito disposti più in profondità rispetto ai fili della trama, per effetto della tessitura a spiga, il contatto avverrà prevalentemente e sistematicamente sui fili della trama, e solo raramente sui fili dell'ordito, la qual cosa spiega perché solo i fili della trama sono colorati in giallo. E giacché sui fili della trama sono possibili mille gradi di contatto, si avranno punti a contatto perfetto e punti a contatto imperfetto, di varia intensità. Tra due aree consecutive di contatto perfetto, il tessuto si incurverà per il suo peso e assumerà il profilo caratteristico della curva «catenaria». Di conseguenza, il tessuto bagnerà non soltanto le aree di contatto perfetto, ma, gradatamente, con intensità decrescente, anche le parti di contatto imperfetto, discendendo, per gravità e capillarità, dalle parti più sollevate verso quelle più rientranti del corpo, anche se non a contatto con il corpo. La figura seguente mostra, con ingrandimento × 100, il fenomeno di cui sopra.

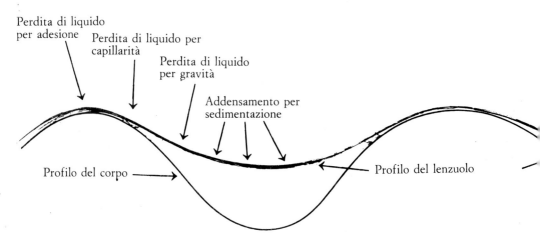

Perdita di liquido per adesione

Perdita di liquido per capillarità

Perdita di liquido per gravità

Addensamento per sedimentazione

Profilo del corpo

Profilo del lenzuolo

Dalla figura si comprende che il telo cederà la maggior parte del liquido alle zone del corpo a contatto perfetto, mentre nelle zone contigue, ove non vi è più il contatto, il tessuto cederà il liquido al corpo per capillarità; invece, nelle zone successive, il liquido si trasferirà nelle parti più basse del tessuto per gravità, perciò in tali zone si addensano, per sedimentazione, i granuli di aloe e mirra che sono in sospensione nella soluzione incompleta. Poiché le forze adesive sono, entro certi limiti, esprimibili in funzione della distanza delle superfici, così come la densità di sedimentazione aumenta con la profondità, ne deriva che la distribuzione del liquido aloetico-resinoso sarà funzione della distanza del lenzuolo dal corpo. Dopo un certo tempo, quando avvenne il distacco del lenzuolo dal corpo, tale distribuzione di densità, resa ormai stabile, perché il liquido era quasi completamente evaporato, fece sì che le sostanze essiccate sul corpo rimanessero aderenti al corpo in quantità proporzionali alla preesistente densità, e il lenzuolo, ormai asciutto, conservasse la distribuzione discontinua delle sostanze residue.

Quale fu la storia del Lenzuolo negli anni che seguirono?

In mancanza di notizie certe, è ragionevole supporre che il Lenzuolo non venne ripiegato e nascosto in un luogo buio, ma venne tenuto parzialmente dispiegato (così come si distendono i panni ad asciugare) in un ambiente illuminato. In questo modo, l'azione, protratta nel tempo, delle radiazioni luminose, che contengono «quanti» di energia non inferiore a 0,23 eV, potè determinare gli effetti di ossidazione e di disidratazione, soprattutto su quelle zone della superficie del tessuto che erano state private dello strato protettivo di aloe e mirra.

Si spiega, così, l'ingiallimento discontinuo delle varie zone e la formazione dell'immagine antropomorfa.

Quando i possessori pro-tempore della reliquia si resero conto della presenza dell'impronta, conservarono accuratamente il lenzuolo sottraendolo all'ulteriore azione della luce e degli agenti atmosferici.

Questa descrizione degli eventi è naturale, semplice ed altamente probabile, inoltre soddisfa pienamente a tutte le caratteristiche del lino sindonico. Infatti:

1) L'impronta è generata dall'ossidazione e dalla disidratazione del lino (assimilabile ad una lenta bruciatura del tessuto).

2) È superficiale. Lo confermano gli esperimenti fatti, riportati nella Tab. II, e lo conferma il fatto che un tessuto esposto alla luce diffusa non presenta, in pratica, alcun gradiente di temperatura tra le due facce, perciò gli effetti termici non si propagano nell'interno. Gli effetti di una radiazione «fredda» sono sempre superficiali, anzi questo carattere è peculiare del processo di trasferimento dell'immagine per mezzo della luce naturale.

3) L'immagine ha carattere tridimensionale. Ciò è stato dimostrato nella descrizione del processo di formazione dell'impronta.

4) L'immagine è indelebile. È una caratteristica della natura delle impronte dovute a fenomeni termo-luminosi.

5) L'immagine è quasi ortogonale. Per le ragioni precedentemente esposte (allungamento dell'immagine per trazione del telo; contatto parziale, limitato a meno di 1/4 della superficie frontale o dorsale del corpo; presenza oggettiva di alcune ombre dovute alle pieghe di adattamento del tessuto ai rilievi del volto).

6) L'impronta dorsale ha una tonalità paragonabile a quella ventrale. Questo carattere discende dalla genesi dell'impronta per «sottrazione discontinua» delle sostanze aloetiche-resinose. Infatti, nella parte dorsale, la gravità e la pressione del corpo costrinsero la soluzione resinosa a spostarsi verso il basso nelle piccole concavità della pietra tombale, che non era certamente levigata a specchio.

Sicché gli effetti della maggiore pressione del corpo, nella parte dorsale, furono compensati dalla minore quantità di soluzione disponibile per aderire alla superficie del corpo. Né vi fu un contatto più esteso nella parte dorsale, perché l'elevato numero delle tumefazioni, dovute agli effetti della flagellazione, aumentò i punti di contatto riducendo la pressione sui singoli punti.

7) Rafforza la tesi dell'autenticità. Perché, nessun falsario aspetterebbe due secoli per realizzare la frode.

8) Permette di spiegare l'aspetto diverso delle macchie di sangue. Perché il processo di trasferimento delle macchie di sangue è sostanzialmente diverso da quello ipotizzato per il trasferimento dell'immagine. Il sangue si è trasferito sul lenzuolo per un processo di «addizione» della sostanza corporea a quella del telo, mentre l'immagine si è formata per un «processo di sottrazione» della sostanza del telo da parte della superficie del corpo.

CONCLUSIONE

Le radiazioni luminose possono produrre effetti paragonabili a quelli termici. È altamente probabile che l'immagine sindonica si sia formata per l'azione della luce sulle aree del tessuto meno protette dall'aloe e dalla mirra.

RÉSUMÉ. Tout récemment, des studieux ont soutenu que l'image du Saint Suaire a les caractères d'une empreinte thermique. Donc, on a averti l'exigence d'étudier systématiquement les altérations de la couleur que les actions thermiques produisent sur le tissu de lin.

Après que l'on a rappelé les éléments de la mécanique quantistique, qui règlent le transfèrement de l'énergie et la trasmission de la chaleur dans les corps, on interprète les résultats de nombreuses expériences que l'on a faites pour obtenir les empreintes thermiques, en épuisant soit le contact avec les corps chauffés, soit l'action des rayons infrarouges et des radiations solaires directes et indirectes.

Le contact du tissu avec le corps chauffé de plus 300 °C, lorqu'il est très court (2-3 sec.), on a des empreintes superficielles; d'une manière analogue, on a des empreintes superficielles, en exposant le tissu à la lumière du soleil, directe ou diffuse, pendant quelques dizaines d'années, ou quelque siècle.

En examinant les caractères des taches thermiques, il vient spontanément une nouvelle hypothèse pour expliquer l'origine des taches du Saint Suaire. «L'image du Sainte Suaire s'est faite en deux temps. D'abord, on a eu sur le Linceul une distribution discontinue d'aloès et de myrrhe, à cause des phénomènes d'adhésion, produits par le contact avec le corp humain; ensuite, l'image s'est formée par l'action du jour, qui a produit l'oxydaction et la déshydratation des ces zones qui n'étaient pas suffisamment protégées par la couche de l'aloès et de la myrrhe. Enfin, les granules de ces substances ont été exportés lentement, par les actions mechaniques et par les lavages». Tandis que l'image s'est formée par un «procédé de soustraction» des substances aloétiques et resineuses, causé par le corps au détriment du linceul; les taches du sang se sont transferées par un «procédé d'addition», causé au bénéfice du linceul.

Cette hypothèse explique d'une manière simple, naturelle et coinvaincante tous les caractères de l'image du Saint Suaire, et particulièrement l'orthogonalité, la tridimensionalité, la superficialité, l'equivalence, autant qu'il concerne la densité de la couleur, de la partie dorsale avec la partie ventrale, et surtout l'essence physique des taches.

SUMMARY. In the opinion of some Authors the image on the Shroud has the characters of a thermic origin imprint. This implies the necessity of studying the gradual changing of a linen cloth due to thermic actions.

After the call to the quantum-mechanics principles that set the energy's transfer and the heatsconduction through the bodies, it's possible to focuse better the various experiments made to obtain thermic prints involving either the contact with hot bodies, or the action of infrared rays and the sun-rays direct or indirect. It can be stated that superficial imprints are obtained either when the contact of the cloth with body heated to a temperature of over 300 °C is very short (2 or 3 sec.) or when the cloth has been exposed to the sun-rays direct or no for some tens of years or some centuries. An accurate survey of the thermic imprints gives birth to a new hypothesis to better explain the origin of the Shroud spots.

The composition of the Shroud image involves two times entirely distinct. First the image to be formed becomes visible throug a discontinuous distribution of aloes and myrrh for adhesion phenomena due to the contact with the human body; after the image itself forms thanks to the daylight which has caused the oxydation and the dehydratation of those Shroud parts inadequately protected by the layer of aloes and myrrh. Finally the tiny grains of the above-cited substances have been slowly removed by mechanical actions or washings.

It is possible to conclude that while the image on the Shroud was produced by a «subtraction process» of aloes and resin substances, worked by the body to damage of the Shroud, the bloodstains were transferred by an «addition process» worked by the body in favour of the same.

We are convinced that our recent research and experiments have simply and clearly made evident all the characters of the Shroud image and in particular its ortogonal, three-dimensional, outward aspect, the equivalence of its dorsal part to the central one as regarding the depth of colour and above all the physical nature of its spots.

Fig. 1. Prova di contatto per 10 minuti con un corpo a 200 °C. L'impronta è quasi invisibile con luce naturale. Visibile con luce di Wood.

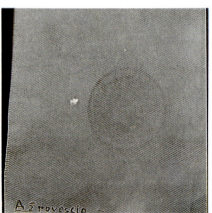

Fig. 2. Prova di contatto a 250 °C con tempi diversi: 2-4-6-8 sec.
Fig. 3. La stessa di fig. 2 vista sul rovescio del tessuto con luce naturale.

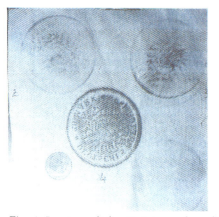
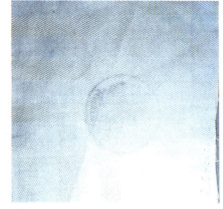

Fig. 4. La stessa di fig. 2 vista con luce di Wood.
Fig. 5. La stessa di fig. 2 vista sul rovescio con luce di Wood.

 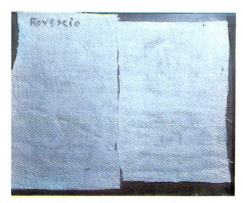

Fig. 6. Prova a 300 °C tempi di contatto 2-3-4-5 sec. Vista a diritto in luce di Wood.

Fig. 7. Prova a 300 °C tempi di contatto 2-3-4-5 sec. Vista a rovescio in luce di Wood.

 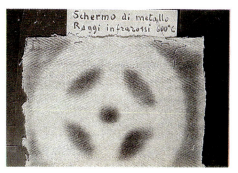

Fig. 8. Immagine ottenuta con raggi infrarossi su modello di lino posto a 20 cm di distanza. Si notano i toni sfumati.

Fig. 9. Negativo della stessa di fig. 8 — Si nota il rilievo. Prova effettuata per l'esecuzione dell'esperimento di cui alle fig. 12 e 13.

Fig. 10. Prova per l'esecuzione dell'esperimento di fig. 11. Impronta ottenuta all'aperto, con sole e pioggia, su un pezzo di lino protetto da un diaframma di carta nera con aperture a forma di lettere N, S. Vista con luce di Wood.

Fig. 11. Impronta ottenuta esponendo alla luce solare, per 36 ore, un pezzo di lino coperto con un foglio di carta scura traforata. Vista in luce di Wood.

Fig. 12. Impronta ottenuta con raggi infrarossi emessi da una piastra riscaldata a 900 °K. Distanza del modello 20 cm - tempo 150 sec. diaframma di cartone traforato.

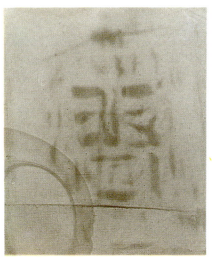

Fig. 13. Negativo dell'impronta di fig. 12. La macchia a sinistra è una bolla di sviluppo (la foto è in bianco e nero).

Fig. 14. Sul tessuto è stata disegnata una figura con smalto opaco. Dopo l'esposizione alla luce solare, per 36 ore, è stato rimosso lo smalto con l'acetone.

LA SINDONE IMMAGINE ELETTROSTATICA?*

GIOVANNI BATTISTA JUDICA CORDIGLIA

Obiettivi della ricerca

Quali possono essere state le cause che hanno permesso di imprimere sul Sacro Telo di Torino una sì perfetta figura umana, riconoscibile come la figura del Cristo? Si è tentato di spiegare l'origine attribuendola al contatto della tela con il corpo, attraverso l'azione degli aromi impiegati per la sepoltura del Cristo.

Lo scopo precipuo delle nostre indagini era quello di spaziare in altre possibilità, talvolta già accennate, forse come ipotesi, che — per fenomeni naturali o miracolistici — avrebbero potuto dar luogo a quanto oggi si osserva sulla Sindone di Torino. A tal fine queste furono le premesse:

a) Ricostruzione su tela di un volto quale parte anatomica di un corpo umano, più difficile da riprodurre per le sostanziali differenze riscontrabili nella sua struttura rispetto ad un piano.

b) Ricercare nell'ambito della fisica un fenomeno che consentisse il perseguimento di un tale risultato e che nel contempo fosse naturalmente riscontrabile.

c) Aderenza ai Vangeli nell'utilizzo degli elementi che avrebbero dovuto essere impiegati nell'indagine; elementi citati nei Vangeli nella sepoltura del Cristo o in uso in quei tempi.

d) Spiegazioni od ipotesi attendibili del medesimo fenomeno che si sarebbe potuto verificare nel sepolcro, sempre in aderenza a quanto riportano gli Evangelisti.

Ritenemmo infatti che soltanto in ossequio a tali principi la ricerca avrebbe potuto avere un significato più probante nei confronti della genesi dell'immagine sindonica.

Non riteniamo opportuno in questa sede ricordare la sequenza dei numerosi esperimenti condotti dal Vignon in poi, circa i tentativi di ricostruzione del Volto sindonico, al fine di lasciare più ampio spazio al processo adottato, alle sue varie fasi ed ai risultati ottenuti. È opportuno ricordare che dopo il Vignon numerosi furono gli studiosi che affrontarono seriamente il problema, ma i risultati ai quali pervennero non furono mai totalmente soddisfacenti: si avvicinarono nel complesso, ma non riuscirono ad ottenere quella plasti-

---

* Il prof. Tino Zeuli, in sede di Comitato Scientifico, ha nettamente respinto l'ipotesi presentata in questa Relazione, e ha richiesto che il suo parere fosse reso noto in questa forma.

cità di forme, quella tridimensionalità e quelle sfumature di grigi così soavi, quali si riscontrano nel superbo Volto sindonico. Una considerevole schiera di studiosi formulò varie ipotesi, secondo le quali l'immagine avrebbe avuto origine o da energia radiante del corpo, per via miracolosa, o per forme di energia di imprecisabile natura irradiate dai tessuti umani: tra essi ricordiamo l'Alfano, il Cremonese, il Palmieri; tuttavia non ci risulta che tali ipotesi siano state confermate o che, applicate in ispecie all'oggetto del nostro interesse, ne avessero dato risultati apprezzabili. Osserviamo ancora che i volti ottenuti nella maggior parte dei casi si presentano deformi, non proporzionati, a forte contrasto, con netti confini tra il bianco ed il nero, senza sfumature cromatiche di grigio.

Teoria elettrostatica - procedimenti - risultati

A seguito delle nostre osservazioni compiute nel 1969 quando, per eseguire nuove fotografie della Sindone con radiazioni ultraviolette, a colori ed in bianco e nero, ci fu possibile sostare di fronte alla Sindone per oltre 48 ore, constatammo due aspetti importanti:

a) Le immagini della Sindone sono figure ortogonali, vale a dire proiezioni ad angolo retto di una struttura corporea.

b) L'intensità dell'immagine completa varia con la distanza tra tela e corpo, cioè che l'intensità dell'immagine è direttamente proporzionale alla distanza di ogni punto dalla tela.

Questo ci convinse che l'immagine sulla Sindone non si era prodotta per contatto diretto, ma un altro tipo di fenomeno doveva aver generato tale figura; più valida sarebbe stata allora l'ipotesi del Vignon sui vapori, se i vapori stessi avessero avuto un percorso parallelo e rettilineo corpo-tela. Qui stava il segreto sul quale indagare: quale fenomeno preciso, quantificabile, misurabile, poteva offrire un simile risultato, le cui «radiazioni» — per usare un termine generico — si propagavano verticalmente, nel caso della Sindone, tra tela-corpo o corpo-tela, parallele le une alle altre, la cui intensità era maggiore al diminuire della distanza tela-corpo?

Dopo aver compiuto alcune ricerche ed approfondito il comportamento delle cariche elettriche, ci venne da soffermarci sulle funzioni di un componente elettronico definito condensatore. Esso, ci permettiamo di ricordarlo, è costituito da due superfici metalliche piane, separate da un isolante chiamato *dielettrico*. In condizioni normali le due placchette, definite *armature*, identiche nella loro struttura, saranno dotate di un ugual numero di elettroni, dunque elettricamente neutre, e si avrà cioè, in ogni armatura, una medesima quantità di elettroni e protoni. Se ad esse viene rispettivamente collegato un polo positivo ed uno negativo di una batteria, accadrà istantaneamente che una certa quantità di elettroni si riverserà sulla placca collegata al polo negativo ed una certa quantità di protoni si riverserà su quella collegata al polo positivo, generando un campo elettrico.

Le cariche elettriche si muoveranno parallelamente le une alle altre e qualora una delle due armature abbia una forma ad onda — a titolo di esempio — avremmo differenti intensità delle cariche in relazione alla distanza tra i singoli punti delle armature. Qualora la differenza di potenziale superi un certo livello si avrà una sola scarica che perforerà il dielettrico; se non avviene questo fenomeno il dielettrico stesso permetterà il lento fluire delle cariche.

Al fine delle indagini condotte sia sufficiente limitarsi a questo principio, anche se ben altri elementi caratterizzano il funzionamento di un condensatore elettronico. L'isolante che separa le due armature può essere di innumerevoli tipi, con caratteristiche diverse, ma tutte le sostanze isolanti sono praticamente dei dielettrici. Si trattava di applicare questo principio alla realizzazione di immagini, dopo aver realizzato un'opportuna strumentazione, utilizzando anche altri apparecchi di controllo.

La strumentazione

Venne progettata e realizzata una apparecchiatura in grado di erogare parecchie decine di migliaia di volt. Essa consiste in un convertitore da corrente continua a corrente alternata, da un circuito di innesco, da un trasformatore ad alta tensione e da un commutatore elettronico. Nel circuito convertitore è presente un oscillatore a reazione di base in grado di erogare la sua massima tensione in 2 millisecondi. Esso è alimentato a 12 volt stabilizzati e filtrati. All'uscita di tale convertitore opportuni filtri precedono lo stadio di innesco, il quale provvede all'eccitazione sul primario del trasformatore, subito interrotto; avremo sul secondario, per induzione, una tensione dell'ordine di 80/90 mila volt. Un commutatore elettronico variabile provvede al ripetersi del fenomeno a frequenza prestabilita, oscillante attorno ai 7/10 chilocicli al secondo.

A tale apparecchiatura sono connessi altri circuiti di stabilizzazione e controllo, oltre ad un frequenzimetro ed un oscilloscopio. Dalla apparecchiatura fuoriescono due sonde, una per l'uscita negativa e l'altra per l'uscita positiva[1].

Prima fase delle indagini

In questa prima fase occorreva provare e dimostrare che sussistesse la possibilità di ottenere immagini negative su un'emulsione sensibile, senza ricorrere ai raggi luminosi, ma generate soltanto dal campo elettrico prodotto dalla apparecchiatura[2]. Centinaia e centinaia di esperimenti vennero compiuti,

---

[1] Non ci soffermiamo in dettaglio sull'apparecchiatura, riservandoci di fornire tutti i particolari costruttivi a coloro che ne fossero interessati. La realizzazione non presenta difficoltà particolari.

[2] Esperienze atte ad ottenere immagini elettriche furono condotte dai coniugi sovietici Kirlian con un procedimento analogo. Il loro interesse fu però attratto da un alone luminoso che circonda l'immagine che secondo alcuni sarebbe strettamente legato all'essenza della vita (aura vivente), mentre secondo altri si tratterebbe soltanto di un effetto elettrico. Quest'ultima pare la più attendibile perché si osserva anche attorno ad oggetti inanimati.

variando l'intensità della scarica, la frequenza, il tipo di materiale sensibile utilizzato, carta politenata ed acetato di cellulosa sensibilizzato. Come modelli ci si servì in un primo tempo di oggetti metallici incisi e successivamente di materiali organici.

Si osservino ora i risultati ottenuti:

— *impugnatura del tagliacarte*[3]

a) una leggera corona scura che rappresenta lo spessore dell'oggetto stesso;

b) una corona più sottile, luminosa, dalla quale si dipartono le scariche elettriche;

c) le scariche elettriche, molto ravvicinate in prossimità del bordo, si allungano verso l'esterno. Se si osserva una di esse, si noterà come alla base si presenti assai più luminosa che verso l'estremità; ciò dimostra che l'intensità della scarica decresce con il crescere della distanza e viceversa;

d) l'immagine è stata perfettamente riprodotta, come è riscontrabile dall'immagine fotografica normale;

e) nessuna alterazione di forme è presente: l'intreccio del ramo di ulivo è regolare e le linee curve sono identiche;

f) Il rilievo del corpo dell'ape, convesso nel modello, sopravanza il piano delle altre curve; esso è risultato di un grigio più intenso, quasi nero, che sfuma nei bordi; ciò dimostra che le rientranze e le sporgenze dell'oggetto appaiono più o meno intense a seconda della distanza oggetto-carta sensibile e che quindi l'intensità della scarica è direttamente proporzionale alla distanza di ogni punto dalla superficie sensibile;

g) l'immagine è stata ottenuta su pellicola piana e quindi rovesciata nella stampa, come per qualsiasi negativa.

— *la foglia*

a) soggetto costituito da materiale organico;

b) appaiono particolari che dalla fotografia originale non sono visibili;

c) non esiste, anche in questo caso, deformazione.

Riepilogando potremmo concludere:

a) nessuna deformazione apparente nella riproduzione;

b) tridimensionalità dell'oggetto riprodotto;

c) sfumature morbide dei grigi;

d) lati destro/sinistro rovesciati[4].

---

[3] Nelle immagini ottenute direttamente su carta si osserva, come per la Sindone, l'immagine con i lati destro e sinistro rovesciati.

[4] L'immagine è stata ottenuta su lastra, e quindi rovesciata durante l'ingrandimento, come avviene solitamente per riinvertire i lati dx-sx nelle normali stampe fotografiche.

Caratteristiche queste che ricordano in modo impressionante quelle della figura del Cristo sindonico.

I risultati sin qui ottenuti ci indicavano che era tempo di intraprendere la seconda fase di ricerche, seguendo l'insegnamento del Vangelo. Dal Vangelo soltanto due certezze:

a) Per la sepoltura del Cristo fu usato un lenzuolo «pulito».

b) Gli evangelisti parlano di aloe e mirra o di «aromi», aventi un'azione antiputrida e conservativa.

Un lenzuolo di lino, a trama grossa ed aromi. Numerosi autori riferiscono che non soltanto l'aloe e la mirra vennero utilizzati, ma altre sostanze aventi più o meno la stessa azione: il cinnamomo, la noce di galla, il nardo, l'olio di oliva, sostanze che andavano tutte sotto il nome comune di *aromata*. Giusto era dunque passare in rassegna queste droghe e sperimentarne la eventuale reazione sotto l'azione di un processo elettrostatico. Osservammo che sotto l'azione di un campo elettrico più o meno tutte reagivano ed anche la tela stessa: in particolare tra esse l'olio di oliva, che favorisce un processo di ossidazione, e la noce di galla. Per non allargare troppo l'indagine e correre il rischio di disperderci in tali sperimentazioni, utilizzammo la noce di galla che, come si legge nei *Medicamenta*, contiene acido gallotannico sino al 70% ed acido gallico sino al 3%. Impiegammo così, per una più facile reperibilità in commercio, il pirogallolo, diluito in una soluzione di alcool a 95°. La diluizione in alcool, anziché in olio di oliva, permetteva di poter procedere più celermente, avendo altresì osservato che non vi erano sostanziali differenze nei risultati. Non disponendo di cadaveri per le nostre esperienze, impiegammo una maschera in bronzo, dopo aver osservato che la conducibilità elettrica per modeste dimensioni non variava certamente da quella di un essere umano. Ancora un'osservazione importante: la mirra, secondo quanto si legge nei *Medicamenta*, è definita come «gomma-mirra» e si precisa come «gommo-resina» proveniente dalla corteccia di diverse specie del genere *Commiphora*. Poteva esser dunque un ottimo dielettrico: si osserva infatti che ha una costante dielettrica con valori oscillanti attorno a 2,5 ed un fattore di potenza di 4,5%, per non citare poi l'olio di oliva, olio che viene ancora utilizzato oggi come dielettrico nei condensatori elettrici. Dopo aver attentamente osservato il comportamento delle cariche elettriche in relazione alla maschera di bronzo, accertammo la differenza di intensità del campo a seconda della distanza sonda-modello, e si iniziarono gli esperimenti su piccole parti: le labbra, gli occhi, per poi giungere al volto completo. Occorre osservare che mutando la percentuale del pirogallolo non si apprezzavano differenze sostanziali nei risultati.

Si accertò, anche in questa fase, che il principio della riproduzione ad angolo retto era perfettamente rispettato. Si trattava ora di verificare che non esistessero comunque deformazioni. Si realizzò un'immagine su tela, naturalmente al negativo, come la figura del Volto dell'Uomo della Sindone. Si disposero la tela ed il modello sullo stesso piano ed alla medesima distanza; vennero fotografati. Il negativo che riportava il volto della tela, al positivo, venne controtipato per contatto, così da disporre di due pellicole, ambedue riproducenti le immagini negative del volto sulla tela e del modello. In laboratorio si realizzò una prima stampa del modello, perfettamente scontornato, a fuoco in ogni suo punto. L'apparecchio di ingrandimento fu quindi saldamente bloccato lungo la colonna di sostegno. Sostituito il negativo del modello con quello riproducente il volto sulla tela, si verificò il registro delle due immagini. Si passò quindi alla stampa su materiale Kodalith trasparente. Nella sovraimpressione si ebbe la conferma di una pressoché completa coincidenza delle due immagini. È opportuno, per trarre le conclusioni, osservare il volto dell'Uomo della Sindone con il volto ottenuto dal modello. Ancora interessante rilevare che, disponendo di una microfotografia a 36 ingrandimenti della tela, realizzata dagli studiosi americani sulla Sindone, là ove più evidente è l'impronta, in particolare quella del naso, si realizzarono riprese microscopiche della stessa zona sull'impronta da noi ottenuta e con il medesimo rapporto di ingrandimento.

L'azione elettrica è soltanto superficiale e sottolinea un processo di ossidazione dei fili del tessuto più o meno intenso, così come affermato da Heller ed Adler nella pubblicazione *A chemical investigation of the Shroud of Turin* là ove precisano: «suggerisce un qualche tipo di processo di riscaldamento a bassa temperatura oppure ad alta temperatura per una durata estremamente breve, insufficiente a produrre una carbonizzazione...» ed ancora: «si è visto che le fibrille della immagine sono semplicemente più ossidate per deidratazione, di quelle che non riportano l'immagine, ma meno di quelle bruciate».

Conclusioni

a) Esiste un preciso rapporto tra i vari punti di un soggetto e la loro distanza dall'emulsione sensibile. Minore la distanza oggetto-emulsione, maggiore è l'intensità del potenziale elettrico e maggiore è l'intensità della riproduzione di ogni singolo punto del soggetto stesso.

b) In analogia con l'immagine sindonica si riscontra la straordinaria somiglianza della perfezione delle linee e delle proporzioni con quelle ottenibili in laboratorio attraverso un tipo di radiazione elettrica a particolari frequenze.

c) La tridimensionalità, la plasticità e la dolcezza dei toni dell'Uomo della Sindone sono riscontrabili anche in queste immagini elettricamente ottenute, immagini di gran lunga superiori e più simili all'originale sindonico di quelle ottenute per contatto dagli studiosi che sino ad oggi si sono occupati del problema.

d) Il risultato dell'immagine su tela realizzato in laboratorio è stato ottenuto con sostanze certamente usate per la sepoltura del Cristo.

e) Come riportano le macrofotografie della tela, nei punti in cui è intervenuta l'azione del potenziale elettrico, si nota un processo di ossidazione dei fili con caratteristiche analoghe a quelle riscontrate nelle macrofotografie, a pari ingrandimento, eseguite sul tessuto sindonico nella medesima zona. Si ha cioè un leggero oscurimento delle fibrille più superficiali dei fili del tessuto.

f) Le immagini ottenute in laboratorio sono stabili nel tempo e, nel tempo, il lino che non è stato intaccato dal potenziale elettrico subisce un leggero scurimento tendente al seppia-ocraceo simile a quello della Sindone.

g) L'immagine è un negativo fotografico fedele all'originale che, come per la figura dell'Uomo della Sindone, se riprodotta fotograficamente, dà un'immagine somigliante all'originale.

h) L'immagine riprodotta in laboratorio appare fluorescente sotto l'azione dei raggi ultravioletti, come l'immagine dell'Uomo della Sindone. Per le analisi fu impiegata la medesima attrezzatura del 1969 per le riprese fotografiche della Sindone.

Poteva infine essere interessante sottoporre un essere umano a tali esperimenti nel tentativo di riprodurre alcune parti del corpo. Grosse difficoltà si presentarono per il volto, sia per la respirazione, sia per l'immobilità e ci si orientò sulla ricostruzione delle mani. Massimiliano Judica Cordiglia si sottopose alla prova, allenandosi gradualmente a sopportare differenze di potenziali comunque più ridotte rispetto alle prove su modello. Durante gli esperimenti fu comunque tenuto sotto controllo da un cardiologo, specialista, tra l'altro, in medicina aeronautica e spaziale. I risultati, che presentiamo, furono soddisfacenti ed è osservabile una considerevole somiglianza con le mani della figura riportata sulla Sindone.

* * *

Giunti a questo punto, con certuni risultati ottenuti, viene spontaneo chiedersi e liberamente formulare qualche ipotesi su ciò che può esser accaduto nel sepolcro ove «composto in sepoltura» giacque quel corpo. Le fredde esperienze e lo scrupoloso attenersi a stretti rigori di indagine, volutamente, non hanno lasciato spazio ad emozioni religiose che, per tradizione di famiglia, ma soprattutto per convinzione personale, tentavano disperatamente di travalicare i tempi di indagine. Sia concesso tuttavia ipotizzare ciò che è più ovvio, prima di proporre congetture più o meno accettabili e più o meno opinabili.

Il Cristo è risuscitato ed è possibile «che una trasformazione fisica del corpo nella Risurrezione» — afferma Geoffrey Ashe — «abbia scatenato una breve e violenta esplosione di qualche radiazione differente dal calore — forse non identificabile scientificamente o forse identificabile — che abbruciacchiò la Tela» e che ci diede questa stupenda immagine, dove l'umano ed il divino si sovrappongono in un armonioso gioco di luci ed ombre. Fu un momento di indicibile commozione quando, sulla lastra fotografica, fu possibile osservare — al pari di quelle che riproducono la Sindone — la ricostruzione delle mani al positivo con quella delicata e lucente sfumatura e rotondità che non ci sembrò mai di aver osservato altrove. È naturale che lo scienziato ed il tecnico possano rimanere perplessi di fronte ad una tale possibile verità, così trasformatasi infatti l'ipotesi, a mano a mano che nel mondo intero gli studi avanzano sulla Sacra Tela, dando indiscutibili risposte ai vari interrogativi; ma ciò che la storia, l'archeologia, i Vangeli narrano, indiscutibilmente la Sindone documenta.

D'altro canto ci piace ricordare che il grande scienziato recentemente scomparso, Enrico Medi, nelle lettere ancora inedite scritte a Giovanni Judica Cordiglia, avvalorava e sosteneva la possibilità di una forma di energia improvvisamente sprigionatasi e di tale «misurata intensità» da offrire, senza bruciare, l'impronta del Cristo sulla Sindone.

Nei processi di indagine attuali ci fu comunque maestro il Vangelo e ci fu maestro con due soli elementi, anche per ipotizzare un fenomeno elettrico all'interno del sepolcro e riscontrammo un nesso, un legame tra il principio enunciato e dimostrato della genesi dell'immagine sindonica ed il racconto degli evangelisti. E ancora una volta il Vangelo ci indica un particolare interessante. Dice *Matteo* parlando della risurrezione del Cristo: «...dopo il sabato, all'aurora del primo giorno della settimana, Maria di Magdala e l'altra Maria vennero a vedere il sepolcro. Ed ecco che vi fu un gran terremoto...».

Gli altri evangelisti non parlano esplicitamente di un terremoto ma *Marco* parla de «...la pietra rotolata da un lato; infatti era molto grossa...»; *Luca* dice: «...e trovarono la pietra rotolata via dal sepolcro...»; e *Giovanni*: «...vede la pietra rimossa dal Sepolcro...».

Tutto questo nonostante che Pilato avesse ordinato, come dice Matteo, di montare la guardia al sepolcro, e non solo, ma precisa che le guardie andarono e la «sigillarono».

Innegabile dunque un fenomeno nuovo che lo stesso Matteo ci indica come un «gran terremoto».

Numerosi studi vengono compiuti in questi anni per cercare di comprendere a fondo, non tanto le cause che generano un terremoto, attribuibili comunque a movimenti all'interno del nostro pianeta, ma tese ad approfondire le manifestazioni che l'effetto dei submovimenti tellurici portano abitualmente. Le cariche elettriche sono attorno a noi, più o meno appariscenti e riscontrabili, ma rivelabili con apposite strumentazioni: i temporali sono il fenomeno più evidente, ma le stesse tempeste di vento sono apportatrici di cariche elettriche in continuo movimento ed anche i terremoti, ed in proposito esiste una voluminosa casistica. Secondo il professor Helmut Tributsch, docente di fisica a Monaco prima e poi in chimica presso la Università di Berkley in California, la crosta terrestre contiene mediamente il 15% di quarzo, nelle rocce granitiche raggiunge il 30% ed in quelle vulcaniche addirittura il 55%. È da più parti affermato che lo spostamento di grandi masse di roccia genera inevitabilmente grandi processi di frizione, fenomeni in grado di liberare enormi quantità di cariche elettriche. La elettricità da pressione o piezoelettricità si presenta perciò come uno dei processi fisici che possa esser preso in considerazione. Alcuni cristalli sono strutturati in modo tale che esercitando una pressione in determinate direzioni è possibile spostare le cariche positive e negative.

Per generare campi elettrici intensi, tuttavia, non è sufficiente un alto contenuto di quarzo nelle rocce soggette a pressione nel suolo, occorre anche che gli assi dei cristalli siano orientati in modo da non annullarsi reciprocamente.

Numerose ricerche hanno però accertato che esiste la possibilità di un orientamento unidirezionale degli assi. In alcuni casi si è assistito all'esplosione di rocce durante i terremoti; per ottenere ciò occorre che esistano pressioni dell'ordine di 1.000 chilogrammi per centimetro quadrato; in terremoti di media intensità l'ordine delle pressioni può oscillare da 25 a 250 chilogrammi per centimetro quadrato. Anche considerando il valore minimo di 25 chilogrammi per centimetro quadrato, con una medio-bassa percentuale di quarzo nelle rocce si libererebbe pur sempre un campo elettrico del valore di 10.000 volt per metro quadrato e lungo le vene del quarzo con il 10% di azione piezoelettrica si genererebbero già 100.000 volt per metro quadrato. Infine occorre rilevare che le onde sismiche provocano queste alterazioni di pressione generando ammassi di cariche elettriche di segno opposto anche a distanze di parecchie decine di metri; in questo caso si avrebbe la possibilità di violente scariche in aria che dànno in più casi fenomeni di luminescenza. L'imprevedibilità della direzione, del verso e dell'intensità è tipica di queste scariche, legata altresì la loro entrata in collisione anche alla resistenza elettrica del terreno, all'umidità, alle spaccature che si verificano ed a numerose altre incognite. La letteratura in proposito è ricca di citazioni analoghe registrate in molti sismi segnalate nei secoli passati ed in tempi recenti, come quello dello studioso Alexander Von Humboldt che registrò nel 1799 in Venezuela due violentissime scariche elettriche provenienti dal sottosuolo, accompagnate da un terremoto, od ancora un blocco elettromagnetico dei sistemi telegrafici in Liguria durante il terremoto del 1887 ed infine, in tempi recenti, in Cina il sismologo Den-Qui-Dung in un recente terremoto rilevò una forte alterazione del campo elettrico della Terra.

Dai Vangeli dunque tre elementi sui quali riflettere: un lenzuolo «pulito» nel quale fu avvolto il Cristo, gli aromi, un terremoto, forse solo l'inizio per risolvere uno dei più grandi enigmi della storia.

RÉSUMÉ. De nombreux savants ont fait des enquêtes pour rechercher les causes d'origine de la formation de l'image du Saint Suaire; ils ont expérimenté et donné des résultats différéntes. On a néanmoins, toujours orienté ces recherches vers des procédés à caractère chimique. L'Auteur a fait, ou contraire, ses recherches en direction différente, en s'orientant vers un phénomène naturel à caractère physique, mais tout de même un phénomène extrêmement précis, mesurable et quantifiable dans ses manifestations.

En partant de l'hypothèse qu'un phénomène électrostatique peut avoir été à la base de la genèse de l'image, l'Auteur commence ses recherches en les divisant en deux phases distinctes: obtenir d'abord une image précise et sans déformation sur film et en suite sur toile, en employant pour celle-ci que la même toile et les mêmes aromates utilisés pour la sépulture de Jésus Christ. Graduellement, avant des objets inorganiques et après organiques, l'Auteur suit le développement du procédé logique et obtient enfin des empreintes sur toile proportionnées et très semblables à l'empreinte du Saint Suaire.

Du point de vu religieux on pourrait identifier l'instant de la Resurrection de Jésus Christ à une violente explosion d'énergie, mais l'Auteur, suivant une stricte rigueur scientifique, suggère l'hypothèse d'un phénomène électrique naturel tel que celui de l'éclair ou encore une intense différence de potential déjà enregistrée au cours d'un violent tremblement de terre.

Mais le but, affirme-t-il, était seulement celui d'obtenir des images par des voies différentes de celles expérimentées jusqu'à présent; les résultats pourraient être le point de départ pour déchiffrer l'énigme.

SUMMARY. Many scholars have carried out researches to find the reasons that caused the formation of the man's image of the Shroud. But since now these experiments found a result only through chemical processes. On the other hand the Author led his research through a different direction, trying to understand the natural phenomenon as a physical nature that however could be extremely clear, measurable, and calculated in its manifestations. Starting with the hypothesis that an electrostatic phenomenon could have been at the bottom of the origin of the image, the writer begins his experiments dividing them into two different stages: first of all he tries to get a clear image without any deformation on the film and then on the Shroud, using for the last one only the cloth itself and the same assences used for Christ' burial. In this way, step by step first with physical things and then inorganics, the Author follows the development of a logic process, getting at the end on the cloth prints proportional to the original used and really close to the Shroud's prints. But under the religious profile we could define Jesus' Resurrection as a strong explosion of energy, however the writer supposed a natural and electric phenomenon as the one of a lighting or for instance a strong potential difference already reported during an earthquake of particular intensity. Anyway, the purpose, he says, was only to obtain images through different paths from the ones experimented since now: results that could be the beginning to solve the enigma.

BIBLIOGRAFIA

AMALDI E. e G., *Ottica Elettromagnetismo Atomi*, Zanichelli, 1981.

Atti del II Congresso Internazionale di Sindonologia 1978, Ed. Paoline, 1979.

BOLLONE P. L. e BENEDETTO P. P., *Alla ricerca dell'Uomo della Sindone*, Mondadori, 1978.

BURDEN ANNETTE, *Il testimone silenzioso*, Scienza 81, vol. I, n. 7, Fabbri, Milano.

CARRENO EXTEANDIA L., *La Sindone ultimo reporter*, Ed. Paoline, 1978.

CASAGRANDE R., CLERICI G., *Parafulmini*, Ed. Delfino, Milano 1978.

COSTA E., *Tecnologie elettroniche*, Hoepli, 1966.

CENTRO INTERNAZIONALE DI SINDONOLOGIA, Torino, *Osservazioni alle perizie ufficiali sulla S. Sindone.*

COIAZZI, *La Sindone e i Vangeli*, S.S.R.M., 1941.

CONDULMER P., *La Sindone testimone o inganno?*, Ed. Codella, Torino 1978.

CRAWFORD W., *L'età del collodio*, Ciapanna Ed., Roma 1981.

DELAGE Y., *Le linceul de Turin*, in *Revue Scientifique*, 1902.

DEZANI, *La genesi della S. Sindone di Torino*, Gazzetta Sanitaria, Milano 1933.

ENRIE G., *La S. Sindone e la fotografia*, Torino 1933.

FREI MAX, *Note a seguito dei primi studi sui prelievi di polvere aderente al lenzuolo della S. Sindone*, Sindon, aprile 1976.

HELLER J. H. -ADLER A. D., *A chemical investigation of the Shroud of Turin*, 1981.

IMBALZANO G., *Il linguaggio della Sindone: primi elementi*, Sindon, dicembre 1980.

JUDICA CORDIGLIA G., *La Sindone*, Lice, Padova 1961.

JUDICA CORDIGLIA G., *L'Uomo della Sindone è il Gesù dei Vangeli?*, Ed. Pelizza, Brescia 1974.

JUDICA CORDIGLIA G., *Necessità di nuove indagini scientifiche sulla sacra Sindone*, Sindon, 11 marzo 1960.

JUDICA CORDIGLIA G., *Necessità di un rigorismo scientifico ed interpretativo dei «veri» sindonici*, Sindon, 12-13, 1968.

JUDICA CORDIGLIA G. B. e A., *L'Uomo e lo spazio*, F.lli Fabbri, Milano 1965.

JUDICA CORDIGLIA G. B. e A., *Voci dallo spazio*, Lice, Padova 1961.

LAGRANGE P. M. J., *Sinossi dei quattro evangeli*, Morcelliana, Brescia 1931.

MALAN D. J., *Problems of atmosfere and space electricity.*

NASA SP 45, 1963, *Mercury project summary.*

O'CONNEL P., *Nuova luce sulla passione di Gesù dalla S. Sindone*, Alzani, Pinerolo 1978.

PETACCO A., *Un'immagine che viene da lontano*, in *I grandi enigmi*, De Agostini, Novara 1983.

RICCI G., *La Sindone santa*, Roma 1976.

Risultati del Convegno Nazionale di studi sulla S. Sindone, Lice-Berruti, Torino 1950.

Rivista Diocesana Torinese, La S. Sindone: Ricerche e studi della Commissione di esperti nominati dall'Arcivescovo di Torino Card. M. Pellegrino nel 1969 - Suppl.

ROMANESE R., *Contributo sperimentale alla genesi delle impronte della S. Sindone* in *Ricerche Moderne*, 1956.

SCOTTI P., *Gli studi sulla S. Sindone*, Scuola cattolica, Milano 1939.

SILIATO M. G., *Indagine su un antico delitto*, Ed. P.M., Roma 1983.

TAMBURELLI G., *Studio della Sindone mediante il calcolatore*, Torino.

TIMOSSI V., *La S. Sindone nella sua costituzione tessile*, Lice, Torino 1938.

TRIBUTSCH H., *Prima del terremoto*, Armenia 1979.

VIGNON P., *Le saint Suaire de Turin*, Masson ed., Paris 1938.

VOLAROVICH M. P. e SOBOLEN G. A., *The use of piezoelectric effects in rocks for underground prospecting for piezoelectric materials*, Dokl: Acad. Nauk., 1967.

YASUI Y., *A study of luminous phenomena accompanied with earthquake* (1978).

ZEULI T., *La logica suggerisce*, Sindon 1973, n. 18.

Fig. 1 — L'apparecchiatura progettata e realizzata per gli esperimenti, unitamente ad un frequenzimetro, a destra: un oscilloscopio ed altri strumenti di controllo. È visibile, a destra in alto, la maschera di
bronzo utilizzata per i primi esperimenti.

Fig. 2 — Ripresa fotografica normale del manico di un tagliacarte in argento; in particolare si notino: i rami di ulivo e il corpo del-
l'ape in alto.

Fig. 3 — Fotografia elettrica dello stesso manico del tagliacarte. Come è osservabile, la
riproduzione è buona e non vi sono deformazioni di rilievo; dal bordo si dipartono le
cariche elettriche.

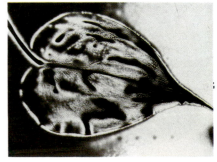

Fig. 4 — Ripresa normale di una foglia. Non si notano particolari di rilievo.

Fig. 5 — La stessa foglia in fotografia elettrica. Sono ben visibili le vene ed altri particolari
non osservabili ad occhio nudo. Anche in questo caso non vi sono deformazioni di rilievo.

Fig. 6 — Comportamento delle cariche elettriche. La sonda è stata posta lungo la linea mediana del naso. Si riscontra facilmente che l'intensità di esse varia con la distanza: più intense in prossimità della punta e meno intense a mano a mano che aumenta la distanza sonda-oggetto. Si può rilevare altresì un preciso parallelismo delle cariche stesse.

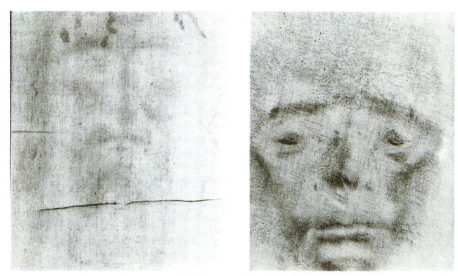

Fig. 7-8 — Raffronto fra il Volto sindonico e l'immagine di laboratorio, così come appare in originale. Ambedue le immagini sono state riprese con luce ultravioletta. Non esistono, nella immagine di laboratorio, violenti contrasti, ma le macchie sfumano con contrasto delicato e morbido in particolare sulle labbra ed il mento.

Fig. 9 — Macrofotografia della tela a circa 36 ingrandimenti. L'azione elettrica ha agito soltanto in superficie e, fibrilla per fibrilla, un cambiamento dell'intensità permette, nell'insieme, di dare la figura completa. La macrofotografia è stata eseguita su una parte del sopracciglio.

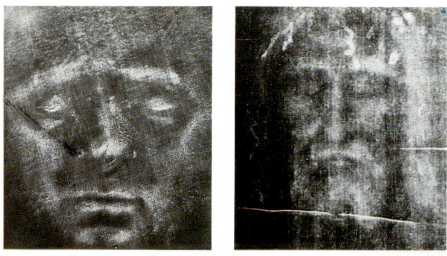

Fig. 10 — Raffronto al positivo dell'immagine di laboratorio e quella del Volto sindonico. Anche al positivo si notano morbide sfumature e plasticità d'immagine, particolarmente sulle labbra ed il mento.

Fig. 11-12 — Uno degli ultimi esperimenti compiuti su un vivo. La riproduzione su tela delle mani di un ragazzo di 19 anni. Nell'originale si può osservare la somiglianza con quelle visibili sulla Sindone. Il positivo (in bianco e nero) è stato realizzato con raggi ultravioletti; l'impronta, in originale, appariva fluorescente.

MISSAGGIO DELLA SINDONE

GIOVANNI IMBALZANO*

Prima di addentrarci nel nucleo della trattazione, che si propone di trasporre in chiave sonora l'informazione sindonica, ci sembra opportuno premettere alcune osservazioni, già note, ma sempre utili [*Bibl. 1*].

I particolari del negativo, più rilevanti ove le impronte risultano più chiare, appaiono i seguenti:

a) impronta diffusa sul capo, con attenuazione sulla chioma;

b) rivoli sui capelli, lateralmente, con talune colature sulla nuca;

c) coagulazione a forma di 3 sulla fronte, come dovuta ad un movimento *prae-mortem* dell'Uomo, avvolto poi nel lenzuolo funebre;

d) macchie alterne sulla fronte, direttamente dovute ad un processo, di per sé, alquanto instabile di formazione della immagine: ciò può trovare conferma dalle zone in ombra intorno alla bocca, ma ancor di più, come verrà precisato per mezzo delle elaborazioni della immagine, dalle stesse sfumature dell'intera immagine, che appare più luminosa sul lato destro dell'Uomo;

e) capelli ravviati e puliti, come da un atto pietoso, nella impossibilità di una sepoltura completa: per contrasto, la notevole discontinuità fra i capelli ed il Volto, fino al mento, lascia ben pensare alla presenza di una mentoniera, molto grossolana, interposta con il duplice scopo di chiudere la mandibola e di lasciare questa stessa sollevata dal petto, vista l'immediata anche se provvisoria rigidità cadaverica del crocefisso (analogamente, l'unica possibile posizione delle braccia, dovuta alla sepoltura frettolosa, più che ad un atto di pietas o di verecondia, è riprodotta correttamente dall'impronta sindonica...);

f) forti rilievi sul viso, e così pure sull'addome, sui muscoli pettorali (ancora gonfi) e sulle spalle, causati certamente da un diretto contatto, almeno localmente, con il Sudario, in contrasto invece con le zone in ombra, ma non del tutto oscure, intorno alle gambe;

g) dita in rigidità cadaverica, da crocifissione: oltre al pollice, in flessione forzata, i piedi risultano diversamente inclinati nel Lenzuolo che, essendo ben teso, dovette avvolgerli (lo spazio vuoto, in regione occipitale, può trovare la sua spiegazione nel «sudario, che stava sul suo capo», ma pur sempre con la funzione di fasciare la mandibola, meglio di quanto avrebbe potuto fare il Lenzuolo soltanto).

---

* *Docente di matematica e fisica, membro del Centro Internazionale di Sindonologia.*

Osserviamo, anche in relazione alla posizione dei piedi, come l'unica spiegazione, tuttora valida, delle *chiare* striature longitudinali consiste nella ipotesi che la Sindone venne ben tesa, nello stesso verso, fra piedi e capo del cadavere. Infine, come da altri rilevato per inciso, il capo dovette essere appoggiato su un supporto morbido, cosicché i capelli si trovarono meglio a contatto con la Sindone, anche anteriormente [*Bibl. 2*].

La stessa mentoniera, intorno a cui venne in parte «rimboccata» la Sindone, concorse a tale scopo, quello di porre il cadavere a contatto con sostanze antiputride: appaiono perciò ben evidenti le macchie sanguinolente, imputabili a diffusione liquida [*Bibl. 3*]. Tuttavia, la stessa rigidità cadaverica, oltreché il Lenzuolo teso, concorse affinché il mento rimanesse quasi adagiato fra le clavicole, in maniera non propriamente usuale.

In tal modo, quella parte della Sindone che si trovò imbrigliata tra i capelli ed il collo, fino al mento, fu sottoposta ad azione chimica ben diversa, anche se apparentemente analoga, da quella rimanente [*Bibl. 4*], come si potrà dettagliare a tempo debito, ed a cui comunque non concorsero in modo completo le esalazioni cadaveriche.

Queste le minime osservazioni indispensabili, affinché si possa seguire il significato della elaborazione sindonica in chiave... ed in punteggiatura musicale.

L'idea fondamentale consiste nell'associare alle tre fondamentali proprietà di tridimensionalità, negatività ed ortogonalità dell'immagine, una linea melodica, uno sviluppo armonico ed una struttura intervallare, ordinatamente, traducendo il tutto secondo un possibile ritmo musicale, anch'esso ispirato dalle caratteristiche dell'immagine dettagliata, quale risulta dalla ripresa fotografica di Enrie [*Bibl. 5*].

L'informazione contenuta nella immagine è, invero, ampiamente sufficiente allo scopo [*Bibl. 6-7*].

È stato quindi possibile tradurre tale immagine in una serie di dati numerici (bytes), suddividendo opportunamente la regione del Volto [FIG. 1].

Si è ritenuto opportuno a tal fine delimitare la parte più significativa, a partire dalla estremità della barba meno deturpata, fino alla fronte, sull'apice intermedio del segno del 3 sanguigno, contenendo l'inquadratura appena fino al bordo più in rilievo dei capelli, lateralmente: da un bordo all'altro, una minima pausa opererà musicalmente la saldatura del brano. La «lettura» viene così eseguita dal punto in basso a sinistra (rispetto al Volto dell'Uomo), fino al punto più in alto a destra, sempre nello stesso verso per ogni riga.

Per ricavare le note musicali, limitatamente alla sola melodia, è bastato inserire una griglia di 33 colonne per 32 righe su una elaborazione molto curata [*Bibl. 8*]: a ciascun byte corrisponde così un quadratino, di dimensioni fisse, dove si trova un numero di punti distinti, non superiore a quaranta. Ciò basta per definire un insieme di note, a partire dal DO0 (per il byte = zero), cioè due scale sotto il cosiddetto DO centrale (DO2).

Riferendomi al negativo sindonico, le note più acute corrispondono a quelle parti prive o quasi di macchie di sangue, mentre passando al positivo la corrispondenza numerica è quella opposta. Per una prima ricerca, avevo sentito inoltre l'esigenza di uno slittamento verso un semitono più alto, ad ogni coppia di righe (secondo una certa regola di traslazione in altezza), ciò che però in definitiva non si rivelò necessario, visto che di per sé la melodia originale già riproduce, con la propria sfumatura verso gli acuti, l'effetto di profondità-3D presente appunto nell'immagine.

Occorre qui ricordare che, per procedere in simili verifiche, mi sono servito nelle varie fasi di un computer economico, ma dotato di un processore (Z80a) sufficientemente veloce e correttamente programmabile in linguaggio-macchina [*Bibl. 9*], oltreché di un amplificatore mono-sound, senza altre complicazioni di hardware.

Un perfezionamento che potrebbe pur sempre apportarsi consiste nella scelta dello strumento, o del timbro musicale, che si può tuttavia restringere in relazione alla accettabilità delle note da riprodurre, le quali finiscono per raggiungere almeno la quarta scala. La mia preferenza, sul calcolatore, è andata per un suono che, dopo un soffio di tromba, si inerpica come un violino e finisce per sostenersi come un organo, con un colorito solitamente efficace (per via della presenza di armoniche superiori).

Tuttavia, esiste una legge dell'entropia, inscindibile dalla storia dell'arte, che rende comunque incomprensibili armonie ed accordi non troppo usuali: a ciò ho cercato di porre rimedio, pur attenendomi il più possibile al «testo», analizzando per ordine il problema della melodia, dell'armonia, del ritmo e della struttura intervallare [*Bibl. 10*].

A) *Melodia*

La linea melodica è stata ricavata, come accennato, da una immagine del Volto di ottima risoluzione grafica, da me opportunamente elaborata.

In un solo punto, però, presso il labbro inferiore, alla sua destra, è molto arduo rilevare distintamente il numero dei punti, cosicché ho applicato il tono più basso della riga stessa (DO0 diesis).

Ritengo che le strane terminazioni flocculate che si notano al di sotto di tale punto debbano trovare una spiegazione diversa dalle macchie di sangue, vista la colorazione scura, che ricorda piuttosto quella della mentoniera.

Poiché, inoltre, sembra concorrere a questo un piccolo nastro, che lo congiunge inferiormente alla mentoniera, e questa stessa appare squadrata, al di sotto del mento, penso di poter azzardare una ipotesi, suscettibile di successive verifiche. Gli Ebrei erano soliti legare, in circostanze particolari, dei filatteri (*tefillim*: cfr. Deuteronomio 6,8) al capo e alle mani, e tale usanza veniva riprodotta, nel periodo ellenistico della imbalsamazione, interponendo fra le bende funerarie simili pergamene, od anche cocci, con iscrizioni sacre. Ebbene, ciò comporta l'eventualità che un piccolo rotolo di preghiere (con funzione escatologica del tutto ebraica) sia stato interposto proprio sotto al mento di tale crocefisso, all'interno della mentoniera. Ne costituiscono gli indizi la squadratura della mentoniera, finora inspiegata, e la strana forma di nappina presso il labbro, di cui sopra; come da una interpretazione letterale del passo (Esodo 13,9): «...affinché la legge del Signore sia nella tua bocca...».

D'altra parte, l'uso del Lenzuolo stesso concorda con la tradizione ebraica (del periodo ellenistico), come può dedursi stabilmente dagli Atti (5,6).

B) *Armonia*

Proprio sulla mentoniera, la digitalizzazione musicale riproduce note estremamente basse (DO0), che ho assunte tuttavia quali pause, e ciò anche in segno di rispetto sacrale per ciò che nella Sindone resta sottinteso, contribuendo nel contempo ad una scansione, più comprensibile musicalmente, dello sviluppo ritmico-armonico.

Le caratteristiche dell'immagine frontale costringono perciò alla ricerca di una legge di accordo in altezze: infatti, la mentoniera presenta rispetto al resto della immagine una esatta inversione (o complementarietà) del negativo.

In altri termini, sono stati rilevati generalmente lo stesso numero di punti (chiari) sul bordo della mentoniera, come per quelli (scuri) in vicinanza di essa. Ciò è chimicamente spiegabile in base a due circostanze, la prima che la mentoniera risultò meno umida, o maggiormente igroscopica, della parte rimanente; la seconda, che il bordo della mentoniera rimase maggiormente a contatto con la Sindone, ciò che concorda — a quanto pare — con il dato evangelico...

Ora, sui quaranta punti di ogni casella, la presenza di un solo punto chiaro corrisponde a ben 39 punti oscuri: quindi, onde evitare sgradevoli intervalli in altezza, sono stato indotto ad assegnare un ipotetico «accordo» alle parti rispettivamente del Volto e della mentoniera, in una classica triade maggiore, di cui il tono di sostegno, come si è detto, è sottinteso dalle pause stesse (corrispondenti ad un ipotetico DO0).

Dalla FIG. 2 (in bassa risoluzione) ci si può ben rendere conto del notevole grado di sfumatura che comunque permane nell'immagine, e dei possibili effetti vaporigrafici con questa connessi. Si noti inoltre la stessa evanescenza della immagine, avvicinandosi o meno, e la «illeggibilità» del positivo [FIG. 3].

C) *Ritmo*

Il ritmo, laddove non se ne approfitti troppo, ha la funzione di sottolineare il discorso melodico, pur rimanendone indipendente. A tal proposito, possiamo rivolgerci ad un'altra immagine, eseguita appunto con l'intento di eliminare anche eventuali salti nella negatività dell'immagine [*Bibl. 11*].

Pur rendendomi conto che si ripresentava una inevitabile alternanza di negatività, sia pur più tenue e diffusa, ho dedotto però, dal contrasto visivo, una ulteriore griglia di punti, suddivisi poi proporzionalmente in quattro classi di «durate» fondamentali. Ma non basta assegnare meccanicamente una durata ad ogni nota per rendere accettabile l'ascolto: occorre ridurne la monotonia. A tale scopo, ho dedotto in realtà una griglia di punti con un numero di bytes, per ciascuna riga, di 22 (anziché 33), mediante una opportuna trasformazione di similitudine. Poiché la linea ritmica risultava stare nel rapporto 2/3 rispetto a quella melodica, adottai allora il criterio seguente, dedotto da una statistica musicale molto semplice.

Regola sui gruppi di tre note

La nota intermedia tra due date, nel caso che queste ultime abbiano una durata diseguale, viene fissata di durata inferiore di due unità rispetto a quella più lunga o, dove ciò non sia possibile, di due unità superiore rispetto alla più breve. Se invece le estreme hanno durata eguale, si fissa la durata intermedia come la minima possibile (cioè l'unità).

Può a questo punto dedursi anche una immagine, più «contrastata» delle precedenti [FIG. 4], che riassume in se stessa le considerazioni svolte finora.

D) *Struttura intervallare*

Non solo il numero di bytes per frase, ma anche il numero di righe della linea ritmica era originariamente inferiore a quella melodica (nel rapporto di 7/8). Ho cercato quindi una compensazione, ripetendo la stessa linea ritmica della 4ª frase nella 5ª, e così via (con passo 8) ed assolvendo in certo modo anche alla legge musicale di ripetizione ritmica, quella melodica essendo invece tutta da verificare a posteriori. Le note ottenute, anche per mancanza di polifonia, appariranno in ogni caso freddamente scientifiche, e preordinate allo studio della immagine, che fornisce loro una specifica finalità. Sottolineo, al riguardo, che una tale tecnica di «composizione» non può essere confusa con comuni metodi (ad es. casuali) di musica elettronica. In ogni caso, mi sembra di poter ammettere che le proprietà di tridimensionalità, negatività ed ortogonalità del reperto storico stesso si fondono unitariamente nella struttura melodica, armonica ed intervallare dello spartito, a parte il ritmo, che rappresenta piuttosto un elemento di «deturpazione» nella immagine stessa (spazialmente e temporalmente). Noto che, anche per quanto riguarda lo strumento musicale, si è costretti a dare spaziosità al suono, ricorrendo al tipico timbro di un organo (come ho già avuto modo di apprezzare direttamente dalla curata esecuzione del prof. Paolo Tarallo).

Altro risultato degno di nota, rivelato dalla rielaborazione della immagine, consiste nella «luce» che sembra provenire dal lato destro dell'Uomo della Sindone, producendo la giusta sfumatura per l'osservazione del Volto (si confronti la FIG. 5, in luce inversa, con la 4, in luce propria).

Tutto ciò concorda certamente con altri risultati di ricercatori, anche americani, e pone in evidenza (come si è accennato a proposito della riduzione a bassa risoluzione grafica) il processo statistico-termodinamico della formazione dell'immagine stessa. Ancora, invertendo *anche* verticalmente (quindi totalmente) la posizione della luce apparente sull'immagine (come in FIG. 6) in modo tale che la luce provenga almeno dal basso del Volto, si rendono nuovamente visibili alcuni particolari presenti nella elaborazione originale [Fig. 4]. La luce sembra dunque provenire dal fianco (destro), colpito da una lancia, del Crocifisso, confermando così quel completo, ma graduale, processo di raffreddamento, tipico di un *cadavere fresco*. Appare inoltre confermato quell'ipotetico processo di diffusione liquida (ma in parte anche vaporigrafica) che ha prodotto sul telo la condensazione di singole goccioline: ricordo perciò il necessario intervento di un gradiente termico, ragionevolmente in atto durante le primissime ore di sepoltura, nel piccolo vano umido della Sindone stessa [*Bibl. 3*].

Tale ipotesi (che non va confusa con quella del cosiddetto irraggiamento puro), potrebbe certo congiungersi con l'azione sul tessuto della luce, oltreché delle sostanze sepolcrali attive... e del tempo.

La esaltante qualità della immagine pone ancora, in ogni caso, alcuni problemi di carattere chimico che gioverà approfondire.

Per ora, il risultato musicale dello studio che ho condotto può farci meglio riflettere sulla genuinità del presente reperto, e potrà essere apprezzato sia nella versione da me eseguita con l'ausilio del calcolatore, sia nella esecuzione di P. Tarallo, a cui vanno altresì i miei ringraziamenti per le sue osservazioni di carattere storico-musicale.

Nel frattempo la Sindone, che come uno specchio non più tanto silenzioso racconta ciò che i due testimoni avevano visto, rappresenta essa stessa una autentica ed autonoma testimonianza.

RÉSUMÉ. Pendant les recherches théoriques et photographiques, successives à la dernière ostension publique, l'Auteur a voulu minutieusement détailler les caractéristiques des points de la Face revelées par la photographie d'Enrie.

D'une telle manière, il a pu reveler le degré de nuance et de contraste dans l'image.

La méthodologie est celle comunement poursuivie pour phénomènes statistiques et descriptives.

À l'aide d'un réseau plan, il a subdividé l'image de la Face en (33 × 32) cellules, obtenant aussi pour chacune d'elles un nombre significatif de points clairs, compris entre zéro et quarante, sur l'arrière-plan obscur de la négative.

Déjà avec une surprise: sur la négative on peut relever une ligne d'inversion, jusqu'à la mentonnière, et la presence ici du positif mêlé avec la négative, de même que près des taches de sang.

En outre, avec telle élaboration, l'Auteur avait l'intention — non marginale — d'obtenir une «sonographie» de la Face, ainsi qu'il est usage pour des techniques particulières de diagnose.

Tout cela s'acquitte aussi de la mission plus spécifique de la recherche des solutions de continuité de l'image, en opposant les fondamentaux processus de formation de l'image même, par exemple pour les taches de sang ou pas de sang.

SUMMARY. In the context of the theoretical and photographical researches that have followed the last public ostension, the Author has intended to give a detailed account of the "dotted" features of the face as revealed by Enrie's picture. He has so succeeded in perceiving the degree of shade and contrast in the image itself. The methodology is the one usually followed in statistical-descriptive phenomena.

By means of a flat screen, the sacred image has been divided into more than a thousand (33 × 32) plane-cells, so as to get, for each one, a significant number of clear points, ranging from zero to forty, on the dark background of the negative film. A first surprise was to see that in the negative image a line of inversion, near the clin-sharf, is made perceivable, and therefore the presence of the positive mingled together with the negative is also demonstrated, even in that region, as well as on the edge of the most evident bloodstains.

This elaboration was also made with the (non marginal) intent of getting a synthentic, though detailed "sonograph" of the Face, as it happens in special diagnosis techniques. As far as the image is concerned, it meets the specific aim of looking for possible breaks, by comparing the fundamental processes of image forming, as, for instance, blood and non-blood stains.

BIBLIOGRAFIA

1. *Atti del II Congresso*, E.P., Torino 1979; in partic. gli artt. di: A. FEUILLET; J. A. ROBINSON; L. FOSSATI; R. BUCKLIN; S. RODANTE; U. FASOLA.

2. L. COPPINI, F. CAVAZZUTI, *La Sindone Scienza e Fede*, Clueb, Bologna 1983; ved. artt. di R. HOARE e M. STRAITON.

3. G. IMBALZANO, *Il linguaggio della Sindone* (II) in *Sindon* (81).

4. G. IMBALZANO, *Un metodo chemio-termografico...* in (2).

5. G. ENRIE, *La Santa Sindone rivelata dalla fotografia*, SEI, Torino 1933.

6. J. P. JACKSON, E. J. JUMPER, *Space Science and the Holy Shroud*, in (1).

7. G. IMBALZANO, *Il linguaggio della Sindone* (I), in *Sindon* (84).

8. G. TAMBURELLI, G. GARIBOTTO, *Nuovi sviluppi sull'elaborazione...* in (1).

9. R. ZAKS, *Programmazione dello Z80*, SYBEX, Bergamo 1981.

10. R. Ch. ZARIPOV, *Musica con il calcolatore*, Mosca 1971 (trad. Muzzio, Padova 1979).

11. A. CACCIANI, *Elaborazione al calcolatore...* in (2).

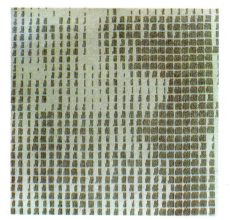

Fig. 1 — Immagine computerizzata (melodica).

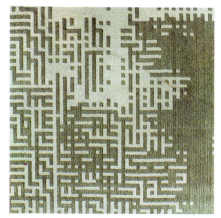

Fig. 2 — Immagine in bassa risoluzione.

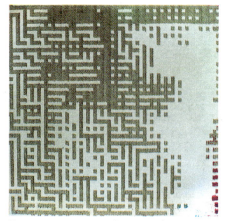

Fig. 3 — Positivo in bassa risoluzione.

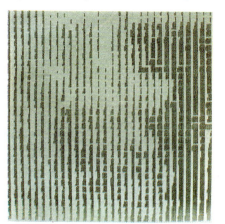

Fig. 4 — Immagine computerizzata (con ritmo).

Fig. 5 — Immagine in luce inversa.

Fig. 6 — Immagine in luce totalmente inversa.

```
CONGRESSO
"LA SINDONE E LA SCIENZA":
                G.IMBALZANO:
MISSAGGIO DELLA SINDONE (SPARTITO)
```

```
."1 231 241 121 ."2 ."1 ."2 ."2        162 171 162 183 211 252 252 253
."1 152 243 151 173 193 131 222        201 203 1B1 1A2 192 073 121 251
271 241 221 201 191 181 221 271        251 211 2B1 301 181 1B3 251 1B3
261 291 2A1 211 201 181 231 261        ."1 313 121 ."3 ."1 ."1 ."1 0A2
221 251 ."1 291 2B1 ."1 ."1 ."1        ."3 ."1 272 301 2A2 233 291 263
."1 ."1 ."1 171 241 281 281 263        303 381 332 272 2B1 2B2 212 2A1
301 222 222 231 2A2 232 1A1 222        382 262 251 172 221 241 231 1A1
252 271 252 271 331 241 241 241        1A1 151 ."1 302 2B1 122 ."1 ."1
291 261 201 261 ."1 241 301 ."1        ."1 ."1 111 281 293 251 253 283
091 ."1 ."1 111 131 241 1B2 191        2A1 263 332 361 362 342 341 342
192 183 1B1 163 271 221 221 261        242 391 192 272 251 302 181 1A1
221 171 283 221 162 191 281 221        241 171 1A1 151 ."1 281 311 ."1
131 251 271 1B1 201 161 ."1 201        ."1 ."1 ."1 ."2 121 332 332 341
261 121 ."1 ."1 ."1 ."1 ."1 ."1        302 333 311 292 252 351 352 343
203 1B1 1B3 1B1 251 1A1 1B3 191        311 273 253 341 272 272 231 1B2
212 243 181 193 1A2 151 202 182        1B1 181 191 201 1A1 1B1 ."1 2B2
251 242 191 161 201 141 161 201        273 ."1 ."1 ."1 ."1 ."2 1A1 312
."1 281 2B1 0A1 ."1 ."1 ."1 ."1        312 2A1 292 2A2 361 232 263 291
."1 1A1 183 201 243 2B1 271 241        342 332 261 272 261 231 261 272
213 191 132 123 131 193 212 191        281 292 232 233 181 1B1 221 241
242 242 261 182 251 291 191 231        ."1 2A2 283 ."1 ."1 ."1 ."1 ."2
231 241 ."1 361 2B1 121 ."1 ."1        ."1 152 152 1A1 1A2 292 361 2B2
."1 ."1 161 1A1 0B3 1B1 243 211        303 301 352 342 231 282 221 271
231 171 182 111 132 102 0A1 182        361 392 331 342 272 243 1A1 211
1B2 151 162 213 271 253 221 211        241 1A1 ."1 302 291 ."2 ."2 ."1
221 1B1 211 261 ."1 302 293 111        ."2 ."3 ."1 ."1 ."1 ."4 ."1 1A2
."1 ."1 ."1 ."2 231 213 0B3 181        291 292 231 331 351 2A2 291 272
1A3 172 191 212 1A3 241 133 191        272 301 322 372 391 362 282 241
251 221 241 131 181 181 311 161        252 281 191 321 ."1 292 2A1 ."2
1B1 261 241 181 1B1 191 ."1 343        ."1 ."1 ."1 ."1 ."1 ."1 ."2 ."3
301 112 ."1 ."1 ."1 ."1 ."1 ."1        191 211 191 241 262 321 392 392
1A2 151 1A2 093 1A1 103 193 121        253 241 241 261 231 322 311 302
303 142 151 092 161 011 121 131        282 213 231 221 211 301 ."1 272
2B1 171 221 281 221 1B1 201 161        071 ."2 ."1 ."1 ."1 ."1 ."1 ."1
."1 272 293 141 ."1 ."1 ."1 ."2        ."1 ."1 191 201 141 211 221 341
121 ."1 182 181 202 1B2 191 212        391 321 1A1 201 2A1 241 1A1 261
262 233 151 193 0A1 103 1B1 0B1        251 261 201 251 211 221 181 251
121 192 243 231 201 261 1B1 1B1        ."1 343 231 ."3 ."2 ."1 ."2 ."1
1B1 1A1 ."1 262 261 152 111 ."1        1A1 291 391 271 251 251 282 241
."1 ."2 131 122 092 161 092 093        302 311 2A1 271 221 281 281 231
1A1 183 202 231 ."2 161 151 ."1        211 231 ."1 293 231 ."3 ."2 ."1
181 191 121 211 261 1A1 191 221        0A2 112 131 ."2 ."2 183 ."1 0A2
1A1 171 211 1B1 ."1 282 263 161        131 222 1A1 2A1 391 292 263 261
112 ."3 ."1 ."2 ."1 ."2 122 2A1        291 231 291 271 261 1B1 251 201
272 222 143 171 1A3 241 193 232        361 201 211 211 ."1 302 281 ."2
163 171 132 191 132 251 261 171        ."1 ."1 ."1 ."2 143 141 161 171
191 151 141 161 1B1 1B1 ."1 293        141 0A1 ."1 281 171 331 331 341
2A1 2A3 112 ."1 ."2 ."2 ."1 ."2        201 251 241 181 171 261 261 221
132 281 272 2B2 '53 261 262 231        1A1 271 211 201 1A1 ."1 ."1 253
172 182 201 212 152 131 112 0B1        221 123 101 151 091 161 101 121
241 1B1 281 271 121 1A1 251 241        063 141 122 132 1A1 1A2 271 341
."1 293 301 303 ."2 ."1 ."2 ."2        391 322 2A1 262 242 391 252 271
."1 ."2 131 142 282 2A3 291            311 291 261 221 211 201 201 201
242 271 202 232 261 222 202 151        ."1 343 2A1 343 341 301 321 321
0B2 161 251 191 211 2B1 0B1 241        331 2B1 343 331 342 352 391 232
241 191 ."1 294 291 ."4 ."2 ."3        331 391 391 362 391 342 392 341
."1 ."2 ."1 ."3 ."3 151 252            392 361 351 261 261 241 211 211
2A1 242 1A2 221 192 142 151 162        201 281 ."1 2A2 241 332 342 333
1A2 1B1 142 161 261 191 261 251        351 2B2 313 391 2B2 311 332 352
231 231 201 141 ."1 312 2A1 122        391 272 261 391 391 322 391 362
."2 ."3 ."1 ."1 ."1 ."2 ."3            392 393 351 342 373 251 241 1A1
151 212 221 222 172 213 221 222        211 221 271 291 ."1 311 2B1 391
183 181 202 071 1A2 222 291 202        392 351 362 321 341 311 312 311
261 221 1B1 241 1A1 151 ."1 302        332 391 391 391 391 391 391 361
121 ."2 ."1 ."1 ."1 0A1 ."1 0A1        391 351 341 341 241 261 251 391
                                       251 281 271 231 291 2B1 ."1 391
                                       391 391 391 391 391 391 391 351
                                       341 321 361 391 391 391 392 393
                                       391 371 341 331 351 361 381 391
                                       2A1 241 331 281 241 301 311 381
```

Fig. 7 — G. Imbalzano: Missaggio della Sindone (spartito).

Il presente spartito riproduce in notazione scientifica (elettronica) la musica così come originalmente l'autore l'ha composta ed eseguita il calcolatore.

Il presente spartito, in notazione numerica, presenta il risultato della elaborazione musicale, a partire dall'angolo in basso a destra del negativo. La prima cifra si riferisce alla scala (da 0 a 4), la seconda al semitono (da 0 a 9, A, B, come DO, LA, SI bemolle, SI), la terza alla durata (in «ottavi»). Le pause sono contrassegnate con (. "x).

PROBLEMI DI TRADUZIONE MUSICALE DEL VOLTO DELL'UOMO DELLA SINDONE

PAOLO TARALLO*

La traduzione in musica del volto dell'Uomo della Sindone costituisce indubbiamente, nella storia dell'arte musicale e della sua produzione, un caso singolare e straordinario. Il termine straordinario vuole essere qui usato nella sua accezione strettamente filologica di «fuori dall'ordinario» più che nel suo significato comune di «cosa assai rilevante», significato comunque giustificato ampiamente dalla eccezionale rilevanza del campo di studi.

Per quale ragione, dunque, «fuori dall'ordinario»? La risposta è semplice: tutta la musica prodotta dall'uomo è sempre stata frutto della sua creatività. Per la prima volta invece ci troviamo di fronte a qualcosa che è musica, ma che l'uomo non ha né pensato né scritto.

Tuttavia nella storia della nostra cultura vi sono state frequenti corrispondenze fra religione e musica. Pertanto se il missaggio sindonico è in effetti il primo esempio, nella nostra era, di apparente sconfinamento dell'arte musicale in un campo che oltre ad essere scientifico è anche speculativo, esso non è comunque il primo in senso assoluto. Infatti sin dagli albori della civiltà ed all'incirca fino al periodo barocco princìpi musicali e princìpi religiosi convivevano in perfetta simbiosi. Dominava la *Circularis de musica disputatio* come è stigmatizzata da Lampertus Alardus nel suo *De Veterum Musica* edito nel 1636. In una visione cosmica ancora impregnata di fisica aristotelica, ordinata in senso armonico e gerarchico, la musica viene da Dio ed a Dio finalmente ritorna: dal Motore immobile al Fine ultimo. La costituzione del mondo è vista attraverso la formula biblica filtrata dalla cultura ellenistica *in numero, pondere et mensura* secondo la quale Dio è visto come Anima del mondo, Spirito della concordia e principio d'Armonia.

La musica umana riflette il «numero cosmico», con i modi ed i limiti tuttavia, propri di una intrinseca ed inevitabile imperfezione. È dunque evidente il valore ermeneutico che acquista tale *divina ars*; essa diviene strumento di conoscenza per leggere il cosmo e notazione privilegiata dell'ordine universale, uno «de' veri Simulacri per giugner alla cognitione della Grandezza di Dio...» come scrive nel 1629 Lodovico Casali nel suo *Generale Invito alle Grandezze e Maraviglie della Musica*.

Meditando sulla «Canzone del Creato» si può conoscere la natura armoni-

---

* Docente al Conservatorio G. Verdi di Torino.

ca dell'Artefice, per cui, come riporta lo Steffani nel suo *Quante certezze abbia dai suoi principi la musica* del 1695, è Dio stesso a chiedere, per il suo culto, l'arte dei suoni; i maestri di spirito insegneranno poi a sublimarla nella lode interiore e spirituale mentre la tradizione la chiamerà a lungo «divina» proprio per questa sua destinazione cultuale.

Se dunque «Coeli enarrant gloriam Dei» ai mortali non è purtroppo dato godere di quelle delizie sonore in quanto i sensi materiali sono inabili a cogliere una realtà tanto elevata: solo il puro intelletto può scorgere le tracce e l'esistenza di questo «canto dei cieli», della lode perenne al creatore di cui fruiscono le orecchie dei beati.

Sia nell'esegesi biblica vetera e nuovo testamentaria sia nelle cronache agiografiche ritroviamo numerosi passaggi in linea con il nostro assunto. Dal quarto capitolo del Genesi dove si indica Jubal inventore della musica, sino a David istitutore ed autore per eccellenza della musica religiosa, ed infine alle miracolose percezioni sinestetiche di Isaia, di Ignazio d'Antiochia, dell'Apocalisse, di S. Francesco, di S. Nicola da Tolentino e S. Martino.

Se questi caratteri speculativi della dottrina musicale erano comprensibili e giustificabili in un'epoca ancora improntata ad una visione biblico-tolemaica dell'universo, certo appaiono oggi fuori luogo ed anacronistici. Nulla tuttavia ci impedisce di considerare la musica del missaggio del volto della Sindone secondo la personale sensibilità pur tenendo ben presente che essa è il risultato di un preciso lavoro condotto con assoluta scientificità.

Per coloro che possiedono una ordinaria preparazione musicale, l'ascolto di tale musica può generare alcune legittime perplessità. Si distacca sostanzialmente infatti dalle espressioni musicali tradizionali e può pertanto causare imbarazzo ed apparire difficilmente comprensibile. Con una constatazione corretta e plausibile si potrebbero indicare notevoli affinità con brani di musica colta scritta in questo secolo; può dunque sussistere una specifica relazione?

Mi sia permesso ora esulare brevemente da quello che è il mio competente campo di studi per meglio definire i termini di tale questione grazie ad una metafora concettuale tratta dalla storia delle arti figurative.

Un'opera di Raffaello o di Rubens non genera né perplessità né equivoci. Si può immediatamente comprendere il senso del soggetto ed apprezzarne il valore artistico, in quanto i criteri cromatici e le tecniche prospettiche collimano con quella che è la nostra visione tridimensionale del mondo. Un quadro cubista richiede invece una diversa preparazione per poter essere apprezzato compiutamente. Non è possibile infatti una corretta valutazione di un'opera di Braque o di Picasso avvalendosi dei criteri che avremmo adottato ad esempio per Rubens, in quanto confronteremmo parametri incompatibili. Soltanto una precisa conoscenza dei principi adottati dal movimento cubista per infrangere i canoni tradizionali della prospettiva consentirebbe un più meditato e sereno giudizio su questa pietra miliare della moderna arte figurativa.

In questo secolo si è verificato nella musica una situazione analoga. Sino ai primi anni del 1900 i suoni erano manipolati dai compositori secondo leggi e regole che vengono generalmente definite «naturali». Al nostro discorso è estranea la polemica sorta tra chi le considera naturali in quanto fisiologicamente naturali, o naturali perché dovute alla lunghissima e spesso involontaria abitudine dell'uomo a tali leggi. Pertanto, non entrando nel merito di tale insanabile diatriba, diamo per assodato che tale genere di musica sia da considerarsi naturale. Se esaminassimo pertanto tutta la produzione musicale classica dal Barocco ai primi anni del nostro secolo, nonché più semplicemente la cosiddetta musica leggera contemporanea, noteremmo che entrambe rispondono a precise leggi (le leggi dell'armonia) le quali regolano i rapporti fra i suoni secondo una ferrea gerarchia. Il compositore può infatti scegliere di volta in volta fra i dodici suoni della scala temperata, un suono che, *primus inter pares*, tenderà ad influenzare ed a polarizzare l'andamento del discorso musicale: ovverossia la tonica. Sarà questa infatti a determinare l'ambito tonale e quindi la tonalità del brano. Secondo le leggi armoniche viene contrapposta alla tonica un altro suono che ha la funzione di turbare la sensazione di quiete e stabilità che essa possiede per sua natura: quest'altro suono sarà la dominante. In pratica ogni brano musicale non è che un più o meno lungo ed un più o meno perfetto processo di attrazione e repulsione fra questi due poli opposti, processo che vede alla fine trionfare invariabilmente la tonica.

Nel nostro secolo ha preso avvio un inesorabile processo di sovvertimento di tale ordine con il proposito di crearne altri in sostituzione o più semplicemente di avvalersi di un «non ordine». Ecco la cosiddetta musica atonale, per ascoltare la quale dobbiamo far forza al nostro orecchio che spontaneamente mette in relazione ogni suono percepito con quello che lo precede e con quello che lo segue. Da tale capacità infatti dipendono le piacevoli sensazioni di *déjà vu* che possiedono le melodie cantabili ed immediate. Per tale ragione una musica giudicata ostica o difficile al primo ascolto può diventare piacevole ed appassionante in seguito. Dunque è in quest'ottica che noi dobbiamo ascoltare la musica tratta dal «missaggio» del volto della Sindone, senza lasciarci influenzare dal nostro inconscio bagaglio musicale tradizionale.

Per questi motivi il risultato di tale missaggio è stato mantenuto in forma rigorosamente monodica. Infatti ogni sua eventuale armonizzazione sarebbe stata arbitraria in quanto avrebbe inevitabilmente fuorviato l'ascoltatore trasportandolo in un ambito tonale estraneo all'identità musicale del messaggio sindonico.

Dobbiamo inoltre tenere ben presente come il risultato del missaggio sia totalmente alieno da qualsiasi proposito od atteggiamento estetico, in quanto non è stato creato, e pertanto non deve possedere scopo alcuno. È invece il risultato di una osservazione scientifica, quindi sistematica e razionale, senza forzature empiriche. Le eventuali implicazioni emotive che questa musica può provocare restano e debbono restare un fatto incidentale e strettamente soggettivo.

Per una maggiore aderenza al rigore scientifico che ci siamo proposti è da preferirsi tra le due realizzazioni quella con scrittura cosiddetta diplomatica, cioè senza i valori di durata. Questo anche per evitare che la caduta degli accenti possa far risaltare un suono piuttosto che un altro, incrinando dunque quell'assoluta eguaglianza gerarchica necessaria ai nostri scopi.

L'uso di strumenti come il sintetizzatore o l'organo è pertanto in linea con i nostri criteri scientifici in quanto si tratta di strumenti nei quali l'esecutore o non agisce direttamente (nel caso del sintetizzatore) o comunque non può influenzare se non in misura poco rilevante (nel caso dell'organo) l'esecuzione della musica proposta.

Per quanto riguarda la tessitura, cioè l'altezza sonora attorno a cui si snoda la musica dei missaggi, si è scelto volutamente un ambito sufficientemente naturale per non influire con scelte particolari sull'ascolto.

RÉSUMÉ. La traduction en musique du visage de l'Homme du Saint Suaire est certainement, dans l'histoire de l'art musical et de la production, un cas singulair et extraordinaire. Toutefois dans l'histoire de notre culture il y a beaucoup de correspondences entre religion et musique, même si en réalité le mixage du Saint Suaire représente le premier exemple, dans notre époque, d'apparent invasion d'une sphère d'activité scientifique et spéculative par la musique. Cette musique doit être écouter sans que nous sommes influencés par notre bagage culturel. Pour cette raison, on a choisi la forme monodique sans arbitraires harmonisations. Deux solutions rythmiques sont possibles. Enfin des considérations sur l'usage des instruments nécessaires à son exécution.

SUMMARY. It's of course a singular and a remarkable case, in the history of music production, giving musical expression to the face of the Man of the Shroud. However in the history of our culture there were a lot of connections between religion and music, also if Shroud mixing is really the first example of an apparent exceeding of music in an other field, not only scientific but speculative too. When we are listening to or playing this particular music we must try not be influenced by the great store of our traditional music culture. Therefore we have preferred the monodic form without arbitrary harmonizations. There are two rhytmical solutions. At last some considerations concerning the choise of the suitable instruments.

BIBLIOGRAFIA

ALARDUS LAMPERTUS, *De Veterum*, Schleusingae 1936.

CASALI LODOVICO, *Generale invito alle Grandezze e Maraviglie della Musica*, Modena 1629.

FUBINI ENRICO, *L'estetica musicale dall'antichità al Settecento*, Einaudi, Torino.

FUBINI ENRICO, *Musica e linguaggio nell'estetica contemporanea*, Einaudi, Torino.

HAUSER ARNOLD, *Storia sociale dell'arte*, Einaudi, Torino.

KÁROLYI OTTO, *La grammatica della musica. La teoria, le forme, gli strumenti musicali*, Einaudi, Torino.

SALVETTI GUIDO, *Il Novecento (I)* in *Storia della Musica*, E.D.T. Torino.

STEFANI GINO, *Musica Barocca*, Bompiani, Milano.

STEFFANI AGOSTINO, *Quanta certezza habbia da suoi Principii la Musica*, Amsterdam 1695.

STUCKENSCHMIDT H. H., *La musica moderna. Da Débussy agli anni cinquanta*, Einaudi, Torino.

LA MONETA SULL'OCCHIO DESTRO
DELL'UOMO DELLA SINDONE — APPUNTI PRATICI

GAETANO INTRIGILLO*

Questo argomento, tanto controverso, mi ha affascinato fin dall'inizio. Ma le notizie apparse solo sulla stampa periodica (che in genere lascia molto a desiderare, in fatto di precisione scientifica, sui problemi sindonici) non mi avevano fornito elementi solidi di approfondimento. E ben poco mi aveva chiarito la questione l'intervento di Garello al II Convegno Nazionale di studi sulla Sindone[1]. Solo la pubblicazione su *Sindon*[2], a firma dello stesso P. Filas, e la traduzione dell'intero testo in italiano, fornitami dal Centro torinese, mi hanno dato la possibilità di mettere a fuoco l'argomento.

Desidero, prima di tutto, manifestare il mio rispetto per P. Filas, di cui il Centro Torinese mi ha fornito una intera serie di diapositive autentiche sull'argomento. E alcune di esse riporterò nel presentare questi appunti. Ma, al di là del rispetto per la persona, c'è l'amore per le verità che la Sindone ci rivela. Queste verità (se tali sono) vanno collegate e coordinate l'una all'altra, in una armonia senza dissonanze.

Come tutti sappiamo, P. Filas, casualmente, esaminando a forte ingrandimento un negativo fotografico del Volto sindonico di Enrie — ma riprodotto in *terza generazione* — ha individuato sulla palpebra destra abbassata dei «segni» interpretabili come una specie di bastone ricurvo e alcune lettere che in Fig. 1 vengono indicate con le frecce. Sono Y - C - A - I.

Quel bastone [Fig.2] potrebbe essere un *lituus*, cioè un bastone da astrologo; e quelle lettere potrebbero far parte di una scritta, coniata su un *lepton*, che nella intera dicitura è TIBEPIOY ΚΑΙΣΑΡΟΣ: *Di Tiberio Cesare*. E sarebbero la Y del dittongo finale e le prime tre lettere di ΚΑΙσαρος.

La Fig. 3 mostra la moneta con la scritta e il *lituus*. Ritengo sia utile chiarirne la lettura. La prima parola TIBEPIOY è chiara. La seconda diventa chiara se si tiene presente che la lettera somigliante ad una C è il Σ «lunato». Così, se al posto della prima C mettiamo una K (vedremo subito anche questa stranezza), possiamo leggere: KAI (C = Σ) APO (C = Σ), quindi ΚΑΙΣΑΡΟΣ.

Ebbene, quel *lepton* è una moneta coniata da Pilato e porta la data di conio con due lettere greche: I' ϛ' (quest'ultima è la lettera stigma, ormai persa nel-

---

* *Sacerdote delegato del Gruppo Regionale Pugliese del Centro Internazionale di Sindonologia.*

[1] EDOARDO GARELLO, *Sindone: l'enigma della moneta*, in *La Sindone, Scienza e Fede*, ed. Clueb, 1983.

[2] FRANCIS FILAS, *The identification of Pilate coins on the Shroud*, in *Sindon*, n. 32, dicembre 1983.

l'alfabeto greco). Si ha il numero 10 + 6. Quindi 16. Ora, partendo dal 14 d.C., anno in cui Tiberio divenne imperatore, risulta che quel *lepton* fu coniato da Pilato (e quindi in Palestina) nel 29 d.C.

E Gesù di Nazaret, secondo una attendibile ricostruzione storica, fu crocifisso nella prima decade di aprile del 30 d.C. Se questa moneta fu effettivamente posta sull'occhio destro dell'Uomo della Sindone, si avrebbe una datazione perfetta della Sindone stessa, al di là di ogni immaginabile aspettativa. Chi di noi non ne sarebbe felice?

Sappiamo pure che sulla presenza di questa moneta, che si sarebbe stampata in parte sulla Sindone, assieme alle altre impronte, le polemiche non sono mancate. E le polemiche non sono certo la strada adatta per raggiungere la verità. Non lo sono nemmeno per difenderla.

Non è mia intenzione evidenziare che il C latino, individuato da P. Filas, starebbe al posto del K greco. Sappiamo che P. Filas, con tutta sincerità, avanzò l'ipotesi che Pilato avesse coniato delle monete errate. E che poi l'ipotesi sarebbe stata confermata dai fatti. P. Filas ha avuto successivamente la «fortuna» di trovare qualcuna di queste monete erroneamente coniate: con il C invece del K. Rimango perplesso solo sulla molteplicità dei conii da cui sono derivate queste monete errate (2 nella parte illustrazioni).

E sappiamo pure che si disputa se, ai tempi di Gesù, in Palestina, ci fosse l'uso di porre monete o sassolini per tenere abbassate le palpebre dei defunti. Spetta agli storici ed agli archeologi stabilire la verità.

Gli appunti che presento sono l'esposizione di alcune osservazioni e di alcune perplessità che l'argomento suscita. E meriterebbero un più attento ed approfondito sviluppo. Io intendo rimanere nell'ambito del pratico e, ove possibile, dello sperimentale.

1 Se fu usata una moneta, essa doveva trovarsi sulla palpebra chiusa quando il cadavere fu coperto con la Sindone

Infatti sul negativo fotografico le lettere e il *lituus* si vedono «in recto». Quindi sulle impronte impresse sul lenzuolo funerario si devono vedere al rovescio. Di conseguenza, sul cadavere quei «segni» si dovevano trovare «in recto», leggibili, come li vediamo sul negativo fotografico. Doveva esserci la moneta poggiata sulla palpebra.

E allora:
— o la moneta poggiava effettivamente sulla palpebra
— o quei «segni» sono di altra origine.

Ma, se si concede che la moneta poggiava sulla palpebra, al momento della copertura del cadavere, bisogna rivedere:

a) l'opinione (non più sostenibile) secondo la quale la moneta abbia lasciato l'impronta di se stessa sul sangue in coagulazione, perché quei «segni» si sarebbero impressi (come su ceralacca) in negativo; e allora sulle impronte dovrebbero essere in «recto» e sul negativo fotografico dovrebbero essere invertiti, al rovescio;

b) soprattutto, l'ipotesi, ben fondata e ben documentata, della formazione delle impronte sindoniche per una reazione chimica + contatto tra sudore di sangue, sangue ed emanazioni cadaveriche, presenti sul cadavere; e lenzuolo impregnato di soluzione (acquosa od oleosa) di aloe e mirra. Infatti è difficile immaginare la faccia superiore della moneta imbrattata di sudore, di sangue + emanazioni cadaveriche.

2 *Era necessario porre una moneta sulla palpebra di «quel» cadavere?*

Il *lepton*, di cui si parla, misura 14 mm di diametro. Non ne conosco ancora l'esatto peso. Infatti, mentre il Garello, nell'intervento citato sopra, parla di gr 2,3, il prof. Baima Bollone, durante la mia esposizione in Congresso, mi suggeriva il peso di gr 1,2. In ogni caso si stenta ad immaginare quale pressione avrebbe potuto esercitare una tale moneta su una palpebra per tenerla chiusa. La Fig. 4 mostra il rapporto tra una mano e il *lepton*.

Dopo queste precisazioni, torniamo alla domanda: era necessario porre una moneta (e proprio questo *lepton*) sulla palpebra di «quel» cadavere?

a) Lo specialista in oculistica, in questo stesso Congresso, ci ha fatto conoscere la condizione traumatica delle palpebre di quell'Uomo: gonfie, chiuse, impastate di sangue e secrezioni. Doveva già stentare ad alzare le palpebre mentre era ancora vivo...

b) Se poi accettiamo il giudizio dei medici legali, in quell'Uomo la rigidità cadaverica si è instaurata, immediata e totale, nel momento del decesso. Quindi quelle palpebre devono essere rimaste abbassate nel *rigor mortis*: non c'era bisogno di ricorrere alla moneta.

c) Se, invece, propendiamo per una progressiva rigidità cadaverica, dobbiamo ricorrere alle notizie dei Vangeli, se quell'Uomo, come tutti pensiamo, è Gesù dei Vangeli.

Ebbene, secondo i Vangeli, Gesù è morto sulla croce verso le tre del pomeriggio[3]. C'era abbastanza luce nella prima decade di aprile, pur ammettendo l'oscurarsi del cielo con la morte di Gesù[4]. I Giudei dovettero attendere che si approssimasse il tramonto per poter chiedere che i giustiziati fossero finiti sulla croce con il crurifragio[5]. E possiamo pensare approssimativamente alle 17 - 17,30. Sul cadavere di Gesù la rigidità cadaverica doveva essere già iniziata. Le palpebre, almeno per la posizione ortostatica, dovevano essere già abbassate ed invase dal *rigor mortis*. Al momento della deposizione, cioè intorno alle 18, quale necessità poteva esserci di ricorrere alla moneta per chiudere quelle palpebre già chiuse e rigide?

Come ipotesi di lavoro faccio ora due concessioni:
— Concediamo che, per una abitudine irriflessa, sia stata usata la moneta.

---

[3] Mt 27,45; Mc 15,33; Lc 23,44-45.
[4] Gli stessi testi citati alla nota 3.
[5] Gv 19,31-32.

Quel cadavere fu trasportato nel vicino sepolcro di Giuseppe. Data la ridotta distanza tra il luogo della crocifissione e il sepolcro[6], come documenta da moltissimi secoli la basilica del santo sepolcro di Gerusalemme, che contiene nello stesso edificio sia il sepolcro di Gesù, sia la roccia del Calvario[7], il cadavere di Gesù fu trasportato a braccia. E i movimenti dei trasportatori non hanno certo potuto evitare che la moneta scivolasse a terra, lungo il tragitto.

— Concediamo ancora che, deposto il cadavere sulla pietra delle unzioni, la moneta sia stata posta di nuovo sulla palpebra. Qui dobbiamo tener presente che la rigidità cadaverica aveva fissato il capo reclinato in avanti: la barba e il mento sul petto. I medici hanno sempre notato che le impronte della Sindone sono di un Uomo il cui collo, sull'immagine frontale, non si vede.

Ebbene, in quella posizione del capo, una moneta posta sulla palpebra sarebbe scivolata.

Ho fatto numerose prove sperimentali con sangue fresco lasciato coagulare. Ho posto il calco di esperimento con il volto inclinato in avanti (FIG. 5): la moneta è scivolata quasi subito. Mentre nella posizione del capo reclinato indietro (FIG. 6) la moneta non è mai rimasta sulla palpebra per più di un minuto.

3 Un negativo di «terza generazione» non si può chiamare autentico

P. Filas, nel suo studio citato, afferma serenamente che egli ha visto i «segni» (*lituus* e lettere) su un negativo di *terza generazione*. Sono espressioni sue.

Ora un negativo di *terza generazione* è la riproduzione della riproduzione di un negativo autentico. Nessuno potrà sostenere che il negativo di terza generazione sia assolutamente autentico.

Il perito tecnico del Tribunale di Torino, in questo stesso Congresso, ci ha ricordato l'esigenza che ogni osservazione, che voglia avere rigore scientifico, deve essere condotta su fotografie autentiche. Cioè di *prima generazione*.

E il motivo non è banale: la scienza fotografica, infatti, insegna che, riproducendo una riproduzione fotografica, si ottiene una alterazione di toni: i toni scuri si «caricano» e quelli tenui o sfumano, si perdono, oppure si accentuano.

Ammesso che il processo per ottenere un negativo di *terza generazione* abbia dato maggiore evidenza ai «segni» della moneta, bisogna ammettere che questi segni devono pur trovarsi, meno forti, nei negativi di *prima generazione*.

E anche in questo caso sono ricorso alla sperimentazione. Le FIG. 6-7, 8-9, 10-11 mostrano il confronto, sempre più ingrandito, della zona interessata. Le diapositive sono fatte su un negativo di *prima generazione* stampato da Enrie ed uno di *terza generazione*, come si trovano oggi in commercio.

---

[6] Gv 19,41-42.
[7] ANDRÉ PARROT, *Golgotha e santo Sepolcro*, Ed. Paoline, Roma 1972.

4 Una «formazione» casuale?

Mi limito solo a due ipotesi, tra le tante possibili:
a) La prima: che una casuale posizione degli alogenuri d'argento abbia favorito, con il forte ingrandimento, la individuazione dei «segni» riferibili alla moneta.
Ma questo caso può avvenire in un solo negativo fotografico.
P. Filas invece afferma di aver visto gli stessi segni negli ingrandimenti di altri negativi. E, se si osserva il manifesto del congresso, con il volto sindonico ingrandito da un negativo di *prima generazione*, con un poco di buona volontà, si possono individuare quei «segni».
b) La seconda ipotesi è più a monte: che questi «segni» possano essere causati dall'andamento diagonale dell'armatura e che alcuni dei fili, proprio in quella zona, possano presentare degli ingrossamenti.
Ma, in questo caso, noi dovremmo vedere quei «segni» in tutte le riproduzioni negative. Il che non è.

Conclusione provvisoria

Prima di concludere desidero mettere in evidenza alcuni rilievi che, apparentemente, si oppongono:
— I segni di parte della moneta si vedono in alcuni negativi. Non in uno solo. Si vedono, anzi, anche in alcuni negativi della *prima generazione*.
— I segni di parte della moneta non si vedono in tutti i negativi fotografici, né della terza, né della prima generazione.
— La «casualità», cui si ricorre per tentare di spiegare il fatto, si scontra con quell'altra formidabile casualità: come mai, tra tanti segni che avrebbero potuto essere individuati, si notano «questi segni» che rispondono a parte di un *lepton* coniato da Pilato nel 29 d.C.?
Pur tenendo presente quest'ultima perplessità, devo confessare, con tutta franchezza, che gli appunti elencati non mi aiutano ad accettare la presenza della moneta sulla palpebra destra dell'Uomo della Sindone. Ma con altrettanta franchezza non intendo asserire che P. Filas «ha visto quel che ha voluto vedere». Aggiungo, anzi, che se le prove da lui esibite dovessero risultare «alterate», mi ripugna pensare che le alterazioni possano dipendere da lui.
Ritengo che, per accettare le conclusioni di P. Filas, non siano sufficienti le elaborazioni tridimensionali con le relative «esaltazioni» dei particolari. Occorre che tutte le difficoltà, cui ho fatto cenno, siano chiarite e superate, senza lasciare la possibilità di un ragionevole dubbio.
Il mio modesto contributo sull'argomento sta proprio nell'aver presentato la serie di riflessioni esposte. E nel suggerire a chi può farlo (ed a me stesso, se potrò) di condurre una ricerca approfondita su macrofotografie dell'occhio destro del volto sindonico. Si dovrebbe accertare sia la condizione dei fili, sia la posizione locale del sangue. E si dovrebbe con minuzia mettere a confronto lo spessore dei fili, la grandezza effettiva delle lettere e del *lituus* e gli interstizi che si producono nell'incrocio tra ordito e trama.

Se, dopo queste attente osservazioni, risultasse inspiegabile la formazione dei «segni» riferibili alla moneta, allora si potrebbe, con maggiore possibilità, valutare l'ipotesi del *lepton* coniato da Pilato.

Résumé. Avec respect pour les recherches de P. Filas, l'Auteur manifeste les raisons qui lui rendent inacceptable l'hypothèse, quand même séduisante, de la présence d'une monnaie sur l'oeil de l'Homme du Suaire.
Elles sont les suivantes:
1) la monnaie aurait dû être posée sur la paupière du cadavre à l'instant de la couverture par le Suaire;
2) le poids et les dimensions très minces de la pièce ainsi que la condition traumatique des paupières de «tel» cadavre et sa raideur ne peuvent pas persuader sur la nécessité ou la possibilité de l'emploi de la monnaie;
3) une enquête tellement difficile et détaillée ne peut pas être faite sur un négatif de «troisième génération» universellement estimé pas authentique;
4) plusieurs peuvent donc être les causes pour expliquer les marques ∅ interprétées comme provenables d'un «lituus» de Pilate.

Summary. In full respect of P. Filas's researches, the Author explains the reasons that do not make him accept the hypothesis, though seductive, of the presence of a coin on the right eye of the Shroud's Man.
The reasons are:
1) The coin would have been lain on the eyelid of the corpse when it was covered by the Shroud.
2) Exiguous weight and dimensions of the coin, traumatic conditions of the eyelids of «that» corpse, rigor mortis and practical experiments do not persuade of the necessity and of the possibility of the use of the coin.
3) Such a delicate and detailed study cannot be dealt with a negative of «third generation», generally thought as not authentic.
4) The casualness depending on different factors could explain the «signs» if interpreted as coming from a Pilate's lituus.
If this last eventuality is not eliminated for certain, the hypothesis of the coin could always be objected.

Fig. 1 — Le quattro frecce indicano i segni interpretabili per Y C A I (dias Filas).

Fig. 2 — Il segno giallo costeggia dall'esterno il tratteggio interpretabile come un *lituus* (dia Filas).

Fig. 3 — Un *lituus* fortemente ingrandito e corroso dal tempo (dia Filas).

Fig. 4 — Il rapporto tra la dimensione del *lepton* in una mano umana (dias Filas).

Fig. 5 — La palpebra destra, con il capo reclinato in avanti non trattiene la moneta, anche se c'è il sangue in coagulazione.

Fig. 6 — La palpebra destra con il capo reclinato indietro sostiene per non più di un minuto la moneta.

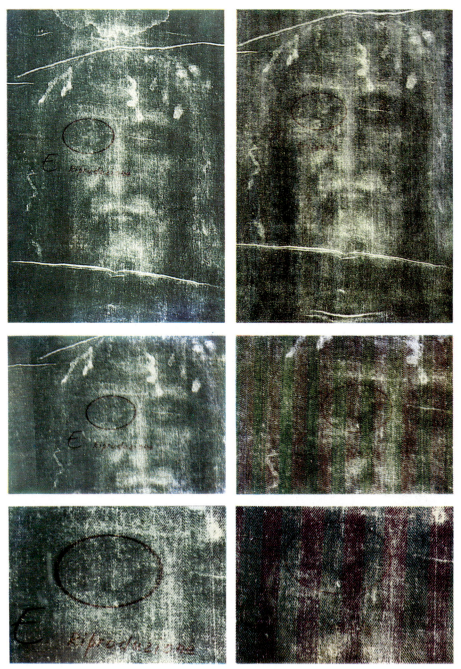

Fig. 7 -8; 9-10; 11-12 — Confronto a diversi ingrandimenti di un negativo di Enrie in *terza generazione* ed uno di *prima generazione*.

L'ESEGESI NEOTESTAMENTARIA DI FRONTE ALLA SINDONE

GIUSEPPE GHIBERTI*

1. *Fra le scienze* che vengono chiamate in causa dall'esistenza della Sindone l'esegesi biblica tiene un posto particolare, perché tratta le prime testimonianze letterarie di storia e di fede trasmesse dall'antichità sulla sepoltura di Gesù. Il suo comportamento e la sua ricerca sono determinati dal suo statuto e dall'oggetto del suo interessamento: deve ricordare di essere esegesi biblica e di avere di fronte la Sindone.

Incominciamo da quest'ultima. *La Sindone* rimanda alla crocifissione di Gesù. Il modo di questo rimando dovrà essere specificato e la prossimità fra Sindone e crocifissione di Gesù potrà essere discussa, ma un rapporto fra le due realtà è comunque innegabile. Ne consegue un particolare obbligo al rispetto: sia per l'oggetto (Gesù è importante, anzitutto per il credente ma anche per il non credente) sia per la fede che, comunque, è sorta a causa o in occasione di quell'oggetto. Il cultore di questa scienza non deve fare della sua ricerca un trampolino di lancio per affermazioni personali o — peggio ancora — per beghe di parte. Sarebbe un tradimento verso quel Cristo con cui entriamo in contatto.

L'esegesi biblica è la scienza che si pone di fronte al testo biblico (nel nostro caso è quasi esclusivamente il Nuovo Testamento), elabora un procedimento adeguato per penetrarne il senso, cerca di individuarlo e di trasmetterlo. È dunque ricerca e mediazione. Della mediazione spetta all'esegesi solo il primo gradino, che consiste nell'analisi adeguata e nella spiegazione degli elementi che dànno il senso del testo; seguiranno un ulteriore tentativo di sintesi (compito delle discipline sistematiche) e lo sforzo pedagogico di spiegazione e convincimento, perché ogni ceto di persone possa comprendere e accettare quel messaggio (compito della catechetica e della pastorale).

Nella ricerca il cultore dell'esegesi, se non è credente, deve comunque rispettare regole previe e sovrane, garanti dell'oggettività del procedimento. Pure se è credente, deve rispettare le stesse regole, tanto più che è consapevole del cammino ulteriore che intende rendere possibile con il suo lavoro, al servizio della propria fede e della fede altrui. In ambedue i casi deve cercare di rendersi chiare le proprie precomprensioni: non potrà svestirsene, ma almeno cercherà di limitarne i condizionamenti e di dichiararseli in partenza.

---

* *Presidente della Sezione Torinese della Facoltà Teologica Interregionale e docente di Filologia neotestamentaria all'Università Cattolica di Milano.*

2. Come si presenta il *procedimento esegetico* nella discussione della Sindone?[1].

Il caso ha aspetti atipici, perché la Sindone non è testo biblico, bensì reperto storico-archeologico. Solo una certa tradizione di culto (la cui documentabilità può essere perseguita in linea continuativa fino al sec. XIV, che per l'esegeta è un momento troppo lontano dall'evento e dalle fonti bibliche) e soprattutto la figura stessa impressa su tale reperto lo accostano inequivocabilmente a una pagina evangelica: quella della sepoltura di Gesù e, prima ancora, quella della passione stessa del Maestro di Nazaret.

Pertanto l'esegesi, mentre si pone di fronte alla Sindone, riceve l'invito a interpretare i testi della passione e soprattutto della sepoltura di Gesù, per il riferimento che rivestono nei confronti del reperto sindonico. Deve dunque anzitutto stabilire i punti che in quei racconti interessano di più la Sindone e poi individuare il procedimento per interpretarli. Solo da questa base può intraprendere una ricerca adeguata e utile.

I punti che interessano sono negativi e positivi: i primi sono quelli che possono rendere impossibile il riferimento della Sindone alla morte e sepoltura di Gesù; i secondi sono quelli che aiutano a capire meglio la Sindone o sono meglio illuminati da essa.

Punti *negativi* in relazione alla passione e morte di Gesù non ne conosco. Mi pare che la descrizione della tortura del «crocifisso» impressa sulla Sindone non presenti contrasti con la descrizione fornita dai vangeli. Per la sepoltura invece l'esegesi deve verificare se tutti i racconti evangelici siano compatibili con la presenza di un lenzuolo mortuario e se altri eventuali panni mortuari impediscano il contatto cadavere-lenzuolo e la proiezione ortogonale delle immagini. Punti *positivi* se ne dovrebbero trovare soprattutto nel racconto della passione, che enumera (per lo più senza soffermarsi sui particolari) i momenti che hanno portato Gesù alla morte. La Sindone non solo li rispecchia, ma offre specificazioni che potrebbero essere chiarificatrici e completanti del testo evangelico. La verifica di questa parte è però scarsamente sviluppata dall'esegesi, un po' per trascuratezza e per diffidenza verso la Sindone e un po' per diffidenza verso un metodo di lettura dei racconti evangelici che viene ritenuto non sufficientemente critico[2].

Il metodo di procedimento deve strutturarsi per rispondere a due domande: a) Come si rappresentava i fatti l'evangelista mentre li raccontava? e b) Quale intenzionalità storiografica aveva nel trasmettere quella rappresenta-

---

[1] Mi permetto di rimandare al mio libretto *La sepoltura di Gesù. I Vangeli e la Sindone*, Piemme: Studia Taurinensia 3, Roma 1982 (da ora abbrevieremo *Sepoltura*). Per questo paragrafo, cfr. specialmente i cc. 1 e 4.

[2] L'esegeta professionale di fronte a una descrizione evangelica si domanda: nell'intenzione dell'evangelista questa descrizione vuole comunicare — in tutti i suoi particolari — lo svolgimento di un avvenimento, oppure — nella sua globalità o in parte — è priva di intenzionalità storiografica? Finché non è esplicitamente preso in considerazione questo problema previo, perdura il disagio nei confronti di una lettura non sufficientemente fondata.

zione dei fatti? È assolutamente indispensabile tenere ambedue queste domande contemporaneamente presenti. La seconda, metodologicamente, non è per nulla superflua: il tralasciarla rende il risultato sempre precario e spesso anche semplicemente invalido. Si può però esagerare nel darle importanza, al punto da rinunciare a seguire la rappresentazione che l'evangelista fa dell'episodio[3]. Fino a prova contraria, l'evangelista non fa una descrizione senza senso e quel senso, anche in quanto racconto, deve essere chiarito. Successivamente si dovrà verificare se l'autore si impegnasse a presentarlo come episodio accaduto oppure avesse altra intenzione.

Lungo questo cammino si impone lo studio di molte componenti del testo: *a*) il senso esatto dei termini; *b*) gli usi e costumi e le istituzioni che sono coinvolti nel racconto; *c*) le eventuali intenzionalità simboliche perseguite dall'evangelista nel presentare singoli particolari o addirittura tutto il racconto; *d*) il rapporto fra intenzionalità simbolica e intenzionalità storiografica. È possibile infatti che l'intenzionalità simbolica sovrasti quella storiografica fino a giungere a eliminarla, oppure che la funzionalità del simbolo esiga proprio la realtà storiografica per divenire portatrice di un messaggio sensato e accettabile.

3. *Nel caso della Sindone* come si presenta la situazione?[4].

Rispondo solo per la sepoltura, che offre già tanta materia di discussione. Ma mi dispiace di non aver (ancora?) portato l'esame sulla passione, e che gli esami finora abbozzati debbano definirsi — a mio povero giudizio — metodologicamente insufficienti.

a) *Il senso esatto dei termini* è stato studiato da parecchi esegeti e ha portato a risultati più che discreti, acquisiti già da alcuni buoni commentari. Sono importanti soprattutto quelli che si riferiscono agli indumenti che ricoprirono il corpo morto di Gesù e quelli che descrivono come questi panni sono entrati in contatto con il corpo; infine hanno ancora interesse quelli riferiti al sepolcro e alla situazione dei panni in esso. In questi ultimi tempi si è invece attenuato l'interesse per la natura degli aromi usati per la sepoltura.

La *sindōn* degli evangelisti sinottici significa un lino, una tela o un vestito. Ambedue i sensi sono possibili nell'uso funerario (sia il telo per avvolgere il corpo sia la tunica mortuaria), ma per Gesù sembra da preferire il primo senso. Infatti viene usato il verbo «avvolgere» (*entylissō, eneileō*) e non «rivestire» (che poteva essere *endynai tina ti*: cfr. Mt 27,31), quando a Gesù ven-

---

[3] Nella rassegna presente nel III capitolo di *Sepoltura* (pagg. 63-92) si vede quanto sia frequente questo difetto in parecchi rappresentanti dell'esegesi contemporanea.
Buone osservazioni metodologiche sono offerte da R. E. Brown, *Brief Observations on the Shroud of Turin*, in *Biblical Theology Bulletin*, 14 (1984), pag. 145-148.
[4] Cfr. i capitoli centrali (2 e 3) di *Sepoltura*. Ricca di informazioni e di osservazioni pertinenti è la relazione di B. Bonnet-Eymard al Convegno di Bologna (1982). Cfr. *Le «soudarion» johannique négatif de la gloire divine*, in *La Sindone, Scienza e Fede*, CLUEB, Bologna 1983, pagg. 75-89 (versione it.: 91-105) (da ora in poi abbr. *Soudarion*).

gono rimessi gli indumenti prima della salita al Calvario; Mc. 1,6; 6,9; Lc. 15,22, del figliuol prodigo). Inoltre le circostanze sembrano favorire più l'acquisto di una tela che la ricerca di una tunica: è vero che nessuno dei sinottici sottolinea la fretta della sepoltura, ma è chiaro anche per essi che sta incombendo l'inizio del sabato. La forma del telo, invece, non è deducibile né dal sostantivo né dai verbi: i sinottici non ci dicono se fu un telo piuttosto stretto e lungo (come la Sindone torinese) o più corto e più largo. Da essi comunque non è deducibile alcun argomento serio contro la Sindone, mentre sussiste una rilevante compatibilità con essa[5].

Siccome in questo termine si concentra, per i Sinottici (Mt 27,59; Mc 16,46; Lc 23,53; dovremo però tornare su Lc 24,12) tutto l'abbigliamento funebre di Gesù, ci dobbiamo subito domandare come essi si rappresentassero il rivestimento del suo cadavere. Essi concordano nel parlare di un avvolgimento, senza specificare se nel senso della lunghezza o della larghezza della «sindone». Non parlano di altri panni ed altri interventi. Di per sé non li escludono, anche se si ha l'impressione che chi racconta la scena ritenga di essere esaustivo e di non sottintendere nulla. Difficilmente si riesce a individuare nei particolari della narrazione intenzioni «teologicamente riflesse»: riesce perciò tanto più spontaneo riconoscere al racconto l'intenzione primaria di comunicare i fatti secondo il ricordo del loro svolgimento.

Gli *othonia* di Giovanni sono invece per l'esegeta un vero rompicapo, anche astraendo dal problema sindonologico. La forma diminutiva nella «koiné» (anche neotestamentaria) non fa difficoltà: non è dunque necessario pensare a capi di piccola estensione. Ma il plurale, allo stato attuale delle conoscenze, non si lascia ridurre a singolare. E neppure si capisce quale rappresentazione esatta Giovanni se ne facesse. Vanno escluse, fino a prova contraria, le bende da imbalsamazione, perché quest'uso non è documentato nella Palestina del primo secolo e perché, comunque, a Gesù l'imbalsamazione non fu certo praticata, per totale insufficienza di tempo[6]. Non sembrerebbe neppur consigliabile il ricorso ai «legacci» (destinati alle mani e ai piedi), perché Giovanni per questi conosce il vocabolo *keiriai*. Il fatto che Lc 24,12 usi *othonia* nel descrivere la visita di Pietro al sepolcro ha fatto pensare a qualcuno[7] che questo vocabolo corrisponda a *sindōn*, usata dallo stesso Luca nel racconto della sepoltura (23,53), ma non è detto che l'evangelista conoscesse ambedue

---

[5] Mt 27,60 segnala la qualità della Sindone: *kathara*, pura, senza macchia. B. BONNET-EYMARD (*Soudarion*, 77, n. 5) suggerisce questa possibile spiegazione: la sindone al momento della sepoltura era «pura», perché non portava ancora quei segni misteriosi che avrebbe avuto in seguito (e che si vedono oggi nella Sindone torinese). Oltre all'ipoteticità totale — riconosciuta dall'A. — questa lettura ha anche un alto grado di improbabilità: non è pensabile che nella cristianità primitiva si conosca un telo, «macchiato» a questo modo, per questo motivo, e non se ne faccia alcun cenno, se non in questo caso, che sembra studiato apposta per non essere compreso.

[6] Per questo motivo (non per altri) riterrei migliorabile l'attuale traduzione CEI, sostituendo il termine «bende» con uno più neutro e generico, come «lini».

[7] Cfr. ancora, recentemente, J. A. T. ROBINSON, *The Shroud and the New Testament*, in *La Sindone e la scienza*, Edizioni Paoline, Torino 1979, pagg. 265-276.

le volte (nella sepoltura e nella visita al sepolcro) un unico indumento. Inoltre occorre tener presente che i due racconti risalgono assai probabilmente a due tradizioni diverse, che possono spiegare l'attenzione a particolari diversi[8].

Per tentare la ricostruzione dei vestiti di Gesù secondo Giovanni, è importante l'interpretazione di *soudarion*, in accostamento con *othonia*. Almeno uno degli indumenti doveva ricoprire tutto il corpo e perciò non sono compatibili contemporaneamente i legacci e il piccolo sudario o velo facciale (tanto meno se ridotto a mentoniera). L'unica cosa sicura è che il sudario «era (stato) sul suo capo» (Giov, 20,7) oppure, riprendendo dalla scena della risurrezione di Lazzaro, poteva essere servito per «legare attorno» il suo volto (Giov 11,44). Da quest'ultimo particolare descrittivo (riferito però a Lazzaro, non a Gesù) parte l'interpretazione del sudario come mentoniera. Ma nella uscita di Lazzaro dal sepolcro sembra che si voglia sottolineare l'impedimento della persona a muoversi autonomamente: non può infatti usare i piedi e le mani e non può vedere, perché piedi e mani sono fermati con legacci, mentre sembra che anche i movimenti del volto siano impediti (da un cappuccio? da una pezza stretta fissata attorno? da una mentoniera?). Probabilmente Lazzaro porta la tunica mortuaria, a cui si aggiungono i legami in tre parti del corpo. La mentoniera, stando alle usanze ebraiche, nel caso di Lazzaro probabilmente era stata impiegata, ma non è sicuro che il sudario si riferisca proprio ad essa[9].

È possibile che il parallelo tra l'acconciatura funebre di Lazzaro e quella di Gesù sia intenzionale in Giovanni. Ma occorre essere guardinghi nelle applicazioni. Se il parallelo fosse perfetto, di volta in volta si corrisponderebbero questi particolari: Lazzaro è «legato piedi e mani con legacci» (11,44), il corpo di Gesù «l'hanno legato con lini» (19,40); il volto di Lazzaro è «legato attorno» o «cinto» col sudario (11,53), sul capo di Gesù «c'è stato» il sudario (20,7); è probabile che Lazzaro sia rivestito della tunica funebre e così dovrebbe essere anche per Gesù. Sarebbe una comoda soluzione, ma richiede che si spieghi perché le *keiriai* di Lazzaro siano diventate gli *othonia* di Gesù, perché «i piedi e le mani» del primo cedano il posto al «corpo» del secondo, perché per Lazzaro si parli di «volto» e per Gesù di «capo», perché il verbo *perideo* sia sostitutivo da *einai epì*.

A questo punto il primo stadio dell'analisi filologica deve essere coadiuvato dall'analisi letteraria e simbolica, a cui accenneremo tra poco. Da quanto visto fin qui è possibile solo una conclusione assai guardinga: Giovanni immagina certamente almeno due capi di vestiario per il cadavere di Gesù. Il

---

[8] La rappresentazione sottostante a Lc 24,12 è ricostruibile solo parzialmente. Penso che si possa solo leggere così: nel sepolcro Pietro vide più di un capo di indumenti mortuari. O la tradizione era volutamente indeterminata (e questo ha permesso a Giovanni le sue specificazioni), oppure conteneva ulteriori particolari, omessi dagli evangelisti.

[9] Mi parrebbe, anzi, da escludere, pensando — come si diceva sopra — che anche il sudario sia un impedimento (da cui Gesù comanda di «sciogliere» Lazzaro, perché possa «andare»: 11,44), e precisamente della vista (*opsis* è il volto, la parte del capo che è vista e che vede): perciò il volto non è solo «legato attorno» ma anche ricoperto. Non è però impensabile la coesistenza di sudario (come velo facciale) e mentoniera.

sudario è talmente collegato al capo (di Lazzaro e di Gesù) che sembra escludere dimensioni molto grandi[10]. Il corpo di Gesù o è coperto da una (sottintesa) tunica mortuaria (e allora gli *othonia* possono essere serviti a modo di legacci), oppure da *othonia* sufficientemente ampi e stretti al corpo di Gesù[11]. Forse quanto diremo della rappresentazione simbolica ci farà propendere per la seconda lettura: probabilmente Giovanni non è preoccupato della forma specifica di queste pezze di tessuto, ma sottolinea che esse tenevano costretto il corpo di Gesù.

b) Gli usi e costumi delle sepolture ebraiche del primo secolo sono noti abbastanza scarsamente. Nel caso di Gesù si aggiunge l'eccezionalità del procedimento, che aumenta i punti oscuri. Di solito si fa riferimento al noto inciso di Giov 19,40: «Presero dunque il corpo di Gesù e lo legarono con lini assieme agli aromi, *come è uso per i Giudei preparare per la sepoltura*». Ma le deduzioni sono spesso contrastanti[12]. D'altra parte Giovanni stesso attenua la portata dell'osservazione, nominando due volte la «parasceve dei giudei» (v. 42), che sembra far scegliere il sepolcro nel giardino, perché la distanza dal luogo dell'esecuzione è piccola (ma anche perché è «nuovo»: v. 41), e la parasceve al «grande giorno di quel sabato» (v. 31), che fa accelerare la deposi

---

[10] B. Bonnet-Eymand, riprendendo il vecchio suggerimento di Levesque e Barbet (fin dal 1939), identifica il «sudario» con la «sindone». Suo argomento principale è l'uso di *sūdārā'* nel Tg. Jon. a Rut 3,15. L'ebraico ha *mitpahat*, i LXX *perizóma*, la Volgata *pallium*. Si tratta della pezza di tessuto che era servita a Rut come copertura notturna e nella quale Booz versò sei moggi di orzo. Doveva essere dunque una pezza molto ampia. Per quanto interessante, questa proposta deve rispondere ad alcune obiezioni. È del tutto pacifico che la rappresentazione dell'autore del Targum sia totalmente in continuità con quella del testo masoretico? Cfr. E. Levine, *The Aramaic Version of Ruth*, PIB: AnalBib 58, Roma 1973, pagg. 34-35: «And he said: "Hold out the turban you are wearing"...». Soprattutto è proprio sicuro che quello fosse l'unico senso rivestito nell'aramaico palestinese di Gesù e Giovanni e che l'evangelista abbia potuto solo intendere quel senso? Secondo quest'ipotesi *othonia* di Giov 19,40 e 20,6s coinciderebbero con le *keiriai* di 11,44. Ora, se è vero che per gli uni e le altre si usa il verbo *dein*, «legare», questo verbo è usato pure per il sudario in 11,44. Inoltre resta molto misteriosa l'assenza del sudario in 19,40, se è questo la copertura del corpo e gli *othonia* sono solo legacci. Tanto più l'obiezione vale, se si tiene conto di Lc 24,12, che conosce solo gli *othonia*. Anche in questo caso si deve ritenere che l'evangelista o è preoccupato solo della verifica della vittoria di Gesù sulla morte e perciò nomina solo i legacci, sottintendendo altri indumenti a forma di lenzuolo o tunica, oppure intende per *othonia* indumenti veri e propri (che sono però difficilmente identificabili con la *sindōn* a causa del loro plurale). È molto più probabile la seconda lettura, che può anche assorbire il simbolismo della liberazione (essendo gli *othonia* anche legami), ma non costringe a dare a *othonia* il senso di pezza molto stretta.

[11] W. Bulst, *Turiner Grabtuch und Exegese heute*, in BZnF, 28 (1984), pagg. 22-42 (qui 40) tenta di spiegare l'omissione di *sindōn* in Giov 20,7: per chi ritiene che il racconto dei discepoli al sepolcro sia una «leggenda apologetica», non è il caso di parlare di contenuto storico; per chi invece ritiene che vi sia contenuto storico, si potrà dire che i discepoli non hanno visto, adagiato sul fondo del sepolcro a truogolo, il lenzuolo. Ma non sarebbe neppure da escludere che la notizia presente nel vangelo degli Ebrei (cfr. Hieron., *De viris inl.* 2), secondo la quale Gesù aveva donato la sindone al servo del sommo sacerdote, nascondesse un nucleo storico. A me sembra che la spiegazione sia da ricercare altrove.

[12] Cfr. le posizioni di Dan Cohn-Sherbok e di B. B. e G. R. Lavoie - D. Klutstein - J. Regan in *Sepoltura*, p. 68-69: perché con Gesù si osservarono le usanze ebraiche, «panni funebri di Gesù furono non un lenzuolo ma una specie di tunica; inoltre il cadavere di Gesù non poté non essere lavato», e così fu eliminato il sangue dalla superficie del suo corpo (Cohn-Sherbok); per lo stesso motivo si afferma d'altra parte che il cadavere di Gesù non fu lavato e non poteva esserlo (Lavoie...).

zione dei cadaveri dalla croce. La sottolineatura giovannea sull'uso giudaico può aver rispecchiato la sostanza delle cose e intanto ha fatto rilevare l'onorabilità della sepoltura di Gesù: anche qui c'è intenzionalità simbolica[13].

È sufficientemente conosciuta la normativa circa la sepoltura dei condannati, in Palestina, ma l'eccezione fatta per Gesù, che gode di un sepolcro ragguardevole, è spiegata in modo soddisfacente dalla testimonianza evangelica e da una prassi presente talora anche altrove.

Non è invece accettabile una certa tendenza all'intemperanza e all'arbitrarietà, come il preteso impiego di monete sugli occhi dei defunti. Checché si dica del gonfiore messo in evidenza sull'occhio dell'uomo della Sindone dai rilievi tridimensionali (e addirittura delle lettere che sarebbero leggibili su di esso), resta determinante il fatto che per ora non abbiamo alcuna documentazione che suggerisca tale usanza nella Palestina del primo secolo. I rimandi prodotti fin qui si riferiscono a tutt'altra epoca e luogo[14].

c) Le intenzionalità simboliche dei racconti che ci interessano sono campo non ancora molto studiato, soprattutto non con sufficiente sistematicità e chiarezza criteriologica. Si parla spesso di simbolismo, ma su una base di approssimazione intuitiva, non sostenuta dalla conoscenza precisa del suo statuto. Strumenti del simbolismo sono modelli o stereotipi letterari, schemi culturali, rimandi sufficientemente dimostrabili dalla lettera a un senso ulteriore, che costituisce il messaggio inteso dall'autore. Ne facciamo una piccola verifica nel racconto giovanneo della sepoltura e della corsa dei discepoli al sepolcro[15]. Anche se i risultati non sono sempre omogenei e ugualmente attendibili, suscitano tuttavia notevole impressione ed esigono una spiegazione.

Una tendenza costante della passione secondo Giovanni è confermata anche nelle sue ultime battute: nel momento dell'umiliante sofferenza e della morte di Gesù, raggiunge anche il culmine il processo della sua glorificazione ed egli si manifesta come sommo sovrano. Perciò molti particolari insistono sul trattamento di eccezionale rispetto di cui Gesù è fatto oggetto: l'attenzio-

---

[13] Su questa osservazione è necessario richiamare l'attenzione ogni volta che si fa ricorso all'assioma di questi ultimi tempi: Giovanni è il più storico degli evangelisti. Che alla base del quarto vangelo vi siano ottime tradizioni, con buon ancoraggio ai ricordi della vita di Gesù e alla situazione palestinese di quel tempo è indubbio. Ma che ogni particolare debba essere interpretato come intenzionalmente storiografico è tutt'altra cosa e non risponde a verità.

[14] Cfr. *Sepoltura*, 24 (e n. 14). Nuove voci si sono levate recentemente in favore dell'ipotesi della moneta sugli occhi dell'uomo della Sindone presentata da F. L. Filas: ha avuto in questi ultimi tempi nuovi sostenitori. Cfr. N. Heutger, *Prokuratoren-Münzen auf dem Turiner Grablinnen*, in BZnF, 29 (1985), pagg. 105-106 e A. H. Brame, *The Dating of the Shroud of Turin: Two rare previously unrecognized, lituus dilepta issued A. D. 24/25 Valezins Gratus and A. D. 29/30 Pontius Pilatus*, in The Augustan XXII, 2 Oct. 1984, pagg. 66-78. Se, però, il contributo numismatico è interessante, mi pare che la documentazione sugli usi del primo secolo lasci ancora a desiderare.

[15] Cenni a questa simbologia si trovano già in *Sepoltura*, passim, (per es. pagg. 51, 52, 84...) e in *Maria Maddalena al sepolcro (Gv 20, 1-2.11-18)*, in *Parole di vita*, 29 (1984) pagg. 226-244 (qui 237-239). In realtà l'articolo (da ora abbr. *Maria Maddalena*), nonostante il titolo, si occupa pure dei vv. 3-10.

ne usata da Pilato, la sepoltura onorata al di sopra di ogni attesa, l'abbondanza degli aromi (cento libbre!)[16], l'ordine negli indumenti funebri.

Giovanni insiste, nei racconti di sepoltura sia di Lazzaro sia di Gesù, sull'aspetto della costrizione a cui è sottoposto il cadavere (cfr. l'uso del verbo *dein*). Alla risurrezione di Lazzaro è ancora necessario sciogliere colui che già veniva fuori dal sepolcro: Gesù infatti completa la sua azione liberatrice col comando *lysate*. Anche il cadavere di Gesù è stato sottomesso a questa legge, che è conseguenza della schiavitù dell'uomo nei confronti della morte.

Ma nella risurrezione egli diventa libero da questi legami. La pluralità dei panni mortuari ha probabilmente lo scopo di sottolineare il contrasto fra l'asservimento alla morte e la libertà raggiunta poi. Non c'è bisogno di «sciogliere» Gesù; il sepolcro, regno della morte, è vuoto; dentro, sono solo più presenti le catene che tenevano legato il corpo e che ora sono inattive. Addirittura, gli *othonia* sono separati dal sudario, non dovendo più trattenere lo stesso corpo; il sudario, anzi, è stato ripiegato: probabilmente da colui stesso che ne era prima ricoperto. È il motivo della liberazione dalla schiavitù della morte, presente anche in altri racconti evangelici del sepolcro vuoto (almeno in Matteo), ed è una conferma del motivo precedente della sovranità[17].

Particolare interesse suscita il sudario, non nominato altrove (né nei sinottici né in Giovanni) per Gesù e punto di arrivo della verifica che i discepoli fanno del sepolcro[18]. La tradizione giudaica raccolta nel Targum conosce un «sudario» che serviva per coprire il volto di Mosè, quando questi non riceveva o trasmetteva la rivelazione divina (cfr. Es 34,33-35 e il Tg. Pal. e Tg. Ps. Jon.)[19].

Con Gesù è pensabile che sia avvenuto qualcosa di simile: la morte è il tempo della cessazione dal rapporto con Dio e con gli uomini; con la risurrezione

---

[16] Cf. C. H. DODD, *Historical Tradition in the Fourth Gospel*, Cambr. Univ. Pr., Cambridge 1965, pag. 139.

[17] Con prospettive e particolarità diverse sono intervenuti su questo motivo giovanneo B. PRETE, «*E lo legarono con bende*» (Giov 19,40), in *Bibbia e Oriente*, 10 (1968), pagg. 189-196; A. FEUILLET, *La découverte du tombeau vide en Jean 20,3-10 et la foi au Christ ressuscité*, in *Esprit et vie* 87 (1977), pagg. 257-266; 273-284; e ultimamente M. SHORTER, *The Sign of the Linen Cloths: the Fourth Gospel and the Holy Shroud of Turin*, in *Journal for the Study of the New Testament* 17 (1983) pagg. 90-96. La presenza del motivo nel racconto matteano è stata evidenziata dallo studio di R. KRATZ, *Auferweckung als Befreiung*, KBW: SBS, 65, Stuttgart 1973.

[18] Infatti il discepolo amato non lo vede durante la prima verifica, dall'apertura del sepolcro.

[19] Un confronto della terminologia può essere utile. Il velo che copre il volto di Mosè nel testo masoterico si chiama *masʿweh* e nei LXX *kolymma*. Il Targum Onqelos (cfr. *The Bible in Aramaic...* edited by A. Sperber, vol. I, *The Pentateuch according to Targum Onqelos*, Brill Leiden, 1959, pag. 151) dice che Mosè «si pose sul volto una *byt ʾpy/byt ʾpwhy*» cioè una casa del (o «per il») volto o un riparo, una copertura. Il Targum Palestinese (cfr. A. DÍEZ MACHO, *Noephyti 1. Targum palestinese ms. de la Biblioteca Vaticana*, tomo II, *Exodo*, Madrid-Barcelona 1970, pag. 233) usa solo il vocabolo che ci interessa (*swdr*). Il Targum dello Ps. Jonathan (cfr. *Biblia Sacra Polyglotta...* edidit B. Waltonus, Vol. IV, Londini 1657, pag. 169) sembra riportare una lectio conflata: «Mosè metteva sull'aspetto della casa del suo volto un panno» (e ancora altre due volte torna l'espressione: «rimuoveva-riponeva il panno dalla-sulla casa del suo volto»). Per quanto ci riguarda, si può almeno dire che nella mentalità dei targumin il «sudario» non è immaginato che come un velo sul volto o, al massimo, come un cappuccio.

riprende il dialogo della gloria del Padre e del Figlio e anche la economia della rivelazione di Gesù, che ci «spiega» il Padre[20].

In riferimento agli indumenti mortuari lasciati nel sepolcro, sembra imporsi un altro simbolismo: Gesù esce nudo dal sepolcro. È vero che qualcuno pensa che *othonia* e *soudarion* non totalizzino tutti gli indumenti di Gesù (potrebbe essere uscito dal sepolcro con la tunica), ma è assai più probabile che per Giovanni l'elenco sia esaustivo. Il corpo di Gesù non ha dunque più bisogno di coprirsi, a differenza di quanto era accaduto con i progenitori (cfr. Gen 3,7-11)[21]: mentre questi avevano sentito la necessità di nascondersi da Dio, Gesù sale al Padre (Gen 3,10 contro Giov 20,17); Dio aveva dato un comando, che era stato trasgredito e ne era nato il senso di colpa evidenziato dalla vergogna per la nudità, mentre Gesù ha compiuto tutta la volontà del Padre e raggiunge così quell'equilibrio anche fisico che si realizza nella nuova condizione del suo corpo[22].

Con l'uscita di scena dei due discepoli, Maria si affaccia anche essa al sepolcro. Ma «vede» non più i panni, bensì gli angeli con i quali si accende un dialogo. Incomincia così una sequenza che riproduce le movenze della scena

---

[20] Recentemente sono comparsi due articoli contemporanei su questo argomento. B. BONNET-EYMARD, *Soudarion* pagg. 84-86, cita il Targum dello Pseudo-Jonathan dalla Bibbia Poliglotta di Walton e — insieme al Codex Neofiti I — dall'edizione di R. LE DÉAUT (*Sources Chrétiennes*), rimandando a un suo «articolo prossimo». S. M. SCHNEIDERS, *The Face Veil: A Johannine Sign (John 20,1-10)*, in *Biblical Theology Bulletin* 13 (1983), pagg. 94-97 cita pure i due targumin (Ps.-Jon. e Neofiti I). Il primo sostiene che Giovanni, con un aramaismo, sostituisce «sudario» a «sindone», perché il termine gli serve (attraverso il rimando all'esperienza di Mosè) a esprimere la sua «teologia della gloria divina»: la gloria risplendette sul volto di Cristo nel momento dell'«ora», cioè della passione. Scendendo dal Calvario (il suo Sinai), Cristo nasconde la sua gloria, rivestendo il suo sudario. Ma con la risurrezione si manifesta la luce del suo volto, lasciandone i segni sul sudario (la figura nella Sindone). La seconda nota come l'eventuale collegamento con il comportamento di Mosè nell'Esodo non avvenga attraverso il termine greco usato dai LXX in Es 34, bensì attraverso quello più vicino all'aramaico dei targumin (non *kolymma* bensì *soudarion*, conradicale con *sūdārā*'). Il velo facciale è ripiegato definitivamente (*entetyligmenon*, perfetto!), perché Gesù va per sempre al Padre.
  Nei confronti di queste due letture vorrei far notare che quella di B. Bonnet-Eymard non si preoccupa di domandarsi se il «sudario» di Mosè, secondo il Targum, sia solo facciale e — in caso di risposta positiva (come sembra inevitabile) — come Giovanni abbia potuto mantenere il simbolo col mutare della rappresentazione globale; inoltre che ambedue non tengono conto dell'assenza del «sudario» sia nel momento in cui Mosè parla con Dio sia in quello in cui egli trasmette la rivelazione agli israeliti. Questo particolare può essere intenzionale anche in Giovanni, accordandosi con la sua teologia della rivelazione (anche se, dopo la risurrezione, è lo Spirito che rivela la gloria di Gesù agli uomini e continua il suo insegnamento).

[21] Potrebbe essere interessante ricordare che la copertura di foglie adottata da Adamo ed Eva è chiamata «cintura» o «cingolo» in Gen 3,7: il testo masoretico dice *hargorot* (la cui radice *hagar* ricorda *peridein* greco), i LXX *perizomata*, il Targ. Onqelos (*Poliglotta* di Walton, I, 11; *The Bible in Aramaic* di A. Sperber, cfr. sopra, n. 19, 4) *zrzyn*, il Targ. Neofiti I (A. Díez Macho, cfr. sopra n. 19, tomo I, *Génesis*, Madrid-Barcelona 1968, 14-15) *'zryn*. Non è possibile dimostrare direttamente un rapporto con il vocabolario giovanneo dei panni mortuari, ma è innegabile che nel racconto genesiaco (sia nella tradizione ebraica sia in quella aramaica, vicina alla redazione del quarto vangelo) la figura dell'indumento avvolge e lega il corpo (per togliere — in Genesi — il senso della nudità). Gesù, uscendo dal sepolcro, ha lasciato cadere questi legami che lo cingevano; si è liberato anche dal condizionamento di una vergogna che non apparteneva al piano della creazione.

[22] Cfr. 20,19.26 (il motivo di Gesù che viene «a porte chiuse»), ma già anche, prima, 6,62 («salendo là dove era prima», Gesù dimostra che anche lo «scandalo» del «duro discorso» sulla carne da mangiare e sul sangue da bere è ricondotto all'economia dello «Spirito che dà la vita»).

di Cant 3,1-4, in cui la sposa, alla ricerca dell'amato, incontra le guardie e le interpella. In questo modo forse Giovanni opera un parziale ricupero delle guardie del racconto matteano (non più come episodio ma come motivo simbolico): «uno alla testa e uno ai piedi dove giaceva il corpo di Gesù» (Giov 20,12) sembra descrivere l'atteggiamento dei custodi di Mt 27,65; 28,4. Qui però essi custodiscono non un sepolcro abitato bensì un sepolcro deserto. Il radicale cambio di scena dal v. 10 al v. 11 è istruttivo: mentre permane una perfetta continuità di spazio e di tempo, sono scomparsi gli indumenti funebri. Né vale dire che Maria non li nota perché è Giovanni, a questo punto, che non li nota. È la conferma della prospettiva parziale della sua narrazione.

d) La presenza del *simbolismo ha conseguenze* riduttive *per l'intenzionalità storiografica*? Nella visita al sepolcro il problema è acuto da quanto si dice del discepolo amato: «vide e credette» (Giov 20,8), con riferimento evidente a quanto era stato descritto nei vv. 6 e 7. Il v. 8 rappresenta senza dubbio il momento culminante dell'intera scena, ma è anche indubbio che questa punta viene attutita dal verso successivo: «Infatti non conoscevano ancora la Scrittura, che egli doveva risorgere dai morti» (20,9). Anche se si traduce ēidesan col trapassato remoto («non *avevano* ancora conosciuto...»), il contesto non permette tuttavia di concludere che in quel momento i discepoli compresero la Scrittura; è invece accusata l'assenza di una comprensione che avrebbe dovuto esserci e che avrebbe portato da sola alla fede, senza bisogno del «vedere». Questa comprensione giungerà, quando i discepoli si renderanno conto che Gesù è stato glorificato (cfr. 12,16) e allora la fede sarà perfetta. Ma questo sarà frutto di una crescita che giunge a maturazione solo al termine del capitolo.

Anche se per la perfezione è richiesta la «conoscenza» della Scrittura, il «vedere» non è superfluo nei confronti della fede, perché ha reso possibile il contatto con i «segni» del mutamento che si era operato in Gesù: la liberazione dalla morte e il trionfo sul condizionamento «carnale» della precedente situazione di colui che ora parla con il Padre e riprende la sua funzione di rivelatore[23]. Ma determinante nel «vedere» in rapporto al «credere» sono non tanto i lini e la loro disposizione quanto il complesso simbolico da essi rappresentato.

Venendo alla nostra questione, dobbiamo darle una doppia risposta, in direzioni diverse: l'intenzionalità simbolica in un particolare narrativo non solo

---

[23] Cfr. F. HAHN, *Sehen und Glauben im Johannesevangelium*, in H. BALTENSWEILER - B. REICKE (Hrsg.), *Neues Testament und Geschichte*. O. Cullmann zum 70. Geburstag, Zürich-Tübingen (Theol. Verlag - J.C.B. Mohr) 1972, pagg. 125-141. Non condividerei però l'affermazione secondo la quale «per l'evangelista è d'importanza secondaria il fatto che sia vista solo una qualunque traccia concreta dell'evento della resurrezione oppure il Risorto in persona». D'altra parte una gradazione nella fede, secondo Giovanni, non è impensabile (cfr. l'*episteusan* di 2,23), visto che la fede è un'adesione soggetta a crescita. Né mi pare che, se ciò era vero nell'esperienza del ministero di Gesù ed è ancora vero nell'esperienza dei credenti nella chiesa, debba invocarsi l'eccezione per il momento della risurrezione.

non si oppone alla sua storicità ma di per sé la presuppone e la richiede; però tale intenzionalità può anche far scegliere o accentuare qualche particolare narrativo. La prima affermazione è richiesta dall'attendibilità del simbolo: normalmente il simbolo e il suo messaggio sono posti nello stesso ordine di realtà. La seconda è dovuta al prevalere del messaggio sul vettore simbolico: soprattutto quando il simbolismo ha un impiego tanto massiccio, è possibile che in qualche punto possa aver avuto funzione prevalente la comunicazione del messaggio su quella dell'informazione episodica del particolare simbolico. Perché il messaggio è primo nell'intenzione e perché lo si vuole comunicare attraverso determinati simboli, non è impensabile che nel riferire i particolari si possano accettare approssimazioni e anche imprecisioni.

Nel nostro caso, abbiamo visto quanto fosse difficile comprendere esattamente come Giovanni si raffigurasse la sepoltura di Gesù. Ci sembrava invece più facile far emergere la funzione di molti particolari, al servizio di un messaggio globale omogeneo. È vero che per il sindonologo quei particolari sono determinanti, ma ciò che è essenziale per la sindonologia è particolare secondario per la sepoltura di Gesù. Ciò vale ad esempio per la verifica dei panni al sepolcro e anche per il modo con cui almeno Giovanni descrive l'avvolgimento in essi del cadavere di Gesù.

Il controllo analitico di quanto stiamo affermando è reso particolarmente difficile per un doppio motivo: non conosciamo bene la tradizione precedente alla redazione giovannea e conosciamo troppo approssimativamente il procedimento della sepoltura.

A quest'ultimo abbiamo già fatto riferimento, quando accennavamo agli usi e costumi ai quali rimandano i nostri racconti evangelici. È evidente che, se si conoscessero da altre fonti, in modo analitico, le varie fasi della sepoltura all'epoca di Cristo, si potrebbe fare la verifica di quanto narrano i vangeli per Gesù: vi dobbiamo invece rinunciare, per la scarsità delle informazioni e per la eccezionalità del caso di Gesù. Ciò che conosciamo permette di accettare in linea di massima sia la descrizione sinottica sia quella giovannea (e ambedue in più d'una ipotesi interpretativa), con orientamenti preferenziali quasi nulli.

L'analisi delle fonti ci può invece fornire suggerimenti utili, anche se le sue proposte sono ipotetiche e raggiungono solo un certo grado di probabilità. Non è necessario spendere parole sulle fonti del racconto sinottico della sepoltura, perché è chiaro che, nella sostanza, esso proviene da una tradizione presinottica; si può ammettere che i sinottici l'hanno assunto con intento fondamentalmente narrativo e che esso voglia riportare alcune notizie, molto sommarie, del modo come Gesù fu sepolto. Sul particolare di Lc 24,12 torneremo subito.

Più articolato è il discorso sul quarto vangelo. Nel racconto della sepoltura si incontrano due novità: l'intervento di Nicodemo con abbondanti aromi e il legamento del cadavere negli *othonia*, «insieme agli aromi», secondo l'uso dei Giudei. Se si può discutere sulla notizia di Nicodemo (di origine redazionale e secondaria?), è invece assai probabile che quella sugli *othonia* provenga da tradizione pregiovannea. Questo giudizio ha le sue conseguenze nella lettura del racconto dei due discepoli al sepolcro. Un nucleo di questo racconto è da ritenersi pregiovanneo e ad esso appartiene la notizia degli *othonia* (cfr. Lc 24,12)[24]. Altri elementi sono invece meno chiari, cominciando dalla presenza, accanto a Pietro, del discepolo amato. È probabile che tutto quanto si riferisce all'esperienza di questo discepolo sia da attribuirsi alla redazione giovannea come anche, subito dopo, alcuni tipici motivi sia del dialogo della Maddalena con gli angeli sia del suo incontro con Gesù.

Se la nostra ipotesi è attendibile, quali condizionamenti porta a tutta la ricerca? Abbiamo tentato di verificare l'intenzionalità simbolica della visita al sepolcro, per stabilire se qualche particolare del racconto giovanneo fosse da spiegarsi solo in funzione alla sua destinazione simbolica. Siccome il quadro simbolico è stato considerato solo a livello redazionale, il giudizio sul valore storiografico dei singoli particolari vale solo in riferimento all'intenzionalità di Giovanni. Resterà da esaminare la fase precedente alla redazione, per i particolari provenienti da tradizione pregiovannea. In concreto, se gli *othonia* risalgono a tradizione pregiovannea, la loro attendibilità storiografica dovrà essere giudicata in base alla funzione che essi rivestivano nella fonte e non a quella svolta nel racconto giovanneo: Giovanni li ha assunti con il loro valore e ha eventualmente aggiunto una nuova significazione.

Poiché la critica letteraria, e in essa l'analisi delle fonti, è un'arte e non una scienza esatta, sovente si raggiunge solo un certo grado di probabilità e non la piena sicurezza. Ciò vale per quanto abbiamo detto fin qui, ma specialmente per il sudario: il fatto che non sia presente in Lc 24,12 e neppure nel racconto giovanneo della sepoltura, e che sia presente in quel racconto di Lazzaro con cui Giovanni collega quello del sepolcro di Gesù induce a pensare che l'evangelista non l'abbia trovato nelle sue fonti ma l'abbia introdotto redazionalmente.

Poco fa constatavamo quanta densità simbolica potesse rivestire il particolare del sudario di Gesù morto e risorto. Questo fatto, aggiunto alle precedenti considerazioni, rende propensi a pensare che Giovanni nella sua descrizione del sudario (come velo facciale) non ha intenzione storiografica: è possibile cioè che egli si immagini la composizione del cadavere di Gesù secondo una raffigurazione di maniera, senza badare troppo ai particolari né impegnarsi su di essi[25].

---

[24] Cfr. *Maria Maddalena*, 232-235. Si può discutere se questo racconto sia stato il luogo d'origine della tradizione degli *othonia*: fuori del quarto vangelo essa è attestata solo in Lc 24,12, che è appunto parallelo a Giov 20,3-10. Giovanni non ricorda gli *othonia* per Lazzaro ma solo per Gesù. Il fatto che si trovino già nella sepoltura potrebbe spiegarsi per un influsso della scena successiva al sepolcro. Per quanto interessante, questo problema non pregiudica la nostra inchiesta: qualunque sia stato il suo *Sitz im Leben* originario, esiste una tradizione che ha descritto il cadavere di Gesù rivestito di *othonia* e noi dobbiamo renderci conto del suo valore storiografico.

[25] Ciò non significa ancora che per questi particolari si debba parlare di pura invenzione. Anche un grande interesse simbolico non è quasi mai causa di totale invenzione di un elemento narrativo. Per lo

Per gli *othonia* la situazione è diversa. Prima di Giovanni, già altri hanno parlato di una loro presenza nel coprire il corpo di Gesù. Come poi Giovanni li abbia immaginati (probabilmente in armonia con il quadro simbolico visto sopra[26]) può essere anche secondario, perché bisogna sempre spiegare la rappresentazione precedente. Ciononostante, proprio il fatto che in tutta la scena giovannea del sepolcro la precisione storiografica non fosse la prima preoccupazione e che la prospettiva della narrazione fosse parziale fa pensare che anche altrove il giudizio di importanza su quei particolari potesse essere scarso o secondario. La riprova si ha dalla rappresentazione imprecisa e generica offerta da Lc 24,12 (una pluralità di indumenti funebri), che infatti permette a Giovanni una moltiplicazione di particolari episodici, a imitazione del c. 11 e a servizio dell'intenzionalità simbologica.

Un'altra riprova è offerta dall'incompatibilità della tradizione sinottica con quella di Lc 24,12 e di Giovanni[27]: se non si apre l'ipotesi gratuita che o la prima o la seconda sottintenda il contenuto dell'altra (ad es. che i sinottici parlino di *sindōn*, ma sottintendano anche la presenza di *othonia* e *soudarion*), bisogna riconoscere che *sindōn* non è gli *othonia*. Siccome però ambedue le tradizioni si riferiscono a una identica realtà, cioè la sepoltura di Gesù, bisogna concludere che l'informazione storiografica non è contenuta con la stessa intenzione e precisione in ambedue.

Mi pare che al termine del cammino compiuto fin qui sia giustificato dire che sull'uso dei panni mortuari nella sepoltura di Gesù una informazione storiografica attendibile (anche se molto ridotta nei particolari) è offerta dai vangeli sinottici e molto meno da Giovanni.

L'informazione sinottica è compatibile con le condizioni del reperto sindonico. L'esegesi dunque non dovrebbe avere riserve contro la Sindone. Essa però non ha eliminato i suoi problemi, che richiedono ancora un lungo cammino di ricerca e che forse per qualche aspetto non saranno mai totalmente risolti.

---

più interviene un fatto occasionale che fornisce il supporto alla costruzione simbolica. Per il sudario quel fatto poté essere rappresentato o da un'usanza comune, che poteva facilmente supporsi rispettata anche in quel caso, o da qualche particolare somigliante al sudario stesso. In realtà l'usanza del sudario non manca di documentazione, ma non è applicata a tutti i defunti, è databile un po' tardi e nell'eccezionale celerità del procedimento su Gesù poté anche mancare. Particolare somigliante poté essere la mentoniera, che verrebbe ricuperata così in modo diverso: non dal sudario alla mentoniera (come fanno oggi molti sindonologi), ma dalla mentoniera al sudario (potrebbe essere la strada percorsa da Giovanni).

[26] Si potrebbe nuovamente suggerire l'identificazione di *othonia* con *keiriai*. A questo punto la cosa sarebbe spiegabile, perché il nuovo vocabolo avrebbe origine da tradizione pregiovannea, anche se poi il quarto evangelista lo amalgama al resto della narrazione, per es. con l'insistenza sul legamento del corpo di Gesù. Ma questa coincidenza ci riporta a una vecchia obiezione: Lc 24,12 conoscerebbe nel sepolcro solo la presenza di legacci e Giov 20,7 solo legacci e il velo facciale. Dunque Gesù avrebbe portato con sé, uscendo dal sepolcro, l'indumento più grande: il che sembra in contrasto con il senso di ambedue i racconti.

[27] Ho sempre lavorato sull'ipotesi che Lc 24,12 sia autentico e rappresenti uno stadio tradizionale anteriore a quello di Giov 20,3-10. Penso che ambedue le parti dell'ipotesi (specialmente la prima) siano altamente probabili. Ma, se così non fosse, il ragionamento verrebbe solo semplificato, perché crescerebbe la probabilità d'una origine redazionale degli *othonia* o, comunque, sarebbe evidente come Giovanni li assume senza interesse a una precisa rappresentazione storiografica.

4. Resta da fare una *verifica al rovescio*: la Sindone non potrebbe fungere da strumento di verifica della narrazione neotestamentaria della (passione e) sepoltura di Gesù? Non è raro il caso che, attraverso un documento o un reperto esterno a una narrazione antica, confermante le notizie che questa riporta, venga confermata anche l'intenzione storiografica di tale narrazione. Potrebbe darsi allora che la narrazione neotestamentaria, proprio là dove non sono chiari i particolari storiografici, acquistasse luce e sicurezza dal documento esterno, cioè dalla Sindone.

Ma deve trattarsi di vera coincidenza dall'esterno: ora la Sindone è una coincidenza dall'esterno? Bisognerebbe almeno poter conoscere con chiarezza la sua data di nascita, e qui solo la scienza sperimentale può venire in soccorso all'esegesi, risolvendo il problema della datazione del tessuto. Se si desse il caso che il lenzuolo non fosse databile negli anni della passione di Gesù, non vi sarebbe coincidenza con l'epoca di composizione dei vangeli. Però il lenzuolo potrebbe diventare testimone molto antico (per es. dei secoli VII o VIII?) della lettura che si faceva in quel tempo delle descrizioni evangeliche della passione, riprodotta su un uomo crocifisso e poi sepolto: sarebbe una pagina di storia dell'esegesi.

Se si potesse invece dire che il lenzuolo è del primo secolo, non si concluderebbe ancora immediatamente che vi è stato avvolto Gesù. Però la coincidenza sarebbe illuminante del rapporto reciproco. Per i racconti evangelici della passione essa mostrerebbe che nel I secolo vi è stato almeno un caso di esecuzione capitale molto simile a quello che essi narrano; per la Sindone mostrerebbe che una descrizione letteraria parallela e coincidente con i dati del reperto conosce il nome di un uomo che ha avuto la sorte descritta dalle immagini del lenzuolo: Gesù di Nazaret. Per i vangeli sarebbe straordinariamente alta la probabilità dell'attendibilità storica dei particolari coincidenti con il dato sindonico (cioè anzitutto la descrizione sinottica a preferenza di quella giovannea), come per la Sindone sarebbe alta la probabilità che l'uomo avvolto una volta in essa sia stato Gesù.

L'esegeta chiede dunque aiuto allo scienziato.

Dal canto suo si permette anche di dire una parola al sindonologo che opera nel campo delle scienze sperimentali. Quando uno scienziato si rivolge al dato evangelico, deve praticare un minimo di avvertenza critica, o almeno deve cercarla tramite l'aiuto altrui, per evitare possibili abbagli. È necessario sempre partire dalla domanda: il senso inteso dall'autore sacro con questo particolare coincide proprio con quello che si percepisce ora spontaneamente? Il divario di tempo e di situazioni storiche e culturali che ci separano da quegli autori è troppo grande, perché non ci si debba sforzare di colmarlo con una esplicita ricerca. In particolare segnalo un possibile frequente equivoco: quando la narrazione di tutti i vangeli è scarsa di notizie, ma *uno* offre un particolare che ci è utile, lo si sfrutta immediatamente come testimonianza storica (magari in appoggio d'una ipotesi previa). Non è detto che questo sia sempre errato, ma si deve tener presente che il particolare suffragato da una sola attestazione (magari divergente dalle altre) è sempre il primo sul quale deve portarsi la verifica storica e sovente è dovuto a una intenzionalità teologica, storiograficamente debole.

Certo tutto questo conferma la necessità — nel nostro campo come in altri e forse più evidentemente che in altri — d'un lavoro interdisciplinare almeno in qualche momento della ricerca.

Résumé. Le procédé exégétique dans le débat sur le Saint Suaire se préoccupe de vérifier s'il y a, dans les narrations évangéliques de la Passion et mort de Jésus et de son ensevelissement, des endroits qui exclurent un rapport avec le Saint Suaire de Turin, et s'il y en a qui secourent pour le mieux comprendre ou sont mieux éclairés par lui.

Cette étude se borne aux narrations de l'ensevelissement et de la découverte du Sépulcre vide (dans l'Evangile de Saint-Jean), et à la question de la compatibilité ou incompatibilité de celles narrations avec le Saint Suaire, et se demande de quelle façon les évangélistes se représentaient les événements et quelle intentionelité historiographique ils ont eu en trasmettant telle représentation. L'étude s'interroge donc sur les composants du texte suivants: a) la signification exacte des termes; b) les usages, les coutumes et les institutions impliquées dans la narration; c) les éventuelles intentionalités symboliques poursuivies par les évangélistes dans la présentation des détails ou même de toute la narration; d) le rapport entre intentionalité symbolique et intentionalité storiographique.

C'est développé surtout l'aspect des intentionalités symboliques qui se trouvent dans Jean 20,1-18 (part. vv. 5-10) où on releve une perspective partielle dans la narration, surtout preoccupée de donner un très riche enseignement théologique.

C'est la raison pour laquelle on peut penser, même que l'intentionalité symbolique ne s'oppose pas à l'historicité des détails narrés (qui au contraire sont presupposés), qu'elle peut aussi faire choisir ou accentuer quelque détail narratif.

Cela c'est verifié, peut être, dans la rédaction de Saint-Jean (et vraisemblablement déjà dans la tradictio précédente) tout au moins relativement aux «othonia» (ou linges, qu'il faut traduire au pluriel).

On peut conclure que, même que les narrations de Jean sont difficilement compatibles avec le Saint Suaire de Turin, sa intentionalité historique ce n'est pas telle pour lui contradir.

Au contraire la représentation des synoptiques et leur intentionalité historique semblent totalement compatibles avec le Saint Suaire de Turin.

Summary. Purpose of the exegetic proceeding when discussing about the Shroud is to verify whether in the Gospel accounts of the passion and death of Jesus and of His burial there are points that exclude any reference to the Shroud of Turin and also whether there are some that may help to understand it better or are themselves emphasized by the Shroud itself. This work is limited to the reports on the burial and the discovery of the empty sepulchre (in John's Gospel) and to the problem of the compatibility or incompatibility of said accounts with the Shroud, and the question is put on how the Evangelists were seeing the facts and what was their intention, under the historical point of view, in transmitting the events. Consequently, this paper deals with the following points of the text: a) the exact meaning of the terms; b) custom, habits and institutions involved in the account; c) the Evangelist symbolic intention, if any, in describing particular details or even the whole account; d) the relation between the symbolic and the historical intentions. The aspect of the symbolic intention as laid out in John, 20,1-18 (espec. vs. 3-10) is particularly developed and a partial perspective noticed in said account, the main aim being that of a very rich theological teaching. For this very reason, one could think that, even if the symbolic intention is not opposed to the historical contents of the details (on the contrary, it is in itself presupposed), said intention can even bring to the choice or the emphasizing of some specific points of the account. This can have happened in the John's relation (and probably already in the previous tradition) at least as far as the *othonia* (linen, in the plural sense) are concerned. It is concluded that, even if the John's accounts are hardly compatible with the Shroud, their historical intention is not such as to contradict it. On the contrary, the description of the Synoptic Gospels and his historical intention seem fully compatible with the reality of the Shroud.

LA MORTE DI GESÙ: UNA LETTURA TEOLOGICA

ANTONIO RESTA*

PREMESSA E INTRODUZIONE

«In faccia alla morte l'enigma della condizione umana diventa sommo» (Gaudium et Spes, n. 18). «In realtà solamente nel mistero del Verbo incarnato trova vera luce il mistero dell'uomo» (*ibid.*, n. 22). Le due espressioni della «Gaudium et Spes» possono introdurci nella tematica essenziale della nostra trattazione.

La morte appartiene all'essenza stessa dell'uomo, proprio come la vita: la somma «non-utopia» intimamente legata alla somma «utopia». Proprio per questo la morte non può essere ignorata, entrando costitutivamente nell'essenza-esistenza della realtà umana.

Sembra strano, anche se è in coerenza con la sua dottrina, quanto affermava Epicuro: «che ci importa della morte? La morte non esiste. Quando ci siamo noi lei non c'è. E quando c'è lei non ci siamo noi». Con più verità ha scritto Pascal: «Per quanto bella sia stata la commedia in tutto il resto, l'ultimo atto è sempre sanguinoso. Alla fine, con una vanga si getta della terra sulla testa. Ed ecco fatto, per sempre».

«La morte è un'usanza che tutti, prima o poi, dobbiamo rispettare» (Jorge Luís Borges). «La morte è ciò che la vita ha sinora inventato di più solido e sicuro» (E. Cioran).

Afferma, tuttavia, il Concilio: «questa vittoria (sulla morte) l'ha conquistata il Cristo risorgendo alla vita, dopo aver liberato l'uomo dalla morte mediante la sua morte» (Gaudium et Spes, 18).

Tutti i problemi che riguardano l'uomo, la sua vita, la sua esistenza, la sua eternità e la sua quotidianità, Cristo li ha assunti per dare ad essi un significato nuovo e trasformante. Tra tutti, il problema della morte ha ricevuto da Lui quel significato «rivoluzionario» che Bultmann pone come base di tutta la rivelazione cristiana, interpretata logicamente secondo una sua concezione.

L'antico effato teologico: «quod non assumpsit, non redemit» che trova il suo riscontro nell'agostiniano: «quod non erat assumpsit, quod erat non amisit» (Disc. 47,20) dà lo spazio più ampio e il luogo più legittimo dove inserire e in cui collocare il tema della morte, così come è stato vissuto da Cristo e il significato nuovo che da questa esperienza ne è scaturito.

---

* Monsignore, docente di teologia al Pontificio Seminario Regionale Pugliese.

Ma come Cristo si è messo davanti al *mysterium tremendum* della morte? L'Incarnazione del Verbo, se non vogliamo ridurla ad una semplice comparsa (docetismo sempre risorgente!), dobbiamo considerarla e coglierla nel suo spessore di storicità e di concretezza. L'umanità di Gesù non è una «livrea» (Rahner) dietro cui il Verbo si è nascosto: certo, «inconfuse» con la Divinità, e tuttavia intimamente e misteriosamente unita ad Essa.

Per poter, intanto, rispondere all'assunto che ci siamo proposti, bisogna riferirsi al Vangelo ed esaminare questo «cammino» di Gesù, da cui emergono conclusioni chiare: debbono essere esse la base e il fondamento di qualsiasi interpretazione teologica.

È nota la celebre affermazione di M. Koeler: i Vangeli sono storia della passione di Gesù, preceduti da una particolareggiata introduzione. La Passione di Gesù e il punto culminante di essa, cioè la sua morte, costituiscono il motivo dominante che si svolge attraverso momenti particolarmente intensi ed essi, momenti, attraverso gesti e parole di Gesù che ne significano la portata. Quali sono questi momenti e come vengono caratterizzati?

In genere, gli esegeti per esaminare il significato e la portata della morte di Gesù si fermano sui due momenti più intensi che l'hanno preceduta: *l'istituzione dell'Eucaristia nell'ultima Cena* e *l'agonia di Gesù nel Getsemani*.

Credo sia opportuno partire dall'atteggiamento che Gesù ha tenuto davanti alla sua morte imminente e, quindi, dai due episodi riportati sopra, tenendo presente già l'annuncio che Lui ne aveva dato. Logicamente e cronologicamente è il metodo più logico e più legittimo. Il cammino è un po' più lungo, ma estremamente stimolante, oltre ad essere più completo.

Noi seguiamo questo metodo in questa relazione: non solo non ci porta lontano dal tema propostoci, anzi lo postula. Certo colloca la nostra relazione fuori dai limiti di tempo in cui si sarebbe dovuta svolgere e in cui sarebbe dovuta essere rigorosamente contenuta. Se ne scapita in lunghezza, tuttavia (ne siamo sicuri) ne guadagna in chiarezza e completezza.

GESÙ ANNUNCIA LA SUA MORTE

La vita di Gesù, come la vita di ogni uomo, deve essere letta nella sua globalità: nei comportamenti, cioè, e nelle parole. La sua morte, pertanto, da Gesù non è stata solo annunciata e preannunciata con le sole sue parole: anche il suo comportamento prelude alla sua morte.

1) *L'atteggiamento di Gesù.*

Già il suo annuncio del Regno, non più ristretto a una cerchia di eletti, ma aperto a tutti, soprattutto ai poveri (Lc. 14,16 e ss.) dava adito a una interpretazione «pericolosa» della sua presenza e della sua predicazione. «Chi contava» non poteva non considerare «eversive» le parole di Gesù e soprattutto il suo modo di agire: Gesù, infatti, si comportava in maniera corrispondente al suo «manifesto» iniziale.

Il suo atteggiamento davanti alla Legge (supremo oracolo per un Giudeo «verace») è quello di osservanza e invito ad essa, ma anche di contestazione e di invito a contestarla. In Gesù c'è il Giudeo pio ed osservante (secondo un determinato schema dominante) e il Giudeo rivoluzionario e dissacratore.

Sono tanti gli episodi in cui Gesù osserva e fa osservare la Legge: va al Tempio come ogni buon Giudeo (Mc 11,16), comanda ai lebbrosi guariti di andare dal sacerdote e presentare l'offerta prescritta da Mosè... (Mt 18,4), rispetta l'insegnamento degli scribi e dei farisei (Mt 23,2), ecc.

Ma ci sono altre circostanze in cui Gesù sorpassa, anzi contesta certe usanze e interpretazioni: viola il sabato (Mt 12,18), non si cura della impurità, ecc. Sono gli atteggiamenti «innovatori» e «immorali» di Gesù che determinano la decisione di farlo perire (Mc 6,3): lo si osservava (lo si spiava) e se ne traevano le conseguenze.

Le conseguenze, già gravi per questi comportamenti, diventavano ancora più compromettenti e pesanti quando derivavano da comportamenti ancora più pericolosi e «delicati» da parte di Gesù: non era un fatto di secondaria importanza che Gesù fosse l'amico dei pubblicani (fatto inaudito: ne chiama uno alla sua sequela!) e dei peccatori, mangiasse con loro, li privilegiasse nelle sue scelte, che riflettevano ed erano le scelte di Dio, che promettesse loro una legittima e provocatoria cittadinanza nel Regno che veniva annunciando.

Erano atteggiamenti diametralmente opposti a quelli dei «benpensanti» del suo tempo, che si ritenevano gli esclusivi detentori della Legge e della sua interpretazione autentica.

L'interpretazione politica degli atteggiamenti e del messaggio di Gesù ha fatto il resto. È indiscutibile che per spiegare i motivi della morte di Gesù bisogna spostare l'asse di interpretazione anche in questo senso: non è né può essere l'unica interpretazione, ma non ne è completamente assente. Il messaggio di Gesù, che prometteva il Regno soprattutto ai poveri, non poteva non suscitare entusiasmo tra le «masse» e non poteva non turbare l'*establishement*, l'ordine stabilito (Lc 23,2): Gesù diventa «scomodo» e bisogna eliminarlo: il pretesto di «sovversivo» aveva la parvenza della legittimità e delle legalità di un intervento liberatore.

È ovvio che il motivo per cui agiva Gesù era tutt'altro che politico. La sua azione e la sua predicazione miravano a liberare il popolo dai fardelli che gli erano stati imposti (Mt 23,4) in nome della Legge e di Dio, la cui misericordia e il cui «stile» era conosciuto da Gesù, che li proclamava, ad onta di tutte le interpretazioni fuorvianti.

Davanti a questa «conoscenza» (Mt 11,25 e ss.) di Dio, Gesù non ha avuto paura delle conseguenze anche violente che ne potevano derivare, anche della morte che presenta e la cui paura ha vinto e vince con una totale confidenza in Dio.

2) *Le parole di Gesù circa la sua futura morte.*

Gesù preannuncia: «verranno giorni in cui lo sposo sarà loro tolto» (Mc 12,19) e «lo Sposo», secondo una tematica frequente nell'Antico Testamento, ha il suo richiamo al Messia.

A proposito degli enunciati di Gesù circa la sua futura morte, si parla di una *evoluzione* nell'annuncio che Gesù ne fa. Questa evoluzione, tuttavia, non bisogna collocarla nella coscienza di Gesù, quanto nel suo messaggio.

Questo fatto incontestabile è desumibile dai Vangeli, soprattutto sinottici. Nei Sinottici, infatti, si distinguono due tappe nella vita di Gesù: la prima si svolge in Galilea, la seconda è caratterizzata dal suo *viaggio verso Gerusalemme*. La frattura tra le due tappe della vita di Gesù è innegabile, anche se il IV Evangelista rileva come Gesù è andato più volte a Gerusalemme. È evidente che nel IV Vangelo non è recepito lo schema della tradizione sinottica.

La *crisi* galilaica è determinata da diversi fattori, facilmente individuabili.

Inizialmente Gesù in Galilea riscuote un grande successo, ma è proprio questo il motivo dell'incomprensione che capovolge radicalmente la situazione. Le folle interpretano il messaggio di Gesù in un senso nettamente politico, di liberazione, cioè, dal nemico che opprime il popolo giudaico. Anche i capi religiosi non accolgono con favore la sua predicazione. Anche Erode vuole «vedere» Gesù (Lc 23,8) per imprigionarlo e, quindi, disfarsene. Gesù abbandona, pertanto, la Galilea e cerca altrove un'accoglienza meno sfavorevole.

Dunque, il ministero di Gesù ha comportato due periodi: il primo è riferito all'annuncio del Regno che viene nella gloria ed esige la conversione; il secondo periodo si riferisce alla croce come cammino per la gloria.

È il secondo periodo che contiene l'insegnamento circa la passione. In Mt la divisione è più evidente e rientra in un certo schema dell'Evangelista, che lo presenta in una determinata maniera.

Prima dell'episodio che riguarda Pietro e che viene situato a Cesarea, Gesù chiama i suoi discepoli alla sua sequela: il Regno di Dio è vicino ed essi sono chiamati a diventare pescatori di uomini. Le condizioni sono quanto di più favorevole a suscitare un entusiasmo incontenibile. Poi c'è la «svolta», netta, decisa. Dopo la confessione di Pietro il discorso sulla necessità della conversione è rivolto agli apostoli e non solo alle folle. La sequela del Maestro dovrà consistere nella sofferenza e nella croce. La morte sarà il passaggio obbligato per sé e per i discepoli che vogliono seguirlo.

3) La morte di Giovanni Battista, dei Profeti e la morte di Gesù.

L'annuncio della morte di Gesù bisogna situarlo nell'insieme dell'economia divina. Gesù ne parla tenendo presente questo principio, che è una caratteristica della mentalità religiosa giudaica. La morte di Gesù è presentata come il coronamento della morte di una lunga serie di profeti, primo fra tutti Giovanni Battista.

Gesù era legato profondamente a Giovanni e con lui ha avuto indubbiamente dei rapporti. Gesù prefigura nella sorte finale di Giovanni (morte violenta) la sua morte secondo la tradizione che si riferisce alla sorte tragica dei profeti. «Se Elia è già venuto, si domandano implicitamente i discepoli, che ne è della sorte della missione del Messia?» (Mc 8,29.31). In risposta Gesù mette in relazione il Figlio dell'uomo col profeta Elia, per significare che in Giovanni il Battista bisogna riconoscere il profeta Elia e che dunque la morte di Giovanni prefigura la sua.

Il rapporto «profetico» di Gesù non è solo ristretto a Giovanni Battista: esso si allarga a tutti i profeti del popolo di Israele: la sua frase «un profeta non è disprezzato che nella sua patria, tra i suoi parenti e in casa sua» (Mc 6,4) ha un entroterra preciso e si riferisce agli insuccessi di Eliseo e di Elia. È anche un'espressione paradigmatica che si riferisce alla sorte normale di un profeta che è quella di essere un incompreso: odiato, messo al bando, insultato, respinto come uno scellerato (Lc 6,22-23).

Gesù colloca se stesso nella scia della sorte toccata ai profeti. «Egli dinanzi alle minacce dei capi religiosi guarda alla passata storia del popolo di Israele, fa appello alla sapienza divina che conduce alla storia (Lc 7,35) e, per comprendere la propria sorte, situa se stesso nella linea dei profeti: «non è possibile che un profeta muoia fuori di Gerusalemme» (Lc 13,33).

Gesù collocandosi nella scia di Giovanni Battista (più che un profeta) e nello schema stereotipo della sorte dei profeti che lo avevano preceduto, schema che si conclude con l'uccisione e con la morte, sente ancora di più e più profondamente la conclusione tragica della sua vita. Egli non è solo profeta, che già evidenzia un rapporto particolare con Dio: Egli è il Figlio: il suo rapporto con Dio non si pone sul piano della particolarità, ma dell'unicità (cfr. la parabola dei vignaioli omicidi).

4) *La morte di Gesù e l'immagine del Giusto perseguitato*.

L'immagine del Giusto perseguitato è diffusa nella conoscenza del popolo di Israele e trova una diffusione maggiore presso i primi cristiani che la rapportano a Gesù (Salmi di lamentazione nella Passione; Salmo 22).

Ci sono e quali sono i modi attraverso i quali Gesù ha dato modo ai suoi discepoli di poter mettere in relazione la sua sorte con quella del Giusto perseguitato?

Nella seconda parte dell'attività ministeriale di Gesù ci sono tre annunci della Passione (Mt 16,21 e ss.; Mt 17,22 e ss.; Mt 20,17-19 e ss.). Soprattutto il terzo annuncio è straordinariamente dettagliato. Se per questo, pertanto, si può anche pensare a una profezia retrospettiva (ex eventu), non si può concludere altrettanto per i primi due. È dalla forma di essi, infatti, che si deve dedurre che si tratta di *annunci* e non di profezie.

Nel primo annuncio si ha la forma impersonale ed è introdotto dai verbi «bisogna», «è necessario»: è il piano di Dio riferito a Gesù e che in Giovanni diventa «il comandamento del Padre».

Nel secondo annuncio la forma è più personale: Gesù è il soggetto della frase con il verbo al passivo (Mc 9,31). È Gesù che prepara i suoi discepoli contro il dubbio e lo scoraggiamento, sapendo e predicando la sorte che lo attende.

Gesù, dunque, pone se stesso nella tradizione del Giusto perseguitato e dei profeti uccisi: è stato, dunque, Gesù stesso a prospettare la sua sorte futura, sorte identificata in un «battesimo di morte» (Mc 10,38). Gesù, insomma, ha mostrato il segreto della propria esistenza: una presenza di Dio nella sua vita che è presenza di amore.

5) *Gesù ha dato alla sua morte un valore redentivo. Ma Gesù come ha presentato la sua morte? Le ha dato un significato redentore?*

Per dare una risposta a tale interrogativo non si può percorrere la via più semplice, che poi diventa la più difficile, cioè ricorrere all'uso di un linguaggio cultuale da parte di Gesù: Egli non ha mai usato un linguaggio sacrificale proprio perché non ha mai presentato il suo messaggio in funzione cultuale.

L'esame da fare riguarda la pericope evangelica che riflette l'interpretazione da dare alla sua morte. Il passo in questione è Mt 20,28 rapportato a Mc 10,45: «Il Figlio dell'uomo è venuto... a dare la sua vita in riscatto per molti: πύτρον 'αντὶ πολλῶν. Il termine λὺτρον, presso gli ebrei, indicava solo la liberazione dal male e dalla morte: liberazione da uno stato di oppressione (redenzione). Non ha mai il significato di prezzo da pagare per il riscatto di uno schiavo, o prezzo da pagare alla divinità per ottenere un compenso. La particella 'αντι' non insinua l'idea di uno scambio, ma è solo in funzione del sostantivo che la segue. Il sostantivo è πολλῶν da tradurre col termine «moltitudine» come sostengono tutti i critici, dopo le autorevoli e determinanti argomentazioni dello Jeremias. Il significato dell'espressione si traduce chiaramente: Gesù con l'offerta di se stesso si è acquistato la moltitudine degli uomini.

Le parole di Mt 20,28 debbono essere confrontate con quelle, sempre di Mt 26,28, e che sono relative all'istituzione dell'Eucaristia.

Qui si mette in rapporto l'Uno e tutti: il mistero della salvezza è compiuto da Gesù a vantaggio di tutti. Vi è dunque presente un linguaggio sacrificale e redentore. Si può dire che tutto ciò proviene da Gesù oppure è solo una lettura che ne fa, in questo senso, la Chiesa primitiva?

La conclusione più semplice e anche più ovvia è che l'idea dominante in questi luoghi è l'idea del servizio e Gesù ha vissuto la propria vita come servizio. In questo atteggiamento di Gesù c'è presente anche il significato cultuale. Non era egli venuto ad abbattere le barriere legali e cultuali del suo tempo? Il non aver ristretto la sua missione in un solo indirizzo e il non aver voluto «chiudere la sua persona nella distretta di un titolo» fa sì che esplodano tutte le formule e tutti gli schemi. «Ha voluto vivere sollevando la questione circa la propria identità, senza pretendere di fissarla in qualsivoglia categoria».

Gesù, dunque, davanti alla minaccia della morte, ha continuato la sua missione di predicare il Regno di Dio. Nonostante sia stato in tutti i modi contrastato, non ha perduto la sua fiducia in Dio, che ha servito nell'uomo e attraverso l'uomo. Non ha accettato la morte in uno stato di passività, ma vi è andato incontro con la fiducia più piena nella presenza di Dio che avrebbe trionfato sulla morte.

La sua missione richiedeva questa conclusione: Cristo non si è tirato indietro, ma si è aperto ad essa nell'abbandono e nella fiducia. La sua morte non è stata voluta direttamente da Dio, ma fu necessaria come risposta alla volontà del Padre che lo voleva fedele alla missione che gli aveva affidato. La morte di Gesù è la conclusione della sua fedeltà radicale al Padre: così la vede Gesù, anche se quella morte non appare né voluta né desiderata. Gesù non è solo un profeta, ma il Figlio che vive con il Padre una relazione unica: anche la sua morte acquista, per questo, il carattere dell'unicità. Si discosta da quella degli altri profeti. Per questo non sarà una morte che si concluderà nella tomba ma avrà il suo epilogo trionfale nella risurrezione. Nella risurrezione la morte di Gesù svelerà tutto il suo significato: Gesù annuncia l'Amore infinito e universale di Dio: sarà il medesimo amore annunciato e vissuto nella morte che culminerà nella risurrezione.

Un'ultima annotazione, per uno scrupolo di completezza.

Il risultato cui siamo pervenuti è frutto della lettura teologica dei Vangeli sinottici. Fuori di questa prospettiva si colloca S. Giovanni e il IV Vangelo. Per Giovanni il cammino di Gesù verso la croce è un cammino di gioia: è un cammino di gloria perché segna il passaggio definitivo di Gesù al Padre.

In realtà Giovanni non considera la morte di Gesù come un avvenimento sacrificale: non la colloca in questa prospettiva. La lavanda dei piedi illustrerà il significato di servizio della vita di Gesù. È in questo orizzonte che Giovanni colloca il significato di tutto quanto Gesù ha detto e ha fatto. Gesù dona la sua vita per le pecore e questo dono è un dono di amore, dono supremo che «compie» un cammino di donazione della propria vita a Dio e per gli amici. La morte di Gesù è un innalzamento nella gloria perché la consacrazione di Gesù in questo mondo non è di tipo cultuale, ma profetico, come trasferimento del profano in Dio medesimo.

In realtà il motivo del servizio come coronamento della vita di Gesù e la prospettiva giovannea di passaggio alla gloria della sua morte si completano a vicenda, armonizzandosi in quella prospettiva di «già» e di «non ancora» che caratterizza ogni momento della nuova storia e quindi la storia di ogni credente, che si pone o è alla sequela di Cristo «servo glorificato» (Fil 2,5-11).

GESÙ DAVANTI ALL'IMMINENZA DELLA SUA MORTE

Come Gesù si pone davanti alla sua morte imminente?

Il cammino di Gesù verso la croce è punteggiato da due episodi che illuminano in maniera intensissima il significato di quella drammatica conclusione: un epilogo di morte inserito in un atto di amore che si sviluppa e si manifesta sempre di più cammin facendo.

1) Il primo episodio è l'ultima Cena. È noto da tutti i Vangeli come Gesù ha partecipato di frequente a molti banchetti. Sarebbe certamente molto riduttivo, se non addirittura fuorviante, restringere il significato di questa partecipazione a un mero fatto materiale. Non per nulla la sua partecipazione a questi banchetti suscita scandalo e mormorazioni mentre si richiama la figura di Giovanni Battista «che non mangia e non beve» (Lc 7,33).

Il comportamento di Gesù denota uno «scandaloso» anticonformismo che trascende il fatto meramente comportamentale, ordinario ed abituale. Il motivo che suscita la critica e la «condanna» del comportamento di Gesù è la sua partecipazione a banchetti con commensali per nulla raccomandabili, quali sono i pubblicani e i peccatori. Lo stile di Gesù si colloca perciò al di fuori di una tradizione che affonda le sue radici nella più lontana prassi israelitica.

Ma è proprio questo fatto che dà ai banchetti di Gesù e la sua partecipazione ad essi il significato che è legato alla sua missione: un'offerta di misericordia e di riconciliazione a coloro che ne avevano più bisogno: a quei malati per i quali, come medico, era venuto.

Anche i racconti dei miracoli della moltiplicazione dei pani si collocano in quest'ottica: il Signore che è l'ospitante, i gesti che compie, rientrano in uno «stile» che saranno riconosciuti e richiamati dai discepoli anche dopo (l'episodio dei discepoli di Emmaus: Lc 24,30-35).

Se i banchetti di Gesù hanno un significato di dono e di misericordia, essi trovano nell'ultima cena, banchetto conviviale per eccellenza, la loro conferma e la loro esplicitazione più eloquente.

Sui racconti evangelici dell'ultima cena c'è una letteratura abbondantissima: farne solo un rapido elenco sarebbe impresa disperata e impossibile. Noi, per quanto riguarda il nostro tema, cercheremo di raccogliere alcuni dati essenziali sufficienti per lumeggiare e approfondire quanto direttamente ci riguarda. Quali sono questi elementi?

1) È storicamente certo che Gesù ha partecipato con i suoi discepoli a un banchetto (cronologicamente *ultimo*) prima della sua morte. Le divergenze tra i Sinottici e S. Giovanni circa la datazione *pasquale* di questo banchetto è oggetto di studio e di approfondimento (cfr. P. Benoit, *La data della cena*, in *Esegesi e teologia*, 1964, pagg. 205-217). Una soluzione definitiva sarà impossibile poterla dare. Un dato è certo, comunque: per i Sinottici la Cena è un pasto pasquale, celebrato secondo un rito stereotipo e abituale. S. Giovanni, invece, anticipa la Cena alla vigilia pasquale (Giov 13,1). Originale, ma non da tutti accettata, la soluzione-ipotesi della A. Jaubert che rivoluzionerebbe tutta la cronologia tradizionale, collocando la Cena tra il martedì e il mercoledì. Tuttavia, anche il racconto della Cena, con gli accenni che ne fa Giovanni, rimane indiscutibilmente in un contesto pasquale. Secondo Giovanni, infatti, l'Agnello «che toglie il peccato del mondo» viene immolato nella stessa ora in cui si uccidevano gli agnelli nel tempio in occasione della Pasqua.

2) *Le parole che Gesù pronuncia e i gesti che Gesù compie sul pane e sul vino.*

a) Le parole di Gesù. I contesti liturgici da cui provengono sono differenti e la loro differenziazione bisogna rapportarla a questo fatto fondamentale. Senza entrare in dettagli, che esulano da questa trattazione specifica, si possono fare degli accenni che hanno più attinenza col tema affrontato.

I quattro testi eucaristici possono essere agevolmente divisi in due gruppi: Mc 14,22-25 e Mt 26,26-29 (anche se non si possono sovrapporre meccanicamente) e 1Cor 11,23-25 e Lc 22,13-20: dalla diversa coloritura si definiscono rispettivamente come fonte «marciana» e fonte «paolina-lucana».

b) I gesti che Gesù ha compiuto sul pane e sul calice-coppa di vino sono ancora più chiari delle parole perché da essi si può evincere con chiarezza come quello che Gesù ha compiuto nell'ultima cena può essere definito inequivocabilmente pasquale. Le due tradizioni, comunque, non sono tali che possano contrapporsi: anzi, esse, pur provenendo da ambienti liturgici differenti, come si notava, convergono sostanzialmente ed ambedue presentano quegli elementi convergenti e praticamente univoci. «Questo è il mio corpo», per esempio, sono parole e formula essenziale che si ritrovavano in tutti, così come il rapporto che Gesù stabilisce e mette in risalto tra il suo sangue e il sangue dell'alleanza.

In questo consiste, essenzialmente, l'ossatura dell'istituzione dell'Eucaristia: tutte le altre aggiunte sono fatti accessori o che esplicitano il senso principale o sono «tematizzazioni» di una prassi consolidata e diffusa. «Verba et gesta» (Dei Verbum, 2) di Gesù manifestano e rafforzano reciprocamente quanto Gesù ha detto e ha fatto, rientrando in quello schema di Rivelazione che il Vaticano II ha esplicitato come significato e presenza di Dio in mezzo agli uomini.

Ci si può addentrare nel significato più specifico dei gesti e delle parole di Gesù.

Gesù distribuisce il suo corpo (il pane) per essere consumato. È un gesto in piena consonanza con i gesti profetici veterotestamentari e che simboleggia una realtà trasmessa sacramentalmente: cioè la sua morte quasi vissuta in antecedenza. Il momento della sua morte è imminente: si «consegna» in anticipo a quello che sarà l'atto di consegna di Pilato e dei Sommi Sacerdoti. Alla consegna dei suoi nemici, c'è la «sua» consegna, la consegna di se stesso alla morte fatta in piena coscienza e in perfetto amore (cfr. B. FORTE, *Gesù di Nazaret, Storia di Dio, Dio della storia*, pagg. 267-269).

Gesù non va incontro alla morte sospinto da un cieco ed inconscio fatalismo, ma si apre ad essa attraverso un atteggiamento di coscienza che la fa guardare e collocare in un'ottica di piena donazione: non è la morte-condanna, quanto la morte-dono.

La morte di Gesù, vissuta sotto gli occhi e in comunione con i suoi discepoli, non è altro che l'epilogo della sua vita tutta particolare e «unica»: una vita donata agli altri e vissuta con gli altri e per gli altri (cfr. il tema della vita di Gesù come esistenza e proesistenza). Il momento della sua morte è la più trasparente di queste prove ed il suggello definitivo ed esaltante che ne conclude la parabola: parabola di vita-amore che si conclude con la morte come dono di amore.

Proprio per questo sembrerebbe strano che Giovanni ometta il racconto dell'istituzione dell'Eucaristia, laddove tutto il suo Vangelo sottolinea ed evoca continuamente il significato dell'«ora» della passione di Gesù come segno di amore e di donazione. Il recente tentativo di R. Schnackenburg che vede nella lavanda dei piedi riportata solo da Giovanni il significato della consegna di Gesù alla morte come segno di amore per partecipare alla sua vita, può dare l'equivalente, in Giovanni, della interpretazione dell'ultima cena dei Sinottici.

Interessante, da ultimo, notare un richiamo che deve essere armonizzato, sempre e come richiamo delle due tradizioni. Nella tradizione marciana c'è un richiamo esplicito a Es 24,8: «ecco il sangue dell'alleanza che il Signore ha concluso con voi...»; nella tradizione paolino-lucana c'è, invece, il richiamo al «Servo di Jahwè»: Gesù conclude la sua vita in atteggiamento di servizio.

Il culto e il servizio si richiamano a vicenda: nel culto infatti viene ad essere attualizzato il gesto di offerta di Gesù per «i molti»: il banchetto che Gesù imbandisce per i suoi e il suo prolungamento escatologico non è altro che il punto culminante del suo dono che nella sua morte conosce la sua esplicitazione più appariscente. Proprio nel momento, infatti, in cui Gesù mangia con i suoi, prolunga e annuncia il prolungamento di questo banchetto nella sua fase escatologica.

Il banchetto eucaristico e quello escatologico annunciato da Gesù, al di là della valenza eucaristica, hanno il significato sul modo con cui Gesù è andato incontro alla morte, di come si è messo di fronte ad essa.

In due testi: di Mc 14,25: «in verità vi dico che io non berrò più del frutto della vite fino al giorno in cui lo berrò nuovo nel regno di Dio» e di Lc 22,18: «poiché vi dico: da questo momento non berrò più del frutto della vite, finché non venga il Regno di Dio», Gesù esprime la consapevolezza che il banchetto da lui imbandito e a cui partecipa è già quello escatologico, con la prospettiva, perciò, del piano di Dio.

La coscienza della sua morte si inquadra in questo significato di confidenza e di abbandono a quello che il Padre desidera. Gesù consuma la cena con i suoi, con i quali «ha desiderato ardentemente di mangiare la Pasqua» (Lc 22,15-16). Il «con voi» di Mt 26,29 evidenzia inoltre il significato di servizio che Lc 22,21-38 metterà ancora più in risalto attraverso quelle espressioni così pregnanti e così semplici in cui si illustra il significato più pieno e più autentico del servizio da rendersi vicendevolmente.

«Gesù dunque guarda al futuro della sua comunità che considera come un *resto d'Israele*. Ed ancora, se Gesù parla di *Alleanza* (e nell'ultima cena è la prima e unica volta che questo accade), ciò significa che siamo rimandati ad una comunità che permane conservando un legame indissolubile con la persona del Signore. Il quale, nell'imminenza della morte, lungi dal disperarsi confida, per sé e per i suoi discepoli, nel Padre la cui fedeltà vince anche la morte».

2) Il secondo episodio è l'agonia di Gesù nel Getsemani.

Anzitutto un'annotazione esegetica. È Marco che parla di Getsemani (= *gath shemanim*, che significa frantoio per l'olio); Luca parla più genericamente di un «luogo» (22,40): «giunto nel luogo»; Giovanni è ancora più generico: «Gesù uscì con i suoi discepoli e andò di là del torrente Cedron, dove c'era un giardino nel quale entrò con i suoi discepoli» (18,1).

Insieme con l'annotazione esegetica è necessario farne una storica. Indiscutibilmente questo è uno degli episodi più esposti a una interpretazione varia. Accettato fino a qualche anno fa come irrefutabilmente storico, in questi ultimi anni è stato sottoposto a dubbi soprattutto da parte dei sostenitori della teoria delle forme. La critica, oggi, come per altri brani evangelici, si colloca su un piano di maggiore serenità e le conclusioni non sono aprioristiche o acritiche ma certamente ben motivate. A favore della storicità dell'episodio c'è il criterio cosiddetto della discontinuità. Esso consiste, enunciato in una maniera molto semplice, in ciò: si deve ritenere come fatto storico un rapporto che si oppone alla mentalità dei primi cristiani e che, perciò, rappresenta una rottura con un modo di pensare e di fare corrispondente a una determinata concezione.

Ora, nel caso specifico dell'agonia di Gesù nel Getsemani, era certamente un fatto del tutto alieno dalla mentalità dei primi cristiani, anzi contrario ad essa, che Gesù abbia affrontato e sopportato un'agonia prima dell'avvenimento del Golgota. Erano i ricordi storici ad imporre «l'avvenimento storico» dall'esterno: ben volentieri, infatti, avrebbero evitato una narrazione che non corrispondeva alla dignità di un Dio. Un «Dio che soffre» è quanto di più contrario alla concezione di Dio stesso: del resto, è l'obiezione che si muoverà ai cristiani fin dai primi tempi dell'espanderssi e dell'imporsi del cristianesimo. Inoltre (ed è un nuovo argomento sempre a favore della storicità) c'è anche l'altro criterio dell'attestazione multipla: l'episodio, infatti, è presente in tutti gli Evangelisti: Mc 14,32-41 e luoghi paralleli di Mt e Lc così come nella tradizione giovannea.

La conclusione è semplice: «...è molto probabile che Gesù abbia attraversato una esperienza di agonia di fronte alla morte molto simile alla scena descritta dai Sinottici, poiché questa non è di quel tipo di episodi che la comunità avrebbe inventato ricordando il suo maestro glorificato».

Il fatto dell'assenza dei testimoni che riportassero le parole-preghiera di Gesù può essere agevolmente spiegato con il riempimento della scena dell'orto degli ulivi con detti e preghiere che Gesù ha pronunciato in altre circostanze. L'importante, a questo punto, non è la ricostruzione esegetica «sofisticata» ma *come* Gesù ha affrontato la morte, il suo atteggiamento di fronte ad essa: che è l'assunto iniziale del nostro tema.

In una descrizione, anche solo sommaria, della scena del Getsemani emergono diversi personaggi che concorrono alla vivacizzazione di essa, oltre, s'intende, a metterne in evidenza il contenuto.

1) Prima scena: Gesù e gli Apostoli. È caratterizzata dalla solitudine di Gesù evidenziata da una serie di opposizioni tra Gesù e i discepoli, che hanno i loro momenti culminanti in alcuni atteggiamenti caratteristici.

Così, Gesù si allontana per pregare (Mt 26,39 e ss.), poi ritorna per poi allontanarsene ancora una volta. I discepoli invece se ne stanno lontani fisicamente e spiritualmente dal loro Maestro. Solo il comando di Gesù: «alzatevi, andiamo. Ecco colui che mi tradisce è vicino» (Mt 14,42) riuscirà a smuoverli, nel momento in cui la ciurma con le spade e con i bastoni si avvicina per catturarlo.

«L'opposizione tra Gesù e i suoi discepoli si prolunga nel contrasto tra il suo vegliare e il loro dormire; tra il suo pregare e il loro soccombere alla tentazione. Quest'ultima è ormai all'opera, poiché è giunta l'ora fissata, quella che era stata tenuta in sospeso fin dall'inizio della vita pubblica di Gesù (cfr. Lc 4,9: il diavolo si allontanò da Lui per ritornare al tempo fissato)».

2) Seconda scena: Gesù e il Padre. L'abbandono di Gesù da parte dei discepoli non comporta l'abbandono del Padre, da parte di Gesù: tutt'altro. Proprio mentre tutti lo abbandonano Gesù è il *Figlio*, che «conosce» il Padre, la sua volontà, quello che Lui desidera.

Parola dominante in questi versetti di una intensità drammatica senza pari è «l'ora»: «pregava che, se fosse possibile, passasse da lui quell'ora» scrive Marco (14,35 e Giov 12,27 ha un'espressione equivalente). Se la volontà del Padre nei Sinottici è simboleggiata dalla «coppa», come gli esegeti mettono in risalto, allora è il rapporto tra il «calice» e l'«ora» che esprime e realizza il disegno salvifico del Padre nei confronti dell'umanità.

In Giovanni ci sono ben distinti due momenti circa la venuta dell'*ora*: il momento in cui essa non è ancora venuta (2,4; 7,30; 8,20), il momento in cui è presente (ingresso a Gerusalemme: 12,23) e prolungamento di essa nell'ultima cena (13,1; 17,1).

Nei Sinottici, invece, l'ora arriverà dopo l'agonia nell'orto degli ulivi (Mc 14,41 e ss.). La comprensibile preghiera di Gesù di poterla evitare viene ad essere superata con la sottomissione alla volontà del Padre in segno di obbediente accettazione e la conseguente richiesta di aiuto: «tutto è possibile a te».

Tralasciando un'esegesi dettagliata e approfondita di tutti i termini usati dagli Evangelisti per descrivere l'atteggiamento di Gesù, non si può trascurare, tuttavia, un'espressione che presenta sinteticamente e suggestivamente quanto tutte le espressioni analiticamente suggeriscono. L'espressione si trova in Mc.: cadeva a terra: «si gettò a terra e pregava» (Mc 14,35). Anche Mt richiama lo stesso atteggiamento: «si prostrò con la faccia a terra» (Mt 26,39). La formula non è nuova e ritorna in Lc come gesto di supplica e di ringraziamento (5,12; 17,16).

In nessun'altra parte del Vangelo si trova una simile formula e non poteva non essere così dal momento che l'ebreo, per pregare, era solito restare in piedi: era sconosciuto, per la circostanza, il gesto di prostrazione. L'originalità e l'unicità della formula depone a favore della sua storicità, in base al criterio di discontinuità cui si accennava precedentemente.

Indipendentemente dal gesto fisico di Gesù, pur importante per appurare alcuni particolari storici, quello che conta è l'emergere del significato della preghiera di Gesù nel Getsemani: una preghiera di fronte alla morte che non è rinuncia, tanto meno fuga, ma una disposizione ad affrontare la battaglia definitiva, nel suo significato di lotta, di agonia.

La preghiera che Gesù rivolge al Padre conferma ed illustra questo significato. Gesù, in questi terribili momenti, sente vicino come non mai il Padre: Abbà, infatti, è la parola che risuona in questa circostanza (Mc 14,36) proprio come nei momenti di maggiore intimità: «Abbà, Padre! Tutto è possibile a te, allontana da me questo calice!». La fede di Gesù si manifesta in tutta la sua intierezza in quel «tutto è possibile a te», ma proprio nel momento in cui questo si verifica, anche il silenzio di Dio si manifesta in tutta la sua drammaticità. Dio tace mentre Gesù prega: la risposta di Dio non c'è in questo momento di attesa. Il fenomeno del sudore di sangue, comunque si voglia interpretare, fosse anche un semplice paragone (come se fossero gocce di sangue, dice Luca: 22,44) sta ad indicare l'inizio della morte di Gesù e il suo sangue che comincia a versarsi.

Tutto è silenzio intorno: non basta, per rompere questo silenzio, il tenue sussulto dell'apparizione dell'angelo per confortare Gesù.

Il silenzio del Padre e dei discepoli che lo hanno abbandonato non distoglie Gesù dal ricorso ripetuto al Padre che invoca ancora e dall'andare incontro ai discepoli, tutti allontanatisi eccetto colui che lo consegnerà in mano ai suoi nemici. L'esperienza della morte «come interruzione di ogni legame e come il mondo della non comunicazione», che Gesù vivrà in una maniera completa sul Golgota, la comincia a vivere proprio nell'orto degli ulivi, in cui la dispersione della comunità da lui costituita richiede ancora un atto di fede in quello che il Padre ha voluto: la instaurazione del Regno su questa terra e nella storia.

Il significato dell'agonia, intesa come lotta, che Gesù ha affrontato nel Getsemani ha rivelato già, attraverso queste riflessioni, il suo contenuto.

Si possono aggiungere altre considerazioni a chiarificazione e completamento di quanto già esposto.

a) non si può assolutamente sostenere che l'agonia di Gesù è frutto della maledizione e dell'abbandono da parte di Dio. È la spiegazione cara a Lutero e a Calvino e che è stata riesumata anche di recente da alcuni autori contemporanei (es. Culmann). Le parole stesse di Gesù, parole di estrema confidenza verso il Padre (abbiamo ricordato «Abbà») non permettono una simile interpretazione. Come il Figlio non ha interrotto il suo rapporto di amore col Padre, così è assolutamente inconcepibile che il Padre abbia abbandonato il Figlio, dopo avergli fatto conoscere la sua volontà.

b) L'agonia di Gesù non è causata dalla paura della morte. I suoi miracoli di resurrezione stavano ad indicare il superamento del regno del peccato e la venuta del Regno di Dio. Se Gesù ha avuto paura della morte, essa (la paura) bisogna collocarla sul piano della morte come espressione del peccato. Insomma, non è il fatto biologico della morte che bisogna considerare quanto il suo significato di rivolta dell'uomo contro Dio. Giustamente si sottolinea, in questo contesto, il pericolo, non irreale, di «psicologizzare» un fatto che bisogna collocare in un'ottica squisitamente teologica.

c) Una spiegazione che incontra oggi maggiore favore e accoglienza è quella presentata dal Feuillet (A. Feuillet, *Il significato fondamentale dell'agonia del Getsemani*, in «La sapienza della Croce, oggi», I, LDC, Leumann, 1976, 67-69).

Partendo dalla considerazione che la sofferenza di Gesù nell'orto è manifestazione della malizia del peccato e «della spaventosa catastrofe in cui precipitano i peccatori per il fatto che si allontanano da colui senza il quale sono

un nulla e che è la sorgente di ogni vita e di ogni felicità» nel dramma dell'a-
gonia vede «una prova messianica, che rende il Cristo la vittima volontaria
dei peccati dell'umanità e questa scena una specie di anticipazione del giudizio divino della Parusia (pag. 80)».

Nella soluzione del Feuillet, ci sono, indubbiamente, molti elementi che
si impongono e debbono essere considerati positivamente. Anzitutto che il
fatto di Gesù nel Getsemani non è una semplice prova personale che riguarda
solo lui. In questo contesto Gesù si presenta come l'Uomo-servo che porta
il peso del peccato del mondo: è il «per i molti» che prevale decisamente sul
fatto individuale: la soteriologia prevale sulla psicologia.

Anche il significato dell'*ora* acquista la sua piena valenza teologica: non una
semplice circostanza o occasione esterna, ma un richiamo all'*ora* apocalittica
del giudizio che richiama alla vigilanza. «Se Gesù vorrebbe allontanare quest'*ora* è perché essa è destinata ai peccatori: essa è il *calice* del castigo destina-
to a tutti i nemici di Dio. Gesù vorrebbe ancora tentare qualcosa perché gli
uomini accettino la Parola e scampino all'ira del giudizio. Ma quando quest'*ora* arriva (cf. Mc 14,41: è venuta l'ora), e quando la coppa viene versata
è Gesù che la beve permettendo in tal modo agli uomini colpevoli di bere al
calice della salvezza» (M. Semeraro, *Gesù vive la sua morte*, pro manuscripto,
pag. 43).

Dal punto di vista della comprensione del nostro tema, sono sufficienti i
richiami e i contenuti esegetici che sono emersi dalla narrazione dei Sinottici.

Non tratteremo ampiamente e direttamente altri richiami esegetici, pur sug-
gestivi e ricchi, contenuti nel Vangelo di Giovanni che non tratta tematica-
mente l'agonia di Cristo, ma che ne utilizza gli elementi fondamentali in brani sparsi nel suo Vangelo (Benoit). Come non ci soffermeremo sul tema così
come è presentato nella Lettera agli Ebrei, dove «...il tema della *preghiera esau-
dita* e quello della *obbedienza appresa* si congiungono come prospettive diverse finalizzate ad illustrare il senso della passione di Gesù Cristo ad un livello
più profondo ove, nell'un caso e nell'altro, si incontrano il Figlio e il Padre:
il Figlio che invoca il Padre e lo accoglie nell'obbedienza; il Padre che attraverso la sofferenza opera la trasformazione del Figlio in «causa di salvezza
eterna, per tutti quelli che gli obbediscono» (Eb 5,9).

GESÙ E LA SUA MORTE IN CROCE

Sulla Croce Gesù vive direttamente l'esperienza della morte. L'ultima cena e il Getsemani ne erano stati il proemio pur intensissimo e quanto mai
vicino: il preludio della grande sinfonia; in un certo senso la contemplazione
e l'esperienza diretta che sulla Croce raggiunge il suo «fortissimo» e la sua
conclusione.

Gli Evangelisti riportano alcune parole pronunciate da Gesù sulla Croce,
proprio nel momento in cui sta vivendo l'esperienza suprema della morte. Anche
se sono note, conviene riportarle ricordandone le espressioni letterali.

«Padre, perdonali, perché non sanno quello che fanno» (Lc 23,34).
«In verità ti dico, oggi sarai con me nel paradiso» (Lc 23,43).
«Donna ecco il tuo figlio...». «Ecco la tua madre» (Giov 19,26-27).

Tra tutte le parole che Gesù pronuncia sopra la Croce quella che di gran lunga si impone per la sua drammaticità icastica e sconvolgente è il grido: «gridò con voce forte» (Mc 15,34): Dio mio, Dio mio perché mi hai abbandonato?».

Il senso «più oscuro» è indubbiamente quello di Mc: stando ad esso e interpretandolo letteralmente si dovrebbe dedurre che «egli (Gesù) ignorava il senso della propria morte e che, in definitiva, egli è morto nel buio più tenebroso. Ma sarebbe unilaterale e, quindi, illegittimo fermarsi solo al passo di Mc. Ma proprio perché, anche dal punto di vista scientifico, bisogna considerare quello che dicono gli altri evangelisti, che le parole «disperate» di Mc si illuminano di un nuovo significato che soggiace anche ad esse, se si comparano e si «sinottizzano» anche con le altre. Ne parleremo più ampiamente dopo.

Lc riporta la preghiera finale di Gesù che suona: «Padre, nelle tue mani consegno il mio spirito» (Lc 23,46) e Giov riporta la «maestosa affermazione» di Gesù: «tutto è compiuto» (Giov 19,30).

«Padre, nelle tue mani consegno il mio spirito» (Lc 23,46). L'espressione è tratta dal salmo 31 che evoca una situazione simile a quella del salmo 22. Il contenuto del salmo 31 presenta una lamentazione individuale per malattia o persecuzione: si conclude con una preghiera di ringraziamento. La sua struttura: 1ª parte: invocazione del nome di Jahwè: motivi di fiducia; 2ª parte: fiducia e supplica; 3ª parte: lode e ringraziamento.

Gesù cita il v. 6, ove spirito equivale a vita, non solo ad anima secondo una concezione puramente occidentale. Non è una questione semplicemente terminologica, ma un rimettersi completamente nelle mani di Dio: quindi non affidamento dell'anima da parte di Gesù nelle mani di Dio nei tre giorni della morte, secondo l'interpretazione di alcuni Padri.

È significativo come Gesù si rivolge a Dio, chiamandolo «Padre» in una espressione di fiducia filiale e totale in Lui. Gesù al culmine della sua vita rinnova l'offerta di essa al Padre, come all'inizio della sua stessa vita aveva respinto la tentazione di Satana che lo spingeva a collocarsi fuori di questa volontà. Anche S. Stefano prega allo stesso modo (At 7,59), ma Gesù prega il Padre che accolga la sua morte, cioè la sua vita per compiere la missione affidatagli.

L'espressione riportata da Lc è in sintonia con tutto lo stile del suo Vangelo: Gesù rimette la sua vita al Padre, come modello di tutti i perseguitati... Gesù ritorna nel seno del Padre, con la sua nuova dimensione: con la dimensione umana...

«Tutto è compiuto» (Giov 19,30). Gli altri Evangelisti rilevano «il forte grido» lanciato da Gesù: Giovanni non registra questo fatto perché colloca tutta la passione di Gesù in un altro quadro.

In Giovanni il «tutto è compiuto» non ha il significato di «sono spacciato» ma è un grido di vittoria che si inserisce nel contesto della passione, che è il segno definitivo e più completo della consacrazione di tutta la sua vita a fare la volontà del Padre... «Mio cibo è fare la volontà del Padre... di colui che mi ha mandato a compiere la sua opera» (Giov 4,34) ...Faccio le opere del Padre, «faccio sempre le cose che gli sono gradite» (Giov 8,29... Altri passi si potrebbero addurre per dimostrare come tutta la vita di Gesù è un dono di amore verso il Padre).

Nella passione, questo dono di amore, realizzazione di un cammino di libertà finalizzato a questo supremo ideale, raggiunge il suo apice e la sua pienezza. Nella morte sacrificale di Gesù si ha la glorificazione anche del Padre, che ci ha amati per primo (la Lettera di Giovanni). Gesù glorifica il Padre e viceversa (Giov 17: preghiera sacerdotale). Nella risurrezione Gesù sarà definitivamente glorificato e invierà lo Spirito.

La Croce di Gesù, dunque, se ha il significato di una umiliazione, ha soprattutto il significato della glorificazione (catabasi e anabasi). Gesù, che durante la sua vita terrena non ha dove posare il capo, ora, sulla croce, lo posa nel seno del Padre. È stato notato come tre volte Dio ha usato la medesima espressione «tutto è compiuto»: nella Genesi (2,1), nell'Apocalisse (21,6); tra i due punti estremi si colloca l'espressione di Gesù: la creazione e la redenzione come nuova creazione (Is 65,17-25).

Ma è, soprattutto, l'«allucinante» grido di Gesù: «Mio Dio, mio Dio perché mi hai abbandonato?» che ha attirato l'attenzione dei commentatori e dei teologi. Merita una particolare attenzione e un più lungo commento perché ad esso sono soggiacenti e da esso sottese diverse motivazioni che possono illustrare approfonditamente il significato della morte di Gesù e come Lui l'ha vissuta.

Anzitutto: i commenti alla Bibbia notano scarnamente come l'espressione è l'inizio del Salmo 22, salmo della fiducia e della speranza: il significato in tal senso (della fiducia) è richiamato dall'inizio del salmo e, quindi, dal primo versetto. L'invocazione di Gesù, così come suona nella versione scheletrica di Mac, è stata sempre una «crux interpretum» in ogni epoca. Anche oggi la teologia si pone di fronte ad essa: come interpreta il significato della morte di Gesù alla sua luce?

È necessario iniziare con un po' di esegesi. L'abbandono da parte di Dio lamentato da Gesù bisogna collocarlo nel suo «habitat» biblico.

Essere abbandonato, biblicamente, significa che «Dio non è venuto in suo soccorso». Nella Bibbia, l'atteggiamento di Dio si mette sempre al negativo: tu non abbandonerai il tuo servo all'inferno, si dice del Signore che ha promesso di non abbandonare il suo popolo.

Nell'atteggiamento di Gesù davanti alla sua morte, si nota la constatazione che Gesù fa di non essere stato esaudito dal Padre, nonostante la sua preghiera nel Getsemani. Non è una supplica, comune nei salmi: cfr. Sal 29,7; 38,22 in cui risuona il «non abbandonarmi» come supplica. La morte di Gesù è qualche cosa di terribile e Lui vi si trova solo, davanti ad essa, abbandonato dal Padre.

Ancora un'altra osservazione. Gesù si rivolge al Padre chiamandolo *Dio*: la sua figliolanza non appare più come in altri contesti perfino nelle sue parole: in questa circostanza sembrerebbe emergere più la sua «creaturalità» che non la sua «filialità». E tuttavia Gesù si rivolge al Padre, se pur chiamato semplicemente Dio aggiungendovi l'aggettivo *mio*. Il dialogo, cioè, non è cessato e la sua fiducia nel Padre, nonostante tutte le apparenze, non è venuta meno.

Abbandono e fiducia: assenza e presenza: «la relazione tra il Padre e il Figlio Gesù Cristo sussiste sempre, anche se appare che Dio ignori Gesù». Si può e si deve dire che Gesù non è entrato nella morte come consolato da una qualche sublime illuminazione; *nella fede*, invece, egli è passato attraverso il silenzio di Dio e attraverso la morte, non senza però urtare contro il muro di un *perché* che lascia aperto il nostro problema».

È questo *perché* che ha aperto il campo a tante e varie interpretazioni che riportiamo sinteticamente, anche se non esaustivamente per quanto riguarda il loro numero: sarà, così, più facile giungere a qualche conclusione più soddisfacente, proprio perché scaturisce da un confronto vario e ricco.

Una prima interpretazione è quella dei Padri della Chiesa che colgono nelle parole di Gesù il suo lamento per essere stato abbandonato dal Padre nelle mani dei suoi crocifissori. È l'opinione anche di molti grandi Dottori del basso medioevo: le parole di Gesù esprimono la sua angoscia e il suo dolore perché torturato dai suoi persecutori.

L'interpretazione «mistica» si muove su un piano prevalentemente «psicologico». Gesù sperimenta il colmo del fallimento della sua missione: abbandonato dai suoi, dagli uomini, per i quali era venuto: insomma, la vittoria del peccato, che era venuto a sconfiggere, con il trionfo dell'egoismo che ha soppiantato e sconfitto il suo messaggio dell'amore. «Più che essere fondate su un assioma teologico, queste affermazioni superano i testi neotestamentari, suggerendo non soltanto che Gesù è stato lasciato da Dio in mano dei nemici, ma anche che è *abbandonato da Dio*. Con simili espressioni non si vuole dire che Dio abbandona, in senso pieno, il suo Figlio: sarebbe propriamente l'inferno; si vuole, invece tradurre l'esperienza terribile della derelizione interiore».

Vi sono altre interpretazioni più moderne, che pur non lasciando cadere suggestioni tradizionali (es. quella dei «mistici») tuttavia la inseriscono in un contesto più «teologico».

Un autore cattolico, lo Heinz Schürmann, si muove sul principio, accettato da tutti i teologi, che la morte vale come verità cardinale della cristologia e della antropologia. Il principio staurologico pertanto sarebbe come il dato ermeneutico generale di tutta la storia della salvezza che consente di reinterpretare la realtà di Dio, di Cristo e quindi dell'uomo che si dibatte tra tante sofferenze, ingiustizie e contraddizioni.

In un suo volume, recentemente tradotto in italiano (*Gesù di fronte alla propria morte*, ed. Morcelliana, Brescia) il citato autore sostiene l'esistenza di Gesù in chiave proesistenziale.

«Nello sconvolgimento (epocale) dei nostri giorni, nasce una nuova immagine di Cristo: il Gesù dell'impegno, nel quale incontriamo l'impegno di Dio, il Cristo proesistente nel quale incontriamo il "Dio con noi". L'immagine del Cristo proesistente ha, secondo lo Schürmann, una solida base biblica che cerca di esplorare per dare una consistenza teologica alla sua affermazione. È proprio qui che si inserisce il discorso sulla morte di Cristo. La morte di Gesù ha un duplice significato: quello del compimento della sua autotrascendenza verso Dio (proesistenza verticale) e quello del compimento della propria autotrascendenza verso il prossimo (proesistenza orizzontale).

«A tale proposito, non è tanto importante in ultima analisi sapere con quali parole, nella promessa escatologica di salvezza e nell'offerta di salvezza, Gesù abbia manifestato più precisamente questo valore salvifico dell'idea della morte, e in quale misura la volontà salvifica della morte sia rimasta implicita nei gesti "enfatici" di dono (dell'ultima cena). In ogni caso, dal comportamento proesistente di Gesù si possono intendere nel miglior modo possibile in senso "soteriologico" i gesti di oblazione in comportamento di servizio di Lui che muore, che annuncia e offre la salvezza escatologica: in questi atteggiamenti di Gesù, la salvezza escatologica si può intendere propriamente solo come salvezza proesistente di colui che è pronto a donarsi alla morte».

Il solco della teologia staurologica era stato aperto, in realtà, dal protestante J. Moltmann, il quale in *Il Dio crocifisso* (Brescia 1973) sostiene come il Padre non assiste impassibile alla morte del Figlio, ma vi partecipa direttamente. Il Padre soffre insieme con il Figlio, vittima della cattiveria degli uomini: non può intervenire perché rispetta la libertà degli uomini. Il suo intervento ci sarà col risuscitamento di Gesù dai morti che nella croce riassume e dà un senso a tutte le ingiustizie e le oppressioni umane.

La critica che si fa a queste due posizioni è essenzialmente quella che non si può parlare di «morte di Dio» con quella disinvoltura con cui ne parlano i due autori.

È vero, infatti, che Dio ha fatto l'esperienza della morte: è la suprema dimostrazione del suo amore per l'uomo. Va detto però chiaramente che «Dio non è morto egli stesso ma ha fatto esperienza della morte perché è morto quell'uomo, Gesù di Nazaret, che Egli ha voluto unire a sé personalmente. E fu indubbiamente un'esperienza di morte dolorosissima per Dio stesso, la sua suprema umiliazione, la kenosis totale, perché ha tollerato che proprio colui che aveva scelto per iniziare l'entrata trionfale del suo Regno in mezzo a noi, anziché accoglienze regali quali gli erano dovute, ricevesse invece un trattamento ostile, violento, brutale e subisse la condanna più ignominiosa, quella di morire crocifisso» (B. Mondin, in *L'Osservatore romano*, 5 agosto 1984, pag. 5).

La critica è ancora più evidente se si afferma, come fa il Moltmann che «Dio è contro Dio» (ed. cit. pag., 179): come si può conciliare così l'amore del Padre per il Figlio, dal Padre da cui riceve tutto ciò che è?

Non tutto, tuttavia, va condannato in blocco in queste posizioni.

Non si può non sottolineare il fatto, per esempio, che qui l'amore del Padre verso il Figlio non si esaurisce in un dialogo astratto ma per il fatto dell'umanità del Figlio esige la partecipazione alla sofferenza anche da parte del Padre. Se «il Figlio soffre per la crudeltà degli uomini, anche il Padre deve, per amore, sopportare (e non infliggere) la sofferenza che deriva dal peccato. Se Dio ha fatto il Cristo ''peccato'' (2Cor 5,21), non è perché ne ha fatto l'oggetto della sua collera divina, ma per patire insieme con lui le conseguenze dolorose dello stato di peccato».

Il grido di Gesù in croce è, dunque, la rivelazione del mistero di un «Dio che soffre, con gli uomini, a motivo del peccato e della violenza attuata contro Gesù, il Figlio».

L'interpretazione anche oggi prevalente (si consultino le note di commento al brano nelle varie traduzioni bibliche: per es., la Bibbia della CEI nella nota a Mt 27,46) è che le parole di Gesù non sono esclamazione di disperazione ma di reale tristezza: «la citazione iniziale si prolunga a tutto il salmo, che nella seconda parte esalta i benefici universali della passione del Messia».

L'Evangelista, ponendo sulla bocca di Gesù le parole che iniziano il salmo, dà la possibilità al lettore che lo conosce per intero di completarlo non solo per quanto riguarda le sue parole ma, soprattutto, il suo contenuto.

Questa interpretazione si oppone a quella già citata, estrema che ne aveva dato Calvino, secondo il quale Cristo, nel momento della sua morte, sarebbe stato abbandonato da tutti, compreso il Padre, e avrebbe sperimentato sulla croce quello che i dannati soffrono nell'inferno.

Abbiamo detto che la soluzione prevalente oggi è quella che vede nelle parole di Gesù la citazione dell'inizio del salmo 22, quindi grido di tristezza, ma non di disperazione. In realtà, oggi c'è chi si oppone a tale soluzione.

Tra gli interpreti più autorevoli è senz'altro X. Léon-Dufour il quale, pur ammettendo che i racconti della passione si inseriscono senz'altro nell'ottica dei testi che si riferiscono al «Giusto sofferente», tuttavia questo non prova che l'Evangelista abbia citato il salmo con tutto il suo contenuto. Ne porta le prove: 1) Mentre in Mc 14,27 si dice esplicitamente che si cita la Scrittura, qui non c'è affatto una simile affermazione; 2) Mt riporta il testo ebraico quindi riferibile a un testo liturgico, cosa che non può essere invocata per la citazione in lingua originale aramaica; 3) Nella morte di Gesù, considerata concretamente nella sua contingenza storica più che fare riferimento alla formulazione di una lunga preghiera, bisogna tener presente la difficoltà fisica in cui si trova Gesù; 4) C'è una traduzione greca aggiunta dagli evangelisti e ciò suggerirebbe trattarsi di una vera parola pronunciata da Gesù: proprio come nel caso di «thalità koum» in cui certamente non si trattava di una citazione biblica.

La conclusione dell'illustre esegeta è consequenziale: non bisogna introdurre i sentimenti del salmista nelle parole di Gesù. Il grido di Gesù che muore solo ed entra solo nel regno della morte bisogna esaminarlo in se stesso.

Ebbene, da questo esame cosa emerge? Anzitutto l'importante non è il numero dei gridi lanciati da Gesù (se uno o due non importa): l'importante è il fatto: Gesù ha lanciato un grande grido conservato in modo diverso dalle varie comunità. Davanti alle difficoltà storiche legittime che sorgono (il grido primitivo da quale Evangelista è riportato? Gesù ha pregato effettivamente e in modo così forte in modo che le sue parole potessero essere ascoltate dagli astanti e poi riportate dalle donne «che assistevano da lontano» in modo corretto? E perché Lc si diversifica da Mc?) non ci può essere una risposta «chiara e distinta».

Le difficoltà restano insormontabili e l'unica soluzione che si può trarre (cosa che in genere i critici fanno) è che «la formulazione esplicita sia il risultato, presso gli evangelisti, di alcune precisazioni apportate dalla comunità primitiva ad un grido senza parole».

Recentemente è stata proposta un'ipotesi che parte dal testo e dal contesto di Mc in questione. In Mc in una maniera apparentemente strana, viene messa in risalto la sorpresa dei presenti all'invocazione di Gesù che, secondo loro, invoca il profeta Elia. Non possono essere introdotti dei motivi validi sulla non storicità di tale affermazione marciana. L'approfondimento di tale pericope ha portato a delle conclusioni originali e interessanti.

Anzitutto una questione preliminare: come è stato possibile confonder Elia/Eli nella pronuncia sia ebraica che aramaica? Come giustificare il passaggio da 'Ελωί (Mc) o 'Ηλί (Mt) a Eliya, dal momento che, in ebraico, il nome del profeta suona Eliyau, o tutt'al più Eliya?

Gli studiosi Harald Sahlin (cfr. «*Biblica*», 33 (1952) pagg. 62-63) e Thorleif Boman (cfr. *Das Letzte Wort Jesu*, in «*Studia theologica*» 17 (1963), pagg. 103-119) hanno ripreso in considerazione la questione. In base a una ritraduzione di quanto i presenti hanno creduto abbia detto Gesù «Vieni, Elia» hanno dato la seguente soluzione.

La traduzione potrebbe essere: *Elià tà*: *tà* come imperativo del verbo *'ata* venire (*Marana tà*: vieni Signore nostro: 1Cor 16,22). Supposto che Gesù sulla croce abbia gridato: «Eli 'atta» (Mio Dio tu sei) allora la difficoltà viene attutita, se non superata: i presenti avrebbero potuto benissimo confondere le due grida data l'affinità sonora che c'è tra loro: *Eli 'atta* = Mio Dio tu sei ed *Elià tà* = Vieni Elia.

Da notare che l'espressione *Eli 'atta* si trova nella Bibbia sei volte: una volta in Is 44,17 (caricatura verso i sacerdoti idolatri), le altre volte nei salmi 22, 31, 63, 118, 140. Il salmo 22 è quello che inizia con le parole: Mio Dio, mio Dio perché mi hai abbandonato? con la sua espressione culminante: «Sei tu che mi hai tratto dal grembo... dal grembo di mia madre sei tu il mio Dio». Anche nel salmo 31, che è alla base della preghiera di Lc (nelle tue mani rimetto il mio spirito) si trova la stessa espressione: «Ma io in te confido, Signore, e dico: Mio Dio sei tu» (v. 15).

L'«ho sete» di Giov può essere ispirato dal salmo 63. Contiene l'espressione che lo richiama: «Dio mio, Dio sei tu. Ti bramo fin dal mattino, di te ha sete l'anima mia» (v. 2). Anche l'ultimo testo si trova nell'Hallel recitato dopo la cena pasquale dove si trova l'espressione: «Mio Dio sei tu e io ti cercherò» (v. 28).

La spiegazione globale potrebbe essere questa: Gesù con l'espressione *Eli 'atta* ha espresso la sua fiducia totale in Dio. «Sia che si rifaccia al tema del giusto perseguitato, sia invece che si richiami al salmo dell'Hallel, Gesù conserva, contro le apparenze, la consapevolezza che l'alleanza con il suo Dio non è interrotta. Il dialogo continua fino all'ultimo istante». Il grido di Gesù, dunque, è il grido della vittoria di Dio sui nemici dell'alleanza.

L'economia della rivelazione, secondo l'affermazione della «Dei verbum» «avviene con eventi e parole» (n. 2) che sono intimamente connessi. Se non si può risalire alla primitiva parola di Gesù, è possibile, tuttavia, interpretarne l'evento e leggervi in esso l'equivalente della parola. L'evento degli ultimi istanti della vita di Gesù potrebbe essere consistito nell'invocazione: Mio Dio sei tu! Ma questo evento deve essere interpretato.

Due sono i contesti in cui si può inserire perché la sua interpretazione possa essere la più veritiera.

1) Il contesto apocalittico. È Mc che ve lo inserisce quando descrive le tenebre che sopraggiungono in pieno giorno durante la crocifissione. Gesù ne aveva parlato nel discorso sulla fine dei tempi (Mc 13,24). Ma le tenebre descritte da Mc compaiono al momento della morte di Gesù e si diradano nel momento in cui Gesù spira. Lungi dall'essere, perciò, il segno del dolore e della notte, sono il segno del nuovo Giorno: con la morte di Gesù le tenebre e la notte finiscono.

Nel medesimo contesto apocalittico si collocano la voce dell'Arcangelo alla fine dei tempi (1Ts 4,16; Ap 1,10) per il giudizio finale (2Ts 2,8; Ap 1,16), la voce che fa uscire i morti dalle tombe per il giudizio nell'ultimo giorno (Giov 5,28; Mt 27,52).

Per Mc, dunque, Gesù inaugura il tempo e il mondo nuovi.

2) Un secondo contesto in cui si inserisce la parola di Gesù è quello della lamentazione biblica, genere letterario usato nell'Antico Testamento. La lamentazione biblica non ha solo il significato e l'espressione del lamento e del lutto, ma intende celebrare, nel suo svolgimento, l'intervento glorioso e vittorioso di Dio. Così accade nell'Esodo: le lamentazioni sono orientate piuttosto alla lode.

«Questa struttura ingloba il grido di Gesù. E come un tempo i Giudei, anche ora la comunità cristiana si raduna per celebrare la vittoria di Dio che, per essa, si identifica con la risurrezione di Gesù. Si inizia, dunque, con la lamentazione per concludersi con la lode del centurione».

CONCLUSIONE

Tante interpretazioni, dunque, e tutte con la loro angolatura e porzione di verità.

Il grido ultimo di Gesù, secondo una lettura apocalittica, ha il significato dell'inizio di un mondo nuovo. Ma le parole di Gesù possono anche significare che l'alleanza con Dio non è interrotta, nonostante tutto potrebbe portare a far concludere il contrario.

«Il Figlio, in cui Dio aveva riposto tutto il suo amore nella scena del Battesimo ricevuto umilmente nel Giordano, questo Figlio riconosce in modo definitivo il Dio della salvezza». Dunque il grido di Gesù è un grido di vittoria, anche se gli evangelisti lo presentano in modo differente. Mc, in un contesto apocalittico, mette in risalto la solitudine di Gesù nel momento della morte. È abbandonato da tutti in questo momento misterioso e grida il suo «perché» che non vuol essere altro che un grido di fedeltà a Dio. Era un richiamo potente e consolante per i primi cristiani che vivevano nell'abbandono, perseguitati e incompresi.

Non erano soli in questo dramma doloroso e lacerante: prima di loro Gesù era passato attraverso la stessa esperienza, ma la fedeltà di Dio e a Dio non era venuta meno.

Lc colloca Gesù che muore nell'ottica del Giusto sofferente che si abbandona a Dio. «Il rischio presente è quello di privilegiare la presentazione lucana in modo tale da misconoscere la profonda solitudine nella quale muore Gesù sì da dire, ad esempio, che per Gesù non è stato difficile morire». Il cantore «della mansuetudine del Cristo» potrebbe essere facilmente frainteso in questo contesto.

Giovanni non misconosce minimamente tutta la tragicità della situazione, nonostante il suo intento sia quello di mostrare la passione come un cammino trionfale, che trova il suo epilogo in quel «tutto è compiuto», che bisogna, comunque, non separare da quell'«ho sete» in cui è presente lo stato doloroso di Gesù morente che desidera la piena alleanza con Dio.

Il grido di Gesù morente, grido di confidenza e, quindi, di amore, continua a risuonare anche oggi, soprattutto oggi, in cui gli uomini muoiono facilmente nella disperazione e nella paura. L'«Abbà-Padre» di Gesù, pronunciato in un momento di tenebra, ha squarciato il cielo in un orizzonte nuovo, in cui la morte è stata sconfitta e la vita ha irrotto in tutto il suo fulgore e la sua speranza.

«Quando poi questo corpo corruttibile si sarà vestito di incorruttibilità e questo corpo mortale di immortalità, si compirà la parola della Scrittura: "la morte è stata ingoiata per la vittoria; dov'è, o morte, la tua vittoria? Dov'è, o morte, il tuo pungiglione? Il pungiglione della morte è il peccato e la forza del peccato è la legge. Siano rese grazie a Dio che ci dà la vittoria per mezzo del Signore nostro Gesù Cristo» (1Cor 15,54-57).

«Egli (Gesù Cristo) ha vinto la morte e ha fatto risplendere la vita e l'immortalità per mezzo del Vangelo...» (2Tim 1,10).

Affinché il grido di Cristo «in noi non sia vano, ciascuno, secondo le proprie capacità, annunci al suo vicino il mistero che lo fa vivere» (S. Gregorio Magno), grido di speranza che, pronunciato sul Calvario da Gesù morente e offerente, è rimbalzato nel mondo e nella storia: risuona e risuoni sempre e in tutti «finché il sole risplenderà sulle sciagure umane»!

BIBLIOGRAFIA

P. Benoit, *Esegesi e Teologia*, Roma 1964.

O. Culmann, *Gesù e i rivoluzionari del suo tempo*, Brescia 1971.

Ch. Duquoc, *Cristologia*, Brescia 1972.

J. Moltmann, *Il Dio crocifisso*, Brescia 1973.

A. Poppi, *Le parole di Gesù in Croce*, Padova 1974.

W. Kasper, *Gesù il Cristo*, Brescia 1975.

A. Gerken, *Teologia dell'Eucaristia*, Roma 1977.

R. Latourelle, *Gesù attraverso i Vangeli*, Assisi 1979.

B. Forte, *Gesù di Nazaret, storia di Dio, Dio della storia*, Roma 1981.

X. Léon-Dufour, *Di fronte alla morte: Gesù e Paolo*, Torino-Leumann 1982.

Heinz Schürmann, *Gesù di fronte alla sua morte*, Brescia 1983.

R. Fabris, *Gesù di Nazaret: storia e interpretazione*, Assisi 1983.

M. Semeraro, *Gesù vive la sua morte:* pro manuscripto.

LA CELEBRAZIONE DEL MISTERO PASQUALE NELLA LITURGIA DELLA SINDONE

FELICE DI MOLFETTA*

I.

Il mistero di un volto *vivo* nella maestà della *morte* sembra che si vada mano mano squarciando e quel segno che reca l'impronta della morte e della sepoltura parla sempre più di risurrezione. Molti scienziati[1], infatti, in una ipotesi ardita, vorrebbero considerare la Sindone non tanto come impronta delle piaghe e della morte di Cristo, quanto piuttosto come «il flash (l'irradiazione o la "scottatura") della risurrezione»[2].

In tal senso, l'avevano ben intuito gli artisti bizantini quando leggevano sulla sconcertante immagine sindonica i segni della *beata passio*, espressi dagli occhi aperti e dilatati di quell'uomo, detto Cristo, colto nello stato di *victima* e di *victor* insieme. Al di là delle ipotesi e delle intuizioni che andrebbero, in ogni modo, verificate, ritengo che la visione unitaria del Cristo Pasquale in un ricentramento della *risurrezione del Crocifisso* e della *croce del Risorto* rappresenta, oggi, un vero recupero sul piano biblico, teologico e liturgico, dopo un prolungato interessamento della cristianità occidentale per il venerdì santo a spese della domenica di risurrezione. Di questa dicotomia prima e del recupero unitario dell'evento pasquale, la liturgia della Sindone offre una eloquente testimonianza.

La presente relazione mira a radiografare e mettere in luce il tipo di teologia che soggiace ai formulari liturgici i quali risultano simultaneamente *parola di Dio pregata, catechesi celebrata, spiritualità vissuta*.

II.

Oggetto di analisi sono quattro formulari liturgici, attualmente in possesso, composti in epoche differenti e utilizzati nei luoghi specificamente interessati alla presenza della reliquia o alla venerazione della S. Sindone.

---

* *Monsignore, docente di liturgia al Pontificio Seminario Regionale Pugliese.*

[1] *La Sindone e la scienza, bilanci e programmi*, Torino 1979², pagg. 217-225.
[2] R. LAURENTIN, *Il volto dell'Uomo della Sindone e il suo influsso sulla iconografia del Cristo*, in: AA.VV., *Gesù, Figlio di Dio, incontro e riconoscimento*, Roma 1980, pag. 99.

Formulario «A»[3]

Allo stato attuale delle ricerche, il formulario che denominiamo «A» è da ritenersi *l'editio princeps* della Ufficiatura e della *Missa sacrae Sindonis*, di cui si conosce il nome del pontefice che ne ha approvato l'uso (Giulio II), la data di approvazione (9 maggio 1506), i destinatari della liturgia (il ducato di Savoia), il giorno della celebrazione (4 maggio, giorno successivo all'invenzione della S. Croce) e, infine, il compilatore dei testi liturgici (P. A. Pennet O.P., confessore del duca di Savoia, Carlo II)[4].

I testi, nel loro insieme, risentono decisamente dell'epoca in cui sono stati composti: un'epoca di caos e di decadenza liturgica. Par di sentire ancora oggi la voce di Nicolò Cusano che, nei sinodi del 1453 e del 1455, si leva potente per chiedere la correzione dei messali secondo un esemplare tipico[5].

Mi rimbalza ancora oggi, esaminando il formulario «A», l'eco del vescovo di Feltre che, nel 1546, presentando i suoi voti al Concilio tridentino, auspica che: «...de Messali, quod omnibus ecclesiis foret commune, superfluis reiectis et maxime sequentiis pluribus, quae ineptias plures continent»[6].

L'impiego della S. Scrittura e l'eucologia del nostro formulario, purtroppo, non sono esenti dalle critiche puntuali dell'illuminato vescovo di Feltre, T. Campeggio. In essi, infatti, insieme alla umanistica ridondanza stilistica rinascimentale, non mancano *ineptias plures* riscontrabili soprattutto nel *corpus* delle antifone, nei responsori, negli inni dell'ufficiatura nonché nella prosa (= sequenza) della messa.

L'autore del formulario «A» ha utilizzato per esempio la Scrittura in maniera sì maldestra da rasentare, secondo l'attuale sensibilità, il ridicolo e l'indignazione. Vedi il caso della biblica donna saggia (Prv 31,24) che confeziona la sindone e non la vende al cananeo bensì al giusto Giuseppe di Arimatea perché con essa possa avvolgere il corpo morto di Cristo[7]; o il riferimento a Cristo che si cinge di asciugatoio e lava i piedi ai discepoli, come Samuele presta servizio davanti al Signore, cinto di efod (1Sam 2,18)[8]. Da Noè, coperto pietosamente nelle sue nudità (Gen 9,23) al vello di Gedeone (Gdc 6,40); da Rebecca, che ricopre Giacobbe con le pelli (Gen 27,16) a Maria, che avvolge in poveri panni Gesù (Lc 2,7); dal volto di Mosè, coperto dal velo per lo splendore (Es 34,33) ad Aronne che entra nel tabernacolo con i calzoni di lino (Es 28,43); da Raab, la prostituta, che nasconde gli esploratori sotto gli steli di lino (Gs 2,6) a Davide che danza davanti all'arca, cinto di un efod

---

[3] *Officium Sanctae Syndonis Jhesu Christi. Missa Sanctae Syndonis*, in P. Savio, *Ricerche storiche sulla S. Sindone*, Torino 1957, pagg. 234-245.

[4] E. M. Vismara, *La liturgia della Sindone*, in *La S. Sindone nelle ricerche moderne*, Torino 1939, pagg. 175-178.

[5] B. Neunheuser, *Storia della liturgia attraverso le epoche culturali*, Roma 1977, pag. 110.

[6] *Concilium Tridentinum*, Ed. Societas Goerresiana, 13 voll., Friburgi 1901, I, 503.

[7] *Resp.* dopo la I e V lettura *ad matutinas* e dopo l'Epistola alla Messa, 236, 238, 243.

[8] *Ant.* III, *ad matutinas. In primo nocturno*, 236.

di lino (2Sam 6,14); dal mantello di Elìa, consegnato a Eliseo (2Re 2,13) allo spolio (= preda) di Sansone (Gdc 14,12-14)[9].

Finalmente, dalla tunica di Giuseppe, intrisa di sangue (Gen 37,23.31-33) al corpo di Cristo morto, avvolto in bende con olii aromatici (Gv 19,40)[10].

In una parola: tutto ciò che nella scrittura ha riferimento ai termini: *sindone, lino, velo, pallio, mantello, efod* e serve a *coprire*, tutto è applicato e letto in chiave sindonica.

Erede di Amalario (il più grande e fervido liturgista del secolo IX), nell'impiego della simbolica fino all'assurdo, il P. Pennet ci offre ancora un'altra chiave di lettura.

La reliquia viene presentata come *memoria passionis Unigeniti Filii*[11] e le si attribuisce una efficacia tipicamente sacramentale. Tale efficacia è espressa con la formula *per virtutem sanctae Sindonis*[12].

Memoria e *virtus*: due termini chiave di ogni azione liturgico-sacramentale che si richiamano vicendevolmente. Per la pregnanza dei contenuti sottesi, essi hanno la capacità di strappare la *historia salutis* dalla mera fattualità del passato per renderla viva e attuale, nella sua *virtus operis*, come *misterium salutis*, nell'*hodie* della chiesa. Da ciò ne deriva che l'eucarestia — sacramento sintesi di tutta l'economia salvifica — è l'unica ed esaustiva *memoria passionis*. In essa, tutti gli eventi storico-salvifici di Cristo, culminanti nella Pasqua di morte e di risurrezione, si rendono presenti e vengono posti nelle mani della Chiesa, grazie alla *virtus* dello spirito, sempre operante nelle azioni cultuali. Pertanto, l'eucaristia può dirsi ed è, in pienezza, il segno efficace dell'umanità pasquale del Signore, strumento unico e permanente di tutto l'*opus redemptionis*.

La sindone, stando al formulario «A», sembra contenere la medesima efficacia dell'eucaristia. Infatti, *per virtutem Sanctae Sindonis*, i *viatores* sono resi capaci del banchetto eterno[13]; *virtute Sanctae Sindonis* si partecipa della medesima salvezza scaturente dalla *passio gloriosa* e resa presente nei doni sacrificali[14]; per la medesima *virtus*, coloro che, qui in terra, contemplano l'immagine di Cristo, impressa sulla Sindone, saranno ammessi alla contemplazione del volto di Dio, nel cielo[15].

Sostanzialmente, la Sindone verrebbe ad assumere lo stesso ruolo della umanità santissima del Verbo da cui scaturiva una *virtus* che sanava tutti (Lc 6,19) e avrebbe la stessa dignità dell'eucaristia, *memoria* attuale della passione redentrice di Cristo.

Se tale posizione di pensiero non può non sbigottirci e lasciarci sgomenti,

---

[9] Cfr. *Prosa*, 244.
[10] *Gen* 37,23.31-33 (Epistola) e *Gv* 19,38-42 (Vangelo).
[11] *Oratio*, 235.
[12] *Oratio, Secreta, Post-communio*, 235, 245.
[13] *Post-communio*, ibidem.
[14] *Ibidem*.
[15] *Oratio*, 235.

a suo favore esiste un dato che viene a far luce. Ed è questo: la persuasione generale che l'immagine della Sindone fosse interamente e direttamente formata dal sangue di Cristo che in essa era rimasto, e che quindi rendeva la reliquia non solo più preziosa, ma più efficace. Un testimone della ostensione del 14 aprile 1503, A. De Lalaing, ha lasciato scritto questa testimonianza: «il lenzuolo è impregnato del preziosissimo sangue di Gesù, nostro Redentore, e questo si vede così chiaramente come se fosse stato macchiato tuttora. Si vede l'impronta di tutto il suo santissimo corpo: testa, bocca, occhi, naso, mani, piedi e le cinque piaghe, specialmente quella del costato, lunga all'incirca un mezzo piede, insanguinata...»[16].

Tale convinzione portava i credenti ad adorare la reliquia. *Tuam Sanctam Sindonem adoramus, Domine*: è detto in maniera patente nell'ufficiatura[17].

Se nella *lex orandi* è espressa la *lex credendi* della Chiesa, la testimonianza ci offre uno spaccato della vita liturgica e della fede della Chiesa nel secolo XVI.

Il formulario «A» pensato esclusivamente alla luce della passione e morte di Cristo — di cui la Sindone è prova — ci offre un timido accenno alla redenzione intesa come *passio gloriosa*[18]. È un piccolo fermento che troverà spazio nei formulari successivi.

Formulario «B»[19]

Frutto di opportuni e vari interventi sulla *editio princeps*, il formulario «B» si presenta notevolmente rinnovato nei suoi testi e nei suoi contenuti che lo innervano. Si compie su di esso una specie di restauro che possiamo definire fin d'ora felice e apprezzabile, attesa l'epoca in cui ciò è avvenuto: seconda metà del XVII secolo[20].

Eliminati gli elementi di profano sapore umanistico, rifatti gli inni, cambiate alcune antifone, inserite delle lezioni appropriate dei Padri nell'ufficiatura, emendata l'eucologia e rinnovate le letture bibliche della Messa, il formulario «B» — non privo di eleganza, proprietà e signorilità — ci fa respirare l'aria della riforma tridentina che «ha salvato la liturgia dalla crisi del Cinquecento»[21].

Checché ne sia del mutamento di opinione circa la verità della Sindone e se ciò sia riscontrabile o meno nei testi liturgici[22], si deve affermare che il formulario del 1662, oltre a presentare una intelaiatura teologica ben calibra-

---

[16] *La Santa Sindone. Solenne ostensione nel IV centenario del trasferimento a Torino* (Torino 1978) 5-6.

[17] Versetti *ad vesperas* e *ad matutinas*, 235, 241.

[18] *Secreta*, 245; Invitatorio *ad mat.*, 235; versetti *ad vesp.* e *ad tert.*, 235, 242; Responsorio dopo l'*Ep.*, 244.

[19] *Missa Sacrae Sindonis qua corpus D. N. Jesu Christi e cruce depositum, involutum fuit*, a Sancta Sede Apostolica, Serenissimo Carolo Emanueli Duci Sabaudiae concessa (Augustae Taurinorum 1688).

[20] Precisamente il 1682, cfr. E. M. VISMARA, *art. cit.*, 187.

[21] B. NEUNHEUSER, *op. cit.*, 114.

[22] E. M. VISMARA, *art. cit.*, 188.

ta all'interno dell'impianto eucologico, utilizza la S. Sindone in maniera corretta e aderente.

Il cambio di prospettiva è segnalato dal canto d'ingresso (Introitus), preso dall'inno cristologico probabilmente prepaolino, *Fil 2,6-11*, il quale orienta l'attenzione non più sulla sindone bensì sul corpo di Colui che, *e cruce depositum*, è ora il Kyrios dell'assemblea. Su di lui soltanto — lo Splendido Annientato — i credenti devono puntare lo sguardo, nella consapevolezza che la catena delle umiliazioni, che ha condotto Cristo al precipizio della Croce, apre il varco alla esaltante glorificazione e raggiante risurrezione. È su di questa griglia che va ad annoverarsi la scelta delle letture bibliche della messa convergente su Cristo, l'*Ecce Homo*, divenuto l'*Ecce Deus gloriae*. Significativo mi sembra, pertanto, il cambio delle letture e la prospettiva che vi si scorge.

Il brano di *Is 62,11-63,7* viene a rimpiazzare *Gen 37,31-35* del formulario «A». E in essi Iahvè, alla maniera di un trionfatore che avanza vittorioso con gli abiti intrisi di vino, nell'atto di mettere in ombra Giuseppe, spogliato della sua veste e venduto ai Madianiti. Se il richiamo alla *veste* intrisa di sangue è ancora presente ed è comune alle due pericopi, il testo isaiano ha un orizzonte più ampio e si applica al Messia sofferente con le caratteristiche della sua identità e della sua missione.

In questo bel frammento di poema apocalittico, Iahvè viene da Edom, il paese «rosso» (Edom = rosso) con le vesti insanguinate. Edom è il primo dei nemici di Israele, ma anche il tipo di tutti gli altri nemici sui quali Dio trionfa come giudice e salvatore. In questa lotta all'ultimo sangue (al momento, cioè, della vendemmia), Dio era solo e ha saputo fare appello alla sua onnipotenza per compiere l'opera gigantesca di portare l'umanità intera al torchio della giustizia.

Anche Cristo sperimenterà l'abbandono e l'isolamento al momento cruciale della sua lotta di salvezza. Nel furore della passione, Gli si rotolerà perfino una pietra sulla sua faccia, dopo averlo calato, morto dalla croce e posto cadavere nel sepolcro (Mc 15,42-46). Ma il supplizio inferto dagli uomini si tramuta in un vero peana di gloria per la ricompensa data dal Padre al suo Servo fedele. A Lui, Servo Glorificato, la Chiesa, raccogliendo l'eco della comunità degli eletti nel cielo (Ap 7,12), acclama:

Ave Rex noster: tu solus nostros es miseratus errores
Alleluia.
Tibi gloria, hosanna; tibi triumphus et victoria;
tibi summae laudis, et honoris corona.
Alleluia[23].

Allo smarrimento della passione e della sepoltura segue la vittoria della risurrezione che, riscattando l'ignominia della morte, fa rifulgere la croce regale per il trionfo di Cristo Signore. È quanto ha voluto esprimere l'ignoto Au-

---

[23] *Resp.* dopo la *Lectio Isaiae Prophetae*.

tore del formulario «B» che ha saputo gettare, attraverso il responsorio, fasci di luce e di vita su una vicenda di tenebre e di morte.

L'eucologia, debitamente ritoccata, si colloca sulla scia genuina della tradizione eucologica della Chiesa. La Sindone, infatti, compare nella *oratio colletta* ma il suo richiamo serve quasi a visualizzare la *redemptio per sanguinem*[24] di cui essa conserva misteriosamente le tracce (= vestigia) e ad innalzarci alla contemplazione del mistero di quel corpo e sangue di Cristo, frutto maturo, caduto dalla croce per la salvezza del mondo.

Lui, il Signore crocifisso risorto, è la salvezza del mondo. Solo *per mortem et sepulturam suam ad resurrectionis gloriam perducamur* canta l'*oratio colletta*. Lui è l'unico mediatore. Non altri. Né altro. Effuso in croce ieri, il sangue di Cristo è offerto anche oggi *pro mundi salute*, come recita la Secreta, mediante il rito del memoriale perenne della sua Pasqua. Per esso, tutta la ricchezza di vita, propria del Verbo fatto carne, è partecipata ad ogni uomo realizzando la comune-unione con Lui, interrotta con il peccato. Il pane e il sangue di vita preparano a condividere le sorti del corpo risorto di Cristo nel regno celeste, secondo le parole del Post-communio:

> ...*ut per temporalem filii tui mortem,*
> *quam misteria veneranda testantur*
> *vitam te nobis dedisse perpetuam confidamus.*

L'approccio iniziale avuto con l'*editio princeps* mi era sembrato come il cammino di una notte verso un giorno senza aurora. I decisi albeggiamenti del formulario «B», invece, mi hanno rincuorato perché in essi leggevo il preludio gioioso di un cammino verso il meriggio. Mi sarebbe piaciuto che quella pietra tombale fosse stata già rimossa. Che quel sepolcro spalancato mi annunziasse la vittoria della vita sulla morte. No. Dobbiamo ancora attendere. E poi il meriggio di Pasqua, il giorno senza tramonto. È quanto ci dirà il

Formulario «C»[25]

Il rimando al fatto della sepoltura di Gesù in una sindone è obbligatorio, ma indissociabile dalla risurrezione, tanto più che questa «memoria» avviene nel tempo pasquale. E se la pietà cristiana venera un segno della dolorosa passione del nostro redentore, la fede medita il senso delle ferite (1Pt 2,15) e del sangue versato (Ap 5,9) come reale partecipazione del Figlio di Dio alla situazione storica dell'uomo. Divenuti vicini, grazie al sangue di Cristo (Ef 2,23), gli uomini recuperano la loro dignità iconica di *filii in Filio* divenendone partecipi del medesimo destino di gloria. A questo conducono le nostre

---

[24] Il tema, caro alla patristica antica, è trattato soprattutto da Ireneo, cfr. G. Laiti, *Il sangue in S. Ireneo di Lione (soteriologia, eucaristia, antropologia)*, in F. Vattioni (cur.), *Sangue e antropologia biblica nella patristica*, Roma 1982, 2/I, 353-358.
[25] *Liturgia dell'eucaristia nelle feste diocesane dei santi e in altre celebrazioni locali. 4 maggio. Venerazione della Sindone.* Memoria, Archidiocesi di Torino, 49-59.

sofferenze, se vissute nello stesso spirito di obbedienza alla propria missione che fu quella di Gesù, da noi acclamato *Signore dei vivi e dei morti*.

Come si può già intuire, il formulario «C» racchiude una complessa e variegata ricchezza di contenuti, espressa dalla eucologia totalmente rinnovata e dal *corpus lectionum* che annovera dei brani selezionati e ben appropriati alla celebrazione[26].

Se volessi raccogliere in una immagine le idee che circolano all'interno di questo formulario, di chiara impostazione conciliare, utilizzerei quella dei cerchi concentrici. Mi appaiono così, infatti, i testi, come tanti cerchi che partendo dal fulcro si inseguono l'un l'altro per poi riannodarsi idealmente ad un unico punto.

Ap 5,6-14 è il testo cardine attorno al quale sembra roteare tutta la nuova liturgia della Sindone. Nella splendida liturgia celeste, Giovanni ci presenta l'Agnello *stans tanquam occisus*; ossia vivente dinanzi a Dio ma con le trafitture tipiche della passione, mentre una folla immensa di esseri beati grida di gioia.

L'uccisione non può essere presente con la risurrezione in quanto fatto concreto e come evento; ma può avere una sua simultaneità con essa nei suoi effetti e nella sua applicazione transitiva nell'esperienza liturgica (Gv 20,20; Ap 5,6). Certamente la croce non è identica alla glorificazione ma essa rappresenta l'inizio del movimento che troverà compimento nella salita verso il Padre.

> «O dono preziosissimo della croce! — esclama commosso Teodoro lo Studita — quale splendore appare alla vista!
>
> Tutta bellezza e tutta magnificenza. Albero meraviglioso all'occhio e al gusto e non immagine parziale di bene e di male, come quello dell'Eden. È un albero che dona la vita non la morte, illumina e non ottenebra, apre l'adito al paradiso, non espelle da esso.
>
> Su quel legno sale Cristo, come un Re sul carro trionfale. Sconfigge il diavolo padrone della morte e libera il genere umano dalla schiavitù del tiranno.
>
> Su quel legno sale il Signore, come un valoroso combattente. Viene ferito in battaglia alle mani, ai piedi e al divino costato. Ma con quel sangue guarisce le nostre lividure, cioè la nostra natura ferita dal serpente velenoso»[27].

È questa la prospettiva di fondo che soggiace alla teologia giovannea quando, sfuggendo allo schema temporale del linguaggio della risurrezione[28], l'A-

---

[26] Is 52,13-53,5; 62,11-63,7; 1Gv 5,5-12; Ap 1,4-8; 5,6-14; Mc 15,42-16,8; Gv 19,38-20,9; Sal. Resp.: 30; 29; Fil 2,6-11.
[27] *Oratio in Adoratione Crucis*: PG 99,691.
[28] X. LÉON-DUFOUR, *Risurrezione di Gesù e messaggio pasquale*, E.P., Milano 1973, 386-387.

postolo vede nella morte di croce il colmo dell'abbassamento ma anche l'inizio della glorificazione.

Agli occhi del discepolo, infatti, la croce non è un'ignominia né uno scandalo. È un trono di gloria sul quale si trova Colui che dona la vita e di fronte al quale ci si deve determinare perché ormai, da quell'«ora» in cui Egli venne «innalzato» per il sacrificio pasquale, il corso degli eventi cammina irreversibilmente verso il banchetto eterno delle nozze dell'Agnello.

In Cristo, ritto in mezzo al trono con l'atteggiamento tipico del giudice che gli deriva dall'essere stato immolato, la storia giunge al punto *omega* e precipita vertiginosamente verso la Gloria, vera festa nuziale della Sposa che raggiunge finalmente il suo Sposo.

A partire da questa suggestiva immagine, vera *reductio ad unum* di tutta l'economia salvifica, i vaticini di Isaia (52,13-53,5; 62,11-63,7) trovano il loro compimento, mentre le narrazioni evangeliche della morte si aprono sulla metastoria (Mc 15,42-16,8; Gv 19,38-20,9) creando una voragine di luce, grazie alla presenzialità dello Spirito del Risorto che con il sangue e l'acqua (1Gv 5,5-12) «fa di noi un regno di sacerdoti per il suo Dio e Padre» (Ap 1,6). Nel cammino verso la gloria, nuovo esodo dei credenti, l'eucaristia è il segno memoriale di una *vita data per noi* e il fermento immesso nella *umanità nuova* per la contemplazione del volto glorioso del Signore[29].

Uniti a Cristo, primogenito tra i fratelli e solidali con il suo stesso destino (Rm 8,28-30), già il volto della gloria risplende sul nostro[30].

Ma non basta. Alla fine della nostra corsa saremo ammessi al suo amplesso se, avendolo visto sfigurato e grondante sangue, lo abbiamo soccorso, servito e amato nei suoi *fratelli sofferenti*[31]. La Sindone è là, credo, per dire a tutti che il suo volto sarà ancora sfigurato dalla passione fin quando un suo e nostro fratello è infangato nella sua nativa dignità di uomo e di figlio. Questo è il ruolo che il formulario «C» dà alla reliquia: risvegliare nell'uomo la nostalgia della sua immagine: Cristo, l'unica Icona dell'uomo.

Formulario «D»[32]

Il suggestivo titolo di questa liturgia eucaristica — *Messe de notre Seigneur Jésus Christ ressuscitant du tombeau* — mentre completa il pensiero evolutivo della visione unitaria del mistero pasquale, sembra riportarci irresistibilmente alla celebrazione della veglia pasquale in cui il passaggio dal sabato santo alla domenica di risurrezione non avviene attraverso una notte ma attraverso una anticipata e prolungata aurora.

---

[29] *Dopo la Comunione*, 50.
[30] *Antifona alla Comunione*, 50.
[31] *Dopo la Comunione*, 50.
[32] *Messe de notre Seigneur Jésus Christ ressuscitant du tombeau*. Messe concédée à la Sainte Chapelle de Chambéry et fixée au dimanche qui suit la Fête de la Croix Glorieuse (14 septembre), Chambéry, 44-48.

Riunita nell'oscurità, l'assemblea cristiana si rivolge verso l'oriente e in misteriosa comunione con il cosmo e, quasi ripartendo dal caos primordiale, chiama la luce.

È la luce di Cristo che, risalendo dalle viscere della terra, risponde al richiamo del Padre, lascia le tenebrose regioni della morte e si lancia fuori, nell'assemblea, *rivestito di potenza*[33], fulgente come astro che non conosce tramonto.

Gesù, l'obbediente fino alla morte e alla morte di croce[34], è la vittoria che stravince sulla morte[35], annientando il suo potere contro di noi. A Lui, la Chiesa sua sposa acclama festante: *Ti esalto, Signore, perché mi hai liberato*[36].

Lui, il *trafitto*, cui volgemmo lo sguardo inorriditi[37]; Lui, avvolto in un mantello di sangue e umiliato nella dignità di figlio, è *il Re dei re e Signore dei signori*[38].

Questa è la Pasqua del Signore: la potenza gloriosa e vivificante della croce, salvezza dell'uomo. Di fronte ad essa non c'è che da esclamare con S. Efrem:

«Gloria a te! che della tua croce hai fatto un ponte sulla morte. Attraverso questo ponte le anime si possono trasferire dalla regione della morte a quella della vita.

Gloria a te! che ti sei rivestito del corpo dell'uomo mortale e lo hai trasformato in sorgente di vita per tutti i mortali.

Tu ora certo vivi. Coloro che ti hanno ucciso hanno agito verso la tua vita come gli agricoltori. La seminarono come frumento nel solco profondo, ma di là rifiorì e fece risorgere con sé tutti!»[39].

Il sangue salutare e redentivo di Cristo, sgorgato dalla croce, trabocca dal calice ricolmo per inondare la città di Dio[40]. Sangue vivificante. Sangue offerto in sacrificio di espiazione al Padre. Sangue offerto in comunione di vita agli uomini. Ecco la Pasqua della Chiesa: l'Eucaristia, *Sacramentum sanguinis*. Nuova alleanza. Nuova germinazione di vita per tutti.

Da questa immensa e straordinaria impresa pasquale nasce continuamente l'umanità nuova, totalmente rivestita di Cristo perché *creata secondo Dio nella giustizia e nella santità della verità*[41].

III.

La Sindone, immessa nella corsia preferenziale della spiritualità vesperale del *Christus patiens*, ha alimentato abbondantemente la pietà dei fedeli par-

---

[33] *Antifona alla Comunione*, 48.
[34] *Acclamazione al Vangelo* (Fil 2,8), 47.
[35] *Lettura a scelta* (1Cor 15,54-57), 46; *Antifona alla Comunione*, 48.
[36] *Risposta al Sal 29.*
[37] *I lettura* (Zc 12,10-11), 45.
[38] *Antifona all'ingresso* (Ap 19,3.16b), 44.
[39] *Sermo de Dominico nostro*, 9: Ed Lamy, 1, 166-168.
[40] *Preghiera sulle offerte*, 48.
[41] *Colletta* (Ef 4,24), 44.

lando al cuore di ogni uomo. In essa ciascuno ha visto e continua a vedere un segno di famiglia, quasi una sindrome di ogni dolore umano.

Ciò non basta. Che senso avrebbe la notte se non fosse vista come un tempo di gestazione della luce aurorale e meridiana? Teste della resurrezione, la Sindone deve annunziare, a suo modo, la Vita. Una Vita che nasce dalla Morte, al di là delle esasperate immagini dualistiche della croce da una parte e del trionfo epico dall'altra.

I testi liturgici, sulla scia dell'approfondimento biblico e della catechesi primitiva, hanno recuperato il senso genuino dell'evento pasquale nella sua unitarietà e indissociabilità della passione-morte-risurrezione.

Una testimonianza assai eloquente di questo processo di unitarietà ci perviene da un sarcofago romano della prima metà del IV secolo, chiamato appunto *sarcofago del mistero pasquale*. Nel suo alto e nobile ritmo compositivo, la passione del Signore è raccontata storicamente con tre episodi: Cristo dinanzi a Pilato; l'incoronazione di spine; la salita al Calvario. La risurrezione — scena centrale — è descritta simbolicamente. Sotto le braccia della croce sono raffigurati i carnefici, i persecutori sconfitti, debellati e ridotti all'impotenza. Sopra la croce, non il corpo di un giustiziato ma la corona di alloro di un trionfatore che incornicia il monogramma glorioso del XPISTOS.

In un'epoca in cui la croce era un segno di infamia e strumento di morte, l'ignoto scultore ce la presenta come albero della vita. Da essa gli uomini, raffigurati da due colombe, attingono la vita, che non perisce.

A queste sorgenti genuine del pensiero cristiano deve ispirarsi la nostra vita, la nostra spiritualità che non può non essere *pasquale* perché *globale* e onnicomprensiva di tutto il nostro essere redento.

E allora «Possiamo essere protestanti o cattolici, luterani o riformati, di destra o di sinistra, ma se vogliamo essere sicuri del nostro fondamento, dobbiamo in qualche modo aver visto e udito gli angeli presso il sepolcro aperto e vuoto»[42].

---

[42] K. BARTH, *Kirchliche Dogmatick*, in G. O'COLLINS, *Il Gesù Pasquale*, Assisi 1975, pag. 5.

LA RELIQUIA SINDONE
E LEGITTIMITÀ DEL SUO CULTO

PIETRO CIRASELLI*

I precedenti Convegni Sindonici e i diversi studi e pubblicazioni non potevano trascurare l'aspetto «culto di questa insigne reliquia» che è il Lenzuolo di Torino.

Nel Congresso di Bologna del 1981 su *Sindone fra scienza e fede*, Serafino Zardoni magistralmente sintetizzò ed espose i princìpi teologici portanti della prassi e della normativa canonistica della Chiesa circa le Reliquie[1], in un secondo intervento fece un serio approccio all'autenticità di questa reliquia, giustificando così la consentaneità e la razionalità della venerazione e del culto del mondo cattolico per quello che costituirebbe segno-documento-testimonianza-controprova di quanto narrato dai Vangeli, cioè dell'evento-cardine della storia del Cristianesimo (ed aggiungiamo, della storia umana) qual è la morte e la resurrezione di Cristo[2].

Gaetano Intrigillo in una sua *Inchiesta sulla Sindone* con una serietà ed obiettività storica, che riesce alla fine a sconcertarti, ripercorre a ritroso le tappe di questo Lenzuolo, non nascondendo vuoti, tunnel ed interstizi di secoli ma anche spigolando documenti e testimonianze scritte e non che attesterebbero l'esistenza e l'importanza del reperto storico[3].

A questo crocevia, tra princìpi teologici sulle reliquie ed autenticità provata nella percentualità che seri studi possono attribuire al Lenzuolo di Torino, si pone questo mio intervento di portata abbastanza più modesta, ma che è consequenziale; e che in sintesi racchiude i seguenti tre punti:
* la natura di questa Reliquia;
* le preoccupazioni e le precauzioni della Chiesa per le reliquie in genere, ed in specie per questa di insigne importanza e valore;
* la costante normativa liturgica e disciplinare della Chiesa per le reliquie, fino ai disposti del nuovo CJC.

Ci rendiamo conto perfettamente che trattare, o sia pure accennare a questo aspetto del vasto problema sindonico (aspetto da non trascurarsi), può offrire un doppio rischio:

---

* *Monsignore docente di diritto canonico, membro del Centro Internazionale di Sindonologia.*

[1] *La Sindone, Scienza e Fede*, CLUEB, Bologna 1983, pagg. 39-58.
[2] Id., pagg. 60-73.
[3] G. INTRIGILLO, *Inchiesta sulla Sindone*, pro manuscripto, Trani 1980, pagg. 20-28.

— da una parte quello di voler quasi sollecitare in modo troppo positivo le conclusioni scientifiche sull'autenticità del Lenzuolo e così poter mettere la parola «fine» ad un appassionante e secolare dibattito. Il che è umanamente impossibile! Ma all'interno della Chiesa, la liturgia, esercitata nei dovuti modi e disciplinata dal Magistero, è promozione di fede, di devozione e di interesse: *lex orandi fit lex credendi*;

— d'altra parte però si affaccia il rischio di precludere a quanti non accettano preliminarmente Cristo nella sua identità di Uomo-Dio-Salvatore dell'umanità, la serenità di leggere e di accettare il valore dei risultati delle stesse ricerche, quasi fossero costrizione alla via della fede.

Ma è tanto lungi dal pensiero e dalla prassi della Chiesa il soffocare la libertà nella ricerca religiosa.

I. NATURA DI QUESTA INSIGNE RELIQUIA

I «resti» e i «ricordi» (che alla latina diciamo «reliquiae» e alla greca «λειψάνα») di una persona trapassata entrano nella sacralità naturale della vita, nel sacrario degli affetti e dei sentimenti che smaterializzano la vita e gli interessi molte volte purtroppo degradanti dell'uomo.

Quando questi «resti» o «reliquie» sono legati a persone o ad episodi storici notevoli, la pubblica opinione li consacra come «cimelî» ossia come documenti, raccolti anche nei templi dell'arte e della storia, che chiamiamo «musei».

In campo religioso, e in quello cristiano in ispecie, a questo tipo di discorso naturale si aggiunge quello di fede nella immortalità, nella vita eterna, nella resurrezione della carne, nell'unità e vitalità del Corpo mistico di Cristo di cui entriamo a far parte con la grazia, della Comunione dei Santi e relativo interscambio di doni e beni spirituali fra tutti i membri.

L'indole escatologica della Chiesa che, pellegrina su questa terra, la sospinge alla restaurazione di tutto in Cristo nel compimento del regno e a sentirsi profondamente unita alla Chiesa celeste, ossia ai beati del Paradiso e a vivere una misteriosa comunione e scambio di beni spirituali[4].

Questo legame è stato incrementato *dalla venerazione e culto delle Immagini e delle Reliquie*, che sono entrate nel campo della Liturgia minimamente per distogliere il popolo di Dio da quell'azione sacerdotale e cristocentrica che lo porta attraverso i misteri e i riti a Dio, ma per proporre eroi e campioni (nei Santi) i quali hanno vissuto in pieno questo mistero e ce ne sono di esempio, sprone e protezione.

Non che non siano mancate devianze ed esagerazioni di cui appresso; ma noi ora ne vediamo la razionalità all'interno della compagine misteriosa ecclesiale ed i benefici.

Parlando di reliquie, naturalmente le prime e le principali sono i «corpora

---

[4]L. G., nn. 48-51.

sanctorum» o una parte notevole di essi, che costituirono subito nella storia della Chiesa punto di riferimento, luogo di ritrovo e di assemblee liturgiche, di edificazione delle basiliche e di erezione di altari. Accanto a queste reliquie sorsero quelle ottenute «per contatto» che dagli antichi vennero dette «brandea — memoriae — nomina — pignora — sanctuaria». È da sottolineare che le reliquie «per contatto» erano da ritenersi quelle che avevano avuto tale rapporto col sepolcro o tomba del Santo o in genere con quanto era in relazione con la sua morte, dal momento che per la Chiesa è quello il «dies natalis».

Il «contatto» sia pure mediato da oggetti era ed è mezzo di *culto relativo* non al cadavere o alla tomba del Santo, ma *alla santità* stessa, alla potenza vitale di Cristo che venne «ut vitam habeant et abundantius habeant»[5] e quella virtù la sprigionò anche attraverso quella taumaturgica e risanatrice dei malesseri del corpo.

Fra le turbe attratte verso il divin Maestro vi fu chi cercò di toccare le sue vesti per ottenere la guarigione (Mc 5,28; 6,56); i primi fedeli fecero altrettanto con le vesti degli Apostoli (Atti 5,15; 19,11 e 12: ove si dice che i fedeli di Efeso portavano agli infermi gli asciugatoi e le cinture di S. Paolo e i malati ottenevano la guarigione).

Per la nostra trattazione ci interessa sottolineare due particolari:

1 — Un impulso alla venerazione delle Reliquie che riguardano la Passione di Gesù venne dall'avvenimento dell'invenzione della Croce, dal flusso dei Pellegrini cristiani verso i luoghi santificati dal passaggio terrestre del Salvatore e dal conseguente desiderio (non senza gli abusi) di riportarne memorie ed oggetti di ricordo.

Io oso avanzare tra le altre validissime ragioni storiche apportate da esimi studiosi nello spiegare il quasi assoluto silenzio (...e direi, interesse) dei cristiani delle primitive comunità ecclesiali circa le reliquie di Cristo e della sua Passione, questa spiegazione:

le primissime generazioni dei cristiani sentivano, specie nella Liturgia, il rapporto con Gesù non come una persona morta, archiviata nella storia, con la quale mediare il contatto con le sue reliquie. Per loro (e così dovrebbe essere per noi!) il Cristo era la persona viva, risorta fra noi. E quindi noi abbiamo il contatto — sia pure attraverso il mistero ossia la realtà soprannaturale — diretto, attuale, vivissimo. Quasi non sentivano, per Gesù, il bisogno delle reliquie.

Una volta poi scoperte — di certo — assumevano un valore ed una importanza grande!

2 — Nell'estimazione, nel valore e nell'importanza delle reliquie, particolare rilievo si è dato al corpo martirizzato di un cristiano, o a quella parte del corpo che ha subìto per Cristo le sevizie e le torture, e specialmen-

---

[5] Gv 10,10.

te al sangue o residui di esso... quel sangue effuso per la fede. I fedeli di Cartagine gettarono i panni sul luogo dove S. Cipriano doveva essere decapitato per ritirarli intrisi del suo sangue (*Acta proconsularia*, in CSEL, 3, pag. CXIII). Gregorio Nazianzeno affermò che poche gocce di sangue avevano la stessa efficacia del corpo intero (*Contra Julianum*, I, 69: PG 35,589). Anche Paolino di Nola scrisse che «magna est in exiguo sanctorum pulvere virtus» (*Carm.* 27, v. 447). Il vescovo Gaudenzio di Brescia (✝ nel 410 c.) ricevette un po' di sangue trovato da S. Ambrogio nel sepolcro dei martiri Gervasio e Protasio e dichiarò: «tenemus sanguinem qui testis est passionis»[6].

Fluisce o fluirebbe limpida e logica la risposta al nostro quesito: QUALE LA NATURA DI QUESTA RELIQUIA CHE È LA SINDONE?: Essa è una *insigne* (per tanti motivi) reliquia *per contactum*.

Certo che questa affermazione presuppone tutto il laborioso discorso della *autenticità* e di quel grado di autenticità che nelle umane cose è possibile e che ho detto in premessa di supporre, condividendo le caute ed obiettive conclusioni degli storici più sereni.

E la Chiesa si preoccuperà preliminarmente, principalmente e — direi — esclusivamente dell'autenticità; dopo della quale è facile impartire norme liturgiche e disciplinari di un culto relativo di dulia e che porti sempre al cristocentrismo e per Cristo alla lode del Padre.

La Sindone sicché sarebbe un reperto storico, che avrebbe avuto per 40 ore circa un contatto fisico con un uomo (galeotto!) condannato a flagellazione, sottoposto alla non legalmente prevista imposizione sul capo di sterpagli pungenti e penetranti, confitto con chiodi alla croce, il cui patibolo orizzontale fu portato e legato sulle sue spalle e che avrebbe infine subìto una strana «punctio cordis» con una lanciata infertagli al petto.

Il contatto di sole 40 ore spiega l'impressione nitida di tutte le cicatrici e del sangue restato sul retro e sul davanti del martoriato corpo, compreso il volto, che ci è noto solo attraverso una positiva del negativo impresso in quel lenzuolo.

Se si potesse veramente dire con il 100% di sicurezza che questo è il lenzuolo comprato da Giuseppe di Arimatea e che ha avvolto il cadavere di Gesù, come non gridare: È QUESTO IL QUINTO EVANGELO!

E anche se questa verità scendesse in percentuale fino al 90%... non sarebbe un'autenticità che suffraga la nostra affermazione di «RELIQUIA INSIGNE», e non sostiene abbastanza la consentaneità e razionalità del culto e della venerazione?

C'è di più. Vi sarebbero impresse reliquie del sangue di Cristo. Quel sangue che, nella letteratura biblica, è la vita dell'uomo; quel sangue che è il prezzo dell'Alleanza!

Ed allora sorgerebbe, come di fatto è sorta, una lunga e dibattuta disputa

---

[6] Sermo XVII, PL 20,963.

teologica circa la presenza di queste tracce di sangue decalcate sulla Sindone e la verità teologica della resurrezione di Cristo, che riprende «tutto quanto è della natura del suo corpo umano e quindi carne, ossa e sangue».

Ma ci risparmiamo di entrare nell'argomento, anche perché esula dal nostro. Citiamo solo una accettabile conclusione teologica:

«È ancora sangue di Cristo, quello rimasto sulla Sindone, sempre suppos타ne l'autenticità? Certamente. Ma, mentre durante la vita (e secondo la tesi tomistica, anche *in triduo mortis*) era il sangue di Cristo Uomo-Dio, parte dell'Umanità unita al Verbo di Dio, ora non più. Cristo risorto dal sepolcro ha voluto lasciare, come traccia del suo passaggio sulla terra e del suo donarsi totale, il suo lenzuolo funebre macchiato di sangue. Ora quel sangue è «RE-LIQUIA», non più ipostaticamente unito al Verbo, perché non facente più parte dell'Umanità di Cristo. Rimane a noi come segno e testimonianza di colui che «ha dato se stesso come prezzo di riscatto per tutti. (1Tim. 2,6)»[7].

II. PREOCCUPAZIONI E PRECAUZIONI DELLA CHIESA CIRCA LE RELIQUIE

L'uomo è sempre esposto e disposto a devianze, esagerazioni ed errori. E non perché sia cristiano o religioso in genere, può dirsi esente; ché anzi in materia di religione — sospinto da motivazioni le più varie — può e difatti arriva a deformazioni ed abusi.

Ecco la funzione dell'autorità e del magistero della Chiesa, che — al servizio della verità e della pietà — non poche preoccupazioni ebbe in materia di reliquie e altrettante precauzioni ha sempre dovuto prendere.

In sintesi e lungo il corso della storia, la Chiesa si è trovata a precisare la sua dottrina contro eretici ed iconoclasti; ha dovuto fronteggiare una certa «mania» di frammentare in piccolissime parti i corpi dei Santi che così più che venerati ne uscivano quasi dissacrati; ha dovuto ovviare ai pericoli inerenti alle operazioni di traslazione, che con l'andare del tempo e col crescere del fanatismo religioso aprirono qua e là la piaga dei trafugamenti e delle ruberie delle reliquie; non poca e non breve preoccupazione arrecò ai Papi l'altra e più risaputa piaga delle mistificazioni e del commercio delle reliquie, specialmente dopo le Crociate *et quidem proprio* di quelle sedicenti di Cristo, dei luoghi della sua vita, della sua Passione[8].

Gli interventi della Chiesa in materia di reliquie si sono orientati su tre traiettorie:

a) LA VERITÀ, quella riguardante l'autenticità al più alto grado possibile e garantito. Ci troveremo difatti subito di fronte alla proibizione di divide-

---

[7] ZARDONI, *La teologia e La Sindone, op. cit.*, in (1), pag. 71.
[8] Cfr. *Abusi e commercio delle Reliquie* in *Enciclopedia Cattolica*, pag. 756 - Codice Teodosiano: sanzioni contro furti e commercio delle reliquie. Conc. Lateranense del 1215: pene comminate contro i commercianti di reliquie.

re i resti mortali dei martiri, sia pure a fine di diffusione del culto o di edificazione di basiliche; alla proibizione di traslazioni [occasioni di riapertura di tombe e di asportazioni di reliquie vere e occasioni di immissione (diciamo!) sulla piazza di false reliquie; all'imposizione di autentiche che devono accompagnare le reliquie e garantirne l'autenticità; si intende che l'autenticazione suppone (e almeno fa capo per catena) ad una recognizione della salma di un Santo o di uno la cui causa di beatificazione è introdotta]. E così si è giunti alle meticolose norme impartite all'uopo dalla S. Congregazione per le cause dei Santi[9]. A tutelare questa verità e ad emanare altre norme ricordiamo l'istituzione da parte di Clemente IX nel 1669 di una Congregazione Romana «indulgentiis sacrisque reliquiis praeposita». Non va trascurato il continuo ricorrere a pene canoniche ed anche pesanti contro i contraffattori, i mistificatori e colpevoli di qualsiasi abuso.

b) LA SANA PIETÀ

Rientra nel compito del Magistero della Chiesa precisare ai fedeli il ruolo del culto di dulia delle Immagini e delle Reliquie dei Santi, sempre inteso in senso relativo e nel contesto del culto latreutico a Dio per Cristo unico nostro salvatore ed in cielo «semper ad interpellandum pro nobis».

Di certo non saremo di quella ingenuità o radicalità che dir si voglia di coloro che per gli abusi e le deformazioni in materia hanno preferito accusare in blocco il cattolicesimo di feticismo o di idolatria o di politeismo. Basti porre attenzione alla distinzione tra latria e dulia, e nella dulia stessa non fa difficoltà il fatto che la venerazione, che si dirige alla persona e alla sua eccellenza, abbia un mezzo materiale e visibile, quale un'immagine o una reliquia.

La Chiesa col suo ufficiale magistero ha sempre illuminato i suoi fedeli: cfr. Conc. Niceno II — Fiorentino (*Decretum pro Graecis*) — e soprattutto il Conc. Tridentino nella sessione 35ª (*de invocatione, veneratione et reliquiis Sanctorum et sacris imaginibus etc.*).

«E questa veneranda fede dei nostri maggiori circa il vitale consorzio con i fratelli che sono nella gloria celeste... questo Sacrosanto Concilio — è il Vaticano II che così parla nella L. G. al n. 51 — la riceve con grande pietà e nuovamente propone».

Come anche al n. 111 della S. C. (Cost. sulla Liturgia) precisa che «la Chiesa, secondo la sua tradizione, venera i Santi e tiene in onore le loro reliquie *autentiche* e le loro immagini»[10].

c) LA PASTORALE, ossia l'azione che la Chiesa svolge per l'incremento della vita spirituale nei suoi fedeli, per il loro autentico e coraggioso annunzio

---

[9] Cfr. Can. 2096 del Codice di Diritto Canonico Piano-Benedettino del 1917 in vigore fino al 1983. — Codex pro postulatoribus 4ª ed., Roma 1929. — Instructio pro exhumatione ac recognitione corporis servorum Dei.
[10] S. C., n. 111.

del messaggio cristiano e per la missione di carità da svolgere nella comunità degli uomini.

Orbene in questo campo non poco influisce la sacra Liturgia, le celebrazioni liturgiche bene intese e vissute, e nella Liturgia non indifferente è il posto dato (sempre nel dovuto ruolo) alla celebrazione dei Santi, alla venerazione delle reliquie, specie se si tiene presente il grosso fattore della pietà e delle devozioni popolari.

Perciò il magistero e la cura pastorale della Chiesa hanno sempre curato che la sacra Liturgia, ed in modo particolare il Santorale, fosse sempre svolto come culto della maestà divina, fosse vissuta come fonte della istruzione del popolo fedele (cfr. Conc. Trid. sess. XXII) e fonte di vita autenticamente cristiana. Il Conc. Vaticano II fa scaturire tutta la vigoria pastorale del culto dei Santi, delle Immagini e delle Reliquie dalla indole escatologica della Chiesa peregrinante e dalla sua unione con la Chiesa celeste (L. G. 48-51), esortando ad eliminare abusi ed errori, ma a vivere un'unione tra i Santi del cielo e noi santi pellegrini sulla terra, specialmente nella sacra Liturgia, nella quale la virtù dello Spirito Santo agisce su di noi mediante i segni sacramentali.

Per la nostra Reliquia (la Sindone) in modo particolare le precauzioni della Chiesa e le sue attenzioni sono state:

— nel periodo della sua permanenza a Gerusalemme-Costantinopoli: un culto ed una venerazione attestata dall'esistenza delle Cappelle in cui si dice era esposta e visitata da insigni personalità.
   Nessun documento però di autentica[11].
— nel periodo dell'iconoclastia, la Chiesa ha indirettamente agevolato questa reliquia con la strenua difesa della legittimità delle immagini e delle reliquie e relativo culto. Per la verità la Sindone godeva di per sé di un favore nel furore della lotta, e cioè che non poteva considerarsi un'immagine, bensì un lenzuolo in cui l'immagine era il risultato di impressione di sangue.
— poi il sempre cauto atteggiamento della Chiesa di fronte alle varie posizioni assunte da diversi personaggi interessati alla Sindone. Vi è, sì, l'intervento contraddittorio dell'antipapa Clemente VII, ma ciò denota solo l'interesse dell'ambiente ecclesiastico intorno alla reliquia[12].
— la prima ricognizione, che propriamente fu probativa circa la non avvenuta sostituzione del lenzuolo bruciato con uno invece dipinto, dopo il noto incendio di Chambéry, per ordine del vero papa Clemente VII, che nominò 5 esperti, tutti vescovi, perché procedessero alla verifica del telo-documento, sotto la guida di Ludovico di Gorrevod[13].
— infine tutta la prudenza della Chiesa nel lasciare la piena libertà agli scienziati dei nostri tempi di approfondire la questione sindonica.

---

[11] G. INTRIGILLO, op. cit., pagg. 22-26.
[12] E. GARELLO, La Sindone e i Papi, Corsi Editori, Torino 1984, pagg. 55-57.
[13] GARELLO, op. cit., pagg. 72-73 e G. INTRIGILIO, op. cit., pag. 115.

Pur dato, però, giustamente questo spazio all'umana ricerca, vi è tutta la serie delle Indulgenze elargite per chi visitava la Cappella della Sindone, l'emanazione — sotto il papato di Giulio II — della Messa ed Ufficio in onore della Sindone e le successive conferme del culto verso questa reliquia detta anche «insignissima»[14]. Culto dichiarato, come è evidente e risulta dall'esperienza, utile per la considerazione del mistero della nostra redenzione.

Dunque preoccupazioni e precauzioni... ma sempre con la implicita accettazione di un alto grado di autenticità, un culto sempre promosso e visto utile sotto l'aspetto spirituale e pastorale[15].

III. LA NORMATIVA LITURGICA-DISCIPLINARE
(codiciale)

Se noi ci riferiamo alla recentissima normativa scritta in materia di reliquie, quella contenuta cioè nel Codice di Diritto Canonico entrato in vigore il 27/11/1983 (che poi non è se non un'applicazione dei princìpi conciliari e delle disposizioni ed applicazioni post-conciliari), dobbiamo dire che — grazie a Dio! — è enucleata in pochissimi e chiarissimi avvertimenti e provvedimenti.

Dico: grazie a Dio!, perché quando l'Autorità avverte che è sufficiente il richiamo ai princìpi teologici e scende meno alle norme e specialmente alle repressioni e sanzioni, vuol dire che si attraversa da una parte un periodo di pochi abusi e dall'altra di crescita nella *intelligentia fidei* e nell'*oboedientia cordis* del popolo di Dio più evangelizzato e catechizzato, più avviato a ben impostate espressioni di fede, di culto e di vita religiosa.

E, difatti, dobbiamo riconoscere che quanto di più questo è preso di mira da parte dei nostri fratelli non in piena comunione di fede e che si ostinano ad accusare la Chiesa Cattolica di errori dogmatici, tanto più i credenti, gli adulti nella fede della nostra comunità vanno teologicamente crescendo, sempre più attivamente partecipano (ed intelligentemente) alla sacra Liturgia, meno sono esposti ad espressioni equivocabili in fatto di culto dei Santi e delle Reliquie. Il che però non significa che cammino non ci resta ancora da fare!!!

Ora io penso che ad una comunità adulta e matura per precedenti negative esperienze e già illuminata dalla Parola di Dio, è stato più che sufficiente, nella visione attuale della Chiesa data dalla L. G., prospettare la suaccennata unione della Chiesa Pellegrinante con quella Celeste, ivi compresa quella in purificazione, ed il ruolo esatto e valido del culto alla Madonna, ai Santi, alle Immagini e alle Reliquie. Il Concilio ha voluto solo aggiungere un «aggettivo»[16] AUTENTICHE, ed in quello c'è tutta la suesposta preoccupazione,

---

[14] GARELLO, *op. cit.*, pagg. 65-67. È papa Benedetto XIV (1740-1758) che dà alla Sindone la qualifica di «insignissima».

[15] Vedi elenco dei papi che hanno concesso indulgenze per la Sindone in GARELLO, *op. cit.*, pagg. 131-135.

[16] S. C., n. 111.

precauzione e la giusta aderenza a quel senso critico-storico di molto affermatosi nella nostra cultura. Si intende che i princìpi della L. G. richiamano anche quelli generali del Sacros. Concilium sulla Liturgia da rinnovare, nella quale grande parte e grande importanza — come abbiamo detto — hanno la Madonna, i Santi, le Immagini, le Reliquie, le Manifestazioni di pietà e di devozioni popolari da recuperare nell'alveo del vero culto latreutico e cristocentrico[17].

Il Legislatore poi, chiamato a filtrare questi princìpi nella normativa del nuovo Codice, nella parte «De Ecclesiae munere sanctificandi», ha con brevi tocchi riassunti nei cann. 1186-1190 quanto riguarda il Culto dei Santi, delle sacre immagini e delle reliquie. A proposito di queste ultime, dedica solo il can. 1190, dichiarando illecito venderle, così alienare quelle insigni o grandemente onorate, e anche trasferirle senza la licenza della Sede Apostolica.

In altro luogo si occupa di reliquie, ed è a proposito della consacrazione degli altari fissi, in cui ritorna a raccomandare l'antica tradizione di riporre sotto l'altare le reliquie dei martiri o dei santi (can. 1237 § 2); mentre istruzioni della competente Congregazione non richiedono più le piccole particelle di ossa di martiri da riporre in detti altari fissi nella fossetta centrale o sacrario.

E tutta qui si può fermare la nostra ricerca della normativa? NO!...: bisogna far riferimento agli altri documenti post-conciliari emessi dalle competenti Congregazioni Romane:

— prima fra queste, quella per le cause dei Santi circa la ricognizione del corpo di un fedele per il quale si inizia la causa di beatificazione, e nella quale occasione con tutte le precauzioni si possono prelevare a cura del Postulatore della causa le reliquie per poi farne degno uso.

— così anche per quanto riguarda oggetti appartenuti al fedele morto in odore di santità e altre reliquie per contatto da distribuire sempre con le autentiche.

— poi le varie istruzioni delle Congregazioni prima dette dei Riti, in seguito dei Sacramenti e del Culto divino riunite dopo un periodo di separazione di competenze.

— vi sono infine particolari istruzioni emanate al Vicariato di Roma per le reliquie che vengono estratte dalle catacombe di Roma.

Facciamo però un cenno alla normativa del Codice di Diritto Canonico del 1917 detto Benedettino-Piano, non tanto per vedere le differenze con l'attuale in vigore, ma per vedere e proporre la validità — secondo me — di tutta quella normativa che resta in vigore non in forza del Codice che è stato riformato, ma in forza dei princìpi teologici, pastorali, liturgici e disciplinari ovvi ed intramontabili che vi soggiacciono e che certamente la Santa Sede richiamerebbe in caso di necessità.

Una sola osservazione preventiva: le pene comminate contro i trasgressori

---

[17] L. G., n. 51.

e registrate nel Codice Piano di certo non sono più in vigore, perché *in odiosis* bisogna stare alla lettera del Codice in vigore.

Però anche quello del 1983 porta un canone che, nello stile di tutta la legislazione rivista, si ferma alle generali, ed è il can. 1376: «Chi profana una cosa sacra, mobile o immobile, sia punito con giusta pena» e, credo, che faccia anche per il caso delle reliquie, quelle autentiche si intende!

Or ritornando al trattamento e alla disciplina da riservare alle reliquie:
— *Distinguiamo un culto privato da quello pubblico*
  Può venerarsi con culto privato qualsiasi reliquia non insigne, antica o recente, non solo di santi canonizzati ma anche di morti in fama di santità; a condizione che si sia moralmente certi della santità della persona cui è connessa la reliquia e dell'autenticità.
  Le reliquie non insigni possono essere conservate anche in case private[18]. Per l'ammissione al culto pubblico è necessario l'autentica dell'Autorità Ecclesiastica (Cardinali-Ordinario diocesano), e ciò anche quando vengono trasferite[19].
— Perciò la rimozione di quelle reliquie non certamente autentiche o contraffatte o che espongono al ridicolo la religione viene anche prescritta e consigliata di fare con le dovute cautele per non destare lo scandalo anche dei pusilli[20].
— Quali sono gli atti di culto riservati alle reliquie:
  esporle alla venerazione
  farle baciare
  portarle in processione
  benedire con esso il popolo (mettendo particolare attenzione alle formule).
  Ci sono nel can. 1287 del Codice Piano avvertenze circa il modo di esposizione delle reliquie da non anteporre al SS.mo Sacramento e contribuire così alla confusione delle idee[21].
— Poi ci sono gli Indulti circa le Messe e Officiature di certi Santi di cui si hanno reliquie insigni; e anche circa Reliquie della Passione (ed è il nostro caso) di N.S.G.C. specialmente nel periodo quaresimale. Il tutto però deve essere interpretato e messo in atto alla luce di un vantaggio pastorale.
— Infine (can. 1281 § 1 Cod. Piano) norme circa la traslazione di corpi e reliquie insigni nell'ambito della stessa Chiesa e fra città diverse, sempre col permesso della Santa Sede.

In conclusione possiamo onestamente affermare che per la Sindone non ci sono stati abusi. Certe affermazioni circa la contraffazione, ossia che essa è risultato di un artificio da parte di un abilissimo pittore che ha prevenuto i

---

[18] Can. 1282 § 2 del CJC Piano-Benedettino (1917-83).
[19] Can. 1283 § 1, *id.*
[20] Can. 1284, *id.*
[21] Cfr. Istruzioni della S. C. dei Riti 1741-1826-1838-1845.

tempi e le tecniche del negativo fotografico, oltre che essere stata affermazione gratuita da parte di persone che non avevano neanche vista con i propri occhi la Sindone (ma lo dicevano per sentito dire e forse per occulti interessi), ha trovato smentita subito e anche nel tempo successivo (fino ai nostri giorni) a seguito delle incalzanti e positive ricerche che approdano a conclusioni quanto mai vicine all'autenticità.

Per contrario c'è stato il «sensus fidei» del popolo cristiano che «pie, devote ac fructuose» ha contemplato il volto e la passione del Signore in quel sacro Lenzuolo; vi sono stati i papi che personalmente spinti da pietà hanno venerato questo S. Telo (ricordiamo il primo, Pio VII, che per ben due volte si inginocchia e rende omaggio[22]; e poi l'attuale Giovanni Paolo II nella sua andata a Torino da papa[23] oltre quella di qualche mese prima della sua elezione come cardinale, quasi a supplire alla mancata venerazione che di persona forse intendeva dare Papa Montini, Paolo VI, in occasione della ostensione della Sindone del 1978).

Crediamo di poter serenamente affermare dinanzi a questa qualificata assise che nulla pregiudica, nulla ostacola la serena ed approfondita ricerca scientifica che si conduce da parte di tutte le branche della scienza, se noi cristiani cattolici, mossi da fede e devozione, ci prostriamo dinanzi al S. Lenzuolo di Torino e restiamo come Pietro sull'imboccatura del sepolcro ammirati e confusi e avvertiamo — sì — nel nostro intimo un aumento di fede.

Anzi lanciamo un appello ai responsabili della liturgia e della pastorale nelle Chiese locali che si incrementi questo culto a tutto beneficio del mistero della redenzione e della salvezza che contempliamo non scritto con parole evangeliche, che pur veneriamo, ma con le impronte molto più eloquenti del sangue di Cristo. Dal maggior culto ne verrà maggior fede e maggior vita cristiana. *Lex orandi fit lex credendi.*

Crediamo al nostro Cristo che ci amò fino alla morte e che risuscitando ha lasciato in quel Telo il segno e la testimonianza della sua vittoria nell'uomo che senza pregiudizi si lascia liberare dalla verità.

---

[22] GARELLO, *op. cit.*, pagg. 87-90.
[23] GARELLO, *op. cit.*, pagg. 121-131.

SUMMARY. While taking for granted both the basic theological principles of the praxis and the disciplinary and liturgical rules concerning the relic worship, as well as the demonstration of the authenticity of the relic «Shroud» to the maximum degree afforded by the historical documentation available:

a) the nature of said relic is discussed.

«Renowed» and «per contactum» relic which bears the blood stains of a man convicted to scourging, subject to a coronation with a thorn crown, crucified with nails, etc.

b) the care and the caution of the Church in connection with relics in general and with this one in particular. Instructions and rules to be followed for the preservation of the «corpora sanctorum vel martyrum», their examination for the authentication, chastisements against abuses, commerce, and mystifications.

For the Holy Shroud, the first investigation after the Chambéry fire, the caution of the Church pending the conclusions of the various branches of science on the Shroud authenticity.

c) legitimation of cult and veneration of Saints, images, relics, in the eschatological view of the Church and the unity of the Mistic Body.

Relevant cult private-public.

The provisions of Art. 1190 of the new «Codice di Diritto Canonico» of 1983.

Mentions and references to instructions of the Holy Congregations with regard to relics and the provisions of the «Codice di Diritto Canonico Piano-Benedettino» applicable from 1917 to 1983.

PROSPETTIVE PASTORALI ATTRAVERSO LA SINDONE

GIOVANNI PISANU*

La forte valenza della Sacra Sindone di Torino di fronte all'appassionata e appassionante ricerca scientifica impegnata da oltre 80 anni nella decifrazione del *mistero* che in sé racchiude; sostenuta tale ricerca, e in oggettivo, dai risultati dell'indagine storica cui appare certa l'identità della Sindone con il lenzuolo che avvolse il Corpo del Cristo crocifisso allorché venne deposto nel sepolcro, nonché la *rivelazione* dell'autentica Persona di Gesù, ivi misteriosamente impressa e visibile, non può, fra l'altro, non stimolare imprevedibili sviluppi e implicanze di natura e di taglio pastorale, almeno in un prossimo futuro, che alimenti la fede e la spiritualità cristiana.

Ci sembra pertanto legittima e plausibile un'attenta riflessione, almeno in prospettiva, che scopra e delinei il reciproco richiamo, l'indissolubile rapporto tra il *mistero dell'uomo* colpito, nella sua condizione esistenziale, dal dolore, dal male, da ogni forma di oppressione e violenza, dalla morte, e il *mistero dell'Uomo della Sindone*, «l'uomo dei dolori, dice Isaia, che ben conosce il patire», «davanti al quale ci si copre la faccia» (Is 53,3,5).

Ciò detto in premessa e in avvio di riflessione e di ricerca, tre ci sembrano i punti da individuare e sottolineare circa le varie componenti di una funzione e significanza pastorale della Sindone:

1) *Il tipo di linguaggio* in cui essa si esprime e media verso ogni attento osservatore il suo ineludibile messaggio.

2) *L'unicità del suo messaggio* emergente, con una oggettività implacabile, dall'Uomo della Sindone, ma il cui testo letterario storico-descrittivo è il racconto della Passione del Signore secondo Matteo, Marco, Luca e Giovanni redatto entro un settantennio dall'*origine cristologica* della stessa.

3) *Il senso e la destinazione di esso messaggio*: a chi e perché?

I. IL LINGUAGGIO DELLA SINDONE

Va subito rilevato che l'Uomo della Sindone è sì un'immagine, ma una immagine *vera* del Cristo storico e del Cristo della fede, «acheropita», non fatta da mani d'uomo e pertanto ha una sua immanente, ineludibile capacità e potenza di approccio allo spirito umano, pari a quello della Verità che, per noi cristiani, «si è fatta Carne e venne ad abitare in mezzo a noi» (Gv 1,14).

* *Docente della Facoltà Teologica di Cagliari.*

Se nella storia dell'evangelizzazione e della spiritualità cristiana — annuncio della fede e suo vitale approfondimento, questa è la pastorale — diverse forme visive, quali il *Presepio*, la *Via Crucis*, le rappresentazioni delle *Passiones* medievali, hanno mediato e visualizzato per secoli la fede nei dommi dell'*Incarnazione* e della *Redenzione* in un contesto umano e cristiano universalmente incolto e analfabeta; e, sempre nell'ambito visivo e rappresentativo, se si pensa al ruolo quasi unico, per circa due millenni, avuto dagli artisti cristiani il cui linguaggio è fatto di affreschi e pitture, sculture, mosaici, miniature, monumenti, Cattedrali — definite *le Bibbie di pietra* — vetrate e portali istoriati a forte ispirazione biblico-cristiana, appare in oggettivo come la stessa predicazione cristiana si è servita non solo del linguaggio privilegiato della parola, della scrutazione e penetrazione biblica dei Padri, del magistero dei Papi, dei Concili e dei Vescovi, delle riflessioni dei Teologi, dell'ardimento dei Missionari e delle esperienze trascinanti dei Mistici e dei Santi, ma ha altresì trasmesso la fede attraverso una *Teologia per immagini*, unico linguaggio universalmente recepibile in un mondo scarsissimamente acculturato, soprattutto dopo la caduta dello Stato antico.

È pur vero che la Chiesa primitiva ereditò dalla teocrazia giudaica, e non poteva essere altrimenti, il radicale rifiuto degli idoli e che la conseguente condanna dell'antropomorfismo nell'arte divenne uno dei luoghi comuni dell'apologetica cristiana, tanto che il canone 36 del Concilio di Elvira in Spagna dell'anno 300 si espresse ancora a sfavore delle raffigurazioni pittoriche nelle chiese: «*Placuit picturas in ecclesia esse non debere, ne quod colitur et adoratur in parietibus depingatur*»[1] «Parve bene di decidere che non ci dovessero essere pitture nelle chiese, di modo che ciò ch'è onorato e adorato non sia dipinto nei muri».

Ma quando nei timidi inizi delle raffigurazioni bibliche delle catacombe si intravvide la possibilità di un insegnamento dommatico per immagini e i Padri cappadoci Basilio di Nazianzo e Gregorio di Nissa sottolinearono la funzione pedagogica delle decorazioni nelle chiese, giacché, nota Basilio, «*Quae enim historiae sermo per auditum exibet, ea ob oculos ponit silens pictura per imitationem*»[2] e in quanto, sottolinea Gregorio di Nissa, «*il muto disegno sa parlare dai muri dove si presenta e rende i più grandi servizi*»[3]; e soprattutto allorché Papa Gregorio Magno, nella sua Epistola a Sereno vescovo di Marsiglia, evidenziò in forma definitiva la motivazione teologica e pastorale, giacché, afferma «*se si ammettono le pitture nelle chiese, è perché gli analfabeti vedano almeno con gli occhi sui muri ciò che non sanno leggere nei libri*»[4], da allora una vera *Bibbia in figure* rievocò sulle pareti delle chiese cristiane la vita

[1] KIRCH C., S. J., *Enchiridion Fontium Historiae Ecclesiasticae Antiquae*, Herder, Barcellona 1947, n. 340.
[2] PG XXXI, Hom. XIX, pag. 510.
[3] PG XLVI 757.
[4] «Idcirco enim pictura in Ecclesiis adhibetur, ut hi qui litteras nesciunt, saltem in parietibus videndo legant quae legere in Codicibus non valent» (PL LXXVII Ep. CV col. 1027).

dei Patriarchi, la Passione e la Gloria del Risorto, le prove dei Martiri e l'arte cristiana divenne un sistema completo d'istruzione, la prima *Università Teologica degli illetterati*, ove si elaborò una Teologia in figure, un'Apologetica in immagini e la Città di Dio fu resa visibile a tutti e comprensibile anche agli analfabeti.

L'immagine dell'Uomo della Sindone entra dunque come una forma di linguaggio della pastorale e della predicazione, ma la cui *unicità in assoluto* li sorpassa tutti, come la realtà sorpassa la figura e l'evento supera e sostituisce la profezia, giacché «più che un'immagine, scrive Claudel, è una presenza», una *cristofania* noi aggiungiamo, un'autentica manifestazione del Cristo.

Oggi, di fronte all'Uomo della Sindone, la coscienza cristiana e l'attuale imponente ricerca scientifica gridano, come l'Apostolo Giovanni, la propria incantata scoperta davanti al Risorto in riva al mare di Galilea: «È il Signore!» (Gv 21,7).

L'Uomo della Sindone, inoltre, la più portentosa reliquia che esista sul pianeta Terra, ha esploso dal suo interno un interesse proporzionale alla civiltà della scienza e della tecnica, nelle quali l'attuale contesto culturale, in assoluto, si esprime e si riconosce. Da quando l'avvocato Pia il 28 maggio 1898 realizzò il primo negativo fotografico della Sindone, una nuova forma di linguaggio, quello delle scienze sperimentali, ha fatto irruzione fra gli strumenti investigativi e conoscitivi del soggetto in predicato, divenendo il veicolo principe, anche in chiave pastorale, dell'accostamento dell'uomo moderno e dell'uomo della scienza al Cristo della Sindone.

Dall'arte fotografica, dalla quale il ritratto del Cristo balza con una oggettività implacabile, alle scienze storiche, dalla Medicina alla Biochimica e alle Scienze naturali, dalle Scienze bibliche alla Matematica, in breve, dai Laboratori fotografici ai Laboratori spaziali del Colorado e di Pasadena e ai topi di biblioteche, si annuncia ed è già in atto, accanto a una *Teologia per immagini*, una *Teologia a mezzo delle scienze*, il cui linguaggio sperimentale è tanto aderente e recepito dallo spirito moderno.

Queste due forme di linguaggio consentono alla Sacra Sindone di Torino un proprio specifico peso e ruolo pastorale non solo all'interno del suo più ovvio contesto cristiano, ma anche, e in misura più rilevante e privilegiata, all'interno dell'ambito profano-secolare, che le deriva dai contenuti del suo messaggio, dalla sua immanente e intrinseca attitudine ad illuminare *il mistero dell'uomo* sulla terra, che si fa sempre più tragico nel dolore e nella morte poiché fanno inaudita violenza al suo essere e al suo destino, e dalla *potenza della sua verità* che, se per il credente è come un *Quinto Vangelo* e per il mistico un manuale di contemplazione, per l'incredulo e l'ateo offre tali argomenti di testimonianza e di convinzioni che lo obbligheranno a riflettere, poiché la Sacra Sindone è una lezione di cose molto seria e il suo linguaggio si fa ogni giorno più chiaro.

II. IL MESSAGGIO DELLA SINDONE

Se l'Uomo della Sindone è il ritratto vero del Cristo storico dei Vangeli — così le conclusioni delle scienze e dell'indagine storica — l'immagine straordinaria che possediamo è quella del Cristo flagellato, del Cristo agonizzante, del Cristo morto, nel cui itinerario di sofferenze e di morte anche il dolore dell'uomo, che tanta parte ha nella sua vita, trova un assoluto punto di riferimento e a Lui si sente legato da una misteriosa solidarietà e intima simpatia. Perché? Perché dal Cristo della Passione secondo i Vangeli e dal Cristo della Sindone deriva un unico messaggio: *il Mistero Pasquale*, la Redenzione dell'uomo attraverso la Passione, Morte e Resurrezione di Gesù. È comprensibile, pertanto, come ci si senta intimamente portati, e subito, alla riflessione e al discorso dell'unica predicazione cristiana che, secondo Paolo, è la «*sapientia Crucis*» quale forma di sapienza proponibile, in chiave pastorale e salvifica, all'uomo di tutti i tempi e di tutte le culture: «*Noi predichiamo il Cristo crocifisso, scandalo per i Giudei, stoltezza per i pagani... ma per quelli che si salvano... è potenza di Dio e sapienza di Dio*» (1Cor 1,23-24).

Il messaggio della Sindone parla dunque in assoluto della

1) *Croce di Cristo*

e ne afferma la storicità. Gesù si presenta nella Sindone allo sguardo di ogni attento osservatore «nello stato completo della sua debolezza, della sua umana sconfitta, della sua non violenza»[5]. Ma tale *storicità* non è solo un ricordo e una memoria del passato, bensì un richiamo ad una realtà perennemente *attuale*: il Corpo di Cristo è crocifisso moralmente, ma pesantemente, ancor oggi, in molte regioni del mondo. Gesù potrebbe chiedere, ancor oggi, ai moderni persecutori: «Perché mi perseguiti?» (At 9,4).

Non solo, ma la Croce o il dolore di Cristo fonda e stimola una precisa e acuta riflessione antropologica ed esistenziale, giacché la sua *storicità* e *attualità* sollecitano continuamente l'uomo moderno al superamento della innata difficoltà ad affrontare il dolore. È vero! In realtà è difficile e arduo addossarsi la croce; non la si vorrebbe mai incontrare; e quando la s'incontra ci si rifiuta di portarla, e in molti genera una rivolta interiore, ritenendola un insulto alla Provvidenza e al proprio destino. Specialmente oggi, a causa di tutto l'indirizzo della moderna educazione sociale finalizzata ad un certo edonismo, alla vita facile, tesa solo a rendere serena, bella, lirica e splendida la vita. Ma tutto ciò è e resta un'*utopia*. Purtroppo, anche in una certa corrente della Teologia postconciliare, si è avvertita la tentazione di presentare un *cristianesimo senza croce*, senza sacrificio, nel tentativo di renderlo attraente e conformista a tutti gli agi del vivere mondano.

---

[5] Paolo VI, *Insegnamenti*, Tip. Pol. Vat., VII, pag. 193.

Ma la Croce di Cristo è una grande verità. La Croce è essenziale al Vangelo e quindi al Cristo stesso. Non possiamo immaginare un Cristo che non sia anche Crocifisso. «Che cosa sarebbe, scrive Paolo VI, un Vangelo, cioè un cristianesimo senza la Croce, senza il dolore, senza il sacrificio di Gesù? Sarebbe un Vangelo, un cristianesimo senza Redenzione, senza Salvezza»[6] di cui abbiamo assoluto bisogno.

In questa contraddizione tra la permanenza della Croce di Cristo e il continuo rifiuto dell'uomo, si situa la funzione mediatrice e visiva del Cristo della Sindone, immagine reale e lezione straordinaria del Cristo flagellato, agonizzante, crocifisso, e del Cristo morto.

L'uomo, di fronte alla Sindone, percepisce subito la consumazione di un *dramma*, di una tragica e atroce sorte, poiché si tratta di un fatto di sangue, di una pena capitale inflitta ad un innocente e pertanto di un supplizio fra i più crudeli e disonoranti.

L'uomo attuale, di fronte alla Sindone, diventa un testimone oculare della Passione di Cristo. Aiutato dalla scienza, beneficia della *prova sperimentale* che il supplizio fisico di Cristo è quello umiliante della crocifissione e ne scandisce *i momenti forti*, ma graduali: il sudare sangue, la flagellazione, la coronazione di spine, la crocifissione, la morte e la ferita del costato «da cui uscì sangue ed acqua» (Gv 19,34), nota il Vangelo di Giovanni, quale storica e reciproca convergenza tra le risultanze delle attuali acquisizioni e conclusioni sulla Sindone e il testo del Vangelo ora citato.

Aiutato nella riflessione dai testi del Nuovo Testamento, l'uomo di fronte alla Sindone, che si qualifica come l'unico *sacramento* visivo e in assoluto della Passione di Cristo, recepisce altresì le dimensioni di un'abissale sofferenza, poiché è la sofferenza di un innocente, del Figlio di Dio, del Messia, avviato al patibolo infame, sul quale pronunciò il grido più triste e desolato mai udito sulla terra: «Dio mio, Dio mio, perché mi hai abbandonato?» (Mc 15,14).

Chi mai, come Lui, ha sudato sangue, ha previsto la sua Passione e l'ha sorbita come un calice fino in fondo? Nel provvidenziale impatto con la Sindone, l'attenta osservazione si fa compassione, ammirazione, coinvolgimento, meditazione profonda, contemplazione del fatto che Gesù porta *il primato del dolore*, si mette al centro più desolato della sofferenza umana e la fa sua, mentre l'uomo scopre finalmente, in Cristo, un riflesso, un'immagine della propria sofferenza fisica e morale, che spesso lo tormenta, e accetta e finisce di riconoscersi in Lui.

Ma il fatto che la Sindone si qualifichi come l'unico coefficiente visivo e in assoluto della Passione di Cristo consente altresì, sulla scorta dei testi del Nuovo Testamento, un'attenta e acuta esplorazione delle molteplici motivazioni di quel mistero di «Croce» che noi conosciamo e si propongono all'uomo d'oggi e di domani come una suprema illuminante pagina di riflessione.

---

[6] Paolo VI, *Insegnamenti*, VII, pag. 118.

Cristo, infatti, non ha sofferto e non ha il primato del dolore per il gusto di soffrire. La sua profonda sofferenza e il radicale dono di sé non è senza motivo proporzionato. Sappiamo infatti dalle Scritture che il dolore di Cristo è un dolore *innocente, cosciente* e *volontario.* Tutto era previsto: la terribile crocifissione, il disonore e lo strazio della croce; e tutto fu voluto nella totale e crudele interezza fino alla fine, senza, ovviamente, quei narcotici che ammorbidiscono la nostra sofferenza e ogni altro pietoso lenimento della scienza medica. Gesù è Colui che conosce il dolore e la sofferenza in tutta la sua estensione e profondità, tanto da spremere sangue dalle sue vene nell'agonia spirituale del Getsemani.

Il dolore di Cristo era d'altronde *volontario.* Gesù ha sofferto perché l'ha voluto: «oblatus est quia ipse voluit» (Is 53,7). E nella domanda che l'uomo logicamente si pone, del perché Cristo abbia voluto soffrire, sta la chiave di volta di una suprema lezione redentiva umano-divina: Egli ha voluto assumere su di sé tutta l'espiazione dell'umanità. Il suo Sacrificio appare dunque volontario, intenzionale, voluto, previsto, liberamente consumato. Infatti, riassumono la Fede e la Teologia cristiane, «*propter nos homines, et propter nostram salutem... crucifixus, passus et sepultus, et resurrexit tertia die*» (Symbolum Fidei), mentre il suo Sacrificio si rivela, in amore, il prezzo della nostra Redenzione. Egli è dunque Colui che espia per tutti, è una vittima sovranamente libera e condivide il male fisico dell'uomo per guarirlo dal male morale, per annullare e azzerare in sé il peccato e il delitto di tutti.

Ma Gesù era anche *innocente.* «Il mistero del dolore innocente, scrive Paolo VI, è uno dei punti più oscuri di tutto l'orizzonte dell'umana sapienza»[7]. In questo senso il dolore di Cristo si fa unico, assoluto, necessario, supremo mistero di contemplazione per il credente, di riflessione profonda per l'agnostico, chiave di lettura, ardita e rasserenante, del senso e significato del dolore, dal quale è compenetrata l'intera esistenza dell'uomo.

La Sindone dunque, nella contemplazione diretta del ritratto del Cristo storico, flagellato, paziente, crocifisso, piagato e morto, offre un capitolo inesauribile di riflessione alla Teologia e all'Antropologia, costituisce un'estasi ai Santi contemplativi della Croce, apre un nuovo campo di esplorazione alla nostra pietà, alla nostra scienza dell'uomo e alla stessa riflessione teologica, grazie al linguaggio sperimentale delle scienze che la studiano.

2) *La croce dell'uomo*

Se la Sindone rivela e documenta in primo piano la «*Croce di Cristo*» richiamandone la sua tragica verità e si propone come «*prova e conferma*» della Passione di Cristo, Signore e Salvatore degli uomini, quale supplemento visivo e integrante dei testi storico-letterari del Nuovo Testamento, essa, di ri-

---

[7] Cfr. *L'Osservatore Romano*, 30 maggio 1975, pag. 1.

flesso, getta tanta luce sulla «*croce dell'uomo*» aprendolo ad un dialogo incomparabile di simpatia e di solidarietà col Cristo Crocifisso.

Chi contempla il Cristo della Sindone si trova subito afferrato dal *mistero dell'Uomo del dolore* e vi riversa *il mistero della propria croce*. L'uomo infatti non sa e non può rimanere indifferente dinanzi al mistero della Croce di Gesù; vi si sente anzi potentemente attratto e chiamato. Nel Cristo che soffre l'uomo in realtà riconosce se stesso, il suo concreto destino e per questo si sente e si scopre a Lui solidale. Perché tutto questo? Perché è proprio un motivo di solidarietà, una relazione di parentela, un'intima, profonda corrente di simpatia, un'assoluta condivisione di tutto, eccetto il peccato, che Egli ha stabilito con ogni uomo che soffre. Se il dolore del mondo naturale è un isolante, per Gesù il dolore e la sua Croce sono un punto di incontro, un sacramento di comunione, un evento di liberazione. *La Croce di Cristo* rivela pertanto un intimo indissolubile rapporto con *la croce dell'uomo*.

Sono indefinite le forme di dolore sulla terra e numerose le categorie di uomini che particolarmente soffrono, dentro le quali ognuno può riconoscere se stesso. Eccone alcune: *il dolore degli innocenti*. Chi non conosce il dolore innocente di tanti bimbi, o perché portano forse l'eredità di mancanze paterne e materne, o perché soppressi nel grembo materno, o perché scaturisce da tanti mali fisici e infelicità non meritati, imprevisti, che sembrano non avere un'apparente spiegazione? Eppure l'hanno «perché il Signore che conosce tutto, sottolinea ancora Paolo VI, trae dal soffrire degli innocenti un prezzo che non osa chiedere ad altri cuori»[8].

Il dolore dei peccatori. È pur sempre un dolore, anche se costruito con le proprie mani attraverso odi, violenze, ingiustizie, lotte. Il dolore che ne scaturisce è il salario e lo stipendio intimamente legati all'inevitabile sanzione di ogni colpa morale. Con tutti questi la Croce di Cristo ha una misteriosa relazione condonante e di infinita misericordia.

Il dolore del mondo del lavoro. Ancora e spesso la fatica umana rimane oberata da ingiustizie e carente di riconoscimenti; a ciò si aggiunge il tormento della disoccupazione, della insicurezza del domani e del pane, e soprattutto l'acuto senso della giustizia e della propria dignità di uomini, ferite e menomate da molteplici condizionamenti che non consentono il giusto ritmo di sviluppo e di completamento sociale.

Il dolore del mondo giovanile. Esso appare teso verso una ricerca dell'assoluto e dell'ideale, ma, troppo spesso, è reso ambiguo da estremismi disperati in ossequio ai miti e alle culture della morte, il cui sbocco fatale si palesa e si esprime nel flagello apocalittico della droga, nel dissolvimento morale, nei paurosi filoni della violenza terroristica nazionale e internazionale che lo fanno tremendamente pericoloso ed emarginato.

Il dolore dei poveri, dei popoli della fame e del sottosviluppo, che non hanno

---

[8] Paolo VI, *Insegnamenti*, VI, p. 1221.

acquisito un proprio spazio di libertà e dignità umana, ma sono ancora privi, per colpevoli pigrizie o noncuranze, per forme dirette di sfruttamento, di oppressione e di violenza, delle proprie inalienabili risorse necessarie alla loro sopravvivenza.

Il dolore dei perseguitati, a causa della fede e della coscienza prima di tutto, ma anche a causa delle proprie convinzioni politiche, per i quali non c'è libertà o alcun riconoscimento degli imprescrittibili diritti umani. La loro coscienza è intimidita da continue minacce e la stessa loro vita è in pericolo.

E da ultimo, *il dolore dei defunti*, dei nostri defunti, che non può non scaturire da una tensione divenuta estremamente acuta e cosciente, di desiderare la felicità in Dio e di esserne temporaneamente frenati per colpa propria: è questo il Purgatorio.

Come si vede, il capitolo della sofferenza e della «*croce dell'uomo*» è anche esso inesauribile. Ma esso non appare accettabile e sopportabile, e tanto decifrabile, se non è riferito alla «*Croce di Cristo*», di cui la Sindone è una lezione impareggiabile e una testimonianza irrefutabile.

Di fronte alla Sindone, ossia al dolore di Cristo e al mistero del suo proprio dolore, è ovvio che l'uomo si interpelli e si interroghi: che rapporto e quali relazioni esistono e intercorrono fra la «*Croce di Cristo*» e la «*croce dell'uomo*»? Fra la sua Passione e la sofferenza di tutti? La Passione di Cristo è soltanto un numero anche il più nobile e meraviglioso, nella infinita serie di dolori umani, oppure esiste un intimo, indissolubile, solidale rapporto fra questi dolori?

A questi interrogativi l'uomo potrà dare una risposta mettendosi umilmente alla scuola della Croce. E il Cristo della Sindone è lì a darci molteplici risposte.

3) *L'uomo alla scuola della Croce di Cristo*

La Croce di Cristo, dunque, nella contemplazione di quel mistero di flagellazione, di piaghe e di crocifissione visivamente e storicamente recepibile sulla Sindone, diviene una scuola ineludibile, la cui lezione appare necessaria per una soluzione ai problemi di una vita degna dell'uomo. Anzi, senza questa lezione, l'uomo lascia insoluti i gravi decisivi problemi della sua esistenza, quali quelli della sofferenza, del male e della morte, soprattutto se innocente. Proprio in rapporto ai particolari bisogni dell'uomo moderno che, educato dall'attuale sociologia ai valori della libertà, dell'uguaglianza e della fraternità, attinge, anche se inconsciamente, alla rivendicazione del diritto più che civile instaurato da Cristo, il quale ha reso fratelli tutti gli uomini, redimendoli dall'egoismo che fa lupi gli uni agli altri, nell'amore e nella pace.

Ma in concreto: che cosa può imparare l'uomo alla scuola della Croce? Ecco. Innanzi tutto scopre e si sente corresponsabile della sofferenza del Cristo che gli sta davanti: *è anche colpa mia!* Quella formidabile *Presenza* dell'Uomo della Sindone, che non mi condanna, ma che mi invita alla fiducia e alla speranza, mi diventa un radicale esame di coscienza e un perenne richiamo e rimprovero.

Ma soprattutto *l'uomo impara a portare la croce*, cioè ad assumere la propria vita con coraggio, trasformando in energie morali le immancabili difficoltà dell'esistenza, comprendendo il dolore suo e degli altri, e a saper veramente amare. Per i credenti, inoltre, significa accettare il sigillo di autenticità dei discepoli di Cristo e aprire con Lui un incomparabile dialogo e comunione.

Alla scuola della Croce l'uomo impara a conoscere il significato del dolore nella vita, a servire il dolore, qualunque esso sia, degli uomini, a ricuperare il sentimento di compassione, sentimento fondamentale, questo, di umanità e di solidarietà, e a restare a fianco di chi è nel bisogno e nella sventura.

Ma c'è di più. C'è una ragione molto profonda che l'uomo viene a conoscere quando studia il mistero del suo dolore alla luce e alla scuola di quello di Cristo. Il suo dolore appare, cioè, assimilabile al dolore di Cristo, chiamato ad integrarsi con quello, tanto da creare una misteriosa identificazione tra il Cristo e il sofferente, chiunque esso sia, per cui il dolore di ogni uomo diventa *sacro* e Gesù è in rapporto con chi soffre. Ma ad una condizione: che il dolore e la propria croce siano accettati e sofferti in comunione con Cristo.

E da ultimo: Cristo chiama il dolore ad uscire dalla sua disperata inutilità e divenire, se unito al suo, fonte positiva di bene, fonte non solo di altissime virtù, quali la pazienza, l'eroismo, la sapienza, ma altresì di capacità espiatrice, redentrice, salvifica. E il potere salvifico del Signore può diventare universale e immanente a ogni nostra sofferenza, purché accettata, condivisa e in comunione con Lui.

Il cristiano entra così nella «*sapientia crucis*» che s'impara alla scuola di Cristo sofferente, del Cristo Crocifisso. Tutto ciò è ovviamente possibile grazie alla luce della fede, mentre l'assiduità di questa contemplazione e di questa lezione fa penetrare il mistero sommamente complesso, dove il dolore umano nel suo più alto grado, il peccato dell'uomo nella sua più tragica ripercussione, l'amore nella sua espressione più generosa ed eroica, la morte nella più crudele vittoria e nella sua definitiva sconfitta, acquistano un'evidenza impressionante.

Dalla «*sapientia crucis*» l'uomo impara dunque la «*sapienza della vita*», la conoscenza del mistero di Cristo e la conoscenza del mistero dell'uomo, proprio in forza di quel principio di solidarietà, al quale più sopra ci si è richiamati. «Come il Cristo doveva patire e così entrare nella sua Gloria» (Lc 24,26), analogamente il cristiano, per mezzo della croce, si purifica, diventa migliore, si santifica, si immedesima vieppiù nel Cristo e diventa degno di essere glorificato.

Quando diciamo «*Croce di Cristo*» non intendiamo solo riferirci alle infinite rappresentazioni della Passione mediante affreschi e sculture, ma soprattutto alla potenza della verità dei testi del Nuovo Testamento, i cui racconti della Passione secondo Matteo, Marco, Luca e Giovanni sono il cuore del Vangelo, e al *racconto complementare*, quale Quinto Vangelo, della Sacra Sindone di Torino, nella quale l'oggettività implacabile dell'autentico ritratto di Cristo flagellato, crocifisso e morto, illumina ed integra quanto si è andati finora dicendo.

Il messaggio della Sindone, dunque, non è altro che l'incontro con Cristo, unico Salvatore e Signore dell'uomo e della storia, programmato dalla Provvidenza di Dio per l'uomo del secolo XX, il quale si affida solo al sacramento della propria scienza per approdare alla fede in Lui.

E Cristo, autore della scienza, si fa scrutare, palpare, toccare nel suo prodigioso ritratto impresso nel lenzuolo che lo avvolse, come la sera di quell'ottavo giorno di Pasqua: «*Metti qua il tuo dito e guarda le mie mani; stendi la tua mano, e mettila nel mio costato; e non essere più incredulo ma credente*» (Gv 20,27).

III. I DESTINATARI DEL MESSAGGIO DELLA SINDONE

Ma a chi e perché il messaggio della Sindone?

La risposta circa i destinatari è ovviamente intuibile. La Sindone è destinata prima di tutto alla Comunità cristiana come strumento originalissimo della moderna predicazione, mediante il quale la Chiesa può presentare agli uomini del nostro tempo il Volto umano di Dio Salvatore per la vita e la santificazione dei suoi membri.

Non v'è dubbio che la Sindone, anche nelle copie fotografiche a grandezza naturale, sia uno straordinario mezzo di meditazione e contemplazione della Passione di Cristo. Provo a immaginare che uso ne avrebbe fatto Francesco d'Assisi, Giovanni e Paolo della Croce o Teresa d'Avila. A riprova è sufficiente il richiamo ad una esperienza personale dell'aprile 1980, allorché, nella chiesa di S. Rosalia in Cagliari esposi al popolo, per due settimane e in occasione della preparazione alla Pasqua, una copia del negativo fotografico della Sindone su tela a grandezza naturale. Ebbene, ci fu un coinvolgimento della città. Professori universitari, Docenti della Facoltà Teologica della Sardegna, Sacerdoti e Religiosi, giovani e adulti, gruppi scolastici e notevole e attenta partecipazione di fedeli. Tutti sostavano in preghiera, esprimendoci profonda gratitudine. Numerose parrocchie della città e fuori avvertirono il ruolo e la felice intuizione pastorale della Sindone chiedendomi le opportune informazioni circa la possibilità di averne una copia. Conclusi quella esposizione con una dotta conferenza del dottor Tarquinio Ladu, studioso della Sindone e Presidente del Comitato Regionale di Sindonologia della Sardegna, alla presenza di Sua Ecc. Mons. Giuseppe Bonfiglioli, arcivescovo di Cagliari e di un folto qualificato pubblico, composto di medici, sacerdoti e popolo, dando luogo ad interessantissimo dibattito, che fu solo interrotto dall'avvicinarsi delle ore piccole.

Come si vede, l'esperienza è in oggettivo molto illuminante e non occorrono altre esemplificazioni circa la validità pastorale della Sindone nella moderna predicazione cristiana. La conferma straordinaria ci viene dalla solenne esposizione della Sindone nel 1978, visitata da oltre 3 milioni di persone.

Destinatario finale, inoltre, è l'intero corpo dell'umanità, soprattutto in quelle componenti contrassegnate da una vivissima particolare esperienza della sofferenza, del male, dell'ingiustizia e della morte, cui il Cristo si propone come unica liberante definitiva risposta a tutti gli enimmi dell'esistenza. In merito è sufficiente quanto già detto sulle varie categorie e forme di dolore.

Ma vi è una terza categoria, assolutamente privilegiata, come destinataria del messaggio della Sindone: ed è quella del mondo della cultura e della scienza. Che sorpresa che sia proprio la fascia più esigente e più critica nei confronti della Fede a interessarsi della Sindone e a beneficiare in anteprima di questo eccezionale documento! La posta in gioco infatti è altissima. Se la Sindone è autentica, se è cioè lo stesso lenzuolo che avvolse il Corpo del Cristo durante i tre giorni della sepoltura e fino al momento della Risurrezione (conclusioni della scienza); se l'immagine ivi misteriosamente impressa è il vero ritratto del Cristo storico e del Cristo della Fede, non fatta da mani d'uomo e da nessuna delle moderne tecniche pittoriche o fotografiche più avanzate, perché allora assolutamente impossibili ed inesistenti, ma ha solo *un'origine cristologica*, credenti o no, l'apporto storico-scientifico sùl piano delle prove ragionevoli e motivate a favore del Cristianesimo sono senza precedenti.

E, strano a dirsi, intorno alla Sindone è accaduto, né più né meno, quel che si è verificato intorno ai testi sacri dell'Antico e Nuovo Testamento. I tentativi di annientamento, di relegazione nell'ambito delle mitologie dei testi e contenuti della Sacra Scrittura, condotti con armi scientifiche dai vari Renan, Loisy, Couchaud, Strauss, Harnach, stimolarono un tale interesse e apporto scientifico a favore della storicità dei Vangeli da parte agnostica e laica di gran lunga superiore all'apporto degli studiosi cattolici, detentori tradizionali della verità di quei testi da sempre.

Così è avvenuto intorno alla Sindone. Da quando l'avvocato Secondo Pia ottenne il primo negativo fotografico nel 1898 e, specialmente, da quando l'italiano Giuseppe Enrie ottenne, nel maggio 1931, le sue 12 perfettissime fotografie insieme ad una équipe di altri cinque professionisti che lo controllavano e ne stesero una relazione, intorno alla Sindone si è accesa una delle più straordinarie battaglie scientifiche di tutti i tempi. Storia, Archeologia, Medicina, Biochimica, Palinologia, Esegesi biblica, Ingegneria, Laboratori scientifici, frantumate le pseudo storiche conclusioni del francese Ulisse Chevalier[9] e dell'inglese Herbert Thurston[10], entrambi cattolici, che frettolosamente e incautamente avevano gridato ad un altro falso storico; superate le riserve esegetiche di Biblisti e Teologi, scienziati di altissimo valore e studiosi di Sindonologia che da circa mezzo secolo, come i professori G. Judica Cordiglia, Pierre Barbet, Paul Vignon e, ultimamente, lo svizzero Max Frei, per fare qualche esempio, consumano la vita nell'entusiasmante decifrazione del mistero della Sindone e delle imprevedibili implicanze che ne derivano,

---

[9] CHEVALIER U., *Etude critique sur l'origine du Saint-Suaire de Lirey-Chambéry-Turin*, Paris 1900.
[10] CARRENO J. L., *La Sindone ultimo reporter*, Ed. Paoline, Alba 1978, pagg. 39-41.

concordano, partendo da metodi e tecniche diverse e specializzatissime, sulla sua autenticità e se ne dichiarano testimoni e umili ammiratori.

La grande verità della Sindone sta preparando e maturando una nuova categoria di operatori della pastorale e dell'evangelizzazione cristiana attraverso i cultori di numerose e avanzatissime discipline scientifiche, i cui primi interessantissimi risultati sono, appunto, quelli di un crescente coinvolgimento degli stessi uomini di scienza fra i più tenaci assertori della sua autenticità. E non siamo che agli inizi di una nuova stupenda epoca missionaria: il Cristo annunciato ai non credenti dagli uomini di scienza.

Nessuna sorpresa quindi che studiosi atei o lontani da ogni fede religiosa optino, risultati scientifici alla mano, per l'autenticità della Sindone e per la più radicale, straordinaria affermazione che il ritratto della stessa è Gesù dei Vangeli, il Risorto.

Allorché il sindonologo e chirurgo francese Dr. Pierre Barbet lesse, prima di darlo alle stampe, il suo dottissimo e lungo lavoro sulle «Cinque Piaghe»[11], quale risultato delle sue pluridecennali ricerche sulla Sindone, all'amico *Hovelacque*, professore d'Anatomia all'École Pratique di Parigi, questi, dopo attentissimo ascolto e pur lontano da ogni credenza religiosa, concluse entusiasta: «Ma allora, amico mio, Gesù Cristo è veramente risorto»[12].

Ad analoga conclusione pervenne, benché ateo, Yves Delage, accademico di Francia: «Questo è il ritratto di Gesù di Nazaret»[13].

Fino ad oggi, scrive Luis Carreno, «nessuno fra coloro che l'hanno studiata, per quanto fosse scettico, ha potuto negare la sua autenticità»[14].

Nell'ambito di eminenti studiosi cattolici, le conclusioni non sono meno impegnative e categoriche. «La prova della sua storicità cristologica, scrive l'ing. francese Paul de Gail, viene alla Sindone da quello che è in sé, dalla Sindone stessa, così come ce la presenta l'attualità del secolo XX»[15].

«Nella ricognizione della reliquia, nel 1969», scrive il prof. Judica Cordiglia, a conclusione di un quarantennio di studi sulla stessa, «anch'io ho avuto la fortuna di soffermarmi commosso, sgomento e stupito dinanzi alla figura del Cristo Paziente»[16]. «Noi amiamo la Sindone, ribadisce Luis Carreno, e la consideriamo un patrimonio di tutti coloro che sono stati riscattati da Gesù Cristo»[17].

«È Lui! È il suo volto!», scrive Paul Claudel, questo altissimo esponente della cultura francese e accademico di Francia, afferrato dalla sorprendente scoperta della Sindone fotografata dall'avvocato Secondo Pia, e continua: «Fra

---

[11] Barbet P., *Le cinque piaghe di Cristo*, trad. di P. Scotti, Torino 1941.
[12] Carreno J. L., *op. cit.*, pag. 23.
[13] Delage Y., *Le Linceul de Turin*, in *Revue scientifique* (XVII) 1902, 4ª serie, pagg. 683-687.
[14] Carreno J. L., *op. cit.*, pag. 81.
[15] Paul de Gail, *Le visage de Jesus-Christ et son Linceul*, Paris 1972, pag. 41.
[16] Judica Cordiglia G., *L'Uomo della Sindone è il Gesù dei Vangeli?*, «Fondazione Pelizza», 1975, pag. 63.
[17] Carreno J. L., *op. cit.*, pag. 50.

questo volto e noi, non vi è stato alcun intermediario umano. Se troviamo immediatamente una identificazione fra i busti di Beethoven e di Baudelaire e l'impressione che suscita in noi l'opera di questi artisti, chi può negare che fra il Risuscitato del 1898 e il Personaggio di cui i Vangeli ci raccontano i fatti, i gesti, i discorsi, esiste un'autentica compenetrazione incontestabile? Il Cristo di Leonardo da Vinci, del Dûrer e del Rembrandt combacia con tutti, e anzi domina su di essi. Non scaturiva da Lui una forza?» («Virtus de illo exibat» Lc 6,19). «Ebbene, continua Claudel, quella forza ha prodotto per noi quelle impronte prodigiose... È una fotografia come quelle che ci incollano sui nostri passaporti. Un documento d'identità irrecusabile. Ed è qualcosa di più: è l'impronta presa al Dio-Uomo fra la Morte e la Risurrezione, che dà testimonianza dell'una e dell'altra allo stesso tempo; un contatto non solo col fatto, ma col miracolo. Che dite di tutto questo, Renan, Loisy, Couchaud e tutti voi scettici e negatori? Non esigete un documento autentico voi, tristi gendarmi? Va bene questo per voi?». E conclude: «Signore Gesù, permettimi di dire che hai scelto molto bene il tuo momento: non avevamo mai avuto tanto bisogno di Te»[18].

Un giorno, racconta S. Giovanni, si accostarono all'apostolo Filippo alcuni greci, oggi diremmo alcuni turisti, e gli esposero all'improvviso una richiesta che saliva dal più profondo dell'anima: «vogliamo vedere Gesù» (Gv 12,20-22).

Non è questa una domanda che sale dal mondo moderno, quello più scientifico ed esigente, quello intimamente insoddisfatto finché non approda alla Verità che cerca? E il Cristo si mostra col suo autentico ritratto nella Sindone ai pagani e agli atei del secolo XX, molti dei quali son già divenuti suoi discepoli e caparbi apostoli.

La Sindone dunque entra a buon diritto come un nuovo originalissimo sacramento della moderna pastorale cristiana, forte del suo linguaggio visivo e sperimentale, tanto aderente all'attuale spirito moderno che, proteso verso un nuovo ideale antropologico e un nuovo modello d'uomo, ha la felice e unica possibilità d'imbattersi nell'Uomo della Sindone quale *viatico* all'Uomo-Dio dei Vangeli.

In un momento storico — quale quello attuale — in cui, mentre retrocedono le frontiere del cuore e si ecclissa l'indistruttibile ruolo della coscienza, il progresso tecnologico e lo sviluppo delle scienze rivelano ambiti e possibilità immense, sottintendendo rischi e ambiguità gravissime sul destino dell'uomo, che perciò vive in una prospettiva di catastrofe, è necessario adire all'unica sapienza antropologica proponibile che ci deriva dal messaggio della Sindone per una superiore qualità della vita in Cristo, unico Signore e Salvatore dell'uomo.

---

[18] CLAUDEL P., *Toi, qui es-tu?*, Paris 1936.

SUMMARY. A careful reflection of the Holy Shroud of Torino, which for 80 years has involved scientific investigations and spurred the historical research, both of them ending with the affirmation of its authenticity, places in our times an interesting pastoral problem, that of being, in fact, a real up-to-date Sacrament of the modern christian preaching. Through its visual and experimental language, it is offering itself to us as an handbook of contemplation of Christ Passion, of Whom it confirms the historicity and reveals the actual presence, while introducing us to His unavoidable message, the Paschal Mystery, inasmuch as the Holy Shroud is proof and evidence of Christ's Cross, into which the man's cross is reflected and urges the latter to rely on His teaching for the solution of the problem concerning suffering, moral mischief and death.

It is therefore perceived the increasing interest of the Christian Community, of larger and larger contexts also of non-believers and mainly of the scientists, the addresses of same, who, however, are increasingly becoming assertors of its authenticity and often embrace the Christ faith and declare themselves His disciples and stubborn apostles.

CONCLUSIONE
IN PROSPETTIVA PASTORALE E LITURGICA
GAETANO INTRIGILLO*

Le PROSPETTIVE SULLA SINDONE sono l'ultima pagina di questo volume, ricco di appassionante studio, di sofferte emozioni, di esaltanti conoscenze.

Sotto l'aspetto religioso le prospettive della Sindone, a mio modesto parere, sono di tre dimensioni:

* Sindone come strumento di pastorale.
* Sindone come oggetto di culto, ed è la prospettiva liturgica.
* Sindone come «messaggio» affidato a noi.

«Cest la meilleure des pastorales, avec celle de notre-Dame de Guadalupe» scriveva qualche anno addietro il card. Ernesto Corripio Ahumada, arcivescovo di Città del Messico, nel presentare il progetto pastorale dell'annuncio della Sindone nella sua diocesi.

Altri vescovi lo hanno seguito, in questa ricchissima pista pastorale. E non c'è dubbio che la «dimensione pastorale della Sindone» è un dono della Provvidenza, nel nostro tempo. Siamo, infatti, davanti ad un messaggio eminentemente religioso, insolitamente mediato dalle scienze più moderne; un messaggio di mordenza attuale: è infatti un messaggio attraverso le immagini; un messaggio che raramente lascia indifferenti i destinatari.

Tutti noi abbiamo avuto esperienze profonde in questo campo e noi auguriamo che la prospettiva pastorale della Sindone sia seriamente considerata dai responsabili della programmazione pastorale.

L'annuncio del messaggio sindonico provoca emozione ed interesse. Ma emozione ed interesse possono facilmente passare se dove, in un certo modo, «è passata la Sindone» non si instaura un ritorno periodico attraverso la celebrazione liturgica. L'antica sapienza della Chiesa, che ha fatto seguire alla *lex credendi* la *lex orandi* è sempre valida. Necessaria, direi, in questo caso.

Una felice prospettiva liturgica della Sindone direbbe che là dove una conoscenza sindonica è stata seminata sia concessa (come è diritto delle Chiese particolari) la celebrazione liturgica della Sindone. E questo senza attendere che «la devozione» esista già. La devozione nasce anche con la liturgia. Anzi è abbastanza dimostrato che una devozione scaturita dall'azione liturgica risulta più autentica e meno intrisa di devozionismo.

---

* *Delegato regionale pugliese di Sindonologia.*

Anche questa «prospettiva della Sindone» è, quindi, affidata alla sensibilità pastorale-liturgica di quanti hanno la responsabilità in questo campo.

Noi sappiamo che, sia partendo da osservazioni scientifiche, sia indugiando su sorprendenti concordanze bibliche, la Sindone porta, come ultima istanza, un messaggio religioso. Perché offre la testimonianza di un Amore che a tutti annuncia la salvezza.

Ebbene, noi che della Sindone abbiamo più conoscenza, possiamo dire che siamo «i missionari» di questo messaggio. E, come tali, pesa su di noi una grossa parte di responsabilità perché questo messaggio venga diffuso o rimanga riservato agli «addetti ai lavori».

Prospettive pastorali e prospettive liturgiche della Sindone dipendono quindi anche da noi.

Dobbiamo rendere accessibile a tutti il messaggio che sappiamo di portare. Esso è, infatti, diretto a tutti: non ai soli studiosi di scienze mediche o tecniche.

Dobbiamo, a questi ultimi, rivolgere un discorso di tipo tecnico, che solo pochi sanno fare, perché i cultori delle diverse scienze, conosciuto il messaggio sotto l'aspetto scientifico, possano cogliere degli interessi che potranno fare di essi i nostri successori: i sindonologi della prossima generazione.

Ma, se annunziatori del «messaggio-Sindone» siamo, dobbiamo pur esserne dei «testimoni credibili».

E, permettetemi di dirlo con tutta umiltà, non si è testimoni «credibili» del messaggio di Amore contenuto nella Sindone, se noi non viviamo questo Amore.

I destinatari di questo messaggio devono vedere in noi coloro che «servono» questo messaggio, non coloro che pubblicizzano se stessi servendosi della Sindone.

«Dummodo Sindon annuntietur» dovrebbe essere la leva che ci aiuti a superare noi stessi, i conati di divisione, le tentazioni di separatismo, lo sgretolamento in Centri e gruppuscoli acefali.

Le prospettive della Sindone sarebbero gravemente compromesse da un annunzio fatto con questo spirito di separatismo. Come sarebbero ancora più gravemente compromesse, se noi ci presentassimo mistificando certezze ed ipotesi, convinzioni personali e partigianerie che svalutano altri, minuziosi particolari soggettivi a scapito di verità ben superiori.

Io vedo una felice prospettiva della Sindone se in ciascuno di noi ci sarà la ferma intenzione di «non lacerare la Sindone», ma di consegnarla intatta alle generazioni che seguiranno.

LE COMUNICAZIONI DEL CONGRESSO

Era nostra intenzione pubblicare, almeno in riassunto, alcune Comunicazioni pervenute alla Direzione del Congresso e non presentate nelle sedute. Dobbiamo invece limitarci al semplice elenco: chi vorrà approfondire il tema potrà richiederci l'indirizzo dello studioso qui ricordato.

Gaetano Sicolo di Bitonto si è richiamato alle considerazioni di Maria Valtorta, nelle sue visioni, per chiarire alcuni punti ancora oscuri nella lettura della Sindone.

Jef Leysen, dal Belgio, ritornando su precedenti sue affermazioni legate alle dichiarazioni della Emmerick, presenta una impressione scritta dal prof. Raes, della Università di Gent, su alcune «macchie visibili sulla Sindone» non ancora del tutto spiegate, che potrebbe confermare quanto già comunicato dal Leysen stesso.

Giorgio Tessitore richiama l'attenzione su un nuovo argomento per negare l'esistenza del «sedile» che ormai è sempre meno accettato.

Manuela Corsini, dalla Spagna, vede nella lettera di Teodoro Angel-Comneno, della quale si parlò anche al Congresso di Bologna del 1981, la chiave storica per importanti conclusioni nella storia sindonica.

Enzo Liberti, partendo dal fatto del IV centenario della morte di Carlo Borromeo, ricorda alcuni particolari della vita del Santo che, a suo giudizio, deve essere considerato «patrono di tutti i devoti e studiosi della Sindone».

Ettore Gamalero, salesiano, contrappone al presunto vuoto di documenti scritti sulla Sindone, in particolare tra il III e il XII secolo, alcuni reperti iconografici che si richiamerebbero esplicitamente alla Sindone.

Edoardo Garello ha presentato un «Excursus sugli enigmi sindonici storico-scientifici risolti e da risolvere al presente 1984». Esamina, con approfondimento, quelli che considera «maggiori» e certamente più noti, quali la formazione della immagine e, in merito, accenna al «metodo fitologico» che con l'amico Mario Collo sta completando e conta di presentare al prossimo Congresso. Elenca poi, e sono ben diciotto, altri enigmi che considera «minori» e che sono certamente buone indicazioni di studio, ben note naturalmente a quanti conoscono il problema sindonologico, complesso perché interessa tanti aspetti della scienza.

Ci fermiamo a queste Comunicazioni che ci sono sembrate più vicine allo spirito di un Congresso che non deve soltanto limitarsi ad affermazioni e conclusioni ma che vuole anche segnalare particolari talvolta meno noti.

INVITO A SIRACUSA

Essendo stato annunziato dalla Presidenza che il prossimo Congresso Nazionale di Sindonologia si terrà nel 1987 a Siracusa, vi invito fin d'ora in questa città ove si respira un'aria tutta greca e tutta cristiana.

La cattedrale, costruita sull'antico tempio di Minerva del V secolo a.C., delimitata nel suo perimetro da una suggestiva fuga di colonne doriche, testimonia, infatti, la fede dei primi cristiani. Fu Pietro apostolo che, inviando il vescovo Marziano, fondò questa chiesa siracusana, la più antica dopo quella di Antiochia. Non per nulla all'altezza dei capitelli dorici è scritto con caratteri d'oro: «ECCLESIA SYRACUSANA, PRIMA DIVI PETRI FILIA, POST ANTIOCHENAM CHRISTO DICATA».

Vi attende questa città che ospitò per tre giorni, dopo il naufragio da Malta, Paolo Apostolo il quale predicò la fede di Cristo in quelle stesse catacombe ove attualmente conduco gli esperimenti col sudore di sangue.

E permettetemi a nome mio e a nome vostro d'invocare il Signore, che nella Sindone ci ha donato il suo volto sereno e divino, perché ci aiuti a fare dei fratelli la nostra fortuna affinché, amando ogni nostro fratello per suo amore, ognuno di noi possa morire a se stesso.

SEBASTIANO RODANTE
Segretario del Gruppo Siracusano
del Centro Internazionale della Sindone

MOSTRA-CONCORSO
MANIFESTAZIONE COLLATERALE AL CONGRESSO

Il Santuario Madonna del Rosario, sede della Delegazione Regionale Pugliese di Sindonologia, in concomitanza con il Congresso, dal 7 fino a domenica 21 ottobre, ha ospitato due mostre.

La navata di destra, che culmina sulla crociera, con l'altare della sacra Sindone, ha accolto la mostra «*La Sindone: un messaggio*», già nota in Puglia con i suoi 54 pannelli.

La navata di sinistra è stata impegnata dalla *Mostra-concorso di arte figurativa a carattere sindonico*.

Il Comitato Organizzatore del Congresso ha esitato a lungo sulla realizzazione di questa mostra, sia perché si sarebbe presentata come la prima esperienza a dimensione nazionale, sia perché il «carattere sindonico» avrebbe potuto costituire una spinta di dissuasione o di condizionamento alla ispirazione artistica, solitamente «libera», e sia perché i tempi di lancio sembravano i meno adatti.

Alla fine è prevalsa la fiducia che il «carattere sindonico» richiesto alle opere avrebbe potuto fungere da stimolante sfida per gli artisti.

Le adesioni sono giunte numerose e significative dalle diverse parti dello Stivale: dalla Lombardia e Piemonte alla Sicilia. Tuttavia, il maggior numero di artisti partecipanti è stato pugliese.

Una settantina di opere d'arte figurativa, tra cui autentici capolavori, non sono cosa insignificante... A ciò si aggiungano le opere «fuori concorso», per le quali gli autori erano liberi dal carattere sindonico.

La condizione del «carattere sindonico» richiesto alle opere in concorso ha quasi imposto un giudizio, sia pure «consultivo», da parte dei congressisti, mediante schede di valutazione.

La Commissione giudicatrice ha avuto in queste schede un valido orientamento, anche se non fu possibile applicare questo orientamento a tutte le opere, perché alcune erano state ritirate prima.

Componevano la Commissione: *presidente* dott. Giovanni Larato; *membri* Aurelio Carella, Michele Ladogana, Rina Carrillo, Savina Caruso, Gaetano Intrigillo; *segretaria* Gianna Losito.

Secondo le norme della mostra è offerta ai vincitori la pubblicazione delle opere premiate (e solo queste) sul volume degli Atti del Congresso. E ancora, secondo le norme, si pubblicano sugli Atti alcune opere fuori concorso, scelte per il «carattere sindonico».

L'esito del lavoro della Commissione viene così indicato:

A) *Opere fuori concorso* (che vengono pubblicate sugli Atti):
— FERNANDO BASSANI di Torino: *Secundum Sindonem*, bassorilievo in bronzo (copia numerata), opera donata dall'Autore alla Delegazione Regionale Pugliese di Sindonologia.
— DINA GIARDINA di Campobello di Licata (AG): *Volto sindonico*, sangue su lino, opera donata dall'Autrice al Museo del Centro Internazionale di Sindonologia di Torino.

B) *Opere in concorso* (che vengono pubblicate sugli Atti):
— *Prime classificate ex aequo*:
* PIERINO MONASSI di Milano: *Volto sindonico*, bassorilievo su placca di bronzo.
* PAOLO SCIANCALEPORE di Molfetta: *La Sindone*, graffite su carta.
— *Seconda classificata*:
* FULVIO DEL VECCHIO di Trani: *Studio per il volto di Cristo*, tecnica mista su cartoncino.
— *Segnalazione speciale* per l'impegno artistico e il carattere strettamente sindonico ad ANDREA FONTANA di Lugo (RA), autore del *Mistero pasquale*, gruppo di 22 statuette in terracotta con i diversi momenti della Passione-Morte-Risurrezione.
— *Segnalazione normale* per:
La nuova via, Olio su tela di FRANCO JOUDIOUX, di Lecce.
Un volto, una croce per la redenzione, smalto su ceramica, di TINA ALBANESE. L'opera è stata donata dall'Autrice alla Delegazione Regionale Pugliese di Sindonologia.

Da queste pagine, la Commissione, a nome dell'intera Delegazione, torna a ringraziare gli artisti Scaringi di Trani, nella persona del figlio Franco; Tina Albanese di Trani; Fernando Bassani di Torino, per aver donato le loro opere alla Delegazione Pugliese di Sindonologia, quale inizio di una mostra permanente di arte figurativa sulla Sindone.

Opere in concorso: Segnalazioni della Commissione: FRANCO JOUDIOUX di Lecce, *La nuova via*, olio su tela.

TINA ALBANESE di Trani, *Un volto, una croce per la redenzione*, smalto su ceramica, opera donata alla Delegazione Regionale Pugliese di Sindonologia.

Opere in concorso — Seconda classificata: FULVIO DEL VECCHIO di Trani, *Studio per il volto di Cristo*, tecnica mista su cartoncino.

Opere in concorso: Segnalazione speciale per il carattere sindonico e l'impegno artistico: ANDREA FONTANA di Lugo: *Il mistero pasquale*, gruppo di 22 statuette in terracotta.

Opere in concorso — Prima classificata (ex aequo): PAOLO SCIANCALEPORE di Molfetta, *La Sindone*, graffite su carta.

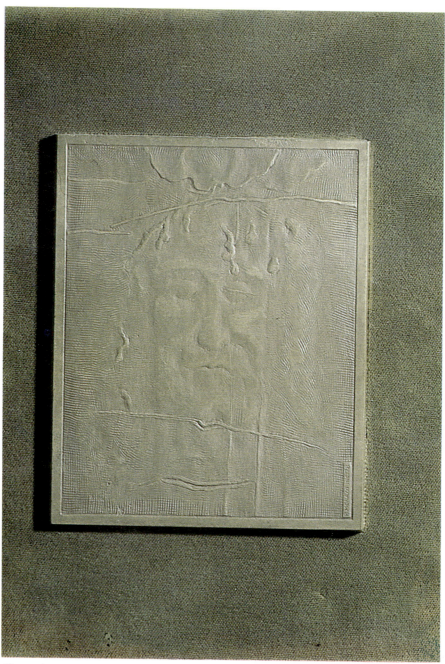

Opere in concorso — Prima classificata (ex aequo): Pierino Monassi di Milano, *Volto sindonico*, bassorilievo su placca di bronzo.

Opere fuori concorso — DINA GIARDINA, *Volto sindonico*, sangue su lino. Opera donata al Museo del Centro Internazionale di Sindonologia di Torino.

Opere fuori concorso — FERNANDO BASSANI, *Secundum Sindonem*. Bassorilievo in bronzo (copia numerata). Opera donata alla Delegazione Regionale Pugliese di Sindonologia.

DATE DUE

HIGHSMITH 45-102   PRINTED IN U.S.A.

Stampa: 1986
Nuova Oflito s.r.l. Mappano (Torino)
Printed in Italy